PETER SEIDEL

DER **GEIST** UND DIE ASTROLOGISCHE **WIRKLICHKEIT**

W0218961

PETER SEIDEL

DER **GEIST** UND DIE ASTROLOGISCHE **WIRKLICHKEIT**

EIN FORSCHUNGS- UND ERLEBNISBUCH DER INTEGRALEN ASTROLOGIE

NOVALIS

Bibliographische Angaben der Deutschen
Nationalbibliothek: Die Deutsche Nationalbibliothek
verzeichnet diese Publikation in der Deutschen
Nationalbibliografie; detaillierte bibliographische
Daten sind im Internet über http://dnb.ddb.de abrufbar

EDITION SOPHIEN AKADEMIE

© 2019 Novalis Verlag
D-24972 Steinbergkirche-Neukirchen

Einbandgestaltung und Graphiken: Peter Seidel und Novalis Media

Alle Rechte vorbehalten
Internet: www.novalisverlag.de
E-Mail: info@novalisverlag.de
ISBN 978-3-941664-68-5

Überlasse Dich diesem Strom

der gleichzeitig der Deine ist.

INHALT

VORWORT

„Von Alpha zu Omega"

Liebe Leserin, lieber Leser!
Es ist mir ein Herzensanliegen, mit dem ich etliche Jahre darauf hingearbeitet habe, dass Sie nun dieses Buch in Ihren Händen halten. Ich möchte mit Ihnen etwas teilen – etwas, was sehr vielschichtig und umfassend zugleich ist. Ich möchte es als einen authentischen und lebendigen Einblick in ein Mysterium benennen – ein Mysterium, das uns die Augen für die erfahrbare Tatsache öffnen kann, dass das HEILIGE und das sogenannte Profane letztendlich aus *einem* „Stoff" sind.
Die Art und Weise der hier offengelegten Einsichtnahmen bleibt aber nicht allein dem Bereich der glaubenden Annahme überlassen, sondern führt uns die Logik vor Augen, mit der sich dieses Mysterium – potenziell für jeden einsehbar – selbst offenbart, wenn wir bereit sind, sie offenen Herzens und klaren Verstandes auf uns wirken zu lassen, und wenn wir die ensprechenden Werkzeuge/Hilfsmittel dafür benutzen, welche das Mysterium selbst uns in die Hand gegeben hat.
Astrologie ist *in ihrem tiefsten Wesen* ein solch mögliches hochpotentes Werkzeug umfassender Daseins-Erkenntnis und die zeitgemäße *Integrale Astrologie* bringt uns wieder auf neue und ungewöhnliche Art in einen lebendigen Kontakt mit der alten klassischen Mysterien-Weisheit, nach der Astrologie *Selbsterkenntnis, Welterkenntnis und Gotterkenntnis* in Einem ist.
Das vorliegende Lehrbuch ist so aufgebaut, dass auch jungfräuliche Einsteiger – die nach einem fulminanten bzw. tiefgründigen Einstieg suchen – genauso ihren Gewinn aus diesem ziehen können wie fortgeschrittene Kenner*innen der Materie.

Die Struktur dieses Buches
Eine Einführung folgt diesem Vorwort. In ihr versuche ich – soweit es geht – alle wichtigen inhaltlichen Themen des Buches in einer Art Gesamtschau darzustellen. Man kann es auch als die Essenz all meiner Erkenntnisse betrachten, die in mir durch meine reichen Praxis-Erfahrungen mit der Astrologie im Laufe von Jahrzehnten gewachsen sind.
Jede dieser Erkenntnisse wird dort schon in einem gewissen Umfang inhaltlich beschrieben. Das verschafft Ihnen als Leser*in sowohl einen Überblick als auch einen ersten ahnungsvollen Einblick. Damit soll Ihre Vorstellungskraft angeregt werden, denn wir haben es – wie wir später in Teil I (dem Hauptteil des Buches) sehen werden – kontinuierlich mit durchaus sehr außergewöhnlichen Erfahrungen zu tun, die unsere üblichen Alltagswahrnehmungen übersteigen. Es entstehen plastische und rational fassbare Bilder einer hintergründigen „GEISTES"-Welt, die alle vordergründigen Daseins- und Erfahrungswelten sowohl in sinnträchtiger als auch in vielfach ungeahnter Weise miteinander verwebt.
All das wird aber – für Sie als Leserschaft – erst wirklich *greifbar* und hat eine Chance, zu Ihrem geistigen Erfahrungs-Eigentum zu werden, wenn diese hintergründigen Erkenntnisse in Teil I in sehr differenzierter Weise auch in ihren

konkreten lebenspraktischen Ausformungen dargelegt werden – nämlich über individu- elle und kollektive astrologische Fallbeispiele und die damit verbundenen Regeln.

Im Teil I des Buches begeben wir uns dann auf eine allgemeine und erfahrungsorientierte Exkursion, die uns mit der Erkenntnistiefe der astrologischen Wirklichkeit in umfassender Weise in Kontakt bringt. Gleich im ersten Kapitel – *Astrologie als Erkenntnis-Instrument* – machen wir einen großen Sprung mitten in die Astrologie hinein und sogar noch viel weiter. Die Idee, die wir hier verfolgen, ist unter anderem auch die einer *Reise durch die Astrologie hindurch*.
Denn, wenn Astrologie tatsächlich funktioniert (*damit meine ich hier weder die „Gassen- oder Boulevard-Astrologie" noch eine Astrologie, die sich mit „Wahrsagen" beschäftigt, sondern eine geistig, psychologisch und spirituell orientierte Astrologie, die sich als Erkenntnis-Instrument versteht und somit all unserer Welt-Erfahrung Be-Deutung verleiht*), wenn ihr Anspruch wirklich und wahr ist, dann muss man die Frage nach der „Art von Welt", in der wir leben, neu stellen, und das bringt dann fundamentale Konsequenzen für das Erleben, Denken und Handeln desjenigen mit sich, der diese andere Art von Wirklichkeits-Wahrnehmung für sich erschlossen hat. Diese „Art von Welt" – die unter der Oberfläche offensichtlicher Erscheinungen eine magische, eine geistige, eine spirituelle Welt ist – versuche ich in diesem Buch darzustellen.

Wir wollen also von Anfang an vor allem die tieferen Schichten ausloten, die sich noch hinter der praktisch erfahrenen astrologischen Wirklichkeit auftun, um ihr innerstes Wesen zu ergründen.
Aus diesem Grunde werden wir einerseits versuchen, auf der horizontalen Wissensebene möglichst schnell ein breites astrologisches Grundlagenwissen zu erschließen, andererseits sollen auch gleich zahlreiche reale Horoskop-Fallbeispiele zur Veranschaulichung herangezogen werden, damit Sie als Leser von Anfang an mitverfolgen können, dass die hier dargelegten erkenntnistheoretischen Beschreibungen – die zunächst hypothetisch sind – klare Schlussfolgerungen darstellen, die wir aus einer empirisch gewonnenen astrologischen Faktenlage heraus gezogen haben (d. h. aus den beliebig wiederholbaren Experimenten im Zusammenhang mit der Mathematik der planetaren Umläufe).

Das ist ein schwieriger Balance-Akt, den ich dadurch zu lösen versuche, dass ich für die Einsteiger im Fließtext des ersten Teils jeweils genau so viele neue Deutungs-Elemente einführe, wie es zum Verstehen des betreffenden Horoskop-Beispiels nötig ist – ohne Anspruch auf Vollständigkeit der dargelegten Deutungs-Komponenten. Sie müssen also zunächst – wenn Sie zu den „Noch-Laien" gehören – ins kalte Wasser springen und sich im Hinblick auf die rein technischen Deutungs-Details eine Weile mit dem „Andeutungs-Charakter des Unvollständigen" gedulden.

Zum Ausgleich lassen wir aber gleich von Anfang an den „Geist der Astrologie" aufleben und schaffen somit unmittelbar eine andere Art der Vollständigkeit, eine andere Art von Verstehens-Grundlage. Auf diese Weise werden wir eine Vielzahl von realen Horoskopen untersuchen, die aus meiner jahrzehntelangen Beratungsbzw. Forschungspraxis stammen, und Sie werden dabei über den erfahrenen hintergründigen Sinngehalt – der die eigentliche Essenz dieses Buches darstellt – auch zunehmend mehr in die astrologisch-technischen Details hineinwachsen.

Im Teil II des Buches werden dann *deutungstechnische Grundlagen und Regeln* vertieft und die wichtigsten Themen für das astrologisch-technische bzw. für das astronomische Grundverständnis in systematischer Weise zusammengefasst. *Querverweise* im Fließtext des ersten Teils verbinden Sie nach Bedarf mit den entsprechenden deutungstechnischen Themenkreisen im zweiten Teil.

Ein Tipp in diesem Zusammenhang: Wenn Sie im ersten Teil auf solche Querverweise stoßen, dann lesen Sie am besten im Fließtext erst mal weiter – wenigstens so weit, bis sich der aktuell angefangene Themenkreis für sie abgerundet hat –, denn die einzelnen deutungstechnischen Abhandlungen des zweiten Teils sind vielfach relativ umfassend und würden wahrscheinlich Ihren organischen Lesefluss unterbrechen.
Sie können den zweiten Teil allerdings auch gänzlich gesondert für sich lesen – am besten erst nach Beendigung des kompletten ersten Teils. Der Fließtext im ersten Teil enthält immerhin schon soviel eingestreutes astrologisch-technisches Wissen, dass Sie *den eigentlichen Sinn* der jeweiligen Passagen und den des Buches in seinem innersten Gehalt verstehen können. Dazu genügt es, dass Sie sich die Graphiken in Verbindung mit den erklärenden Texten genau anschauen. Alles, was Sie dabei vom Technischen her nicht verstehen, lassen Sie am besten wieder los und lesen weiter, falls das für Sie stimmig ist.
Die Gesamtschau der inhaltlichen Bedeutung wird sich in der Regel einstellen – auch bei einem anfänglichen Mangel an Detailkenntnissen rein technischer Art.

Wichtig sind dabei natürlich auch ihre ganz allgemeinen Intentionen; nämlich ob Sie Astrologie zunächst einmal „nur" in ihrer authentischen Wesensnatur verstehen lernen wollen oder ob Sie Astrologie für sich zusätzlich noch ein Stück weit als praktisch-technisches Arbeitswerkzeug erschließen möchten.

Im Teil III des Buches folgen *Erläuterungen zu Fachbegriffen und -themen* als zusätzliche Verständnishilfen. Diese sind thematisch jedoch vorrangig psychologischer oder philosophischer Natur, manchmal aber ebenfalls von astrologischer oder astronomischer Art, dann aber eher als aktuell hilfreiche Kurz- definitionen oder als Elemente, die mir für das fortlaufende Verständnis des ersten Teils notwendig erscheinen. In den vorherigen Teilen werden an passenden Stellen Hinweise zu diesen Erläuterungen gegeben, sodass Sie diese als vertiefende Zwischeninformation während des Lesens dieses Buches für sich nutzen können.

EINFÜHRUNG

„Das ganze Universum ist in einem Sandkorn enthalten."

DAS HOROSKOP UND DIE EINE WELT

Hinter den Horoskop-Beispielen des ersten Teils tun sich Geschichten auf, wie sie das Leben schreibt. Es werden dort detaillierte Einblicke in die aktuellen Erlebensformen dargestellt, und zwar so, wie es z. B. die jeweiligen Horoskop-Eigner während einiger bedeutsamer Lebens-Abschnitte für sich erfahren haben. Und gerade solche Einblicke sind es, über die auch die betrachteten Horoskope lebendig werden.

Das vornehmliche Charakteristikum, das sich ganz von selbst einstellt, wenn man individuelle und zeitlich pointierte biographische Erlebensformen aus der astrologischen Perspektive betrachtet, lässt sich folgendermaßen zusammenfassen:

Worum es geht

Es geht meistens um Menschen und um ihr subjektiv empfundenes Erleben im Spannungsfeld zwischen ...

...eigenen Willens- bzw. Ego-Impulsen einerseits und ...

...scheinbar autonom webendem Schicksalsrahmen andererseits.

Es geht also um die Frage, ob wir einen freien Willen haben oder ob es ein vorherbestimmtes Schicksal gibt.

Letztere Frage wird uns durch das ganze Buch hindurch begleiten und dabei unseren Sinn für eine integrative Sicht- und Erlebensweise schärfen. Dabei ist aus der Warte der *Integralen Astrologie* unser gesamter Daseinsprozess offensichtlich so angelegt, dass wir es mit der großartigen und gleichzeitig schwierigen Lebensaufgabe zu tun haben, individuelles Angelegt-Sein und kosmisches Eingebunden-Sein auszubalancieren.

Wie die Astrologie zu mir kam

Für mich ist damals ein „Vorhang gefallen". Und ich möchte Sie – im Sinne einer sehr persönlichen Einführung in die Astrologie – an den inneren und äußeren Erfahrungen teilhaben lassen, die der entscheidende Auslöser dafür waren, dass die Astrologie für meinen weiteren Lebensweg zu dem wurde, was ich als meine eigentliche Berufung im Leben empfinde.[1]

Ich setze mein eigenes Horoskop hier schon mal hinein, damit Sie einen ersten visuellen Eindruck von einem vollständigen Horoskop (s. S. 16, Graphik A) bekommen. Die angeführte Erläuterung eröffnet Ihnen sogleich einen etwas weiter gefassten Verständnisrahmen dessen, was ein Horoskop ist. Aber erst später werden wir die einzelnen Bausteine, aus denen ein solches Geburtsbild besteht, vor allem anhand von Fallbeispielen Stück für Stück in einen lebendigen Bezug bringen.

---

[1] siehe Erläuterung 5 in TEIL III.

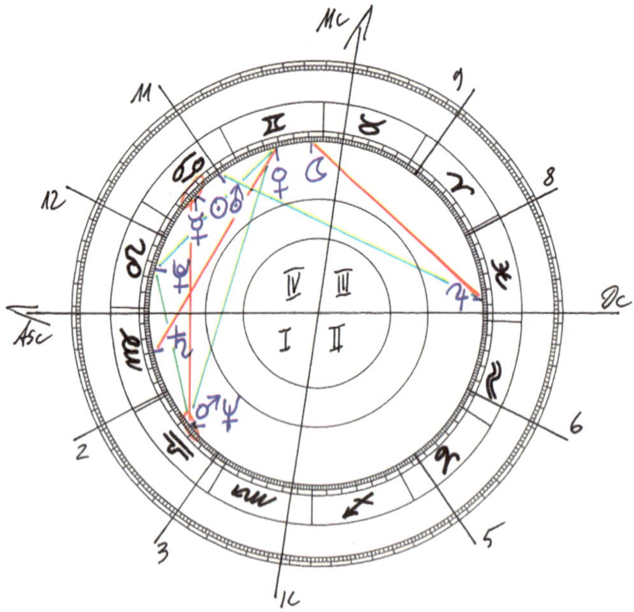

Graphik A
Geburtshoroskop = Radix
Peter Seidel
11. Juli 1950 8:15 Uhr Berlin

Es geht in allen Horoskopen aber nicht nur um „individuelles Erleben“, sondern auch um äußere Ereignisse, soziale Netze, Projekte, Institutionen, um Politik, Wirtschaft, Kunst und Naturgeschehen und immer wieder um „grundlegende Lebensgesetze“.
Wenn man all diese Dinge astrologisch betrachtet, macht man Erfahrungen, die unsere sonst erlebten Alltagswahrnehmungen übersteigen. Eine hintergründige „Geistige Welt“ tut sich dabei auf, in die wir uns gleich von Anfang an forschend hinein- und schichtweise hindurchtasten wollen. Dabei werden wir erleben, wie diese hintergründige „Geistige Welt“ alle vordergründigen Erscheinungen des Lebens erst bedingt und diese gleichzeitig – im Sinne einer Einheit – auch durchdringt. Unser Weg führt also vom Vordergrund in den Hintergrund – und durch ihn hindurch weiter bis zum „Unbegreifbaren“, „Unsagbaren“, das paradoxerweise auch hier noch Bände spricht:

ALLWISSEN und EINHEIT
Hier ist das „ALLWISSEN“ zu Hause.
Hier waltet tätige Weisheit als Regelwerk – und evolutionäre Führung.
Die Kreativität unendlicher Schöpferkraft paart sich mit mathematischer Präzision und zielgerichteter, finalorientierter Intelligenz.
Vergangenheit, Gegenwart und Zukunft verschmelzen zu einer – mit Kausalität allein nicht mehr erklärbaren – „EINHEIT“.

Ebenso erleben wir die EINHEIT von Körper, Seele und Geist aller Individuen gleichzeitig noch im fließenden Übergang mit der materiellen, biologischen, sozialen, kollektiven und planetaren Umwelt in einer Weise, bei der wir in letzter Konsequenz nur noch von der „EINEN WELT" sprechen können.
Mit anderen Worten heißt das, dass sich die Grenzen zwischen den Dingen dieser Welt – so wie sie üblicherweise durch unsere Alltagswahrnehmung erfahren werden – aus der astrologischen Perspektive als Fiktion unserer eingeschränkten Bewusstseins-Kapazität darstellen.

Das hört sich ziemlich abstrakt an. Aber im weiteren Verlauf des Buches wird sich das hier Angedeutete über die vielen Fallbeispiele – auch für Sie als Leser – in greifbarer Weise zunehmend konkretisieren, weil die beschriebenen Mechanismen tatsächlich bis in jegliche Alltagserfahrungen hineinreichen.

Aber solange wir diese Fallbeispiele noch nicht gemeinsam mit ein paar dazugehörigen Regeln erarbeitet haben, bleiben die von mir gemachten Statements für Sie erst mal nur Schall und Rauch – hohle Worte ohne Substanz. Sie assoziieren vielleicht, sie seien nur metaphysische Spekulation, sozusagen ein intellektuell-philosophisches Konzept (blutleer), ein esoterisches Wunschdenken oder die missionarische Schwärmerei eines leidenschaftlich entzündeten und naivgläubigen Astrologen. Dabei entspringen diese Einsichten jedoch einer empirisch-orientierten praktischen Forschungs-Arbeit und halten den allgemeinen Regeln verstandesmäßiger Rationalität stand. Es ist vor allem die „Mathematik der Gestirne", die hier empirisch besticht.

Mathematik der Gestirne

Auf diese Weise – über die empirische Phänomenologie – ist auch das Unwahrscheinliche, ja sogar das Unfassbare rational zu begreifen. Wir sind wieder an das „Innere Staunen" angeschlossen, das vielen von uns abhanden gekommen ist oder von uns vorher noch nie wirklich entdeckt wurde.

Lassen Sie sich nicht von Ausdrücken wie „Präzision der Zahlen" oder Ähnlichem verschrecken. Die „Mathematik der Gestirne" ist für diesen Zusammenhang nicht so kompliziert, wie vielleicht mancher vermuten mag. Selbst ich mit meinem simpel gestrickten Mathematikverständnis habe das hierfür Notwendigste verstanden. Zudem kommen die mathematischen Komponenten der Astrologie in unserem Zusammenhang nur sehr abgespeckt zum Tragen.

Allerdings ist das Buch keine „Nebenbei"-Lektüre; eine gewisse Arbeits-Haltung setze ich bei seinem Studium voraus. Der Erkenntnisgewinn jedoch ist immens und hat gerade für den astrologischen Laien das Potenzial, den Weg für eine gänzlich neue Art von Selbst- und Welt-Wahrnehmung frei zu machen.

Das Schwierigste am ganzen Buch könnte sogar die Fortsetzung dieser Einführung sein, denn in ihr versuche ich, in abstrakt anmutender Weise all das gebündelt darzustellen, was in Teil I im einzelnen praxisbezogen und erfahrungsorientiert dargestellt wird.

DIE INTEGRALE ASTROLOGIE

Ein wichtiges Anliegen dieses Buches ist es, die *Integrale Astrologie* als Ausdruck eines zeitgemäßen Weltbildes darzustellen. Es ist der Versuch einer geistigen Standort-Bestimmung der Astrologie für die Gegenwart und Zukunft. Ihr Wert und ihre Bedeutung für das Individuum und für die kollektive Entwicklung des Menschen im allgemeinen sind abhängig von ihrer weltanschaulichen Einordnung und vom Grad der Bewusstheit im Umgang mit ihr.

Geistige Standort-Bestimmung

Die geistige Standort-Bestimmung speist sich für mich aus zwei verschiedenen Blickwinkeln gleichzeitig:

- Auf welche Weise findet die Astrologie ihre angemessene Einordnung in die großen spirituellen Strömungen der Welt?
- In welchem Maße ist sie gleichzeitig in der Lage, den zeitgemäß notwendigen erkenntnistheoretischen Anforderungen unserer Wissenschaftskultur zu genügen?

Beide Fragen wollen hier als eine Einheit verstanden werden, obwohl sie in der Regel als divergierend empfunden werden.

Der Mensch befindet sich gegenwärtig in einem ungeheuren Umbruchsprozess und mit ihm seine geistigen Werte. Vieles von dem, was uns sowohl die unterschiedlichen wissenschaftlichen Disziplinen als auch die hergebrachten spirituellen Traditionen überliefert haben, trägt nicht mehr. Dieser Niedergang ist Ausdruck eines mangelnden Integrationsvermögens. Der Mensch der Gegenwart krankt an einem tiefen Riss zwischen seiner zunehmend ausgeprägten, evolutionsbedingten rationalen Befähigung (ein weiterer, organisch gewachsener „Wesens-Zweig des Lebensbaums") und seinem unlöslichen Verankertsein im spirituellen „Wurzel-Grund". Er hat die Verbindung zweier unterschiedlicher Seiten seiner eigenen inneren Wesensnatur noch nicht gefunden, und so tobt ein Krieg zweier veräußerlichter Erfahrungs- und Orientierungs-Zugänge des Welterfassens – Wissenschaft und Spiritualität –, deren Friedensschluss und jeweils beiderseitig tragende Weiterentwicklung nur in der gegenseitigen Befruchtung liegen kann.
Jede fundamentalistische Strömung – sei es eine prärationale Spiritualität (Wilber) (siehe Erläuterung *Prärationale Spiritualität* – Kapitel 2 im Teil III) oder eine „GEIST"-lose Rationalität (siehe Erläuterung *GEIST* – Kapitel 3 im Teil III) – wird dazu beitragen, die existenzielle Zerrissenheit des Menschen bis zu einem solchen Grad voranzutreiben, dass das Chaos nicht mehr überschau- und regulierbar ist.
Trotz aller Auswüchse unseres „Zeit-Un-Geistes" ist jedoch in der Gegenwart die Entwicklung einer realistischen Art von „versöhnlicher Geistigkeit" auf kollektiver Ebene zu erkennen – *das integrale Denken*. In diesem Denken wird – egal um welche Themen oder Disziplinen es sich handelt – prinzipiell gefragt, ob es nicht möglich ist, unser Bewusstsein so zu erweitern, dass darin mehr Platz hat als die isolierten Teilwahrheiten einzelner Disziplinen bzw. einzelner Theorien, die dann verabsolutiert und in den Stand der „einzigen Wahrheit" erhoben werden.

Die *Integrale Theorie*

Die *Integrale Theorie* versucht, in jedem einzelnen Wissensbereich die Spreu vom Weizen zu trennen und die „substanziellen Erkenntnisse" aller Wissensbereiche als gemeinsam tragende Teile des „GANZEN" zu erfassen.

Substanzielle Erkenntnisse einer Disziplin sind entweder solche, die sich nach eingehender und unvoreingenommener Prüfung als kompatibel mit den substanziellen Erkenntnissen anderer Disziplinen erweisen, oder solche, die – bei scheinbaren Widersprüchlichkeiten – in der Lage sind, diese Widersprüchlichkeiten durch das sinnige Paradox einer rational stimmigen Lösung zuzuführen.

Die Quantenphysik offeriert uns ein berühmtes Beispiel für die Integration scheinbarer Widersprüchlichkeiten in der Stimmigkeit einer paradoxen Wahrheit: Je nach Versuchsanordnung bzw. je nach eingenommener Perspektive des Beobachters kann z. B. Licht in seinen kleinsten Einheiten, den Licht-Quanten, einmal als elektromagnetische Welle, d. h. als Energie in Wellenfunktion, das andere mal als „Korpuskel", d. h. als kleinste Materieteilchen, wahrgenommen werden. Es ist die „Energie-Materie-Dualität" unserer Erscheinungswelt.

Mit dem vorliegenden Buch möchte ich aus dem Blickwinkel der *Integralen Astrologie* einige – meines Erachtens – wichtige Erfahrungen und Gedanken zu der gegenwärtig ausgesprochen lebendigen Diskussion um die Integrale Theorie beitragen. Dabei werde ich mich u. a. auch des Öfteren auf Ken Wilber, den US-amerikanischen Bewusstseinsforscher und multidisziplinären Gelehrten, als dem gegenwärtig wohl wichtigsten Vertreter des integralen Denkens beziehen.

Bei einer solchen philosophischen Standort-Bestimmung geht es aber nicht nur um die Einordnung der Astrologie in umfassendere Anschauungsbilder. Es soll gleichzeitig deutlich gemacht werden, in welchen Zusammenhängen eine *Integrale Astrologie* selber ein „Leuchtturm der Erkenntnis" für viele – sowohl wissenschaftlich als auch spirituell orientierte – Menschen und Geistes-Schulen sein kann. Diese Aufgabe erfüllt sie u. a. auch dadurch, dass sie alte und scheinbar selbstverständliche spirituelle Weisheiten/Wahrheiten durch ihre empirisch erfahrenen Gesetzmäßigkeiten stützt. Dabei befreit sie sowohl einzelne Glaubens-, Weisheits- und Wahrheits-Facetten als auch ganze „Anschauungs-Gebäude" aus den engen Grenzen des „bisher nur Geglaubten" – und erhebt diese in den Status einer Erfahrungs-Gewissheit.

Integrale Wahrnehmung

Es gibt kaum eine plastischere Möglichkeit, den universell wirkenden Archetypen (siehe Erläuterung *Der Begriff des Archetyps* – Kapitel 4 im Teil III) „direkt bei ihrer Arbeit zuzuschauen" und diese dabei auch noch als solche zu identifizieren, als durch die Astrologie.

Ebenso springt es dem astrologisch arbeitenden Menschen förmlich immer wieder ins Auge, dass „GEIST"/Geist und Materie nicht wirklich voneinander getrennt sind, und wenn doch, dann nur durch unsere Alltags-Wahrnehmung und durch unsere Begrifflichkeit, die für sich genommen durchaus realistisch sind und nicht verleugnet werden können.

Es ist die paradoxe Wahrnehmung der „WIRKLICHKEIT“ durch das Auge der Astrologie, die ich hier als „Integrale Wahrnehmung“ bezeichnen möchte.
Man versteht über die Astrologie vielfach erst jetzt aus der eigenen direkten „An-Schauung“ und aus der zwingenden Logik des Erfahrenen heraus, was die großen Visionäre aller Zeiten eigentlich meinten. Hier kann der geistige Sucher – egal mit welchen definierten Strömungen er auch immer fließen mag – reiche Ernte einfahren.

Bereicherung des wissenschaftlichen Denkens
Die Bereicherung des wissenschaftlichen Denkens durch die Astrologie liegt u. a. darin, dass sie dazu anregt, das gegenwärtig allgemein verbreitete Verständnis über die menschliche Rationalität bis in ihre prärationalen Räume hinein zu erweitern. Denn die Ratio ist potenziell dazu befähigt, in der konsequenten und folgerichtigen Anwendung ihrer eigenen Logik über sich selbst hinaus zu denken – sich selbst zwar als wichtiger, aber mit eigenen Grenzen behafteter Baustein der „GANZHEIT“ zu sehen.

So ist Astrologie u. a. auch ein Medium, um die reale Existenz der Quanten-Ebene – die durch die Quantenphysik beschriebenen wird – aus dem Abseits wissenschaftlicher Abstraktion herauszuholen und sie „auf die Straße“ zu bringen – d. h. sie in den anschaulichen, begreifbaren Alltag hineinzubringen. Das ist eine gewagte Hypothese. Mir ist bewusst, dass es sich hier um zwei sehr unterschiedliche Disziplinen handelt, die beide von ganz verschiedenen Intentionen getragen und mit einer jeweils völlig anderen Methodik betrieben werden. Beide geben aber den Blick frei auf eine zeit- und raumüberschreitende Erfahrungs-Dimension. Hier liegen ihre gemeinsamen Berührungspunkte, die ich im Folgenden vor allem aus der Warte der Astrologie näher erläutern möchte.

Schlussfolgerungen aus Erkenntnissen der Quantenphysik
In etlichen Schlussfolgerungen, die aus den phänomenologischen Erkenntnissen der Quantenphysik gezogen werden – diese sind natürlich auch abhängig von der geistigen Grundhaltung der jeweils forschenden Experten –, erfahre ich im Außen (in Form dieser mir doch sehr fremden Disziplin) meine eigene innere, lebendige geistige Heimat.
Ich brauche nicht zwingend weitere gedankliche Erläuterungen, um sofort zu verstehen, was mit dem „superflüssigen Informations-Austausch“ in seiner innersten „zeit- und raumunabhängigen Natur“ – noch dazu „ohne Trägersubstanz“ – gemeint ist.[2] Im weiteren Verlauf der Exkursion werde ich ganz praktische Bezüge zu diesem Thema herstellen.
Ebenso sind mir Wirklichkeits-Eigenschaften, wie z. B. die „Energie-Materie-Dualität unserer Erscheinungswelt“ wie eine „Erste Natur meiner Selbst“ geläufig, weil ich genau dies fast täglich – dabei mitunter sogar etliche Male – im Verbund mit dem Erkenntnis-Instrument Astrologie direkt erlebe; nämlich dann, wenn Archetypisches, d. h. Inhaltlich-Geistiges sich in synchronistischer Weise auf der materiellen Daseins-Ebene niederschlägt. Die ersten konkreten Beispiele für das hier Gemeinte finden Sie schon in den ersten Kapiteln von Teil I.

---

2 siehe Erläuterung 5: „Das ‘in-formierte“ Universum“ in Teil III.

DIE AKASHA-CHRONIK UND DIE ZEIT

Aber nicht nur ich erlebe derartige Ungewöhnlichkeiten, sondern mit mir erlebt dies die gesamte versierte Astrologenschaft, denn es herrscht in Hinblick auf bestimmte nicht-alltägliche Formen astrologischen Erlebens eine völlig selbstverständliche inter-subjektive Einigkeit, auch wenn die innere Reflektion über derartige Zusammenhänge bei jedem Einzelnen ihrer Mitglieder in unterschiedlich differenzierter Weise ausgeprägt ist.

Daraus folgt: Die zentrale und tiefste Erkenntnis astrologischer Forschung, die sich als Essenz aus all ihren empirisch erfahrenen Gesetzmäßigkeiten herausschält, ist das Postulat der tatsächlichen Existenz eines „Weltengedächtnisses" – oder der „Akasha-Chronik".
Die „Akasha-Chronik" ist als jahrtausendealtes Konzept in den östlichen buddhistischen und hinduistischen Traditionen entstanden – Traditionen, die aus der „reinen Schau" oder aus divinatorischen Verfahren geschöpft haben. Aber auch in westlichen mystischen Strömungen hat dieses Konzept eine alte Tradition, die – ungebrochen – bis in die Gegenwart hineinreicht. U. a. wird sie vertreten ...
durch *Plotin* (3. Jh.) mit seiner Einheitslehre des Neu-Platonismus;
durch *Paracelsus* (16. Jh.);
in der Neuzeit durch *Rudolf Steiner*
(übrigens sind alle drei auch astrologiekundige Geister gewesen.)
und jüngst u. a. auch durch den ungarischen Systemwissenschaftler und Evolutionsbiologen *Ervin Laszlo*, einer der führenden Vertreter seiner Zunft.

Laszlo nennt dieses kosmische Informationsfeld das „A-Feld" – die „‚nicht lokale' Zentral-Instanz eines ‚in-formierten' Universums" [3] Die Ergebnisse seiner Forschungen setzt er in Beziehung zu den vedischen Überlieferungen Indiens, in denen

> „...das Bewusstsein nicht als etwas betrachtet wird, was aus materiellen Strukturen des Gehirns und des Nervensystems erwächst, sondern als ein unermessliches Feld, das die primäre Wirklichkeit des Universums darstellt."
> Es ist eine „Welt reinen GEISTES" (reiner Information), ohne „Hardware".

Die Existenz dieses „Weltgedächtnisses" ist der einzige rational zwingende Schluss, den man meines Erachtens ziehen muss, wenn man sich die Summe all der in diesem Buch dargelegten – und von allen aufmerksamen Leser*innen nachzuvollziehenden – Erfahrungen und Gesetzmäßigkeiten offen vor Augen führt.

Zeit und Raum und Astrologie

Zeit und auch Raum sowie alle erfahrbaren Phänomene und Vorgänge innerhalb von Zeit und Raum verhalten sich durch das erweiterte Wahrnehmungs-Medium Astrologie genauso „unkonventionell" – d. h. für unsere Denkgewohnheiten zunächst einmal ebenso „unanschaulich" –, wie man es auch anhand bestimmter Phänomene in der Quantenphysik beobachten kann. Paradoxerweise ist es aber mit der kundigen Anwendung astrologischer Verfahren wiederum leicht einsehbar

[3] siehe Erläuterung 5: „Das ‘in-formierte’ Universum" in Teil III.

und logisch schlüssig zugleich, wie man zu solchen unleugbaren Erfahrungen kommt. Denn hier arbeiten wir mit technischen Verfahren, bei denen wir Schichten verschiedener Zeit-Fenster „übereinanderlegen“ und auf diese Weise zu verblüffenden Ergebnissen kommen, die unsere bisher gültigen Vorstellungen einer linearen Zeit relativieren bzw. „aushebeln“.

Jede dieser Zeit-Schichten wird repräsentiert durch ihre jeweiligen Planeten-Positionen innerhalb des geschlossenen Koordinatensystems des 360°- Tierkreises. Alle beliebig ausgewählten Zeitschichten sind auf diese Weise zur horoskopischen Form geronnen und stehen so als konkretes Arbeits-Instrument zur Verfügung. Bei diesem Übereinanderlegen von spezifisch ausgesuchten Zeit-Punkten oder Zeit-Räumen werden zwangsläufig allermeist Planeten-Konstellationen zueinander in Beziehung gesetzt, die real entweder gar nicht mehr existieren oder bisher überhaupt noch nicht existiert haben, jedoch schon jetzt errechnet werden können.
Nun haftet aber an all den experimentell betrachteten und miteinander verschmolzenen „virtuellen Zeiteinheiten“ ein jeweils spezifischer Informationsgehalt, der über die astrologische Symbolik entschlüsselt werden kann. Also auch an den betrachteten Zeiteinheiten, die gar nicht mehr real existieren oder die vorher noch nie existiert haben – also auch an solchen, die erst in der Zukunft zu erwarten sind. Daraus wird ersichtlich, dass Vergangenheit – und gewisse, ihr innewohnende inhaltliche Entsprechungen („In-formationen“) – im „JETZT“ noch immer existiert, während Zukunft – in einem ähnlich gewissen Ausmaß (wenn auch „nur“ in ihren Tiefen-Strukturen) – schon im „JETZT“ gegeben ist.

Das Übereinanderlegen verschiedener Zeit-Schichten dient den Astrologen/innen zur Erforschung inhaltlich verwandtschaftlicher Verhältnisse, die wir zueinander in Beziehung setzen können. Solche möglichen Verwandtschafts-Verhältnisse existieren z. B. zwischen Menschen untereinander und sind immer durch eine jeweils eigene definierbare Dynamik gekennzeichnet. Bei diesem Vorgang vergleicht man die zeitlich unterschiedlich entstandenen Geburtshoroskope der beteiligten Personen miteinander. Oder sie dienen der Erforschung des Sinngehalts in den Verhältnissen zwischen Menschen und den von ihnen erlebten Situationen, Projekten und kollektiven Prozessen.

Die hier betrachteten Bezugspunkte – sowohl die beteiligten Menschen selber als auch die entsprechenden Situationen, Projekte etc. – tragen alle den Keim einer spezifischen Zeitqualität („In-formation“) in sich. Solche sinnhaften Entsprechungen existieren ebenso zwischen scheinbar sehr unterschiedlichen historischen Ereignissen.
Darüber hinaus werden diese Verfahren auch angewandt, wenn es um die vielfältig möglichen Arten von prognostischen Erwägungen geht.

All das hier theoretisch Beschriebene wird über die später behandelten Fallbeispiele zunehmend anschaulich und entpuppt sich als regelhafte „harte Faktenlage“, die bis in alle konkreten Daseinsschichten hineinreicht – inkl. der menschlichen, zwischenmenschlichen und umwelt- bezogenen Alltagsrealität.

Zeitlichkeit und Zeitlosigkeit (Ewigkeit)
Die Resultate der astrologisch beleuchteten Alltagserfahrungen zeigen eine Weltordnung, die ohne den – auch in der Quantenphysik aufgezeigten – superflüssigen und energielosen Austausch von „In-formation" bzw. ohne ein „Weltengedächtnis" (Akasha-Chronik) nicht denkbar wäre.
Im Quantenfeld bzw. in der Akasha-Chronik *ist „In-formation" einfach da*, und zwar *überall gleichzeitig* und noch dazu *immer präsent*; sie *geht nie verloren*. Sie muss nicht erst zeitliche und räumliche Distanzen überwinden, um zum Austausch zu kommen und braucht auch keine materielle Trägersubstanz.
Genau das ist es, was sich auch durch die Astrologie auf ihre Art offenbart, nämlich dass die Zeit – auf einer tieferen (oder höheren) Daseins-Ebene – „nur die imaginäre Spielwiese einer immer gegenwärtigen EWIGKEIT (ZEITLOSIGKEIT) ist" (siehe Erläuterung *Zeitlichkeit und ZEITLOSIGKEIT (EWIGKEIT)* – Kapitel 6 im Teil III).

So ist Astrologie ein spirituelles und zugleich praktisches Werkzeug, um bestimmte „In-formationen" systematisch in einer Weise abzurufen, die unsere alltagsüblichen Möglichkeiten übersteigt.

Spätestens hier an diesem Punkt betreten wir als zutiefst von mechanistischen Weltbildern geprägte westliche Kulturmenschen „mentales Fremdland", das aber nur darauf wartet, von unvoreingenommenen Geistern entdeckt zu werden. Wir sind es in unseren milliardenfach eingespurten Denkrastern nicht gewohnt, Geistig-Wesenhaftes auch dort zu vermuten, wo es nicht mehr mit einer physikalischen Substanz verkoppelt ist. Aber genau wegen dieser beobachtbaren Phänomene – und noch aus anderen Gründen heraus, die ich später anführen werde – ist für mich *die hintergründig webende astrologische Wirklichkeit ein rein „geist"iges Phänomen – eine „spirit"uelle Offenbarung.*
Dies bedeutet, dass ich den physischen Planeten, mit denen die Astrologie als symbolisches Hilfsmittel arbeitet, ansonsten keinerlei ursächliche *Wirkkräfte* geistiger, seelischer oder spiritueller Natur zumesse, außer ihren rein physikalischen Einflüssen. Für die Astrologie haben die Planeten deshalb – was ihre inhaltliche Bedeutung anbelangt – einen ausschließlich metaphorischen Charakter. Über diese metaphorische Eigenschaft hinaus liegt ihr zusätzlicher Wert für die Astrologie vor allem in ihrer mathematischen Präzision, mit der man Zeit messen kann.
Damit will ich deutlich machen, dass die Theorie vom „ursächlichen Einfluss der Planeten-Körper auf das Weltgeschehen und auf den Menschen", so wie es immer wieder im Zusammenhang mit der Astrologie vermutet wird, für mich nicht haltbar ist.
Die Theorie eines Einflusses von Planeten-Körpern behält zwar innerhalb der Einfluss-Sphäre rein physikalischer Wechselwirkungen der Planeten untereinander (inklusive der Erde) ihre Gültigkeit, bleibt aber auch fast ausschließlich auf diese physikalische Ebene beschränkt. Diese Einflüsse werden sich in einem gewissen Maße dennoch auch im Bereich menschlicher Befindlichkeiten bemerkbar machen – z. B. in Abhängigkeiten von klimatischen Gegebenheiten, Tag- und Nachtrhythmus etc., sie haben dabei aber ihre ganz spezifischen (eben physikalischen) Grenzen.

Eine geistige, eine spirituelle Parallelwelt

Mit den von der Astrologie behandelten, sehr differenzierten und umfassenden inhaltlichen Zeitgeist-Strömungen und ihren geistig-seelischen, psycho-somatischen, spirituellen und historischen Bezügen haben diese Arten von physikalischen Wechselwirkungen jedoch überhaupt nichts mehr zu tun – seien diese nun auf das Individuum oder auf das Kollektiv bezogen.

Dafür tut sich hier zusätzlich noch eine andere Welt auf – eine geistige, eine spirituelle Parallelwelt, die der physischen Welt einerseits zugrundeliegt, diese aber gleichzeitig bis in die allerfeinsten Detail-Facetten – „GEIST"-gesättigt – durchdringt.

Es gibt meines Erachtens keine „wirkenden" Planeten-Körper außer denen, die im jeweiligen Hier und Jetzt real existieren und deren Wirkungen aber vorrangig physischer Natur sind. Es macht deshalb keinen Sinn, wenn wir bei der astrologischen Erforschung inhaltlich verwandtschaftlicher Verhältnisse zwischen Personen und unterschiedlichen Zeit-Strömungen – oder auch bei prognostischen Er- wägungen – diese „physikalisch-wirkenden Planeten-Körper" der jeweiligen Gegenwart dann auf andere planetare Konstellationen beziehen, die ihrerseits längst der Vergangenheit angehören und somit physikalisch nicht mehr existent sind. Wenn ich z. B. wissen möchte, in welcher individuell-thematischen Lebens-Phase sich ein Klient gegenwärtig befindet, dann setze ich die aktuell realen Himmels-Konstellationen mit den Himmels-Konstellationen seiner Geburt in Beziehung, die real gar nicht mehr existieren, sondern nur noch virtuell im „Welten-Gedächtnis" vorhanden sind. Wollte man hier die astrologisch relevanten Wirkkräfte ursächlich bei den physikalischen Planeten-Körpern vermuten, dann hieße das, „Äpfel und Birnen miteinander zu verwechseln". Das hieße im übertragenen Sinne auch, inkompatible Mechanismen unkundig und unbedacht in eine nicht vorhandene Beziehung zueinander setzen zu wollen.

Astrologie hat sich über etliche Jahrtausende hinweg in vielen Hochkulturen dieses Erdenrunds – auch teilweise völlig unabhängig voneinander – entwickelt, gehalten und ständig weiterentwickelt, und das trotz immer wieder neuer und sich wiederholender Anfeindungen. Es gibt also keinen wirklichen Grund für leichtfertige, vorschnelle Verwerfungen seitens laienhaft urteilender Menschen und seien diese noch so gebildet.

Aber wenn Astrologie nicht bloß eine „raffinierte Masche" ist, um naiv-gläubige Menschen zu befriedigen oder um Macht und Jahrmarktsgelder einzuheimsen, sondern eine hochpotente Methode fundamentaler Welterkenntnis, dann brauchen wir heute andere Erklärungsmodelle als die der „physikalisch wirkenden Planeten", um ihr innerstes Wesen zu verstehen und zu beschreiben.

Ein anderes Erklärungsmodell

Die bedeutsame, ja sogar höchst wunderbare Rolle, die die Planeten in diesem anderen Erklärungsmodell dennoch innehaben, müssen wir auf die einer „Welten-Uhr" reduzieren. Diese zeigt mit der ihr eigenen Präzision höchst zuverlässig und gleichsam symbolisch an, zu welchem Zeitpunkt der „WELTENGEIST" gerade welche inhaltlichen Gestaltkräfte (Archetypen) in die Welt der Erscheinungen entlässt.

Die Planeten sind die „Göttlichen Hieroglyphen“, die „Zeichen am Himmel“, ein kosmisches Kommunikationssystem – beredte Symbole eines „in-formierten“ Universums. Im astrologischen Sinne *zeigen* sie also etwas *an* – *tun* aber sonst *nichts weiter*.

ASTROLOGIE UND DIE „GOTTESFRAGE“

Da die beschriebenen Einsichten in das Wesen der Zeit mit qualitativen und sinnträchtigen Inhalten, mit Informationen und absichtsvoller Intelligenz („Bewusstsein“, „GEIST“) verkoppelt sind, eröffnen sie noch weitere Nuancen dieses umfassenden Erfahrungs-Komplexes. Sie rühren unweigerlich an die „Gottesfrage“.
Die wenigsten Menschen würden die „Gottesfrage“ in der Astrologie vermuten, denn bekanntermaßen beschäftigt sich Astrologie vor allem mit den „Befindlichkeiten dieser Welt“ – seien diese nun individueller oder kollektiver Natur. Die Wahrheit ist, je tiefer man in sie eindringt, desto offensichtlicher und zwangsläufiger wird diese Frage, und zwar an einer Stelle, wo die Grenzen des Glaubens transzendiert werden und man den Bereich empirisch gesicherten Wissens betritt.
Die „*EINHEIT DES SEINS*“ hinter und zwischen allen Erscheinungsformen des Da-Seins wird hier dem Verstand auf plastisch „be-*greif*-bare“ Weise zugänglich. Voraussetzung dafür aber ist, dass man sich zuerst die Mühe macht, die verschiedenen – und vor allem die wirklich wesentlichen – Puzzleteile der Astrologie in die ihnen gemäße Anordnung zu bringen, um dann den Blick auch auf ihre vertikale Dimension richten zu können.

Um Missverständnisse zu vermeiden, möchte ich an dieser Stelle betonen, dass ich mir keinesfalls anmaßen möchte, einen fertigen und für jedermann gültigen „Gottes-Beweis“ zu liefern. Aber es gibt eine nicht zu benennende, große Anzahl von astrologischen Indizien, die auf eine „ALLES überragende INTELLIGENZ“ hinweisen – eine „INTELLIGENZ“, die nicht nur ein in sich geschlossenes und miteinander vernetztes Ordnungssystem umfasst, wie es uns der relativ begrenzte Rahmen einer „nur ökologischen Idee“ (Wilber) normalerweise vermittelt. *(Ökologie = Wechselwirkung aller lebenden Körper – im Pflanzen-, Tier- und Menschenreich – untereinander und im Verbund mit der materiellen Welt, d. h. „Natur – geboren aus Materie – als letzte Wirklichkeit allen Daseins“).*
Hier ist vielmehr eine *INTELLIGENZ* gemeint, die zusätzlich sowohl die spirituelle Dimension als auch alle geistig-seelischen Strömungen (Gedanken- und Gefühlssphäre des Menschen) mit einschließt und dies *ALLES* zu einer wechselwirkenden *EINHEIT* verwebt.

Das ist ja gerade das zutiefst Wunderbare an der Astrologie. Wir nehmen durch sie einerseits die großen Zusammenhänge – im Sinne einer kosmischen Über-Schau – wahr. Und andererseits können wir durch sie direkt erfahren und beschreiben, wie diese großen Zusammenhänge bis in die kleinsten Verästelungen des real erfahrenen täglichen Lebens hineinwirken, egal auf welcher Ebene das dann stattfindet – sei es auf der physischen, seelischen, geistigen, sozialen, kulturellen, künstlerischen, politischen, wirtschaftlichen, wissenschaftlichen oder irgendeiner anderen Ebene.

Das heißt, alle individuellen Erlebensformen und alles Weltgeschehen *„in-formieren“* sich ständig und wechselseitig aufs Intimste – auch in Hinblick auf ihren *„Sinn“* und in Hinblick auf ihre Beziehung zur *„GANZHEIT“*.
So kommt der „Sinn“ – in Form eines „GANZHEIT stiftenden metaphysischen Triebs“ – mittels der Archetypen ebenfalls auf allen Daseinsebenen zum Ausdruck. In welch einer phantastisch anmutenden Weise sich dies im Alltag dann ganz real vollzieht, ist Ausdruck eines unendlich kreativen Universums und ist an dieser Stelle nicht mitteilbar. Dazu bedarf es der vielen konkreten Fallbeispiele, die im Buch folgen werden.
Für uns Menschen hat all das eine gewichtige, praktisch nachvollziehbare Bedeutung. Denn die astrologisch gemachten Erfahrungen offenbaren in ihrem tiefsten Kern tatsächlich vor allem Sinn-Zusammenhänge. Sie machen dadurch auch in prägnanter Weise die Notwendigkeit einer *authentisch gewachsenen Ethik* für den Menschen deutlich. Eine solche Ethik basiert aber nicht so sehr auf einer einfachen und gläubigen Übernahme ideologischer bzw. weltanschaulicher Wertehaltungen, selbst wenn diese in einem beträchtlichen Maße plausibel bzw. vernünftig anmuten.

Authentisch gewachsene Ethik
Die hier gemeinte „authentisch gewachsene Ethik“ dagegen steht immer mit dem Bewusstsein real existierender und real erlebbarer kosmischer Gesetzmäßigkeiten in Beziehung. Sie erwächst aus dem astrologisch-inspirierten und damit erfahrungsorientierten Bewusstsein, dass *wir alle* zusammen – mit *ALLEM* zusammen – in der *EINEN Welt* leben. Genauer gesagt, dass wir alle zusammen – mit Allem zusammen – diese „EINE WELT“ *sind.*

So mündet die „authentisch gewachsene Ethik“ in die menschliche Befähigung, unser individuelles Angelegtsein mit unserem kollektiven und kosmischen Eingebundensein auszusöhnen, weil wir uns sowohl für uns selbst als auch für *alles Andere*, was in dieser Welt geschieht, in einem gewissen Grade als mitverantwortlich „wahr“-nehmen.
Nur in diesem Sinne ist – meines Erachtens – Platon zu verstehen, wenn er vom „Guten, Wahren und Schönen“ redet. Denn dann spricht er nicht von „menschlich konzipierten Erbaulichkeiten“, sondern verleiht „wesenhaften Weltgesetzen“ den ihnen gemäßen Ausdruck. Das *„Gute, Wahre und Schöne“* ist aber – wenn es die Bedeutung eines bloßen Erbaulichkeits-Gedankens transzendieren soll – nur als paradoxe Wahrheit wahrnehmbar und auch nur als eine solche zu haben. In ihrer „ganz“-heitlich umfassenden Natur schließt diese paradoxe Wahrheit die Bewusstheit der ebenfalls vorhandenen Schattenhaftigkeit allen Daseins mit ein – auch die der eigenen menschlichen, die es ebenfalls zu erkennen gilt.

Es ist also nicht meine Absicht, hier schon fertige „Gottesbilder von der Stange“ oder ebenso fertige „Ethik-Schablonen“ zu entwerfen – dies schon deshalb, weil es solche Entwürfe schlicht nicht geben kann. Viel lieber lade ich Sie dazu ein, der in diesem Buch aufbereiteten Erfahrungs-Schiene zu folgen, die Sie – mit der gebührenden Geduld und Offenheit – in die Lage versetzt, sich selbst ein Bild davon zu machen, in welch einer wundersamen und erhabenen Welt wir „eingeboren“ sind – einer Welt, in der es sinnvoll ist, sich vertrauensvoller einzulassen und sich dabei von der „Absicht kosmischer Weisheit“, die immer auch das Individuelle des Menschen „im Auge hat“, auf unserem evolutionären Weg führen zu lassen.

Fazit

„WIRKLICHKEIT“ – die als Totalität verschiedener, sich gegenseitig durchdringender Daseins-Schichten (Materie, lebende Körper, Seele, Geist, soziale und kollektive Umwelt und „GEIST“) direkt in die Erkenntnis „springt“ – fordert von uns die bewusste Integration all ihrer Ebenen, um zu einer „gelebten Wirklichkeit“ zu werden.

So haben wir in diesem Buch letztendlich beide Ebenen von Wissen und Erfahrung ausgelotet – die horizontale und die vertikale. Die beschriebenen hintergründigen Zusammenhänge zielen in den innersten Kern der Astrologie, in ihr Herz. Auf diese Weise wird der „GEIST“ allen Da-Seins transparent.
Vom Einsteiger-Niveau bis hin zu den fortgeschrittensten Tiefendimensionen der Astrologie, die dem Laien sonst nicht zugänglich sind, reicht das Spektrum dieser Betrachtung.

Teil I

Astrologie als Erkenntnis-Instrument

Ein erfahrungs-orientierter Exkurs in das Ungewöhnliche

1. DIE TRANSZENDENTE WESENSNATUR DER ARCHETYPEN

„Ein Phänomen gibt es, noch geheimnisvoller als Telepathie und Hellsicht, das dem Menschen Rätsel aufgibt seit Anbeginn der Mythologie: Das scheinbar zufällige Aufeinandertreffen zweier separater Kausalketten zu einem Ereignis, das sowohl höchst unwahrscheinlich als auch höchst sinnhaft anmutet.“ Arthur Koestler

Kausalität und Synchronizität

Das Folgende befasst sich mit den Denkvoraussetzungen, unter denen die ganz real erfahrbaren Phänomene der Astrologie überhaupt erst in ihrer wahren Bedeutungstiefe verstanden und eingeordnet werden können. Die unten stehende Geschichte bringt uns dabei sogleich in eine intime Berührung mit diesem Anliegen. Bei dieser Geschichte möchte ich aber – mit voller Absicht – noch keinen astrologischen Bezug herstellen. Die praktisch erfahrbare Dimension der Astrologie mit ihren vielen konkreten Fallbeispielen werde ich erst in späteren Abschnitten und Kapiteln systematischer darstellen, um mit ihr dann deutlich zu machen, dass die hier behandelten „Denkvoraussetzungen“ alles andere als nur ein theoretisches Konstrukt sind.

Schlüssel-Story

Meine Tochter *Maren* zieht aus ihrer alten Wohngemeinschaft aus, in der sie mit zwei jungen Männern – Tom und Janne – zusammengewohnt hatte. Ihr neues Zuhause ist ebenfalls eine WG mit zwei Männern – Niko und Alex.

Alte WG	**>>>>>>**	**Neue WG**
Tom und Janne		Niko und Alex

Maren hat sich für diesen Tag von Freunden ein Auto mit einem kleinen Anhänger für den Umzug geliehen, und Tom und Janne aus der alten WG helfen ihr, die Sachen aus der Wohnung runterzubringen und einzuladen. Da Maren keinen Führerschein hat, fährt Tom den Wagen mit ihr zur neuen WG. Vor der Abfahrt fragt Tom noch, ob Maren die Schlüssel eingesteckt hat. „Ja“ – von beiden Wohnungen hängen die Schlüssel an einem Bund.

In der neuen WG wird ausgeladen. Die beiden neuen Mitbewohner – Niko und Alex – sind schon präsent und helfen dabei mit. Anschließend fahren Tom und Maren zusammen in die alte WG zurück, um den letzten Rest der noch verbliebenen Sachen nachzuholen. Kurz bevor sie dort ankommen, merkt Maren, dass sie den Schlüsselbund in der neuen WG liegengelassen hat. „Aber macht ja nichts, Janne ist ja noch da!“ Denkste! Der war mittlerweile schon weggegangen.

„Aber ist ja auch nicht so schlimm, denn die beiden WGs liegen nur ein paar Straßenzüge voneinander entfernt und dann fährt man eben mal kurz zurück und

holt den Schlüssel." Als sie das Treppenhaus der neuen WG wieder betreten, steht dort schon Niko – im Treppenhaus. Der hatte Müll runtergebracht und dabei vergessen, den Wohnungsschlüssel mitzunehmen. Die Wohnungstür war zwischenzeitlich zugefallen, und Alex war mittlerweile auch schon aus dem Haus gegangen und wollte an diesem Tag auch nicht mehr wiederkommen. Alle Drei sind nun aus zwei Wohnungen ausgesperrt. Sie können übers Handy weder Janne noch Alex erreichen. So treten sie zu Dritt aus dem Haus auf die Straße, um sich von irgendwo her die Telefonnummer von einem Schlüsseldienst zu besorgen.
Nach wenigen Metern finden sie auf der Straße – zum allseitigen Erstaunen – einen kleinen abgebrochenen Schlüssel.

Abbild B
Schlüssel abgezeichnet vom Original

Der angerufene Schlüsseldienst will erst abends kommen, weil er seinen Laden nicht verlassen kann oder es dann sehr teuer wird. So fahren alle Drei gemeinsam noch mal in die alte WG, in der Hoffnung, dass wenigstens Janne bald wieder zurückkommt, um nicht den ganzen Tag auf der Straße verbringen zu müssen. Sie warten ein gutes Weilchen vergeblich vor verschlossener Tür, bis sie sich entschließen, ein paar Flaschen Bier zu kaufen und damit bis zum Abend am Hafen zu verbringen. Maren, ein alter und ein neuer WG-Bewohner lernen sich auf diese Weise näher kennen und verstehen sich auf Anhieb ausgezeichnet miteinander.
Abends kommt der Schlüsseldienst und öffnet die neue WG mit einem kleinen Stückchen Draht.

Auf das „Kausalitätsprinzip" fixiert
Der Mensch der Moderne ist geistig auf ein einziges grundlegendes Welt-Erklärungsmodel fixiert – auf das „Kausalitätsprinzip"; d. h. auf das Denken in Kausalketten von Ursache und Wirkung. In aller Regel ist dies auch die Messlatte, die „Outsider" anlegen, wenn sie Astrologie oder auch solche oder ähnliche Geschichten wie die obige beurteilen wollen – sie haben ja allermeist auch keine andere. Die Ergebnisse sind immer die gleichen: Astrologie etc. kann nicht wahr sein, denn sie folgt in vielen ihrer grundlegenden Wesenszüge, Prozessverläufe, Erscheinungen, Beschreibungen und Schlussfolgerungen nicht logisch stimmiger Kausalketten. *Punkt.*
Die Wirklichkeit sieht aber anders aus, und wenn wir zu einem angemessen erweiterten Weltverständnis kommen wollen, müssen wir uns u. a. auch mit dem Synchronizitäts-Prinzip beschäftigen

Synchronizität ist die Beschreibung eines Lebensgeschehens, das dem Alltagsbewusstsein des Menschen in der Regel deshalb schwer zugänglich ist, weil es sich „ein klein wenig unterhalb“ unserer üblichen Wahrnehmungs-Schwelle abspielt. Dennoch durchdringt es jegliche Manifestations- und Erfahrungsfacetten unseres Daseins bis in feinste Verästelungen hinein.
Synchronizität meint das Zusammentreffen von Erfahrungen bzw. von Ereignissen, die nicht über eine Ursache, dafür aber durch den gemeinsamen Sinn miteinander verbunden sind.

Dieser *gemeinsame Sinn*, der unterschiedliche Arten von Erfahrungen in *nicht-ursächlicher* Weise miteinander verbindet, ist der jeweils organische Ausdruck grundlegender Wirkkräfte des Kosmos (Archetypen), eingebunden in entsprechende kosmische Gesetzmäßigkeiten.

Sinn-verwandtes Parallelgeschehen
Solch ein sinn-verwandtes Parallelgeschehen läuft dabei immer auf mehreren Daseins-Ebenen gleichzeitig ab, also ...
...auf der materiellen Ebene; ...auf der Pflanzen-Ebene; ...auf der Tier-Ebene; ... auf der menschlich-individuellen Ebene (dabei auf der Ebene des Körpers, der Seele bzw. der Gefühls-Sphäre, des Geistes, Intellekts, etc.); ...auf der menschlich-sozialen Ebene (Familie, Freundeskreis, Partner, Kollegen, Vereine, etc.); ...auf der menschlich-kollektiven Ebene (Kunst, Medien, Mode, Politik, Wirtschaft, Sport etc.); ...auf der kosmischen Ebene bzw. auf der Planeten-Ebene.

Es war C. G. Jung, der den Begriff „Synchronizität“ für solche Erlebens-Zusammenhänge prägte. Als großer und gewissenhafter Forscher, der auch bereit war, abseitige Wege zu betreten, hatte er auch ein großes persönliches Interesse an diesem Thema, denn er hatte selbst in seinem eigenen Leben eine Unzahl synchronistischer Erfahrungen gemacht – für sich selbst ganz persönlich das eigene Leben betreffend und ebenso mit seinen Klienten/innen. Ich zitiere:

Synchronizität
„Das Problem der Synchronizität hatte mich schon lange beschäftigt, und zwar ernstlich seit Mitte der zwanziger Jahre [des 20. Jahrhunderts], als ich bei der Untersuchung der Phänomene des kollektiven Unbewussten immer wieder auf Zusammenhänge stieß, die ich nicht mehr als zufällige Gruppenbildung oder Häufung zu erklären vermochte. Es handelte sich nämlich um ‘Koinzidenzen’, die sinngemäß derart verknüpft waren, dass ihr ‘zufälliges’ Zusammentreffen eine Unwahrscheinlichkeit darstellt, welche durch eine unermessliche [statistische] Größe ausgedrückt werden müsste. Ich erwähne nur beispielsweise einen Fall aus meinen Beobachtungen:
Eine junge Patientin hatte in einem entscheidenden Moment ihrer Behandlung einen Traum, in welchem sie einen goldenen Skarabäus zum Geschenk erhielt. Ich saß, während sie mir den Traum erzählte, mit dem Rücken gegen das geschlossene Fenster. Plötzlich hörte ich hinter mir ein Geräusch, wie wenn etwas

leise an das Fenster klopfte. Ich drehte mich um und sah, wie ein fliegendes Insekt von außen gegen das Fenster stieß. Ich öffnete das Fenster und fing das Tier im Fluge. Es war die nächste Analogie zu einem goldenen Skarabäus, welche unsere Breiten aufzubringen vermochten, nämlich ein Scarabaeide (Blatthornkäfer), Cetonia aurata, der gemeine 'Rosenkäfer', der sich offenbar veranlasst fühlte, entgegen seinen sonstigen Gewohnheiten in ein dunkles Zimmer gerade in diesem Moment einzudringen."

Jung beschreibt in seiner Abhandlung *Synchronizität als ein Prinzip akausaler Zusammenhänge* unterschiedliche Formen der Synchronizität, und Wilhelm von Scholz hat eine beeindruckende Sammlung synchronistischer Erfahrung in seinem Buch *Der Zufall und das Schicksal* zusammengetragen und diese ebenfalls von ihrem Charakter her systematisiert. Hier eine andere historisch verbürgte Geschichte:

„In der Nacht vom 7. zum 8. Februar 1934 fuhr ein Sturmstoß über Berlin und stürzte große herunterbrechende Baumäste auf das Askanierdenkmal Heinrich des Kindes in der Siegesallee, das schwer beschädigt wurde. Besonders die rechte der die Bank zierenden Büsten, den Wedigo von Plotho darstellend und einst nach dem Kopf des mit dem Bildhauer befreundeten Heinrich Zille modelliert, wurde getroffen und von ihrem Sockel geworfen. Am Morgen nach dieser Nacht starb der Schöpfer dieser marmornen Gruppe, Professor August Kraus, in seiner Grunewaldvilla an einem Herzschlag."

Wilhelm von Scholz, *Der Zufall und das Schicksal*

Die Betrachtung der Welt aus der Perspektive der synchronistischen Erfahrung führte Jung zu dem Schluss, dass es sich hier um ein *a-kausales* Geschehen handeln muss, da zwischen der zeitbedingten Manifestation eines Ereignisses auf einer bestimmten Daseins-Ebene und der gleichzeitigen Manifestation eines sinnverwandten Ereignisses auf einer anderen Daseins-Ebene kein Kausalbezug in seiner uns üblichen Bedeutung auszumachen ist.

„Weil seine Klientin einen für sie sehr bedeutsamen Traum hatte, klopft ein 'Skarabeus-Äquivalent der hiesigen Breiten' genau zu dem Zeitpunkt an die Scheibe, zu dem sie diesen Traum das erste Mal erzählt", … entspricht nicht der Logik unseres gängigen Kausalverständnisses.

Da die tatsächlich existierende Synchronizität von Ereignissen a-kausal ist, ist sie nur über das gemeinsame verbindende Symbol zu entschlüsseln – über den konstellierten Archetyp und seine vielschichtigen, aber spezifischen Manifestationsformen (siehe Erläuterung *Der Begriff des Archetyps* – Kapitel 4 im Teil III).

In Jungs Beispiel sehen wir das Erleben seiner Klientin. In *dem* Moment, in dem sie das erste Mal ihren Traum bearbeitet, erscheint das innere psychische Traumgebilde ganz physisch in der sie umgebenden Außenwelt.

Im Beispiel des eingestürzten Denkmals konnten wir aus unserer distanzierten Perspektive in relativer Zeitgleichheit zwei sinnhaft verquickte Ereignisse als

Parallelgeschehen in der Außenwelt wahrnehmen – das eingestürzte Denkmal und den Tod des Bildhauers. Verlassen wir aber unsere distanzierte Perspektive, dann wird an der Person des Bildhauers deutlich, dass es hier einerseits ebenso um ein *inner-menschliches bzw. um ein geistig-seelisches Erleben* geht (auch bei einem Sterbeprozess) und andererseits ebenso um einen *äußeren (Sach-)Vorgang* (das Denkmal).

Hier verschwimmen die Grenzen von Innen und Außen – sie werden *transparent*; die „EINHEIT“ verschiedener Daseins-Ebenen scheint durch. Der Archetyp bzw. kosmische Gestalt-Kräfte manifestieren sich auf zwei Daseins-Ebenen der „EINEN WELT“ gleichzeitig, und dieser Vorgang ist direkt einsehbar.

Während sich in Jungs Beispiel die synchronistische *Außen-Erfahrung* in Form eines Repräsentanten aus dem lebendigen Tierreich (Skarabäus) manifestiert hatte, ...
wurde die *Außen-Erfahrung* im zweiten Beispiel an einem mineralischen Gegenstand (Denkmal) sichtbar. Im Kontext der Synchronizität von *Innen und Außen* sind hier also „Geist“ und „Materie“ in scheinbar *autonomer* Weise miteinander über den gemeinsamen Sinn zu einer Einheit verquickt. Dieser gemeinsame Sinn offenbart sich seitens der Materie aber erst dadurch, dass sie sich scheinbar *wie von selbst* auf die Offenbarung des gemeinsamen Sinnes *zu-bewegt*.

„Nein, das steinerne Denkmal bewegt sich doch nicht von selbst – oder doch?“
„Nein, es war der Sturm!“
„Ja? War es tatsächlich der Sturm...?“

Ich weiß, das klingt absurd. Der kausal-fixierte Geist hat längst schon abgewinkt und damit sein schwindendes Interesse dokumentiert. Oder ist diese abwinkende Geste nur eine kompensatorische, um aufkommende Unsicherheiten mit „selbst-suggerierter Gewissheit“ zu überdecken? Wer lässt schon gern am „völlig Selbstverständlichen“ rütteln?
In jedem Falle ist die Sache höchst diffizil. Aber lassen Sie uns noch einen Schritt weitergehen, denn irgendetwas an den beiden Geschichten ist auf faszinierende oder beunruhigende Weise anders, als wie wir es sonst vom gewöhnlichen Alltagserleben her kennen, und wir können nicht einfach darüber hinweggehen, ohne uns selbst zu betrügen – und das vielleicht noch *im Namen des gesunden Menschen-Verstandes*.
Wo sind die Grenzen in den Grenzbereichen der menschlichen Wahrnehmung und ihrer Einordnung? Ist der Sturmstoß selbst noch Teil des synchronistischen Geschehens oder doch schon wieder kausal zu betrachten? Schließlich war er ja die *Ursache* des abgebrochenen Astes und dieser wiederum *Ursache* für den Umsturz des Denkmals! Unleugbar! *Unleugbar kausal*!
Andererseits brach bei diesem Sturm – bei dem sicherlich auch etliche andere Äste herunter gebrochen waren – u. a. auch gerade der schwere Ast ab, der sich genau

über dem Denkmal befand und das *noch zu einer Zeit*, die ziemlich genau mit dem Ableben des Bildhauers korreliert hat. Auch unleugbar; unleugbar synchronistisch – wenn man diesen Geschichten Glauben schenken will. Ich für meinen Teil habe keinen Grund daran zu zweifeln, da ich selbst unzählige solcher Erfahrungen in meinem eigenen Leben gemacht habe bzw. machen durfte, inklusive der Erlebnisse meiner Klienten/innen, Freundschaften und Familienmitglieder.

Wenn ich hier mit der *Synchronizität* ein weiteres – genauso gewichtiges – Wirk-Prinzip innerhalb unserer dualen Welt-Ordnung darstelle, so meine ich nicht, dass damit die *Kausalität* nicht mehr gültig sei. Synchronizität ist jedoch die fehlende ERGÄNZUNG, ohne die die Betrachtung unseres Kosmos zwangsläufig immer in eine einseitige „Schieflage" geraten muss.

Egal, ob uns diese Schieflage dann auffällt oder nicht – eine „GANZHEITS"-Schau, die letztendlich dann auch die Summe ihrer Einzelfaktoren noch übersteigen würde, um die „EINHEIT allen Daseins" zu offenbaren, bleibt uns in beiden Fällen versagt. So fristen wir ein fragmentarisches Dasein – zweck-getrieben und bar jeder tieferen Bedeutung –, es sei denn, dass noch andere spirituelle Erfahrungen zusätzlich eine tragende Rolle in unserem Leben spielen.

Kausalität und Synchronizität können beide in ihrer jeweils separaten Weise wahrgenommen und auch einzeln beschrieben werden. Sie wirken aber im lebendigen Alltagsgeschehen miteinander in unterschiedlichen Gewichtungen und in einer durch den Fluss der sich verändernden Zeit bedingten wechselwirkenden Dynamik. Und die Astrologie ist ein Medium, um beide kosmischen Wirk-Prozesse in „lebendiger Inter-Aktion" bewusst mitzuerleben.

Kausalität ist der „Kitt" der Welt, die in ihrem Bestand auf Linearität angewiesen ist. Erst so können Formen entstehen und auch bestehen bleiben. *Kausales Wahrnehmen und Denken* wiederum sind mentale Prozesse zur konkreten Daseins-Orientierung im Zeitlichen. Sie verbinden uns mit der Folgerichtigkeit irdischer/weltlicher Regeln und Gesetze nicht nur materieller, sondern auch mentaler und seelischer Art, wobei diese auf Linearität ausgerichtet sind. Es sind Hilfs-Funktionen des „In-der-Welt-Seins", die uns Überschaubarkeit und souveräne Bodenhaftung ermöglichen. Sind wir in unserer Weltwahrnehmung jedoch zu einseitig auf diesen Wirk-Mechanismus fixiert, so zeitigt dies in der Regel ein krampfhaftes weltliches „Verhaftet-Sein".

Synchronizität dagegen weist auf das kosmisch erweiterte Eingebundensein eines jeden Individuums hin und bringt uns in Berührung mit den unbegreifbar vielschichtigen Verknüpfungen aller Daseins-Ebenen und -Aspekte. Sie bringt uns potenziell – bei entsprechend inhaltlicher Resonanz – in Berührung mit Jedem und Allem. In synchronistischen Erfahrungen spiegelt sich die „EINE WELT" wider, die ganz real und zutiefst gesetzesgebunden ist – und die nur von einem „ALL-WISSEN" umfasst, überschaut und ebenso nur durch eine „ALL-MACHT" ausbalanciert

werden kann. Unsere Intuition ist dabei das Empfangs-Medium für den *Sinn*, der uns in bestimmten Situationen und zu bestimmten Zeiten über synchronistische Erfahrungen als gegeben erscheint. Deshalb macht er uns auch betroffen und wird vielfach als *evolutionärer Anstoß* wahrgenommen, um uns ein Stück weit mehr in Einklang mit dem „Ganzen" zu bringen. Über diesen Aspekt der Intuition werden wir uns unserer wesensmäßigen Teilhabe an der „EINHEIT" bewusst.
Eine prägnante synchronistische Erfahrung bedarf aber häufig eines längeren Prozesses bewusster psycho-spiritueller Verarbeitung, weil ihr Auftreten meist mit gewichtigen Umbruchszeiten spiritueller oder weltlicher Natur im Leben des Individuums einhergeht. Außerdem erscheint ein erahnter *Sinn*, der sich im Gefolge solchen Geschehens unvermittelt von allein einstellt, zunächst vielfach als gleichnishaft und darf nicht immer sofort als Eins-zu-eins-Wahrheit verstanden werden. Er braucht seine eigene Reifungszeit, in der vielleicht schon scheibchenweise „'kleinere Hebel' auf dem Weg umgelegt werden müssen". Das qualitative Erfahrungs-Spektrum kann dabei von ekstatischer (oder enthusiastischer) Inspiration, über Irritationen bis hin zur existenziellen Erschütterung – im Sinne einer „spirituellen Krise" (Grof) – reichen.

Ab einem bestimmten Grad von Intensität vermitteln solche Erfahrungen – bei denen sich ein eigenes, innerlich wahrgenommenes, „psychisches Material" tatsächlich in autonomer Weise und völlig unvermittelt in der Außenwelt „materialisiert" – dem Betroffenen nicht selten das Gefühl, „dass der ganze Kosmos tatsächlich 'nur mich' meint".
Diese letzte Aussage möchte ich durchaus nicht in einem pathologischen Sinne als „Beziehungswahn" verstanden wissen. Nein, ich spreche hier von Prozessen, in denen sich innere schöpferische Kräfte regen und die einen neuen evolutionären Schritt im Leben eines Individuums initiieren wollen und dabei auf die bewusste Mitarbeit des „noch verdeckten 'Ganzen Menschen'" angewiesen sind. Der so erfahrene *Sinn*, der uns wie „gegeben" erscheint, weckt dabei diesen „Ganzen Menschen" in uns. Es handelt sich also vom tiefsten Gehalt her um „erweiternde" und somit heilende Potenziale.

Dennoch sind mögliche Tendenzen zu einem temporären Beziehungswahn bei dieser Art von Erlebnissen nicht auszuschließen, insbesondere wenn Menschen sich in solchen Phasen den anstehenden Veränderungen verschließen und die drängenden schöpferisch-evolutionären Kräfte sich dabei kompensatorisch verstärken. Generelle mangelnde Bodenhaftung oder naiv-gläubige Neigungen sind ebenso kontraproduktiv.
Hilfreich dagegen sind eine rational-aufgeklärte spirituelle Betrachtungsweise, Vertrauen auf die innere Führung und/oder eine fachkundige Hilfe von außen, die man allerdings im Hinblick auf eine „spirituelle Krise" in angemessener Weise von konventionell-akademischen Psychotherapeuten in den allermeisten Fällen nicht erwarten darf. Diese haben nicht selten das Bestreben, Menschen in spirituellen Krisen vom Symptom eines „Ganzheitlichen Kosmos" heilen zu wollen, indem sie Spiritualität pauschal pathologisieren und dabei keine Unter-

scheidungskriterien zwischen einer Psychose und dem „temporären Einbruch von außergewöhnlichen Wahrnehmungen“ besitzen (Grof). Man muss sich also in so einem Fall um andere – eher unkonventionelle – therapeutische Anlaufstellen mit trans-personaler Orientierung bemühen. Auch eine astrologische Einzel-Sitzung bei dialogisch arbeitenden Astrologen – kein/e Wahrsager/in – kann hier sehr hilfreich sein.
In diesem Zusammenhang sei noch erwähnt, dass die moderne Bewusstseinsforschung mit Forschungsergebnissen verblüfft, bei denen sich die gemessenen Gehirnwellen – die normalerweise in der linken Gehirnhälfte ein anderes Muster zeigen als in der rechten – bei meditierenden Menschen in der Meditation einander angleichen, also synchronistisch laufen. Weitere Untersuchungen haben dabei gezeigt, dass die Anzahl derer, die im Leben bewusst Synchronizitäts-Erfahrungen machen, unter meditierenden Menschen signifikant ansteigt.

Astrologie und Synchronizität

Bisher haben wir – ohne einen astrologischen Bezug hergestellt zu haben – vorrangig über starke Synchronizitäts-Erfahrungen gesprochen, wie sie sich immer wieder bei einigen Menschen völlig unvermittelt einstellen können und sie dann meist in einem beträchlichen Ausmaß berühren.
Meine Erfahrung ist, dass die Welt voll von solchen Geschehnissen ist – sehr viel voller, als wir es auch nur ansatzweise ahnen. Astrologie ist ein höchst fruchtbares, einleuchtendes und zuverlässiges Mess-Instrument, um das beschriebene Ausmaß und die ungeheure Vielfältigkeit synchronistischer Abläufe unterhalb unserer alltäglichen Bewusstseins-Schwelle – in ihren unterschiedlich ausgeprägten Intensitätsgraden – „mitzulesen“, „aufzuspüren“ und „zu verifizieren“.
Das erwähnte starke Gefühl, „dass der ganze Kosmos tatsächlich 'nur mich' meint“, das häufig bei prägnanten Synchronizitäts-Erfahrungen auftritt, wird damit – über das subjektive Erleben der betroffenen Person hinaus – in seiner generellen Legitimität zusätzlich noch in deutlicher Weise durch die Astrologie bestätigt.
Hier schließt sich ein Kreis, denn in der Arbeit mit Astrologie offenbart sich das „individuelle Horoskop eines Menschen“ als eine weitere Ebene der synchronistischen Entsprechung. So zeigen sich in einem Horoskop – im Hinblick auf unser Thema – u. a. *zweierlei Blickwinkel.*

Der erste astrologische Blickwinkel

Jede intensive Synchronizitäts-Erfahrung eines Individuums – eingebettet in dessen lebendige Lebenszusammenhänge – kann für den angegebenen Erlebens-Zeitpunkt als symbolische Widerspiegelung im Horoskop dieser Person „nachgelesen“ werden. Dabei werden die aktuellen Planeten-Konstellationen vom Zeitpunkt des Ereignisses mit den individuellen Planetenkonstellationen vom Geburts-Moment dieser Person in Beziehung gesetzt. Das planetare Wechselspiel der beiden Zeitpunkte unterliegt bestimmten astrologischen Regeln, und die offenbaren symbolkundigen Astrologen wie in einem „gleichnishaften Bilderbuch“ sowohl das synchronistische Geschehen selbst als auch die innere archetypische

Bedeutung, die dieses Geschehen für die entsprechende Person hat – also dessen *Sinn*.
Somit ist die Ebene der Planeten und ihrer Konstellationen – und damit auch das Horoskop – ein zusätzlicher „synchronistischer Niederschlags-Ort" für alle wichtigen Geschehnisse im Leben einer Person. Denn die Planeten-Ebene existiert einerseits außerhalb der erlebten Subjektivität dieses Menschen, sie steht aber andererseits in zeitlicher und archetypisch inhaltlicher Korrelation mit dem subjektiven Erleben dieser Person, und zwar „a-kausal". Dies soll an einem Fallbeispiel verdeutlicht werden.

Fallbeispiel Nr. 1:
Bundeskanzlerin Angela Merkel –
„Abhören unter Freunden, das geht gar nicht!"

Mit dieser Geschichte greife ich einen prägnanten Zeitpunkt im Leben und in der Karriere-Laufbahn von Angela Merkel heraus. Mir geht es darum, einen *verdeckten Daseins-Hintergrund* einsehbar zu machen und diesen mit verschiedenen – uns bekannten – Daseins-Ebenen zu verknüpfen.
Im Juni 2013 enthüllte der Wistle-Blower Edward Snowden, dass sich der amerikanische Geheimdienst NSA mit seinen technischen Mitteln weltweit Zugang zu den Serverdaten fast aller großen Internet-Konzerne verschafft hat und alle nur möglichen Daten – sowohl wahllos als auch ausgewählt – in x-milliardenfacher Weise auf seine gigantischen Computer „saugt". Global und flächendeckend wurden/werden sowohl die private Bevölkerung als auch Wirtschafts- und Regierungs-Institutionen und deren Vertreter systematisch abgehört – ebenso die eigene Bevölkerung.
Empörung und Angst machte sich rund um den Globus breit und das, was im Allgemeinen als Skandal und Affäre betitelt wurde, scheint mir doch eher den Charakter eines „massiven Einbruchs in die Kultur-Entwicklung des Menschen" zu haben, dessen Privat-Sphäre möglicherweise für immer verloren gehen könnte.
Die Bundesregierung Deutschland unter Angela Merkel hatte das Thema über Monate „kleingeschwiegen" und verharmlost – wohl ahnend, dass der Bundesnachrichten-Dienst nicht abgelöst von diesen Vorgängen zu sehen ist –, weil wir unseren großen Verbündeten Amerika nicht „vergrätzen" wollten. Auch das Image einer „freien und demokratischen Werte-Gemeinschaft" drohte, großen Schaden zu nehmen, und man versuchte zu retten, was zu retten war – zumindest in der oberflächlichen Image-Pflege. Den vielfachen Rufen nach Aufklärung seitens von Bürgerrechts-Bewegungen, Medien oder anderer Parteien wurde entweder Widerstand entgegengesetzt oder man entsprach ihnen nur halbherzig und formhalber.
Aufgrund von Recherchen des Wochen-Magazins *Spiegel* kam man dann Mitte Oktober 2013 an amerikanische Geheimdienst-Unterlagen heran, in denen Merkels Telefonnummer in Verbindung mit Abhör-Aktivitäten auftauchte. Am 18. Oktober teilte die Spiegel-Redaktion diese Information dem Bundeskanzleramt mit und machte deutlich, dass dieses Thema in der nächsten *Spiegel*-Ausgabe am 25. Oktober der Titel-Aufmacher sein würde. Das Kanzleramt seinerseits wollte den

Vorgang erst einmal prüfen. Am 23. Oktober bestätigte aber auch das Kanzleramt die Richtigkeit dieser Information.
Durch den Druck der angekündigten Enthüllungen war Merkel bestrebt, ihr eigenes „coming out" nicht der *Spiegel*-Veröffentlichung hinterher hinken zu lassen. So offenbarte sie sich ihrerseits das erste Mal öffentlich auf dem Brüsseler EU-Gipfel mit der – für sie – unangenehmen Tatsache, „dass sie selber – von unseren Freunden – abgehört wurde". Der Gipfel begann abends am 24., und Merkel machte am 25. Oktober um ca. 2 Uhr morgens (also nachts) diese Ungeheuerlichkeit selber im großen Kongress-Saal vor der gesamten europäischen Polit-, Kultur- und Wirtschafts-Elite öffentlich.
An diesem Morgen und in diesem Kontext ereignete sich überraschenderweise aber noch ein Synchronizitäts-Geschehen, das dermaßen prägnant war, dass es unzähligen Menschen in dieser Welt via Massen-Medien vor Augen geführt wurde – unabhängig davon, was es dann bei jedem Einzelnen innerlich auslöste.

Die materielle Daseins-Ebene und ihre synchronistischen Entsprechungen
Dieses Thema, das die *Gemüter* der Gipfel-Teilnehmer zeitweise dominant beherrschte – nämlich die „Geheimdienst-Affäre" – hatte sich selbst zusätzlich noch einmal auf der materiellen Daseins-Ebene sinngemäß (synchronistisch) widergespiegelt:
Wie die öffentlichen Medien berichteten, wurde Merkel (eine halbe Stunde vor ihrer Öffentlichmachung) mit einer Limousine vor das EU-Gebäude vorgefahren, die das belgische Kennzeichen 007 trug, d. h. die Agentennummer von James Bond – der Kosmos ließ grüßen – und zeigte dabei sogar noch seine humoristische Seite (aber sicherlich nicht für Frau Merkel).
An Frau Merkel „haftete also etwas an", etwas sehr Kraft- bzw. Machtvolles, das sie aber monatelang nicht wahrhaben wollte und nun eine gewisse Eigendynamik – jenseits ihrer eigenen bewussten Intentionen – entfaltete (Jung spricht in solchen Zusammenhängen vom *Autonomie-Charakter der Archetypen*). Woran ich das festmache, werden wir in den nächsten Abschnitten noch sehen.
Solche Bilder bzw. Geschehnisse zeigen – hier in Merkels besonderem Fall –, dass dieses sehr aktuelle weltpolitische Thema „der Geheimdienst-Tätigkeiten" damals *nicht nur ein objektiviertes Sachthema war,* mit dem sie als Kanzlerin der Bundesrepublik Deutschland zwangsläufig umzugehen hatte. Das allein würde dem hiesigen kosmischen Blickwinkel auf diese unsägliche Geschichte nicht gerecht werden. Nein, es war ebenso *ihr ganz eigenes inneres Thema*, mit dem sie zu diesem Zeitpunkt konfrontiert wurde – bewusst oder unbewusst.
Um mit mehr Licht in die hintergründigen Wirkmechanismen der „Einen Welt" hineinleuchten zu können, zeige ich nun noch eine weitere Ebene synchronistischer Entsprechung auf, die ebenso mit dem „geheimen Abhören von Merkels Telefon" zu tun hatte.

Die Planeten-Ebene und ihre synchronistische Entsprechung
Die Planeten-Ebene existiert außerhalb des subjektiven Innenlebens und gehört der materiellen Daseins-Schicht unserer Erscheinungs-Welt an, auch wenn sich

diese Materie-Teile nicht auf unserer Erde befinden, sondern am Himmel ihre Bahnen ziehen.

Auch auf dieser Ebene „spiegelt“ sich alles Weltgeschehen in synchronistischer Weise – sowohl die Subjektivität menschlicher Innen-Erfahrungen als auch alle objektiven Vorgänge in der erlebbaren Außenwelt.

Deshalb sind auch die Planeten in diesem Kontext ausschließlich als ein „synchronistischer – also sinn- und gleichnishafter – Spiegel“ des untersuchten Geschehens zu verstehen. Sie sind also nicht die „wirkende Ursache aller schöpferischen Vorgänge“, da sie der materiellen Domäne angehören und nicht der spirituellen oder geistigen. Somit sind ihre einzigen „Einflüsse“ generell ebenso nur von rein physikalischer Natur.

Die hervorragende Bedeutung der Planeten für die Astrologie liegt jedoch in ihrer Funktion als „Zeiger einer Welten-Uhr“ (Steiner). Die Planeten *zeigen* also etwas an, *tun* aber sonst nichts.

Für das Erleben Angela Merkels zur Zeit der „Abhör-Affäre“ stellt sich die Spiegelung auf der Planeten-Ebene so dar:

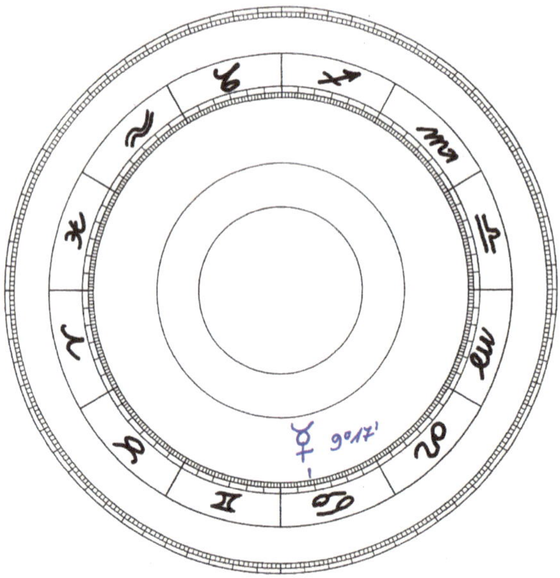

Graphik 1/1
Ausschnitt Geburts-Horoskop
*Angela Merkel *17. 7. 1954*

Diese Graphik zeigt einen kleinen Ausschnitt aus dem Geburts-Horoskop (Radix) von Angela Merkel.

Sie sehen den Tierkreis und ansonsten noch den Planet Merkur (☿), so wie er zum Zeitpunkt von Merkels Geburt – am 17. 7. 1954 – am Himmel gestanden hatte, nämlich auf 9° 17' (sprich: 9 Grad, 17 Bogenminuten) im Tierkreiszeichen Krebs (♋)[1].

Von zehn Planeten, die zu einem vollständigen Standard-Horoskop gehören, habe ich in Merkels Horoskop-Ausschnitt nur den Merkur eingezeichnet, da dieser zum Zeitpunkt der Abhör-Affäre in ihrem Horoskop in zweierlei Hinsicht eine bedeutende Rolle gespielt hatte:

Einmal steht Merkur in der Astrologie *gleichnishaft* für alle kommunikativen Prozesse, also für den Intellekt und die Sprache an sich – dazu noch für Gestik und Mimik, für Schrift und für Kommunikationsmedien im weitesten Sinne (Kugelschreiber, Foto-Apparate, Telefone, Fernseh-Anstalten, Journalisten, Presse-Verlage, Büchereien, etc.).

Zum anderen war Merkels Geburts-Merkur in seiner individuell-fixierten Position, die er in *ihrem* Horoskop innehat, zum Zeitpunkt der Abhör-Äffäre in besonderer Weise „bestrahlt", „aktiviert", „gezogen", „aufgeladen".

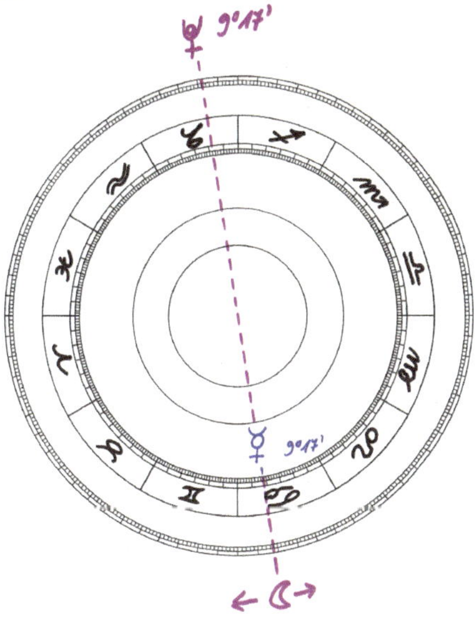

Graphik 1/2

In der zweiten Graphik habe ich zwei Zeit-Schichten – symbolisiert durch ihre jeweiligen Planetenstände – übereinander gelagert.

1 Jedes Tierkreiszeichen zählt immer 30° und die eingezeichneten Grad-Einheiten werden immer entgegen dem Uhrzeigersinn gezählt. Hinzu kommt eine Fein-Einteilung eines jeden einzelnen Grades mit jeweils noch mal 60 Bogenminuten (also 1° = 60 Bogenminuten), die natürlich optisch nicht dargestellt werden können, aber in der Arbeit mit der Astrologie ihre praktische Anwendung finden.

Im Innenkreis sehen Sie wieder die Himmels-Position des Merkurs (☿) zum Zeitpunkt von Merkels Geburt.

Im Außenkreis habe ich die Positionen des Planeten Pluto (♇) und die des Mondes (☾) eingezeichnet, so wie diese an *dem Tag* am Himmel standen, als Merkel auf dem EU-Gipfel in Brüssel das erste Mal selber öffentlich machte, dass ihr Telefon (☿) vom amerikanischen Geheimdienst abgehört wurde. An diesem Tag kam das erste Mal ihr berühmter Satz über ihre Lippen: „Abhören unter Freunden, das geht gar nicht!“

Lassen Sie dieses Bild mit nur wenigen Details ruhig einen Augenblick auf sich wirken, auch mit den angegebenen Gradzahlen. Es birgt in sich den Schlüssel zu einem großen Geheimnis unseres Daseins. Es ist eine Offenbarung, die wir im Laufe des Buches in vielfältiger Weise vertiefen werden.

Der Pluto (♇) stand nun – ca. 59 Jahre nach Merkels Geburt – am Himmel in einer absolut exakten Oppositions-Stellung zum Merkur (☿) ihres eigenen Geburts-Horoskops; nämlich ebenso auf 9° 17' – nur eben im Steinbock-Zeichen (♑) und löste damit – metaphorisch gesehen – das Merkur-Thema in ihrem Horokop aus.

Der Pluto ist am weitesten von der Sonne – und somit vom Zentrum unseres Sonnensystems – entfernt. Somit ist er mit seiner Umlaufgeschwindigkeit auch der Langsamste aller Planeten. Er braucht 248 Jahre, um einmal den Tierkreis zu durchlaufen *(im Vergleich: die Sonne braucht 1 Jahr für ihren Umlauf, der Mond nur 28-29 Tage).*

Das heißt, Pluto bewegt sich im Schnitt ca. 1° 30' innerhalb eines ganzen Jahres vorwärts und nur ca. ¼ Bogenminute pro Tag (wohlgemerkt im Schnitt). Bei dieser schleichenden Bewegung dauert – ebenfalls gleichnishaft gesehen – sein „aufladender“ Einfluss auf Merkels Merkur ca. ein ganzes Jahr (*warum ca. 1 Jahr, ist hier in der Kürze nicht darstellbar)*. Ein ganzes Jahr also war Merkel mit dieser Thematik aufs Intimste befasst, wenn auch in unterschiedlichen Manifestations-Formen und nicht nur über die Abhör-Affäre.

Aber an *dem Tag*, an dem sie auf dem EU-Gipfel damit gezwungenermaßen an die Öffentlichkeit trat – wie gesagt, würde es am nächsten Tag im Wochenmagazin *Spiegel* stehen, das hatte die Redaktion dem Kanzleramt ja bereits angekündigt –, hatten sich die Grad-Positionen bis in den Bogenminuten-Bereich hinein absolut gedeckt.

Pluto (♇) ist als Planet dem Skorpion-Prinzip zugeordnet. In der Mythologie ist er der „Herr der Unterwelt“ und symbolisiert eine Sphäre von „Geistiger Tiefendimension“. Die „Unterwelt“ ist ein „Ort von großer untergründiger einflussreicher Kraft oder Macht“. Er beherbergt alles „Dunkle“ – hier aber nicht vorrangig als das Böse verstanden, sondern als all das Dunkle, was (noch) im Verborgenen liegt, im (noch) Unsichtbaren; das, was schwer zugänglich ist: tiefere Gesetzmäßigkeiten und Zusammenhänge, unterschwellige Motivationslagen, Gefühls- und Gedankentiefe. Hier finden wir aber u. a. auch individuell und kollektiv Verdrängtes „eingekerkert“, das dann ein unkontrolliertes Eigenleben führt („Dr. Jekyll and Mr. Hyde“; „Angela Merkel und die NSA“), sowie subtiles, suggestives oder brachiales

Machtstreben, etc. So gehören auch Geheimdienste (♇) gleichnishaft zur Domäne der Unterwelt, ebenso wie u. a. auch die „urbane Unterwelt“ dazugehört – U-Bahnen, Kanalisationen, Bunker, Rotlicht-Milieu, Kriminal-Polizei, etc.

Zusätzlich sehen Sie in der zweiten Graphik noch den schnelllaufenden Mond, der täglich eine Strecke von 12° – 14° im Tierkreis zurücklegt. Am Tag von Merkels Öffentlichmachung durchwanderte er das Tierkreiszeichen Krebs (♋) und lief somit direkt über Merkels Merkur hinüber – eine zusätzliche Erweckungskraft des merkurischen Potenzials; wenn auch nicht so stark wie die des Pluto. Bei seiner extrem schnellen Umlaufzeit gleicht der Mond in seiner Wirkung einer „Eintagsfliege“ – genauer einer „Stundenfliege“ – und korreliert eher mit der Uhrzeit eines Ereignisses, das im Rahmen einer prägnanten Tageskonstellation stattfindet. Merkels Auftritt war ca. 2 Uhr morgens, also in der Nacht – ein Zeitpunkt, in dem sich die aktuelle Mondposition dieses speziellen Tages in unmittelbarer Nähe von Merkels Merkur befand.

Ableitung
Einer solche mathematische Präzision der planetaren Wechsel-Spiele im Horoskop einer Person deutet für mich darauf hin, dass ein Thema, das diese Person gerade erlebt, ihr eigenes ist – also tatsächlich ein *mit Absicht* diese Person Betreffendes ist und nicht ein durch Zufall Entstandenes. Dazu gehört auch, dass die sinnträchtige Botschaft eines synchronistischen Geschehens immer auch eine individuelle ist, die aber erst symbolisch entschlüsselt werden muss, d. h. – wie in unserem konkreten Beispiel –, dass das „in-formierte Universum“ mit seiner symbolhaften Botschaft tatsächlich Angela Merkel ganz persönlich meinte.

Die zeitliche und astronomisch-mathematische Deckungsgleichheit zwischen
– einem konkret erlebten Ereignis,
– einer aktuellen und vorübergehenden Himmels-Konstellation
und einer feststehenden Konstellation im Geburtshoroskop
ist ein Mysterium.

Lassen Sie uns das ganze Geschehen mit dem astrologischen Erkenntnis-Instrument noch genauer analysieren! Dabei wenden wir uns noch einer weiteren Daseins-Ebene zu, auf der wir ebenfalls *sinnhafte Verbindungen* zur „Abhör-Affäre (☿/♇) um Frau Merkel“ beobachten können, ohne dass wir die Art dieser Verbindung mit dem Ursache-Wirkung-Prinzip erklären können.

Die soziale Ebene und ihre synchronistischen Entsprechungen
Es waren die Redaktions-Mitglieder des Nachrichten-Magazins (☿) *Spiegel*, die Merkel – eine Woche vor ihrer Selbst-Offenbarung auf dem EU-Gipfel – darauf aufmerksam machten, dass ihr Telefon (☿) ausgespäht (♇) wurde. Vorher hatte sie (offiziell) davon nichts gewusst. Das Thema wurde also erst durch Außenwelt-Anstöße – hier sozialer Art (durch andere Personen und nicht durch materielle Symbole wie z. B. einem Auto-Kennzeichen) – in ihr geweckt.

Dieser „Weckruf" von außen kam aber nicht etliche Wochen früher oder später an sie heran, sondern dies geschah *in den Tagen*, in denen Merkels Horoskop-Auslösungen auf ihren temporären Höhepunkt zuliefen. In ihrem Horoskop war diese bevorstehende Höhepunktszeit astronomisch-mathematisch ja längst angezeigt. Das Geheimdienst-Thema, das seit Monaten ungebrochen im Mittelpunkt internationaler medialer Bericht-Erstattungen stand und von der Kanzlerin und der Bundesregierung – scheinbar aus loyalem Kalkül „unseren amerikanischen Freunden" gegenübe in öffentlichen Diskussionen beflissentlich ignoriert und verharmlost wurde, ließ sich nun auch von Merkel nicht mehr „verbergen". Nun hatte es sie – pünktlich zum „kosmischen Timing" – selbst erwischt. Die Kräfte-Wirkungen des aktuellen Pluto-Übergangs über ihren Geburts-Merkur hatten sie archetypisch „überflutet".

Aber auch die Spiegel-Redakteure hatten ihre brisanten Informationen nicht allzu viel früher oder später erhalten und weitergegeben, sondern ebenso *genau zu der Zeit,* in der sich Merkels Merkur-Auslösungen rapide verdichteten. Sie haben also – ohne es selbst zu wissen – in synchronistischer Weise im Einklang mit den astronomisch-mathematischen Verwobenheiten in Merkels Horoskop gehandelt und waren auf der sozialen Ebene „Zubringer und Erfüllungsgehilfen in kosmischer Funktion".

Ja, ich meine es ernst! Aus der Perspektive der „astrologischen Wirklichkeit" sind selbst Spiegel-Redakteure – wie alle anderen Menschen auch – an das unbewusste „ALLWISSEN" angeschlossen. In der „EINEN WELT" bleibt kein gewichtiges Geschehen allein und isoliert auf eine einzelne Ereignis-Ebene beschränkt – sei es bezogen auf das Innen-Erleben eines Individuums, auf soziale Interaktionen oder auf die Sach-Ebene einer sogenannten objektivierten Außen-Welt.

All das, was hier für den „Noch-Laien" schier unglaublich anmuten mag, werden wir an vielen konkreten Fallbeispielen noch sehr genau miteinander studieren.

Die individuellen Erlebensformen und die Ebenen der „EINEN WELT"

In unserem ersten astrologischen Blickwinkel haben wir bisher nur über sehr prägnante Synchronizitäts-Erfahrungen gesprochen, die achtsamen Beobachtern im „Alltag" sofort „ins Auge springen". Die astrologische Wirklichkeit lehrt uns aber, dass die kosmischen Verwobenheiten viel intimer sind und *Alles* und *Jeden* umfassen.

Der zweite astrologische Blickwinkel

Dieser Blickwinkel zeigt uns nun Folgendes:

Ungeahnt viele andere Erlebens-Situationen eines Menschen – auch weniger prägnant empfundene – entpuppen sich durch das Erkenntnis-Instrument Astrologie ebenso als synchronistische Erfahrungen. Gemeint sind hier explizit all die Erlebens-Formen, die zunächst einmal gar nicht so sonderlich spektakulär beeindrucken und die man deshalb vom subjektiven Empfinden her auch nicht in eine besonders herausragende Bedeutungskategorie einordnen würde – schon gar nicht in eine synchronistische, so wie wir diese bisher kennen gelernt haben. *Dennoch, jede Erfahrung, die in irgendeiner Hinsicht wenigstens eine gewisse Bedeutung für eine entsprechende Person hat – eine, die ein klein wenig über die übliche Alltagsroutine hinausragt –, findet man im Horoskop dieses Individuums ebenso als synchronistische Entsprechung widergespiegelt.* Und das auch dann, wenn diese Erfahrungen offensichtlich „von außen" zu kommen scheinen oder von außen angestoßen werden.

So werden *alle* gemachten Erfahrungen, wenn sie auch nur halbwegs wichtig erscheinen, als Teil der eigenen individuellen Eigenart identifiziert. Über den Mechanismus „gespiegelter Resonanz" offenbaren sie sich als die eigenen – auch wenn sie von außen initiiert sind. Sie haben dann den Charakter einer „indirekten Projektion", deren durch die Astrologie sichtbar gemachte Identität weit über das allgemeine psychologische Projektions-Verständnis hinausgeht und dabei potenziell den ganzen Kosmos (alle Ebenen) mit einschließt.

Ob uns das bewusst ist oder nicht –, über das Prinzip der Synchronizität sind alle individuellen Erlebensformen potenziell mit den unterschiedlichsten Ebenen der „EINEN WELT" sinnträchtig verbunden und schlagen sich jeweils immer auf mehreren Ebenen gleichzeitig mit den ihnen verwandten Inhalten nieder.

Mit diesen Ebenen sind sowohl die Facetten gemeint, die im Individuum selbst existieren wie

- sein Körper
- seine Gefühlswelt
- seine Mentalprozesse
- seine Handlungsimpulse
- etc.,

als auch die seiner direkten physischen und sozialen Umwelt, nämlich

- Beziehungen jeder Art
- persönliche „Umfeld-Kulisse"
- Orte und Landschaften
- Tier- und Pflanzenwelt
- Materie und Materialien
- etc.,

dann ebenso die seiner gesamten kollektiven Umwelt in z. B.

- Politik und Wirtschaft
- Wissenschaft
- religiösen Strömungen
- Bildung
- Kultur
- Kunst
- Trends und Moden
- etc.

und schließlich auch jene, die das planetare Eingebundensein eines Individuums ausmachen. Letzteres zeigt sich u. a. darin, dass die jeweils aktuellen planetaren

Konstellationen, so wie sie in prägnanten biographischen Entwicklungsphasen dieser Person gerade am Himmel stehen, sich mit den individuellen Geburts-Konstellationen im Horoskop eben dieser Person punktuell decken.
Anhand obiger Auflistung möchte ich – so wie ich es in der Einführung schon getan habe – noch einmal deutlich machen, dass die planetare Ebene genauso zu den synchronistisch gespiegelten Ebenen gehört wie alle anderen aufgelisteten Ebenen auch.

Die astrologische Bedeutung der Planeten

Die Planeten sind in meinem Astrologieverständnis – und ebenso in dem einer Vielzahl anderer Astrologen – nicht die ursächlich wirkenden kosmischen Kräfte. Sie gehören vielmehr der Welt der Erscheinungen an und sind dabei genauso nur äußerlicher Ausdruck der archetypischen Kräfte.
Die *UR-Bilder bzw. Archetypen* – die anordnenden und gestaltenden Muster – dagegen gehören einer „rein geistigen Welt" an, die noch hinter den Erscheinungen liegt – also auch noch hinter den Planeten. Sie sind nach Platon die „EWIG UNWANDELBAREN" (jenseits von Zeit und Raum).

Hier sind wir an einem neuralgischen Punkt angekommen:
Einerseits versuche ich deutlich zu machen, dass jedes Erleben in dieser Welt – individuell und kollektiv – an den planetaren Konstellationen abzulesen ist. Andererseits spreche ich den Planeten – über ihre rein physikalisch-begrenzten Eigenschaften und Einflüsse hinaus – keine ursächlich wirkenden Kräfte im Sinne differenzierter astrologischer Deutungsmöglichkeiten zu.

Die hervorragende astrologische Bedeutung der Planeten liegt somit ausschließlich in ihrem Symbolwert. Ihre wechselnden Konfigurationen bilden gleichnishaft den Fluss der sich wandelnden archetypischen Kräfte-Qualitäten ab, so wie diese aus dem transzendenten Hintergrund des „SEINS" in die „Sphäre der Zeit und des Raumes" – in das „Da-Sein" – hineinwirken.

Dies werden wir in den folgenden Abschnitten weiter untersuchen. Zunächst aber bleibt folgendes *Fazit*:
Unterhalb der „Schicht kausaler Weltwahrnehmung" läuft alles synchronistisch ab, und die intensive Auseinandersetzung mit der Astrologie macht zunehmend sensibel für diesen Wirklichkeits-Aspekt.

Wie wir schon gesehen haben, ist das spontane und vitale Erleben der Synchronizität nicht zwangsläufig vom Medium Astrologie abhängig. Ich selbst habe in meinem 28. Lebensjahr[2] zum ersten Mal bewusst – und dann immer wieder und in unterschiedlicher Intensität und Häufigkeit – ganze Serien solcher Erfahrungen gemacht. Sie haben mich wunderlich fasziniert, teilweise aufgewühlt und manche

---

2 zum Zeitpunkt des Verfassens dieses Buches war der Autor 67 Jahre alt.

auch zutiefst erschüttert. Auf der innerlich drängenden Suche nach Antworten bin ich überhaupt erst auf die Astrologie gestoßen.[3]
Auch unzählige andere sensitive Menschen – ob berühmt oder nicht und durch alle Zeiten hindurch – haben ein inneres „Wahrnehmungs-Organ" für diese Art von Weltverhältnissen entwickelt.

In der Neuzeit war es u. a. Arthur Schopenhauer, der sich – ebenfalls unabhängig von der Astrologie – in das Thema vertiefte. Schopenhauer, der das Leben und die Welt in erster Linie deterministisch sah, sprach – im Hinblick auf derartige Parallelereignisse – dem Schicksal eine „Absicht" zu.
C.G. Jung, der die Freiheit des Individuums stark betonte und sie mit dem Schicksalhaft-Gegebenen des Menschen in eine bewusste Balance zu bringen versuchte (diese Balance spielt auch in meiner Arbeit eine entscheidende Rolle), erforschte das Rätsel der Synchronizität in den ersten Jahrzehnten des 20. Jahrhunderts zusammen mit dem Quantenphysiker Wolfgang Pauli. Über seine vielen spontanen und ganz persönlich-vitalen Erfahrungen mit diesem Phänomen war Jung gleichzeitig auch bekennender Kenner der Astrologie. Er sprach in diesem Zusammenhang von „sinnvollen Koinzidenzen a-kausaler Art" – also von einem „sinnvollen Zusammentreffen nicht-ursächlicher Art", von einem „sinnvollen Parallel-Geschehen". Wilhelm von Scholz nannte es die „Anziehungskraft des Bezüglichen".

Die Reflektionen über dieses Phänomen reichen aber bis in die Antike Ägyptens und Griechenlands zurück, wo sie insbesondere in der Hermetischen Philosophie ihren hervorragenden Niederschlag fanden. Man sprach vom „Prinzip der Entsprechung" und stellte den Grundsatz auf:
„Wie oben, so unten; wie unten, so oben." (*Kybalion*)
Es gibt noch andere Varianten der gleichen Art, die sich ebenso auf die Verhältnisse des Raumes beziehen. Diese sind: „Wie innen, so außen; wie außen, so innen", „Wie im Kleinen, so im Großen; wie im Großen, so im Kleinen".
Und ebenso findet dieser Grundsatz in Bezug auf zeitliche Verhältnisse sein Äquivalent, wenn man in Anlehnung an die Tabula Smaragdina des Hermes Trismegistos sagt: „Was war, ist wie das, was sein wird, und was sein wird, ist wie das, was war, um die Wunder der Ewigkeit zu vollbringen."[4]
Die Bestätigung für die Wahrheit dieser letzten Aussage erfahren alle astrologiekundigen Menschen ganz real im immer wiederkehrenden Erleben, dass die Planetenkonstellationen individueller Geburtshoroskope, die in den unterschiedlichsten biographischen Entwicklungsphasen der betreffenden Personen bestanden, ihre Gültigkeit behalten, wenn man sie mit den jeweils aktuellen und ganz realen Planetenkonstellationen in eine Wechselbeziehung setzt. Durch diese experimentelle Wechselbeziehung kommt man noch immer zu höchst fruchtbaren Erkenntnissen – und das, obwohl die Geburtskonstellationen zu diesen späteren

---

[3] vgl. Teil I Kapitel 7 „Wie die Astrologie zu mir kam".

[4] so Anonymus d'Outre-Tombe in: *Die Großen Arcana des Tarot. Meditationen,* Basel[3] 1993, S. 13.

Zeiträumen gar nicht mehr real existieren, sondern nur noch als Informationen in der Akasha-Chronik für immer „eingestanzt“ sind (siehe Fallbeispiel Angela Merkel und alle noch folgenden).
Auch die alten Hermetiker sahen in diesen Beschreibungen das Wirken eines universellen Gesetzes, *„...das als Prinzip auf den verschiedenen Ebenen des materiellen, des geistigen und des rein geistigen Universums gleichzeitig in Erscheinung tritt. Es galt als eines der wichtigsten geistigen Werkzeuge, mit denen der Mensch die Hindernisse beiseite räumen konnte, die das Unbekannte dem Blick entzogen. Seine Anwendung zog sogar den Schleier der Isis so weit beiseite, dass man für einen Augenblick das Antlitz der Göttin erblicken konnte.“* (Kybalion)
Das „Prinzip der Entsprechung“ wurde u. a. auch deshalb von der Astrologie durch die Jahrhunderte und Jahrtausende weitergetragen, weil dieses „geistige Werkzeug“, zusammen mit den Archetypen ihr eigentliches geistiges Fundament darstellt. Aber auch andere „Träger“, die der Astrologie in einigen Grundzügen wesensverwandt sind – z. B. die Alchemie und alle divinatorischen bzw. mantischen Verfahren wie Chiromantie, das chinesische Buch der Wandlungen *I Ging,* der Tarot etc. –, sind mit dem Prinzip der Entsprechung aufs Engste verbunden.

Der transzendente Ursprung grundlegender Schöpfungs-Kräfte

„Wenn Alles im ALL ist, so ist es in gleicher Weise wahr, dass das ALL in Allem ist. Derjenige, der diese Wahrheit richtig versteht, hat ein großes Wissen erlangt.“
Kybalion

In der gesamten überschaubaren Entwicklungs-Geschichte der Astrologie – von der Jahrtausende alten Erfahrungs-Disziplin bis zur Gegenwart – gibt es breite Strömungen, die die eigentliche Quelle der Archetypen im „ÜBER-WELTLICHEN“ vorfinden.
Meine eigenen unzähligen direkten und lebendigen astrologischen Erfahrungen haben mich – ungeachtet der vielen möglichen auch ideologischen Gesichtspunkte – in organischer Weise zu folgender für mich zweifelsfreien Erkenntnis geführt:
Ohne die Einbeziehung der Existenz eines ALLWISSENS, einer ALLGEGENWART und der einer ALLMACHT sind die substanziellen Erfahrungen, die sich durch die Arbeit mit der Astrologie einstellen, nicht erklärbar.
Und diese substanziellen Erfahrungen sind nicht solche, die ideologisch begründet sind, sondern sich durch die praktische Arbeit mit der Astrologie „ganz von allein der Bewusstheit aufdrängen“.
Deshalb fühle ich mich über meine astrologische Arbeit u. a. auch mit bestimmten Traditionen verwandtschaftlich verbunden, die ich im folgenden beschreibe. In ihrer „GANZHEITS-Schau“ sind sie hilfreiche Brücken zur angemessenen Einordnung der „innersten Wesenhaftigkeit der Kräfte“, deren „Wirkungen in der Welt der Erscheinungen“ von der Astrologie beschrieben werden.
Platon sprach in einem übergreifenden Sinne von „Ur-Bildern“ und sah sie jenseits aller Erscheinungen – selbst jenseits allen Denkens – in der rein geistigen „Ideen-Welt“ angesiedelt. Für ihn sind die Ur-Bilder das „EWIG VOLLKOMMENE“, das

„WAHRHAFT SEIENDE", und er assoziiert damit eine nicht-personale „Göttliche Sphäre" – einen göttlich-schöpferischen Ur-Grund. Die unwandelbaren Ur-Bilder sind für ihn erst die Ursache für die „sichtbare Welt" (inkl. der Planeten; Anm. d. Verf.). Ohne die Ur-Bilder würde die sichtbare Welt gar nicht existieren. Die wahrnehmbaren Dinge hingegen sind nur flüchtige, unzulängliche Abbilder. Je größer aber die Teilhabe (methexis) der „Dinge" an den Ideen ist, je mehr die „Dinge" die Ideen nachahmen, umso schöner, umso besser sind sie. *(Spierling)*

„Zwei Dinge sind es, die zum Glauben an die Götter führen: Das eine ist die Erkenntnis, dass die Seele das Ursprünglichste von allem ist, was überhaupt am Werden Anteil hat, dass sie nicht stirbt und vor allen Körpern und über alle Körper herrscht. Und das andere ist die schöne Gesetzmäßigkeit in der Bewegung der Gestirne und in allen naturbedingten Bewegungen wie in der Musik der schwingenden Saiten." *(Platon)*

„Auf den feinsten Ebenen der Schöpfung, an der 'Nahtstelle zwischen Zeit und EWIGKEIT'" siedelt Maharishi Mahesh Yogi die „Heimstätte aller Naturgesetze" an. Obwohl der Maharishi selber studierter Physiker war, ragt sein Verständnis des Begriffs „Naturgesetze" weit über eine nur rein materielle Weltbetrachtung hinaus und berührt ebenso die spirituelle Dimension – macht diese zur Grundlage allen Weltgeschehens.

Im „REINEN BEWUSSTSEIN" sieht er die Quelle allen Daseins. „Das *Sein* ist ein grenzenloser Ozean des Lebens – außerhalb von Zeit, Raum und Kausalität. Die verschiedenen Schöpfungs-Aspekte sind wie kleine und große Wellen an der Oberfläche dieses riesigen Ozeans ewigen *Seins*." Laut Maharishi „gerät das *Sein* in dynamische Schwingungen, wenn es in 'rückbezogener Weise mit sich selbst interagiert'. Dabei entstehen 'Ur-Klänge' (Vedische Klänge) verschiedenster Qualität, die gleichzeitig die grundlegende Struktur all der Gesetze bilden, welche sämtliche Aktivitäten im Universum steuern".

„'Ur-Klänge' sind keine Laute, die das menschliche Ohr direkt hören kann. Sie sind vielmehr Klänge, die das *Sein* erzeugt. Voll in sich selbst erwacht und vollkommen *Eins* mit dem Bereich reinen *Seins* erfahren die Rishis (die Seher), wie die Klänge des Veda spontan in ihrem eigenen unbegrenzten Ozean des Bewusstseins erscheinen." *(Morris)*

Diese „Nahtstelle zwischen Zeit und EWIGKEIT" – wie Maharishi sie nennt – wird in anderen spirituellen Traditionen auch „Kausal-Ebene" genannt – „die erste bzw. subtilste ursächliche Ebene aller Schöpfungsprozesse".[5]

Wir sprechen in der Astrologie von Archetypen, Gestalt-Kräften, kosmischen Prinzipien oder astrologischen Grund-Kräften, und ich meine damit vor allem „Gestaltungs-Potenziale" bzw. „Grund-Muster", die – noch jenseits von „allem Gewordenen" – in sich selbst ruhen („schwingen"), die aber „durch ihre Wirkungen

---

[5] Der Begriff „Kausal-Ebene" darf hier nicht mit den Begriffs-Zusammenhängen verwechselt werden, die wir in vorherigen Kapiteln mit dem „Kausalitäts-Prinzip" unseres mechanistischen Naturwissenschaftsverständnisses behandelt haben und bei dem alle Wirkzusammenhänge in unserer Alltagswelt ausschließlich über das Ursache-Wirkung-Denken erklärt werden können.

in die Zeit und in den Raum hinein“ die ersten Entstehungs-Impulse aus der Tiefe initiieren. Dabei hat jede einzelne Kraft für sich zunächst eine zentrale inhaltliche Ausrichtung.

Prozess des Werdens

Aber im Prozess „des Werdens“ – beim Eintreten in die Sphäre der Zeit – zeigen sich ihre Wirkungen durchaus schon in variablen Nuancen, wenn auch noch immer innerhalb der Grenzen ihrer relativ klar definierbaren inhaltlichen Eigenart, z. B. „strukturierend“ oder „auflösend“ etc. Im „Werden“ gehen die einzelnen Kräfte-Wirkungen dann aber auch noch vielerlei mögliche Mischverhältnisse mit den jeweiligen anderen Kräfte-Wirkungen ein, die sich im fortwährenden Fluss der Zeit – von Moment zu Moment – immer wieder anders variieren – sich im Zusammenwirken immer wieder neu modifizieren.
Auf diese Weise werden aus den „relativ klar umrissenen Grund-Mustern der Tiefe“ die „unendlich vielgestaltigen Formen der Oberfläche“, wenn sie als „Gewordenes“ in synchronistischer Weise auf allen Daseins-Ebenen gleichzeitig in die Erscheinung treten (natürlich immer nur in der Variante, in der es die jeweilige Ebene zulässt – mineralisch, biologisch, psychologisch, sozial, kollektiv, planetar, etc.).

Das Modell des „Senkrechten Weltbildes“

Ich werde nun ein Modell skizzieren, um all das bisher Gesagte in ein anschauliches Verhältnis zur Astrologie zu bringen. Es ist das Modell, das ich in Anlehnung an Dethlefsen, Dahlke und Klein das „senkrechte Weltbild“ nennen möchte. Es lehrt uns, die Welt der Erscheinungen in vertikalen Analogieketten wahrzunehmen.

In der folgenden bildhaften Darstellung archetypischer bzw. astrologischer Grundkräfte werde ich – der Einfachheit halber – statt der zwölf nur vier verschiedene, x-beliebig-gestaltete, Bildsymbole verwenden.

In der oberen Reihe stehen alle Gestaltkräfte im Zustand der „Un-Bewegtheit“ – jenseits von Zeit und Raum – in einer perfekten Ordnung miteinander. Ihre Inhalte (Qualitäten) sind nur virtuell – noch immer unmanifest.

Zeit und Raum zeichnen sich jedoch durch Bewegung aus. Durch Bewegung geraten die archetypischen Potenziale aber auch aus ihrer perfekten Gleichgliedrigkeit heraus und gehen nacheinander ständig wechselnde Mischverhältnisse (Un-Gleichgewichte) in unendlicher Variabilität ein. Auf diese Weise können sich die Kräfte und ihre Qualitäten gegenseitig modifizieren und differenzierter in die Erscheinung treten (untere Darstellung). Die unermessliche Vielfalt der Schöpfung entsteht und vergeht – von Moment zu Moment, in kürzeren und längeren spezifisch-qualitativen Zeitabschnitten.
Verschiedene Zeitabschnitte – egal ob damit Zeit-*Räume* oder Zeit-*Punkte* gemeint sind – sind also inhaltlich nie identisch, sondern immer verschieden. Die alten Griechen sprachen vom „Kairos", wenn sie die inhaltliche Qualität eines Zeitabschnitts meinten, also seine spezifische Bedeutung. Und sie sprachen von „Chronos", wenn sie den quantitativen Aspekt der Zeit meinten, also die Anzahl und die spezifische Länge der einzelnen Zeit-Einheiten – den Zeit-Takt. Der „Kairos eines Moments" aber setzt sich immer aus der Summe aller Kräfte zusammen, so wie diese sich gerade in individualisierter Verhältnismäßigkeit zueinander konstellieren.

Moment A

Moment B

In der obigen Darstellung sehen Sie noch eine andere Zeit-Variante. Mit dieser möchte ich deutlich machen, dass die Inhalte eines Moments, sich immer in „allgegenwärtiger" Weise manifestieren. Sie herrschen – für den gemeinten Zeitabschnitt – im gesamten Kosmos vor und wirken mit ihrer besonderen Färbung auf alle existenten relativen Daseins-Ebenen gleichzeitig bzw. synchronistisch ein. Und dort prägen sie das jeweilige „Ebenen-spezifische Gegenwartsgeschehen". Jede temporär bedingte Zeit-Qualität zieht sich in ihrer „ALLGEGENWÄRTIGKEIT", also „senkrecht" durch alle Erscheinungs-Ebenen hindurch.

An dieser Stelle möchte ich noch einmal die simpel anmutende Formel der Hermetischen Philosophie anführen: „Wie oben, so unten. Wie unten, so oben." Das soll deutlich machen, dass die Planeten zur Welt der Schöpfung gehören wie die anderen Ebenen auch. Ihnen selbst wohnt also keine göttliche Schöpferkraft im Sinne des „All-Wissens", der „All-Macht" und der „All-Gegenwärtigkeit" inne.

Moment C

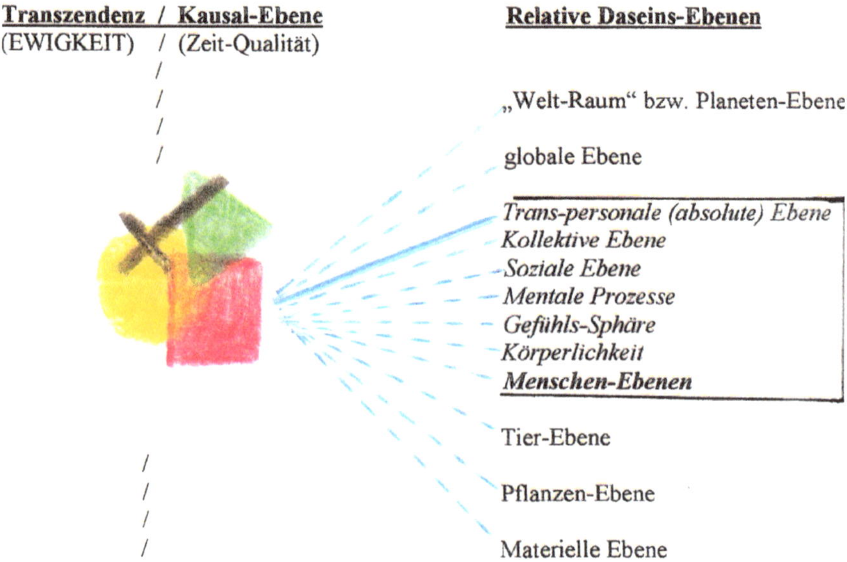

Wie wir in der oberen Graphik deutlich sehen, steht die Ebene der Planeten „im Verhältnis der Entsprechung“ zu all den anderen Schöpfungs-Ebenen und nicht außerhalb von ihnen – also „*Wie* oben, *so* unten“ – und nicht in einem Kausal-Verhältnis. Deshalb heißt es hier auch nicht „*Weil* oben, *deshalb* unten“.
Da aber alle Ebenen – in Hinblick auf ihre zeitabhängige archetypische Aufladung – immer „in Entsprechung zueinanderstehen“, ist es dem „symbolkundigen Auge“ möglich, von der Wahrnehmung eines Geschehens auf der *einen* Ebene, Rückschlüsse auf ein ähnliches Geschehen auf einer *anderen* Ebene zu ziehen (Synchronizität). In Hinsicht auf diese möglichen Rückschlüsse aber gibt es dennoch eine Eigenschaft, die die Planeten-Ebene im Besonderen – gegenüber den anderen Ebenen – auszeichnet. Das ist ihre Berechenbarkeit – ihre schier unglaubliche Präzision, mit der sie die „zeitliche Fälligkeit eines inhaltlichen Themas“ anzuzeigen in der Lage ist.

So sind die Planeten, die *„Zeichen am Himmel“*, keine Macher. Sie sind ein sinnbildliches, ein synchronistisches kosmisches Kommunikations-System; „Werkzeuge zum Verstehen“; ein „Gnadengeschenk der Gottheit“.
Das einzig Kausale (in diesem Zusammenhang) ist das *SEIN*, das „EWIG VOLLKOMMENE“, eine „immaterielle Welt der reinen Information“. Es ist der „FORMLOSE GEIST“, der die „anordnenden und formgebenden Kräfte“ (Archetypen) hervorbringt, ihre Wirkungen dann in die Zeit entlässt, mit ihnen die Welt der Erscheinungen kreiert und diese dann vollständig durchdringt.

Ja, „durch*dringt*“; tatsächlich auch *durch*dringt – wahrnehmbar bis in feine Alltagsschattierungen hinein, *sodass man – unter vielem anderen – sogar hören kann, wie dem Dichter gerade die Worte über die Lippen fließen, die einem gegenwärtigen Kairos entsprechen.*
Oder was ist es, was eine Frau – die nichts von Astrologie versteht – zu folgender Handlung veranlasst (?):
Sie plant eine Reise in die USA nach ganz eigenen rationalen Gesichtspunkten – in Koordination mit der ihr möglichen Urlaubszeit – und kauft vier Monate vor Reisebeginn ein Flugticket mit dem Abflugdatum, das taggenau eine passende archetypische Zeit-Qualität (Kairos) für ein solches Unternehmen in ihrem Horoskop anzeigt.
Ohne sich dessen bewusst zu sein, flicht sie ihre Entscheidungen und Handlungen in eine schon bestehende kosmische Ordnung mit ein.

Wenn solche und ähnliche Erfahrungen nicht Einzelbeispiele sind, sondern regelhafte Kontinuität in unendlicher Variabilität – egal bei wem – dann ist das „ALLWISSEN“ eine „ALLGEGENWÄRTIGE“ Wirklichkeit. Auch in uns, in uns allen. Wir alle haben Anteil am „ALLWISSEN“. Ja, wir alle *sind* „ALLWISSEND“ – wir wissen es nur nicht.
Und wir sind eingebunden – in das *Sein* und in die Gesetze des Werdens – in den *Sinn*. Ob wir uns dessen bewusst sind oder nicht: Aufgrund dieser Wirklichkeit besteht ein wichtiger Teil unser aller Lebensaufgabe darin, uns immer wieder aufs Neue zwischen unserem „Geschick“ und unseren – ebenso gegebenen – Willenskräften auszubalancieren.

Astrologie ist somit ein mögliches Medium, um in zuverlässiger Weise die tatsächliche Durchdringung der „GÖTTLICHEN DIMENSION“ durch alles Weltliche hindurch „sichtbar“ zu machen. „Starke Worte“, ich weiß – aber:

Astrologische Wirklichkeit
verifiziert man daran, dass dann die Dreiheit von
- vertrauter archetypischer Symbolik,
- mathematisch-zeitlicher Präzision der Planeten
- und den erlebten inneren und/oder äußeren Erscheinungen
in wacher Bewusstheit „zu einem Guss“ miteinander verschmelzen.

Lassen Sie mich das bisher Beschriebene noch einmal anhand einer Tabelle deutlich machen. Thorwald Dethlefsen – Mystiker, Astrologe und Re-Inkarnations-Therapeut – fragte auf einem seiner Vorträge das Publikum sinngemäß, „...was denn der gemeinsame Oberbegriff für die Bezeichnungen Ameise, Känguru, Kaninchen und Jagdhund wäre?“.
Das sind natürlich „Tiere“ und die Frage konnte von jedem sofort beantwortet werden. Unmöglich war es den allermeisten Besuchern (Astrologen mal ausgenommen), einen Oberbegriff für die Bezeichnungen Ameise, Polizist, Zen-Meditation und Knochen zu finden.

Die Antwort lautet „der Planet Saturn“, der hier in unserem Kontext als symbolischer Repräsentant (Stellvertreter) eines Ur-Prinzips verstanden werden will. Und diese Antwort ist in der Unterscheidung zwischen dem „Waagerechten und dem Senkrechten Weltbild“ zu finden (so wie es unten dargestellt ist).
Im *„Senkrechten Weltbild“* existieren astrologisch-definierte „Ur-Prinzipien“, von denen spezifische Analogieketten abgeleitet werden können, die sich senkrecht durch alle Daseins-Ebenen hindurch ziehen.
Alle transzendenten UR-Prinzipien werden in der Astrologie von den Planeten als ihre irdischen Haupt-Stellvertreter repräsentiert.

	Saturn	**Uranus**	**Mond**	**Mars**
Tiere	Ameisen	Känguru	Kaninchen	Jagdhund
Berufe	Polizist	Pilotin	Koch	Sportler
Meditations-Formen	Zen	Lach-Meditation	Phantasie-Reisen	Dynamische Meditation
Körperorgane	Knochen	Nervensystem	Magen	Galle
Musik-Richtungen	Klassik	Free-Jazz	Volksmusik	Marschmusik
Planeten	Saturn	Uranus	Mond	Mars

In dieser Graphik nehmen die Planeten in der oberen Reihe zunächst einmal eine hervorragende Position ein – aber ausschließlich nur deshalb, weil sie für unseren gegenwärtig ausgewählten Zweck eine vorübergehende repräsentative Funktion als praktisches Arbeits-Werkzeug einnehmen sollen. Als einzelne Repräsentanten eines jeweiligen Ur-Prinzips stehen alle Planeten symbolisch für eine senkrechte Analogiekette, die sich durch die unterschiedlichsten Manifestations-Ebenen durchzieht. Dabei ist der Planet *Saturn* irdischer Repräsentant einer Ur-Kraft, die strukturgebend ist, die die Schaffung von Ordnungsmustern anregt, die Disziplin, Ausdauer und Stabilitäts-Impulse freisetzt – „Gesetze“ etabliert:
Ameisen sind fleißig, diszipliniert und leben in einem hochgradig organisierten Staat.
Polizisten arbeiten auch für den Staat, sorgen für die Einhaltung der Gesetze und damit für geordneten Ablauf des kollektiven Miteinanders.
Zen ist eine Meditationsform und entspricht einer spirituellen Geistesrichtung, bei der sehr viel Wert auf Disziplin gelegt wird.
Knochen sind die Körper-Organe, die uns Halt und Stütze geben – sind also strukturgebend.

Klassik – ob in der Musik, im Tanz oder sonst wo – ist im allgemeinen Ausdruck von tragenden Werten, von Stabilität, Disziplin und (oftmals konventioneller) Ordnung.

Zusammenfassend sei noch mal gesagt:
Von den subtilsten Sphären in Zeit und Raum ausgehend, (*„Kausal-Ebene" in diversen Traditionen*) durchpulst eine bestimmte Art von Zeitqualität – eine temporäre Mischform verschiedener Ur-Bilder – alle unterschiedlichen Schöpfungs-Schichten gleichzeitig. Auch wenn diese Ebenen untereinander einen völlig anderen Charakter haben, so wie z. B. die materielle Ebene oder die Gefühls-Sphäre eines Menschen, so spiegelt dabei jede dieser Ebenen auf ihre eigene mögliche Art ein ähnlich gelagertes inhaltliches Geschehen wider – alle zu derselben Zeit.
Wir finden hier eine Nähe zum traditionellen chinesischen Denken. Die Chinesen sind weniger dazu geneigt, bei der Untersuchung von Lebens-Erscheinungen nach deren Ursache zu fragen, so wie westlich orientierte Menschen dies mehrheitlich tun. Es interessiert sie vielmehr, in wie viel unterschiedlichen Manifestationsformen ein einziges darunter liegendes Prinzip an der Oberfläche des Lebens zu erscheinen vermag.
Hier haben wir sie wieder, die Unterscheidung zwischen Tiefenstruktur und Oberflächenstruktur, die beide zusammen Eins und doch verschieden sind.
Es ist die Suche nach dem „gemeinsamen Nenner" verschiedenartiger Oberflächenstrukturen; die Suche nach dem Substrat – nach dem Archetyp der gerade „sein Spiel treibt". Denn das Finden ist nahrhaft für die Regeneration der Seele und richtungweisend für den Geist.
Der Fluss der Zeit ist Antrieb immerwährender Veränderung in den jeweiligen Inhalten der Zeitqualität von Moment zu Moment. Diese „Momente" erscheinen – abgesehen von ihren verschiedenen Inhalten – in „Einheiten" ebenso unterschiedlicher zeitlicher Ausdehnung.
Sichtbares Sinnbild für dieses unsichtbare Geschehen in den subtilsten geistigen Sphären unseres Kosmos sind die unterschiedlichen Umlaufbahnen und Umlaufgeschwindigkeiten der Planeten unseres Sonnensystems. Sie alle zusammen zeichnen eine bewegte und komplexe Bild-Symphonie an den Himmel.
Inhaltliche Qualitäten können dabei mit ihrer jeweils spezifischen Art sowohl Minuten als auch Stunden, Tage, Monate, Jahre, Generationen umfassen – bis hin zu ganzen Zeitaltern – und sind in Form einer Summe von komplexen Einzelrhythmen ineinander verschachtelt. In ihnen spiegelt sich die Komplexität unserer Welt wider – auf allen Daseinsebenen gleichzeitig.

2. DIE VIELSCHICHTIGKEIT UND VIELBEDEUTIGKEIT ASTROLOGISCHER BZW. ARCHETYPISCHER SYMBOLE

„Diesseits der Quantenphysik verlangen naturwissenschaftliche Methoden Eindeutigkeit. Die Weisheit der Träume aber lässt sich nicht vermessen."

Einstieg in die astrologische Praxis

Die Astrologie definiert *zwölf archetypische Grund-Kräfte*.

Bevor wir uns jedoch das erste Mal ihren Bedeutungs-Inhalten zuwenden, sei hier noch etwas *Grundsätzliches* gesagt:
Jede einzelne dieser zwölf Kräfte findet in der Astrologie deutungstechnisch immer gleichzeitig auf drei unterschiedlichen hierarchischen Deutungsebenen ihren Ausdruck.

Diese Ebenen sind:
- zum einen ein entsprechendes Tierkreiszeichen (siehe Erläuterung *Der Tierkreis,* Kapitel 7 im Teil III)
- zum anderen ein entsprechender Planet (siehe Erläuterung *Die Planeten* – Kapitel 8 im Teil III)
- und schließlich ein entsprechendes astrologisches Haus (siehe Erläuterung *Der Häuserkreis bzw. das Häusersystem* – Kapitel 9 im Teil III).

Wenn ich sehr bewusst davon rede, dass die kosmischen Grundkräfte von diesen drei Deutungsebenen „repräsentiert" werden, sei in diesem Zusammenhang noch einmal betont, dass die Tierkreiszeichen, Planeten und Häuser nicht die Archetypen selber sind, sondern sie stehen nur symbolhaft für diese. Sie sind sozusagen die „göttlichen Hieroglyphen", die „Schriftzeichen am Himmel", die uns über die jeweils vorherrschende archetypische Zeit-Qualität eines beliebigen Moments informieren. Alle zwölf kosmischen Grund-Prinzipien sind in TEIL III, Kapitel 12 mit ihren jeweiligen Zuordnungen von Tierkreiszeichen, Planeten und Häusern schematisch dargestellt.

Und nun wenden wir uns den Bedeutungsinhalten der archetypischen Symbole in ihrer Vieldeutigkeit zu.

Der Archetyp des „weiblich-mütterlich (er)nährenden Prinzips"

Das „weiblich-mütterlich (er)nährende Prinzip" entspricht der vierten archetypischen Grund-Kraft und ist dem Element „Wasser" zugeordnet.

Es wird in der Astrologie *repräsentiert* durch:
den *Mond* (☾) als Planet,
das Tierkreiszeichen *Krebs* (♋)
das *Haus 4* eines Horoskops

Es umfasst symbolisch:
die *Mutter* als konkrete Person und – auf einer abstrakteren Ebene – ihre mütterlichen Eigenschaften („Instinkte");
aber ebenso symbolisiert dieses Prinzip auch das *Kind* selbst und seine zu schützende Verletzlichkeit.
Ferner ist es die *Familie* ebenso wie die *Ahnen* (Herkunft, „Stammbaum")
sowie auch die *Nachbarn* (Sippe) und die *Heimat* (sowohl als Vertrautheitsgefühl als auch als geographischer Ort – atmosphärisch, architektonisch, als Landschaftsform oder Mundart verstanden).
Aber vor allem steht dieses Prinzip u. a. auch:

Auf der psychologischen Ebene
für alle fürsorglichen, sozialen und alle persönlich gefühlsmäßigen Impulse, die Menschen haben können, egal ob sie Mann oder Frau sind;
für die Geborgenheit – diese hat viele Aspekte:
physische Nahrung;
körperliche Wärme und Berührung;
halten und gehalten-werden sowie
seelisches Genährtsein durch Gefühlswärme und Empathie.
Sie vermittelt Schutz und Wohlergehen durch fürsorgliches Aufgehoben- und Eingebundensein, auch unter Erwachsenen.
Ferner gehört das psychologisch weit verbreitete Konzept des *„Inneren Kindes"* ebenso hierzu – sowohl in seiner kreativen Bedeutung der unbefangenen Spontaneität und Spielfreude als auch in all seinen naiv unentwickelten kindlichen Anteilen, die durch nicht verarbeitete Verletzungen undifferenziert geblieben sind.

Bezüglich Eigenschaften und Tätigkeiten
für streicheln, hüten, pflegen, schützen, wickeln, lauschen, „da-sein" (für andere), aufnehmen, aushalten, backen, kochen, helfen, trösten, versorgen, „verarzten", etc.

Auf der körperlichen Ebene
im Sinne psychosomatischer Zuordnung für
Gebärmutter, weibliche Brust, Magen, Schleimhäute, Prostata (ebenfalls schleimproduzierend),
denn dieses Prinzip gehört dem Element des Wassers an.

Auf der materiellen Ebene
für Kinder-Schaukeln, Löffel (☾) als Gebrauchswerkzeuge (*sie sind „weiblich rund", halbmondförmig, und selbst Kleinkinder können sich hieran nur schwerlich*

verletzen im Vergleich zum Widder/Mars-Werkzeug, dem Messer), Baby-Puder, Dreiräder, Herd und Kochgeschirr, Schwämme, Eimer, Gießkannen, Wolle, wärmende und schützende Kleidung, Schränke, Badewannen etc. – auch das *„Nest"*, sprich das Haus, die Wohnung und ihre Inneneinrichtung bzw. ihre Innengestaltung als Ausdruck von Schutz und seelischer Geborgenheit.

<u>Auf der kollektiven Ebene</u>
für Geburtshäuser, Hebammen, Psychotherapeuten, Kitas, Krankenhäuser, Altenheime, Sozialstationen, Hotels und Restaurants, Köche (die die Öffentlichkeit bemuttern), Lebensmittelhandel, Architektur- und Baubranche („Nestbau"), Immobiliensektor, Gärtnereien, Heimatpflege, Wasserwerke, Binnen-Schifffahrt, etc.

<u>Im Tierreich</u>
u. a. für die Kuh, die Milch gibt; die Hauskatze; das friedliche Kaninchen mit seinem weichen Fell (kuschelig) und seinem immensen Vermehrungsdrang (Fruchtbarkeit) – eher Beutetier als Raubtier (wie z. B. beim Widder/-Mars-Prinzip).

<u>Bei den Metallen</u>
vor allem für das Silber (mit seinem matten Schimmer eher an das fahle Mondlicht erinnernd), während das glänzende Gold dem Löwe/Sonnen-Prinzip zugeordnet wird.

<u>Bei den Landschaften</u>
eher für vegetationsreich und fruchtbar, auch Seenlandschaft (Element Wasser) – aber nicht das unbegrenzte Meer (Domäne des Fisch-/Neptun-/Haus 12-Prinzips) etc.

Auch wenn es sich hier um eine *archetypisch weibliche* Kraft handelt, so gelten die besagten Eigenschaften und Motivationslagen in relativierter Weise und mit individuell ausgeprägten Schwerpunkten ebenso für Männer.
Anhand dieser obigen Aufzählungen wird schon das erste Mal deutlich, dass die jeweiligen Archetypen nicht nur auf der menschlichen Ebene mit ihren inhaltlichen Entsprechungen wirksam in Erscheinung treten, sondern dass ihre „Spielwiese" quasi universell ist (wir haben längst nicht alle Ebenen aufgezählt).
Damit sind wir an einem ersten zentralen Punkt angelangt, der uns schon jetzt einen Ausblick auf kommende, immer wiederkehrende verschiedenartige Varianten einer astrologischen Zusammenschau gewährt.
Mit dem astrologischen Erkenntnis-Instrument ist nämlich regelhaft zu beobachten, wie sich archetypische Erscheinungsformen einer bestimmten inhaltlichen Art auf verschiedenen Daseins-Ebenen parallel und zeitgleich überlappen.

Wenn z. B. ein Kind als Überraschung von den Eltern ein Kaninchen (☾) geschenkt bekommt, hat es gewiss eine temporäre Mond-Auslösung (*) in seinem Horoskop oder Auslösungen von Planeten, die im Krebszeichen seines Horoskops stehen bzw. Auslösungen von Planeten, die im Haus 4 seines Horoskops ihre Position haben.

Auslösungen
sind prognostisch erfassbare, zeitlich begrenzte Verstärkungen bestimmter einzelner Grundthemen eines Geburtshoroskops (Radix). In diesen nach kosmischen Rhythmen festgelegten Zeiträumen – Tage, Wochen, Monate oder Jahre – schieben sich die ausgelösten Themen für den Horoskopeigner in den Vordergrund seines subjektiven Erlebens.
Es sind dies:
– Lebenserneuernde Impulse in Form von Inspirationen oder
– infragestellende Krisen.

In den allermeisten Fällen (Astrologenfamilien mal ausgenommen) wissen weder Eltern noch Kinder noch sonst jemand von diesem hintergründig verdeckten Zusammenhang zwischen der spezifischen Planetenkonstellation eines besonderen Zeitmoments (temporäre Auslösungen) und der „archetypischen Erscheinung aus dem Tierreich“ (Kaninchen), die sich ab nun im Kinderzimmer (☾) „breitmacht“.

Für den Astrologen ist es das – sich selbst inszenierende – klassische Phänomen inhaltlicher und zeitgleicher paralleler Erscheinungen auf verschiedenen Daseins-Ebenen – *Mond/Kinderzimmer/Kaninchen* – und spiegelt in verkleinerter und ausschnitthafter Variante die hintergründig immer existente „WELTENEINHEIT“ aller Daseins-Ebenen und aller Daseins-Formen wider. (C. G. Jung bezeichnete diese spezielle Art von inhaltlichem Parallelgeschehen als „Synchronizität“).
Die Liste möglicher Manifestationsformen eines Archetyps ist noch viel länger. Die reale Vielzahl der mit diesen Prinzipien einhergehenden Erlebensformen – seien sie menschlicher Art, materieller Art oder allgemeine Naturabläufe – ist nicht auszudenken. Deshalb brauchen Sie all diese vielen Manifestationsformen auch nicht auswendig zu lernen, wenn Sie Astrologie erlernen wollen. Denn es geht vor allem um das Begreifen und um die Sensibilisierung für eine bestimmte Art von assoziativem Denken in astrologisch-archetypischen Symbolketten.

Relevanz und Bedeutung von astrologischen Konstellationen und Mischverhältnissen archetypischer Kräfte

Es scheint mir sinnig, an dieser Stelle den Facettenreichtum der astrologischen Wirklichkeit noch umfassender auszubreiten und wenigsten noch zwei Schritte weiterzugehen – bis hin zu den ersten kurzen Einblicken in ihre praktische Anwendbarkeit über das Horoskop. Dieser Facettenreichtum ist quasi unermesslich, weil er letztlich – in der Totalität aller archetypischen Kräfte, inklusive ihrer Mischformen – die ganze Welt der Erscheinungen, in der wir als Menschen leben, umfasst.
Ich werde in späteren Abschnitten Empfehlungen geben, welche Informationen Sie für sich in sinniger Weise vertiefen können oder welche Sie sich auch merken sollten, damit Sie im weiteren Buchverlauf in Text und Graphik flüssiger „mitlesen“ können oder wenn Sie sich über das generelle Verständnis hinaus auch ein praktisch handhabbares astrologisches Rüstzeug zulegen wollen.

Wir schauen uns jetzt die *„Ebene der Mischverhältnisse“* unterschiedlicher archetypischer Kräfte bzw. unterschiedlicher Planetensymbole an und beschreiben einige ihrer vielfach möglichen Varianten.
Dabei bleiben wir bei allen Beispielen einerseits weiterhin beim weiblich-mütterlichen Prinzip (☾), kombinieren dieses aber bei jedem neuen Beispiel mit jeweils anderen archetypischen Kräften.
(Mond/Venus ♀), … ob jemand in einer häuslichen (☾)-Atmosphäre lebt, die eher musisch (♀) ist;
(Mond/Mars ♂), … ob ein Kleinkind (☾) Tendenzen hat, der Mutter (☾) beim Stillen (☾) in die Brust (☾) zu beißen (♂);
(Mond/Neptun ♆), … ob der Badeofen platzt und die Wohnung (☾) überschwemmt (♆);
(Mond/Jupiter ♃) … ob die Kita (☾) von einer Glaubensgemeinschaft (♃) getragen wird; etc.

Alles hat seine astrologische Relevanz und Bedeutung.

Manche der eben angeführten Beispiele für Mond-Kombinationen klingen eher positiv, andere negativ. Diese Art von Bewertung bestimmter Ereignisse hat aber nicht unbedingt etwas mit den dazu benannten anderen Planeten zu tun, mit denen der Mond möglicherweise eine Verbindung eingeht. Jede Art von Planetenverbindung kann subjektiv entweder positiv oder negativ erfahren werden. Aber einer jeden Planetenverbindung unterliegt ein ihr ganz eigener „Geschmack“, der von versierten Astrologen*innen in seiner unverkennbaren Eigenart sowohl durch seine möglichen negativen Manifestationen genauso herausgeschmeckt werden kann wie durch seine positiven Manifestationen.

Als Beispiel hier noch mal eine *Mond/Neptun-Verbindung* (☾/♆), wie sie sowohl negativ als auch positiv erlebt werden kann:
Eine überschwemmte (♆) Wohnung (☾) ist immer *stark wässrig* (♆/☾) – ein Haus (☾) am Meer (♆) auch (wässrige Umgebung).
Ohne Frage gibt es in der Einstufung astrologischer Kategorisierungen tatsächlich sowohl schwierigere, herausfordernde Konstellationen als auch solche, die fließender und leichter zu leben sind. Wir alle haben in unseren Horoskopen und damit in unserem Leben – in individuell unterschiedlicher Gewichtung – Anteil an beiden Arten von Konstellationen; entweder permanent durch die Verankerung im Geburtshoroskop oder temporär durch bestimmte Arten von Auslösungen. Wir werden das später genauer analysieren.
Ob aber eine Erfahrung freudvoll oder leidvoll erlebt wird, hängt nicht allein von der Art bestimmter Misch-Konstellationen ab, sondern vor allem auch davon, dass unser Oberflächen-Bewusstsein die tieferen Bedeutungsebenen solcher Erfahrungen oft nicht wirklich ausmachen, erfassen, verstehen oder real ins Leben umsetzen kann. Somit kann deren kosmisch beabsichtigte Eigenart nur verzerrt zum Ausdruck gebracht werden. Dabei gibt es „Risiken und Nebenwirkungen“, deren verdeckte Zusammenhänge vom Oberflächen-Bewusstsein nur schwer „einsehbar“ sind.

Astrologie – richtig verstanden – ist ein angemessenes Werkzeug (wie eine Lupe), mit dem man die Konturen der Tiefenstruktur einer bestimmten Art von Erfahrung deutlicher wahrnehmen kann und damit ihren zugrunde liegenden Sinngehalt besser versteht.
Eine Glücks- oder Pech-Astrologie jedoch entspringt einer veralteten archaisch-fatalistischen Mentalität, die sich mit der Suche des Menschen nach Erkenntnis nicht vereinbaren lässt.

Solche Vorstellungs-Bilder einer archaisch-fatalistischen „Glücks- oder Pech-Mentalität" sind – wenn es um das Thema Astrologie geht – jedoch im Kollektiv noch immer vorherrschend.
Um das Wesen dieser veralteten Sichtweise besser verstehen zu können und um sie dann einer anderen – psychologisch und geistig schöpferischen – Sichtweise gegenüberzustellen, möchte ich folgende Geschichte wiedergeben. Ein guter Freund hat sie mir vor langer Zeit erzählt, und ich kenne leider ihren Ursprung nicht. Sinngemäß geht sie so:

Eine Geschichte
…Es war einmal ein alter Bauer, nicht reich, aber er hatte sein Auskommen und er war im Großen und Ganzen zufrieden mit sich und der Welt. Er hatte einen Sohn, den er liebte und der zunehmend den Hof allein bearbeitete von dem Zeitpunkt an, da des Alten Glieder schwerer und müder wurden. So ging das Leben seinen Gang, bis ihnen eines Tages unerwarteterweise ein fremdes Pferd zulief. Da die Besitzer nicht ausfindig zu machen waren, beschlossen sie, das Pferd zu behalten, und die Menschen im Dorf sprachen:
„Bauer, was habt Ihr für ein Glück mit diesem Pferd in Euer Haus bekommen."
„Glück?", antwortete der Bauer in ruhig-freundlichem Ton, „das müssen wir erst mal sehen."
Das Leben auf dem Hof wurde von nun an tatsächlich leichter und in mancher Hinsicht bereichert. Das Pferd konnte bei schwerer Arbeit helfen, und der Sohn ritt mit ihm wie mit einem Freund durch die angrenzenden Wälder – bis er eines Tages unerwarteterweise mit dem Pferd stürzte und sich ein Bein brach. Da sprachen die Menschen im Dorf:
„Bauer, was habt Ihr für ein Pech. Dein Sohn bricht sich das Bein und wer bearbeitet jetzt Euren Hof?"
„Pech?", antwortete der Bauer in ruhigem Ton, „das müssen wir erst mal sehen."
Das Leben auf dem Hof wurde nun tatsächlich schwerer und auch der alte Bauer musste selbst noch mal mehr Hand anlegen, um das Allernötigste des Lebens zu bewerkstelligen. Da kam von weit her ein Bote des Königs geritten und verkündete vor aller Öffentlichkeit den Kriegszustand mit dem Nachbarvolk westlich des eigenen Reiches. Alle jüngeren Männer im wehrfähigen Alter wurden unverzüglich zu den Waffen befohlen und marschierten schon am nächsten Morgen in einem geschlossenen Trupp los. Zurück blieb nur der Sohn des alten Bauern, dessen Bein drei Wochen später wieder vollkommen genesen war. Da sprachen die Menschen im Dorf:

„Bauer, was habt Ihr für ein Glück, dass Dein Sohn nicht mit in den Krieg ziehen musste." „Glück?", antwortete der Bauer in ruhigem Tonfall, „das..."

Von diesem Punkt an offenbart uns die Geschichte ihre Bedeutung als vielschichtige Metapher. Im Zusammenhang mit unserem Thema schälen sich über sie u. a. zwei mögliche *Arten des „In-der-Welt-seins"* heraus:

Eine mehr vordergründige Wahrnehmung, welche die Bedeutung eines Lebensgeschehens ausschließlich in ihrer Ausschnitthaftigkeit beurteilt.
Eine mehr hintergründige Wahrnehmung, die davon beseelt ist, den „roten Faden" zu finden, der die unterschiedlichsten Lebens-Situationen und -Erfahrungen miteinander verknüpft. Das mögliche Eingebundensein in einen sinnvollen Lebensrahmen und in übergeordnete Gesetzmäßigkeiten möchte hier auf schöpferische Art erforscht werden.
Alle Menschen haben in der Regel Anteil an beiden Arten der Wahrnehmung, wenn auch in unterschiedlicher Gewichtung.

Welche dieser beiden Wahrnehmungsformen wir jedoch gewohnheitsmäßig bzw. aktiv mehr Raum in unserem Bewusstsein geben, bestimmt nicht nur maßgeblich unsere gesamte Lebensbewertung und -gestaltung mit, sondern ist auch der entscheidende Dreh- und Angelpunkt dafür, in welchem Maße uns Astrologie bei der Suche nach Sinnhaftigkeit im Leben weiterhelfen kann.

Viele Menschen – vielleicht die meisten – assoziieren mit Astrologie Fragen wie: *„Wann bekomme ich endlich ein Pferd?"* – einen Partner?" Solche Fragen sind durchaus verständlich und auch legitim. Dennoch macht die obige Geschichte meine Zweifel am tieferen Wert solcher Fragen deutlich, wenn wir ihnen zu viel Gewicht beimessen. Verwenden wir im astrologischen Kontext ähnliche Kategorien wie „Glück" und „Pech", „günstig" und „ungünstig" (beide Worte kommen von „Gunst"), assoziiert das ein Fremdbestimmtsein – jenseits eigener Verantwortlichkeit – durch die Sterne, durch die Götter, durch den „bescheuerten" Günther, die „liebe" Luise, den Chef etc. Auf diese Weise können wir keine Identität mit unserem eigenen Schicksal erfahren und herstellen.

Wir empfinden keine Einheit mit einer Handlung, die „zu mir gehört" und die „meine Ergebnisse" in der Welt hervorbringt. Es gibt keine Selbstreflexion, keine Bewusstwerdung und keinen menschlichen Reifungsprozess. Wir schneiden uns in fatalistischer Weise vom „Schöpferischen Leben" – als den ergänzenden Pol – ab, welches das Schicksalhaft-Gegebene bewusst auszugestalten hilft.
Das „Schöpferische Leben" aber steht in einer sehr engen Beziehung zur bewussten Wahrnehmung der Sinnhaftigkeit allen Geschehens. Beziehen wir nun die schöpferische Dimension menschlichen Bewusstseins in unsere Betrachtungen mit ein und verbinden sie mit den Gesetzmäßigkeiten, die uns die Astrologie als Erfahrungs-Disziplin offenbart, so wird Astrologie selbst zu einem äußerst tiefgreifenden Sinn-Modell.

In diesem Kontext taucht neben der Frage *„Wann passiert was?“* ergänzend eine zweite höchst relevante astrologische Fragestellung auf, die vor allem der eigenen Intention nach innerem menschlichem Wachstum (sei diese nun bewusst oder auch unbewusst) geschuldet ist: *„Wie gehe ich mit dem um, was mir widerfährt? Was macht Es mit mir? Wohin will Es mich bewegen?“* Diese Fragestellung entspricht dem tief in jedem Menschen verankerten evolutionären Drang zur umfassenden „Ganzwerdung“. Und ihr Ruf, der aus dem transpersonalen Quellgrund aufsteigt, möchte bis in unsere Bewusstheit vordringen.
Nachdem uns die erzählte Geschichte noch mal einen anderen Blickwinkel auf unsere Einstellungen in Hinblick auf den Umgang mit Astrologie ermöglicht hat, werden wir nun mit einem weiteren Beispiel einer Mond-Kombination fortfahren und dabei noch einmal deutlich machen, dass freudvoll oder leidvoll erlebte Erfahrung nicht allein von der Art einer Misch-Konstellation abhängt, sondern vor allem auch davon, dass unser Oberflächen-Bewusstsein die tieferen Bedeutungsebenen solcher Erfahrungen oft nicht wirklich ausmachen, erfassen, verstehen oder real ins Leben umsetzen kann

Wir werden den Mond, der seinerseits ein Wasserplanet ist, noch einmal mit dem Feuerplaneten Mars (♂) kombinieren und dann einige der vielen verschiedenen Manifestationsmöglichkeiten dieser Kombination darstellen – sowohl die positiv als auch die negativ erlebten. Bei all diesen unterschiedlichen Erscheinungsformen an der Lebens-Oberfläche (Oberflächenstruktur) werden wir dennoch versuchen, den gemeinsamen spezifischen „Mond-Mars-Geschmack“ (Tiefenstruktur), der all diesen Erscheinungs-Variablen zugrunde liegt, noch „herauszuschmecken“. Doch bevor wir diese beiden Prinzipien miteinander kombinieren, wollen wir die archetypischen Kräfte, die der Mars repräsentiert, kennenlernen:

Der Archetyp des „männlich-kämpferischen Prinzips“

Das „männlich kämpferische Prinzip“ entspricht der ersten archetypischen Grund-Kraft und ist dem Element „Feuer“ zugeordnet.
Es wird in der Astrologie *repräsentiert* durch:
den Planet *Mars* (♂) als Planet,
das Tierkreiszeichen *Widder* (♈)
das *Haus 1* eines Horoskops.
Es steht für:
einen *dynamischen Impulsgeber* und ist in seinem Gebaren expressiv, vorwärts stürmend – Trieb, Antrieb und Getriebensein;
das *Ego* des Menschen, für seine *Ich-Kräfte* und die persönliche *Durchsetzungsfähigkeit*, so wie sie durch den Willen und durch die konkrete Tat zum Ausdruck kommt;
für die *Körper-Energie* (Vitalität, Kondition) und die Sexualität.
Dieses Prinzip sichert das Überleben und hilft die existenziellen Herausforderungen zu meistern, die uns unsere umgebende materielle Umwelt – die raue Wirklichkeit – täglich stellt. Deshalb finden wir hier auch sowohl

– die konstruktiven Formen menschlicher Aggression in ihrem anschiebenden, bewegenden und aufbauenden Charakter (erste Natur) als auch
– deren pervertierte, destruktive Formen mit ihren verletzenden, explosiven und zerstörenden Wirkungen (zweite Natur).

Auch wenn es sich hier um eine *archetypisch männliche* Kraft handelt, so gelten die besagten Eigenschaften und Antriebe in relativierter Weise und mit individuell ausgeprägten Schwerpunkten ebenso für Frauen.

Weitere Assoziationen zu Mars, Widder, Haus 1 sind:
„Power", „Gas geben", Schnelligkeit, rot, Testosteron, Muskeln, zupacken (zupacken aber nicht nur physisch, sondern auch im übertragenen Sinne von „eine Sache angehen", initiativ werden, Chancen ergreifen);
Zähne – hier mehr im Hinblick auf ihre Funktion – (durch-, ab-)beißen; aber auch im Sinne von „Zähne zeigen", „Biss haben", in Wettbewerb bzw. in Konkurrenz treten; auch Nägel an Händen und Füßen – Krallen, „Krallen zeigen" (drohen), kratzen, pieken, schlagen (Hämmer, Nägel, Baseball), schießen (Soldaten, Fußballspieler, Jäger); Gewehre, Kanonen;
schneiden, scharf (Chili, Paprika, Messer, Rasierklinge, „scharfe Boys and Girls") heiß („heißer Schlitten") – „schnittige" Autos mit hoher PS-Zahl; Motorräder („Feuer unterm Arsch") – am besten mit ordentlich „Geknatter" – Krach in jeder Form wird hier mit Kraft assoziiert; auch Kraftausdrücke, Kraftausbrüche;
Feuer, Feuerteufel, Feuerwehr (-männer), „Entzündungen" (als pathologisches Körpersymptom – auch heiß und rot);
Fieber (Hitze als Folge einer Kampfsituation zwischen Erreger und Körperabwehr); aber Fieber auch als Leidenschaft verstanden („Saturdaynight-Fever", sexuelle Erregung, Ärger, Wut – „...ich habe wie im Fieber gehandelt");
Held, Ritter, Athlet, Sport, Sportplätze und -hallen, Schwertkämpfer, Karate etc.;
Sexualität, Penis, Hoden, Penetration – und im erweiterten Sinne jegliche Eindringlichkeit (psychisch, physisch oder materiell – auch Pflüge, Bohrer), Zudringlichkeit oder auch nur Dringlichkeit im Sinne der Ungeduld, des Voraus-Eilens;
männliche Models für Herrenunterwäsche etc., Bordelle, Zuhälter, Chirurgen, Zahnärzte, Bildhauer, Steinmetze, Metzger, Schmiede; etc.; Dildos, Skalpelle, Meißel, Rammböcke;
Schlachthöfe, Schlachtfelder, Streit, Krieg, Militär, Schützenvereine;
Eisen, Hämoglobin (eisenhaltiger roter Blutfarbstoff, als Träger von Sauerstoff im Blutkreislauf = reichert mit Energie an – Werbe-Slogan: „Mars bringt verbrauchte Energie sofort zurück";
Widder, Wolf, Jagdhund, Raubvögel, Raubfische, Wespen, Hornissen (keine Mücken, die saugen – eher ein Skorpionthema) etc. etc.

Das war unsere notwendige Vorarbeit.
Lassen Sie uns nun zurückgehen zu unserer Betrachtung von Mischverhältnissen der archetypischen Kräfte:
Die Mond/Mars-Verbindung und ihre Wirkungen

Eine *Mond/Mars-Verbindung* kann in einem Horoskop über mehrere Variablen zustande kommen, z. B. dadurch,
dass der Mond im Widderzeichen (♈) steht (♈ = Mars-Zeichen), oder
dass der Mond im Haus 1 steht (Haus 1 = Mars-/Widder-Haus), oder umgekehrt,
dass der Mars im Krebszeichen (♋) steht (♋ = Mond-Zeichen), oder
dass der Mars im Haus 4 steht (Haus 4 = Mond-/Krebs-Haus) … etc., etc.
Es gibt noch etliche andere Variablen, die wir in ihrer Vollständigkeit jedoch erst später behandeln. Aber eine dieser anderen Variablen stelle ich hier ausführlich dar, und sie wird uns anschließend noch bei mehreren Folgethemen in ihrer praktischen Anwendung begleiten.
Diese andere Variable sehen Sie in der nächsten Graphik – nämlich die *Aspektverbindung* (= Winkelbeziehung) zweier oder mehrerer Planeten zueinander.
Wir haben hier den Tierkreis, der wie jeder Kreis immer 360° zählt. Der Kreis setzt sich aus 12 Tierkreiszeichen à 30° zusammen. Die Grad-Einheiten werden entgegen dem Uhrzeigersinn gezählt, da die Planeten auch entgegen dem Uhrzeigersinn in unterschiedlicher Geschwindigkeit durch den Tierkreis wandern.

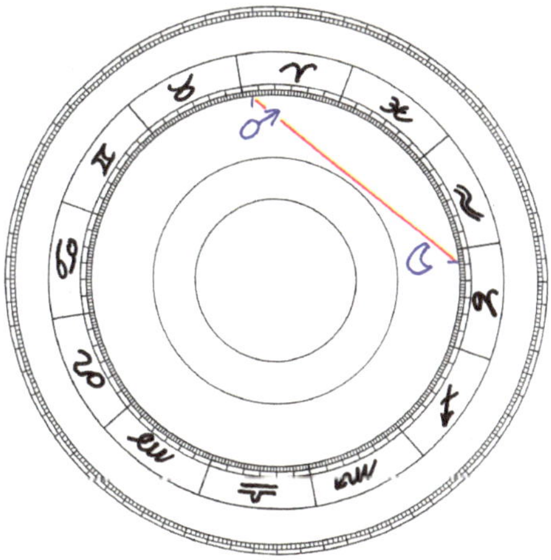

Graphik Nr. 2/1

Obwohl Mond und Mars in unserer Graphik in jeweils anderen Zeichen stehen, gehen sie dennoch über die ungefähre Gleichheit ihrer Grad-Positionen in den jeweiligen Zeichen eine astrologisch definierte – und damit *verbindliche* – Winkelbeziehung (Aspekt) zueinander ein. In der Astrologie gibt es verschiedene solcher definierten Aspekte.[1] Der Mond in unserem Beispiel steht auf 26° Steinbock (♑) und der Mars auf 27° Widder (♈). Beide stehen ca. 90° voneinander entfernt, in einem sogenannten spannungsreichen Quadrat-Aspekt – ein glattes Viertel des Kreisrunds – und tauschen auf diese Weise ihre Energien miteinander aus. *Sie*

[1] siehe Erläuterung Aspekte – Kapitel 10 im Teil III.

durchdringen sich – d. h., sie befruchten oder behindern sich, je nachdem, in welchem Ausmaß der jeweilige Horoskopeigner diese unterschiedlichen Arten von Kräften in seinem Bewusstsein zu integrieren weiß.

Während der Mond weich, nachgiebig, sanft und kuschelig ist, ist der Mars eher hart (im Sinne von direkt), entschlossen, eindringlich, rau und umtriebig. Die geruhsame Gefühlswärme des Mondes trifft hier auf das hitzige Temperament eines 100-Meter-Sprinters, der sich „permanent" in der angespannten Startposition befindet. Um solch eine schicksalhaft gegebene und potenziell divergierend assoziierte Kräfte-Kombination relativ souverän im täglichen Leben ausbalancieren zu können, bedarf es in der Regel eines größeren Kontingents an bewusst gemachter Lebenserfahrung, um sie nicht mehr in Form einer inneren Zerrissenheit erleben zu müssen. Unter diesem Blickwinkel – nämlich dem einer „Integrationsaufgabe" – bekommen die vormals gemachten Wertungen von positiv oder negativ erlebten Erfahrungen der astrologischen Kräfte eine andere Bedeutung.

Wir können diese Art von Bewertungen nicht mehr nur als schicksalhaft gegeben – als „Glück oder Pech" – hinnehmen, sondern wir sind zu einem Bewusstseins-Wachstum inklusive einer entsprechenden Integrations-Befähigung in unserem weiteren Leben aufgerufen.

Wenn ein Astrologe diese Art von Kombination sieht, weiß er, dass die beiden beteiligten Kräfte aufeinander und miteinander wirken. Er hat in der Regel mit dieser Konstellation in der Praxis schon etliche Erfahrungen gemacht – auch wenn sie als Einzelkonstellation dabei jeweils immer in andere Gesamt-Horoskope eingebunden war und dadurch allein schon eine gewisse Modifikation dieser Kombination in gradueller Weise assoziiert werden kann. Er hat ein Wissen über ein breites Spektrum möglicher Auslebensformen dieser Konstellation – auch durch das Studium umfangreicher astrologischer Literatur als zusätzlich hilfreiches theoretisches Deutungswerkzeug – parat. Bei all dem weiß er von vornherein bei jedem neuen Klienten noch nicht ganz genau, auf welche Art und Weise dieser Mensch nun diese seine Konstellation für sich erlebt.

Aber es gibt – bei aller Vielfalt möglicher Erscheinungsformen (Oberflächenstruktur) – dennoch nur wenige grundsätzliche Arten (Tiefenstruktur), wie diese beiden Kräfte aufeinander reagieren können:

Kühlt das Wasser (☾) das Feuer (♂) in wohltemperierter Weise?

Etwa so, wie das Kühlwasser bei einem Automotor, und erfüllt es damit eine konstruktive Aufgabe durch die Balance der Kräfte. Im psychologisch übertragenen Sinne koppelt sich hier Einfühlungsvermögen (☾) an die spontan-expressiven (♂) Lebens-Impulse.

Löscht das Wasser das Feuer?

= wenig oder gar kein Antrieb

Erwärmt das Feuer das Wasser und verleiht ihm dadurch eine andere Art von bewegter Lebendigkeit?

= lebendiges, expressives Gefühlsleben

Oder kocht das Wasser über?

= schnell reizbare Gefühlslage

Dies sind in diesem Zusammenhang mitunter existenzielle Fragen!

Im Folgenden liste ich ein breites Spektrum möglicher konkreter Manifestationsbeispiele (Oberflächenstruktur) auf, die nur dieser einen Kräfteverbindung von Mars und Mond entsprechen. Diese können als angenehm, positiv, kreativ und konstruktiv erfahren bzw. empfunden werden – als gelungene, bereichernde Integration zweier unterschiedlicher Kräfte im eigenen Persönlichkeits-System (erste Natur). Man erlebt sie aber auch als Ausdruck innerer Zerrissenheit zwischen zwei divergierenden Polen bzw. zwischen zwei divergierenden Persönlichkeits-Anteilen. In diesem Fall erlebt man ihre Manifestationsfacetten als unangenehm, negativ, einschränkend oder destruktiv (zweite Natur).

Mögliche Manifestationsbeispiele sind:

Die starke (♂) Mutter (☾), die sich energisch und tatkräftig (♂) für die Belange der Familie ☾) einsetzt.

Die betriebsame (♂) oder aggressive (♂) Mutter (☾), in deren Gegenwart keine regenerierende Geborgenheitsatmosphäre (a) aufkeimen kann – immer in Aktion (♂). Die „Familien-Seele“ (☾) kann sich hier nicht „baumeln“ lassen.

Lärmende, tobende (♂) Kinder (☾) dominieren eine gereizte (♂) Familienatmosphäre (☾) (siehe Erläuterung *Das Astro-Psychologische Projektionsverständnis* – Kapitel 11 im Teil III).

Sport (♂) als Familien-Leitbild (☾) – mit gemeinsamer Kalenderplanung für Trainings-, Wettkampf- und Outdoor-Events. Trophäen als Leistungs- und Siegessymbole (♂) zieren die Glasvitrine des Wohnzimmerschranks (☾) und kleine Fitnessgeräte – Heim (☾) -Trainer (♂) – sind in den Zimmern verteilt.

Pfadfinder-Verein (Kinder☾-Abenteuer♂)

Heim (☾) für schwererziehbare (♂) Kinder (☾)

Initiativ- und Tatkraft (♂) für soziale und karitative (☾) Belange/Projekte oder entsprechende Berufe einsetzen.

Aggressionen (♂) auf sozial schwache (☾) Menschen entwickeln, als projektive Spiegelung eigener fehlender Sozialkompetenz (☾) in einem anderen Lebensbereich

Sich selbst und seine Ich-Bedürfnisse (♂) auf eine weiche und feinfühlige (☾) Art durchsetzen (♂).

Sich selbst und seine Ich-Bedürfnisse (♂) auf eine wehleidige, selbstbemitleidende (☾) Art erpresserisch durchsetzen (♂). Der „Druck (♂) auf die Tränendrüse“ (☾).

Mangelnde Ich-Durchsetzung (♂) aufgrund eines „überbordenden“ sozialen Mitgefühls (☾)

Spaltung zwischen Gefühlsleben (☾) und Sexualität (♂)

Kuscheln (☾) als „Stimulans“ für sexuelle Erregung (♂)

„Puff(♂)-Mutter(☾)“

Frauen(☾)-Fußball(♂)

Scharfes (♂) Essen (☾)

All die aufgeführten möglichen Lebens- und Erlebensformen (und noch viele andere mehr) können sich an einem Menschen selbst zeigen, wenn er mit einer Mars/Mond-Konstellation in Verbindung steht.

Sie können aber auch in Form einer erlebten Spiegel-Projektion für dieses Individuum in dessen materieller oder personeller Umwelt erscheinen – also auch an anderen oder durch andere Menschen. Im Falle einer negativ empfundenen Spiegel-Projektion fällt es dann besonders schwer, eine bewusste Wesensidentität mit dieser Erfahrung herzustellen, weil unbewusste „Außenprojektionen eigener Persönlichkeitsanteile“[2] in einem viel stärkeren Maße als „Fremdland“ empfunden werden, als dies üblicherweise beim ganz normalen Alltags-Umfeld der Fall ist.
All diese Erfahrungen können sich als permanente biographische Erscheinungen zeigen, wenn eine Mars-/Mond-Verbindung von vornherein im Geburtshoroskop verankert ist. Diese verstärken sich natürlich temporär noch mehr in Zeiten entsprechender Auslösungen.

Können Sie bei all den oben aufgeführten Manifestationsformen dieser Kräfteverbindung – oder vielleicht nur bei einigen – den unterschwelligen gemeinsamen „Geschmack“ herausschmecken?
Wir werden das hier im Buch zunehmend lernen!
Dieser „gemeinsame Geschmack“ ist nur eine andere Bezeichnung für die Bedeutung des Wortes „Tiefenstruktur“ – für den gemeinsamen, verbindenden „Nenner“ unter der Oberfläche vieler unterschiedlicher äußerer Erscheinungsformen.
Im Falle der Mond-/Mars-Verbindung können wir diesen „verbindenden Nenner“ – das „Substrat“; die archetypische Kräfte-Verbindung – durch nur wenige einfache Formeln ausdrücken; z. B. als
– seelische (☾) Durchsetzung (♂) oder als
– expressives (♂) Gefühlsleben (☾).

Die Fähigkeit, den spezifischen „Geschmack“ einer besonderen Konstellation „herauszuschmecken“ – auch wenn diese in vielfachen Variablen zum Ausdruck kommt –, ist vergleichbar mit der Befähigung eines erfahrenen Kunstmalers, der in fast jeder Mischfarben-Nuance die verwendeten Grundfarben und deren prozentuale Anteile „herausdeuten“ kann. Dazu müssen wir aber erst mal die einzelnen „Grundfarben“ besser kennen. Trotzdem werden wir uns auf dem Weg dahin schon viele „bunte Bilder“ ansehen.

„Was für die Astrologie die größte Verlegenheit bedeutet und auch die begründeten Einwände gegen sie liefert, ihre Vieldeutigkeit, das eben ist das höchste Gnadengeschenk der Gottheit, nämlich die Freiheit, die sie jedem *Ich* grundsätzlich in all seiner Begrenzung vorbehält.“ (Oskar Schmitz[3])

---

[2] siehe Kapitel 11 in Teil III.

[3] in: Bernd A. Mertz, *Also sprachen für die Astrologie* ..., Zitate berühmter Persönlichkeiten, Edition Astrodata, CH Wettswil, S. 75

Empfehlungen für den weiteren Umgang mit den Buchinhalten – insbesondere für den Laien

Noch einmal! Sie brauchen sich diese vielen möglichen Erscheinungsformen irgendeiner astrologischen Kombination nicht zu merken. Das wäre müßig, weil wir zu keinem Ende kämen. Sie brauchen im gegenwärtigen Stadium nur mit offenem Verstand den Darstellungen folgen und darauf vertrauen, dass sich die vielen eröffneten Kreise im weiteren Verlauf des Buches schließen werden.

In jedem Falle empfehle ich Ihnen, sich die Symbole der Planeten und die der Tierkreiszeichen einzuprägen und auch die jeweiligen Zuordnungen – Verwandtschaftsverhältnisse von Planeten, Tierkreiszeichen und den entsprechenden Häusern.[4] Das hilft Ihnen, später im Text flüssiger mitzulesen, weil ich irgendwann anfangen werde, entweder nur die Symbolzeichen oder nur deren wörtliche Benennung zu gebrauchen.

Meine zweite Empfehlung ist: Auch wenn es wenig Sinn macht, all die verschiedenen Manifestationsformen der Mischkonstellationen zu lernen, so ist es überaus fruchtbar, die vielschichtigen Beschreibungen der einzelnen Archetypen bzw. der astrologischen Grundkräfte immer wieder mal bei Bedarf nachzulesen bzw. aufzufrischen, je nachdem bei welchem Thema wir gerade sind. Sie brauchen sich auch dabei nicht jedes Detail zu merken – es geht vielmehr darum, den übergreifenden Geschmack zu vertiefen, der all diese Begriffe und Ebenen in charakteristischer Weise miteinander verbindet. Bisher waren das nur:

Krebs (♋) / Mond (☾) / Haus 4 und
Widder (♈) / Mars (♂) / Haus 1

Weitere werden folgen. Später werden wir dann für jedes archetypische Prinzip zentrierende Schlüsselbegriffe einführen, die uns helfen, die zu deutenden Lebensbereiche punktueller einzugrenzen. Alle dargestellten Archetypen-Beschreibungen sind im Inhaltsverzeichnis mit Seitenzahl zu finden.

Wenn wir uns nun die ersten Horoskop-Ausschnitte anschauen, bleibt meine Empfehlung für Laien, *im Fluss des jeweils angefangenen Text- bzw. Themen-Abschnittes zu bleiben und diesen Fluss nicht mit dem parallelen Lernen von technischen Details zu „zerhacken“. Schauen Sie sich trotzdem die Graphiken im Textverbund genau an. Sie werden das, worauf es wirklich ankommt – nämlich die „intuitive Zusammenschau“ (Synthese), das „Aha-Erlebnis“ – auch ohne die technischen Detailkenntnisse verstehen, wenn Sie* alles erst einmal vorrangig bildhaft auf sich wirken lassen *und dem Sinngehalt nachspüren, der „zwischen den Zeilen“ und „zwischen den technischen Details“ durchscheint.*

Lesen Sie dann – vielleicht erst nach Beendigung des jeweiligen Themen-Abschnitts – die entsprechenden Erläuterungen in Teil III. Durch sie und später auch durch die Texte im zweiten Teil des Buches, stärken wir die vorher schon ange-

---

[4] siehe Erläuterung 12: „Die zwölf kosmischen Grund-Prinzipien“ in Teil III.

sprochenen „synthetischen Funktionen des Geistes“ noch zusätzlich durch die „analytischen Funktionen der Ratio“. Durch das Lernen bzw. durch das Verstehen der Regeln und Gesetzmäßigkeiten der Astrologie setzen wir die „Zusammenschau“ dann auf ein klares, allzeit funktionales Fundament.

Damit wir einen ersten Einblick und Überblick gewinnen können, wie all das bisher Besprochene in ein reales Horoskop eingebettet sein könnte und welche Schlüsse und Erkenntnisse sich u. a. dann daraus ziehen lassen, möchte ich jetzt ein reales Fallbeispiel aus der astrologischen Praxis darstellen.

Fallbeispiel Nr. 2 (männlich)
„Ein kleiner, hässlicher Küchen-Brand“

Vergleichen Sie bitte die untenstehende Graphik Nr. 2/2 mit der vorigen Graphik Nr. 2/1 auf S. 65!

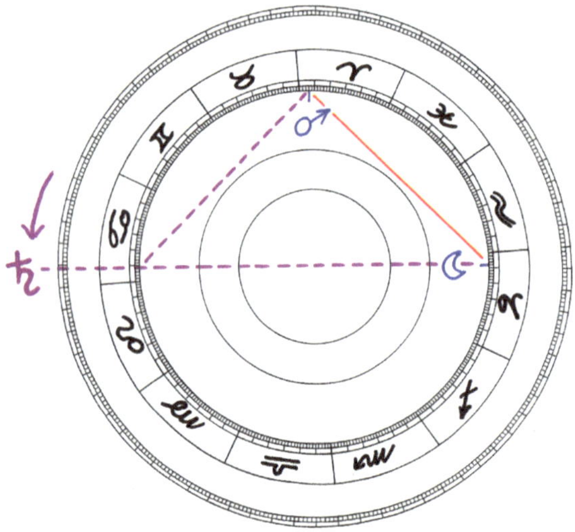

Graphik Nr. 2/2

Sie sehen an den Grad-Positionen von Mond und Mars, dass beide Horoskopausschnitte identisch sind, außer dass im hiesigen Ausschnitt noch weitere Daten eingezeichnet sind. Die vorige Graphik hatte zunächst nur dem Zweck gedient, uns an ihrem Beispiel ganz allgemein sehr viele verschiedene Manifestationsmöglichkeiten (Oberflächen-Strukturen) der Mond-Mars-Verbindung zu vergegenwärtigen.
In Wirklichkeit ist diese Graphik jedoch Teil des Horoskops einer realen männlichen Person. Und die Stellung vom Mond auf 26° Steinbock (♑) und die des Mars auf 27° Widder (♈) im Innenkreis der obigen Graphik sind die Positionen, wie sie exakt zum Geburtsmoment unseres Klienten am Himmel gestanden haben und wie sie auch in seinem Geburtshoroskop verankert sind.

In diesem Fallbeispiel möchte ich nur einige wenige konkrete Mars-Mond-Erlebensweisen (Oberflächenstrukturen) beschreiben, nämlich die, die unser Klient in einem bestimmten – astrologisch definierbaren – Zeitabschnitt seiner biographischen Entwicklung tatsächlich erfahren hat.

Beide Planeten stehen in einem 90°-Winkel (Aspekt) zueinander, das entspricht 1/4 des gesamten Kreises (siehe Kapitel 10 in Teil III). Den 90°-Winkel bezeichnet man dabei als einen spannungsreichen Quadrat-Aspekt, bei dem es vielfach erstmal schwieriger anmutet, die beiden beteiligten archetypischen Inhalte in ihrer gegenseitigen Bezogenheit im konkreten Lebensausdruck als eine Einheit zu integrieren. Es entsteht eine klassische psychologische Zerrissenheit zwischen diesen beiden Persönlichkeitsanteilen, bei der der unter dieser Konstellation Geborene dazu neigt, sich entweder schwerpunktmäßig oder fast ganz nur mit den Qualitäten des einen Pols bewusst zu identifizieren. Die Inhalte des anderen Pols hingegen stagnieren im entsprechend graduellen Maße in ihrer Entwicklung, bleiben undifferenziert, ohne Konturen, eher unbewusst, nicht selten „kindlich naiv“, ihm selbst fremd bzw. neurotisch oder pathologisch verzerrt.

Diese unklaren Eigenanteile werden in einem unbewusst-dynamischen Vorgang nach außen projiziert, von wo aus sie diesem Menschen als „Fremdland“ entgegenkommen

– entweder in Gestalt anderer Personen (mit den entsprechend archetypisch-identischen Qualitäten) – sei es als Eltern, Partner, Freunde, Kollegen, Feinde, etc. - oder als inhaltlich entsprechende „nicht-personifizierte Umwelt-Situation“
– oder als entsprechende psychosomatische Erscheinung im eigenen Körpergeschehen.

Arbeiten mit Transiten

Die Graphik Nr. 2/2 besteht aber nicht nur allein aus einem Ausschnitt des Geburtshoroskops (Radix) unseres Protagonisten, sondern wir wenden zusätzlich auch noch die *Auslösungs-Methode „Transite“* an.

Dabei legen wir Planetenstellungen von zwei verschiedenen biographischen Zeitabschnitten des/der Nativen in einer Graphik übereinander (Native/r = der, die Geborene; also der/die Horoskopeigner/in).

Im Innenkreis sehen Sie noch immer den Horoskop-Ausschnitt des Geburtsmoments und das uns bekannte Mars-Mond-Quadrat des Klienten, symbolisiert durch die durchgezogene Verbindungslinie.

Im Außenkreis sehen wir die Stellung des Planeten Saturn (♄), so wie er ca. vierzig Jahre nach der Geburt unseres Horoskopeigners am Himmel gestanden hat. Saturn steht in diesem Zeitabschnitt auf 26° im Tierkreiszeichen Krebs (♋) und bildet von hier aus ebenso einen genauen Quadratwinkel (90°) zum Radix-Mars des Nativen und dadurch auch noch einen Oppositions-Aspekt (180°) zum Radix-Mond (symbolisiert durch die beiden gestrichelten Linien).

Dadurch, dass sich die Gradposition des Saturn am Himmel zu dieser Zeit mit der Gradposition der Mars-Mond-Quadratur im Radix deckt (jeweils 26°/27°), wird Saturn für die Zeitspanne des einundvierzigsten Lebensjahres des Horoskopeigners zum Transit-Planeten (Transit = Übergang, Durchgang). In dieser

Funktion *löst* er in seiner Art das – im Geburtshoroskop verankerte – individuelle Grundthema *aus*, d. h., der Saturn-Transit verstärkt dieses Thema, sodass es in den Vordergrund der bewussten Aufmerksamkeit des Nativen gerät. Dieses krisenhafte Geschehen dauerte damals ca. 9 Monate.
Prognostisch werden für diese Methode nur „langsam laufende Planeten" herangezogen[5]*, weil diese am Himmel lange Zeit im Einflussbereich der „sensiblen" Grade verharren.*
Zum Vergleich: Saturn braucht ca. 29 Jahre, um den Tierkreis zu durchlaufen, die Venus braucht für ihren Umlauf nur ca. 1 Jahr. So entspricht der Transit-Einfluss der schnell laufenden Venus auf andere Radix-Planeten nur einer oberflächlichen Tagesstimmung, während die Transite des langsam laufenden Saturn einen langen Zeitraum intensiver Auseinandersetzung mit den entsprechend ausgelösten Themen bedeuten.
Die jeweilige Länge der Zeitabschnitte, in denen Transite der Langsamläufer symbolisch das verstärkte Wirken entsprechender Archetypen anzeigen, ist ganz individuell. Genauere Berechnungen werde ich in späteren Kapiteln behandeln.
In diesem längeren Zeitraum hat sich der Native mit zwei Hauptsträngen seines Mars/Mond-Themas intensiv auseinandergesetzt. Diese Konstellation hatte in seinem Leben sowohl eine private, intime Dimension als auch eine öffentliche, berufliche.

Die erste Dimension – sein Liebesleben
Er und seine langjährige Partnerin hatten schon lange erotische Konflikte, die in dieser Zeit auf den Höhepunkt kamen. Nach seinem Bekunden war sie ihm beim Sex (♂) zu schnell (♂), während er sich mehr und intensivere Zärtlichkeit (☾) gewünscht hatte. Alle Gespräche, die sie schon lange darüber geführt hatten, brachten keine wirkliche Umstellung mit sich und hinterließen bei Beiden das Gefühl zunehmender Unerfülltheit, das sich zur Zeit der astrologischen Auslösungen zum Zenit hin ausweitete.
Wir gehen ja hier nur von „seinem" Horoskop aus, und nicht von ihrem. Aber im Grunde können wir anhand „seiner" Mars/Mond-Konstellation in Verbindung mit der erzählten Geschichte sowohl ihn als auch seine reale Partnerin symbolisch in dieser Konstellation wiederfinden. Seine eigene erotische Haupt-Identifikation lag – zumindest anhand dieser Geschichte und in dieser spezifischen Partnerschaft – schwerpunktmäßig mehr im sanften, femininen (☾) Anteil. Während seine Partnerin, „stellvertretend" für ihn, mehr „seinen" Mars, seine männlichen (♂) Anteile repräsentierte und auch parallel zur damaligen Zeit mit lesbischen Seitensprüngen experimentierte, bei denen sie eher den männlichen Part (♂) einzunehmen suchte. Das alles trieb unseren Klienten damals sehr um.
Astro-psychologisch spricht man davon, dass jemand – wie im Fall dieses Mannes – seinen Mars nach außen projiziert, weil er ihn selbst zuwenig mit seiner eigenen Bewusstheit und mit der entsprechend durchdringenden Handlungsstärke aktiv ausfüllt. Aufgrund dessen hat er auch von vornherein Neigungen – zumindest

5 siehe Erläuterung 13: „Planeten-Umlaufzeiten, Transite und Rückläufigkeit" in Teil III.

phasenweise –, ganz bestimmte Partnertypen anzuziehen (meistens unbewusst); Partnertypen, die seine innere Zerrissenheit an dieser Stelle widerspiegeln und die dann vordergründig auch mehr diese archetypisch männlich-expressive Seite repräsentieren und ausleben. Das heißt, auch wenn es sich dabei um Frauen handelt, sind diese meist die initiativfreudigeren bis hin zu dominant-initiativ, sodass der andere gar keinen Platz mehr für seine eigenen Impulse findet.
Diese Seite unseres Klienten – nämlich die seines Liebeslebens – kann man schon allein aus der ausgelösten Mond/Mars-Quadratur herauslesen. Denn in diesem Aspekt drückt sich sehr deutlich die polare Spannung zwischen den männlich-sexuellen und den weiblich-zart-fürsorglichen Lebensfacetten in seinem Innern aus, die offensichtlich in seinem Leben nicht in Balance zu sein schienen.
Bei aller relativen Bewusstheit unseres Horoskopeigners – so wie es fast uns allen mit schwierigen Lebensverhältnissen geht, so ging es auch ihm. Wir richten uns im Lebensalltag mit unseren eher problematischen Seiten so ein, dass wir halbwegs mit ihnen leben können. Wir versuchen hier und da vielleicht Chancen zu nutzen, um etwas zu verändern, ohne dabei unser Leben allzu sehr umstülpen zu müssen. Bleibende Unbilden versuchen wir teilweise als Tribut an „das Leben, das nicht perfekt sein kann“, mit Stärke zu tragen.

Aber es gibt Zeiten – damit sind astrologisch definierbare individuelle biographische Lebensabschnitte gemeint –, da keimen in organischer Weise von innen her „starke Wachstums-Impulse“ auf. *Sie nehmen uns ein, stoßen uns an, nehmen uns mit.* Und dann sind bestimmte Themen, mit denen wir uns gewohnheitsmäßig im Alltag – vielleicht mehr schlecht als recht – eingerichtet haben, nur noch schwer zu ertragen.
Solche „Zeiten des (möglichen) Wachstums“ kommen uns sehr häufig sogar erstmal wie „Zeiten der Stagnation oder gar des Niedergangs“ vor. Das liegt aber allermeist eher daran, dass die Ergebnisse längerer Phasen gewohnheitsmäßiger Duldung von lebenshemmenden Mechanismen uns plötzlich in so konzentrierter Weise vor Augen stehen und wir diese (die inneren, geistig-seelischen Augen) davor nicht mehr verschließen können.

Die zweite Dimension – die berufliche Situation

Auch hier zeigte sich, dass er wenig Zutrauen zu bestimmten Facetten seiner expressiven, männlichen Kräfte hatte. In seinem unmittelbaren Tätigkeitsfeld war er zwar sehr engagiert (♂) und fühlte sich mit viel Idealismus seinem ihm sinnvoll erscheinenden Beruf verbunden.
Aber umgekehrt stellte er gerade auch wegen seines Idealismus keine persönlichen (♂) Forderungen (♂) an seine Firma in Hinblick auf seine Karriereleiter, die er bei allem Idealismus aber dennoch gerne auch höher gestiegen wäre. Etliche Kollegen, die noch nicht so lange in der Firma waren und die ihm auch nicht besser in ihren Leistungen (♂) erschienen als er, hatten schon diverse Beförderungen erhalten. Und es ärgerte (♂) ihn mit einem Mal sehr, was er die Jahre zuvor eher hingenommen hatte und dabei eine „altruistisch-idealistische Miene zum ‘bösen’ Spiel“ gemacht hat.

Wir sehen zwar auch hier einen graduell reduzierten marsischen Ausdruck, aber warum dieser sich in seinem beruflichen Feld niederschlägt, geht allein aus der besprochenen Quadratur noch nicht hervor. Wir brauchen, um dieses zu verstehen, noch einen zusätzlichen Ausschnitt seines Geburtshoroskops.

In der nächsten Graphik Nr. 2/3 habe ich im Außenkreis den aktuellen Saturn-Transit aus Gründen der Übersichtlichkeit weggelassen und nur die Mond/Mars-Quadratur wie gehabt belassen. Stattdessen habe ich aber den individuellen Häuserkreis[6] seines Geburtshoroskops und noch vier weitere Radix-Planeten mit eingezeichnet.

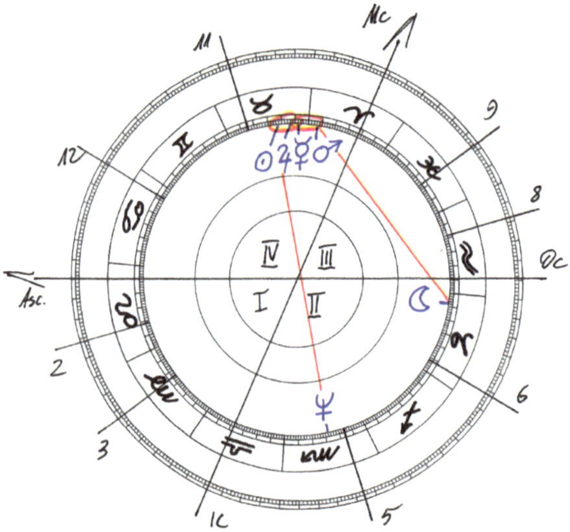

Graphik Nr. 2/3

In den eingezeichneten Häuserstellungen finden wir auch die Erklärung dafür, warum die temporäre Auslösung der Mond/Mars-Quadratur im Radix unseres Horoskopeigners – von dessen subjektiven Erleben her – sich auch in seinem beruflichen Umfeld niederschlägt. Die Position des Radix-Mars fällt nämlich dabei in das Haus 10 (oben am MC) des Geburtshoroskops – in *das* Haus, das astrologisch u. a. auch mit dem öffentlichen Leben, mit Beruf und Berufung assoziiert wird.

Schlussfolgerung

Diese Schlussfolgerung soll unsere eingeschlagenen Gedankengänge abrunden. Sie übersteigt aber möglicherweise unseren gegenwärtigen gemeinsam gewonnenen Wissensstand. Lassen Sie sich als Laie dadurch nicht irritieren. Wir kommen sofort wieder auf unseren folgerichtigen Wissensstand zurück.

---

6 siehe Erläuterung 9 in Teil III.

Dass sich in diesem Haus 10 über die Mars-Stellung hinaus zusätzlich noch eine konzentrierte Ballung mit drei weiteren Planeten befindet – die Sonne (☉), der Merkur (☿) und Jupiter (♃) –, ist ein starker Hinweis dafür, wie wichtig das berufliche Engagement gerade auch für diesen Mann ist. Eine solche Planeten-Ballung in Haus 10 zeigt in der Regel einerseits ein breit gefächertes Kompetenz-Repertoire an, das ein Mensch in seinem öffentlichen Engagement mit sich bringt, und andererseits sehr häufig auch einen – offenen oder verdeckten – Geltungsdrang, „da 'Oben' Wer zu sein". Das ist zunächst mal etwas ganz natürliches mit solch einer Konstellation, denn man möchte schließlich das zur „Geltung" bringen, was von innen her „drängt". Das dafür notwendige Potenzial hat unser Klient ja in kosmisch legitimierter Weise – durch diese massive Planetenballung in Haus 10 – von vornherein mitbekommen. Dennoch müssen solche Gaben – wie die meisten aller anderen Gaben auch – durch die Lebenserfahrungen häufig erst geschliffen werden und bergen ihre ganz eigenen Schwierigkeiten für den Horoskopeigner.
Dass sich unser Protagonist mit vier Planeten in Haus 10 (drei von ihnen sind noch dazu Feuerplaneten – Mars, Sonne und Jupiter) schwer tut, sich nach seinem Empfinden angemessen zu profilieren, findet aber seine abrundende Erklärung vor allem durch die Radix-Opposition des Neptun (♆) zu Sonne (☉) und Jupiter (♃). Denn auch wenn Neptun nicht selbst im Haus 10 steht, so „durchdringt" dieser transzendente Archetyp (♆) mit seinem machtvollen überpersönlichen „Wasser der Unendlichkeit" (♆) die Ambitionen, die der Native im Haus 10 hegt, in höchst bedeutungsvoller Weise – allein schon durch seine Oppositionsstellung zu Sonne und Jupiter.

Dies macht noch einmal den immensen – sowohl alternativ (♆) als auch spirituell (♆) orientierten – Idealismus (♆) unseres Protagonisten verständlich. Wir finden hier eine gewisse „sensible Scheu" (♆ = Wasser), die in einem scheinbar ebenso ähnlich diametralen Verhältnis zu seinen persönlichen Profilierungsbedürfnissen (Feuer) steht wie die Mond-Quadratur zu seinem Mars (Wasser und Feuer).
Eine eingehende Analyse dieser Art von astrologischen Verhältnissen wäre sehr aufschlussreich für ein vertieftes Verständnis unserer kleinen Geschichte. Dies können wir aber an dieser Stelle noch nicht leisten.

Der Umgang mit Auslösungen

Zum „offiziellen" Abschluss des hiesigen Fallbeispiels möchte ich aber noch von einem herausragenden Ereignis berichten, das sich gleich am Anfang der damaligen neunmonatigen Krisenzeit im Leben dieses Mannes „einstellte". Das Ereignis korrelierte in signifikanter Weise mit einer astrologisch angezeigten (errechneten) Höhepunktszeit seiner Krise:
Es gab einen kleinen hässlichen Küchen(☾)-Brand (♂) in seiner Wohnung (☾). Wir werden dazu das damalige Transit-Geschehen noch differenzierter untersuchen. Vor dem Hintergrund der monatelang anhaltenden Mond/Mars-Auslösung durch den transitierenden Saturn, werden wir zusätzlich noch die kurzfristige Tageskonstellation am Himmel betrachten, die zeitlich genau mit dem Tag des Wohnungsbrandes parallel lief.

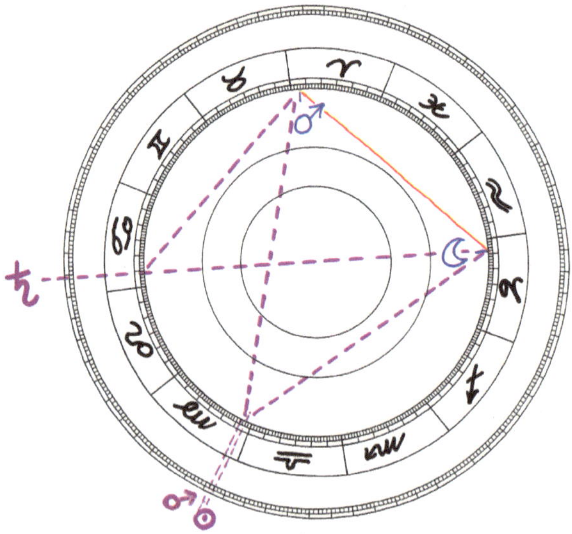

Graphik Nr. 2/4

Im Innenkreis von Graphik 2/4 sehen wir wieder die Radixstellung der Mond/Mars-Verbindung und im Außenkreis den schon besprochenen langfristigen Saturn-Transit der damaligen kritischen biographischen Lebensphase.

Ebenfalls im Außenkreis sind für den Tag des Wohnungs-Brandes zusätzlich noch die beiden Feuer-Planeten Sonne (☉) und der Mars selbst (hier diesmal als Transit) mit ihren Positionen am Himmel eingezeichnet. Beide sind Schnellläufer und beide stehen an diesem Tag zusammen an der gleichen Stelle im Tierkreis. Sie bilden also eine Konjunktion (Zusammenklang) – und zwar auf der Grad-Position von 26° und 27° in der Jungfrau (♍). Von hier aus bilden sie exakte Winkel (gestrichelte Linien) zur Radix-Quadratur von Mond und Mars – ebenso ein Feuerplanet –, die ebenso auf einer 26°/27°-Position stehen, nur in anderen Zeichen. Also alles zusammen genommen eine ziemlich feurige Angelegenheit.

Normalerweise haben die Schnellläufer nicht die „Autorität", einen wichtigen Kräfte-Einfluss anzuzeigen, da ihre Transit-Position nur ca. 1 – 3 Tage lang dauert. Sie stehen in der Regel für bestimmte, meist unbedeutende, flüchtige Tagesstimmungen.

Wenn aber im Hintergrund einer längeren Lebensperiode – von Wochen, Monaten oder gar Jahren – schon wichtige Transite durch Langsamläufer angezeigt werden (in unserem Fallbeispiel durch den Saturn), wenn sozusagen eine Wendezeit hintergründig schon potenziell schwelt, dann markieren zusätzlich auftretende Transite von Schnellläufern oft die Höhepunktszeiten innerhalb der krisenhaften Gesamtphase. Sie werden somit zu punktgenauen (zeitgenauen) „Erweckern", um die zugrunde liegenden und teilweise noch schlummernd verharrenden Krisen- bzw. Wachstums-Potenziale in sichtbare Ereignisse zu verwandeln.

Diese sichtbaren Ereignisse erscheinen dann in symbolisch verzauberter Form und wollen unsere Aufmerksamkeit von der Routine des Alltags weglenken hin zu tieferen Bedeutungs-Zusammenhängen, die sich hinter den plakativen Erscheinungen dieser Ereignisse verbergen. Astrologie hilft uns, die Symbolsprache dieser plakativen Erscheinungen zu entschlüsseln.

Um diesen – astrologisch angezeigten – Höhepunkts-Tag herum hatte sich der Native ein paar Tage frei genommen. Er fühlte sich in dieser Zeit stark angespannt und hatte das dringende Bedürfnis nach Ausruhen und häuslichem Rückzug (☾). Seine Partnerin war ebenfalls ein paar Tage weg, und er hatte sich bewusst keine Termine gesetzt.

Er konnte sich aber nicht wirklich entspannen. Ein inneres Aufgewühltsein, eine unterschwellige Hektik (♂) und ebensolche Wut (♂) durchzogen seinen Erlebens-Zustand. Zum Mittag briet er sich Bratkartoffeln, als im entfernten Zimmer das Telefon läutete. Er wollte nur ganz schnell rangehen, blieb aber ein ganz klein wenig länger – lange genug, damit in dieser Zeit die Pfanne Feuer (♂) fangen konnte, ebenso wie die darüber befindliche Abzugshaube. Abgesehen von einer verrußten Küche und einer kaputten Abzugshaube war alles gerade noch einmal gut gegangen. Aber anstatt sich auszuruhen, fuhr er in einen Baumarkt und brachte den nächsten Tag mit viel „Action" (♂) zu, um einen Teil der Küche (☾) neu zu renovieren.

Eigenartigerweise passte zumindest der Aspekt der „Action" (♂) von der inhaltlichen Bedeutung her „besser" zu der besprochenen Gesamtkonstellation. Die Feuerkräfte waren temporär im Übergewicht, und so sah es astrologisch jedenfalls ganz und gar nicht nach Regeneration (☾) aus, obwohl das Bedürfnis des Nativen danach durchaus verständlich war.

Vielleicht hätte er aber auch besser versucht, an diesem Tag den Mut (♂) aufzubringen und im Büro vorzusprechen, um sich selbst und seine Bedürfnisse nachdrücklich (♂) zu positionieren (♂). Eigentlich sind derartig ausgelöste Mars-Tage idealerweise passend für genau solche Vorhaben – sie bieten uns eine Kraftsteigerung, geben uns mehr Ich- und Handlungs-Autorität.

Aber wenn wir prinzipiell in unserem Lebensalltag mit dieser Energie mehr oder weniger „auf Kriegsfuß (♂) stehen" und wir uns schwer tun, sie grundsätzlich angemessen zu kanalisieren – wenn sich also schon längerfristig etwas aufgestaut hat –, werden diese Kräfte an solchen Tagen zu schießenden (♂) „Über-Ladungen". Sie „entzünden" (♂) sich dann leicht und schnell zu einem heißen, „auflodernden", feurigen, heftigen oder explosiven Geschehen.

Das folgende Spektrum vermittelt ausschnitthaft eine Idee davon, in welchen möglichen Oberflächen-Erscheinungen sich ein „aufgeheizter und aus der Bewusstheit geratener" Mars sonst noch zeigen kann. Er erscheint entweder ...

materiell, z. B. durch Zusammenstöße oder durch Brüche von Materialien aller Art (durch Selbst- oder „Fremd-Verursachung"); aber auch durch Ein-Brüche (Wohnung oder Firma etc.) und/oder

körperlich/psychosomatisch durch Fieber, Entzündungen aller Art, Unfall- und Verletzungsgefahr (schneiden, pieken, prellen, verstauchen, verbrennen). Und auch hier wieder Brüche, z. B. Magen-Durchbrüche bei Mars/Mond (♂/☾)-Verbindungen; Knochenbrüche bei Mars/Saturn (♂/♄), etc. und/oder

emotional durch Übermut, Ungeduld, Kurzschluss-Handlungen, Ärger, Wut, etc. und/oder
mental in hitzigen Diskussionen; ideologischen Überzeugungs-Attacken (in Täter- oder Opfer-Position), Fäkalsprache, etc. –
alles je nach komplexer Verflochtenheit des Mars mit anderen archetypischen Kräften – angezeigt im Horoskop der jeweiligen Person – und noch vieles, vieles Mögliche mehr.

Doch nun zurück zu unserem Fallbeispiel!
Möglicherweise wäre also unser Protagonist an solch einem Tag (für ein „einforderndes Gespräch" im Büro) innerlich auch viel zu „aufgedonnert" (♂) gewesen, verbunden mit der Gefahr, über das Ziel hinauszuschießen (♂).
Vielleicht hätte er aber auch mit viel Mut (♂) und innerer Konzentration versucht, seine zittrige Stimme (Ausdruck einer Mischung von „unbedingt Wollen, dabei sich nicht trauen und unterschwelliger Wut") – im Angesicht der Autorität seines Chefs – so zu kontrollieren, dass sie wenigstens halbwegs „förmlich" geklungen hätte und wäre damit „gut gefahren".

Vielleicht verhelfen aber manchmal auch Augenblicke ungebremster Wut ebenfalls zu konstruktiven Entwicklungen, wenn sie einen wahrhaftigen inhaltlichen Kern haben und auf ebensolche anderen wahrhaftigen Menschen treffen. Wer weiß das schon?
„Guter Rat ist eben manchmal teuer" und jedes einzelne Individuum kann so etwas immer nur für sich selbst entscheiden, und im Nachhinein kann man immer klug tun.
„Wir müssen uns stets erinnern, dass die Sterne die Anlagen und Zeiten zeigen, wann die Gelegenheiten reif sind, aber niemals und unter keinen Umständen treiben sie irgendjemand dazu, auf diese oder jene (bestimmte) Art zu handeln. Lernt der Schüler unter den Einflüssen der Planeten sein Gleichgewicht zu behalten, dann 'regiert er seine Sterne' und hat eine wichtige Aufgabe begriffen." (Max Heindel)

In Hinblick auf all diese Zusammenhänge ist es meines Erachtens gut und wichtig zu versuchen, den potenziell vorhandenen tieferen Sinngehalt eines solchen Geschehens zu ergründen, um dann zu einer möglichst authentischen Haltung, Entscheidungs- und Handlungsweise zu gelangen. Das geht aber nur, wenn man in der Lage ist, eine gewisse persönliche Identifikation mit einem solchen Ereignis herzustellen.
Solch ein gewichtiges persönliches – und scheinbar noch dazu *kosmisch inspiriertes* – Ereignis an einer „Bratkartoffel-Story" auszumachen, erscheint manchem vielleicht zu banal, aber den Archetypen, im Verbund mit dem „ALLWISSEN", ist keine Gelegenheit zu profan, um Jemanden aus der Alltagsroutine zu reißen und sein Bewusstsein zu schärfen. Der transpersonale Faktor dabei liegt im „kosmischen Timing" des Telefonanrufs im entscheidenden feurigen Moment. Mitunter kann man sogar noch die genaue Uhrzeit eines fälligen Ereignisses an

den kosmischen Rhythmen ablesen. Der schnell laufende Mond im Transit – der täglich einen Kreisabschnitt zwischen 12° und 15° zurücklegt – wird in diesem Zusammenhang dann zum Stundenanzeiger (siehe Teil I.1, Graphik 1/2 Angela Merkel). Und schließlich ist da noch die Wanderung der Häuser-Achsen – vorrangig die des Aszendenten = AC (aber auch die von DC, MC und IC) –, die täglich einmal den gesamten Tierkreis durchlaufen. Diese zeigen vielfach bis in die Minute hinein den Zeitpunkt höchster Ereignisdichte eines kosmisch initiierten Geschehens. Solche Darstellungen würden aber den hiesigen Rahmen sprengen.

Im Kontext dieses besagten „kosmischen Timings“ – das hier in unserem Beispiel durch den Telefonanruf zur „rechten Zeit“ repräsentiert wird – müssen wir aber auch noch auf das kosmisch koordinierte Mitwirken von „Götterboten“ in Gestalt unserer scheinbar profanen und „zufällig“ agierenden Mitwelt zu sprechen kommen. Im Fallbeispiel von Angela Merkel haben wir diese „Götterboten“ in ungeahnter Weise in den zutiefst menschlichen Gestalten der *Spiegel*-Redakteuren identifiziert. Wie wir uns diese – jedoch zunächst recht „merkwürdig“ erscheinenden – Schlussfolgerungen näher und sinniger erklären können, darauf gehe ich in Kapitel 5 „Selbst-Erkenntnis“ dann ausführlicher ein.

Aus astrologischer Warte jedenfalls stellt es sich zunächst ganz einfach so dar, dass der Radix-Mars unseres Nativen an diesem Tag in der „Außenwelt“ „verrückt gespielt“ hat (Küchenbrand), während er „Innen“ zu wenig konstruktive Bewusstseinspräsenz erfuhr bzw. „Innen“ nur als Wut („die Luft hat gebrannt“) zu Tage trat. Wir werden diese Weltverhältnisse zwischen Innen und Außen in etlichen späteren Fall-Beispielen noch genauer betrachten.

Wenn man als Astrologie-Kundiger selber solche oder ähnliche Erlebnisse hat und diese, wie oben dargestellt, als mathematisch errechnete Widerspiegelung im eigenen Horoskop vorfindet – was bei wichtigen Lebenserfahrungen immer der Fall ist –, wird man diese Art von Erfahrung nicht mehr einfach als etwas Fremdartiges, Zufälliges erleben.

Ob diese Erfahrungen dann subjektiv als positiv oder negativ empfunden werden, ist dabei zweitrangig. Dafür wird man sie – wie in solch einem Fall – immer als die „Eigenen“, als die „Zu-mir-gehörenden“ betrachten und wird deshalb auf ihren versteckten Sinn, auf ihre „Botschaft“ lauschen und sich aufgerufen fühlen, „Schlüsse der Wahrheit“ aus ihnen zu ziehen und diese in transformativer Weise ins eigene Leben zu integrieren versuchen.

Es ist die Übernahme der Verantwortung für die uns verliehenen kosmischen Kräfte (durch die bewusste Wahrnehmung ihrer Wirkungen sowohl auf unser eigenes Leben als auch auf die „Welt da draußen“), denn wir sind ihr „Kanal“, durch den sie fließen. Sie stehen in unserem individuellen Horoskop und nicht im Horoskop anderer Menschen und sie sind zum genauen Zeitpunkt eines beeindruckenden Ereignisses in unserem Horoskop ausgelöst.

Über das nüchtern wirkende mathematisch-graphische Werkzeug der Astrologie ist es die indirekte, aber dennoch „treffende“ bzw. „vital betroffen machende“ Einsicht in die „ALLVERBUNDENHEIT“ allen Daseins – manchmal bis hin zum „Gänsehaut-Feeling“ als Ausdruck entsprechender „Betroffenheits-Dichte“.

In dieser vital-rationalen Erkenntnis liegt die ethische Kraft der Astrologie!

Inwieweit wir dann in der Lage sind, tatsächlich spürbare Veränderungen zu erzielen, und zwar in der Art, wie wir mit den uns gegeben Kräften umgehen, möchte ich zunächst noch offen lassen. Denn gut gemeinter Idealismus allein hilft in der Regel nicht weit – zumindest nicht so schnell. Es hat, über die gewonnenen Einsichten hinaus, vor allem auch etwas zu tun

mit der generellen und langfristigen Arbeit am Menschsein – psychologisch und spirituell,

mit einem relativ stabilen Vertrauen auf die überpersönliche Führung im Leben,

mit einem gewissen Maß an kontinuierlicher Disziplin; sowie mit ethischer Geduld – auch sich selbst gegenüber

und schließlich mit dem Mut zur eigenen Authentizität in einer sozialen Umwelt, die in der Regel nach Normen und Schablonen misst.

Hat man jedoch keinerlei astrologisches Erfahrungswissen, ist man schnell versucht, den hier von mir angedeuteten Zusammenhang zwischen astrologischen Daten und solchen Ereignissen als zufällig abzutun. Lassen wir die Klärung dieser Frage aber noch offen, bis wir andere Beispiele in vielerlei Variablen kennengelernt haben.

Doch eines möchte ich an dieser Stelle schon einmal sehr deutlich machen, damit wir einem möglichen Missverständnis von vornherein gleich in der rechten Weise entgegenwirken. Ich versuche hier einerseits zwar, anhand von astrologischen Regeln ebensolche regelhaften Zusammenhänge zwischen Konstellationen und bestimmten Ereignissen herzustellen. Andererseits will ich aber damit nicht sagen, dass – wie in unserem Fallbeispiel – insbesondere dieser Küchenbrand für diesen angegebenen Zeitpunkt schon von vornherein durch das Geburtshoroskop unseres Protagonisten vorauszusehen war.

Solche Auslösungen – hier im speziellen die Mond-Mars-Verbindung gemeint – geschehen oft; Küchen- oder Wohnungs(☾)-Brände (♂) dagegen relativ selten.

Hätte sich eine astrologiekundige Person das Horoskop unseres Protagonisten noch vor dem beschriebenen Ereignis angesehen, hätte sie tatsächlich schon den prognostisch errechneten kritischen Zeitpunkt einkreisen können und – in Hinblick auf die Tiefenstruktur dieser Konstellation – generell energische (♂) Gefühls(☾)-Wallungen im inneren Seelenleben des Nativen zu dieser Zeit assoziiert.

Natürlich weiß der erfahrene Astrologe, dass mit solcher Art von bewegten Gemütszuständen wahrscheinlich auch nicht-alltägliche äußere Erfahrungen und Ereignisse zeitgleich einhergehen können und werden. Nur er weiß nicht genau welche, weil die erlebbaren Außen-Manifestationen (Oberflächen-Strukturen) sich im unendlich kreativen Kosmos unfassbar variabel darstellen können.

Solche punktuell prägnanten Erfahrungen und Begebenheiten können bei unter-

schiedlichen Individuen mehr oder weniger intensiv und in der erfahrenen qualitativen Spielart sehr verschieden verlaufen, jenachdem in welchem inneren Verhältnis der jeweilige Horoskopeigner ganz allgemein in seinem Leben zu diesem gerade ausgelösten Thema steht. In diese inneren Verhältnisse des Horoskopeigners hat der Astrologe in der Regel entweder gar keinen Einblick oder nur einen vagen, denn einmal ist die äußere Spielart der Erfahrungen und ihre energetische Dichte immer auch abhängig von anderen Horoskop-Faktoren (also vom individuellen Gesamthoroskop, in welchem die ausgelöste Einzelkonstellation jeweils eingebettet ist), zum anderen ist auch der generelle geistig-seelische Reifegrad (Bewusstheit) des jeweiligen Individuums dabei oft von ausschlaggebender Bedeutung.
Es hätten also auch ganz andere äußere Ereignisse bei den beschriebenen Auslösungen unseres Fallbeispiels stattfinden können. Diese möglichen anderen Ereignisse würden aber eine bestimmte Beliebigkeitsgrenze nicht überschreiten können, denn sie sind in ihrer qualitativen Art nur im Rahmen eines symbolisch umrissenen Erscheinungs-Spektrums möglich und spiegeln das Verhältnis von Oberflächen- und Tiefenstruktur wider. So sind die – wie auch immer gearteten – Oberflächenstrukturen immer abhängig von der Art der Kraft, die sie aus der Tiefe nährt. Diese spezifische „archetypische Kraft aus transzendenter Tiefe“ setzt der Freiheit der äußeren Form eine innere Grenze entgegen, die nicht überschritten werden kann. Und dieser Rahmen ist in unserem Beispiel durch den besonderen „Geschmack“ der Mars-Mond-Verbindung gesteckt:
Vielleicht wäre – bei einem geringeren Intensitätsgrad – nur die Milch (☾) übergekocht (♂) und der Horoskopeigner hätte sich über die „angebrannte Sauerei und den Gestank“ geärgert (♂) – stellvertretend für einen möglichen, relativ harmlosen inneren Konflikt, z. B. simple Ungeduld (♂), der ihm noch nicht einmal selber bewusst sein muss.
Oder vielleicht wäre – nach schon längerfristigem Schwelen – ein heftiger Streit (♂) mit der älteren Nachbarin (☾) ausgebrochen, die sich mit ihrem Verhalten schon oft als „perfekte“ Projektionsfläche „angeboten“ hatte und die unseren Protagonisten immer wieder aufs Neue an seine eigene dominant-eindringliche (♂), egozentrische (♂) Mutter (☾) erinnern würde (*psychologische* Komponente*). *Gerade an diesem Tag, auf dem Höhepunkt seiner (ihm selbst nicht bekannten) Mars-Mond-Auslösung*, sind die beiden dann mal „so richtig aneinander gerasselt“. *Und gerade heute* haben sie sich nach längerer Pause mal wieder „zufällig“ im Hausflur getroffen – noch dazu eingebettet in „zufällige“ äußere Umstände, die den „perfekten Anlass“ für eine derartige Eskalation „angeboten“ haben (unbewusst-telepathische bzw. magisch-energetische bzw. *astro-psychologische** bzw. „allwissende“ Komponente).

<u>Der Unterschied zwischen psychologischer und astro-psychologischer Komponente</u>
liegt in der astrologischen Erkenntnis, dass die inter-subjektiven psychologischen Wirkungen, die Menschen aufeinander ausüben, nicht auf den Erlebens-Rahmen konkreter physisch-sinnlicher Begegnung mit diesen Menschen beschränkt

bleiben, sondern dass sie über den unsichtbaren „kollektiv-psychologischen Raum" auch in wirkender Resonanz mit anderen Menschen und Gegebenheiten in räumlicher Ferne stehen – ja, dass auf diese Weise sogar unbewusste Verabredungen oder Übereinkünfte getroffen werden – im Positiven wie im Negativen. Egal welche äußeren Erscheinungsformen derartige Ereignisse annehmen, bei Auslösungen der hier besprochenen Konstellation sind die erlebten Innen-Erfahrungen so gut wie immer mit „aufgeheizten" (♂) Gefühlen (☾) verbunden (Tiefenstruktur) und entsprechen – als Außenbild – immer den vielgestaltigen Variablen (Oberflächenstruktur) ihres spezifisch symbolischen Spektrums.

Dabei muss das Erleben „aufgeheizter Gefühle" an so einem konstellationsbedingten Höhepunktstag noch nicht einmal als negativ empfunden werden:

Vielleicht geht an einem solchen Tag ein fiktiver Horoskopeigner mit seiner ganzen sportbegeisterten (♂) Familie (☾) mal zusammen ins Fußball-Stadion – was sonst möglicherweise selten passiert – und schreit (♂) sich vor lauter emotionaler (☾) Begeisterung zusammen mit ihr die „Kehle aus dem Hals".

Oder man solidarisiert (☾) sich dort mit „seinen Lieben" (☾), indem man gemeinsam und lauthals (♂) auf diesen „blöden Schiedsrichter" schimpft (♂). Diese Art von hitziger (♂) familiärer (☾) Solidarität (☾) trägt unterschwellig hier sogar noch das Gefühl von gemeinsamer „Nestwärme" (☾) oder sagen wir mal eher von „Nest(☾)-Hitze(♂)". *„Nest-Hitze" aber haben wir ebenso bei einem Küchen-Brand.*

Was unser reales Fallbeispiel betrifft, zeigten die astrologischen Konstellationen tatsächlich für diesen Tag des Küchenbrandes – und nur für diesen einen Tag – einen „Highpoint der besonders feurigen Art" an. Die Radix-Stellung von Mond und Mars (Feuer) im Horoskop unseres Protagonisten bot ein „zeit-präzises Eingangstor" für die entsprechenden Transit-Planeten am Himmel (Saturn und die beiden schnell laufenden Feuer-Planeten Sonne und Mars). Sie haben es ja (zunächst indirekt) selbst gesehen (ein paar Seiten zurückliegend und getreu errechnet entsprechend astrologischer Computer-Programme und den individuellen Eckdaten des Klienten), auch wenn ich Sie im gegenwärtigen Wissensstadium noch behilflich zu dieser Art von Wahrnehmung hinführen musste. Wenn Sie jedoch erst einmal die Regeln richtig kennen, brauchen Sie diese Art von Hinführung meinerseits weniger und weniger.

Das ist es auch, was ich schon in der *Einführung* u. a. mit „Phänomenologie" meinte. Astrologie hat deutungstechnisch nicht nur vieldeutig-mögliche und damit durchaus austauschbare Oberflächen-Strukturen zu bieten, sondern ebenso relativ klar umrissene fundamentale archetypische Bedeutungs-Träger (Tiefen-Strukturen); *aber vor allem – und hierauf kommt es mir in Hinblick auf die beschriebene Phänomenologie in erster Linie an – die untrügliche und präzise „Mathematik der Gestirne" (insbesondere in Phasen biographischer Auslösungen).*

Das Wesen der Astrologie

An diesem letzten Punkt dürfen bzw. müssen wir als forschende Astrologen in selbstbewusster Weise den Botschaften trauen, die uns die Regeln aristotelischer Logik offenbaren. Denn wir haben mit der praktischen Anwendung der „Mathematik der Gestirne" in Verbindung mit den „anordnenden Mustern archetypischer Prägung" in unleugbar regelhafter Weise Naturgesetze im Sinne der exakten Naturwissenschaften aufgedeckt.

Diese sind allerdings aufgrund ihrer komplexen Erscheinungs-Vielfalt – der mit ihnen verkoppelten, auch geistig-seelischen Inhalte – nur sehr schwer in flächendeckende Versuchs-Anordnungen „einzufangen" und dadurch allermeist nur über den inter-subjektiven Fach-Dialog im Kreise der versierten Astrologenschaft verifizierbar. Das allein ist allerdings schon Grund genug dafür, weshalb ich die Astrologie dennoch nicht zu einer Naturwissenschaft umzudeuten gedenke.

Aber nicht nur aus diesem Grunde wäre ein derartiger Definitionsversuch nicht nur dreist und anbiedernd, sondern einfach nur wesensfern und vor allem zu eingleisig. Astrologie lässt sich gar nicht auf einen eindeutig zu definierenden Punkt bringen, denn sie ist als „Gesamtgebäude" viel umfassender. Ihr Fokus ist Weitwinkel. Sie ist kosmisch, und der Kosmos, den sie repräsentiert, ist um einige Dimensionen reicher als der „nur-materielle Kosmos" einer Naturwissenschaft gegenwärtiger Prägung. Der Kosmos der Astrologie umfasst zusätzlich noch die geistige, seelische und auch spirituelle Dimension von „Sein" und „Da-Sein".

Im astrologischen Kontext werden diese Dimensionen jedoch nicht als bloße „Anhängsel" bzw. als „Neben-Produkte" vom „Ur-Stoff Materie" verstanden, wie es uns die akademischen Wissenschaften lehren. In der Astrologie existieren diese Dimensionen sowohl als eigenständige Sphären und bilden gleichzeitig (inklusive der materiellen Welt) miteinander eine „ALLES" umfassende „EINHEIT", in der „ALLES"/Alles miteinander aufs Engste vernetzt ist – wesenhaft, prozesshaft und funktionell. „Alles"/Alles ist miteinander und gegenseitig bis in die feinsten Verästelungen der unterschiedlichsten Daseins-Manifestationen hinein „superflüssig 'in-formiert'", ohne dabei erst Zeit und Raum überbrücken zu müssen.[7]

Zu dieser – dem Oberflächenbewusstsein des Menschen nicht zugänglichen – Ebene des omnipräsenten und omnipotenten „ALLWISSENS", wie sie von versierten Astrologen in phänomenologischer Weise wahrgenommen wird, gibt es aber auch etliche Parallelen, die in der Quantenphysik ähnlich beschrieben werden. Aus all diesen Gründen passt die Astrologie auch nicht in die „Kästchen" eines heutigen naturwissenschaftlichen Mainstream-Selbstverständnisses hinein. Mehr noch – es kehren sich sogar die perspektivischen Verhältnisse geradezu um. Aus der phänomenologisch gewonnenen Sichtweise der Astrologie mutet es sogar in hohem Maße „absurd" an, dass solche „reduktionistischen Disziplinen" – wie wir

[7] siehe Erläuterung 5 in TEIL III.

die meisten Zweige der gegenwärtig betriebenen „Akademischen Naturwissenschaften" durchaus treffend benennen können – in uneingestandener, teilweise auch unlauterer, Selbstüberschätzung für sich den Anspruch universeller Gültigkeit deklarieren.

Wollen wir Astrologie positionieren, dann macht ihr differenziertes Wissen um die Existenz und das Wirken grundlegender Daseins-Kräfte sie vor allem zu einer Geisteswissenschaft – aber eben auch mit einem naturwissenschaftlichen Anteil. Das aber wollen die allermeisten Skeptiker gar nicht wahrhaben, sonst würden sie sich – getreu dem „Geist der Wissenschaftlichkeit" – entweder aufrichtig um diesen Hinweis bemühen oder sich eines „überzeugten Urteils" der Ablehnung enthalten. *Ohne Astronomie – und ihre präzisen planetaren Umlaufgesetze – wäre Astrologie gar nicht denkbar. Diese Gesetze korrelieren höchst zuverlässig mit den* Zeitäumen *bzw.* Zeitpunkten *der gemachten archetypischen Erfahrungen und sind dabei intersubjektiv in einer Weise verifizierbar, dass jeder aktiv forschende Astrologe daraus die gleichen – höchst erstaunlichen – Schlussfolgerungen in Hinblick auf das* zeitliche *Fälligwerden biographischer Umbruch- und Entwicklungs-Phasen zieht.*

Astrologie geht also aufgrund einer beständig wiederkehrenden besonderen Faktenlage davon aus, „dass Alles seine *Zeit hat" und die lässt sich astronomisch-mathematisch berechnen.*

Die jeweiligen konkreten Erlebensformen (Oberflächenstrukturen), die mit diesen exakt errechenbaren Zeiten einhergehen, lassen sich dagegen – wie wir schon wissen – nur vage umreißen bzw. erahnen, niemals aber präzise voraussagen.

Die inhaltliche psychologische und geistige Auseinandersetzung mit den wesentlich substanzielleren archetypischen Tiefenstrukturen jedoch, die diesen jeweils variablen äußeren Erlebensformen zugrunde liegen, hat ihre ganz eigene Relevanz und Stimmigkeit und dazu noch die Potenz eines höchst fruchtbaren Katalysators für den eigenen menschlichen Reifungsprozess – wenn man sich darauf einlässt.

Das obige Fallbeispiel stelle ich hier zunächst einmal als „Entrée" hin – für einen weiterführenden und tiefgreifenden Exkurs in das „Wesen der Zeit" hinein.

Wir werden im weiteren Verlauf die Zeit und ihre – an sie gekoppelten – Inhalte in einer Weise kennen lernen, die uns allein über die rationale Einsicht veranlasst, alle *Erfahrungen des Lebens in einen kosmischen Zusammenhang eingebettet zu sehen.*

Ich denke, an all diesen Beispielen ist noch einmal sehr deutlich geworden, dass die Statistik ein viel zu grobes Werkzeug darstellt, um mit ihren „Ellen" die Astrologie adäquat zu vermessen.

Es gibt aber einen sicheren Weg, um herauszufinden, was an der Astrologie in umfassender Weise wirklich dran ist. Diesen Weg kann aber nur jeder Einzelne selber gehen. Astrologie kann man sich in ihrer tieferen und komplexen Wirklichkeit nur von „innen“ her annähern, d. h., man muss sich selber mit ihr beschäftigen. Man muss ihre Regeln, ihre Gesetze lernen, und dann muss man selber mit diesem Werkzeug unvoreingenommen forschen. Dann stellen sich schnell die Aha-Erlebnisse ein. Auf diese Weise ist sie jedem zugänglich. Einmal richtig eingetaucht, bedarf es für die astrologisch erfahrene Person zunächst einmal keinerlei Beweise mehr von außen.

Hat man dann aber zusätzlich noch immer das Bestreben, diese Disziplin weiterhin auch wissenschaftlich erforschen zu wollen, dann ist man – wenn man sie von „innen“ her kennen gelernt hat – jetzt zumindest in der Lage, die wirklich wichtigen Parameter, die eine sinnvolle Untersuchung von vornherein überhaupt erst ermöglichen könnten, zu orten. Aber auch dann muss man sich schon etwas einfallen lassen, denn es gibt nichts, „um es in ein Reagenzglas zu tun“, sondern „nur“ eine Unmenge verschiedenartiger, vieldimensionaler lebendiger Prozesse und diese dann im Verhältnis zur „Mathematik der Gestirne“.

Abgesehen von diesen entstehenden Schwierigkeiten, denen selbst ein „Insider“ dann immer noch gegenüber steht, weiß der astrologische Laie von vornherein absolut gar nichts von den eben genannten unverzichtbaren Parametern, mit denen er dann arbeiten müsste – und sei er noch so akademisch versiert. Sie bleiben ihm genauso verdeckt wie der allergrößte Teil des Eisbergs, dessen kleine Spitze er außen sieht. Beim Versuch, „mit dem Wissen um seine Spitze“ das Phänomen des „Eisbergs“ zu erklären, hat es aber schon so manchen „Schiffbruch“ gegeben.

Dieses Buch will eine Brücke dafür sein, Sie in konzentrierter Weise mit den Tiefendimensionen astrologischer Erfahrungen in Berührung zu bringen.
So geht es – jenseits von Glaube, Aber-„Glaube“ oder Un-„Glaube“ – in der Astrologie vor allem um Wissen bzw. um Erkenntnis, wie es in der Eingangs-Definition schon anklang.
Und so ist auch, um einem weiteren Missverständnis vorzubeugen, Astrologie kein Wahrsage-, sondern eben ein Erkenntnis-Instrument.

Lassen Sie mich an dieser Stelle noch einmal Ernst Jünger aus seinem Buch *An der Zeitmauer* – Gedanken eines Nichtastrologen zur Astrologie – zitieren:
„Der Blick auf den gestirnten Himmel ist nicht nur bildend und erhebend, sondern er offenbart zugleich dem Menschen die Grenzen seines Wissens und seiner Macht. Zahlreiche zu Zitaten gewordenen Worte unserer Größten geben Zeugnis dafür. Insofern ist die Sternschau numinos (göttlich) im besten Sinne. Dass sie zugleich als ominös (verdächtig, zweifelhaft) gewertet wird, entspricht dem menschlichen Charakter und ebenso die Tatsache, dass auf diese zweite Wertung die Anziehung sich gründet, welche die Astrologie auf die Massen ausübt.

Dem Menschen hat von jeher sein Da-Sein mehr gegolten als sein So-Sein: die Schicksalslinie, ihre Länge, ihr Glück und Unglück mehr als der eigentliche Stoff des Schicksals, der allem Bedeutung gibt. Macht galt ihm mehr als Einsicht, Reichtum mehr als Charakter, die Länge des Lebens mehr als sein Inhalt, Schein mehr als unveräußerliches Sein.

Daher haben auch jene stets Undank geerntet, die dem Menschen zur Selbsterkenntnis verhelfen, die ihm sein Wesen deuten wollten, während der Zulauf den Weissagern gilt.“

3. PSYCHOLOGISCHE ASTROLOGIE UND INTEGRALE ASTROLOGIE

In diesem Buch werde ich mich mit der Psychologischen Astrologie und der Integralen Astrologie schwerpunktmäßig auf zwei Formen astrologischer Orientierung beziehen – und dabei sowohl ihre gegenseitigen Überschneidungen als auch ihre Unterschiedlichkeiten herausarbeiten.
Die Wurzeln der Psychologischen Astrologie gehen bis in die 30er- und 40er-Jahre des 20. Jahrhunderts zurück. Wir finden sie bei C. G. Jung selbst und im Anschluss daran bei Dane Rudhyar, der damals – in den USA – als Erster die Astrologie mit der Erfahrungs- und Gedankenwelt Jungs verknüpfte. Darüber hinaus waren beide aber auch mit verschiedenen spirituellen Strömungen auf sehr intime Weise vertraut, und all dies floss bei Rudhyar in die – von ihm benannte – „Humanistische Astrologie“ mit ein.
Meine eigene astrologische Grund-Ausbildung hatte ich Mitte der Achtzigerjahre bei Hermann Meyer absolviert – einem *der* Pioniere, die in den 70er- und 80er-Jahren des letzten Jahrhunderts dazu beigetragen haben, die Psychologische Astrologie vor allem auch in Deutschland zu etablieren.
Die Ausbildung war zweifelsohne einer der großen Meilensteine in meinem Leben. Fachlich auf einem hohen Niveau angesiedelt, hatte das Gelernte seine eigene Faszination, weshalb ich die Ausbildung – über meinen zertifizierten Abschluss hinaus – noch in die nachfolgende Ausbildungsgruppe hinein verlängert hatte. Ich wollte dieses Wissen, das mich so beeindruckt hatte, noch weiter stabilisieren. Parallel zu dieser Verlängerung fing ich aber auch schon an, eigene Astro-Workshops abzuhalten.
Bei allem Respekt für die gute und sehr fundierte Qualität von Meyers Seminaren fehlte mir in ihnen aber die hintergründige philosophische Verknüpfung dieses Wissens mit der spirituellen Dimension, die der Astrologie – meines Erachtens – zweifelsohne innewohnt und die letztendlich sogar ihre Basis ist. Ich hatte damals schon eine fünfzehnjährige intensive Praxis-Erfahrung mit Meditation – auch verbunden mit jahrelanger Lehrtätigkeit und Workshop-Leitung in diesem Bereich. Der Weg, der mich zur Astrologie führte, war für mich folgerichtige Konsequenz schon vorher gemachter intensiver – auch spiritueller – Erfahrungen, die meinen damaligen Lebens-Rahmen nachhaltig erschüttert hatten.

Für mich war und ist Astrologie das Zwischenglied – besser noch das Bindeglied – zwischen der psychologischen Dimension des Menschen und seinem spirituellen WESENS-GRUND – „die Brücke“.

Für Meyer war sie wohl – in meinen Worten ausgedrückt – eher die höhere Oktave der Psychologie, und darüber hinaus gab es nichts mehr.
Als langjährig praktizierender Astrologe kam natürlich auch Meyer nicht an der philosophisch eindringlich nagenden „Faszination des Unglaublichen“ vorbei, die sich durch die Astrologie offenbart. In einer sehr vertraulichen Situation sprach er

sogar mal mit einem kurzen Statement und sehr verhalten von den „tatsächlich wirkenden göttlichen Kräften“. Aber diese Art von „persönlicher Einschätzung“ seiner eigenen astrologischen Erfahrungen fand nie Eingang in sein offizielles Lehrgebäude. Dafür postulierte er – als ursächlich gemeintes Erklärungsmodell – das Walten einer nicht näher definierten Schicksalsmacht. Er sah und lehrte als Astrologe all die Phänomene „mit übersinnlichem Charakter“, all die unzähligen „Synchronizitäten“, die er in der Arbeit mit seinen Klienten und deren Erleben ständig vor Augen hatte. Diese gingen in ihren Erscheinungsformen allesamt über die Denk-Grenzen einer jeden Philosophie der unterschiedlichsten psychologischen Schulen hinaus. Dies war ihm voll bewusst. Er gab aber einem geistigen bzw. spirituellen Hintergrund – der zwangsläufig hinter all diesen Phänomenen existieren muss – „keinen Namen“, auch keine gedankliche Richtung.
Für das tiefe Erfahrungswissen der mystischen Traditionen dieser Welt und der daraus entstandenen philosophischen Modelle hatte er kaum ein Ohr und auch kein wirkliches Verständnis – ebenso wenig für die Praxis menschlich meditativer Hinwendung zu hintergründigen „Seins-Sphären“. Und wenn im passenden Kontext besprochener Gruppen-Themen doch mal die Rede darauf kam, zauberte ihm das nur ein stilles, kommentarloses – durchaus nicht unfreundlich gesonnenes – Lächeln um die Mundwinkel. Dafür sprach er von Lebensgesetzen, von wirkenden Schicksalsgesetzen – und von der „Befreiung von Schicksals-Zwängen“ (durch Bewusstheit).

Es gab aber im Unterricht immer wieder auch astrologische Fallbeispiele, in denen ein offensichtlich pathologischer Umgang mit Spiritualität oder mit „sogenannter Spiritualität“ dokumentiert wurde. Diese gingen allermeist mit naiv-bedingter „Guru-Hörigkeit“, ideologischem Fanatismus oder völlig überzogenen Heilserwartungen der entsprechenden Menschen einher – oder mit der hybriden Selbsttäuschung hinsichtlich des eigenen „schon fast Erleuchtet-Seins“. Anhand der Fallbesprechungen wurde auch deutlich, welche desaströsen Folgen das im Leben dieser Menschen manchmal mit sich bringen konnte.
Da hatte Meyer natürlich vollkommen Recht (denn neurotische Erscheinungen sind allgegenwärtig in dieser Welt – in allen Lebens- und Gesellschaftsbereichen, ohne Ausnahme; also natürlich auch in spirituellen Kreisen). Und ich kannte das als immer wiederkehrendes Phänomen aus den mir vertrauten Szenen nur zu genau. Und obwohl ich damals selbst gerade schon eine einschneidende Besinnungskrise hinter mir hatte, die vor allem auch meine Haltungen zu meinen eigenen spirituellen Bezügen betraf, entdeckte ich dennoch über Meyers astro-psychologische Sichtweise noch etliche weitere Ungereimtheiten, die mich noch immer selbst betrafen. Das ließ mich versöhnlich stimmen mit dem (für mich) weltanschaulich relativ eng abgesteckten Rahmen dieser Ausbildung und entpuppte sich – auch in dieser speziellen Hinsicht – als äußerst fruchtbar für bestimmte Facetten meiner weiteren persönlichen Entwicklung.

Die positiven Aspekte menschlich-spiritueller Hinwendung jedoch – die Seiten, die das Potenzial haben, den Menschen in existenzieller Weise zu tragen, weil sie ihm den Zugang zu seinem tiefsten Wesenskern ermöglichen – hatten in Meyers Ausbildung allerdings keinen wirklich angemessenen Raum für eine konstruktive Auseinandersetzung.

Wie andere Pioniere auch – hat Meyer in schöpferischer Weise eine gelungene Synthese zwischen Astrologie und Psychologie nicht nur gedanklich hergestellt, sondern diese auch noch in ein umfangreiches und schlüssiges System gegossen. Er hat etwas zusammengefügt, was in der gegenwärtigen astrologischen Szenerie nicht mehr wegzudenken ist, was jedoch für die allermeisten Psychologen und Psychotherapeuten – und nicht nur solche von konventionell-akademischer Prägung – noch heute als unüberbrückbare Kluft gilt.
Aus dem anderen Blickwinkel heraus, den ich oben schon dargestellt habe, hat jedoch – meines Dafürhaltens – *eine „Nur-Psychologische Astrologie" noch immer nicht „die wesentlich umfassendere Natur des Menschen" berücksichtigt und herausgearbeitet. Und entsprechend hat sie auch noch nicht „die höhere Oktave der Astrologie" – die Spiritualität – selbst gewürdigt.*
Eine „Nur-Psychologische Astrologie" lässt den Menschen – auch vor seinem „kosmischen Hintergrund" – noch immer begrenzter erscheinen, als er wirklich ist, und muss zwangsläufig auch da pathologisieren, wo dem Menschen eigentlich ein großer Segen zufließen kann.

Bei all diesen Gedanken möchte ich ergänzend anmerken, dass ich nicht weiß, wo Meyer heute – ca. dreißig Jahre später – in dieser Hinsicht steht und in welchem Ausmaß meine hier gegebenen Aussagen noch immer relevant sind.
Was meine eigene Arbeit anbelangt, finde ich meine astrologischen Wurzeln noch immer in Meyers Psychologischer Astrologie wieder und einige ihrer Konzepte und Arbeitsweisen sind für mich unverzichtbares „Handwerkszeug" geblieben. Darüber hinaus jedoch habe ich viele Jahre später eine *eigene, integrative Form der Astrologie* entwickelt – auch dadurch mitbedingt, dass sich für mich noch andere, neue und inspirierende Erfahrungen durch eine gestalttherapeutische Ausbildung eröffnet haben. In der Gestalttherapie wird das lebendige psycho-therapeutische Experiment in den Vordergrund von Einzel- und Gruppensitzungen gestellt, und die kognitiv-analytische Seite tritt dabei mehr in den Hintergrund.
Diese *Integrale Astrologie* ist nun das Resultat eines entsprechend langjährigen Erfahrungszuwachses, bei dem Astrologie, Psychologie bzw. Psychotherapie und Spiritualität für mich zunehmend zu einer Erfahrungs-Einheit verschmolzen sind. D. h., dass sie einerseits alle weltlichen Strömungen zu „orten" und zu beschreiben vermag, inklusive auch die der vielschichtigen und jeweils individuell-menschlichen Intentionen. Andererseits weist sie parallel dazu ebenso deutlich auf das „ÜBERWELTLICHE" hin. Auf diese Weise wird sie ganz von allein zum Repräsentanten und Fürsprecher beider Erfahrungs-Dimensionen gleichzeitig und regt den Menschen durch ihre vermittelnden Einsichten dazu an, sowohl seine auf die Erde bezogenen konkreten Lebensaufgaben und -belange zu kultivieren als auch sein Bewusstsein über die irdischen Begrenzungen hinaus bis ins „UN-ENDLICHE" hinein zu erweitern.

Das alles sollte sich auch in meiner praktischen Arbeit niederschlagen. Und so gibt es in der *Integralen Astrologie* nicht nur einen erfahrungs-orientierten und bis ins Trans-Personale hinein erweiterten weltanschaulichen Überbau, sondern auch ein breites Spektrum „nicht-astrologischer" Selbsterfahrungs-Methoden, die vor allem in meinen zweieinhalbjährigen Ausbildungsgruppen zum/zur Astrologen/in zur Anwendung kommen. Das sind:

Stille-Meditationen, Atem-Arbeit, Traum-Arbeit, Biographie-Arbeit, Phantasiereisen, Maskenarbeit, freier Tanz, Körper- und Partnerübungen, Spiele, kreative Medien und gestalttherapeutische Settings, etc.

Diese sind nicht nur eingestreutes Beiwerk, sondern in ausgeprägtem Maße ergänzende Bestandteile meiner Astrologie-Ausbildungskurse und schaffen ein Gleichgewicht zum vielfach abstrakt-theoretischen Wissen der Astrologie. Sie bringen die Teilnehmer in einen lebendigen Kontakt mit Transzendenz und mit den Archetypen und damit auch mit sich selbst und ihrem eigenen „In-der-Welt-sein".

Auf diese Weise werden Kenntnisse und Fähigkeiten etabliert, um Astrologie professionell in einer klienten-zentrierten Tätigkeit ausüben zu können und sie gegebenenfalls in andere therapeutische Konzepte zu integrieren, es werden aber auch gleichzeitig Bewusstseinsprozesse einer anderen Art angeregt und dabei Kreativität, ganzheitliches Wachstum und der Zugang zur *eigenen* Spiritualität freigelegt.

4. SPIRITUALITÄT IN DER ASTROLOGIE

und ihr konkret erlebter Niederschlag in der praktischen astrologischen Arbeit

Wenn es um Spiritualität in der Astrologie geht, können wir das aus zwei unterschiedlichen Blickwinkeln betrachten.

1. Astrologie ist in sich selbst schon eine spirituelle Disziplin, weil durch sie – in der konkreten Arbeit mit ihr – immer wieder in zuverlässiger Weise das Wirken des „Geistes" in Form des ALLWISSENS, der ALLGEGENWART und der ALLMACHT offenbar wird.
2. Gibt es unter den archetypischen Kräften solche, die das Potenzial haben spirituelle Erfahrungen bzw. Zustände in Individuen zu wecken, ohne dass diese Menschen sich auch nur im Entferntesten mit Astrologie auseinandersetzen müssen.

In der Vorbereitung auf die nächsten Fallbeispiele möchte ich mit dem Fisch-/ Neptun-/Haus 12-Prinzip das erste Mal einen *transpersonalen*[1] und gleichzeitig *spirituellen Archetyp* ausführlich darstellen

Alle Archetypen haben ihre Quelle in der spirituellen Sphäre des Kausalen
Dennoch sind sie in Hinblick auf *die Zielrichtungen ihres Wirkens* und auf ihre Bedeutung für uns Menschen von zweierlei grundsätzlicher Art:

1. Die Natur und Aufgabe der meisten Archetypen liegt darin, uns Orientierungs-Impulse für den evolutionären Gang durch die Labyrinthe des konkreten irdischen Daseins zu geben. Dies sind die personalen oder besser gesagt, die *personal-orientierten* kosmischen Grund-Kräfte. Sie sind die göttlich inspirierten Triebkräfte evolutionärer Welt-Gestaltung.
2. Die *spirituell-orientierten kosmischen* Grund-Kräfte dagegen haben ihren Ur-Sprung ebenfalls in der Kausal-Ebene. Das innerste Wesen ihres Wirkens ist jedoch „rück-bezüglich", d. h., „in ihrem Wirken in der Welt" *weisen sie paradoxer Weise „auf sich selbst" – auf ihr „eingeborenes Transzendentes Wesen" – hin.* In ihrer erlebbaren Wesenhaftigkeit sind sie vielfach die „Leitsterne für eine authentische Verbindung mit dem *Un-Sagbaren*" – in unterschiedlichen graduellen Ausprägungen.

Selbst erleuchtete Geister brauchen in den individuellen Lebensabschnitten ihrer großen spirituellen Durchbruch-Erlebnisse eine entsprechend temporäre und herausragende „Zeitqualität mit spirituell-archetypischer Prägung", die – astrologisch angezeigt – in ihrem Horoskop ablesbar ist. Solche archetypischen „Erweiterungen", „Öffnungen" oder „Einbrüche" sind aber in ihrem Auftreten – insbeson-

---

[1] In TEIL III Nr. 14 wird der Unterschied zwischen personalen, transpersonalen und spirituellen Archetypen herausgearbeitet und ihre Zuordnung zu den 12 Prinzipien vorgenommen. Außerdem weise ich auf den Text „Verzauberung der Anlagen" hin, den Sie im Teil II des Buches finden. In ihm geht es um das astro-psychologische Konzept von Erster und Zweiter Natur / um Hemmung und Kompensation.

dere bei starker Ausprägung (Transitgeschehen) – oft nicht leicht zu verarbeiten und ins alltägliche Leben zu integrieren.

Für das undifferenzierte Bewusstsein des klassischen Alltagsmenschen erscheinen diese Kräfte jedoch in anderen, aber ebenfalls typisch definierbaren Erlebensmustern. Dann sind sie zwangsläufig – vorrangig oder gänzlich – nur in ihren unausgereiften Varianten erfahrbar; also nur in ihren „verzerrten bzw. in ihren verzauberten“ Formen. Formen, die dem symbolkundigen Astrologen zwar dennoch die ferne spirituelle Quelle erahnen lassen, die aber – als ausschließlich veräußerlichte Formen – sonst nichts mehr wirklich etwas mit Spiritualität zu tun haben. Sie erscheinen dann in spezifisch definierbaren „weltlichen Verkleidungen“, sind aber auch in diesen Erlebensformen sehr häufig nicht leicht im Alltag zu „handhaben“ – setzen oft ein krisenhaftes Geschehen in Gang („der Gang durchs Wasser“, das Gefühl zu „schwimmen“, „abseits zu stehen“, „nicht dabei zu sein“, „seismographische Sensibilität“, ein gradueller 'Realitäts'-Verlust, „Kulissen-Gefühle“ – Döbereiner; etc.)

Die 12. kosmische Grundkraft ist die der „gefühlten ALL-VERBUNDENHEIT“, das „Eingangs-Tor zur ALL-EINHEIT“ (Element: Wasser).
Sie wird in der Astrologie sowohl
durch den Planet Neptun (♆), als auch
durch das Tierkreiszeichen Fische (♓) und
durch das 12. Haus (H 12) repräsentiert.

Ihr Element ist das *Wasser* (Gefühl), hier das *„Große Wasser“*, insbesondere das *Meer*. Das Meer ist ein Symbol der UNBEGRENZTHEIT, in das letztendlich alles wieder mündet. Aber auch die *Quelle* ist ein stimmiges bildhaftes Gleichnis. Aus ihr entsteht und strömt alles „Leben“ bzw. alles „Weltliche“.
Und schließlich ist es auch der *Fluss*, der sowohl mit der Quelle, als auch mit dem Meer lückenlos verbunden ist und dabei Anfang und Ende zu einer EINHEIT integriert. Der Fluss ist etwas völlig anderes als ein künstlich angelegter Kanal. Seine organisch gewachsenen Mäander sind Ausdruck von Lebensprozessen, die im vollen Einklang mit den Gesetzen der Natur, den Gesetzen des Lebens und des Kosmos stehen. An seinen Ufern beherbergt der Fluss allermeist wild wachsende Flora und Fauna und hier und da ein paar „mäander-artige Trampelpfade“, aber keine „Reißbrett-Konstruierten Flanierpromenaden“.
Die Gabe des *„(Mit-)Fließen-Könnens, mit dem Fluss des Lebens“* („im Einklang sein“ mit den kosmischen Lebensgesetzen – mit der inneren Führung) kann daher gelebter Ausdruck spiritueller Daseins-Erfahrungen bzw. Ausdruck spiritueller SEINS-Erfahrung sein, wenn dieses Fließen nicht in einem unachtsamen, ziellosen und gleichgültigen „Lari-Fari“ ausartet (unausgereifte Variante). Dieses „Im Fluss des Lebens sein“, und damit im Fluss „immerwährender Veränderung“, assoziiert eine Lebensorientierung abseits „einengender konventioneller Lebensentwürfe“ (Kanal) – assoziiert eine lebendige, gesellschaftlich unangepasste (♆) (Meyer) Lebensorientierung.

Die Quelle, der Fluss und das Meer in ihrer Verbindung und Einheit gesehen, sind also *„unbegrenzte Wasser"*. Sie entsprechen dem Neptun / Fische / Haus 12-Prinzip.
Der heimatliche Dorftümpel (mit Gänseblümchen und Kuhwiese) und der See sind *begrenzte Wasser.* Sie entsprechen dem Mond / Krebs / Haus 4-Prinzip.
Der Sumpf, mit seinen – bei aller Artenvielfalt – auch unwirtlichen Zonen, ist ebenfalls ein *begrenztes Wasser* (wenn auch nicht so scharf abgegrenzt wie der See) und entspricht dem Pluto/ Skorpion/ Haus 8 - Prinzip.

„Unbegrenzte Wasser" weisen und führen uns über unsere weltlichen Belange und persönlichen Ambitionen im konkreten Alltagsleben hinaus.
Ihre Eigenschaften sind hochgradig grenzauflösend. Sie lösen die engen Grenzen alltäglicher Realitäts-Wahrnehmung auf und machen eine erweiterte, hintergründige Daseins-Sphäre „sichtbar", fühlbar. Sie sind die „Türöffner" in eine andere Zustandsform des Bewusstseins mit ihren verfeinerten Wahrnehmungs-Nuancen des Gefühls. Sie wirken sensibilisierend in unterschiedlich graduellen Abstufungen – bis in die Hell-Fühligkeit hinein und manchmal noch darüber hinaus bis in die Wahrnehmung der UNBEGRENZTHEIT in der „EINHEIT des SEINS mit allen Daseins-Formen und –Erfahrungen". Aus diesem Quell-Grund strömen die inspirativen Impulse hin zu erweiterten spirituellen Daseins-Möglichkeiten, individuell und kollektiv.

Die *„Ver-EINHEIT-lichende Erfahrung"* entspricht wohl dem tiefsten Kern und „Anliegen" des neptunischen Prinzips.

Das Erfahrungs-Spektrum dieses Archetyps ist aber dabei nicht allein auf die inneren Bewusstseins-Erfahrungen beschränkt, sondern durchdringt ebenfalls alle anderen Daseins-Schichten; auch die „weltlichen", auch die materiellen. Seine symbolischen Widerspiegelungen sind also bis in die materiellen Erscheinungsformen der Alltagswelt hinein möglich – nur eben in ihrer spezifischen symbolisch-inhaltlichen Form. So weisen die Symbole, die an einen solchen materiellen Träger gebunden scheinen, dennoch über die Welt der Materie hinaus und bleiben Metaphern einer trans-materiellen und spirituellen SEINS-Dimension.
Ein Mensch, der unter starken neptunischen Einflüssen steht – ob nun in grundlegender Weise durch entsprechende Radix-Konstellationen oder durch temporär-biographische Auslösungen – mag sich dann in Neptun-typischen Lebenssituationen „wie ein Fisch im Wasser fühlen" oder es treibt ihn die (Lebens-) Angst um, in der „Grenzenlosigkeit" seiner erlebten Daseins-Möglichkeiten zu „ertrinken".
Und zwischen diesen beiden Polen existiert ein unfassbar breites Spektrum an Erfahrungs- und Ausdrucksmöglichkeiten.

In den folgenden Auflistungen habe ich eine Auswahl dieses Spektrums dargestellt. Und diese vielschichtigen Manifestationsformen des Neptun / Fische / Haus 12-Prinzips habe ich zum Großteil ganz bewusst in ihren möglichen *Licht- und Schatten-Varianten* direkt einander gegenüber gestellt. Ich möchte damit verdeut-

lichen, wie nahe sich Licht und Schatten eines Prinzips – hier vom wahrnehmbaren „Geschmack“ her gemeint – immer wieder sein können.
Statt der Begriffe Licht und Schatten werde ich jedoch hier und im weiteren Verlauf des Buches viel öfter von der *Ersten Natur* und von der *Zweiten Natur* eines Prinzips sprechen, so wie ich es von Hermann Meyer übernommen habe.
*Während die **Erste Natur** eine menschlich reife, bewusst gelebte und konstruktive Auslebensform eines Archetyps assoziiert, ist mit der **Zweiten Natur** eine noch „ungeschliffene“, unbeholfene, kindlich-naiv anmutende oder neurotische Auslebensvariante gemeint.*
Meyer hat die Zweite Natur (den Schatten-Aspekt) noch einmal differenziert und in zwei gegensätzliche Erlebens-Variablen unterteilt – in **Hemmung (H)** und **Kompensation (K)**.[2]

In der hier folgenden direkten Gegenüberstellung von Erster Natur und von Zweiter Natur – im Kontext mit den zu besprechenden neptunischen Manifestationsformen – möchte ich folgende Punkte hervorheben:

- Individuelle Erlebensformen ein und des gleichen Grund-Prinzips können sich zwar äußerlich zunächst sehr ähnlich sein, aber wir beobachten immer wieder, dass eine dieser Erlebensformen eine vorrangig konstruktive und die Andere eine vorrangig destruktive Wirkung freisetzen kann – sowohl im Individuum selbst als auch in seiner Umgebung.
- Ebenso kann man ein andermal beobachten, dass die äußeren Formen ein und desselben Grundprinzips in diametral sehr gegensätzlicher Art erscheinen, und es kann dann zu einem befreienden Aha-Erlebnis führen, wenn man klar versteht, aus welcher gemeinsam zugrunde liegenden Tiefenstruktur (Archetyp) beide Formen dennoch entspringen.
- Die Auflistungen zeigen damit auch deutlich, wie ein besonderer, in inhaltlicher

---

2 Dabei ist diese Zweite Natur insgesamt für sich allein schon im Sinne eines Defizits (also im Sinne einer Hemmung) definiert. Wenn wir nun zusätzlich noch von einer „gehemmten“ Form der Zweiten Natur reden, dann ist damit gemeint, dass ein entsprechender Mensch ein solch vorhandenes Defizit oftmals tatsächlich in deutlicher Offensichtlichkeit auch durch sein äußeres Verhalten ausdrückt. Seine Selbstdarstellung, seine Handlungs-Impulse, seine Interaktionen wirken unsicher, schüchtern, ängstlich, zurückgenommen und angreifbar – oder wecken im Gegenüber Beschützer-Instinkte. Der *Kompensator* dagegen lebt mit den gleichen oder ähnlichen Defiziten wie der Gehemmte, aber in seinem Verhalten nach Außen versucht er – allermeist unbewusst – dieses Manko „zu überspielen“ – also mit Gegenbildern zu kompensieren. Dabei versucht er (in diversen Lebenszusammenhängen) „sich selbst“ in einem suggestiv anmutenden Bild von „persönlicher Stärke“ zu präsentieren, was jedoch – für andere vielfach offensichtlich – künstlich überzogen wirkt. Das zeitigt nicht selten entsprechend unerwünschte Resultate, die ihn dann wieder in seine innerlich nagende, defizitäre Ausgangsposition zurückwerfen können. Eine ausführliche Beschreibung der generellen psychodynamischen Wechselwirkungen von Erster Natur und Zweiter Natur (mit Hemmung und Kompensation) – unabhängig vom neptunischen Archetyp – finden sie in Teil II des Buches unter „Verzauberung der Anlagen“. Dieses psychologische Hilfswerkzeug werden wir noch für etliche spätere Fallbeispiele gebrauchen.

Weise gefärbter Schatten, dem ihm entsprechenden Licht erst entspringt und dabei die gleiche innere Wesensart offenbart, *nur in jeweils unterschiedlich ausgeprägten Reifegraden des Bewusstseins.* Menschen können dadurch ein Gefühl für das kreative Potenzial entwickeln, das sich hinter ihrem eigenen Schatten; hinter ihrer Zweiten Natur verbirgt.

Assoziationen zu Neptun / Fische / Haus 12

- Zugang zum UR-GRUND, zur Quelle, zur GOTTHEIT, zur Stille; zum „Feld aller Möglichkeiten“, zum Quanten-Vakuum.
- das Meer (die UNBEGRENZTHEIT, das EWIGE);

Erste Natur	**Zweite Natur**
das „noch Ungestaltete“ – Offene, die Potenzialität.	das „ewig“ Vernachlässigte (bis hin zur Schlamperei).
das „ALL-EINS-Sein“ mit dem „Allein-sein-Können“; Nischen der Ruhe und Beschaulichkeit im bewussten Rückzug; Momente, bewusster Muße, die Selbstgenügsamkeit. Ver-Inner-lichung, Meditation, Natur-Erleben.	die Einsamkeit, das „Abseits“ (Gefühl der Ausgestoßenheit), Weltfremdheit, der „Weltschmerz“, die Depression (H).
Spiritualität, als Gabe des „wach-bewussten, passiven Geschehen- lassen-könnens“ (das „Heraustreten“ aus dem „Wollen“, dem „Machen“, dem Ego);	passives Erleiden-müssen von diffusen Schicksals-Erfahrungen (H).
der Fluss; „mit dem Strom (des Lebens) fließen“; innere Führung (in der Anerkennung der immer-währenden Veränderung allen Daseins).	„hanging around“ (H), (die stille und konzentrierte Achtsamkeit in der Meditation ist etwas ganz anderes als das dumpfe „Abhängen“ zielloser Zer-streuung - beides ist aber neptunisch.
kosmische Fähigkeiten: die Sen-sitivität, die Hell-Fühligkeit, das Ahnungsvermögen, das Mit-Gefühl	die Über-Empfindlichkeit, Labilität, Lebensangst (H).
Heilige oder weise Menschen, „Große Seelen“	Guru-Syndrom und „‘spirituelle’ Möchtegerne“ (K) Guru-Hörigkeit (H).
natürlicher (gesunder) Altruis-mus, karitative Ambitionen;	Hilflosigkeit (H) u. Helfersyndrom (K)

Erste Natur	Zweite Natur
„das Sehnen – nach dem Unfassbaren“, das „Bewegt-sein - vom Unsagbaren“ und die kreative Auseinandersetzung damit in den unterschiedlichen Formen der schöpferischen Künste;	die Sehn-Sucht (H), Süchte (egal nach was) – Fernsehen, Drogen-Konsum, Chromputz am Auto („Glanz“-Konsum), Alkohol (Spirituosen - der „GEIST aus der Flasche“), romantische Schwärmereien (K), Hochstapelei (K);
Bewusstseins-Erweiterung, außergewöhnliche Erfahrungen, religiöse Visionen; punktuelle psychedelische Erfahrungen mit halozinogenen Substanzen („Lehrer- Träume, Phantasie;	Wahnvorstellungen und Psychosen (manisch = K, depressiv = H) , das „Unwirkliche“, das Diffuse (Nebel) – Tagträume, Heimlichkeiten (H), Idealisierungen (K) Illusionen pflanzen;Täuschung, Lüge, Flucht (H), Schein (K).
alternative Lebensformen; suchende und experimentell ausgerichtete „Aussteiger“, spirituelle Gruppen und Kommunen, Künstler-Kolonien;	entwurzelte, Obdachlose, „Gosse“ - Auflösung, Zersetzungserscheinungen, Zerfall (H);

Genau diese Gegenüberstellungen, die es uns einerseits erlauben, die gemeinsame tiefere Wesensnatur eines Prinzips in all ihren Ausdrucksformen zu erkennen – und uns andererseits in die Lage versetzt, sowohl ihre konstruktiven, als auch ihre destruktiven Erscheinungsformen an der Lebensoberfläche klar voneinander zu unterscheiden, ist von immenser Wichtigkeit.

Denn speziell hier – bei diesem spirituellen Prinzip – gibt es nicht nur beim öffentlichen Massen-Bewusstsein flächendeckende Unwissenheit, Missverständnisse, Verwechslungen und blinde Ignoranz. Nein, auch in der akademischen Fachwelt von Psychologie, Psychotherapie und Psychiatrie gelten „außergewöhnliche bzw. transpersonale bzw. holotrope (auf die Ganzheit bezogen) Bewusstseins-Zustände“ mehrheitlich noch immer als psychopathologische Formen von Regression, Hysterie, Epilepsie, Schizophrenie oder Psychose, etc.

Mit einem Wort; auch die „nicht-alltäglichen *positiven* Ausdruckformen“ des 12. Prinzips gelten vielfach als „geisteskrank“, weil sie mit dem herrschenden materialistischen Weltbild – das heute noch als „akademische Messlatte für geistige Gesundheit“ gilt – nicht erklärt werden können.

Diese Art von akademischer Hybris ist typisch für unsere modernen westlichen Gesellschaften, bleiben dabei aber eine Ausnahmeerscheinung in der gesamten Menschheitsgeschichte.

Ich zitiere Stanislav Grof – Psychiater, Bewusstseinsforscher und Mitbegründer der Transpersonalen Psychologie:

„Alle Kulturen in der menschlichen Geschichte – außer der gegenwärtigen westlichen industriellen Zivilisation – hielten holotrope Bewusstseinszustände in hohen Ehren. Sie riefen sie sogar regelmäßig hervor, wenn sie Verbindung mit ihren Gottheiten, anderen Dimensionen der Wirklichkeit und den Kräften der Natur aufnehmen wollten. Sie benutzten sie auch zur Diagnose und Heilung, zur Kultivierung der außersinnlichen Wahrnehmung und zur künstlerischen Inspiration. Sie verwandten viel Zeit und Energie darauf, sichere und wirksame Methoden zu ihrer Herbeiführung zu entwickeln. Diese bewusstseinserweiternden „Techniken des Heiligen", wurden in alten und urtümlichen Kulturen zu rituellen und spirituellen Zwecken ersonnen – von den schamanischen Trancemethoden verschiedener Völker bis zu den hoch entwickelten Praktiken verschiedener (auch westlicher – Anmerk. d. V.) mystischer Traditionen und östlicher spiritueller Philosophien.
Religion und Spiritualität sind in der Geschichte der Menschheit und der Zivilisation äußerst wichtige Kräfte. Wären die visionären Erlebnisse der Religionsstifter nichts weiter als Produkte kranker Gehirne gewesen, ließen sich die tiefgehenden Wirkungen, die sie über die Jahrhunderte und Jahrtausende auf Millionen von Menschen hatten, genauso wenig erklären wie die herrlichen Bauwerke, Gemälde, Skulpturen, Musik und literarischen Werke, zu denen sie Anstoß gaben."[3]

Weitere Zuordnungen zu Neptun / Fische / Haus 12

- Organe und Krankheiten (Psychosomatik):
  Füße, Hormonsystem (Körperchemie im weitesten Sinne), Immunsystem. Schleichende und chronische Erkrankungen, diffuse Symptome und Krankheitsbilder, Allergien, Fäulnisprozesse, Wasserbildungen (Blasen, Ödeme), Infektionskrankheiten, Pilz-Erkrankungen, Seuchen, Vergiftungen, Süchte.
- Orte des 12. Prinzips sind vor allem Orte des bewussten Rückzugs oder Orte des erzwungenen „Abseits" („Nicht in der Welt sein"):
  Krankenhäuser, Sanatorien, Studierzimmer, Klöster, Gefängnisse, Altenheime, Sozialstationen, etc.

Die neptunischen Identifikationen betreffen hier sowohl Insassen, Klienten und Patienten als auch das Personal – Betreuer, Pfleger, Wärter, Ärzte, Psychiater.
Die Bewertungskriterien der hier beschriebenen Orte und ihr jeweiliges individuell-inhaltliches Erleben sind relativ. Ich habe Menschen kennengelernt, die ihren Gefängnis-Aufenthalt als eine zutiefst berührende, positive innere Einkehr-Situation empfunden haben – *als eine kulturelle oder spirituelle Offenbarung* (viel lesen, selbst schreiben können – meditieren, „fasten", etc.).
Umgekehrt gibt es Menschen, die ihre – scheinbar selbst gewählte (vielfach aus konventionellen Gründen) – karitative Tätigkeit wie eine aufgebürdete Pflicht, wie einen schicksalhaften Fluch empfinden, aus dem es für sie kein Entrinnen zu geben scheint – ein lebenslanges Gefängnis im Jammertal menschlichen Leidens (eine zur äußeren Wirklichkeit geronnene Projektion eigener unverarbeiteter Seelenqualen).

---

3 Stanislav Grof, *Kosmos und Psyche*, Wolfgang Krüger Verlag, Frankfurt am Main 1997, S. 338, 341.

Überhaupt sind Wertigkeiten in Hinblick auf Licht- und Schatten-Anteile im Menschen – unabhängig vom Neptun-Thema – generell mit Vorsicht zu handhaben, denn sie sind, wie alles im Leben, immer relativ.

Es gibt diese eindeutige, „saubere“ Trennung zwischen Erster und Zweiter Natur nur per Definition, nicht aber so klar im gelebten Leben. Egal auf welche Themen sich dies beziehen mag, jeder Mensch hat immer beide Seiten, sowohl die Licht- als auch die Schattenanteile, gleichzeitig in sich. Nur in den Gewichtungen gibt es graduell unterschiedliche Identifikations-Schwerpunkte; entweder mehr zum Licht- oder mehr zum Schattenbereich eines archetypischen Prinzips – bzw. seiner Mischformen – hin. Die Grenzlinie dazwischen ist – im Sinne eines lebendigen Prozesses – immer fließend, überlappend und je nach Lebensphase, Umstände, Tagesverfassung, Art des Kontakts bzw. des Gegenübers etc., variabel.

So geht es meines Erachtens auch *nicht* darum, über einen moralischen Willensakt den Schatten durch das Licht ein für alle Mal ersetzen zu wollen, sondern vielmehr darum, durch die Kultivierung des Bewusstseins und der Achtsamkeit, beide Seiten im Hier und Jetzt in angemessener Weise anzuerkennen und auszubalancieren.

- <u>Sonstige kollektive neptunische Entsprechungen:</u>
  Schifffahrt, Fischereiwesen, Wassersport;
  Chemie-Labore *(haben ihre Wurzeln in der Alchemie – der ALL-Chemie, als einer Universalwissenschaft, die auf dem Verständnis einer umfassenden Harmonie aller Gegensätze basiert),* Pharma-Industrie und Apotheken;
  Drogen-Szene, Tabak-Industrie und -läden, Kneipen, Spirituosen-Industrie;
  Sozialämter, karitative Einrichtungen wie Asylheime, Heils-Armee, „Amnesty International“, etc;
  Trödelmärkte und Second-Hand-Läden;
  Werbe-Industrie (lügenhaftes Wecken von individuellen und kollektiven Sehn-**Süchten** durch Suggestion von Schein- und „Ersatz“-Welten);
  „Traumfabriken“ (Film, Fernsehen, Unterhaltungs-Industrie),

Ein Neptun-Zyklus mit 4 Fallbeispielen im Spiegel von „Plotins Emanationen“
<u>Nach Plotin (3. Jahrh.) und seiner Einheitslehre, dem Neu-Platonismus,</u> *„fließt die Vielheit unserer Welt ständig aus der lichtvollen Überfülle des EINEN heraus, dessen Überfülle und Vollkommenheit sich dadurch nicht erschöpft. Dieses ‘unstoffliche Ausfließen’ nannte Plotin ‘Emanation’. Die Emanationen selbst stellen dagegen eine Stufenfolge von abnehmenden Vollkommenheiten dar.*

- *Die erste Emanation des EINEN ist der* ***Geist*** *(nous). Wie kann das EINE, das selbst nicht Geist ist, den Geist erzeugen? ‘Nun, in dem Gerichtetsein auf sich selbst erblickt das EINE sich selbst, und dies <u>Erblicken</u> ist der Geist’. Er schaut in sich die ewigen platonischen Ideen an.*
- *Die zweite Emanation des EINEN ist die* ***Seele****. Sie schaut auf die Ideen des Geistes und bildet nach ihnen …*
- *die* ***Natur,*** *die dritte Emanation des EINEN. (Die Seele ist der immaterielle*

Weltschöpfer, das belebende Prinzip der Natur. In den Gestirnsgöttern, Dämonen, Menschen, Tieren und Pflanzen werden aus der „Seele der Welt" individualisierte Einzelwesen).

- *Von dieser belebten Natur verschieden ist die Materie.*

Die Materie ist aber nicht als eine zweite, selbständige Macht zu verstehen, die dem EINEN gegenübersteht. In Plotins monistischem System gibt es nur das EINE mit seinen absteigenden Stufen: Geist, Seele, Natur, Materie." (Spierling)

In den folgenden kürzeren und längeren neptunischen Fallbeispielen lehnen wir uns – in ungezwungener Weise – an Plotins Beschreibungen des EINEN an, insbesondere in Hinblick auf die „absteigenden Stufen von abnehmenden Vollkommenheiten des EINEN – bis hinunter in die Materie".

So geht es in unseren Beispielen mehrfach um die konkreten Erfahrungen der UNBEGRENZTHEIT (♆) in ihren unterschiedlich möglichen graduellen Ausprägungen, so wie sie von verschiedenen Menschen erlebt werden können bzw. so wie wir sie astrologisch beobachten können.

Das heißt, in vier Fall-Beispielen spüren wir der UNBEGRENZTHEIT in vier verschiedenen Graden von Erfahrungs-Dichte nach; einmal in ihrer Reinform und – in paradoxer Weise – auch in ihren „relativierten Formen".
Diese vier Erfahrungs-Formen nenne ich:

- *„UNBEGRENZTHEIT auf der Ebene ABSOLUTEN BEWUSSTSEINS",*
  Hierunter verstehe ich die Bewusstseins-Zustände und -Erfahrungen der „großen Seher und Geister", die tief und stabil im spirituellen Seins-Grund verwurzelt sind'
- *„Relativierte 'Unbegrenztheit' als bewusstes transpersonales Aufkeimen"*
  Damit meine ich Menschen, die sich bewusst auf den spirituellen Weg machen und dabei zunehmend den „Geschmack der Transzendenz" für sich entdecken.
- *„Relativierte 'Unbegrenztheit" in säkularer Verkleidung"*
  Wir finden hier Menschen, die in unbewusster Weise dem „Sog zur Verinnerlichung" folgen. Sie „kehren ein", ohne ihr Erleben mit einer spirituellen Dimension in Beziehung zu setzen.
- *„Einkapselung der 'Unbegrenztheit' in die Materie"*
  Transzendenz im „Exil". Geronnene Daseins-Weite als veräußerte Bildprojektion im Alltag ohne tieferen spirituellen Nährwert.

- **Fallbeispiel Nr. 3 (männlich)**
  UNBEGRENZTHEIT auf der Ebene ABSOLUTEN BEWUSSTSEINS:
  „Kindheit und Jugend des Jiddu Krishnamurti" und „Die große Wende"
  Krishnamurtis Malaria-Erkrankung / der frühe Tod der Mutter / Hellsichtigkeit / die Theosophische Gesellschaft / Annie Besant – seine zweite (spirituelle) Mutter / weite Reisen / Segen und Bürde eines „auserwählten Messias" / Visionen und EINHEITS-Erfahrung / die große Wende.

- **Fallbeispiel Nr. 4 (weiblich)**
  „Relativierte ‘Unbegrenztheit’ als bewusstes transpersonales Aufkeimen“
  „Unendlich viele Tränen für die ‘verlorene’ geliebte Person“
  Große Liebe und Trennung / temporäre transpersonale Öffnung / der eigene Weg.
- **Fallbeispiel Nr. 5 (weiblich)**
  „Relativierte ‘Unbegrenztheit’ in säkularer Verkleidung“
  „Die kleine Insel“
  Temporärer „Ausstieg“ aus gesicherten gesellschaftlichen Verhältnissen.
- **Fallbeispiel Nr. 6 (männlich)**
  „Einkapselung der ‘Unbegrenztheit’ in die Materie“
  „Filmregisseur Wolfgang Petersen – ‘Das Boot’“
  Kreativität, um „Entgrenzende Kräfte“ zu kanalisieren / Neptunische Zeitströmungen auf Zelluloid „überfluten“ das Kollektiv / die Auswahl der Schauspieler (Jürgen Prochnow / Herbert Grönemeier) sind das Ergebnis unbewusster transpersonaler Eingebungen / Fügungen.

Nach dem Motto „highest first“ möchte ich mit einem spirituellen Erfahrungsbericht aus der Lebensgeschichte von Jiddu Krishnamurti beginnen, der das neptunische Prinzip der UNBEGRENZTHEIT in seiner zwar seltenen, aber dennoch möglichen Reinform ausdrückt. In diesem Erfahrungsbericht geht es um die unmittelbare Wahrnehmung der „EINHEIT des SEINS und allen Daseins“.

Fallbeispiel Nr. 3 (männlich)
„UNBEGRENZTHEIT auf der Ebene ABSOLUTEN BEWUSSTSEINS“
„Kindheit und Jugend des Jiddu Krishnamurti“ und „Die große Wende“
Am 17. August 1922 hatte Krishnamurti in Ojai (Kalifornien) folgendes Erlebnis, das – über die nächsten Jahre hinweg – die „Große Wende“ in seinem Leben einleitete. Den unten stehenden Erfahrungsbericht schickte er an Annie Besant und an C. W. Leadbeater, die beiden bedeutendsten Repräsentanten der Theosophischen Gesellschaft. Dutzende solcher Briefe sollten folgen.

„...Am ersten Tag, als ich mich in diesem Zustand befand und der Dinge um mich mehr bewusst war, hatte ich das erste äußerst merkwürdige Erlebnis. Es war da ein Mann, der den Weg ausbesserte. Dieser Mann war ich selbst, die Hacke, die er hielt, war ich selbst, sogar der Stein, den er heraus brach, war ein Teil meiner selbst, der zarte Grashalm war ich, und auch der Baum neben dem Mann war ich. Ich konnte fast fühlen und denken wie der Straßenarbeiter und ich konnte spüren, wie der Wind durch den Baum fuhr, und die kleine Ameise auf dem Grashalm konnte ich auch spüren. Die Vögel, der Staub und selbst die Geräusche waren ein Teil von mir.
Im gleichen Augenblick fuhr in einiger Entfernung ein Wagen vorbei, ich war der Fahrer, der Motor und die Reifen; als der Wagen sich weiter von mir entfernte, entfernte ich mich auch von mir selbst.

Ich war in allem oder vielmehr war alles in mir, unbeseelt und beseelt, der Berg, der Wurm, und alle atmenden Dinge. Den ganzen Tag verblieb ich in diesem glücklichen Zustand. Ich konnte nichts zu mir nehmen, und gegen Sechs begann ich meinen physischen Leib zu verlassen, und natürlich tat die physische Natur[4]*, was sie wollte, ich war bewusstlos."*

An dieser Stelle muss ich verdeutlichen, was Krishnamurti darunter verstand, wenn er in diesem Zusammenhang von Bewusstlosigkeit sprach. Es war nicht wirklich die Abwesenheit des Bewusstseins von sich selbst, sondern die „Abwesenheit" des Bewusstseins aus seinem Körper. Alle folgenden Erfahrungsberichte die Krishnamurti damals gab, machen deutlich, dass er seinen Körper in unterschiedlichen Situationen ungewollt verließ. Dabei blieb aber seine Bewusstseinsfunktion zumeist erhalten. Entweder war er dabei von starken inneren Visionen eingenommen oder er erfuhr sich als bewusstseinsmäßig über seinem Körper und über seine äußere Umgebung schwebend – dabei nahm er beide aus dieser Perspektive wahr.
Wir werden dieses biographische Zeit-Dokument anhand der damaligen Neptun-Auslösungen im Horoskop Krishnamurtis – gegen Ende dieser Fallgeschichte – noch einmal astrologisch nachvollziehen und damit die Authentizität dieses Dokuments ebenfalls auf der astrologischen Forschungs-Ebene bestätigen. Aber vorher werden wir – ebenfalls anhand seines Horoskops – die Ereignisse in seiner Kindheit und Jugendzeit abgleichen und dabei deutlich machen, wie lebendig Horoskope auch die spirituelle Entwicklung eines Menschen – sogar schon in seiner frühen Kindheit – widerzuspiegeln vermögen.[5]

Jiddu Krishnamurti wurde am 11. Mai 1895 in Madanapalle / Indien geboren und starb mit 90 Jahren am 17. Februar 1986. Er war eine der bedeutendsten spirituellen Persönlichkeiten des 20. Jahrhunderts.
Die Bedeutung, die Krishnamurti für die Welt hatte und hat, lässt sich in zwei große Lebensphasen einteilen:

- Einmal die Zeit seines „Eingebundenseins in die Theosophische Gesellschaft" – umrissen durch sein erstes Lebensdrittel – von seinem 14. bis zu seinem 35. Lebensjahr.
- Und in die Zeit nach seiner Trennung von der Theosophischen Gesellschaft – also in der Zeit nach seiner „Großen Wende" bis zu seinem Lebensende.In diesen Jahren ging er einen originären Weg, der ausschließlich durch sein

[4] Der Teil des Leibes, der seine instinktiven und rein physischen Handlungen steuert, wenn das höhere Bewusstsein sich zurückgezogen hat. Er befindet sich auf einer niedrigen Bewusstseinsstufe und muss geleitet werden. Die vertrauten Weggefährten in Krishnamurti's unmittelbarer Umgebung kümmerten sich dann um dessen Leib.

[5] Meine Informations-Quellen für Ausschnitte aus seiner Lebensgeschichte sind: *Krishnamurti. Jahre des Erwachens – eine Biographie*, von Mary Lutyens; *Krishnamurti. Ein Leben in Freiheit*, die autorisierte Biographie von Pupul Jayakar; Wikipedia, „Helena Petrovna Blavatzky"; Wikipedia, „Jiddu Krishnamurti".

„HOCHGELIEBTES“ inspiriert war – ein Leben in Freiheit von jeglicher geistigen Vorstellung bzw. Konditionierung / ein Leben in Freiheit von jeglicher organisierten Form in Hinblick auf eine spirituelle Verwirklichung). *Und es sind in erster Linie die Erfahrungen und Erkenntnisse dieser letzten 55-jährigen Lebensphase, die die eigentliche Bedeutung von Krishnamurtis Leben und Werk ausmachen.* (Ich erwähne diese Gegebenheit an dieser Stelle deshalb so explizit, weil z. B. die meisten Mitglieder und Sympathisanten im Umfeld der heutigen Anthroposophie die Person und das Werk Krishnamurtis noch immer nur aus der Zeit seines Eingebundenseins in der Theosophischen Gesellschaft kennen und ihn ausschließlich mit den geistigen Inhalten dieser temporären Lebensphase identifizieren und beurteilen. Sehr zu unrecht! Warum das so ist, werden wir auf den kommenden Seiten erfahren).

Krishnamurtis Leben war von Geburt an in einer „über-persönlichen“ Weise bedeutsam. Seine Mutter hatte Visionen von einem besonderen Kind und bestand deshalb – ihrem Mann gegenüber – darauf, beim Einsetzen der Wehen ins Puja-Zimmer (Andachtsraum des Hauses) zu gehen, was nach traditionellem Brauch einer Brahmanenfamilie sonst Tabu ist; denn Geburt, Tod und Menstruation gelten als unrein und sollten außerhalb des „Allerheiligsten“ stattfinden. Ihr Mann willigte jedoch ein – der Inständigkeit ihrer Bitte wegen.

Mit zwei Jahren erkrankte Krishnamurti an Malaria, die er überlebte. Er blieb als Kind aber längerfristig zart und kränklich und konnte daher – zunächst einmal – kaum die Schule besuchen. *Dafür brach seine Hellsichtigkeit schon im Kindesalter durch.* Er sah – wie es seine sensitive Mutter ebenfalls konnte – seine um viele Jahre ältere Schwester, die verstorben war, als er acht Jahre alt war. Darüber erschrak er innerlich sehr, denn er hatte doch „ihren toten Leib mit eigenen Augen verbrennen sehen“.

Als Krishnamurti zehn Jahre alt war, verstarb auch seine Mutter. Auch mit ihr stand er nach ihrem Tod ebenfalls häufig in einem medialen Kontakt:

„In Zusammenhang mit dem Tod meiner Mutter möchte ich noch erwähnen, dass ich sie sehr oft sah, nachdem sie verstorben war“, schrieb Krishnamurti mit achtzehn Jahren über seine Kindheitserinnerungen. *„Ich erinnere mich, dass ich einmal ihrer Gestalt folgte, als sie die Treppe hinaufging. Ich streckte meine Hand aus, und es schien, als bekäme ich ihr Kleid zu fassen, aber sie verschwand, sobald wir am Treppenabsatz angekommen waren.*

Noch sehr lange hörte ich meine Mutter oft hinter mir, wenn ich zur Schule ging. Ich erinnere mich so genau daran, weil ich dann immer den Klang der Kettchen hörte, die indische Frauen an den Handgelenken tragen. Zuerst schaute ich mich halb erschrocken um, und dann sah ich den verschwommenen Umriss ihres Kleides und einen Teil ihres Gesichtes. Das geschah fast täglich, wenn ich das Haus verließ.“

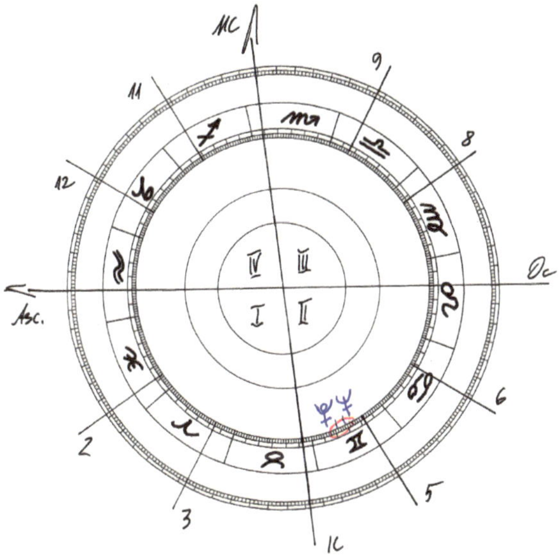

Graphik Nr. 3/1

Die Graphik Nr. 3/1 zeigt einen Ausschnitt aus Krishnamurtis Geburtshoroskop. Etliche der gerade beschriebenen Umstände und Erfahrungen, die Krishnamurti schon als Kind in seinem Elternhaus (Mond/Krebs/Haus 4) gemacht hatte bzw. auch schmerzlich machen musste, können wir hier schon in der Stellung des Neptun (♆) im 4. Haus (dem Krebs-/Mond-Haus – beginnend am IC) wieder erkennen. Das bezieht sich insbesondere auf seine Mutter (H 4) und auch auf seine verstorbene Schwester (H 4).

Beispiele dafür sind:

- Die Spiritualität (♆) war in Krishnamurtis Familie (H 4) besonders ausgeprägt. Bei traditionellen indischen Brahmanenfamilien der damaligen Zeit hätte man natürlich häufig einen hohen Grad an religiöser Frömmigkeit und vielfach auch eine authentische Spiritualität finden können. Aber die intensiv gefühlten Vor-Ahnungen (♆) der Mutter auf ein besonderes Kind im spirituellen Sinne sprechen eine eigene Sprache. Diese Vor-Ahnungen hatten ein solches Gewicht, dass sie die Eltern sogar dazu bewogen hatten, sich über – sonst eingehaltene – feste traditionelle religiöse Rituale eigenmächtig hinwegzusetzen.
- Auch die Hellsichtigkeit der Mutter ist eine inhaltlich stimmige Manifestationsvariante einer Neptun/Mond-Konstellation (= Neptun in Haus 4, dem Mond-Haus) – insbesondere noch in Verbindung mit der Pluto(♇)-Konjunktion, mit der zusammen wir gleich 2 transpersonale Archetypen im 4. Haus zu stehen haben. Und hier ist auch *Krishnamurtis eigene* Hellsichtigkeit wiederzufinden, denn allein schon die Neptun/Mond-Konstellation gehört generell zu den gefühls-sensibelsten bzw. auch sensitivsten astrologischen Verbindungen überhaupt (beide – Neptun und Haus 4 – sind dem Element Wasser zugeordnet). Mit Pluto, dem

Skorpionplanet (ebenfalls Element Wasser) und seiner immensen – unter die Oberfläche gehenden – Gefühlstiefe haben wir dann drei Wasserkomponenten zu einer Einheit gebündelt.

- Auch der frühe Tod der Mutter und auch der Schwester ist bei einer Neptun/ Mond-Verbindung nicht selten (insbesondere wenn Pluto – als „Herr der Unterwelt / des Totenreichs“ – noch im Gefolge ist). *Unabhängig von Krishnamurti, sind diese Art von gemachten Erfahrungen in statistisch signifikanter Weise überdurchschnittlich häufig bei dieser Konstellation zu finden.* Deshalb haben sie auch vielfach Eingang in entsprechende astrologische Konstellationsdeutungen zu Neptun/Mond gefunden.
  Der schicksalhaft beabsichtigte Sinn dahinter scheint *der* zu sein, dass ein Horoskopeigner mit diesem Anlagepotenzial zum „universellen (♆) Mitgefühl (☾)“, gar nicht erst in den emotional und lokal begrenzten „Gefilden eines heimatlichen Dorftümpels“ *(Mond/Krebs/Haus 4 nur für sich allein genommen)* „andoggen“ soll.
- Das Lebensgefühl und -selbstverständnis, das symbolisch dem „heimatlichen Dorftümpel“ entspricht, liefe nur auf das seelische Empfinden von „meine Familie, meine Kinder, meine Frau, mein Garten, meine Heimat etc.“ hinaus. Die wahre Heimat (☾) jedoch – für Menschen mit diesem Anlagepotenzial von Neptun/ Mond – ist der Kosmos (♆), die erfühlte (☾) spirituelle EINHEIT (♆) mit JEDEM und ALLEM, in die er sich stufenweise hinein entwickeln soll.
  Das gilt für jeden Horoskopeigner mit einer solchen Verbindung – allerdings jeweils in einer individuell sehr abgestuften Weise, wie wir es später, je nach Eingebundensein dieser Konstellation im Gesamthoroskop, noch beschreiben werden.
  Damit ist in diesem Zusammenhang jedoch nicht gemeint, dass bei jedem Horoskopeigner mit einer Mond/Neptun-Betonung die Mutter stirbt. Diese Konstellation tritt ja in etwa genauso häufig auf, wie jede andere archetypische Kombination auch. Und die allerwenigsten der Mond-/Neptun-Geborenen machen genau diese Erfahrungen. Wir müssen dieses Phänomen umgekehrt betrachten – d. h., immer dann, wenn in konkreten Lebensbezügen ein solch schicksalhaftes Geschehen tatsächlich mal auftritt, sind in aller Regel Mond/Neptun- oder Mond/ Pluto-Verbindungen daran beteiligt. Bei Krishnamurti waren gleich beide Kombinations- Varianten beteiligt – Neptun/Pluto-Konjunktion in Haus 4.
  Aber das hiermit verbundene schicksalhafte Element kann auch in anderen, sehr vielfältigen Formen auftauchen. Wenn z. B. die Mutter zwar physisch präsent ist, sie aber gleichzeitig eine ausgeprägt überempfindliche (♆) Person ist, die mit der ihr „auferlegten“ Rolle des Mutterseins emotional und administrativ überfordert ist – und auf diese Weise eher „abwesend“, „nicht in dieser Welt“ ist. Das breite Spektrum der Erscheinungsvariablen von Mond/Neptun werden wir in anderen Buchabschnitten ausführlich behandeln.

Diese Art von Biographien haben also häufig eine sehr schmerzliche Komponente, die sich dann *im graduellen Verlust bzw. im „Verzicht“ auf eine subjektiv ersehnte Form von „persönlicher“ bzw. familiärer Geborgenheit (☾) zeigt.*

Entsprechend ist es hier nicht meine Absicht, solche Erfahrungen mit meiner obigen Deutung von Sinnhaftigkeit in leichtfertiger Weise glorifizieren zu wollen. Wir wollen uns aber auch nicht mit einer fatalistischen Einstellung zufrieden geben, die jeglicher Sinnhaftigkeit entbehrt, wenn wir solche Lebenserfahrungen – möglicherweise sogar unsere eigenen – mit bewusster Achtsamkeit betrachten. *In der astrologischen Erfahrung ähnlicher Schicksale bei immer wieder gleichen Konstellationen muss sich zwangsläufig ein Sinn verbergen.* Dieser „imaginäre" Sinn mit seiner erfahrbaren spezifisch inhaltlichen Qualität, ist in seiner individuellen Auslegung sicher in begrenztem Maße durchaus noch „dehnbar" und kann somit auch flexibel in seiner konkreten Auslebensform gestaltet werden.

Ein solcherart „*ge*-gebener" SINN jedoch, der – durch eine „**er**-gebene" Art und Weise – in seiner individuell nuancierten Form erspürt und dann bewusst, aktiv und lebendig ausgestaltet werden kann, ist der einzige Garant für eine konstruktive und nachhaltige Aussöhnung mit dem eigenen Schicksal.

Krishnamurti jedenfalls ist nie ein klassischer Familienmensch (H 4) geworden – bei all seinen ausgeprägten „Herzens"-Qualitäten (H4). Und in diesem individuellen Schicksal war schon im Keim ein kosmisch angelegter, final-orientierter Sinn verborgen – ablesbar durch die Einsicht in die astrologische Wirklichkeit.

Dafür ist ihm sehr bald eine zweite „spirituelle Mutter" (♆/☾) begegnet, zu der er 24 Jahre lang bis zu ihrem Tode in einem engen Herzensverhältnis stand. Wir werden in der Chronologie darauf zu sprechen kommen.

- Ebenso können wir an der besprochenen Konstellation Krishnamurtis Malaria-Erkrankung erkennen. Infektionskrankheiten und Seuchen sind dem neptunischen Prinzip zugeordnet *(siehe oben unter Psychosomatik-Zuordnung bei der Beschreibung des neptunischen Archetyps).* Der Beginn der Malaria Erkrankung ist in seinen Biographien grob mit zwei Jahren angegeben und hatte jahrelange Auswirkungen auf sein Leben.

Lassen Sie uns nun in der Graphik Nr. 3/2 die astrologischen Auslösungen für die Zeit von Krishnamurtis Malaria-Erkrankung betrachten!

In der Konjunktion, die Neptun (♆) mit dem Pluto (♇) in seinem Horoskop eingeht, stehen beide Planeten 4° voneinander entfernt. Bei unserem letzten Fallbeispiel hatten wir – bei der Positionsbestimmung der beteiligten Planeten – noch mit vollen Gradzahlen operiert; für den dortigen Zweck hatte das ausgereicht. In diesem Beispiel jedoch haben wir es mit den beiden langsamsten Planeten zu tun, und der Umgang mit vollen Graden reicht hier nicht mehr aus, wenn wir – im Sinne der Prognostik – Umlaufstrecken mit Zeitlängen in Verbindung bringen wollen. Wir brauchen daher noch die Feineinteilung der Gradzahlen in Bogen-Minuten, bei denen 1 Tierkreis-Grad jeweils 60 Bogen-Minuten entsprechen.

Die genaue Geburtsstellung des Pluto im Geburts-Horoskop befindet sich also auf 10° 46' im Zwilling (♊), sichtbar im Innenkreis. Und die Geburtsstellung des Neptun befindet sich auf 14° 34' Zwilling gleich daneben. Die Geburt war im Mai 1895.

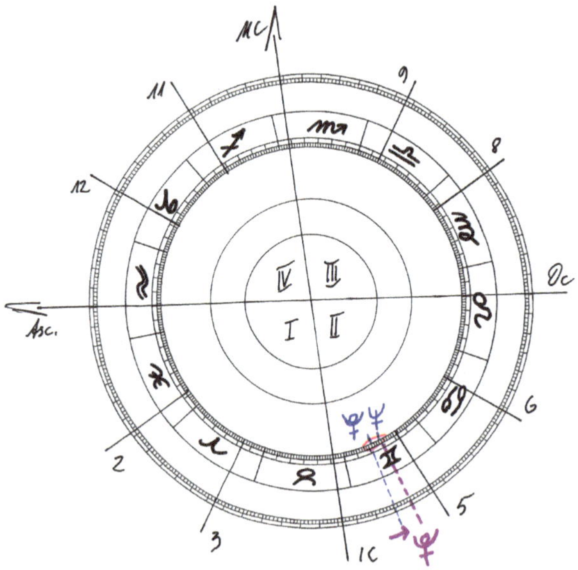

Graphik Nr. 3/2

Nehmen wir Pluto nun als Transitplanet (siehe Außenkreis), so können wir genau errechnen, wie lange er gebraucht hat, um von seiner Geburtsposition in Krishnamurtis Horoskop, bis zu *der* Position am Himmel vor zu laufen, auf der der Geburts-Neptun steht. Der Pluto als langsamster Planet bewegt sich im Durchschnitt nur um ca. 1 ½ Grad pro Jahr im Tierkreis real vorwärts – also ca. 1° 30' (= 1 Grad und 30 Bogenminuten) – *(die ganz exakten Zahlenwerte einer solchen Rechnung sind individuell verschieden und man entnimmt sie den Gestirnstands-Tabellen = Ephemeriden oder einem Computerprogramm).*

Wenn wir diese Strecke nun in Zeit umrechnen, dann hatte der Pluto genau 2 ½ Jahre gebraucht, um von seiner eigenen Geburtsstellung bis zur exakten Position des Radix-Neptun zu wandern. Das war im Oktober 1897, als Pluto diesen *erste***n** exakten Kontakt einnahm. Mit seinen Pendelbewegungen der Vor- und Rückläufigkeit[6] brauchte er dann noch einmal 2 ½ Jahre, um mit dem *letzten* exakten Übergang über den Neptun diese krisenhafte Situation langsam abzuschließen. Das war im April 1900, und diese Werte decken sich mit der angegebenen Zeit von Krishnamurtis lebensbedrohlicher Erkrankung.

Die beiden machtvollen transpersonalen archetypischen Kräfte Neptun und Pluto, die sich durch ihre Radix-Konjunktion im 4. Haus sowieso schon permanent gegenseitig durchdringen, hatten sich in diesem Zeitraum zu einer absolut punktgenauen Kräfte-Einheit verdichtet. Ein transpersonaler Erfahrungs-Schub erster Ordnung.

---

6 die Definition „Rückläufigkeit" siehe Erläuterung 13, in TEIL III

Malaria geht häufig mit ausgeprägten Fieber-Delirien (♆) einher. Da haben wir sie wieder, die klassischen außergewöhnlichen Bewusstseinszustände neptunischer Genese – wenn auch diesmal nur in ihren ebenso möglichen pathologischen Varianten als Wirrnis, Paranoia und Depression. Der **Pluto**-Transit (*Pluto, der „Herr der Unterwelt und des Totenreichs" im römischen Pantheon*) über den Neptun erschöpft sich in seiner Bedeutung aber nicht allein im Auftreten einer spezifischen Krankheit. Diese Manifestation ist nur eine der vielen möglichen Erscheinungsvariablen an der Daseins-Oberfläche; hier schwerpunktmäßig auf der physiologischen Ebene.
Die parallele Bedeutung des Transits in Hinblick auf seine geistig-seelische Tiefenstruktur lässt sich Formelhaft mit einem tiefgreifenden (♇) spirituellen (♆) Transformationsprozess (♇) sowie einer Transformation des persönlichen Gefühlslebens (abzw. H4) und der Geborgenheit (abzw. H4) beschreiben – unabhängig auch von individuell unterschiedlichen inneren Erfahrungsvarianten. Auch wenn die durchlaufenen Delirien in ihren Erfahrungsinhalten überhaupt nicht spirituell-inspirierend anmuten, so kann doch eine gemeinsam erlebte, lebensgefährliche Langzeiterkrankung den Menschen ein Höchstmaß an Aufopferung (☾/♆) abverlangen. Und insbesondere bei spirituell ausgerichteten Menschen kann sie eine tief empfundene Demut (♆) vor den unkontrollierbaren Kräften (♇/♆) des Lebens hervorrufen, die man auch als eine Gottverbundenheit erleben kann. Ebenso kann sich eine tiefe Dankbarkeit im Verlauf der zunehmenden Genesung einstellen. – die wie eine „nahrhafte Lebenswurzel" von nachhaltiger Wirkung sein kann. Außerdem können – gerade angesichts einer möglichen Todesnähe (♇/♆) – vielleicht auch graduell unterschiedlich ausgeprägte, gefühlsmäßige EINHEITS-Erfahrungen (♆) zwischen Mutter und Kind erlebt werden.
Noch Jahre nach dieser Erkrankung kränkelte Krishnamurti häufig mit seiner schwächlichen Konstitution und blieb viel zuhause *in einer engen Symbiose mit seiner Mutter*–eine weitere häufige Manifestationsvariante von Mond/Neptun /Pluto (auch bei physisch gesunden Menschen). Eine solche Symbiose kann zwar – wie in unserem Fall – punktuell durchaus sinnvoll, teils auch äußerst notwendig sein, birgt aber generell und unabhängig von Krishnamurti, auch die Gefahr, sich zu ausgeprägt problematischen Zügen zu entwickeln, wenn die „Flügel individueller seelischer (☾) Eigenständigkeit" bei beiden Beteiligten verkümmern. *Auch die angelegte „Gabe zum universellen Mitgefühl" (☾/♆) bleibt dann „auf der Strecke".* Dennoch, bei *der* seelischen Dichte, die zwischen Krishnamurti und seiner Mutter bestand, muss für ihn der nachfolgende Tod seiner Schwester und auch der seiner Mutter umso schmerzlicher gewesen sein.

Krishnamurtis Vater, ein hinduistischer Brahmane, war schon längere Zeit Anhänger der Theosophie und zog – nachdem seine Frau gestorben war – mit Krishnamurti und seinen Geschwistern auf das Grundstück der Theosophischen Gesellschaft in Adyar (Indien), da er dort als Hausmeister anfangen konnte.

Die Theosophische Gesellschaft (TG) *wurde 1875 von der in Russland geborenen und sensitiv begabten Helena Petrovna Blavatsky als eine mystisch* *orientierte geistige Bewegung gegründet, u. a. mit der Aufgabe, die grundlegenden Gemeinsamkeiten aller Weltreligionen herauszuarbeiten. Vielfach umstritten, gilt Blavatzky dennoch als die wohl bedeutenste Persönlichkeit bei der Begründung der modernen westlichen Esoterik im späten 19. Jahrhundert. Sie war die erste, die östliche und westliche Weisheitslehren zu einem neuen System verschmolz, wobei sie sich auf die frühen Rosenkreuzer, die Alchemisten und die mittelalterlichen Theosophen ebenso berief wie auf die okkulten Lehren des alten Ägypten, die Kabbala, auf altindisch-vedische Religionen und den tibetischen Buddhismus. Sie hielt die von ihr entwickelte Theosophie für eine angemessene Disziplin, „um die Gegensätze zwischen Spiritualität, vernunftgeleiteter Philosophie und den Naturwissenschaften aufzuheben".*

Blavatsky gab vor, mit den Geistwesen der „Weißen Bruderschaft" – mit der Hierarchie „der aufgestiegenen Meister" – in einer intimen inneren Verbindung zu stehen. Diese okkulte Hierarchie ist seit alten Zeiten in hinduistischen und buddhistischen Traditionen verankert, insbesondere in den tibetisch-tantrischen Texten und Lehren. In ihnen spiegelt sich die Vorstellung, dass Religionsstifter und andere herausragende Menschen, wie Buddha oder Jesus, nach ihrem Leben auf der Erde in eine spirituelle Sphäre eingehen, wo sie die „Große Weiße Bruderschaft" bilden und über prädestinierte Menschen, die ihnen als Medium dienen, die Geschicke der Menschheit zu bestimmen. Blavatsky nahm für sich in Anspruch, den Meistern einerseits physisch begegnet zu sein und andererseits mit ihnen medial zu kommunizieren. Hauptsächlich von ihnen habe sie – insbesondere auf ihren Reisen durch Nepal und Tibet – entweder direkt oder auf mediale Weise die Grundlagen der von ihr verfassten, „Geheimlehre" (ihr Hauptwerk) übermittelt bekommen. Des Weiteren bekam sie von ihnen ebenso die Aufgabe gestellt, „das Feld für die Ankunft eines neuen Messias oder Weltlehrers – so wie es schon Buddha und Christus gewesen sind – vorzubereiten".

Bis Ende des 19. und Anfang des 20. Jahrhunderts war die Theosophie und ihr institutioneller Überbau über weite Teile Europas, den USA, Indiens und Australiens ausgebreitet. Überall dort besaß die Bewegung Zentren mit Grundstücken und Häusern, die von ihren oft wohlhabenden Mitgliedern finanziert wurden. Sie gründete über-konfessionelle Schulen und andere Lehrinstitute, die in manchen Ländern sogar von Regierungsseite unterstützt wurden. Die Schulen waren eine Bereicherung in der Bildungslandschaft vor allem in ärmeren Ländern, vorrangig in Indien. Deswegen besaßen die Theosophen in der Regel ein hohes gesellschaftliches Ansehen. Die Statuten der Gesellschaft waren:

1. *Bildung eines Nukleus einer Universellen Bruderschaft ohne Unterschied von Rasse, Glaubensbekenntnis, Geschlecht, Kaste und Hautfarbe;*
2. *Förderung vergleichender Studien der Weltreligionen, Philosophien und Naturwissenschaften;*
3. *Erforschung bisher unentdeckter Naturgesetze und psychischer Kräfte des Menschen.*

Die Esoterische Schule, als innerer Kreis der Theosophischen Gesellschaft, aber blieb ein Geheimbund.

Als H. P. Blavatsky 1891 starb, übernahmen ihre engsten Vertrauten – die beiden britischen Okkultisten ***Annie Besant*** *und* ***Charles W. Leadbeater*** *– die Führung der Gesellschaft auf internationaler Ebene. Die deutsche Sektion der Theosophen wurde von 1902 bis 1912 von* ***Rudolf Steiner*** *geleitet.*

Nun haben wir einen Eindruck, in welch einer Umgebung sich Krishnamurti – als Sohn des Hausmeisters – damals befand, ohne zunächst selbst in bemerkenswerter Weise mit den Inhalten dieser Umgebung in Berührung gekommen zu sein. Als Krishna (so wurde er in seinem persönlichen Umfeld genannt; später auch Krishnaji, wobei die Silbe *ji* eine Verehrung ausdrückt) vierzehn Jahre alt war, bemerkte Leadbeater den Jungen am Strand von Adyar und war stark von dessen *„Aura, ohne die Spur einer jeglichen Selbstsucht"* beeindruckt.

Die ganze Familie wurde nun von Leadbeater in besonderer Weise gefördert. Vor allem aber Krishna und Nitya (sein jüngerer Bruder) bekamen besondere Ausbildungen und – nach ein paar Monaten auch schon – etliche spirituelle Einweihungen, die sie mit den „Meistern der weißen Bruderschaft" in eine geistige Verbindung bringen sollte. Denn Leadbeater mutmaßte auf Grund „durchgegebener Botschaften", dass er mit Krishna die Person gefunden hatte, die für die Rolle des kommenden Weltlehrers bestimmt war, und die Meister sollten das bei den Einweihungen bestätigen. Diese auserwählte Rolle sah vor, dass Krishna und sein Körper zum Gefäß werden sollte, damit sich der Herr Maitreya – eines der ranghöchsten Geistwesen in der „Hierarchie der aufgestiegenen Meister", der Bodhisattva des Mitgefühls – in ihm manifestieren könnte.
Krishna hatte bei diesen Einweihungen tatsächlich ausgiebige und detaillierte Visionen, die ihn in einen inneren Kontakt mit den Meistern brachte. Das belegen mehrere enthusiastische Briefe, die er damals gleich im Anschluss an diese Einweihungen an Annie Besant schrieb und die sich in den Archiven der Theosophischen Gesellschaft befinden.

Mit Annie Besant jedoch erfüllte sich ein weiteres Mal Krishnas Neptun/Pluto-Konjunktion in Haus 4 – in schicksalhafter Weise. Sie war eine symbolisch angemessene Lebens-Manifestation dieser Konstellation und wurde für ihn sowohl zur neuen Mutter (abzw. H 4) und auch zur spirituellen Lehrerin (♆) in Personalunion. Auch in seinen Briefen nannte er sie immer und bis an ihr Lebensende *Mutter*, obwohl sie zu einer späteren Lebenszeit, nun umgekehrt, bis zu ihrem Tode mehr *seine* spirituelle Schülerin wurde – jedenfalls war dies ein Schritt von ihr in diese Richtung, während Krishnamurti (der es bei ihr noch in einem relativierten Sinne duldete) in späteren Jahren zunehmend aufhörte, eine jegliche klassische Lehrer-Schüler-Beziehung in einem spirituellen Kontext zu billigen.

Das folgende Horoskop ist ein beeindruckendes Beispiel, das zeigt, wie herausragende themenspezifische Auslösungen oft mit entsprechenden Begegnungen einhergehen, die dann für die Horoskopeigner von ebenso herausragender Bedeutung für ihr weiteres Leben sind.

Erste Begegnung zwischen Krishnamurti und Annie Besant am 27. Nov. 1909

Wenn wir hier das Transit-Geschehen zu einem exakten Datum untersuchen, dann markiert dieser Tag *einen* herausragenden Höhepunkt unter *mehreren anderen*, innerhalb einer – ebenso herausragenden – ca. 1 ½-jährigen Langzeit-Phase. In diesen 1 ½ Jahren haben mehrere entscheidende Ereignisse in Krishnamurtis Leben stattgefunden – es war eine Zeit immenser Ereignisdichte.
Am 27. Nov. 1909 lernte er in Annie Besant seine neue „Mutter" und persönliche spirituelle Lehrerin kennen. Besant – neben Leadbeater die zentrale Repräsentantin der TG – kam gerade von einer sieben-monatigen Vortragsreise durch Europa und Amerika zurück. Von Leadbeater war sie inzwischen schon über Briefe von den „Vorgängen" um Krishnamurti informiert worden.

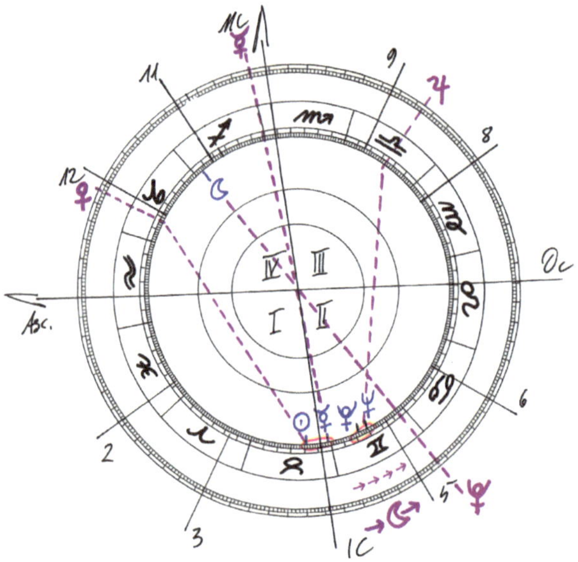

Graphik Nr. 3/3

Die wichtigste Auslösung in der Graphik Nr. 3/3 wird durch die gestrichelte Linie zwischen dem Transit-Pluto (♇) (im Außenkreis) in Opposition zum Geburts-Mond (☾) (Innenkreis) angezeigt. Pluto steht immer für das Wachwerden einer inneren Schicht von existentieller Tiefe und ihrer entsprechenden transformativen Wirkungen. Darüber hinaus ist er der langsamste Langsamläufer und steckt so die langfristigen zeitlichen Grenzen ab, innerhalb derer ein intensiver biographischer Umbruchs-Prozess mit seinen unterschiedlichen Detailphasen üblicherweise abläuft. Die unterschiedlichen Detailphasen werden durch den Einfluss anderer – auch schnell laufender Planeten mitbestimmt, wie wir dies gleich exemplarisch skizzieren werden.
Dass das Mondthema – in seinen vielschichtig möglichen Variablen – auch in dieser Lebensphase wieder einmal der zentrale Fokus von Krishnamurtis Ent-

wicklung war, dürfte aufgrund der aufgezählten Ereignisse wohl kaum verwundern.
- Hausmeister(☾)-Tätigkeit des Vaters;
- Familien(☾)-Umzug, sogar gleich zweimal hintereinander (zuerst aufs Gelände der TG, kurz darauf in ein anderes Haus auf demselben Gelände);
- die neue „spirituelle Mutter" (♆ in H 4), mit der er bis zu deren Tode sowohl über eine intensive Herzensbeziehung, als auch über ein starkes geistiges Band verbunden war.

Das genannte Mondthema war damals fast das ganze Jahr 1909 zunächst nur über den Pluto-Transit zum Mond (als Planet) ausgelöst und gar nicht über Krishnamurtis Haus 4-Besetzung (beginnend am IC), so wie wir diese für die Zeit mit seiner leiblichen Mutter schon besprochen hatten. Aber dieser Radix-Mond ist ebenfalls – durch seine <u>Haus 11</u>-Stellung – ein spirituell-geprägter Mond.[7]
Ab November kam dann aber für das folgende halbe Jahr noch der schnellste der Langsamläufer – nämlich Jupiter (♃) – als weiterer auslösender Transit-Planet hinzu (Außenkreis im Zeichen Waage ♎). Er „erweckte" – durch seinen Trigonal-Aspekt (gestrichelte Linie) – *zusätzlich noch das andere Mondpotenzial* Krishnamurtis: nämlich die Neptun-Pluto-Konstellation (♆ /♇) in seinem 4. Haus.

Der genaue Tag, an dem er Annie Besant kennenlernte, *lag innerhalb dieser beschriebenen „Phase der doppelt 'aktivierten' Mondthematik".* Der Tag selbst zeichnete sich noch durch 3 weitere Schnellläufer aus, die dann alle jeweils nur für wenige Tage lang ihren Einfluss einbrachten und damit den absoluten Höhepunkt zeitlicher und zugleich inhaltlicher Verdichtung dieser prägnanten Entwicklungs-Phase anzeigten. Das waren ...
... einmal die Transit-Venus (♀) *(im Außenkreis)* in einem exakten Trigon zur Radix-Sonne (☉)
... sowie der Transit-Merkur (☿) *(im Außenkeis)* in Opposition zum Radix-Merkur (☿).
Als einen besonders schönen und vollendet anmutenden kosmisch-schöpferischen Akt sehen wir noch, *dass der transitierende Mond (Außenkreis) am Tage der ersten Begegnung eine „gleitende Position"[8] am Himmel einnahm, die identisch war, mit*

---

[7] siehe Erläuterung 14, in TEIL III: „Transpersonale Archetypen: Wassermann, Uranus, Haus 11".

[8] Mit „gleitender Position" meine ich folgendes: Der Mond ist der schnellste Planet am Himmel. Aus unserer Erd-Perspektive gesehen braucht er nur 28 - 29 Tage, um einmal durch den gesamten Tierkreis zu laufen. Dabei hält er sich bei seiner Wanderung im Schnitt nur 2 Tage und ein paar Stunden in einem einzelnen Tierkreiszeichen auf. Pro Tag wandelt er also ca. 12° - 15° im Kreis. Aus den Ephemeriden (Gestirnstands-Tabellen) ist demnach – ab Mitternacht des beginnenden 27. Nov. bis Mitternacht des endenden 27. Nov. – seine „fließende Position" von 29 Grad und 4 Bogenminuten im Stier (also 29° 04' ♉) bis 13 Grad und 40 Bogenminuten in den Zwillingen (also 13° 40' ♊) abzulesen. Damit hat sich der transitierende Mond – im Verlauf des 27. Nov. 1909 – in seiner „gleitenden Position" am Himmel gleichzeitig auch durch Krishnamurtis 4. Haus (sein Mond-Haus) hindurchbewegt, und in den Abendstunden hat er sogar noch die dort befindliche Pluto-

der Stellung von Krishnamurtis 4. Haus in seinem Horoskop. Mit dem punktuellen Durchlauf des ***Transit-Mondes*** *durch Krishnamurtis* ***Mond-Haus*** *hat sich die länger laufende „Phase der doppelt 'aktivierten' Mondthematik" für einen einzigen Tag lang noch ein weiteres Mal selbst potenziert.*
Mit Annie Besant trat zum zweiten Mal im seinem Leben eine reale Verkörperung seines archetypischen Mutter-Potenzials (mit spiritueller Prägung) *fulminant in Erscheinung.*

Krishnas weitere Jugendjahre waren von da an meist eine Zeit voller Glück, höchster Inspiration und tiefster Bedeutsamkeit, und das, trotzdem er und Nitya – der immer an seiner Seite blieb – sich sehr disziplinieren mussten. Denn sie wurden nun nach Europa geschickt, dort in ihrem ganzen Lebensstil nach englischer Aristokraten-Art erzogen und mussten sich einem entsprechenden Bildungsprogramm unterziehen.

Wegen der erwarteten „kommenden Herabkunft des Bodhisattvas Maitreya" (der Zeitpunkt, wann das hätte geschehen sollen, stand noch lange nicht fest) wurde schon damals für den jugendlichen Krishnamurti eigens ein besonderer Orden innerhalb der Theosophischen Gesellschaft gegründet, deren Mitgliedern eine besondere spirituelle Nähe zu Krishnamurti in Aussicht gestellt wurde. Der Kult, der dabei um Krishna entstand, stieß aber auch viele Menschen ab, und eben deshalb verließ auch *Rudolf Steiner* zusammen mit etlichen anderen Anhängern in Deutschland die Bewegung und gründete, auf der Basis einer von ihm revidierten Theosophie, schließlich seine eigene anthroposophische Bewegung.[9]

Neptun-Konjunktion exakt „berührt".

[9] Das Wissen um diese Beweggründe Steiners, sich von der Theosophischen Bewegung zu distanzieren und in der Folge die Anthroposophie zu etablieren, gehört auch heute noch zum Einmaleins des anthroposophischen Gedankengutes. Und diese Umstände allein reichen leider den allermeisten anthroposophisch orientierten Menschen als Beleg für ihr Empfinden, sich „bestens" mit Leben und Werk Krishnamurtis „auszukennen", auch wenn sie dabei die letzten 55 Jahre seines Lebens und Schaffens ignorieren.Mit diesen Anmerkungen möchte ich keinesfalls den Eindruck erwecken, man müsste sich unbedingt mit Krishnamurti beschäftigen. Auch ist es keinesfalls meine Absicht, die Bedeutung, die die anthroposophische Bewegung mit ihrem evolutionären Beitrag zur geistigen und spirituellen Ganzheits-Entwicklung auf globaler Ebene leistet, zu diskreditieren. Ich möchte nur an verschiedenen Stellen meines Buches auf ein allgemein menschliches Phänomen aufmerksam machen, wie es uns schon bei der – vorab von mir benannten – „Nur-Psychologischen-Astrologie" begegnet ist. Es ist das Phänomen der „Einäugigkeit" bis „Blindheit" für eine unbefangene Sichtweise, wenn man eine allzu absolute Haltung in Hinblick auf den eigenen favorisierten Erkenntnisweg hegt. Diese Gefahr ist so gut wie allgegenwärtig – wenn auch in graduell unterschiedlich ausgeprägter Weise – und wir alle begegnen ihr immer wieder, um sie auch noch in ihrem subtilsten Gepräge erkennen zu lernen. *Und gerade in diesem Punkt hat Krishnamurti gewichtige Beiträge für eine menschlich-spirituelle Entwicklung geleistet, indem er später selber eine jegliche Form von „institutionalisierter Spiritualität" ablehnte.*

Auch Krishnas Vater, der das bisher Vorangegangene allermeist unterstützend mitgetragen hatte, war nun bestürzt und fürchtete den Spott und die Anfeindungen fundamentalistischer Hindus, wenn sein Sohn zunehmend als neuer Messias in der Öffentlichkeit bekannt gemacht würde. Zudem hatte der Vater schon längere Zeit kaum noch Kontakt zu seinen Söhnen, die durch die ganzen Vorgänge seinem Einfluss noch mehr entzogen wurden. Krishna und Nitya lebten, studierten und arbeiteten hauptsächlich in London. Sie wohnten dort zumeist bei gebildeten Menschen bzw. Familien, die tief in der Theosophie verankert waren und es als Ehre und Aufgabe empfanden, dabei mitzuwirken, den zukünftigen „Messias“ für eine Zeit lang auch mit dem weltlichen Leben und der westlichen Kultur vertraut zu machen.

Krishnas Vater hatte kurz nach Weggang seiner Söhne nach Europa noch einen Sorge-Rechtsstreit vor Gericht gebracht, um zu versuchen, beide Söhne aus der Bewegung herauszulösen. Die Gerichte, die auch in Indien unter der Herrschaft der britischen Krone standen, befanden jedoch, dass die Beiden in der Theosophischen Gesellschaft gut behütet waren, dass sie eine hervorragende Bildung in den besten Gesellschaftskreisen genießen durften und somit die besten Chancen für ihre weitere Lebensentwicklung hatten. Es ging dann im Anschluss das Gerücht um, das die Theosophen dem Vater seine Söhne regelrecht abgekauft hätten. So blieben Krishna und Nitya ca. neun Jahre hauptsächlich in England. Und zwischendurch reisten sie viel, auch auf andere Kontinente.

Bei all den vielen Bildungsmöglichkeiten hat Krishna aber nie eine Universität besucht, weil die Situation der Aufnahmeprüfungen für ihn eine Unmöglichkeit darstellte und er trotz guter Vorbereitungen immer leere Aufgabenzettel abgab. Dafür bewegte er sich zunehmend sicher auf niveauvollem gesellschaftlichen Parkett.

Insgesamt hatten die Brüder in jeder Hinsicht ein sehr bewegtes Leben – sowohl mit entsprechenden Höhen, als auch mit Enttäuschungen und Tiefpunkten. Aber während all der Jahre in Europa standen die Brüder immer in einem engen Briefkontakt, sowohl mit C. W. Leadbeater als vor allem auch mit Annie Besant, mit der sie – in Gegenseitigkeit – in einer tiefen Liebe verbunden waren.

Besant hielt sich während dieser ganzen langen Zeit vorrangig in Indien auf, hatte ihren Aufgabenschwerpunkt von der Theosophischen Gesellschaft weggelenkt und war dafür aktiv in die politische Szene Indiens eingetaucht (mittlerweile stand sie im ganzen Land in dem Ruf einer außergewöhnlichen Frau und einer Lehrerin höchsten Ranges), wo sie sich mit aller Kraft und großem Mut für soziale Reformen einsetzte.

Buchzitat nach Pupul Jayakar: „*Nach dem 1. Weltkrieg ging Krishna von London nach Paris, wo er bei seinen Freunden, den Manziarlys, unterkam. Durch diese große, liebevolle Familie lernte er Paris kennen. Er traf Tänzer, Schriftsteller, Maler und Musiker. Vor ihm tat sich eine neue, kreative Welt auf, die ihn bezauberte. Für eine Weile schien die Rolle des (kommenden) Messias nicht mehr so schwer auf seinen Schultern zu lasten…"*[10]

Andererseits wird in den Beschreibungen über Krishna immer wieder deutlich, wie auch er die Menschen seiner näheren Umgebung mit seiner Persönlichkeit „bezauberte". Dabei spielte er nie die „Rolle des Messias" aus und blieb immer ein sehr „menschlicher" Mensch. In seiner grundlegenden Wesensart bescheiden, war er eher schüchtern und drängte sich niemandem auf. Da aber, wo sich ein organischer Kontakt entwickelte, bestach er mit seiner ungewöhnlichen Klarheit und unkomplizierten Direktheit ebenso wie mit seiner Warmherzigkeit und einem ausgeprägten Humor.

„…Als Krishna noch in Indien gelebt hatte – während seiner frühen Jahre – hatte er in lebendigem Kontakt mit den Meistern gestanden, doch in Europa regte sich bald eine skeptische Ader in ihm, und sein Interesse an jedweder Form esoterischer Aktivität begann nachzulassen. Er erzählte einem Freund, dass er einmal, als Meister K. H. vor ihm erschienen war und zu ihm gesprochen hatte, aufgestanden und durch den Meister hindurchgegangen sei. Daraufhin waren ihm, wie er selbst sagte, die Meister nie wieder erschienen…".[11]

Das war eine Zeit, wo ihm sein Ruf als kommender Messias teilweise Qualen bereitete, und er war besonders glücklich, als er einmal für längere Zeit in einem Hotel unterkam, in dem niemand seine Geschichte kannte. Allerdings machten ihn in dieser Umgebung „*… die verstohlenen Frauenblicke so verlegen, dass er kaum wagte, von seinem Teller aufzuschauen…" (Mary Lutyens)* – denn er galt als ein sehr schöner, attraktiver Mann.

Er war aber auch ein kritischer und rebellischer junger Mann (*Wassermann-Aszendent (♒); Mond in Haus 11 = Wassermann-Haus; Sonne Opposition Uranus (♅) = Wassermann-Planet*). Und in anderen Situationen haderte er mit vielen Gegebenheiten, die ihm in der Theosophischen Gesellschaft (TG) aufstießen und ihn teilweise wütend machten – Wichtigtuereien, „okkultes Brimborium", Konkurenzgeschichten. Über die wichtigsten Vorgänge innerhalb der internationalen Bewegung wurde er immer auf dem Laufenden gehalten.

In Briefen schrieb er an Annie Besant:

„Ich wünschte, ich könnte die Theosophen aufrütteln! Wie ich unseren derzeitigen läppisch-sentimentalen Verein hasse… Alles von Kopf bis Fuß umkrempeln und jedes persönliche Element in die Luft jagen. Ich würde gern wissen, was Raja zu all dem meint, aber ich vermute, er gehört der alten Schule an… Wir besitzen etwas Wunderbares und nun wollen wir diesem Großen menschliche Schöpfungen hinzufügen [er bezieht sich hier auf das Vorhaben, neue Zeremonien in die TG einzuführen, Anmerkung d. Verf.*]…Ich möchte persönlich nicht zu etwas gehören, worüber ich mich schämen muss … Verdammt! Mir stehen diese Leute bis zum*

---

[10] Pupul Jayakar, *Krishnamurti - Ein Leben in Freiheit,* S. 55, 2003 Edition Synthese, Verlag Hans-Jürgen Maurer, Freiburg..

[11] Ebenda, S. 51.

Halse, aber zurzeit ist das alles noch nicht meine Angelegenheit. Eines Tages, wenn ich dem allen auf den Grund gekommen bin, werde ich mich einschalten und tun, was ich für richtig halte und werde jeden aufhängen, der ein persönliches Element in die Sache einbringt. Ach Mutter, was für ein Blödsinn ist das alles. Lachen Sie nicht. Verdammt! Sacre nom d'un pipe, was das gleiche bedeutet! Wir werden die Welt verändern, mit Hilfe von Madame de Manziarly, Mar und Yo!!!"[12]
„...Im Dezember 1921, nach neunjähriger Abwesenheit (Krishna war 26 Jahre alt), kehrten die Brüder für kurze Zeit nach Indien zurück. Hier besuchten sie auch ihren Vater. Es war der letzte Kontakt, den sie mit ihm in ihrem Leben hatten.
Krishnamurti sah Indien jetzt mit neuen Augen. Während seines Aufenthaltes schloss er Freundschaften, beobachtete seine Umgebung und nahm die Verbindung zu den Meistern wieder auf..."[13]

Aber schon Anfang 1922 reisten sie nach Sydney, Australien, um an einem theosophischen Kongress teilzunehmen. Da Nitya mittlerweile an Tuberkulose erkrankt war, beschlossen die Brüder, nach dem Kongress über San Franzisko nach Europa zurück zu kehren. Von A. P. Warrington, dem Generalsekretär der Theosophischen Gesellschaft für die USA, der auch in Sydney auf dem Kongress war, wurden sie eingeladen, eine zeitlang in Ojai zu verbringen – einem einsamen Tal in Kalifornien. Dort herrscht ein trockenes, warmes Klima – ideal für Tbc-Kranke. *Mehr als zwei Jahre sollten sie in Ojai bleiben. Außergewöhnliches trat ein und in Krishnas Innerem „öffneten sich Türen..."* Es begann ein höchst intensiver Prozess spiritueller Erweckung, der die bedeutendste Wende in Krishnamurtis Leben einleitete – eine Wendezeit, die, allein für sich genommen, viele Jahre brauchte, um in tiefgreifender Weise zu reifen.

Am 12. August 1922 schrieb der 27 Jahre alte Jiddu Krishnamurti einen Brief aus Ojai, Kalifornien, an Emily Lutyens – eine enge Vertraute im innersten Zirkel der damaligen Theosophischen Gesellschaft. Emily Lutyens war die Frau des international renommierten Architekten Edwin Lutyens, der zusammen mit einem Kollegen in einem visionären Projekt Neu Delhi geplant und gebaut hatte. Krishna hatte in den Jahren, die er in England verbracht hatte, lange Zeit im Haus der Familie Lutyens gelebt.
Die folgenden Brief-Zitate entstammen dem Buch von Mary Lutyens, der Tochter von „Lady Emily", wie Krishna sie nannte:
„Ich habe jetzt jeden Morgen eine halbe Stunde meditiert... Das wird wohl eine Überraschung für Sie sein, was? Ich bin dabei, meine alte Verbindung zu den Meistern zurückzuerlangen. Schließlich ist das – und sonst nichts – das Einzige, was zählt im Leben. Zuerst war das Meditieren und Konzentrieren schwierig, und obwohl ich erst vor einer Woche (wieder) damit angefangen habe, bin ich doch schon angenehm davon überrascht..."

---

12 Mary Lutyens, *Krishnamurti – Jahre des Erwachens,* S. 145, Heinrich Hugendubel Velag, München 1981.

13 aus P. Yayarkar, op. cit., S. 55.

Unabhängig von den – zu dieser Zeit noch relativ kurzen – Meditationszeiten berichtet er im gleichen Zusammenhang davon, dass es ihm mittlererweile gelingt, das Bild Maitreyas den ganzen Tag in seinem Bewusstsein aufrecht zu erhalten.

Nur fünf Tage, nachdem er das geschrieben hatte, am **17. August 1922,** hatte er sein erstes spirituelles Durchbruchs-Erlebnis dieser *„besonderen Art von EINHEITS-Erfahrungen", so wie ich es am Anfang dieser Fallbesprechung als Zeit-Dokument wiedergegeben habe.* Diese Erfahrungen wiederholten sich kontinuierlich über die nächsten Jahre. Begleitet wurden sie aber auch durch etliche anders geartete Visionen höherer Daseins-Sphären und durch heftige psychosomatische Symptome, unter denen er etliche Jahre qualvoll litt.

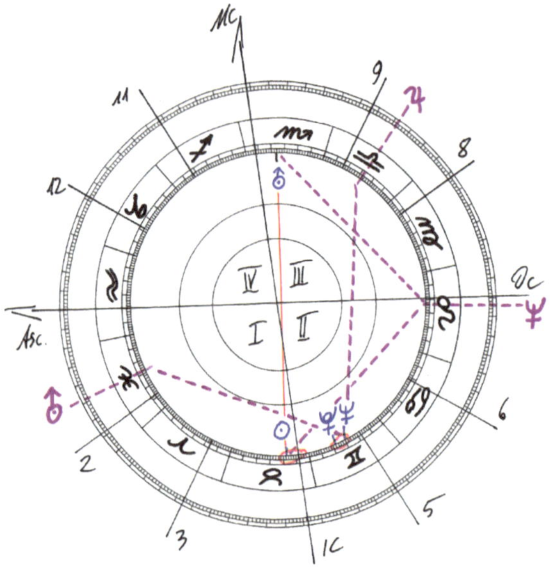

Graphik Nr. 3/4

Schauen wir uns nun in der Graphik Nr. 3/4 die aktuellen Auslösungen der damaligen Zeit in Krishnamurtis Radix an, dann wird deutlich, dass es u. a. vor allem *massive neptunische Kräfte* waren, die seinen damaligen spirituellen Erfahrungs-Strom hervorriefen und die ihn das erste Mal zum Gipfel-Erlebnis seiner – von da an – immer wiederkehrenden EINHEITS-Erfahrung führten.

Im Innenkreis stehen wie immer die Radixkonstellationen. Die Geburtssonne (☉) auf 21° Stier (♉) bildet einen Oppositions-Aspekt zum Radix-Uranus (♅) auf 18° im Skorpion (♏).

- Beide Radix-Planeten bilden über ihre Oppositions-Verbindung von vornherein eine energetische Einheit und wurden aktuell *vom Transit-Neptun (♆) – im Außenkreis – aspektiert,* der sich relativ dicht an die Position von 18° Löwe (♌) vorgeschoben hatte und damit sowohl zum Uranus als auch gleichzeitig zur

Sonne jeweils ein Quadrat-Aspekt bildete (die gestrichelten Linien stehen hier für die Transit-Aspekte).Die Besonderheit bei solchen Komplex-Konstellationen ist, dass die zeitliche Länge eines solchen Transits immer solange dauert, bis – wie in unserem Fall – der transitierende Neptun in seinem weiteren Umlauf (inklusive seiner Rückläufigkeitsphasen) die Gradpositionen von beiden Radix-Planeten zum letzten Mal überschritten hat – also wenn er endgültig über den Tierkreispunkt von 21° im Löwen hinausgelangt ist, der mit dem Tierkreispunkt der Radix-Sonne auf 21° Stier korreliert.
Der Transit-Einfluss des Neptun auf beide Radix-Planeten – der im August 1922 erst begann – zog sich also in die Länge und dauerte bei Krishnamurti damals fast 3 Jahre, also bis Juli 1925.
In diesem Zusammenhang möchte ich noch einmal erinnern, dass der Uranus, der damals vom Transit-Neptun „angesprochen" war, – in der generellen Hierarchie der Archetypen – der zweite spirituelle Planet neben dem Neptun ist und sich dadurch allein schon das Element der Spiritualität in der damaligen Zeit für Krishna potenziert hatte.

- *Es gab aber noch weitere hochwirksame spirituelle Auslösungen.* Der Uranus (♅), diesmal jedoch als Transit-Planet (Außenkreis), stand schon seit 5 Monaten vorher in mittlerer Position von 14° in den Fischen (♓) und bildete eine Quadratur zu Krishnas Pluto/Neptun-Konjunktion in Haus 4. Sie sehen hierzu den Radix-Pluto auf 11° und den Radix-Neptun auf 15° in den Zwillingen (♊).
Auch an diesem Transit sind – wie bei dem zuerst beschriebenen – sowohl Uranus als auch Neptun beteiligt, nur diesmal in vertauschten Rollen, jeder einmal als Transit und jeder einmal als Radix-Komponente.
Der gesamte Transit-Zeitraum dieser Konstellation betrug 1 Jahr und 9 Monate und dauerte bis Januar 1924.

- *Und schließlich gab es auch noch den Jupiter-Transit (♃ im Außenkreis).* Jupiter ist der schnellste in der Kategorie der Langsamläufer und stand zu Beginn von Krishnas Durchbruchphase exakt in einen Trigonalaspekt zum Radix-Neptun. Mit seiner damaligen Position von 15° in der Waage (♎) hatte er – inklusive einer vorher gewesenen rückläufigen Phase – nun schon das dritte Mal innerhalb der letzten 10 Monate die Pluto/Neptun-Konjunktion in Krishnas Radix transitiert, um sich anschließend endgültig, mit seinem Einfluss, aus diesem vieldimensionalen Transitgeschehen zu entfernen.
... Dieser Jupiter-Transit hatte zeitgleich mit der Abreise aus Europa zurück nach Indien begonnen. Dabei lief er genau über die entsprechend wichtigen Gradpositionen und zunächst einmal gleich ein bisschen weiter, verlangsamte seine Geschwindigkeit und blieb für eine kleine Weile stehen. *Er wurde dort „stationär"* und „schob sich dann" langsam rückwärts weiter.
... In dieser Weise wirkte er bei der Reise von Indien nach Sydney mit seinem Einfluss im Hintergrund...
... und wurde bei der Reise von Sydney in die USA während seiner Rückläufigkeit wieder exakt.

> ... Anschließend, bei seiner endgültigen Vorläufigkeit, näherte er sich wieder den beschriebenen Gradpositionen, um dann im August 1922 (*dem Zeitpunkt seines spirituellen Durchbruch-Erlebnisses*) – zusammen mit den anderen Transitplaneten – ein letztes Mal den Radix-Neptun exakt zu transitieren.

Die versierten Astrologiekenner unter meinen Lesern wissen, dass Jupiter u. a. auch der klassische Fernreise-Planet im Pantheon der archetypischen Symbolträger ist. Bleibt nur noch anzumerken, dass alle drei „Reisen", die in den zurückliegenden Monaten von Oktober 1921 bis April 1922 „zurückgelegt" wurden – von Europa nach Indien, von Indien nach Australien, von Australien in die USA – dass sie alle drei Schiffs(♆)-Reisen(♃) waren. Somit hatte Krishnamurti – auch in einem metaphorischen Sinne – längst schon in Kontakt mit der UNBEGRENZTHEIT (des Meeres) (♆) gestanden.

Der August 1922 war damit nicht nur der Monat, in dem Krishnamurtis spirituelle Durchbruchsphase begann, sondern auch der Monat, in dem sich *das erste und letzte Mal alle drei Transitplaneten zusammen* in einer intensiv-wirksamen Einfluss-Position befunden haben. Mehr noch – seit vielen Jahren zuvor, d. h. die allermeisten Jahre seiner letzten Zeit in Europa – gab es keinerlei bedeutende Neptun-Transite mehr in Krishnas Horoskop zu sichten.
Das heißt jetzt nicht, dass man nur unter aktuellen Neptun-Transiten spirituelle Erfahrungen machen kann. Nein, entscheidend für solche Erfahrungen sind vor allem die Kombination von entsprechenden Radix-Konstellationen und eine ebenso entsprechende individuelle Entwicklungshöhe. Ist eine bestimmte Entwicklungshöhe nicht gegeben, so erscheinen die neptunischen Kräfte ausschließlich in ihren weltlichen „Verkleidungen"/„Verzauberungen"/„Verzerrungen" – also in ihren „relativierten Formen von Unbegrenztheit". Transite hingegen sind jeweils „nur noch" die temporären Verstärker, die durch das Aufkommen entsprechend qualitativ-gefärbter Energieschübe helfen, bestimmte Erfahrungen entweder zu vertiefen, zu differenzieren, oder zu modifizieren. Oder sie wirken tatsächlich als Initialzündung einer – für das Individuum – völlig neuen Erfahrungskategorie.
In diesen jungen Jahren in Europa waren Krishnamurtis spirituelle Ambitionen noch nicht sehr gefestigt, und er litt teilweise auch unter der Bürde seines „Auserwähltseins". So ging „sein Herz" zu einem Großteil in weltliche und kulturelle Erlebensmöglichkeiten auf, wie sie sich für ihn damals in großer Fülle darboten.
Die ersten bedeutenden Neptun-Auslösungen traten erst seit seiner Abreise aus Europa wieder auf und nun im August 1922 extrem geballt. Dabei war bei allen beschriebenen Transitvariablen der Neptun immer beteiligt (ob als Transitplanet selbst oder als angesprochener Radix-Planet) und dominierte mit seinen – ihm entsprechenden – archetypischen Qualitäten.

„...Am ersten Tag, als ich mich in diesem Zustand befand und der Dinge um mich mehr bewusst war, hatte ich das erste äußerst merkwürdige Erlebnis. Es war da ein Mann, der den Weg ausbesserte. Dieser Mann war ich selbst, die Hacke, die er hielt, war ich selbst, sogar der Stein, den er heraus brach, war ein Teil meiner

selbst, der zarte Grashalm war ich, und auch der Baum neben dem Mann war ich. Ich konnte fast fühlen und denken wie der Straßenarbeiter und ich konnte spüren, wie der Wind durch den Baum fuhr, und die kleine Ameise auf dem Grashalm konnte ich auch spüren. Die Vögel, der Staub und selbst die Geräusche waren ein Teil von mir.
Im gleichen Augenblick fuhr in einiger Entfernung ein Wagen vorbei, ich war der Fahrer, der Motor und die Reifen; als der Wagen sich weiter von mir entfernte, entfernte ich mich auch von mir selbst.
Ich war in allem oder vielmehr war alles in mir, unbeseelt und beseelt, der Berg, der Wurm, und alle atmenden Dinge…"
Und der Neptun in seiner „Funktion" als Transit-Planet, war es dann auch, der für Krishnamurti nach dem August 1922 noch für weitere 3 Jahre die intensive Präsenz der spirituellen Kräfte anzeigte, für die er symbolisch steht.
In dieser Zeit lebte er in Zuständen intensivster Entrückung mit gleichzeitigen fundamentalen spirituellen Erfahrungen, die er mehr und mehr als sein HOCHGELIEBTES benannte oder als die WAHRHEIT.
Und diese WAHRHEIT siedelte er noch jenseits bzw. noch höher als die „Meister der großen weißen Bruderschaft" an, die für ihn mehr und mehr an Bedeutung verloren.

Die Phasen extremer Entrückung nahmen allmählich ab und aus Krishnamurtis weiterem biographischem Verlauf ist zu schließen, dass sich seine spirituelle Wahrnehmung in seinem Bewusstsein zunehmend so gefestigt hatte, dass diese auch in Zeiten fehlender Neptun-Auslösungen immer präsent blieb.

Die „Große Wende" dauerte aber für ihn noch insgesamt bis 1930, bis zu seinem 35. Lebensjahr. Die Jahre 1924-27 waren die Zeit, in der auf internationaler Ebene zunehmend alle Vorbereitungen in der Theosophischen Gesellschaft getroffen wurden, damit Krishnamurti seine ihm zugedachte Rolle als „Weltenlehrer für die kommende Kultur" einnehmen sollte. Er wurde die zentrale Figur auf mehreren Theosophischen Konventen auf verschiedenen Kontinenten.
Dabei geriet er zunehmend in eine innere Zerrissenheit, denn je dichter er sich durch sein HOCHGELIEBTES ausgefüllt erfuhr, desto weniger konnte er sich mit den Vorstellungen der Theosophen – und deren Erwartungen an ihn – identifizieren.
Seine endgültige Inauguration sollte 1927 auf einem Konvent in Erde/Niederlande stattfinden. Das Thema, das Krishnamurti dafür ausgewählt hatte, war „Befreiung" – und darüber hielt er dort mehrere Reden, auch in Hinblick auf seine Rolle als „Weltenlehrer". *In den Reden war er bestrebt die Distanz zwischen Lehrer und Schüler zu relativieren und sie schließlich ganz aufzuheben.* Er sagte nun tatsächlich…
…dass die Meister und alle anderen Gurus nicht notwendig seien. Es gäbe einen unmittelbaren Weg zur Wahrheit und jeder Einzelne habe ihn selbst zu finden. Wer Befreiung gefunden hat, der wäre der Lehrer, so wie ***er*** *auch. Es läge bei jedem Einzelnen, „in die Flamme einzugehen, Teil der Flamme zu werden".*

Die allgemeine Irritation auf dem Konvent war groß – bei den Teilnehmern, Ordens-Mitgliedern und ebenso im innersten Zirkel der Theosophen. Letztere aber hatten Krishnas Entwicklung in den letzten Jahren in einem gewissen Ausmaß schon näher mitbekommen. Auch Annie Besant war irritiert. Ihre Hauptrede auf dem Konvent war „Der Weltlehrer ist erschienen", und sie konnte für sich keine wirkliche Übereinstimmung mit den erlebten Vorgängen finden:
„In all den Jahren der Vorbereitung seines Kommens hatte sie ihre Leser und Zuhörer davor gewarnt, dass das, was er sagen würde, wenn er käme, nicht verständlich sei, weil es so neu sei; jetzt war sie in Gefahr, selbst in diese Falle zu gehen, vor der sie die anderen gewarnt hatte. Ks Verkündigungen wurden so extrem revolutionär, dass die Grundfesten ihrer Welt wankten". (Mary Lutyens)
In den folgenden 3 Jahren zog er sich zunehmend aus der TG heraus, stand aber noch immer mit etlichen Theosophen in regem Kontakt.
An Emily Lutyens schrieb er folgenden Antwortbrief:
„...schauen Sie, man darf keinen Glauben haben, nicht einmal Vorstellungen, denn sie sind in ihrem Wesen ja auch Reaktionen und Antworten....Wenn Sie in der Gegenwart wach sind, frei von Vorstellungen, Glaubenslehren, etc., können Sie unendlich viel aufnehmen und dieses Aufnehmen bedeutet Freude, die WAHRHEIT, alles was ihnen lieb ist.... Das Wissen wird erzeugt durch all das, wodurch man hindurchgehen muss.
So kann man aufrichtig sagen, Überzeugungen sind unnütz, ein auf die Zukunft gerichtetes Leben ist unvereinbar mit Verständnis und ein Plattenspieler kann man nicht sein....Die Weisheit entsteht in einem selbst....Die Weisheit kennt keine Richtung. Sie existiert und alle unechten Dinge, die ihr zu nahe kommen, verbrennen einfach. Was wollen Sie mehr?"[14]

Ein andermal:
„...Ich bin erfüllt von etwas Unerhörtem. In Worten kann ich es nicht ausdrücken. Es ist wie eine pulsierende Freude, eine lebensvolle Stille, eine angespannte Bewusstheit wie die einer brennenden Flamme. Dies sind Worte – in einem Flugzeug geschrieben – aber hinter diesen Worten steht etwas ganz Wirkliches und Tiefes...." (M. Lutyens)

Schließlich bricht er jeden Kontakt ab, außer den zu Annie Besant – seiner „Mutter" – bis zu deren Lebensende.
Krishnamurti zog sich anschließend 17 Jahre fast gänzlich in die Einsamkeit zurück – nach Ojai, dem Ort, an dem er seine ersten EINHEITS-Erfahrungen machen durfte – nur begleitet von einem befreundeten Paar.
Ab 1947 ging er erst nach Indien und für den Rest seines Lebens – bis 1985 – bereiste er dann die ganze Welt – meist allein. Er stand in Kontakt mit bedeutenden Politikern, Künstlern und Mystikern, gründete Schulen und lud die interessierte Öffentlichkeit zu unzähligen Gesprächs-Veranstaltungen ein, in denen er versuchte, die Menschen für eine achtsame Selbst-Beobachtung zu sensibilisieren.

---

[14] M. Lutyens,, op. cit.

Diese Beobachtungen richteten sich auch auf unsere Gedanken-Prozesse, aber nicht auf deren Inhalte, sondern auf die Wahrnehmung des Gedanken-Vorgangs an sich. Es ging Krishnamurti darum, in welchem Ausmaß wir in der Lage sind, bei unseren Beobachtungen das wahrzunehmen, was sich jenseits unserer Gedanken befindet.

Die „Große Wende", die sich in Krishnas Leben über einen langen Zeitraum zwischen 1922 und 1930 vollzog, fand ohne Zweifel ihren zweiten Kulminationspunkt im Jahr 1927, als er auf dem Konvent in Erde/Niederlande von der „Befreiung" sprach. Zu dieser Zeit gab es in seinem Horoskop massive Transit-Auslösungen der Wassermann-/Uranus-/Haus 11-Thematik[15], die in Krichnas Geburtshoroskop – mit Wassermann-Aszendent, Mond in Haus 11 und Sonne-Uranus-Opposition – einen starken generellen Einfluss hat.

Krishnas damaliges Thema – „Befreiung" – spricht, bei all den astrologisch sichtbaren Auslösungen jener Zeit, für sich allein schon Bände.

„Der 'religiöse Mensch' ist etwas ganz anderes
als ein Mensch, der eine Religion hat."

„Die WAHRHEIT ist ein wegloses Land."

Mit dem Horoskop Krishnamurtis und mit Teilen seiner Lebensgeschichte haben wir das spirituelle Potenzial, das dem neptunischen Archetyp bzw. dem gesamten 12. Kosmischen Grundprinzip innewohnt, in seiner wohl reinsten Form darstellen können – und zwar in …

… der UNBEGRENZTHEIT auf der Ebene ABSOLUTEN BEWUSSTSEINS

Dieses spirituelle Potenzial des 12. Kosmischen Prinzips – Fische/Neptun / Haus 12 – ist aber mittels der astrologischen Regeln nicht nur allein am Leben und an den Erfahrungen der „Großen Seelen" und „Erleuchteten Weisen" abzulesen. Es manifestiert sich ebenso in den unterschiedlichsten graduellen Abstufungen unzähliger anderer Erfahrungsformen im Leben eines *jeden* Menschen.
Und so wollen wir uns in den nächsten kürzeren Fallbeispielen auch noch andere *typische Ausdrucksformen des neptunischen Prinzips* vor Augen führen, dann aber in Formen einer jeweils **„**relativierten Unbegrenztheit**"**. Es geht also auch „etliche Nummern" kleiner und alltäglicher, wie sich Transzendenz (♆) – aus sich selbst heraus – **in** uns, **an** uns und **für** uns im Alltag darstellen kann. Ja, sie kann sogar noch durch die materiellen Daseinsformen durchscheinen – in so einem Fall dann

---

[15] *Die 11. Kosmische Grundkraft* – Wassermann-/ Uranus-/ Haus 11 – können wir hier nicht ausführlich behandeln. Das würde den Rahmen dieses Fallbeispiels sprengen. Im Zusammenhang mit meinem autobiographischen Kapitel – Fall-Beispiel Nr. 16, „Wie die Astrologie zu mir kam" – greife ich es aber wieder auf. Dort wird es im Vorspann ausführlich dargestellt.

als „schwacher Abglanz einer fernen Wirklichkeit", deren innerste spirituelle Identität nur noch für das geübte „astrologische Auge" erkennbar ist.
Aber zunächst einmal behandeln wir ein Beispiel, in dem die spirituelle Dimension noch immer – wenn auch „nur" graduell in weniger intensiver Weise und sporadisch – in ihrer eigentlichen Natur sichtbar und auch als solche erkennbar ist.

<u>Fallbeispiel Nr. 4</u> (weiblich)
„Relativierte 'Unbegrenztheit' als bewusstes transpersonales Aufkeimen"
„'Unendlich' viele Tränen für die 'verlorene' geliebte Person"

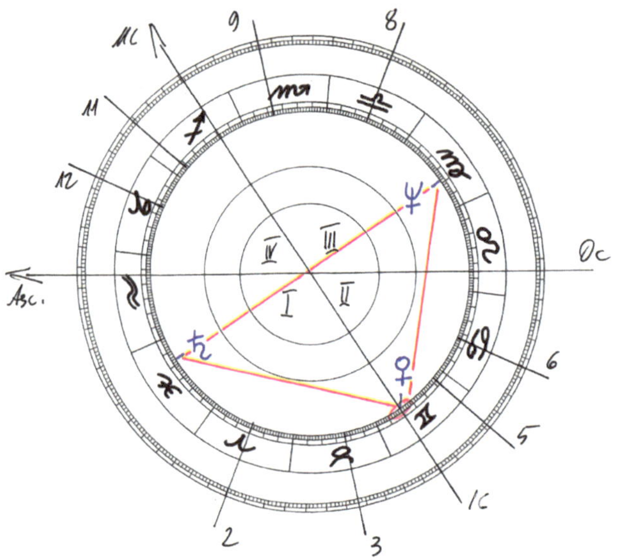

Graphik Nr. 4/1

Graphik Nr. 4/1 zeigt einen Ausschnitt aus dem Geburtsbild einer Frau. Fokus der eingezeichneten Konstellationen soll zunächst die Venus (♀) sein.
Die Venus steht ganz allgemein für Harmonie, Schöngeistigkeit, Kunst und für Begegnungen vielerlei Art – für das DU schlechthin.
Im speziellen symbolisiert sie <u>persönliche</u> Beziehungen, Partnerschaft, Liebe und Erotik.

Ich möchte die dargestellte Konstellation für unseren Zweck vor allem von der Beziehungsseite her beleuchten:

Allein die bloße Draufsicht auf die Venus-Verbindungen (Aspekte) lässt von vornherein vermuten, dass die Beziehungsseite im Leben dieser Frau eine Herausforderung besonderer Art darstellt, die sich hauptsächlich auf zwei divergierende Themen bezieht. *Die Venus hat 2 spannungsreiche Quadrat-Aspekte aufzuweisen,*

– einmal zum Saturn (♄), einem Erd-Prinzip, das dem Steinbock verwandtschaftlich zugehörig ist. Saturn ist Strukturgebend und dabei vorrangig ein Repräsentant der gesellschaftlichen Öffentlichkeit mit seinen Regeln, Übereinkünften, Ordnungsmustern und Zielvorstellungen.

– und zum anderen zum Neptun (♆), einem Wasser-Prinzip, dessen Eigenschaften wir im Groben mittlerweile schon kennen.

Diese Frau sucht in der Liebe (♀) einerseits Stabilität und Sicherheit (♄), einen Partner auf den Verlass (♄) ist, mit „'Haus' auf fest gefügten Fundamenten" (♄). Andererseits existiert in ihr eine unbändige Sehnsucht (♆) nach entgrenzender (♆) Liebe (♀), nach mystisch (♆) erotischer Vereinigung / Verschmelzung (♀/♆) mit einem sensiblen, einfühlsamen (♆), spirituellen (♆), karitativ-engagierten (♆) oder alternativ-orientierten (♆) Mann.

Im Falle dieser Klientin waren das nicht nur innerlich gehegte Beziehungs- oder Wunschbilder divergierender Art, sondern es spiegelte tatsächlich ihr jahrzehntelang gelebtes Beziehungsmuster und die beiden dazu „passenden" konkreten Männer wieder, zwischen denen sie sich – zeitweise – qualvoll zerrissen fühlte.

So bilden die beiden Planeten Saturn und Neptun in ihrem Horoskop – diesmal unabhängig von der Venus betrachtet – folgerichtig eine Opposition zueinander, als Spiegel zweier verschiedener grundsätzlicher Lebensformen, die sie ebenfalls nur schwer miteinander vereinbaren bzw. leben konnte. Man könnte diese beiden Lebensausrichtungen auch als die pragmatische (♄) bzw. die gesellschaftlich angepasste (♄) **und** die ätherische (♆) bzw. die gesellschaftlich un-angepasste (♆) Seite ihrer individuell angelegten Wesensnatur bezeichnen, deren Reibungsfläche dann aber schwerpunktmäßig für sie in ihrem Beziehungsleben (♀) spürbar wurde. Die Venus hat hier also eine Art von „Puffer-Funktion" inne. Astrologisch ausgedrückt gilt sie in dieser Stellung als „Spannungsherrscher".

Die Vorgeschichte – in knapp bemessenen Worten erzählt – war folgende: Als junge Frau, noch im Elternhaus lebend, lernte sie „den Mann ihres Herzens" kennen; ein Mann aus einem anderen europäischen Land. Diese Liebe (♀) war für sie ergreifend innig (♆), hielt aber nur kurz an, denn dieser Mann passte ihrem Vater nicht. Der hatte andere Pläne und wollte sie mit einem Mann mit besserem gesellschaftlichem Status (♄) verheiraten. Er verbot ihr den weiteren Umgang mit der geliebten Person und sie wunderte sich, dass auch er sich nicht mehr meldete – nicht mal mit einem Brief oder einer Botschaft. Sie war verzweifelt – denn „bei ihm war sie Frau (♀) gewesen mit uneingeschränkter (♆) Hingabe" (♆); „wenn er da war, *ging 'der Himmel' (♆) auf".*

Natürlich gibt es immer wieder unzählige Liebschaften, bei denen sich Menschen für eine gewisse Zeit leidenschaftlich in einander verlieben und die sehr schmerzlich sind, wenn sie zerbrechen. In der Regel aber heilen die Zeit oder die bewusste psychologische Verarbeitung früher oder später diese Wunden wieder. Bei Menschen jedoch, die unter dem Signum von Venus/Neptun oder Venus/Pluto

Beziehungen eingehen, gestalten sich solche Prozesse häufig schwieriger. Die astrologische Sichtweise auf diese Verhältnisse gibt den Blick dafür frei, dass hinter den gemachten Beziehungs-Erfahrungen sich noch Tieferes verbirgt, als es eine „'Nur'-Liebesbeziehung persönlicher Art" erst mal vermuten lässt und was sich häufig auch einer gesuchten „vernünftigen" Erklärung entzieht.
Im Falle von Venus/Neptun ist ein Ausdruck wie „... wenn er da ist, geht 'der Himmel' (♆) auf" nicht ausschließlich nur eine überspannt romantische Idealisierung, sondern in Teilfacetten tatsächlich Ausdruck einer authentischen transpersonalen (♆) Erfahrung – auch wenn diese nicht bewusst als eine solche identifiziert und benannt wird. Die starke „Innigkeit" auf der einen Seite des Erfahrungs-Spektrums (erste Natur), bis hin zu tragisch-symbiotischen Verstrickungen auf der anderen Seite (zweite Natur), sind die klassischen Kennzeichen transpersonaler Einflüsse in Liebesverbindungen. So ist bei Menschen mit einer Venus/Neptun-Konstellation im Horoskop der Bereich der Bezie- hung potenziell immer auch ein „Tor zur Spiritualität". Und so zieht man, über unbewusst wirkende energetische Resonanzgesetze entsprechende Menschen „zu kosmisch 'gegebenen' Zeiten" in seinen persönlichen Erfahrungskreis hinein.

Nebenbei sei noch angemerkt, dass die Venus-/Neptun-Konstellation – wie wir sie über die Aspekt-Verbindung schon betrachtet haben – bei unserer Klientin dadurch noch verstärkt wird, dass sich ihr Radix-Neptun selber noch in ihrem 7. Haus, also im Waage-/Venus-Haus, d. h. im Begegnungs-Haus (beginnend am Dc.) befindet. Erst Jahrzehnte später sollte sie erfahren, dass ihr Vater dem jungen Mann gedroht hatte, falls er sich noch mal seiner Tochter nähern sollte und dass er auch dessen Briefe abgefangen hatte.
In der Folgezeit nach der traumatischen Trennung verhärtete sie innerlich, heiratete jedoch bald darauf einen anderen Mann, deren Verbindung auf gegenseitigem aufrichtigen Respekt (♄), nicht aber auf einer gefühlsmäßigen Zuneigung (♀) beruhte. Aus dieser Verbindung gingen drei Töchter hervor; zu denen sie ein liebevolles Verhältnis hatte; die Ehe selbst empfand sie aber zunehmend als unglücklich (Papier-Ehe). Sie konnte sich aber andererseits aus einer gewissen Lebensängstlichkeit heraus auch nicht von ihm trennen, weil die „Welt" mit ihm an ihrer Seite ihr eine verlässliche Regelhaftigkeit (♄) versprach.

Dem „Traum (♆) von ihrer damaligen großen Liebe" jedoch hat sie innerlich noch 42 Jahre lang nachgehangen.

Dann jedoch sind innerhalb einer sehr kurzen Zeitspanne innere und äußere Veränderungen von sehr „eindringlicher" Art „wie von selbst geschehen"; Veränderungen, die die Kraft und die Tiefe hatten, ihrem Leben noch einmal in mehreren Facetten eine neue Wendung mit neuen Inhalten zu geben.

Graphik 4/2 zeigt im Innenkreis zusätzlich noch die Stellung des Geburts-Mondes unserer Protagonistin. *Dieser steht in ihrem 12. Haus (dem Fische-/Neptun-Haus).*
- Wir haben hier eine Mond(☾)-Neptun(♆)-Verbindung und diese macht uns deut-

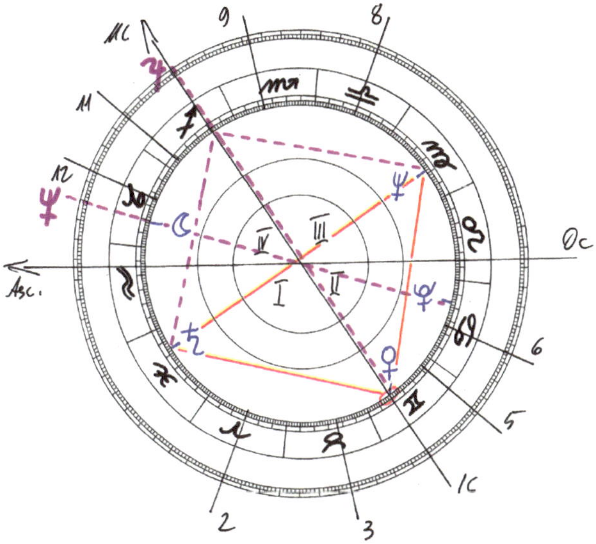

Graphik Nr. 4/2

lich, dass das neptunische Thema in ihrem Gesamthoroskop generell noch ein größeres Gewicht bekommt, als es bisher dargestellt wurde.

- außerdem ist dieser <u>Radix-Mond in Haus 12</u> mitsamt seiner Pluto(♇)-Opposition zum Zeitpunkt der gerade beschriebenen Veränderungen in bedeutsamer Weise nun auch noch mal **durch den transitierenden Neptun** *selbst* (im Außenkreis) für lange Zeit ausgelöst.

Wir kennen diese Mond-Neptun-Konstellation schon. Wir haben sie in umgekehrter Weise bereits bei Krishnamurti kennen gelernt (u. a. über seine beiden spirituellen Mütter und über dessen hellsichtige Seite, etc.). Während hier bei unserer Klientin <u>der Mond im Neptun-Haus (H 12)</u> steht, stand dort – bei Krishnamurti – <u>der Neptun im Mond-Haus (H 4).</u> Auch in dieser Verkehrung innerhalb der rein technischen Horoskopstruktur haben wir dennoch die gleiche hintergründige Kräfte-Kombination.
Um die kleine Geschichte nicht zu sehr zu verkomplizieren, habe ich nicht alle relevanten Transite dieser Zeit eingezeichnet. Denn es geht mir hier vor allem darum, all die Faktoren in konzentrierter Weise heraus zu arbeiten, die das Neptun-Thema damals insgesamt so massiv zum Schwingen gebracht haben.

<u>Lassen Sie mich deshalb noch einmal alles zusamenfassen:</u>

- Der transitierende Neptun (♆) (Außenkreis) hat ca. 60 Jahre gebraucht, um von seiner Radix-Stellung im Zeichen Jungfrau (♍) (Innenkreis) bis zur Stellung des Radix-Mondes im 12. Haus (dem Neptun-Haus) unserer Klientin vor zu wandern. *Ca. 1 ½ Jahre lang steht nun also der Neptun-Transit in genauer Konjunktion zu ihrem Radix-Mond im Neptun-Haus* (siehe dazu noch einmal Erläuterung 13, Thema Rückläufigkeit).

Das ist eine hochgradige transzendente Sensibilisierung (♆) ihrer Gefühls(☾)-Sphäre und eine lange Zeitspanne großer spiritueller Umwandlung.

- Im Außenkreis sehen Sie ebenfalls den Jupiter im Transit. Er stand damals für ca. acht Monate in mittlerer Position von 10° Schütze (♐) und damit im Einflussbereich der Aspekt-Figur von Radix-Neptun (♆), Radix-Saturn (♄) und Radix-Venus (♀) (gestrichelte Linien) – also im Einflussbereich der Aspektfigur, die ich in der Graphik 4/1 isoliert dargestellt habe und die in so entscheidender Weise ihre schicksalhaften Beziehungs-Verhältnisse symbolisiert.

Zunächst beginnt unsere Protagonistin in dieser Zeit in diffuser Weise zu spüren, dass sie am Scheideweg steht, und macht das bei Gelegenheit einer ihrer erwachsenen Töchter gegenüber deutlich. Die Tochter wiederum hatte sich damals für einen Meditationskurs angemeldet und lud nun spontan ihre Mutter ein, mit ihr zusammen dorthin zu gehen. Die erste Reaktion unserer Klientin auf diese Einladung war allerdings die skeptische Frage „Was soll ich denn *da*?" Dennoch lässt sie sich Tage später darauf ein.

Die nächste Graphik Nr. 4/3 zeigt den Tag, an dem der Meditationskurs (♆) begann.

- *Für diesen Kursbeginn habe ich den Transit der schnell laufenden Venus (♀) zusätzlich eingezeichnet, die nur die kurze Zeitspanne von 1 - 2 Tagen diese*

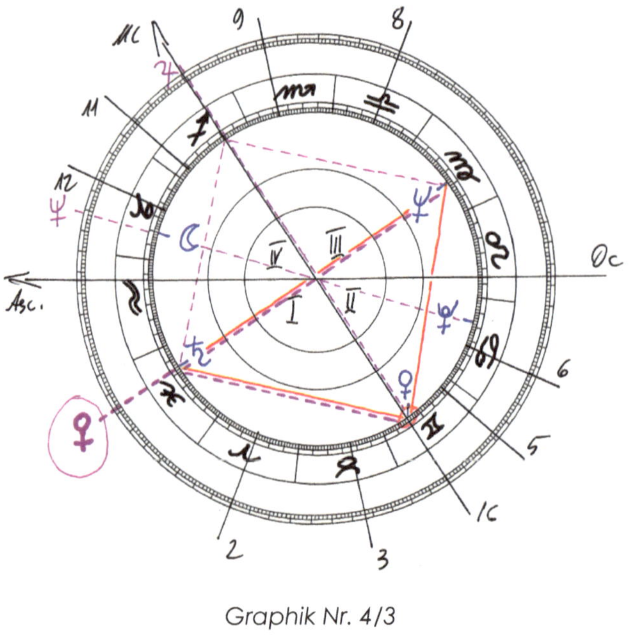

Graphik Nr. 4/3

eingezeichnete Position einnahm, damit aber punktuell einen der Höhepunktstage in der gesamten 1 ½ -jährigen Neptun-Phase anzeigte.

Auch die *transitierende Venus* mit ihrer Tages-Konstellation in der mittleren Position auf 10° Fische (♓) verstärkt die gleiche ausgelöste Aspekt-Figur von Radix-Saturn (♄), Radix-Neptun (♆) und Radix-Venus (♀) noch einmal auf ihre Art.
Das heißt, dass das Thema „Beziehung (♀) und Transzendenz (♆)" hier kurzfristig noch ein zweites mal gleichnishaft auf den Punkt kommt. Diese punktuelle Verstärkung steht symbolisch sicherlich auch für all die, auf dem Kurs gemachten, Begegnungen (♀) mit neuen – und in diesem Falle meditierenden (♆) – Menschen. *Aber nicht nur das allein,* denn symbolhaft angezeigte archetypische Kräfte bringen in der Regel mehrere vielschichtig-konkrete Erfahrungen und Erscheinungen gleichzeitig hervor.

Der Workshop dauert 5 Tage. Sie meditiert und weint „ein Meer von Tränen". Schließlich wird sie ohnmächtig und kommt zu sich mit dem Gefühl, „dass es **ihm** schlecht geht" – ihm, dem Mann, den sie 42 Jahre lang nicht gesehen und nie wieder etwas von ihm gehört hatte.
Schon in den nächsten Tagen forscht sie in dessen Heimatland über entsprechende Ämter und findet seine Adresse heraus. Sie telefonieren miteinander und von ihm erfährt sie, wie ihr Vater ihn damals unter Druck gesetzt hatte, und dass er noch mehrmals an sie geschrieben hatte. Nun schreiben sie sich gegenseitig wieder innige Briefe und im nächsten Monat besucht sie ihn. Die alte innige Liebe flammt wieder auf, mit all den tiefen emotionalen Erfahrungen von Hingabe und Verschmelzung (♀/♆), nach denen sie sich immer gesehnt hatte.

Parallel dazu begann ein jahrelanges quälendes Dreiecks-Verhältnis, durch das sie sich immer wieder zu einer Entscheidung gedrängt fühlte. Aber sie war nach wie vor hin und her geworfen und konnte sich nicht wirklich entscheiden, denn auch die Beziehung zum „Mann ihres Herzen" entpuppte sich zunehmend als dramatisch.
Es ging ihm nämlich wirklich schlecht – schon zu dem Zeitpunkt ihrer intuitiven Wahrnehmung auf dem Meditations-Kurs. Er hatte schon länger ein starkes Alkoholproblem (♆). Zwar hatte er das bei ihren ersten Besuchen nicht vertuschen können, aber er hatte sich zu diesen Anlässen zunächst immer sehr diszipliniert. Über die Jahre hinweg wurde ihr allerdings zunehmend klar, dass dieser Mann haltlos dem Alkohol verfallen war und sie selbst immer tiefer in einen Strudel scheinbarer Ausweglosigkeit hineingeriet.
Der Höhepunkt dieser Befindlichkeit wird astrologisch dadurch angezeigt, dass mittlerweile der transitierende Neptun soweit am Himmel vorgerückt war, dass er die Gradposition des Wassermann (♒)-Aszendenten (Asc.) unserer Klientin eingenommen hatte.

Eine solche Stellung (der Transit eines Langsamläufers in Konjunktion zum Aszendenten) symbolisiert ebenfalls immer einen herausragenden Lebensabschnitt mit stark entwicklungsträchtigen Impulsen, Zuständen, Begegnungen und Ereignissen. Auch wenn der Aszendent (Asc.) kein Planet ist, sondern ein raum-zeitlicher Koordinaten-Punkt, so symbolisiert er dennoch einen „'Ort' von punktueller energetischer Dichte" – genauso, wie es auch bei einem Planeten der Fall ist. Dies gilt auch für die anderen drei Punkte des Häuser-Achsenkreuzes; beim Deszendent (Dc), Medium Coeli (MC) und Imum Coeli (IC). Es sind alles hochsensible Punkte, die nicht nur generell bestimmte Eigenschaften im Horoskop anzeigen, sondern auch entsprechend empfänglich für Transit-Einflüsse sind.

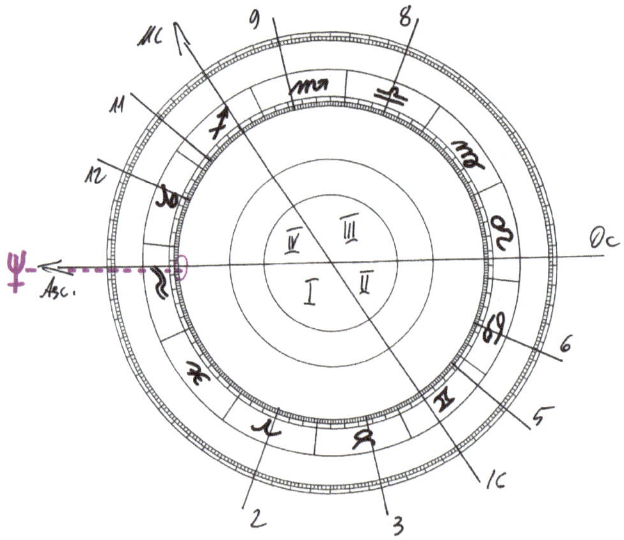

Graphik Nr. 4/4

Der Aszendent als Spitze des 1. Hauses, symbolisiert dabei die Ich-Instanz des Individuums; das ***Ego; die expressive Ich-Durchsetzung****. Er hat damit eine Entsprechung zum Widder-/Mars-/Haus 1-Prinzip (Feuer) – hier nur als gradgenaue punktuelle Verdichtung – egal in welchem Zeichen der Asc. dabei auch immer stehen mag. Das vom Aszendenten angeschnittene Zeichen wiederum, gibt dann den Hinweis, welche anderen archetypischen Inhalte verstärkt durch die – vom Aszendenten symbolisierte Ich-Kraft – im Leben des Individuums durchgesetzt werden soll.*

Ein Neptun-Transit („unendliches Wasser"), der temporär über den Aszendenten eines Individuums läuft, lässt die Feuerkraft der expressiven Ich-Durchsetzung nahezu zum „Erlöschen" bringen. Die „Ich-Instanz" kommt ins „Schwimmen", wird „aufgelöst", verliert die „Spannkraft des Spontanen", die Orientierung und den Fokus auf sein Bestreben zur „Veräußerlichung". Werte und Zielsetzungen im (äußeren) Leben „zer-setzen" sich, und man weiß nicht mehr so genau, was im Leben eigentlich noch trägt.

In solch einer Verfassung befand sich damals auch unsere Protagonistin. Diese innere Erfahrung der Haltlosigkeit fand ihre Außenprojektion in der scheinbaren Ausweglosigkeit ihrer Beziehung zu diesem alkohol-kranken (♆) Menschen. Aber auch dieser Mann litt unter dem Gefühl sich mit seinem destruktiven Lebensstil an dem geliebten Menschen schuldig zu machen.
In einem existentiell bedeutsamen Traum, den sie damals hatte und therapeutisch bearbeitete, befand sie sich – angstvoll und nur an einem schwimmenden Baumstamm geklammert – mitten im unendlichen Ozean (♆). Auf aufgewühlten, dunkelgrauen hohen Wellenbergen und -tälern trieb sie dort völlig allein, und seit langem schon war „kein Land mehr in Sicht".
Das aber, was zunächst einmal – wie in diesem Beispiel – stark pathologisch anmutet, ist letztendlich eine durch Neptun angezeigte final-orientierte heilsame Absicht; insbesondere bei Menschen, die sich in unangemessene Äußerlichkeiten des Lebens verstrickt haben. Mit anderen Worten ausgedrückt, handelt es sich hier um einen autonomen und absichtsvoll wirksamen evolutionären Impuls, der aus den Tiefen des hintergründigen SEINS aufsteigt und dabei direkt an *den* Menschen gerichtet ist, der zum punktuell gegebenen Zeitpunkt die entsprechenden archetypischen Auslösungen erfährt.

Dabei liegt zum Einen der potenzielle Schlüssel zur Heilung in der Auflösung (♆) **alles „'Un'-Wirklichen"** verborgen, was viele Menschen zunächst erst einmal als eine existentiell bedrohlich empfundene Lethargie wahrnehmen, die man nun zunehmend den bisher favorisierten Werten und Ausrichtungen gegenüber hegt.
Und zum Anderen soll der Mensch – generell und insbesondere in den Zeiten neptunischer Auslösungen – gerade auch den inneren Dimensionen des eigenen Wesens die gebührende Aufmerksamkeit angedeihen lassen. Der eigene transzendente Wesenskern macht sich von selbst in uns weit und weiter und verlangt so unsere Achtsamkeit. Transzendenz wird aber dabei in ihrer eigentlichen 'unbegrenzten' Wesenart erst dann klarer erfahren und erkannt, wenn wir den inneren Platz für sie freimachen, der vorher durch all das besetzt war, was uns in Wirklichkeit einengt. Es ist dies „der reinigende Gang durch das Wasser", wie Wolfgang Döbereiner es genannt hatte. Bevor dieser innere Platz aber nicht frei wird, solange erscheint Neptun als depressiver, Vitalitätsdämmender, narkotisierender Schleier, der sich über die scheinbar sinnlos gewordene Alltagswelt legt.
Unsere Klientin hatte schon von *der* Zeit an, in der sie auf dem Meditationskurs ihr hellsichtiges Erlebnis gehabt hatte, angefangen sich für Spiritualität zu interessieren. Dieses Interesse verdichtete sich nun während des Neptun-Transits über ihren Aszendenten zunehmend. Parallel dazu löste sie sich fortschreitend und schließlich endgültig und mit voller Bejahung aus der tragischen Beziehung zu dem „Mann ihrer vormals 'großen Liebe'". Sie besuchte Seminare, Fortbildungen und Ausbildungen in spirituell-therapeutischen Kontexten und arbeitete schließlich selbst mit Menschen. Sie lebte weiter mit ihrem geerdeten (♄) Mann, pflegte aber parallel dazu einen eigenen Lebensbereich, in dem ihre geistig-spirituellen Intentionen einen lebendigen Ausdruck finden konnten – auch in Form entsprechender anderer Kontakte (♀/♆).

An dieser Stelle möchte ich noch folgende Bemerkung hervorheben:
Es gibt scheinbare Nebensächlichkeiten oder Selbstverständlichkeiten, die man in der Regel nicht für erwähnenswert hält. In der obigen Fallgeschichte meine ich damit z. B. den Umstand, dass es die Tochter unserer Klientin war, die als Erste die Idee mit dem Meditationskurs an ihre Mutter herangetragen hatte.
Wenn wir uns allerdings – aus der astrologischen Perspektive heraus – deutlich machen, dass unsere Klientin in den damaligen Tagen parallel dazu eine zeitlich punktgenaue und inhaltlich entsprechende Transit-Auslösung hatte, dann fällt es ins Auge, dass die Tochter von Außen nur etwas in ihrer Mutter angestoßen hatte, was in ihr – in inhaltlicher Hinsicht – zu diesem Zeitpunkt schon in Samenform vorgegeben war. Von allein war unsere Klientin nicht auf diese Idee gekommen. Im Gegenteil – sie fand die von der Tochter geäußerte Idee zunächst ziemlich abwegig. Wir stellen für dieses Geschehen über das Horoskop fest, dass Mutter und Tochter, ohne selbst die verdeckten kosmischen Hintergründe zu kennen, beide zeitlich und inhaltlich synchronistisch schwingen.
Anders ausgedrückt: Die wirklich wichtigen „Dinge" regeln sich in erster Linie immer über die Gesetze der Resonanz und erst in zweiter Instanz über unsere Willensintentionen, die oft ihrerseits erst auf den – schon angestoßenen – Erst-Impuls „mit aufspringen".[16]

Das Geheimnis solcher Erfahrungen lässt sich astrologisch-technisch damit erklären, dass man im Horoskopvergleich zwischen Personen, die in organischer Weise (bewusst oder unbewusst) eine tiefere Bedeutung füreinander haben, auch entsprechend gemeinsame und winkeldefinierte Planetenverbindungen vorfindet. Das gilt auch dann, wenn es nur eine inhaltsträchtige Augenblicklichkeit ist, die zwei Personen vorübergehend miteinander verbindet.
Wir werden auf diese Art von kosmisch-hintergründigem Verwobensein noch öfter stoßen und es an gegebener Stelle in „umfassende Bilder dieser Welt (Weltbilder)" einordnen.

Wir haben bei der Untersuchung des Fische-/Neptun-/Haus 12-Prinzips bisher einen deutlichen Schwerpunkt auf dessen „grenzauflösende" Eigenschaften gelegt und ich habe dabei die ihm inhärente Erfahrung der UNBEGRENZTHEIT als das eigentlich Wesenhafte dieses Prinzips definiert.
Während uns in den außergewöhnlichen Bewusstseins-Erfahrungen Krishnamurtis diese GRENZENLOSIGKEIT in einer ausgeprägt reinen Zustands-„Form" begegnet ist, haben wir diese zwar auch in den Erfahrungen unserer Klientin wiedergefunden, dort aber „nur" in graduell unterschiedlich ausgeprägten Stadien einer „relativierten Unbegrenztheit".

[16] Siehe dazu im Abschnitt SELBST-ERKENNTNIS den Themenpunkt 3: „Die besondere Umwelt des Individuums als Spiegel seines geistig-seelischen 'In-der-Welt-seins'". Darin beschreibe ich im Textteil der ausführlichen Variante, wie wir alle immer wieder in unbewusste Rollen von „Götterboten" schlüpfen und dabei eine „Zu-träger-Rolle" für bestimmte geistig-seelische Erfahrungsqualitäten einnehmen, mit denen wir andere Menschen – ebenso unbewusst – anstoßen.

- Ich erinnere an den plötzlichen „Einbruch hellsichtiger Erfahrungen in meditativen Zuständen“, die ihre bewusstseinsüblichen Grenzen von Zeit und Raum transzendiert hatten oder ...
- an den „‘Großen Traum’ vom „Meer“, in dem sie allein und nur an einem Baumstamm geklammert trieb – dem ‘Grenzenlosen’ dabei völlig ausgeliefert (diesmal zwar nur in metaphorischer Weise – als Traum – aber dennoch mit kolossaler Wirkung auf ihr Leben).

Es waren diese Erfahrungen, die zum Leitstern ihrer spirituellen Lebensausrichtung wurden. Die Neptun-Transite „haben sie auf diese ‘Schiene’ gesetzt“, so wie das auch bei Krishnamurti der Fall gewesen ist – nur dort auf einem anderen Level. Das heißt, die Transite – im jetzigen Kontext als „samen-ähnliche Impulse“ verstanden – sind bei Krishnamurti auf einen „äußerst fruchtbaren Boden“ gefallen. *Qualitativ gesehen* geht es aber bei beiden Beispielen um das Gleiche, wenn auch die konkreten Ausprägungen einen jeweils anderen Grad an Dichte, Tiefe und Konstanz hatten. Anders gesagt: „Der Same ist immer der gleiche, nicht aber der Boden, auf den er fällt“.

Mit dieser Metapher möchte ich Folgendes in die Bewusstheit bringen:
Jeder Mensch hat in seinem Leben einige mehr oder weniger bedeutsame neptunisch geprägte Auslösungen, die in der Häufigkeit und Dauer immer abhängig von der individuellen Struktur des jeweiligen Geburtsbildes sind. Das Leben dieser Menschen ist dann in solchen Phasen, oft über lange Zeiträume hinweg, von grenzauflösenden Qualitäten in unterschiedlichster Intensität durchdrungen.
Aber die allermeisten Menschen haben dabei generell keinerlei bewusste Identität mit der spirituellen Wesensnatur solcher Erfahrungen. Auch nicht in Zeiten intensiver individueller Auslösungen. Damit sind aber dann die „grenzauflösenden Erfahrungen“ dieses Prinzips nicht einfach außer Kraft gesetzt, auch wenn diese in ihrem Wirken nicht zwangsläufig auch noch gleichzeitig ein spirituelles Bewusstsein generieren.

- UNBEGRENZTHEIT erscheint in diesen Fällen – in noch weitergehenden Abstufungen „relativierter Unbegrenztheit“ zunehmend in sehr „weltlichen Verkleidungen“, die den eigentlichen spirituellen Kern dieser Erfahrungen verdecken (*wie im nächsten Fallbeispiel*).
- Und dann erscheint uns die UNBEGRENZTHEIT schließlich sogar – im Stadium ihrer „ABSOLUTEN Relativierung“ – eingekapselt in der Materie (wie im übernächsten Fallbeispiel).

Die folgenden Kurzbeispiele beschreiben ein – durch die Astrologie offenbartes – Paradox, das uns klar macht, dass das EINE nicht getrennt von der Vielheit ist; dass ES durch *jede* Nuance allen ‘Relativen Daseins’ durchzuscheinen vermag; für Jeden sichtbar – mit dem entsprechenden Werkzeug (hier die Astrologie); und für das *sehende* Auge.

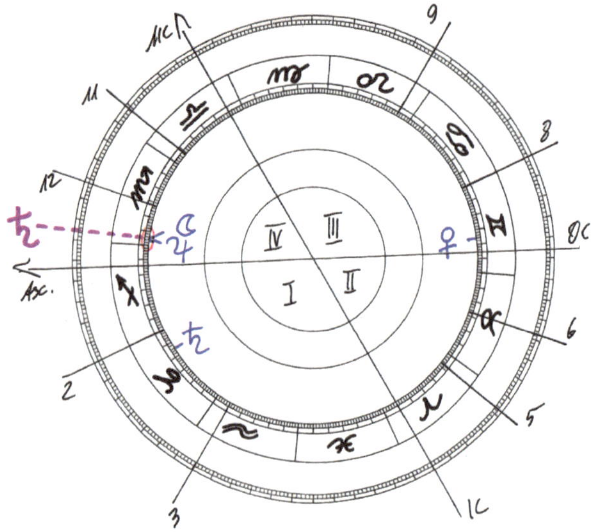

Graphik Nr. 5/1

<u>Fallbeispiel Nr. 5</u> (weiblich)
„Relativierte 'Unbegrenztheit' in säkularer Verkleidung"
„Die kleine Insel"

Die oben dargestellten astrologischen Konstellationen gehören zum Horoskop-Ausschnitt einer Frau. Sie dokumentieren bestimmte Facetten ihres inneren und äußeren Erlebens in einem für sie bedeutsamen biographischen Abschnitt.

Im Innenkreis sehen wir – wie immer – die in einem individuellen Horoskop fixierten Radix-Planeten; hier u. a.

- eine Mond(☾) / Jupiter(♃)-Konjunktion im 12. Haus (dem Neptun-Haus; dem Haus des „Abseits", der Transzendenz, etc.),
- eine Saturn(♄)-Stellung im 2. Haus, dem Haus der materiellen Sicherung
- und die „schöne" Venus (♀) im 7. Haus (im eigenen „schönen" Waage-Venus-Haus bzw. im Haus der Harmonie, Ästhetik, Partnerschaft, Erotik etc.).

Im Außenkreis haben wir – ebenso wie immer – die Stellungen der temporär wirksamen Transit-Planeten eingezeichnet. In diesem Falle ist es ausschließlich

- der Saturn (♄) (Element Erde), der im 26. Lebensjahr dieser Frau die gleiche Position am Himmel eingenommen hatte, auf der auch ihre Radix-Konjunktion von Mond/Jupiter in ihrem 12. Haus steht.

  Machen wir uns dabei noch einmal deutlich, dass der Saturn – das strukturgebende Prinzip – ca. 28 - 29 Jahre braucht, um einmal durch den ganzen Tierkreis zu wandern, dann wird uns anhand der Graphik klar, dass der Saturn in ihrem bisherigen Leben noch keinen ganzen Zyklus im Gesamtkreis durchlaufen hatte und dass er – speziell im Horoskop dieser Frau – gerade dabei war, <u>durch ihr „grenzauflösendes" 12. Haus</u> hindurchzuwandern.

Als Transit-Planet in dieser Stellung zeigte Saturn damit gleichzeitig an, dass ihre Mond/Jupiter-Konstellation in Haus 12 – als eines der wichtigen Grundthemen ihrer Gesamtpersönlichkeit – für sie nun für eine längere Zeit zum herausragenden Thema dieses Lebensabschnitts wurde.
Das heißt, dass dieses Thema – entsprechend seinem eigenen **neptunischen** Grundcharakter nun nicht nur in prägnanter Weise anschwillt, sondern dass gleichzeitig noch eine saturnal gefärbte Komponente in diesen Prozess-Verlauf mit hineinspielt.

Unsere Klientin war schon längere Zeit Inhaberin einer gut gehenden Mode-Boutique* in der „besseren Gegend" einer großen Stadt.
Mode-Boutique = die Venus (♀) steht hier in Haus 7 (beginnend am Descendendent = Dc.), also im eigenen Waage/Venus-Haus, was einer Potenzierung des Harmonie- bzw. des Schönheits-Prinzips entspricht. Sie hatte sich mit ihren 26 Jahren schon relativ früh in erfolg-versprechender Weise selbständig gemacht, aber zum hier angezeigten Zeitpunkt, als der transitierende Saturn die Radix-Konjunktion von Mond/Jupiter in Haus 12 auslöste, bekam sie von einem Freund das Angebot, ihn auf einer kleinen Insel – umgeben vom Meer (H 12) –, auf der er lebte, zu besuchen. Von dieser Idee war sie schnell ergriffen. Ihr gefiel der Gedanke, dort vielleicht sogar für ein ganzes Jahr hinzufahren und die Boutique-Geschäfte solange in die Hände einer vertrauenswürdigen Person zu übergeben *(ein Jahr, das war auch in etwa der Zeitraum, in dem der laufende Saturn im Einflussbereich seiner – von ihm transitierten – Planeten stehen würde).*

Diese aufkommenden Vorstellungen, die zu einem starken Wunsch heranreiften, lösten jedoch verständlicherweise gleichzeitig entsprechende Existenzängste aus – insbesondere bei ihr, denn der Radix-Saturn, in Haus 2 ihres Horoskops, zeigt wiederum ein generell ausgeprägtes Bedürfnis nach materieller Sicherheit an. Ein Thema, das betont konträr zum Thema der gerade ausgelösten Thematik ihres 12. Hauses stand.

Das 2. Haus, das Stier-Haus, ist – von der Element-Zuordnung – seinerseits schon ein „Erd"-Haus und wird prinzipiell dem Bereich des „Habens"; dem Bereich der materiellen Sicherung, Verwurzelung und Bodenständigkeit zugeordnet.
In ihrem Horoskop steht in diesem „Erd"-Haus aber zusätzlich noch

- ein „Erd"-Planet, nämlich Saturn (♄) und – „last but not least" – ebenso noch
- ein „Erd"-Zeichen, nämlich der Steinbock (♑) – das Zeichen, das dem Saturn selbst verwandtschaftlich zugeordnet ist. „Erdiger" geht es kaum – wenigstens in diesem Teil ihrer Persönlichkeit, bei dem es um die existentielle Sicherung geht.

Diese Konstellation assoziiert zweierlei. Zum einen die entsprechend potenzielle ökonomische Befähigung, dieses Bedürfnis nach Sicherheit (H 2) gradlinig und konsequent (♄) – d. h., mit Sachverstand, Ehrgeiz, Fleiß und Ausdauer – in die gelebte Realität (♄) umzusetzen. Und so hatte sie sich auch – neben ihrem ausgeprägten Sinn für die „schönen Dinge“ (♀ in H 7) – geschäftlich (H 2) schon früh in ihrem Leben etabliert (H 2).

Ein Mensch mit solchen Persönlichkeitsfacetten läuft aber gleichzeitig auch Gefahr, im Bereich des Habens (H 2) massive Ängste zu entwickeln, zu sehr festzuhalten (♄), in Kontrollzwänge (♄) und hartem Profitstreben (♑/♄ in H 2) zu verfallen. Die Schattenseiten (zweite Natur) bei zuviel „erdiger Schwere“ haben also gleichzeitig auch eine Tendenz, die Strukturbildenden Kräfte ausufern zu lassen und sie dabei in Härte (♑/♄) und Starrheit (♑/♄) zu verwandeln.
Bei unserer Klientin schien es aber generell so, dass die kreativen Ressourcen dieser Konstellation deutlich den Schwerpunkt gegenüber ihren diesbezüglichen Ängsten bildeten.
Dennoch gab es bei ihr in dieser Lebensphase (Mond/Jupiter-Auslösung in Haus 12) einen Entscheidungskonflikt darüber, ob sie es tatsächlich wagen sollte, ein ganzes Jahr auf einer kleinen Insel zu verbringen und *„abseits“ jeglicher Alltäglichkeit“ (H 12 = „nicht von dieser Welt sein“) alle Fäden, die ihre Existenz-Sicherung betrafen, für diese lange Zeit in einem beträchtlichen Ausmaß aus der Hand zu geben. Dazu gehörte auch das vorläufige „Sich-Lösen“ („Auflösen“, H 12) aus ihrem sonstigen gesellschaftlichen Eingebunden-Sein.*

Dieser Konflikt trieb sie in meine astrologische Praxis.
Als Ergebnis meiner Vorbereitungsarbeit auf „unsere“ Klientin, erschien die beschriebene biographische Auslösungsphase astro-psychologisch in folgendem Licht:
Der temporär wahrgenommene Konflikt zwischen…

- dem Bedürfnis nach „gesellschaftlich **un**-angepasstem Sein“ bzw. nach „transpersonaler Identifikation“ (Mond/Jupiter in Haus 12) einerseits und
- dem Streben nach „gesellschaftlicher Etablierung durch stabile ‘Besitz-Fundamente’“ (Saturn/Steinbock in Haus 2) andererseits

trat ihr – während des aktuellen Saturn-Transits durch ihr 12. Haus – nun zwar sehr deutlich ins Bewusstsein, *aber …*

…dieser Konflikt an sich, war für sie nicht wirklich etwas Neues. Auch wenn ihr das selbst gar nicht so klar war. Ja, dieser Konflikt ist sogar – durch die immer vorhandene Radix-Konstellation – fester Bestandteil ihrer generellen, individuell angelegten Persönlichkeits-Struktur und war *zu jeder Zeit ihres Lebens* präsent (wenn auch mal mehr oder weniger unterschwellig bzw. prägnant) und erschien immer wieder in neuen äußeren Erlebensformen.
Genau über diesen Punkt versuchte ich mich dann mit der Klientin ausführlich auszutauschen. Dabei stand die Frage im Raum, in welchem Verhältnis diese beiden divergierenden Persönlichkeits-Anteile im Leben dieser Frau generell zueinander standen. Ist es eine einander ausschließende oder eine integrative Rolle, die beide zueinander einnehmen?

Denn mögen sich im Laufe des Lebens die jeweiligen Transit-Einflüsse immer wieder wandeln und andere Spielarten der individuellen Grundstruktur hervorbringen, so bleibt doch die kosmische Grundprägung – repräsentiert durch das astrologische Geburtsbild – immer gleich.
Da das aktuelle biographische Hauptthema unserer Protagonistin – von seiner innersten Natur her – ein Transzendentes war (siehe Graphik Nr. 5/1: Transit-Saturn auf Radix-Mond/Jupiter in Haus 12) blieb die Frage offen, welche Rolle dieser mehr hintergründige (H 12) Archetyp ansonsten in ihrem üblichen Alltagsleben spielte.
In diesem Zusammenhang ist es u. a. auch wichtig, *ihre „hochgradige Gefühlsempfindlichkeit" (☾ in H 12)* anzusprechen und gemeinsam zu versuchen, diese im lebendigen Dialog mit der realen Erlebenswelt der Klientin in Beziehung zu setzen. In der Regel können die Klienten schnell und ziemlich selbstverständlich mit solchen archetypischen Lebensbeschreibungen – die ich nun als Vorgabe in den Raum stelle – etwas anfangen. Sie fühlen sich merklich betroffen und spüren den tiefen Wahrheitsgehalt dieser Ausführungen, reagieren häufig emotional und erzählen ihrerseits sinn-adäquate und konkret erlebte eigene Beispielsituationen aus verschiedenen Zusammenhängen ihres Lebens. Insbesondere konnte die Klientin sich mit der von mir angesprochenen *„seismographischen Gefühls-Sensibilität"* identifizieren, mit der sie sich in die Gemütslagen anderer Menschen einfühlen konnte – *„wie in einem Buch lesend".*
(*Wir erinnern uns an die hell-fühlige Persönlichkeits-Komponente bei Krishnamurti und bei der Klientin im letzten Beispiel-Horoskop – unter Mond-Neptun = Mond in H 12 bzw. Neptun in H 4 – die bei der Klientin nicht so spektakulär ausgebildet war, aber die dennoch immer ein Garant für eine stark empathische Persönlichkeits-Komponente bleibt).*
Unter anderem wurde sie sich in diesem Zusammenhang auch ein Stück weit mehr ihrer ungleichgewichtigen „Seelentröster-Funktion" (☾ in H 12) bewusst, mit der sie – im geschäftigen Alltagsleben – zur regelhaften Anlaufstelle „kummerbeladener Freundinnen und Kundinnen" wurde. Gleichzeitig wurde ihr dabei auch bewusst, dass sie diese „empfindsame Seite" für sich selbst nur sehr selten durch eigenen – phasenweise notwendigen – bewusst-regenerativen Rückzug (H 12) pflegen konnte. Es fehlte ihr also ein bewusster Zugang zur „transzendenten Nahrungsquelle" oder – *„es kann auch ein paar Nummern kleiner sein" bzw. auch „ein paar Nummern weltlicher"* – wenigstens eine Kultur bewusst gepflegter kreativer oder zweckfreier Muße (H 12). Denn die hier beschriebenen Persönlichkeits-Facetten bergen zwar einen großen Reichtum in sich, sind aber gleichzeitig – weil „zart besaitet" – auch entsprechend fragil. Und sie konnte sich auch in ihrer „seelsorgerischen" Funktion schlecht abgrenzen, *denn auch hierüber wurde ihr „Geschäftsmodell" in einem nicht unbeträchtlichen Ausmaß mitgetragen* (was ihr selbst aber nur unterschwellig bewusst war).
So machte sich – bei allem ästhetischen Flair (♀ in H 7), persönlich-verbindlichem Kundenkontakt (♀ in H 7) und gut laufender Geschäfte (♄ in H 2) – eine zunehmend-kontinuierliche Alltags-Erschöpfung und eine verantwortungsschwere Unlust in ihr breit. Symptome, die zusätzlich durch die beginnende Haus 12-Auslösung

klassischerweise noch begünstigt werden. Vital-expressive Kräfte „ebben“ bei solchen Auslösungen „ab“; ein ausgeprägter „Zug zur Ver-‘inner’-lichung“ stellt sich ein und verrät seinen neptunischen Charakter.
Was das generelle Leben unserer Klientin anbelangt, so werden die beiden oben benannten Persönlichkeits-Anteile von divergierender Natur, möglicherweise noch solange Konfliktstoff bleiben, bis eine innere Aussöhnung und eine vitale Verbindung zwischen der Anlage ihres 2. Hauses (materielle Sicherheit) und der ihres 12. Hauses (Transzendenz) zu einer halbwegs bewussten Erlebens-Selbstverständlichkeit für sie geworden ist.
Möglichkeiten für eine solche stufenweise Integration unterschiedlich gearteter Persönlichkeits-Anteile stellen sich im Verlaufe des Lebens in organischer Weise immer wieder von alleine ein. Und so ist auch der hier skizzierte Lebensabschnitt (Saturn-Transit durch Haus 12) – aus der kosmischen Perspektive heraus – als ein potenzieller Meilenstein zu einer solchen Aussöhnung „gedacht“ – zumindest langfristig gesehen.
Aussöhnung heißt hier Balance – eine lebendige, flexible Balance im Sinne eines bewussten Identifikations-Gleichgewichts mit beiden Persönlichkeits-Anteilen – so unterschiedlich sie auch sein mögen. Bevor sich eine solche Balance allerdings „einpendeln“ kann, muss vielfach das „Pendel“ seinen Schwerpunkt erst einmal von einem Pol zum Anderen gewechselt haben, um die Erfahrung *beider* Seiten in ihrer ganz eigenen Eigenart relativ deutlichen wahrnehmen zu können. Eine solche Aufgabe ist aber nicht ad hoc ausschließlich über eine „Kopf-Geburt“ zu lösen, sondern braucht „seine Zeit“ und ein entsprechendes Maß gesammelter Lebens-Erfahrungen. Das Alles ist also eher im Sinne einer Lebens-Aufgabe zu verstehen.

Ein klareres Bild der eigenen archetypischen Anlagen – so wie wir es in der astrologischen Einzel-Sitzung gemeinsam herausgearbeitet hatten – kann dabei aber eine gute „Navigationshilfe“ sein.
So hatte unsere Protagonistin im Verlauf der Sitzung zunehmend ein intimeres Verhältnis zu einigen ihrer angeborenen Persönlichkeits-Anteile gewonnen, …
… und damit war eine wichtige gemeinsame Verständnis-Grundlage geschaffen, auf der wir das ganze „Für und Wider eines einjährigen Gesellschafts- bzw. Alltags-Ausstiegs“ auf seine Stimmigkeit „abklopfen“ konnten.
In diesem entstandenen Kontext hatte ich dann meinerseits das erste Mal der Horoskop-Eignerin gegenüber auch verbal deutlich gemacht, dass ich ihr Anliegen – aus der astrologischen Perspektive gesehen – für eine durchaus reale und sinnige Möglichkeit hielt. Dabei war es mir aber gleichzeitig auch wichtig, zu betonen, dass das nicht heißt, dass genau diese Entscheidung unverrückbar in ihrem Horoskop verankert ist. Sie entspricht „nur“ *symbolhaft* dem eigenen inneren archetypischen Geschehen.
Wir wissen ja mittlerweile, dass die Erscheinungsformen archetypischer Tiefenstrukturen sich an der Lebens-Oberfläche in symbolhafter Weise sehr vielschichtig manifestieren können und die deklarierte Intention dieser Frau war nicht die einzige mögliche Erlebens-Variable, die für ihre gegenwärtige Transit-Auslösung passend gewesen wäre. Aus diesem Grund hatte ich für die Klientin – beispielhaft und

unverbindlich – noch andere mögliche Erlebensformen für eine Mond/Jupiter-Konstellation in Haus 12 dargestellt – in etwa so, wie sie mir auch jetzt beim Schreiben gerade wieder assoziativ kommen:
Andere fiktive Erlebens-Variablen, die ebenso für sie hätten stimmig gewesen sein können, sind z. B.:

- Eintauchen in eine alternative (H 12) Landkommune (☾) mit ökologischem Anbau (♆/☾) zur Selbstversorgung – mit weltanschaulicher (♃) Ausrichtung oder/und angesiedelt im Ausland (♃) ... dies wäre eine mögliche ideelle Variante.
- Eine Pilgerreise (♃) zu „Heiligen Orten" (H 12) ... wäre eine spirituelle Variante.
- Ein Meditations-Retreat (H 12) – „Reise nach innen"; Eintauchen in den „grenzenlosen Ozean des SEINS"... eine weitere spirituelle Variante.
- Aufkeimendes Mitgefühl (☾ in H 12) mit karitativem Einsatz in Krisengebieten oder mit Flüchtlingskindern (☾/♃ in H 12); mit „Entwurzelten" („Ärzte ohne Grenzen", etc.) ... die karitative Variante.
- Ein „Großer Segel-Turn" oder eine „Schiffs-Weltreise" (♃ in H 12) ... die temporäre „Aussteiger"-Variante.
- Eine Mode-Boutique (♀ in H 7) und (♄ in H 2) auf einer kleinen Insel (♃ in H 12) für Touristen ... die permanente „(Fast-)Aussteiger"-Variante.

Solche und ähnliche Beispiele sollten der Nativen ein breiteres Spektrum von archetypisch-verwandten und sinnvoll angemessenen äußeren Möglichkeiten der Selbstverwirklichung – im Rahmen ihrer eigenen inneren Gesetze – aufzeigen:

– einerseits, um daran noch einmal den „gemeinsamen inneren Gehalt" unterschiedlicher Oberflächen-Erscheinungen deutlich zu machen und um das Bewusstsein dafür zu schärfen, dass es letztlich in erster Linie auf die Verwirklichung dieses „inneren Gehalts" ankommt und erst sekundär auf die äußeren Erlebensformen. Das Neptunische muss nur „satt" werden – wie, ist zwar nicht gleichgültig, aber dennoch zweitrangig.
– und gleichzeitig sollten die Beispiel-Variablen für die nächsten Tage und Wochen Anregungsstoff für die Klientin sein, um eigene Assoziationsketten und erweiterte Wahlmöglichkeiten für kommende fruchtbare Entwicklungsprozesse bewusster in sich selbst zu beobachten, um diese dann gegebenenfalls aufzugreifen und sie kreativ ins Leben umzusetzen, *ohne dabei an konkret-formulierte bzw. potenzielle Lösungsmöglichkeiten, die ich meinerseits in den Raum gestellt habe, gebunden zu sein.*

Das heißt, eine konkrete Entscheidung für ihr eigentliches Anliegen war – therapeutisch beabsichtigt – innerhalb dieser Sitzung noch gar nicht gefallen. Das sind „Dinge", die ein Klient – nun innerlich „aufgeräumter" – nur für sich allein entscheiden kann.
In der Regel wird eine solche Sitzung – für den ausschließlichen Gebrauch des Klienten – auf einen Tonträger aufgenommen, wenn er/sie das möchte.
Da ich den Großteil meiner Klienten/innen nur in einmaligen Sitzungen sehe – das liegt vor allem in der Natur der astrologischen Arbeit – erfahre ich häufig nicht, wie sich Klienten im Hinblick auf ihre Anliegen entschieden haben oder wie ihr weiterer Lebensverlauf dann ausgesehen hat.

Speziell im Fall der hier besprochenen Klientin habe ich aber später über gemeinsame Bekannte erfahren, dass sie ihrem Wunsch gefolgt war und auf die Insel gefahren ist.
Wie ich es auch schon im letzten Fallbeispiel als ähnlich gearteten kosmischen Entwicklungs-Mechanismus erwähnt hatte, war es auch in diesem Fall so, dass die ursprüngliche Idee zu einem Insel-Besuch nicht in ihr selbst entstanden war.
Der besagte Freund hatte diese Idee zu *ihrer* „kosmisch fälligen Zeit" pünktlich an sie herangetragen und erst dann, im weiteren Planungsprozess, hat sich daraus zunehmend die Idee einer kompletten 1-jährigen „Auszeit" für sie entwickelt. Dieses eine ganze Jahr entsprach dann ziemlich genau dem Zeitraum der hier behandelten astrologischen Auslösung.
So erkennen wir – in der „Zuträgerfunktion" des Freundes (als „Götterbote)" – die „personale Umwelt" der Geborenen als „Spiegel ihrer eigenen unbewussten Projektion von temporär-konstellierten und autonom-agierenden archetypischen Inhalten.
Es ist immer wieder ein Wunder, zu sehen, wie genau zu einem archetypisch passenden Zeitpunkt eine solch entsprechende Idee an Jemanden herangetragen wird oder wie sich überhaupt – zu inhaltlich passender Zeit – die Umstände des Lebens „von allein" so „hinbiegen", dass sich daraus dann auch die realen Möglichkeiten zur Verwirklichung archetypischer Keimsituationen einstellen.
Anders gesagt, erfahren wir wieder einmal die höchst intime kosmische Verwobenheit aller Wesen und Dinge über einen superflüssigen In-formations-Austausch in den Tiefenschichten unseres Welten-Gefüges. Es ist der Austausch innerhalb eines „in-formierten" Kosmos (Laszlo), der unseren Verstand einerseits komplett übersteigt, aber andererseits wiederum über das astrologische Meß-Instrument transparent gemacht werden kann.

Das Fallbeispiel zeigt uns aber noch etwas Anderes. Ich möchte es gleichfalls exemplarisch benutzen, um daran deutlich zu machen, was ich unter einer *„relativierten Unbegrenztheit" – diesmal in 'rein säkularer Art'* verstehe. Denn wir sind noch immer beim 12. Kosmischen Prinzip – dem Fische-/Neptun-/Haus 12-Prinzip. Und wir sind der Frage nachgegangen, wie und in welchen Formen die spirituelle Dimension der „UNBEGRENZTHEIT" sich als „relativierte Unbegrenztheit" in „weltliche Verkleidungen" hüllt und durch diese dann sogar noch nach Außen in ihrer eigentlichen inneren Natur durchzuscheinen vermag. Zu einer solch subtilen Wahrnehmung bedarf es allerdings entweder eines hellsichtigen Vermögens oder das eines „symbol-kundigen Auges", in Verbindung mit dem astrologischen Erkenntnis-Instrument.
Denn bei vielem, was damals im Leben unserer Horoskop-Eignerin geschah, handelte es sich um vorher völlig unerwartete und gleichsam hochbedeutsame individuelle Entwicklungsprozesse, die das gesamte Leben der Nativen innerhalb einer relativ kurzen Anlaufphase in substantieller Weise veränderten. *Und all diese Prozesse – sowohl in ihrer subjektiven Innen-Wahrnehmung als auch in der von ihr erlebten äußerlichen Ausgestaltung – können wir astrologisch auf die „Erweckung eines spirituell-orientierten Archetyps" (in ihr) zurückführen. Aber niemand*

– weder sie selbst, noch ein anderer – würde diese Art von Insel-Assoziationen in einen spirituellen Ideen- bzw. Erlebens-Kontext setzen.

Dennoch geht es hier um kraft- bzw. machtvolle „innere und äußere Bilder-Welten“, die immer wieder assoziativ Eigenschaften aufzeigen und Begrifflichkeiten nahelegen, die man sowohl für spirituelle Erfahrungen, als auch genauso für einen solchen einjährigen Insel-„Ausstieg“ *sinnträchtig* in Beziehung setzen kann. Es handelt sich dabei nämlich – vom Symbol-Charakter her – um qualitativ-verwandtschaftliche Verhältnisse.

Hier „versteckt sich“ die Wirkung eines spirituellen Archetyps (Neptun/Fische/ H 12) hinter dem vordergründigen Erscheinungsbild eines „ausgiebig verlängerten Urlaubs mitten im Meer“ (Neptun/Fische/H 12) – was einer „relativierten und säkularen Spielart des GRENZENLOSEN“ entspricht.

Das Bewusstsein, es würde sich hier aber tatsächlich nur um einen „verlängerten Urlaub“ handeln, ist eine laienhafte Simplifizierung dieser Erfahrung. Man vergisst dabei (*oder hat es nie gewusst / nie geahnt*), dass ein betroffener Mensch in solchen Zeiten – auch innerlich – archetypisch „ausgehebelt“ ist. Er ist nicht nur äußerlich im „Abseits“ – z. B. „auf einer kleinen Insel“ (H 12) – sondern befindet sich auch innerlich in verstärkt *sensitiven* Zuständen (H 12). Und *das* auch bei sogenannten „Allerwelts-Menschen“ – sodass der „Blick aufs Meer“ (H 12) oder der „in die Ferne“ auch eine entsprechend andere Tiefe „atmen“ wird. Auch hierüber werden ganz andere Sehnsüchte, Bedürfnisse und oft auch ganz andere Einsichten wach, selbst wenn diese dann schwer zu artikulieren sind. Das gilt insbesondere bei Menschen, deren materialistisch-ideologisches Überlagertsein sie dazu verführt, ihre eigenen erweiterten Erfahrungen von verstärkter Empfindsamkeit in romantisch-sentimentale Definitionen umzuinterpretieren, damit sie sich dann wieder „rational korrekt“ anfühlen. Und *das* selbst dann, wenn das „Angerührtsein vom Unsagbaren“ (☾ in H 12) ihnen Tränen in die Augen treten lässt.

Der vorrangige Zweck, um anhand eines kurzen Fall-Beispiels, mein Verständnis einer *„'relativierten Unbegrenztheit' im Gewand einer säkularen Lebens-Erscheinung“* darzustellen, hat sich mit dem letzten Abschnitt im Groben schon erfüllt. Andere Beispiele dafür gibt es unzählige in allen möglichen Variablen und im Verlauf unserer weiteren gemeinsamen Forschungsreise werden wir noch auf einige ähnlich gelagerte stoßen.

Ohne inhaltlichen Bruch möchte ich mit dem nächsten Fall-Beispiel gleich fortfahren. Dabei werde ich aber weiterhin auf der eingeschlagenen Argumentationslinie bleiben und anhand gängiger Welt-Erfahrungen herausarbeiten, *wie sich das – von seinem innersten Wesen her – GRENZENLOSE auf der untersten Stufe seines irdischen Abstiegs „in die Materie einkapselt“.*
Aber kann sich die spirituelle Dimension der UNBEGRENZTHEIT überhaupt in die Materie einkapseln?

Nach Plotin... *„ist selbst die Materie nicht als eine zweite, selbständige Macht zu verstehen, die dem EINEN gegenübersteht. In Plotins monistischem System gibt es nur das EINE mit seinen absteigenden Stufen: Geist, Seele, Natur, Materie."*[17] Ich halte Plotins Erkenntnisse für den „wort-gewordenen und authentischen Ausdruck der dahinter stehenden WIRKLICHKEIT"; sie bestätigen meine eigenen lebendigen Erfahrungen jenseits theoretischer Konstrukte. Was mich zu dieser Aussage ermuntert, ist die bestechende Deckungsgleichheit von Plotins Sichtweise auf die „transzendente Wesensnatur der Materie" mit den Erfahrungen der rational und experimentell erschlossenen astrologischen Wirklichkeit, die ebensolche Einsichten offenbart und vor der man die „inneren Augen" nicht mehr verschließen kann, wenn man sie in nicht mehr zu zählender Häufigkeit erfährt.

Fallbeispiel Nr. 6 (männlich)
„Einkapselung der 'Unbegrenztheit' in die Materie"
Filmregisseur Wolfgang Petersen – 'Das Boot'

Wolfgang Petersen – geboren am 14. März 1941 – ist ein international renommierter deutscher Filmregisseur, der zwischen 1965 bis zum Jahre 2016 ca. 35 Filme drehte. Er hat es in seiner Laufbahn auf insgesamt 15 Oskar-Nominierungen gebracht. Sein größter Erfolg war der 1981 erschienene Film „Das Boot", der vor allem in den USA zum Kassenschlager wurde.
„Das Boot" ist ein Anti-Kriegsfilm. Er spielt im November und Dezember des Jahres 1941 und handelt von den Erlebnissen der Besatzung eines deutschen U-Boots auf Feindfahrt während des U-Boot-Kriegs der Atlantikschlacht. Dieser Film wurde für 6 Oskars und etliche andere Auszeichnungen nominiert und war für Petersen das Sprungbrett zu seiner anschließenden Hollywood-Karriere.
Über Recherchen ist mir nur das Geburtsdatum von Petersen bekannt, nicht aber die Uhrzeit. Ich kann daher für sein Horoskop nur die Himmelsstellungen der Planeten in den Zeichen relativ gut bestimmen (mit Ausnahme des Mondes, der als schnellster Planet am Tag 13°-15° Grad im Tierkreis zurücklegt, sodass wir für seine Positionsbestimmung nicht auf die genaue Uhrzeit verzichten können). Auf die Koordinaten des Aszendenten und des Häusersystems müssen wir allerdings ganz verzichten – sie sind ohne die Uhrzeit der Geburt nicht zu errechnen. Das Horoskop ist somit zwar nicht vollständig; es fehlen etliche Informationen für eine in sich „runde" Betrachtung. Andererseits haben wir mit den Planeten-Positionen viele wichtige Informationen, die mitunter für eine Klärung bedeutsamer Sachverhalte ausreichend sind. So auch in diesem Fall.
Für unseren besonderen Themenkreis, dem wir momentan „auf der Spur" sind, bedeutet das folgendes:
Wir sind ja noch immer auf der Suche nach dem *„GRENZENLOSEN" in den Horoskopen* dieser thematischen Serie. Und *ES – das ABSOLUTE* – wird astrologisch-symbolhaft durch das 12. kosmische Grund-Prinzip von Fische/ Neptun/ Haus 12 repräsentiert.

---

[17] Volker Spierling, *Kleine Geschichte der Philosophie,* S. 84, 1990 Piper Verlag München

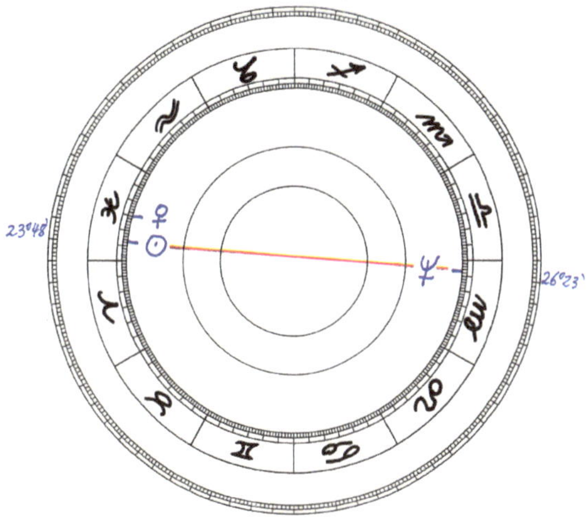

*Graphik Nr. 6/1 *Wolfgang Petersen*

Was uns daher in Petersens Horoskop fehlt, ist die Information, ob er irgendeine für uns aufschlussreiche Haus 12-Besetzung hat. Aber schon allein der allererste Blick auf seine Planeten-Positionen im Tierkreis zeigt, dass er ein herausragender Repräsentant des neptunischen Archetyps ist.

Wolfgang Petersens Sonne (☉), das Zentral-Gestirn – dessen Stellung im Horoskop immer ein zentrales Thema anzeigt – steht im Zeichen der Fische (♓). Gleichzeitig empfängt die Sonne einen Oppositions-Aspekt vom Neptun (♆), dem Fische-Planet, und dadurch wird die Qualität der 12. Kosmischen Grundkraft in ihrer generellen Intensität hochgradig potenziert. Außerdem ist das Fische-Zeichen selbst, durch die zusätzlich anwesende Venus – im Verhältnis zu fast allen anderen Zeichen – überdurchschnittlich besetzt.

Schon Petersens Geburts-Milieu spiegelt diese geballte archetypische „Wassermasse“ wieder. In den Jahren des 2. Weltkrieges in der Hafenstadt Emden geboren, war er der Sohn eines deutschen Marine-Offiziers. Das Maritime (♓/♆) durchdrang also atmosphärisch schon sein Elternhaus und seine Heimatstadt von Anbeginn.

Bemerkenswert an seinem künstlerischen Werk ist, dass er insgesamt drei Filme gedreht hat, die alle fast ausschließlich auf dem Meer spielen.

- Im Jahre 1965 drehte er seinen ersten Film *überhaupt,*
- und bis zu seinem internationalen Durchbruch im Jahre 1981 mit „Das Boot“, hatte er schon insgesamt 24 andere Filme gedreht, bei denen das Thema Meer jedoch überhaupt noch keine Rolle spielte.

„Das Boot“ war der erste von diesen drei Meeres-Filmen und es war *sein* Film. Damit meine ich zweierlei:

- Dieser Film war der größte Erfolg seines Lebens.
- Ein Film, dessen dramaturgischer Schauplatz fast ausschließlich das Meer ist, spiegelt die tiefste Wesens-Identität eines hochpotenzierten Neptunikers wider.

Und genau diese, ihm eigene, stark neptunische Wesens-Qualität wurde zur Zeit der Dreharbeiten und der anschließenden Weltpremiere des Films, durch aktuelle Neptun-Transite – also durch „ausufernde Grenzauflösende kosmische Potentiale“ – immens verstärkt.

Schauen wir uns die Transit-Auslösungen der damaligen Zeit genauer an:

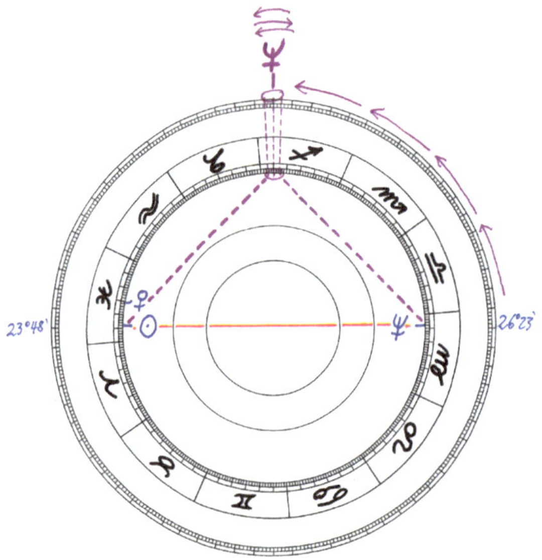

Graphik Nr. 6/2

Wir sehen, dass es der **„Neptun“** selber war, der – diesmal als Transit – zu seiner eigenen Radix-Stellung (♆) in Petersens Geburtsbild und auch zu dessen Radix-Sonne (☉) im Fische (♓)-Zeichen, einen hochsignifikanten Quadrat-Aspekt einnahm.

Das Quadrat zwischen dem umlaufenden und dem Radix-Neptun (Neptun/Neptun) kam zustande, als der Neptun als extremer Langsamläufer von seiner Ausgangsstellung im Geburtshoroskop Petersens in dessen 40. bis 41. Lebensjahr ein Viertel des Tierkreises durchlaufen hatte. Der Transit eines Planeten mit sich selbst, der den Kreis entweder viertelt (Quadrat-Aspekt), halbiert (Opposition) oder wieder schließt (Konjunktion) gilt als sehr spannungsreich bzw. energiegeladen. Da Neptun aber 165 Jahre braucht, um einen kompletten Tierkreis-Umlauf zu vollziehen, erleben Menschen nach der Quadratur allerhöchstens noch den Oppositions-

Aspekt zu ihrer eigenen Radix-Stellung – mit 82- 83 Jahren. Dazwischen lagen in diesem Fall ein Sextil und ein Trigon, die zwar immer noch bedeutsam sind, aber nicht diese energetische Dichte von einer Quadratur oder einer Opposition aufweisen.
Fazit: *Neptun/Neptun wird innerhalb eines einzelnen individuellen Lebens relativ selten erlebt. Daher die besondere Würdigung dieser Konstellation.*

Schauen wir uns die Graphik Nr. 6/2 noch einmal an und lassen sie auf uns wirken und verkoppeln sie mit den beschriebenen Ereignissen, dann kann man sagen, dass das „archetypisch-neptunische Roh-Material", das in den Film „Das Boot" (im Sinne einer spezifischen Zeit-Qualität) hineinfloss – *sich selbst, kraft einer Eigen-Impulsation, direkt aus der Kausal-Ebene heruntergeladen hatte.* Und in Petersens konstellierter neptunischer Wesenhaftigkeit hatte es ein temporär offenes Eingangstor gefunden, durch das es sich irdisch ausdrücken konnte.

Petersens Geist-Seele; sein gesamtes Lebens-Gefühl *und seine Kreativität – mit der er all diesen Andrang von „Entgrenzenden Kräften" kanalisierte* – wurden „geflutet".
Das Ergebnis dieser kreativen Bewältigung ist allerdings fern davon, als ein spirituelles Ereignis eingestuft zu werden. Außerdem sind bei all meinen Recherchen keinerlei Hinweise aufgetaucht, in welchem Grade Petersen selbst irgendeine spirituelle Identität für sich empfand. Aber dennoch brachen die neptunischen Kräfte – in der doppeldeutigen Form von „hohen Wellen" – massiv (weltbewegend) in seinem Leben durch.
Indem er das „UNBEGRENZTE" (das Meer) (♆) auf Zelluloid bannte, und damit die „TRANSZENDENZ in die 'Materie einkapselte'", wurde er in globalem Ausmaß zum öffentlichen Repräsentanten dieser archetypischen Kraft (auch wenn niemand das so benennen würde – auch Petersen selbst nicht. Und das aus dem einfachen Grunde, weil niemand etwas von diesen Zusammenhängen weiß – außer eben astrologisch versierte Menschen).
Via Kinoleinwand schwappte „der Gott des Meeres" – der in der Römischen Mythologie mit dem Namen Neptun getauft ward – über den ganzen Globus und zeigt uns gleichzeitig über das Horoskop auf diese Weise heute noch, wie lebendig der Mythos noch immer ist und auch bleiben wird; wenn man ihn richtig versteht. Der Mythos ist dabei nie wörtlich zu nehmen, sondern immer nur symbolisch. Aber er beschreibt eine jeweils ganz real existierende Kraft – den besonderen Archetyp – *eine spezifische fundamentale Kraft der Daseins-Gestaltung.*[18]
Im Falle Neptuns trägt er noch zusätzlich die Intention der *„Rückbesinnung an den göttlichen Ursprung von ALLEM"* an uns heran – ob wir das verstehen oder nicht. Denn, auf welcher Daseins-Ebene er auch immer in die Erscheinung tritt, seine zentrale Botschaft ist und bleibt – dank seiner „grenzauflösenden Kräfte" – immer wieder aufs Neue *die gleiche,* nämlich die UNBEGRENZTHEIT. Das war im Beispiel von Krishnamurti so; auch bei der Klientin mit ihrer hellsichtigen Vision des kranken Geliebten und genauso in der Geschichte von „der kleinen Insel".

---

[18] siehe „Archetyp und Mythos", Erläuterung 4 in TEIL III.

Auch in diesem Fall-Beispiel ist es so. Aber so gut wie niemand – von den X-Millionen Kinozuschauern – bekommt von der hintergründigen Wirklichkeit der beschriebenen Vorgänge etwas mit. Es sei denn, Sie oder Er ist astrologisch versiert und erforscht mit diesem Wissen explizit die Koinzidenzen zwischen diesem Film, seinem Regisseur, den Produzenten, den Schauspielern und der archetypisch geprägten Zeitqualität, die mit dem Entstehen des Films und seiner Weltpremiere synchronistisch einhergeht.
In aller Regel hat man nur das Bild, dass sich jemand eine interessante Geschichte mit historischem Hintergrund ausgedacht hat, und ein begabter Filmregisseur hat diese dann kongenial umgesetzt. *Und das stimmt ja auch so.*
Aber das ist nicht die ganze Geschichte, sondern nur die so genannte „exoterische" Lesart – nicht die umfassendere Wirklichkeit, in die diese Geschichte eingebettet ist.
So ist hier also noch ein anderer Blickwinkel auf dieses Geschehen unbedingt zu erwähnen: Es ist ja nicht nur so, das der Archetyp einfach durch einen menschlichen Kanal hindurchfließt und dabei völlig unberührt sich in schon fertiger Form im Weltgefüge manifestiert, sondern es ist immer erst der individuelle Mensch, in unserem Falle Wolfgang Petersen, der als Kanal – durch den sich dieser Archetyp damals ausdrückte – mit seiner ganz eigenen Art von Kreativität *aus diesem archetypischen Roh-Material* diesen besonderen und einmaligen Film erschuf.
Und genauso schaffen wir alle all die <u>jeweils nuancierten Formen</u> konkreter Weltgestaltung immer nur selber. Auch wenn der Strom archetypischer Kräfte, paradoxerweise, zunächst einmal autonom fließt, so ist jeder einzelne Mensch, entsprechend seiner individuellen Anlagen, immer *ein modifizierender Kanal.* Ein jeder Mensch ist Mitschöpfer/in nach seiner/ihrer ganz eigenen Art – je nach Dharma[19] und nach Karma, individuell und kollektiv.
Dem Archetyp selber sind die letztendlichen Feinheiten der ganz konkreten Ausformung seiner qualitativen Eigensubstanz scheinbar egal, wenn er sich nur in einer prinzipiellen Weise in dieser – seiner – ureigenen inhaltlichen Wesenhaftigkeit verwirklichen kann. Der Archetyp hat also eine ganz spezifische Eigendynamik, die immer erhalten bleibt, untersteht aber gleichzeitig – in Hinblick auf seine endgültige Ausgestaltung – den irdischen bzw. irdisch-menschlichen Gesetzen von Dharma und Karma.
Darüber hinaus spiegelt sich auch die menschliche Reife eines Individuums im letzten Feinschliff des jeweiligen „Roh-Materials" wider.
Der gesamte damalige Zeitraum – Anfang der 1980er Jahre – in dem in Petersens Leben das Neptun-Thema ausgelöst war, dauerte ganze 3 Jahre und 11 Monate. Das ist eine lange Zeit.
Interessant ist, dass er in dieser Lebens-Phase mit seinem Film eine Roman-Geschichte aufgegriffen hatte, die in seinem eigenen Geburtsjahr 1941 spielte. Dieses Geburts<u>jahr</u> und auch der <u>–tag</u> sind ja astrologisch der Ausgangspunkt seiner starken Sonne/Neptun-Prägung. Diese <u>individuelle archetypische Keim-Situation</u> – und mit ihr die Kriegszeit, in der sein Vater selbst bei der Marine (♆)

---

[19] Definition „Dharma" unter Erläuterung 16, in TEIL III.

war – wird nach 40 Jahren durch Neptun/Neptun und Neptun/Sonne wieder in tieferen Seelenschichten geweckt und ersteht wieder neu auf.
In diese lange Zeit von 3 Jahren und 11 Monaten fielen sowohl die inhaltlichen und organisatorischen Vorbereitungen, als auch der Drehbeginn und die gesamte Drehzeit, das Schneiden und schließlich die Weltpremiere von „Das Boot".
Das letzte Viertel dieser Phase beinhaltete aber schon wieder den Beginn eines neuen Filmprojektes, das Petersen – aufgrund des enormen Erfolges, den „Das Boot" ihm brachte – von der entsprechenden Produktionsfirma angeboten bekam.
Und auch dieser neue Film stand noch immer unter dem Signum des Neptuns.
Es war der Fantasyfilm *„Die unendliche Geschichte"* nach der Romanvorlage von Michael Ende. Wie heißt es doch so schön? Nomen est omen!

An dieser Stelle sei noch folgendes gesagt: *Das gesamte Transit-Geschehen in Petersens Horoskop zur damaligen Zeit, das ich eben mit 3 Jahren und 11 Monaten angegeben habe, würde wegen seiner Komplexität diesen Darstellungsrahmen sprengen.*
Auch wenn Neptun das Hauptthema von den damaligen planetaren Auslösungen angezeigt hat, waren doch zusätzlich noch andere Langsamläufer in einem beachtlichen Ausmaß als Transitplaneten mit beteiligt – insbesondere auch Pluto, als Skorpionplanet und damit als „Herr der Unterwelt". *Schließlich handelte es sich beim „Boot" ja auch um ein* **U**-*Boot. Das tatsächliche Meer war in dem ganzen Film immer nur sporadisch zu sehen, denn der größte Teil des Films spielte „unter" (Pluto) „Wasser" (Neptun).*
Ich möchte an das eben beschriebene Fallbeispiel drei andere Horoskop-Graphiken anhängen, die ich nur relativ wenig kommentiere. Zwei von ihnen dienen u. a. dazu – im Verbund mit dem Verständnis der oben geschilderten Zusammenhänge – uns einen Vorgeschmack auf einen späteren Themenkomplex zu geben. *Es geht um „die gesetzmäßige Verbundenheit zwischen Jedem und Allem" (Resonanz).*
Und diesem Zweck – nämlich um die *„'durchscheinenden' Mechanismen der Anziehung" (Resonanz) zu verdeutlichen* – sollen nun die folgenden beiden Horoskop-Ausschnitte der Hauptdarsteller aus „Das Boot" dienen; nämlich die von

- **Jürgen Prochnow und**
- **Herbert Grönemeyer.**

Der dritte Horoskop-Ausschnitt ist wieder der von ...

- **Wolfgang Petersen,** aber diesmal bezogen auf das Jahr 2006 und seine astrologischen Auslösungen.

Im Jahre 2006 – also 25 Jahre nach „Das Boot" – feierte Petersen die Welt-Premiere seines dritten und letzten Meeresfilms. Er heißt „Poseidon" – ein Katastrophenfilm.
„Poseidon" ist der *griechisch* mythologische Name für den „Meeres-Gott". Die Planetennamen in der westlichen Astrologie sind dagegen der *römischen* Mythologie entlehnt, und so heißt „Poseidon" in unserem astrologischen Kontext eben „Neptun".

Doch nun erstmal zu den beiden Haupt-Darstellern aus dem Film „Das Boot“ und zu den *„‘durchscheinenden’ Mechanismen der Anziehung“:*

- **Jürgen Prochnow,** ein ebenso renommierter deutscher Schauspieler, spielte eine der beiden Hauptrollen im „Boot“, nämlich den Kommandanten des Schiffes. Dieser hatte im Film keinen Namen und war für die Besatzung entweder „Der Alte“ oder „Herr Kaleun“, die Abkürzung von Kapitänsleutnant. Prochnow verkörperte einen nachdenklichen und menschlich reifen Vorgesetzten, gekoppelt mit starken Führungsqualitäten, der bei seinen „Männern“ hohes Ansehen und ein entsprechendes Vertrauen besaß. Eine Lichtgestalt in der harten und durch und durch klaustrophoben „U-Boot-Alltagswelt“.

Genauso wie Wolfgang Petersen wurde auch Prochnow im Jahr 1941 geboren, nur am 10. Juni, also 3 Monate später als Petersen.
Innerhalb von 3 Monaten verändert sich viel in den Horoskopen der beiden, wenn man diese miteinander vergleicht. Alle Schnellläufer – Sonne, Mond, Merkur, Venus und Mars haben dann allermeist andere Positionen bezogen (es sei denn, einer von ihnen ist mal rückläufig) Und sogar Jupiter und Saturn – die beiden schnellsten Langsamläufer – können vielfach schon gravierende Unterschiede in ihren Himmelspositionen vorweisen.

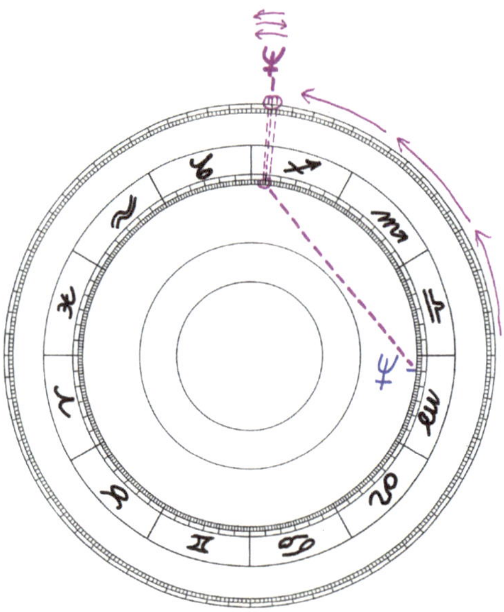

Graphik Nr. 6/3 *Jürgen Prochnow

Die drei langsamsten Planeten jedoch – Uranus, Neptun und Pluto – haben in der Regel ihre Positionen in einem solchen relativ kurzen Zeitraum nur wenig bis so gut wie gar nicht verändert (vielleicht sogar nur um wenige Bogenminuten).
Das heißt, der Neptun steht in Prochnows Horoskop noch fast genau an der Stelle, an der er auch in Petersens Geburtsbild steht. Auch Prochnow hatte als Schau-

spieler etliche Jahre, um den „Filmdreh“ herum die gleichen neptunischen Auslösungen wie sein Regisseur und ist auf diese Weise – im kosmisch übertragenen Sinne (geistig, seelisch, körperlich, spirituell) – ebenfalls „mit im Boot“ bzw. „mitten auf dem Meer“.

„Mit im Boot sein“ heißt hier, dass Prochnow, über seine archetypische Grundprägung, sowohl mit dem Filmprojekt und seinem inhaltlichen Sachbezug, als auch mit dem Mensch Wolfgang Petersen und – wie wir gleich noch sehen werden – auch mit seinem Schauspielerkollegen Herbert Grönemeyer von vornherein auf schicksalhafte Weise resonant verwoben ist.

- **Herbert Grönemeyer,** geboren am 12. 4. 1956, ist einer der erfolgreichsten Musiker und Sänger der letzten 30 Jahre im deutschsprachigen Raum (Stand: Herbst 2016) – dazu Musikproduzent und Schauspieler. Anfangs holperte und floppte seine beginnende Musiker-Karriere und er wurde einem breiten Publikum erst durch die zweite Hauptrolle im „Boot“ bekannter.

Grönemeyer spielte einen jungen Kriegsberichterstatter, der im offiziellen Auftrag des Nazi-Regimes einen monatelangen U-Boot-Einsatz auf Feindfahrt begleiten sollte, um den heldenhaften Einsatz der deutschen U-Bootflotte – die durch massenhafte Verluste immer weiter schrumpfte – für Propagandazwecke zu „dokumentieren“. Als „Landratte“ – intellektuell gebildet und zart besaitet – sah er sich auf dieser Fahrt abrupt einer „Welt auf engsten Raum“ ausgesetzt, die durchtränkt war von harten Anforderungen – Angst, Schweiß- und Ölgeruch, Lärm, Tränen, häufiger Todesnähe – sowie Kameradschaft und auch ordinärem Miteinander-Sein, als Ventil für die monatelangen Entbehrungen (eingesperrt in einer Sardinenbüchse).

Herbert Grönemeyer war 15 Jahre später geboren als Petersen und Prochnow. In seinem Horoskop hatten sich über die Jahre natürlich auch die Langsamläufer –

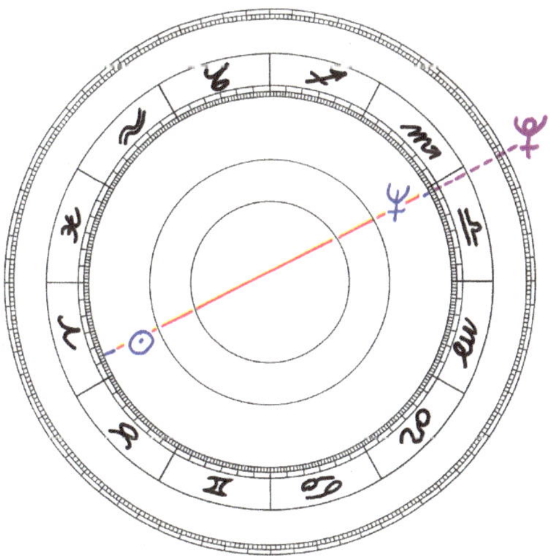

Graphik Nr.6/4 *Herbert Grönemeyer

inkl. des Neptuns – schon in beträchtlicher Weise verschoben, wenn man diese mit jenen, in Prochnows und Petersens Horoskopen, vergleicht. *Aber selbst bei diesen gravierenden Verschiebungen, gab es auch bei Grönemeyer, zurzeit der Film-Entstehung, massive Neptun-Auslösungen in vergleichbarer Prägnanz.*
Auch Grönemeyer hatte – wie Petersen schon – in seinem Geburtshoroskop eine Sonne/Neptun-Opposition verankert, nur an anderer Stelle. Und diese gehört zu seinem beständig angelegten „Persönlichkeits-Inventar". Während Petersens Sonne in den Fischen (♓) steht, befindet sie sich bei Grönemeyer im Widder (♈) (*zum Horoskop-Vergleich siehe Graphik Nr. 6/1 Petersen*). Und Petersens Neptun in der Jungfrau (♍) war bei Grönemeyer – innerhalb der 15 Jahre Altersunterschied – ein ganzes Zeichen weitergewandert und steht bei ihm in der Waage (♎) (*zum Horoskop-Vergleich siehe Graphik 6/1 Petersen*).
So wurde Grönemeyers Radix-Opposition von Sonne/Neptun im Zeitraum des „Filmdrehs" *nicht* – wie bei Petersen und Prochnow – *durch den Neptun-Transit ausgelöst, sondern durch den Pluto*, der am Himmel ebenso für eine sehr lange Zeit als Transit-Planet an zentral-bedeutender Stelle stand (*zum Horoskop-Vergleich siehe Graphik Nr. 6/2 Petersen*). Pluto ist der langsamste Planet und in seiner Transitwirkung – in Hinblick auf Intensität und Länge – ein „Schwergewicht".

So war also Herbert Grönemeyer – neben seinen schauspielerischen Fähigkeiten – für die Rolle des zweiten Hauptdarstellers genau dieses Films, auf ganz natürliche Weise kosmisch legitimiert oder – besser noch – kosmisch prädestiniert; denn auch er „stand" – insbesondere zur Zeit des Filmdrehs – in seinem inneren Persönlichkeits-Gefüge massiv „'unter' Wasser".
Natürlich suchen Produzenten oder Regisseure ihre Schauspieler nicht nur nach rationalen Gesichtspunkten aus, sondern ihre Intuition spielt dabei sicher ebenso eine entscheidende Rolle. Dennoch sind dabei die wichtigsten Kriterien ihrer Wahlentscheidungen allen Beteiligten nicht wirklich bewusst – nämlich die archetypische Wesenhaftigkeit *der* Teil-Persönlichkeiten, die zur jeweils passenden „Jetzt-Zeit" gerade bei den beteiligten Protagonisten konstelliert sind.
Ein solches Bewusstsein ist aber für die praktische Rekrutierung der „Crew" auch gar nicht so wichtig; denn das regelt sich kosmisch von allein – via das ALLWISSEN und die ALLMACHT des EINEN.

Für uns als Astrologen sind aber genau diese Einsichten von höchstem Interesse, *geben sie doch den direkten Blick frei auf das immerwährende allmächtige Wirken eines „in-formierten Universums".* Ein Wirken, das bis in die konkrete Daseins-Wirklichkeit hinein astrologisch nachzuvollziehen ist und das dann das „ehrfürchtig-ergriffene innere Staunen" auslöst. *„Da ist es wieder, das Bewusstsein der EINHEIT allen Daseins"*, das sich immer dann einstellt, wenn man mit einer authentischen Astrologie arbeitet – *die Verwobenheit alles „Ver-EIN-zelten" mit JEDEM und ALLEM.*

Begegnungen und Beziehungen, seien es die zwischen Menschen untereinander oder zwischen Menschen und Projekten bzw. inhaltsträchtigen Situationen, Dingen, etc. – sind aus der hier gewonnenen Perspektive „nichts weiter“ als *zeitlich nun fällige* Verknüpfungen auf der physischen Ebene konkreter Sinnes-Erfahrung. Diese resonanzbedingten Verknüpfungen waren aber – über verwandtschaftliche archetypische Tiefen-Schichten – unterschwellig längst schon vorhandenen, bevor sie nun auch an der materiellen Lebensoberfläche konkret erlebbar wurden.

Die über-bewussten „kosmischen ‘Organisations’-Abläufe“, die dazu führen, dass diese inhaltlich und zeitlich punktuellen Verwandtschafts-Verhältnisse dann auch noch tatsächlich an einem gemeinsamen Ort zusammenfinden, sind vor dem konkreten Zusammentreffen der entsprechenden Menschen und Ereignisse, längst geregelt und entziehen sich unserem begrenzten Verstandes-Vermögen.

- Das letzte Horoskop in der Serie zum 6. Fallbeispiel ist noch mal eines von Wolfgang Petersen.
  Es bezieht sich – wie schon erwähnt – auf die Transit-Auslösungen des Jahres 2006, also 25 Jahre nach der Weltpremiere vom „Boot“. Es ist das Jahr, in dem Petersens letzter Meeresfilm „Poseidon“ auf den Kinoleinwänden dieser Welt erschien.
  Wieder wurde – wie Anfang der 1980er beim „Boot“ – Petersens Sonnen/Neptun-Opposition ausgelöst (vergleiche mit Graphik 6/1).
  Diesmal geschah es aber nicht durch den Neptun selber, so wie er damals als Transit-Planet im letzten Viertel des Zeichens Schütze (♐) stand, sondern diesmal war es der Pluto, der nun *auf der gleichen Schütze-Position* für ca. 2 ½ Jahre hin und her pendelte – eine ebenfalls hochbedeutsame Zeit, was die Intensität und die ähnlichen bis gleichen Inhalte anbelangt: nämlich die neptunischen Inhalte der ausgelösten Radix-Konstellation.

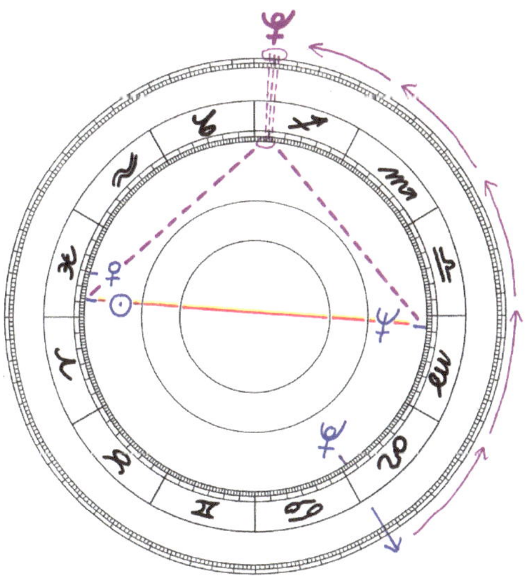

Graphik Nr. 6/5 Wolfgang Petersen

Der Pluto hatte – in diesem Fallbeispiel[20] – insgesamt 65 Jahre gebraucht, um von seiner Ausgangs-Position in Petersens Geburtsbild bis zu diesem neuralgischen Koordinaten-Punkt vorzuwandern.

In diesem Kapitel zu Plotins Emanationen haben wir anhand des Neptun-Zyklus mit 4 Fall-Beispielen – *gleichnishaft und ganz real zugleich* – nachvollziehen können, wie das EINE UNBEGRENZTE sowohl in seiner Reinform erfahrbar ist (Krishnamurtis EINHEITS-Erleben), als auch in seinen unterschiedlich relativierten Spielarten, die nicht mehr – entsprechend dem neptunischen Wesenskern – als spirituell bezeichnet werden können. Diese graduellen Abstufungen des „Unbegrenzten" konnten wir sogar bis hinunter zur – astrologisch nachvollziehbaren – 'Einkapselung in die Materie' (Petersens Meeres-Filme) nachverfolgen.
Real deshalb, weil es eine astronomisch-mathematische Tatsache ist, dass die geschilderten neptunischen Erfahrungen in den Fall-Beispielen zeitlich jeweils mit den entsprechenden Neptun-Transiten korrelierten.
Gleichnishaft deshalb, weil ich sehr bewusst den neptunischen Archetyp ausgewählt habe, um das gleichzeitige Erscheinen eines Archetyps auf vielen möglichen (vielleicht sogar allen) Schöpfungs-Ebenen darzustellen. Denn das neptunische Prinzip steht in der Astrologie symbolhaft schon von vornherein für die „'ver-EINHEIT-lichende' Erfahrung". So schienen mir Neptun-Fallbeispiele nützlich, um dem astrologischen Laien den gedanklichen Einstieg in diese Art von außergewöhnlichem Welt-Erleben zu erleichtern, nämlich ...
– das Welt-Erleben der *potenziellen* „Allgegenwart der Archetypen" – *je nach zeitlichen Auslösungen der spezifischen Kräfte* und
– das Welt-Erleben der IMMERWÄHRENDEN ALLGEGENWART des GEISTES.

Das Neptun-/Fische-/Haus 12-Prinzip, das für die 'EINHEIT allen SEINS und Daseins' steht, ist aber nicht der einzige Archetyp, der in der Lage ist, sich auf allen Daseins-Ebenen gleichzeitig zu manifestieren. Alle Archetypen tragen diese omnipräsente Zeugungskraft in sich, jeder nach seiner Art, jeder nach seiner Färbung, die er hervorbringt.

Denn auch wenn es zwei grundsätzlich unterschiedliche Richtungen archetypischen Wirkens gibt –
– *die personal-orientierten Archetypen „weisen" zur Verwirklichung ihrer Potenziale „in die Welt hinein";*
– *die transpersonal-orientierten Archetypen „weisen" zur Verwirklichung ihrer Potenziale „rückbezüglich auf ihre eigene Quelle hin",*
so entstammen doch alle Archetypen dem KAUSALEN und sind ebenso alle in der Lage, ihre besondere Gestalt auf allen Daseins-Ebenen hervorzubringen – dort aber jeweils immer Ebenen-spezifisch modifiziert.[21]

---

[20] Plutos Gesamt-Umlauf im Tierkreis beträgt 248 Jahre. Da er aber eine stark elliptische Bahn vollzieht, durchläuft er, aus unserer subjektiven Erdperspektive gesehen, unterschiedliche Zeichen auch in unterschiedlichen Zeit-Intervallen.

[21] In den ausführlichen Beschreibungen des *Mond-/Krebs-/Haus 4-* und des *Mars-/Widder-/*

Dass Astrologie in ihrer Essenz ein spirituelles Erkenntnis-Instrument ist, ist nicht allein in den entsprechenden Erfahrungen und Schlussfolgerungen begründet, die wir im inhaltlichen Verlauf des Buches bisher schon herausgearbeitet haben. Das waren zunächst vor Allem:

- die Einsicht, dass spirituelle Erlebensformen in allen möglichen Intensitäts-Graden, bei Individuen immer *dann* bewusst auftreten, wenn in ihren Horoskopen auch entsprechende transpersonale Archetypen konstelliert sind. *Ausnahmen bilden hier nur die seltenen Individuen, bei denen sich die transpersonalen Erfahrungs-Dimensionen zu einer permanenten Bewusstseins-Präsenz stabilisiert haben.*
  Aus diesem Grunde weist das Deutungs-System der Integralen Astrologie (*und das vieler anderer astrologischer Schulen auch*) von vornherein auf die transpersonale Seins-Dimension hin, macht sie mit ihren Mitteln nachvollziehbar (erfahrbar) und benennt die Planeten Neptun und Uranus als ihre symbolischen Repräsentanten.
- Darüber hinaus korrelieren <u>alle</u> auch nur halbwegs wichtigen menschlichen Erfahrungen – nicht nur die Spirituellen – und ebenso <u>ein jegliches</u> bedeutsame Weltgeschehen sowohl inhaltlich, als auch zeit-präzise mit einer übergrei- fenden kosmischen Ordnung und spiegeln sich – astrologisch ablesbar – in den jeweiligen Planeten-Konstellationen. Astrologie wird hier immer wieder aufs Neue zum ehrfürchtig-erstaunenswerten und untrüglichen Spiegel der WELTEN- EINHEIT.
- Außerdem schlagen sich alle archetypischen Kräfte-Kombinationen – angezeigt durch spezifische planetare Konstellationen – als konkrete Manifestationsformen potenziell auf allen möglichen Daseins-Ebenen gleichzeitig nieder (Materie, lebende Körper – „Psychosomatik“ – Seele, Geist/Verstand). „Die Zeichen am Himmel“ (Planeten) machen also auf ihre Weise zusätzlich noch die „OMNI-PRÄSENZ der Archetypen“ und die der „geistig-spirituellen Gesetze dieser Welt“ auch für uns Menschen kommunizierbar.
- Geburtshoroskope – egal ob sie sich auf eine Person oder auf den Beginn eines Sach-Vorgangs (z. B. Firmengründung, etc.) beziehen – dienen nicht allein der Interpretation der Wesenhaftigkeit des gemeinten Menschen oder Vorgangs. In ihnen sind von vornherein *in ablesbarer Weise* gleichzeitig noch die Informationen über das zeitliche Fälligwerden individuell-inhaltlicher Prozesse „eingekapselt“, die erst in späteren (biographischen) Entwicklungs-Verläufen – die Jahre oder Jahrzehnte in der Zukunft liegen – zum Tragen kommen werden. Genauso kann man auch vergangene Entwicklungs-Phasen innerhalb lebendiger Werde-Prozesse untersuchen.
  Zu diesem Zweck setzt man die Planeten-Konstellationen verschiedener Zeit-Fenster zueinander in Beziehung – sowohl gegenwärtige, die also real existieren; als auch vergangene oder zukünftige, die eben *nicht mehr* oder *noch nicht* real existieren. An all diesen Planeten-Konstellationen – seien diese nun gegenwärtig

---

Haus 1-Prinzips ist dies schon deutlich dargestellt worden – siehe Inhalts-Verzeichnis – konkrete andere Beispiele, als die neptunischen, werden noch folgen.

real oder „nur virtuell“ – lassen sich ‘In-formationen’ über inhaltlich gefärbte reale „Wirk“-Kräfte ablesen, die über die unterschiedlichen Zeiten hinweg offensichtlich noch immer miteinander inter-agieren – was nur mit dem spirituellen Konzept einer Akasha-Chronik erklärt werden kann.
So sind auch Vergangenheit, Gegenwart und Zukunft hier „nur“ unterschiedliche Spielarten der EINEN IMMERWÄHRENDEN PRÄSENZ.

Über all diese Beobachtungen und „Fest-Stellungen“ hinaus, gibt es aber noch unzählige andere zu beobachtende „Mechanismen“ und Anzeichen, die – gerade auch in ihrer Summe – die Astrologie eindeutig als eine spirituelle Disziplin auszeichnen.
Im weiteren Text-Verlauf des Buches werde ich mit jedem neu auftauchenden Indiz – welches die „transpersonale Natur der Astrologie“ zusätzlich unterstreicht – ganz aktuell genau diese Zusammenhänge mit entsprechenden Interpretationen immer wieder aufs Neue ins Bewusstsein rufen.

5. SELBST-ERKENNTNIS – „ERKENNE DICH SELBST UND WERDE, WER DU BIST“

Viele Menschen haben in etwa ein Bild davon, was sie unter Selbst-Erkenntnis verstehen. Ich möchte dennoch an dieser Stelle einige wichtige Facetten umreißen, die bei einer astrologischen Definition von Selbst-Erkenntnis nicht fehlen sollten. Mit Selbsterkenntnis ist die Summe all der subjektiven Eigenschaften und Erfahrungen gemeint, die ein Individuum in seiner einzigartigen unverwechselbaren Persönlichkeit ausmachen. Das sind:

1. Seine inneren Erfahrungen und Impulse, mit denen ein Mensch in einem beträchtlichem Maße auch nach Außen wirkt.
2. Der einzigartige Körper als Spiegel seines „geistig-seelischen 'In-der-Welt-seins'“.
3. Die besondere Umwelt des Individuums – ebenso als Spiegel seines „geistig-seelischen 'In-der-Welt-seins'“.
   Diese besondere bzw. diese „ganz eigene“, individuell gestaltete Umwelt ist dabei entweder:
   a) Ausdruck einer bewussten und willentlich initiierten Projektion des Individuums oder
   b) Ausdruck einer unbewussten Projektion des Individuums, die ihm „schicksalhaft anmutend“ von Außen entgegen kommt.

   Dabei erscheint die Umwelt dem Geborenen entweder
   a) als Umwelt in der personifizierten Form oder
   b) als Umwelt in der *nicht*-personifizierten Form bzw. als Umwelt in ihrer versachtlichten Natur.
4. Zur *Selbsterkenntnis durch das Werkzeug der Astrologie* gehören – an dieser Stelle logisch konsequent – aber auch das Bewusstsein des kosmischen Eingebunden-Seins.
   Und des weiteren noch solche Einsichten, die man mit der Anwendung prognostischer Verfahren gewinnt, die vor allem einen biographisch phasenspezifischen Charakter haben.

Jeden dieser genannten Punkte möchte ich nun im Folgenden ausführlicher behandeln:

1. Innere Erfahrungen und Impulse, mit denen ein Mensch in einem beträchtlichem Maße auch nach außen wirkt

Das sind
- seine Charaktereigenschaften und sein Verhalten;
- sein Temperament und sein Trieblevel;
- seine besonderen Fähigkeiten, Talente und Ressourcen;
- seine Problemseiten, Schattenanteile, Lebenslügen und Zerrissenheiten;
- seine Aufgabenstellungen im Leben, seine existentiellen Notwendigkeiten;
- seine Sinnsuche und sein Geistesleben
- sein individueller Zugang zur TRANSZENDENZ.

2. Der Körper als Spiegel „geistig-seelischen 'In-der-Welt-seins'"

Da haben wir:

- seine Physiognomie und Konstitution;
- seine potenziellen individuellen Krankheits-Dispositionen und welche Rückschlüsse sich aus diesen für die geistig-seelische Wesensnatur des Nativen ergeben (Psychosomatik).

Der Begriff der Psychosomatik – der ausdrückt, dass geisitig-seelische Impulse bis zu einem gewissen Grade im Körper „gebunden" und lokalisiert sind – wird nirgends so konsequent und umfassend verstanden wie in der Astrologie. Hier wird grundsätzlich jegliche körperliche Symptomatik als psychosomatisch betrachtet. Die Gründe, warum das so ist, liegen astrologisch versierten Menschen klar vor Augen, finden doch die allermeisten physischen Erkrankungen ihren erkannten astrologisch-symbolischen Niederschlag in den Horoskopen der betroffenen Menschen. Hierzu gehören auch Unfälle, und dabei selbst solche, die durch die sogenannte „Fremd-Ver-Ursachung" zustande kommen. Dies geschieht dann über die *„Resonanz-Mechanismen unbewusster Projektionen in den 'Welt-Innenraum' hinein"*.

3. Die besondere Umwelt des Individuums als Spiegel seines „geistig-seelischen 'in- der-Welt-Seins`"

Gemäß den Erfahrungen der Astrologie wird auch die Außenwelt, die das Individuum umgibt, in einem ungewohnt weit gefassten Sinne als Spiegel bzw. als Projektion seiner jeweiligen subjektiven Veranlagungen verstanden – und zwar so, wie diese Veranlagungen im Horoskop der entsprechenden Person symbolisch ablesbar sind.

So sind alle Teilaspekte der Umwelt, die in irgendeiner Weise eine gewisse Bedeutung für das Individuum haben, entweder Ausdruck einer bewussten Projektion *(die durch eigene Willenssteuerung des Individuums geschaffen werden – gemäß seiner subjektiven Wesensnatur und angezeigt im Horoskop)* oder sie kommen dem Individuum als unbewusste Projektion – diesmal in schicksalhafter Weise[1] – von außen entgegen.

Auch die Umwelt-Manifestationen der „unbewussten Projektion" entsprechen in Form und Inhalt noch immer den eigenen archetypischen Anlagen. Nur diesmal erscheinen sie wesentlich häufiger in verzerrter bzw. schattenhafter Art; also in „verzauberter" Gestalt. Auf diese Weise werden sogar die eigenen projizierten Persönlichkeitsanteile im Außen als „Fremdland" oder sogar teilweise als „Feindesland" wahrgenommen. Dabei warten diese Anteile nur darauf, dass sie irgendwann einmal – im Akt der Bewusstwerdung – als „die Eigenen" identifiziert werden. Bis dahin *suchen sie* – in der Form der „verwunschenen Außen-Begegnung" – immer wieder unsere Aufmerksamkeit („Der Froschkönig").[2]

---

[1] Definition „Freier Wille und schicksalhafte Bestimmung" unter Erläuterung 16 in TEIL III.

[2] siehe „Verzauberung der Anlagen" in TEIL II.

Unabhängig davon, ob derartige Spiegelungen im jeweils besonderen Fall entweder Ausdruck einer bewussten oder einer unbewussten Projektion sind, teile ich die hier gemeinte Umwelt explizit noch einmal in zwei unterschiedlich definierte Spielarten ein.

- zum einen die „Umwelt in der personifizierten Form". Sie erscheint in einer spezifischen Partner-Anziehung des Individuums bzw. in der Art seiner angelegten sozialen Bindungs-Bedürfnisse oder auch Bindungs-Notwendigkeiten *(was sucht der Mensch bei „seinem" Du?)* – Damit meine ich Eltern, Partner, Kollegen, Lehrer, Vorgesetzte, Freunde und auch Feinde etc., über die die Horoskop-Eigner sich selbst – in einem vertieften Sinne – entdecken, verstehen und damit (wieder-)finden können. Das setzt allerdings profunde astrologische und psychologische Kenntnisse voraus, mit deren Hilfe Menschen „'ihre' personifizierte Umwelt" tatsächlich als real bedeutsame Spiegelfunktion erkennen können und diese Erkenntnis dann auch für sich bewusst zu nutzen verstehen. Beratende Astrologen können bei diesem Erkenntnisprozess hilfreich zur Seite stehen;
- zum Anderen die „Umwelt in der nicht-personifizierten Form", die ebenfalls in Teilaspekten Spiegel der Wesensart entsprechender Horoskopeigner sind.
  Es ist dies die Umwelt von vorrangig versachlichter Natur. *Sie beschreibt bestimmte Landschaften, Orte, Umstände, Projekte, spezifische Ereignisse, materielle Objekte, etc.*.
  In der so gemeinten „*nicht*-personifizierten bzw. versachlichten Umwelt" können aber durchaus auch Menschen eine Rolle spielen, deren Bedeutung jedoch *hier nicht* im Sinne von persönlichen Beziehungen zu verstehen ist. Solche Menschen haben dabei eher eine distanzierte „Trägerrolle" bzw. „Zu-Träger-Rolle" für bestimmte geistig-seelische Erfahrungs-Qualitäten inne, welche die Horoskopeignerin entweder – im Sinne eines Verdrängungsprozesses – „projektiv ausgelagert" hat oder es sind Teile eines generell noch unentdeckten Anlage-Potenzials, das sie nie zuvor „bewusst in ihrem Besitz" hatte, nicht mal ahnungsweise. Diese „ausgelagerten" (verdrängten) oder noch „ungeahnten" (d. h. noch nicht genügend ausgeschöpften) Erfahrungs-Qualitäten sind *potenziell* ihre eigenen (sichtbar in ihrem Horoskop). Deshalb wollen sie irgendwann einmal – in autonomer Weise und zu einer kosmisch vorgegebenen Zeit (z. B. während einer Phase nicht-alltäglicher Transit- Auslösungen) – in den erweiterten Status einer 'bewussten Identifikation" in das eigene Persönlichkeits-Gefüge eingegliedert werden.
  Für diesen Zweck drängen sie sich dann schicksalhaft „von außen auf" und „suchen" unsere Aufmerksamkeit („Autonomie-Charakter" der Archetypen), und zwar zur inhaltlich passenden Zeit (Kairos) und u. a. auch über die genannten „Zu-Träger".
  Beispiele dafür haben wir ansatzweise schon kennengelernt:
  - Die Tochter unserer Klientin aus Fallbeispiel Nr. 4 will ein Meditations-Retreat besuchen und fragt ihre Mutter – die sich auf dem punktuellen Höhepunkt einer langfristigen Neptun-Auslösung befindet – spontan und wenige Tage vor Beginn des Retreats, ob sie nicht auch mitkommen wollte. Unsere Klientin

wusste erst gar nicht, was sie *da denn sollte.* Mit „so etwas" hatte sie sich noch nie beschäftigt. Die zögerliche Entscheidung, doch noch mitzugehen, war jedoch der inhaltlich stimmige Beginn einer langfristigen inneren und äußeren Ereignis-Lawine, die ihrem 60-jährigen Leben noch einmal eine völlig neue und existentiell bedeutsame Wendung gab.

- Auch die Einladung von einem Freund, ihn auf einer kleinen Insel – auf der er lebte – zu besuchen, trat für unsere Klientin aus Fallbeispiel 5 als überraschender Außen-Impuls in ihr Leben. In einer relativ schnellen Entscheidung machte sie aus diesem Angebot ihrerseits eine einjährige „Auszeit", bei der sie ihr gut gehendes Geschäft solange vertrauensvoll in andere Hände übergab. Ein Jahr – das war genau der Zeitraum, in dem der transitierende Saturn über ihre Mond-Jupiter-Konjunktion im 12. Haus lief. Während die ausgelöste Konstellation einem geistig-seelisch-spirituellen Innen-Impuls endsprach – den man astrologisch ablesen konnte – kam der Anstoß für die inhaltliche Umsetzung dieser Innen-Thematik ins konkrete Erleben als Außen-Impuls auf sie zu. Das Gesamt-Ergebnis war ein „krasser Lebens-Einschnitt", der noch kurze Zeit vorher ungeahnt und für ihre solide etablierten Verhältnisse sehr ungewöhnlich war.

In diesen beiden Beispielen waren die anstoßenden Personen jedoch nicht nur allein distanzierte „Zuträger" von zeit- und inhaltlich passenden existenziellen Botschaften, sondern auch persönlich nahestehende Menschen. Diese Arten von Mechanismen laufen aber genauso auch zwischen völlig fremden Menschen, die über den unbewussten punktuellen Austausch endscheidender Informationen hinaus keinerlei weitere Berührung miteinander haben.

Auch wenn das hier Gemeinte befremdlich klingen sollte, sei dennoch gesagt:
Menschen in „Zu-Träger-Rollen" gibt es ständig und überall unzählig viele. *Wir selbst gehören auch immer wieder zu ihnen.* Wir sind uns aber in der Regel dieser unserer Funktion als „Götterboten" nicht bewusst, und zwar genauso wenig bewusst, wie auch die gemeinten potenziellen „Botschafts-Empfänger" (die Horoskop-Eigner) nur sehr selten eine bewusste Identifikation mit einer solchen – *„extra für sie gespiegelten" – Umwelt-Situation* haben. Denn diese Vorgänge spielen sich in autonomer Weise ab, und geschehen in der Regel jenseits unserer bewussten „Realitäts-Wahrnehmungs-Ausschnitte".
Stark intuitiv bzw. sensitiv veranlagte Menschen stellen in dieser Hinsicht eine Ausnahme dar. Sie haben Zugang (wenn auch oft nur in einem relativierten Ausmaß) zu der EINEN WELT, die ALLES ist. Das haben sie mit den Astrologen gemeinsam, wenn auch über andere Einsichtskanäle. Mit der Astrologie jedenfalls sind wir über das Horoskop in der Lage, direkt in die „Drehbücher solcher Szenarien" einzusehen und können dabei die kosmischen Hintergrunds-Verknüpfungen eines jeweils laufenden konkreten Fallgeschehens (in der Alltagswelt) „mit verfolgen".
Hierüber können wir nun konstatieren, dass das gesamte Weltgefüge in einem beständigen dynamisch-interaktiven Austauschs- und Ausgleichs-Prozess begriffen ist, der ALLES und JEDEN mit einbezieht.

- Wir sehen förmlich – anhand der aktuell ausgelösten Symbolschlüssel – die archetypisch gefärbten spezifischen „Umwelt-Kulissen".
  Im zweiten Fallbeispiel war es eine brennende (♂) Küchen(☾)- Abzugshaube.
  Im sechsten Fallbeispiel war es das Dreh-Set für einen Meeresfilm samt U-Booten (♇ /♆) und uniformierten Matrosen (♆).
- Und wir können auch die Menschen in ihrer – ihnen selbst nicht bewussten – „Zu- Träger-Rolle" ausmachen. Im ersten Fallbeispiel des Küchen-Brandes war es *die* Person, die – innerhalb eines ganzen langen Tages – exakt zu *dem Zeitpunkt* anrief, zu dem eine aktuell auf dem „Herd brutzelnde Pfanne" (♂/☾) *auf gar keinen Fall* hätte sich selbst überlassen bleiben dürfen.

Einer höheren Welt-Ordnung – und dem damit verbundenen Synchronizitäts-Prinzip – unkundig, denken astrologisch *Nicht*-Eingeweihte natürlich sofort an den immer und alles erklärenden „Zufall".
Ohne generell die Existenz des Phänomens „Beziehungswahn" leugnen zu wollen, sollten wir aber dennoch nicht allzu unbedenklich mit diesem *„Schnellschuss-Argument 'Zufall'"* ins Feld ziehen, auch wenn dies allzu häufig erst mal „völlig selbstverständlich", „rational gesichert", „bequem" oder „beruhigend" erscheint. Sonst wird es passieren, dass uns im Leben ganze Serien existentiell bedeutsamer Erfahrungen schlicht entgehen – Erfahrungen, die uns in der Gesamtsumme unserer bewussten Selbst- und Weltwahrnehmung noch andere und im höchsten Maße sinnträchtige Perspektiven eröffnen könnten.
Wir jedoch werden diesem viel zitierten „Zufall" oder auch „Zu-Fall" noch penibel genug auf den Grund gehen. *Dabei geht es vor allem um „Timing"* – hier das „kosmische Timing" gemeint – dass wir immer wieder untersuchen werden. Dieses „Timing", mit dem sich prägnante biographische oder kollektive Erfahrungs-Inhalte (Ereignis-Dichte) einstellen, ist so exakt, wie die mathematisch errechneten Umlaufgeschwindigkeiten der Planeten selbst.
Während wir diese Exaktheit bis jetzt über die Wanderung der Transit-Planeten auf unterschiedlich lange archetypisch geprägte Zeit Abschnitte von Jahren, Monaten, Wochen und gar Tagen zur Darstellung gebracht haben, so lassen sich zeitlich fällige Ereignisse über die tägliche Wanderung des Aszendenten durch den Tierkreis vielfach sogar bis in den exakten Minuten-Bereich hinein nachvollziehen. Dieser Grad an Differenziertheit bleibt aber im gesetzten Rahmen dieses Buches unberücksichtigt.

Noch in anderer Hinsicht betreten wir mit diesen Gedankengängen ein sehr subtiles Terrain, das sehr schwer darzustellen ist, ohne in mögliche Missverständnisse hinein zu geraten.

Wie können wir uns das vorstellen? Menschen in der Rolle von „Götterboten"; in der Rolle von „Schicksalsgehilfen", die gleichzeitig von dieser – ihrer – Rolle nichts wissen?
Sind diese bzw. sind wir alle nur willenlose Marionetten einer alles bestimmenden Macht?

Nein! Wir haben – parallel zur zeitweise eingenommenen (unbewussten) Rolle von „Götterboten“ – noch immer unsere ganz eigenen persönlichen Intentionen, die wir allermeist auch sehr bewusst verfolgen. Der „freie Wille“ ist in diesem Parallel-Geschehen nicht zwangsläufig gleich mit ausgehebelt; ein Paradox, das ich in den nächsten Abschnitten noch weiter zu klären versuche.

Dazu müssen wir verstehen, dass es einen eindeutigen Standpunkt, so wie wir es am liebsten immer gerne hätten, nur *jenseits* unserer Erscheinungswelt zu geben scheint – *„wenn ES sich selbst EINS mit dem EINEN weiß“* – nicht aber innerhalb unserer dualen weltlichen Welt.
Im „dualen Da-Seins-Rahmen“ unseres konkret gelebten Lebens dagegen, hat jedoch auch der „freie schöpferische Wille“ noch immer ausreichend Platz, um neben einer ebenso gegebenen „schicksalhaften Lebensrealität“ in angemessener Weise zu ko-existieren oder sogar noch mit dieser zu ko-operieren.[3]

Auch sehr viele andere substantielle Zusammenhänge innerhalb unserer relativen Weltordnung sind erst über eine *paradoxe Wirklichkeits-Wahrnehmung* und über langwierig gewonnene integrative Prozesse in ihrer realen und umfassenderen Wesenhaftigkeit zu verstehen.
Solche anderen substantiellen Lebens-Zusammenhänge, die erst über eine paradoxe Wirklichkeits-Wahrnehmung in ihrer ganzheitlichen Natur verstanden werden können, sind:

- Kausalität und Synchronizität – die beiden grundlegenden und wirkmächtigen Gesetzes-Komponenten unseres Kosmos.
  Auch Kausalität – das mechanistische Prinzip von „Ursache und Wirkung“ und Synchronizität – das „a-kausale Zusammentreffen sinnvoll aufeinander bezogener Zusammenhänge“, sind keine sich gegenseitig ausschließenden Lebens-Wirklichkeiten. Sie sind Gegensätze unserer dualen Weltordnung und damit „ErGÄNZ-ungen“ im organisch aufeinander bezogenem Wechselspiel aller energetischen Da-Seins-Prozesse, die dann zusammen vom ALLWISSEN und von der ALLMACHT umfangen, ‘in-formiert’, organisiert und ausbalanciert werden.
- Auch das ALLWISSEN selbst, ist keine in sich abgeschlossene bzw. von uns abgetrennte und damit fremde Instanz. Das ALLWISSEN ist ÜBERALL – ES ist OMNIPRÄSENT in ALLEM und JEDEM. *Auch in uns.*

  Das heißt, wir ALLE sind ALLWISSEND. Wir sind uns aber – aufgrund unserer parallel dazu auch noch existierenden begrenzten Bewusstseins-Kapazität – dessen nur nicht bewusst.
  Da haben wir also noch so ein Paradox, denn paradoxerweise handeln wir bei all dieser „Nicht-Bewusstheit“ dennoch in einem beträchtlichen Ausmaß ganz im Sinne des ALLWISSENS. Und damit sogar noch in unserem eigenen Sinne, und zwar deshalb, weil wir ja ALLE nicht nur separierte Individuen sind, sondern zugleich auch Teile des GANZEN.

---

[3] siehe Erläuterung 16: „Freier Wille und schicksalhafte Bestimmung“ in Teil III.

> *Diese tiefere Wahrheit ist zu jeder Zeit wirkmächtig in uns ALLEN präsent, auch wenn sie gleichzeitig an der Lebens-Oberfläche – mit der wir uns allermeist ausschließlich identifizieren – zunächst für unser Alltagsbewusstsein nicht wahrnehmbar ist.*

An dieser Lebens-Oberfläche lebt das Ego – ein Teil-Aspekt unserer GANZHEIT – mit der Intention, vor allem für sich selbst und für das eigene Überleben in dieser irdischen Welt einzutreten, was bis zu einem gewissen Grade kosmisch durchaus beabsichtigt und damit völlig berechtigt ist.
Unsere tiefsten Wesens-Anteile dagegen fühlen sich fraglos immer der GANZHEIT hingegeben – ob wir das spüren oder nicht. Dabei übernehmen sie (parallel zu den Ego-Intentionen) ihre GANZHEITS-schaffenden Verbindlichkeiten im Einklang mit dem ALLWISSEN. Ein Balancespiel innerhalb des GROSSEN GANZEN und ebenso innerhalb einer jeden Entität.

Was nun die genannten „Bedeutungs-Träger (die „Götterboten“) anbelangt, die uns allermeist unbemerkt erreichen und dennoch innerlich bewegen, *so „leisten“ diese – über die tätige Erfüllung ihrer ganz eigenen bewussten und persönlichen Intentionen, die sie als Alltagsmenschen haben – parallel dazu auch noch (wie „rein zufällig“ und in ungeahnter Weise) ihren „Beitrag zur GANZHEITS-Erfüllung“ im Sinne einer übergreifenden kosmischen Ordnung.*
Die beiden Pole „Selber lenken“ und „Gelenkt werden“ bilden zusammen erst eine evolutionär ausgerichtete und sich Selbst/SELBST erhaltende WELTEN-EINHEIT.

„Selber lenken“ – d. h., den eigenen persönlichen Intentionen nachgehen, um diese im konkreten Lebensausdruck zu realisieren.
„Gelenkt werden“ – meint die ordnende Resonanz der GANZHEIT auf all die unzähligen individuellen Daseins-Impulse. So wird aus dem fatalistisch anmutenden „Gelenkt-werden“ ein vertrauensvolles „Geführt-werden“ – „Dein Wille geschehe“.
Der im hiesigen Kontext benutzte und scheinbar schicksalhaft-fatalistisch anmutende Begriff des „Gelenkt-werdens“, wird also nur von einer eingeengten Ego-Instanz – die ausschließlich mit sich selbst identifiziert ist – als „Fremdbestimmung“ interpretiert; weil eine solch gemeinte Ego-Instanz eben nicht in einem lebendigen spirituellen Kontakt zu ihrer *eigenen* ÜBER-ORDNUNG steht.
Bei einem Menschen, der in seiner Bewusstseins-Entwicklung zu einem Identifikations-Gleichgewicht zwischen seinem Ego und seiner eigenen ÜBER-ORDNUNG gefunden hat, fallen die beiden Pole „Selber lenken“ und „Gelenkt werden“ zu einer EINHEIT zusammen. Auch das schicksalhafte „Gelenkt-werden“ ist somit zu einem integralen Aspekt seiner Selbst bzw. seines SELBST geworden.

Machen wir uns in diesem Zusammenhang noch einmal Folgendes bewusst:
Unsere Erfahrungswelt und unsere Handlungs-Impulse speisen sich immer aus verschiedenen inneren und äußeren Quellen. Innere Quellen sind in diesem Zusammenhang u. a.:

- unser Unbewusstes,
- unser Wach-Bewusstsein und ebenso
- unser Über-Bewusstes, das Trans-Personale

und aus all diesen Quellen fließt immer alles gleichzeitig (wenn auch zu unterschiedlichen Zeiten in unterschiedlichen Gewichtungen).
Es ist für psychologisch gebildete Menschen selbstverständlich, dass unsere bewussten Kommunikations- und Handlungsstränge vielfach durch Vorgänge mit beeinflusst werden, von denen wir nichts wissen oder nicht einmal etwas ahnen, weil sie für uns unbewusst sind. Und kein psychologisch gebildeter Mensch würde den ganzen Menschen deshalb gleich als eine Marionette ohne freie Willens-Impulse bezeichnen.

Im gleichen Ausmaß ist es für mich selbstverständlich, dass ein ebenso großer Teil unserer Kommunikations- und Handlungsstränge, die von uns als „bewusst vollzogene" eingestuft werden, sich aber in entsprechenden Situationen *teilweise aus dem „Über-Bewussten" speisen – aus dem ALLWISSEN, aus dem 'in-formierten Universum',* – von dem wir in diesem Moment ebenfalls nichts wissen oder auch nicht einmal ansatzweise etwas ahnen.
Das eine ist um keinen Deut logischer als das andere.

Konsequent zu Ende gedacht, ist das nichts Geringeres als das „direkte und permanente Hineinragen des GÖTTLICHEN in die 'scheinbar so banale Alltagswelt' und deren vollständige Durchdringung". Es ist die selten bemerkte und dennoch organisch existente „Erhöhung alles Profanen zum HEILIGEN" (Plotins Emanationen des EINEN).
Dies gilt es, jenseits einer 'nur ideologisch orientierten Anschauung' bewusstseinsmäßig zu umfassen.

Astrologie ist ein adäquates und über die Mathematik der Gestirne auch rational einleuchtendes Werkzeug zur direkten und regelhaften Erfahrung dieser beschriebenen EINHEITS-Schau.

4. **Zur Selbsterkenntnis durch das Werkzeug der Astrologie** gehören – an dieser Stelle logisch konsequent – *das Bewusstsein des kosmischen Eingebunden-Seins und auch solche Einsichten, die man mit der Anwendung prognostischer Verfahren gewinnt.* Mit Hilfe dieser Verfahren lernt man verstehen, welche individuellen Grundthemen in einer spezifisch-biographischen Lebensphase gerade besonders in den Vordergrund treten. Diese wollen sich dabei in eine bestimmte, thematisch grob vorgegebene Richtung (Tiefenstruktur) hinein entwickeln.

Astrologen benützen für diese intensivierten biographischen Entwicklungs- oder Umbruchsphasen allgemein das Wort „Auslösung". Sie meinen damit einen verstärkten Kräfteandrang inhaltlicher Art und Richtung, der von dem betroffenen

Individuum kanalisiert werden will. Es gibt unterschiedliche technische Methoden, die auf ihre Art solche psycho-dynamischen „Auslösungen" anzeigen. Die wichtigste dieser Methoden – nämlich die Transite – haben wir schon kennengelernt. Ich selbst benutze gerne auch das Wort „Erweckungen", weil es weniger technisch klingt und eher lebendige geistig-dynamische Vorgänge assoziiert.
Dabei geht es nicht um konkrete Zukunftsdeutung, sondern vielmehr darum, mit dem „Hier und Jetzt" des eigenen Lebens – mit seinen Notwendigkeiten, Aufgabenstellungen und möglichen Chancen – in eine authentische Tuchfühlung zu kommen.

All diese oben aufgezeigten verschiedenen Blickwinkel auf einen Menschen sind in verschlüsselter Form in individuellen Horoskopen enthalten und können potenzieller Gegenstand der Betrachtung astrologischer Selbsterforschung oder einer astrologischen Einzelberatung sein.

6. DAS UMFASSENDE WIRKEN DER ASTROLOGISCH BESCHRIEBENEN KOSMISCHEN GRUNDKRÄFTE

Ein 'umfassendes Wirken' der Kräfte kann zunächst einmal – grob gesehen – in folgenden Bereichen ersichtlich gemacht werden:
- im Spirituellen und im Weltlichen;
- im Materiellen und in Sachvorgängen;
- m Bereich des Lebendigen ganz allgemein;
- und speziell in menschlichen Zusammenhängen – im Individuellen, im Sozialen und im Kollektiven; sowie in deren vielschichtigen Wechselbeziehungen. Dabei ist ausnahmslos jeder Mensch mit einbezogen.

All diese aufgezählten Komponenten sind miteinander verzahnt / verschachtelt – sowohl potenziell als auch ganz konkret, sowohl ganzheitlich als auch partiell / sowohl permanent, als auch temporär (*je nach Horoskop-Anlage und je nach zeitlicher Auslösungen*).

So lässt sich ohne Übertreibung sagen, dass alle halbwegs prägnanten Ereignisse, die sich uns in dieser unfassbar vielschichtigen Welt als Erfahrungen zeigen, astrologisch auch untersucht werden können, um ihren inhärenten Sinngehalt zu ergründen, den sie für sich selbst, aber vor allem auch für das Individuum und / oder für das Kollektiv haben.
Es geht also in der Astrologie nicht nur um die Betrachtung menschlicher Anlage-Potenziale, sondern um die Betrachtung allen Welt-Erlebens schlechthin.
Jedem „Ding", jedem prägnanten „Sach-Vorgang" oder jeder prägnanten Situations-Erfahrung liegt eine ihnen eigene Bedeutung zugrunde – ein Schiffs-Stapellauf; eine Staatengründung; ein Grubenunglück; die erste Begegnung mit einem Menschen, der dazu beiträgt, neue Lebens-Impulse in uns freizusetzen; der Startpunkt eines Projektes oder eine Firmengründung; eine Film-Premiere; ein wichtiger Telefonanruf; das Zerschellen einer Mars-Sonde auf dem Mars; der Wochen-Aufmacher eines Nachrichten-Magazins; das außergewöhnliche Erlebnis mit einem „sturzbetrunkenen" Obdachlosen, der Gefahr läuft auf die Gleise eines U-Bahnsteigs zu fallen; etc.

Im Folgenden möchte ich das 'umfassende Wirken kosmischer Kräfte' anhand einer Reihe von realen Fallbeispielen in ein anschauliches Verhältnis zueinander bringen. Dabei soll die Auswahl der Beispiele das eben aufgeführte Spektrum astrologischer Forschungsmöglichkeiten ansatzweise repräsentieren.

Vorschau auf die kommenden Beispiele:
- „Insolvenz der US-amerikanischen Investmentbank 'Lehman Brothers' 2008"
- „Edward Snowden und die Aufdeckung verfassungsfeindlicher Aktivitäten der NSA"
- „Jupiter-Sonde 'Juno' erreicht einen Punkt maximaler Nähe zum Jupiter"
- „Eine Mars-Sonde zerschellt auf dem Mars"

- „Partnerstreit, Zahnschmerzen und künstlerischer Ausdruck“
- „Die Türkei – Gesellschaftsreform und Diktatur / Revolution und Gegen-Revolution“
- „Der Aszendent – u. a. auch ein Eingangs-Tor zur physischen Wirklichkeit“
  1. Eine Kaiserschnitt-Geburt und 2. *Eine traurige Familien-Geschichte.*
- „Das Horoskop als Erkenntnis-Instrument für post-mortale Entwicklungs-Mechanismen am Beispiel von Mahatma Gandhi“

Zum besseren Verständnis der aufgeführten Beispiele, die das '*umfassende* Wirken astrologischer Archetypen' dokumentieren sollen, bedarf es jedoch einer genügend ausführlichen inhaltlichen Hinführung!

Dabei möchte ich mit den „äußeren Planeten“ beginnen:
Die 3 „äußeren Planeten“ Uranus, Neptun und Pluto sind mit dem bloßen Auge nicht sichtbar. Sie sind zu weit vom *Zentrum* unseres Sonnensystems entfernt, das aus der Sonne selbst und den sonnennahen Planeten Merkur, Venus und Erde besteht. Entsprechend haben sie eine riesige Umlaufbahn um dieses Zentrum und brauchen extrem lange, um es zu umrunden. So sind sie die „Langsamläufer“ und ihre Umlauf-Zeiten durch den gesamten Tierkreis betragen[1]:

Pluto	–	248 Jahre
Neptun	–	165 Jahre
Uranus	–	84 Jahre

Als „transpersonale Archetypen“ sind sie *auf ihrer Wanderung durch den Tierkreis* vor allem – durch ihren lang-andauernden temporären Aufenthalt in den einzelnen Zeichen – Repräsentanten mächtiger Kollektiv-Strömungen, die ganze Generationen im Sinne eines global übergreifenden „Zeit-Geistes“ mitprägen. Insofern haben sie mit ihrem Wirken etwas Epochales. Diese Art astrologischer Betrachtungen nennt man Mundan Astrologie auf die „Welt“ und ihre Verhältnisse bezogen. Der jeweilige „Zeit-Geist“ – obwohl global verbindlich – tritt jedoch in seinem Ausdruck durch die unterschiedlichen Nationen und Kulturen entsprechend modifiziert in Erscheinung.
Dennoch haben die „äußeren Planeten“ auch in den Horoskopen einzelner Individuen eine schwergewichtige Bedeutung. Diese beschränkt sich aber hauptsächlich auf ihre Aspektbeziehungen zu den persönlichen Planeten (hier inklusive Saturn) und auf ihre jeweiligen Häuserstellungen.
Auf der Ebene des Tierkreises jedoch haben sie keine direkte Bedeutung für das Individuum, weil sich die Langsamläufer Jahre und Jahrzehnte in einzelnen Tierkreis-Zeichen aufhalten und die inhaltlichen Qualitäten dieser Phasen somit nicht nur für einen kleinen Personenkreis – im Sinne ihrer Individualität – gelten. Sondern sie haben – was ihre Wirkkräfte anbelangt – innerhalb dieser langen Zeiträume für das gesamte Kollektiv ihre Gültigkeit.

---

1 siehe Erläuterung 13: „Planeten-Umlaufzeiten“ in TEIL III.

Durch die Stellung der Langsamläufer in den Tierkreiszeichen wird der Gruppen-Schicksals-Anteil geprägt, der für jeweils alle Individuen bestimmter Jahrgänge bzw. ganzer Jahrzehnte gilt.
Die Aspektbeziehungen und die Häuserstellungen der „äußeren Planeten" in individuellen Horoskopen dagegen zeigen an, in welchen individuellen Ausdrucks-Kanälen sie ihre transpersonalen Intentionen einfließen lassen „möchten". Die transpersonalen Intentionen als tieferes Anliegen dieser Archetypen – und damit auch als tieferes Anliegen des Menschen selbst – sind jedoch den allermeisten Horoskop-Eignern nur wenig bis gar nicht bewusst, und das bringt in der Regel immer wieder spürbare Lebens-Irritationen mit sich.
So werden transpersonale archetypische Qualitäten zum größten Teil nur in ihrer Zweiten Natur gelebt. Das heißt, sie werden „egozentrisch vereinnahmt" und erscheinen dann in undifferenzierten, schattenhaft verzerrten, naiv-sentimentalen, neurotischen, pathologischen bzw. pervertierten Ausdrucksformen und haben somit – an der Oberfläche des Lebens – ihr eigentliches Wesen eingebüßt, ohne jedoch dabei ihre vitalen Wirkungen zu verlieren.
Als abgespaltene Wesens-Anteile unterminieren sie folgerichtig in autonomer Weise unsere bewusst konzipierten und eingleisig-funktionalen Lebens-Entwürfe – individuell und kollektiv. Es ist schließlich ihre vorrangige Intention GANZHEIT zu initiieren.
Über all das hinaus sind die „äußeren Planeten" zusätzlich noch das wichtigste astrologische Werkzeug für prognostische Überlegungen, insbesondere über die Transite.

Was jedoch die langfristigen Kollektiv-Strömungen (Zeit-Geist) anbelangt, brauchen wir noch nicht einmal ein ganzes Horoskop, um diese abzulesen. Für die Bestimmung ihrer zeitlichen Fälligkeit und Länge, sowie für die assoziierten Inhalte, reicht die Länge des Aufenthaltes der „äußeren Planeten" in jeweils einem der Tierkreiszeichen.

Diverse Höhepunkte innerhalb einer solch langen Periode – sowohl zeitlich, als auch inhaltlich ablesbar – werden dadurch angezeigt, dass andere Planeten (sowohl andere Langsamläufer, als auch Schnellläufer) während ihres Umlaufs temporäre Aspekte-Positionen zu den gemeinten Langsamläufern einnehmen.
Die Graphik Nr. 7/1 bezieht sich auf die Zeit, in der ich diesen Text schrieb (März 2017). Sie zeigt die drei „äußeren Planeten" in ihren gegenwärtigen Positionen im Tierkreis:

- Plutos Aufenthalt bzw. Durchgang durch ein einzelnes Tierkreiszeichen beträgt im Durchschnitt ca. 20 Jahre (*wegen seiner ausgeprägt elliptischen Umlaufbahn gibt es aber starke zeitliche Schwankungen seiner Zeichendurchgänge. Sie schwanken zwischen 13 und 30 Jahren*).

Pluto (♇) ist im Jahr 2008 in den Steinbock (♑) eingetreten. Im März 2017 pendelte er sich mit seiner nächsten Rückläufigkeits-Phase zwischen 19° 24' *(sprich 19 Grad*

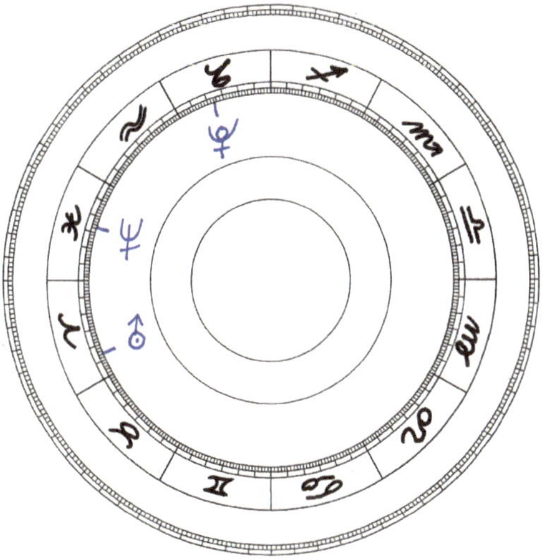

Graphik Nr. 7/1

und 24 Bogenminuten) und 16° 51' im Steinbock ein und wandert **2024** wieder ins nächste Zeichen. Diese gesamte Phase beträgt diesmal 16 Jahre.

- Neptun (♆) hält sich im Schnitt ca. 14 Jahre in einem Zeichen auf und steht gegenwärtig von 2011 bis 2025 in den Fischen (♓), also in seinem eigenen Zeichen, was eine Potenzierung seiner eigenen Kraft bedeutet.
- Uranus (♅) braucht ca. 7 Jahre um ein Zeichen zu durchlaufen. Er ist ebenfalls 2011 in den Widder (♈) eingetreten und wechselte **2018** in das nächste Zeichen Stier (♉).

All diese verschiedenen Zeit-Einheiten, und die mit ihnen verbundenen archetypischen Qualitäten, sind in komplexer Weise ineinander verschachtelt und wirken – in der Kombination ihrer jeweils aktuellen Präsenz – immer parallel; sowohl „mit- als auch gegeneinander". Sie können aber einzeln in ihrer zeitlichen Dauer präzise eingegrenzt und inhaltlich benannt werden. Aus ihrer Synthese lassen sich dann entsprechende Strömungen sowohl inhaltlich differenzierter, als auch zeitlich punktueller erfassen.
Die lebendige „Verkörperung" dieser Langzeit-Strömungen in der realen Erscheinungswelt erleben wir sowohl über einzelne Menschen, als auch durch unterschiedlich große Gruppen – bis hin zu Massen – und durch zeitgeist-spezifische Ereignisse im Kollektiv.
*Die machtvolle Summe der **2020** konstellierten archetypischen Kräfte – vorrangig repräsentiert durch die „äußeren Planeten" – ist zurzeit in unserem gesamten Kollektiv beinahe von jedem Einzelnen schon sehr deutlich zu spüren. Und sie ist u. a. auch gleichzeitig Medium dafür, dass die Menschen überall in der Welt große Sorgen und tiefe Ängste empfinden. Und das mit Recht.*

Die kosmischen Kräfte sind dabei jedoch nicht die Ursache der kollektiv empfundenen und massiven Bedrohungs-Gefühle. Sie sind tatsächlich nur das „Medium" zu ihrer Bewusstmachung.

Die gegenwärtig aufwühlenden archetypischen Kräfte-Verhältnisse versetzen uns also mit dem Wirken ihrer besonderen Qualitäten und Mechanismen „nur" in eine Lage, die es uns – als Individuen und als Menschheit zugleich – nicht mehr erlaubt, die Augen vor den selbst kreierten und unhaltbar gewordenen global-kollektiven Zuständen zu verschließen.
Insbesondere Pluto (♇) öffnet für uns lang verschlossene „psychische Kellertüren" (♇) und macht Kollektiv-Verdrängtes sichtbar, und zwar *durch ein archetypisch initiiertes*
– vertieftes Empfinden (Sensibilisierung);
– und durch autonome Durchbrüche des kollektiven Unbewussten (durch die man psychisch selbst ein Stück weit in die „Unterwelt" eintritt);
– durch verstärkte „intuitive Erhellungen";
– aber ebenso durch „verschleierte 'Intuitionen'", die auf unklare Gemüter treffen (auch damit wird „Weltbewegendes" in Gang gesetzt);
– durch energetisch machtvoll aufgeheizte, bisher verdrängte Emotionen;
– durch unkontrolliert galoppierende destruktive Sachzwänge;
– durch gehäufte Naturkatastrophen;
– durch unsere gefühlte Seelen-Leere;
– etc.
werden uns „die Schuppen von den Augen gerissen".
Und wir merken in diesem Stadium der sich „zunehmend – innerlich und äußerlich – penetrant aufdrängenden Wahrheit und Wirklichkeit", dass wir (noch) keine wirklich alternativen Lebens-Entwürfe zu all den *entfesselten* Bedrohlichkeiten dieser Welt haben, die unserem zweidimensionalen Nützlichkeits-Denken bisher in einem viel zu großem Ausmaß sogar noch als völlig selbstverständlich und erstrebenswert erschienen.
Alternative Lebens-Entwürfe gibt es nur bei Einzelnen oder in relativ kleineren visionären Gruppierungen, aber nicht im Mainstream.
Uns ist – in einem bedrohlichen Maße mehrheitlich – der Sinn abhanden gekommen! Wir leben nur noch für den Zweck! – Und *das* in einer zunehmend künstlichen Ersatz-Welt, die mit „ausgezehrten Werten und Weltbildern" weiterhin krampfhaft am „Leben" gehalten werden soll. Pluto legt hier also „nur" den „Finger in die Wunde".

Kommen viele Menschen zu solchen Einsichten nicht auch ohne Astrologie?
Ja, natürlich; das stimmt!
Aber die *besondere Art (der besondere 'Geschmack')* der gegenwärtigen Ereignisse und Erlebensweisen entspricht den klassischen „archetypischen Mustern", sodass wir über die Astrologie viel darüber lernen können. Zudem haben sie ein *„astronomisch präzises Timing"*. Beides zusammen findet ausschließlich über die Astrologie eine tiefere Erklärung.

Diese Vorgänge haben in sehr intimer Weise etwas mit den kosmischen Entwicklungs-Gesetzen des Menschen und denen des Weltprozesses zu tun und sind keine zufällig entstandenen Entwicklungshöhepunkte.

Zum Thema der „3 äußeren – 'transpersonalen' – Planeten" und ihre kollektiven „Zeit-Geist-Einflüsse" werden wir mit **Pluto** beginnen und zunächst versuchen, Plutos 'besonderem Geschmack' nachzuspüren.

Das Pluto-(♇) / Skorpion(♏)- / Haus 8-Prinzip (Element: Wasser) –
Der Archetyp der „Geistigen Tiefe" bzw. der „Unterwelt"

Pluto ist der Repräsentant des 8. kosmischen Grundprinzips auf der Planeten-Ebene. Er erscheint uns in vielerlei Erlebens-Facetten. Zum einen eröffnet er uns

- die „Geistige Tiefe".
  Das ist ein ausgeprägter Forschergeist, der vor allem bestrebt ist, dem „Wesentlichen" auf den Grund zu gehen und es dabei nicht scheut, auch Tabus zu hinterfragen oder in „Abgründe" hinein zu forschen – was zwangsläufig auch gewisse Gefährdungen vielschichtiger Art mit sich bringen kann; vor allem wenn dieses Forschen nicht gleichzeitig von stabilen ethischen Fundamenten getragen ist. Goethes „Faust" trifft den mentalen Kern des hier Beschriebenen („Begnadung und Gefährdung").
  In der ersten Natur dieses Prinzips begegnen uns u. a. charismatische Persönlichkeiten bzw. „echte, gewachsene Autoritäten" (in welchem inhaltlichen Bereich auch immer). Das können berühmte Menschen genauso sein wie auch nicht-berühmte „Alltags"-Menschen. Gemeinsam ist beiden, dass sie tiefes Wissen mit tiefen Lebens-Erfahrungen zu vereinen in der Lage sind. Von ihnen gehen starke segensreiche Einflüsse aus, *denn hier finden sich menschliche Qualitäten von existentieller bzw. elementarer Art, wie*

- Überlebensfähigkeit (die Kraft der Unerschütterlichkeit);
- Wandlungsfähigkeit der eigenen Persönlichkeit (Transformation);
- Opferfähigkeit, zugunsten menschlicher und kollektiver Notwendigkeiten (Gandhi);
- der Mut, die dunklen Seiten des Lebens (innen und außen) anzuschauen;
- der Mut, emotionale Intensität zu fühlen und zu leben;
- tiefgründige Wahrnehmung und ihre geistige Verarbeitung, sowie Reflexion;
- therapeutische Gaben (Psychotherapeuten, Rettungs-Sanitäter, Chirurgen, etc.;
- Blut, Schweiß, Tränen, Kot und Urin;
- okkulte Gaben und Einsichten (z. B. Geistheiler, Reinkarnations-Therapeuten, etc.).

In der zweiten Natur finden wir …

- Autoritäts- und Macht-Besessenheit (K) – brachial oder subtil-suggestiv;
- Autoritäts-Hörigkeit (H), Ohn-Macht (H);
- geistige oder emotionale Fixierungen (an wen oder was auch immer) – Verstrickung, Verkettung, Verklebung;
- Eifersucht und Gewalt;
- schwarz-/Weiß-magisches Denken;

– Sado-/Masochismus;
– Zwänge jeglicher Art.

Für andere Erfahrungs-Facetten plutonischer Art finden wir in diversen Mythologien die passenden Schlüssel, die uns ein erweitertes Verständnis eröffnen. Während Pluto in der griechischen Mythologie Hades heißt, ist er in der römischen Mythologie Pluto. In beiden Mythologien aber ist er

- der „Herr der Unterwelt“ bzw. des „Totenreichs“.

  Ich nenne ihn u. a. die „Eingeborene Endlichkeit alles Irdischen“ oder auch die „Konstruktivität der Zerstörungskräfte“ (im immerwährenden Weltenlauf). Er ist das ewige „Stirb und Werde“ als „Not-wendig-keit“, denn da, wo kein Herbst ist, da gibt es auch keinen Frühling. So ist er mit seinen Sterbeprozessen der Garant für die evolutionäre Kontinuität des Lebens.

  Sterbeprozesse gibt es in vielerlei Formen – auch im Menschenleben – sowohl von geistiger, seelischer als auch von körperlicher Art:

  – Jede Lebensphase hat ihre Dauer und ihr Ende.
  – Ein persönlicher Abschied kann schmerzhaft sein.
  – Jede geistige und emotionale Fixierung (Anhaftung) ist ständig durch den lebendigen Fluss des Weltenlaufs bedroht und wird diesem früher oder später zum Opfer fallen (bei Pluto-Transiten). Die konstruktive Lösung hierbei wäre das allseits bekannte und dennoch höchst schwierige „Loslassen“ (oftmals ein schmerzlicher bzw. trauriger Vorgang der mitunter hart errungen werden muss – ein geistig seelischer Sterbe-Prozess).
  – Was für alle lebenden Organismen Gesetz ist, gilt auch für den Menschen. Erst über den täglich millionenfachen Zell-Tod und die gleichzeitige Zell-Erneuerung ist Wachstum und die organisch funktionelle Differenzierung des menschlichen Körpers möglich – von Geburt an bis zum physischen Tod. Die quantitative Gewichtung zwischen Zell-Tod und -Erneuerung verschiebt sich allerdings im Lebensverlauf zwischen Kindheit und Alter. Aber selbst dem Greis wachsen noch die „Fingernägel“ und so manches mehr.
  – Der endgültige physische Tod des Einzelnen ist die letzte und gleichzeitig seltenste Variante aller plutonischen Sterbe-Prozesse.
    Aber die anderen, die kleinen bis mittleren Tode – die geistig-seelischen Sterbeprozesse, die auch sehr schmerzlich sein können – die fordert Pluto von uns Allen viele Male innerhalb dieser einen Inkarnation. Und *das* paradoxerweise nur zu unser aller Seelenheil.

Plutos Bild ist der Phönix, der mythologische Feuervogel, der sich periodisch selbst verbrennt, um nach diesem „Selbst-Opfer“ („Ego-Opfer“) in geläuterter Gestalt neu aufzuerstehen (Transformation).

Eine andere Schichtung innerhalb der „Unterwelt“ ist das

- „kollektive Unbewusste“

  Das „kollektive Unbewusste“ ist ein Sammelbecken und Austausch-Medium aller gelebten Menschheits-Erfahrungen in Vergangenheit und Gegenwart.

  Der jeweils aktuelle Status Quo dieser „kollektiv gebündelten und hoch-energetischen Ladung" besteht immer aus der Total-Summe der ungeschminkten Wirklichkeit emotionaler und geistiger Befindlichkeiten aller einzelnen Mitglieder des globalen Kollektivs. Er umfasst

- all ihre positiven und ebenso all ihre negativen Intentionen;
- all ihre Ängste, Aggressionen und ihre Gier;
- die Wahrhaftigkeit oder Unwahrhaftigkeit ihrer Glaubenshaltungen, ethischen Überzeugungen und ihrer Toleranz;
- ihr Mitgefühl und ihre Hoffnungen;
- ihre Egozentrik, ihre Hybris und ihr Sadismus;
- die Summe all ihrer Verdrängungen und die Wirkungen all ihrer realen Taten;
- etc.

Diese ungeschminkte Wirklichkeit – die Totalsumme aller geistig-seelischen Befindlichkeiten eines jeden einzelnen Mitglieds des gesamten globalen Kollektivs – bestimmt Gegenwart und Fortlauf aller sichtbaren kollektiven Strömungen (in Politik, Wirtschaft, Wissenschaft und Technik, Religion, Kultur, Naturgeschehen etc.).
All diese unterschiedlichen kollektiven Strömungen wirken aber dabei nicht nur auf das Ganze, sondern ebenfalls – in individuell besonderer Weise – auf den Einzelnen zurück (Karma). Über das Transit-Geschehen, also im Verbund mit den unterschiedlichen archetypischen Kräften und Färbungen, finden diese Strömungen individuelle Eingangstore (Radix-Planeten) in den Horoskopen einzelner Menschen, Gruppen, Institutionen und Nationen.
Das Kollektive Unbewusste ist in diesem Zusammenhang der „Organisationsbereich", in dem sich die Verbindungen zwischen Kollektiv- und Individual-Schicksal nach den Gesetzen der Resonanz verknüpfen.
Der „Organisator" aber – das un-persönliche ALLWISSEN – entspringt einer anderen, übergeordneten und *überbewussten* Sphäre. Diese ist dem 11. Prinzip, Wassermann / Uranus / Haus 11 zugehörig.
Im „kollektiven Unbewussten" dagegen sind „nur" die gesammelten Menschheits-Erfahrungen der Vergangenheit – bis in die Gegenwart hinein – „abgespeichert" und erscheinen uns in ihrer Gesamtheit wie ein einziger, lebendig gewachsener und wirkender geistig-seelischer Organismus.
Dort aber, im überbewussten ALLWISSEN – an der Geburtsstätte der Zeit und der Archetypen – sind auch schon die zukünftigen evolutionären Impulse als reine Potenziale keimhaft angelegt. Diese sind final orientiert und auf Evolution angelegt. Selbst der Zeitpunkt ihrer späteren „Sprossung" steht hier schon längst unverrückbar fest und ist schicksalhaft in die Umlaufgesetze der Planeten eingewoben – „eingefaltet". Ebenso stehen die Inhalte dieser „Keime" schon fest – wenn auch ausschließlich nur in ihrer tiefenstrukturellen Potenzialität.
Wie sich diese keimhaften Zukunfts-Potenziale später dann real in der erfahrbaren Wirklichkeit genau gestalten werden (Oberflächen-Struktur), hängt jedoch nicht von ihnen allein ab, sondern zusätzlich noch von zwei anderen Faktoren:

- einmal vom Reifegrad und vom Karma des betreffenden Menschen;
- zum anderen vom Reifegrad und von der generellen karmischen Beschaffenheit des Kollektiven Unbewussten zu einem spezifischen Zeitpunkt.

Denn das ist der „Nährboden", auf dem die Zukunfts-Potenziale für ihre spätere Sprossung und für ihre weiteren Werdeprozesse erst „ausgesät" werden. Die archetypische „Aussaat" selbst findet dann immer zum Zeitpunkt der aktuellen Planeten-Konstellationen – und dem damit verbundenen Transit-Geschehen – in der jeweils gerade verstreichenden Gegenwart statt.

Die „gebündelte qualitativ-energetische Ladung" des Kollektiven Unbewussten in der jeweils aktuell verstreichenden Gegenwart, ist wie ein irdisches Filtersystem dafür, auf welchem „Level evolutionärer Reife" die gerade konstellierten göttlichen Ur-Bilder (Archetypen) – individuell oder kollektiv – in die Erscheinungswelt eintreten können. Ein "karmisch-gedünktes Feld", für das neue, jungfräuliche „archetypische Saatgut".

Plutos „Bildergalerie der Unterwelt", so wie wir sie in der konkreten kollektiven Umwelt wahrnehmen können:
Die „Unterwelt" – diesmal hier auf unsere reale Alltagswelt bezogen – definiert sich vor allem durch *die* Objekte, Orte, Menschen und Umstände, *die nicht so offensichtlich sind* – die verdeckt, versteckt, existentiell berührend, anrüchig, tabuisiert, „angstmachend", schmerzvoll, geheimnisvoll, gefährlich oder schlicht unappetitlich sind. Aber auch solche, die (wörtlich oder sinngemäß) „unter die Haut gehen":
- Atom-Industrie (-Forscher, -Meiler, -Strom, -Bomben);
- Magie, Parapsychologie, Trance-Phänomene, Channel-Medien, Schamanismus, Geistheiler;
- Psycho- und Sexualtherapeuten, Urologen, Gynäkologen, Chirurgen, etc.;
- Operationssäle, Tatoo-Studios, Schlachthöfe, Schlachtfelder, Folterkammern;
- Skalpelle, Zangen, Zwingen, Schraubstöcke, Äxte;
- Krematorien, Friedhöfe, Begräbnis-Institute, Katakomben, Hospize, Palliativ-Medizin Testamente und Notare;
- „Urbane Unterwelt" – U-Bahnen, Kanalisationen, Rieselfelder, Keller, Tunnel, Bunker, Mafia, Bordelle, Dark-Rooms, geheime Verstecke („Schatz-Truhen");
- Kriminalpolizei, Detekteien, Geheimdienste;
- Ideologien, Demagogen, Propaganda, Partisanen und Terrorismus;
- das kollektive Unbewusste, Massen-Veranstaltungen, Kollektiv-Rituale (Buß- und Bettag, Totensonntag, Volkstrauertag, Halloween), Gemeinschafts-Vermögen, Massen-Hysterie und –Psychosen, kollektive Katastrophen;
- Labors und Forschungsstätten, Alchemie, Chemie, Pharma-Industrie, Apotheken, Drogen- und Alkohol-Süchte;
- Sado-Masochismus, Satanismus, Exorzismus;
- Horror- und Fantasyfilme („Herr der Ringe", „Die Schöne und das Biest", „Das Omen", „Hänsel und Gretel");
- Geier, Kakerlaken, Spinnen, Fledermäuse, Echsen, Kröten, Schlangen, Mücken
- Moore, Sümpfe, Vulkane, Lava-Gestein, Höhlen, Geysire.

Pluto – das „Phönix-Prinzip" – durchströmt mit seinen spannungsreichen Impulsen das globale Kollektiv, um das jeweilige Langzeit-Thema des Zeichens, in dem er gerade steht, einem tief greifenden Transformationsprozess zuzuführen.

„Transformation“ bedeutet nicht nur eine Veränderung, bei der man innerhalb eines bestehenden Systems einige Neuerungen einführt und ein paar andere Gegebenheiten abschafft. „Transformation“ bedeutet Umwandlung und geht tiefer. *Es ist das radikale Bestreben nach einem „Selbst-Opfer“ (System-Wechsel),* das zumindest als *innerste Intention* dieses Prinzips und seiner Wirk-Kraft, frei wird.
Transformation – wenn sie ansteht (wenn Pluto z. B. durch Transite konstelliert ist) – lässt sich aber nicht vermeiden. Wir haben nur die Wahl zwischen einer bewusst und aktiv vollzogenen oder einer unbewussten und passiv erzwungenen Transformation. Ihre tiefere Bedeutung kann nur im Kontext einer „transpersonal-orientierten geistig-seelischen Läuterung“ verstanden werden.

Im nächsten Fallbeispiel befassen wir uns mit dem gegenwärtigen Aufenthalt Plutos (♇) im Zeichen des Steinbock (♑).
Doch bevor ich das nächste Fallbeispiel darstelle, müssen wir auch das Steinbock-Thema wenigstens noch mal mit ein paar Schlüssel-Begriffen seiner Bedeu- tung umreißen, um uns zu vergegenwärtigen, *welcher Aspekt* unseres kollektiven Erlebens da *transformiert* werden soll/wird. Ein „Astro-Comic“ wird uns dann beim Übergang zum Fallbeispiel zur Seite stehen.

Während Pluto also tief greifende Transformations-Prozesse symbolisiert, steht das Zeichen Steinbock (♑) dagegen für das „Struktur-Gebende Prinzip“,
- für Stabilität, Ausdauer, Konzentration, Disziplin und die gesellschaftliche Konvention;
- für Fundamente, Gerüste, fest umrissene Grenzen und bewahrende Traditionen;
- bis hin zur *anachronistischen Erstarrung.* Deshalb sind diesem Prinzip in seiner Zweiten Natur; ebenso ...
- die *starren* Normen und Maßstäbe unserer Gesellschaft zugeordnet, die die individuelle Natur der Menschen und die natürliche Lebendigkeit immer wieder zu ersticken drohen;
  ferner der Ehr Geiz, das Streben nach Anerkennung durch Verkörperung der Norm (K) und das „Versagen“ gegenüber diesen Normen (H) (Meyer) – anders gesagt, sind es die gesellschaftlichen „Underdogs“ (H) gegenüber den gesellschaftlichen „Topdogs“ (K).

Auf kollektiver Ebene ist es tatsächlich u a. auch das *Gesellschaftszeichen.* Es symbolisiert die „Öffentlichkeit *innerhalb* des Kollektivs“ und den Kodex des gesellschaftlichen Überbaus. Dieser bezieht sich auf die Werte, Regeln, Ordnungsmuster, Gesetze und Zielvorstellungen einer Nation bzw. eines Staates in allen Detailbereichen.
Damit steht das Steinbock (♑) - Saturn (♄)-/Haus 10-Prinzip auch für den einzelnen „Staat“ an sich.
Ein passendes Bild ist der „Ameisenhaufen mit seinem emsigen Volk“. Dort ist alles tadellos durchorganisiert. Jede Ameise hat ihre Aufgabe und ist ein wertvolles Glied der Gemeinschaft.
Steinbock-archetypische Erscheinungsformen in unserer *menschlichen* Gesellschaft sind daher u. a. noch Ruhm, Ehre, Ansehen; Ämter und Verwaltung, Politiker

und Beamte für jedes relevante Ressort im Staat, Schutz-Polizei und Ordnungshüter, Denkmal-Pflege, Museen, Archive und Archivare, Rentenbehörde, Altenheime und -Pflege, Geriatrie.

So lässt sich die prozesshafte Bedeutung des gegenwärtigen Pluto-Transits durch den Steinbock auf folgende mögliche Kurzformel bringen:
Es geht auf der kollektiven Ebene um die Transformation (♇) gesellschaftlicher Werte (♑) und staatlicher Gesetzes-Strukturen (♑).

Ende Januar 2008 ist Pluto das erste Mal in den Steinbock eingetreten, um dieses „archetypische Feld“ in den nächsten 16 Jahren bis 2024 zu durchwandern und „umzupflügen“.

Im Mai 2008 wurde das Thema „Pluto im Steinbock“ als Astro-Comic unter dem Titel „Schuld und Sühne“ in der Astrologie-Fachzeitschrift „Meridian“ in „sinnigverschmunzelter“ Weise aufgegriffen (Meridian 3/2008; erscheint 2-monatlich). Diesen Comic möchte ich Ihnen gerne präsentieren
Für den nicht so versierten Leser sei dazu noch gesagt, dass der im Comic personifizierte Saturn (♄) gleichzeitig auch das gesamte Steinbock-Prinzip (♑) symbolisch mit repräsentiert.
Dieser Comic ist ein wunderbares Beispiel für eine „Zukunfts“-Prognose, die mit fundiertem astrologischen Wissen – aus der realistischen Einschätzung eines gegenwärtigen gesellschaftlichen Status Quo heraus – das Wesentliche eines kommenden kollektiven Transformationsprozesses beschreibt.
Diese kleine Geschichte ist vom gemeinten Sinn her ja nicht allein auf den damaligen Zeitpunkt von Plutos Eintritt in den Steinbock beschränkt. Babette – die Zeichnerin des *„ASTRO-COMIX“* – hat sie, davon gehe ich als Astrologe aus, damals im vollen Bewusstsein einer – auf uns zukommenden – 16-jährigen Entwicklungs-Periode gestaltet. In dieser „satirischen Prognose“ gibt es aber keine konkret festgelegten zukünftigen Ereignisse oder Ergebnisse, sondern nur die substantielle Darstellung eines zu erwartenden kollektiven Prozess-Verlaufs. *Die mit diesem Prozess assoziierte Dramatik ist jedoch unverkennbar.*
Die hochgradige Bedeutsamkeit des gemeinten Geschehens für das Kollektiv und seine Tiefgründigkeit sind allerdings nur von astrologischen Insidern zu verstehen, denn die dargestellten Figuren repräsentieren – jede für sich – ein breites Symbol-Spektrum, das der Laie nicht auszuloten vermag. Sowohl Pluto, als auch Saturn sind in diesem Comic Repräsentanten *all der* Eigenschaften und Gegebenheiten, die ich schon auf beschrieben habe – und darüber hinaus noch von Vielem mehr. *Und schließlich ist der Saturn auch Wir Selbst. Und sogar Pluto ist ein Teilaspekt unseres Selbst.* Nach dem ersten Schreck und der panischen Flucht Saturns „vor dem Unausweichlichen“ (♇), ist er doch noch bereit für eine „Katharsis“ (seelische Läuterung durch Erschütterung) – und ist damit dem Schlimmsten entgangen. Pluto ist erst einmal ein wenig besänftigt, nachdem er Saturn einen *höllischen* Schrecken eingejagt hat, dem dann – in dieser Geschichte – eine Einsicht folgte. Aber Pluto

ASTRO COMIX
SCHULD UND SÜHNE
DIE ZEIT IST REIF...
... FÜR ...
... SCHULD
PLUTOS FRAU
UND
PLUTOS FRAU
NEEIIIN!!!
SÜHNE!!
HASE UND IGEL!
HI HI
PLUTOS FRAU
KATHARSIS!
HAHA
ICH GEBE AUF.
EINE (FÜR UNS) ETWAS LANGWEILIGE..
... FÜR DICH ABER DURCHAUS KLUGE...
... ENTSCHEIDUNG!
© BABETTE 08

macht dennoch gleichzeitig deutlich, dass er auch noch „ganz anders kann“ (man braucht sich nur sein Gesicht anzuschauen und seinen Worten lauschen) ...
„Eine (für uns) etwas langweilige – für Dich aber durchaus kluge Entscheidung“.
Im Mythos hat Pluto immer Lust „ein wenig“ zu knechten und zu schinden; nicht selten auch „ein wenig mehr“ – jede/er erfahrene Astrologe/in weiß das aus der eigenen Praxis heraus, wenn sie/er von Menschen mit aktuellen Pluto-Transiten konsultiert wird. Letztendlich will Pluto in diesem Prozess aber die alte Form zerstören – wenn sie eh schon brüchig ist – und je mehr wir uns dennoch am Alten „festbeißen“, desto mehr macht ihm das „Appetit“. Er zwingt uns zur Einsicht in die „Vergänglichkeit von allem Gewordenen“.

Das Pluto - Skorpion - Haus 8 - Prinzip symbolisiert den „Vorhof zur Transzendenz“. Als „Wegbereiter zur Demut“ spielt Pluto dem HÖCHSTEN „in die Hände“ und lehrt uns das „Eingeständnis der ‘Ohn-Macht’ vor der ALLMACHT“.
So hebt Babette mit ihrer kleinen Darstellung die ethische Dimension (Katharsis) unseres gegenwärtig erlebten kollektiven Prozesses hervor. Das ist meines Erachtens Prognostik von ihrer besten Seite.
Dabei geht es hier nicht um eine *„nur* als logisch-sinnvoll empfundene“ oder um eine „übernommene“, *sondern um eine „authentisch gewachsene Ethik“,* wie sie sich aus der astrologischen Praxis-Erfahrung heraus tatsächlich ganz von selbst zunehmend entwickelt. Über die astrologische Arbeit gelangt man immer wieder zu der *unmittelbaren Erkenntnis*, dass der „geistige Kosmos“ in seinem tiefsten Wesen selber ethisch *ist*, ethisch „denkt“, „handelt“ und „reagiert“.

Wie oft habe ich selbst am eigenen „Leibe“ erfahren, dass Transit-Auslösungen – sowohl die kleinen, als auch die großen – mir angenehme oder unangenehme Situations-Ergebnisse bescheren, die meine – nur mir bekannten – positiven oder negativen inneren Haltungen oder Handlungen präzise widerspiegeln. Ebenso kann ich das Regelhaft bei meinen Klienten/innen während intimer Therapie-Sitzungen verfolgen. *Man kann für diese Spiegelungen auch das Wort Karma gebrauchen.*
Karma ist in diesem Kontext für mich aber weder Belohnung noch Strafe, sondern ein „ethisches Feedback“ des „‘in- formierten’ Universums“, das als eine wahrhaftige und hochsensible Richtschnur erkannt und – im besten Fall – auch genutzt werden kann, um sich selbst immer wieder „in die ‘evolutionäre Spur’ zu bringen“.
Sensitive Menschen sind tatsächlich häufig in der Lage, aus sich selbst heraus ihr Karma in intuitiver und authentischer Weise wahrzunehmen. Bei anderen Menschen bleibt es aber vielfach nur ein philosophisches Konzept bzw. ein verstandesmäßiges Konstrukt.
In der Astrologie jedoch haben wir die höchst fruchtbare Möglichkeit eines „Abgleichs“ zwischen den positiven bzw. negativen Ergebnissen einer gemachten Erfahrung und ihren augenblicklichen Spiegelungen im Horoskop, die jederzeit einsehbar ist.
<u>Dabei fallen 3 Komponenten in autonomer Weise so zusammen, dass man von einer „Drei-Einheit“ sprechen kann:</u>

- *Ein bewegendes Ereignis mit einem spezifisch inhaltlichen 'Geschmack';*
- *eine Planeten-Konstellation, die von ihrer archetypischen Symbolik her diesem Ereignis in seinem Geschmack entspricht;*
- *und der exakte, astronomisch-mathematisch errechenbare Zeitpunkt, der sowohl mit dem Ereignis, als auch mit der besagten Planeten-Konstellation zeitgleich korreliert – verifiziert durch das Horoskop.*

Die ersten beiden Komponenten zusammengenommen – das Ereignis in seinem spezifischen Geschmack und der konstellierte Archetyp – *wecken das intuitive Empfinden für einen inhärenten „Sinn", der von vornherein schon gegeben ist.* Wohl muss dieser Sinn – nach intuitivem Empfang – oft noch klarer herausgearbeitet und mit spiritueller Aufrichtigkeit psychologisch „gereinigt" werden; aber er muss nicht – was seine „absichtsvolle Existenz" anbelangt – erst *erfunden* werden. Er ist schon da – kosmisch *gegeben*.

Nehmen wir die dritte Komponente – die die beiden Ersten als zeitlich synchronistisch ausweist – noch dazu, *dann haben wir die „rational abgesegnete" Bestätigung für die Wahrhaftigkeit des empfangenen „Sinns".*

Das Bedürfnis und der tätige Versuch, diesen – als gegeben erfahrenen – Sinn bewusst und konstruktiv im konkreten Alltagsleben zu verwirklichen, ist ein ethischer, weil evolutionärer, Akt. Auf diese Weise werden sowohl das Dharma (Erläuterung 16), als auch das Karma zu einer sinnlich, vital und zugleich rational-logisch erfahrbaren Größe.

Das *„Gute, Wahre und Schöne", das immer dem „Sinn" entspricht,* ist somit nicht nur ein verstandesmäßig zu erstrebendes Ideal, sondern ein – der Schöpfung inhärentes – „Element wirkenden 'Geschehens'", angestoßen von einer kosmischen Absicht.

Das gilt selbst in Fällen, in denen das „Gute, Wahre und Schöne" sich scheinbar erst in Folge eines destruktiven Erlebens – in der menschlichen Alltagswelt – verwirklichen kann. In solch einem Fall haben wir es mit einem wirkenden Korrektiv des „'in-formierten' Universums" zu tun. Dabei muss das betroffene Individuum allerdings das destruktiv Erlebte erst einmal bewusst verarbeitet haben (Katharsis), ehe das „Gute, Wahre und Schöne" in die Sichtbarkeit treten kann („Transformation und Auferstehung" / „Kreuzigung und Auferstehung").

Eine „authentische Ethik als evolutionärer Impuls" ist eingeflochten im lebendigen Kosmos, so auch in uns – um von uns bewusst entdeckt zu werden und um sie in ihren Absichten aktiv mit zu tragen. Sie appelliert an unser aller Verantwortung und macht deutlich, dass wir alle EINS sind.

Fallbeispiel Nr. 7 (kollektiv)

Insolvenz der US-amerikanischen Investmentbank 'Lehman Brothers' 2008

„Die Illusion ist Wirklichkeit geworden. Und je wirklicher sie wird, desto stärker wird sie begehrt."[2]

---

[2] Zitat: Gordon Gekko (Michael Douglas) im Film „Wall Street" von Oliver Stone.

Dieses erste Fallbeispiel gilt als einführender Überblick und bleibt in seiner Darstellung vorrangig auf inhaltliche Ausführungen beschränkt. Erst im nächsten Beispiel werden wir dann wieder mehr mit exakteren Daten der beteiligten Konstellationen arbeiten.

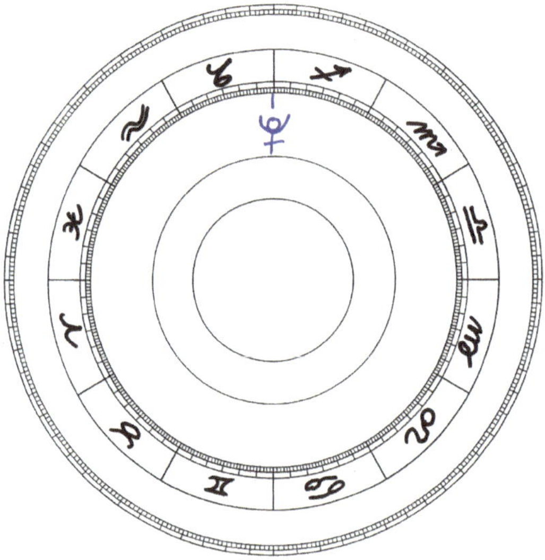

Graphik Nr. 7/2

Die Graphik Nr. 7/2 zeigt den Eintritt Plutos (♇) in das Erdzeichen Steinbock (♑) Anfang 2008.

Der Eintritt der transpersonalen Langsamläufer in ein neues Zeichen erscheint mir – wie ich immer wieder beobachten konnte – wie eine Art von Initiation, Initial-Zündung oder „Ouvertüre" für das Thema des entsprechenden Zeichens, das nun zu einem bedeutsamen Langzeit-Einfluss für das globale Kollektiv wird. Dieser Auftakt bringt in der Regel Ereignisse in die kollektive Sichtbarkeit, die sich – in ihrer Art von „Geschmack" – in den folgenden Jahren fortsetzen und dabei in ihrer Gesamtheit zum Zentrum kollektiver Aufmerksamkeit, Krise und Entwicklung werden.

Ende Januar 2008 trat Pluto das erste Mal in den Steinbock. Aber schon Monate zuvor – ab April 2007 – hatte Pluto sich schon sehr nahe an die Zeichengrenze herangeschoben (stand sozusagen schon in Konjunktion mit ihr). Von da an waren die ersten deutlichen Anzeichen einer beginnenden globalen Banken- und Finanzkrise als Teil einer Weltwirtschaftskrise sichtbar. Die Krise war unter anderem Folge eines spekulativ aufgeblähten Immobilienmarktes („Immobilienblase") in den USA. Sie fand dann im September 2008 ihren vorläufigen Höhepunkt mit dem Zusammenbruch (♇) der US-amerikanischen Großbank *Lehman Brothers* und etlicher anderer Banken.

In der Zwischenzeit – von Plutos erstem Eintritt im Janur 2008 bis zum Zeitpunkt des Lehman-Zusammenbruchs im September 2008 – war Pluto in seiner Rückläufigkeitsphase jedoch noch mal für einige Monate aus dem Steinbock ausgetreten. Sein endgültiger Eintritt war dann Nov. 2008, also 2 Monate nach der Banken-Insolvenz. Aber diese ganzen Monate davor hatte Pluto sozusagen schon unverrückbar „ein Bein in der Tür" (des Steinbocks).

Nun ja, Bankenkrisen gab es schon des öfteren in dieser Welt!
Natürlich. Und diese würde man sicher auch an anderen bzw. ähnlichen Konstellationen ausmachen können!

Das damalige Geschehen hatte aber eine Dimension, die die USA als Ganze nahe an den Abgrund einer „Staatspleite" (♇ im ♑) katapultierte. Die Krise veranlasste auch mehrere andere Staaten, ihre Geldhäuser durch riesige staatliche Fremdkapital- und Eigenkapital-Spritzen am Leben zu erhalten – um sich selbst am Leben zu erhalten. Etliche Banken wurden verstaatlicht und später geschlossen. Die Staatsverschuldung stieg in all diesen Staaten sprunghaft an, vor allem in den USA. Übergreifend hatte das vielerlei Folgen für die Gesamtwirtschaft.

- Einmal „trauten sich die Banken gegenseitig vielfach selber nicht mehr über den Weg" (als Projektion ihrer eigenen kriminellen Intentionen auf andere), sodass weltweit wesentlich weniger Kredite vergeben wurden.
- Zum anderen kam es zu Produktionssenkungen, Unternehmenszusammenbrüchen und Mitarbeiterentlassungen. *Wenige Tage nach der Insolvenz von „Lehman Brothers" waren dort nur noch 170 Mitarbeiter tätig. Den 24 988 anderen Mitarbeitern war – unter dem Insolvenz-Verwalter Bryan Marsal – innerhalb weniger Tage gekündigt worden.*

Allein die Schulden, die 'Lehman Brothers' hinterließ, betrugen geschätzte 613 Milliarden Dollar (SPIEGEL Online Wirtschaft, Finanzkrise 2008).
Im April 2009 schätzte der Internationale Währungsfond (IWF) die weltweiten Wertpapierverluste in Folge der Krise auf 4 Billionen US-Dollar (Wikipedia, Finanzkrise 2008).

Diesem ganzen – global umspannenden Desaster – lag als Ursache eine scheinbar unstillbare menschliche Gier zugrunde. Ganze Heerscharen von Menschen – sowohl die Anleger (Kunden), als auch die Bankmanager – wollten ganz auf die Schnelle optimale Gewinne machen, ohne dass dafür eine echte Basis vorhanden war. Alles beruhte auf Spekulation und vorsätzliche Täuschung.

- *Da gab es die kaltschnäuzigen „Vor-Gaukler des schönen Scheins"* – eine ganze Kaste von Bankern, von denen ein bis zwei Dutzend Topmanager damals Jahres-Einkommen von bis zu dreistelligen Millionenbeträgen (pro Person) für sich „rausgeschlagen“ hatten *und von denen so gut wie niemand ernsthaft juristisch zur Rechenschaft gezogen wurde.* *Ganz genau so wie das auch heute noch immer üblich ist* im öffentlich-kriminellen Bankenwesen oder auch in der Auto-Industrie mit ihrer global flächendeckenden Abgas-Kriminalität oder bei dem mafiösen Geflecht der FIFA ... oder ... oder ...

– *Und dann gab es noch das Millionenheer der „Schafe“,* die sich nur allzu gerne von ihren eigenen „Hoch-Glanz-Träumen“ und von dem schnell erhofften Zugewinn an Status und neuen Konsum-Verheißungen haben blenden lassen. Im „‘fiebrigen’ Sehnen nach billigen – sprich: faulen – Krediten“ (Goldrausch) haben sie dabei ihr „naives und blindes Vertrauen“ auf die „Vor-Gaukler des schönen Scheins“ projiziert und hatten dann schließlich hinterher weniger Wohlstand und Status, als jemals zuvor geahnt.
  In diesen Bildern meine ich, eine komplementäre Verstrickung zwischen Opfern und Tätern auszumachen, die beide Pole „wie aus dem selben Holz geschnitzt“ erscheinen lassen. Die wenigen „Ab-Sahner“ scheinen mir „nur“ die Kulmination der „irrealen Konsum-Träume“ ganzer Massen zu sein – sozusagen deren „Verkörperung“ in reinster Form. Bei den sogenannten „Betrogenen“ gab es „natürlich“ jede Menge Empörung, die das Gefühl eigener Mit-Verantwortung und eine entsprechende „Katharsis“ bei den allermeisten gar nicht erst aufkeimen ließ. Das war „die zweite Welle der Projektion auf die ‘Vor-Gaukler’“ – diesmal die „ihrer eigenen Mit-Verantwortung“, die sie sich selbst nicht eigestehen konnten.

Ab 2009 – als weitere Folgeerscheinung – kam es dann zur Eurokrise, die insbesondere Griechenland mit stark angestiegener staatlicher Verschuldung betraf. 2010 wurde daraufhin die Europäische Finanzstabilisierungsfazilität gegründet, um eine *Staats-Insolvenz* zu vermeiden.
(Alle ausschnitthaften Wirtschaftsdaten sind aus SPIEGEL-Online oder Wikipedia recherchiert).
Der Prozess betraf in den folgenden Jahren punktuell *vor allem* Griechenland; dort hat er am meisten Aufsehen erregt. Andere Länder konnten dabei ihren eigenen Mangel im Akt der Verdrängung nun auf Griechenland projizieren. Viele Länder der Welt sind jedoch ebenso nach wie vor durch ihre Schuldenpolitik ständig unterschwellig vom Absturz bedroht und werden ausschließlich durch immer neue und fragwürdige Finanzstrategien krampfhaft aufrechterhalten.

Und dennoch sind Wachstum und Verschuldung noch immer der Haupt-Motor unserer Überfluss-Gesellschaften und damit folglich einer der Hauptgründe für den rapiden Niedergang der Schwellen- und Drittwelt-Länder, die wir – seit Beginn der Kolonialzeit und bis zum heutigen Tag – gnadenlos „auslutschen“ (ausbluten lassen). Dieses „Weiter So“ bedeutet allerdings gleichzeitig den mittel- bis kurzfristig drohenden Niedergang der gesamten gegenwärtigen globalen Zivilisationen.
Denn es geht ja in derart großen Dimensionen nicht mehr nur allein um wirtschaftliche Fragen bzw. um eine gigantische Finanz- und Wirtschafts-Kriminalität:

- Demokratisch gewählte Quasi-Diktaturen (♑/♇) und unabsehbar massenhafte Flüchtlingsströme sind global weiter auf dem Vormarsch. Selbst unser „freiheitsliebendes“ Amerika ist in Gefahr, „freiwillig“ in den Faschismus (♑/♇) abzudriften;
- Fanatismus (♇) jeder Art, nicht nur der „religiöse“, gedeiht ebenso in großem Maße. Und der „Islamische *Staat*“ ist bestrebt, verschiedene – bisher souveräne – Staaten in sein Konstrukt eines „Gottes-Staates“, der natürlich ein „Höllen-Staat (♇/♑) ist, einzuverleiben. Unzählige kleine Zellen dieser Gruppierung (die „Schergen der Unterwelt“) versuchen überall auf der Welt durch Terror-Anschläge (♇) die Strukturen (♑) anderer Staaten (♑) zu zersetzen (♇);
- Europa als Staaten-Gemeinschaft droht auseinanderzu fallen.Das hat den neuen deutschen Bundespräsidenten Frank Walter Steinmeier bei seiner Antritts-Rede zu dem Statement veranlasst, *dass ein Europa ohne fällige Reformen nicht mehr weiter existieren werde.*

Das sind klare Worte von einem durchaus ernstzunehmenden Menschen. Allein in Deutschland – in dem noch relativ stabile Verhältnisse herrschen – werden so gut wie wöchentlich bis täglich neue Gesetze (♑) diskutiert und erlassen. Und man kommt im Tempo nur noch ungenügend hinterher.

Ich könnte zwei Dutzend weitere kollektive Gefahren-Quellen aufzählen, die jede das Potenzial haben, unseren Globus ins Taumeln zu bringen.
Die Prozesse einer radikalen Umwälzung (♇) gesellschaftlicher Werte (♑) bzw. staatlicher Ordnungsstrukturen (♑) sind voll im Gang und für jeden mittlerweile offensichtlich.

So scheint es mir sinnvoll, die Frage zu stellen, ob denn die erforderlichen *Reformen,* von denen Steinmeier sprach, wirklich ausreichen. Oder versuchen wir noch immer – genauso wie Saturn (♄) in Babettes „Comix“ – panisch vor einem tieferen Transformations-Prozess (♇) zu fliehen; jetzt allerdings *mit diesen möglichen „Alibi-Reförmchen im Gepäck“?* Und haben wir dabei das Stadium der gefühlten Notwendigkeit zu einer *individuellen und kollektiven „Katharsis“* noch gar nicht erreicht? Brauchen wir eine noch tiefere Not, um aus der Illusion unserer völlig irregeleiteten kollektiv-egomanischen sowie materiell- und technisch-verblendeten Fortschritts- und Wachstums-Träumerei aufzuwachen?

Leider sind wir greifbaren realistischen Perspektiven und deren Umsetzung – bei all unserem klugen Wissen und bei all unserem gegenwärtigen „Strampeln“ – bisher nicht wirklich näher gekommen. Nicht, dass es solche möglichen Perspektiven nicht gäbe! Sie haben aber – beim gegenwärtigen Stand der Dinge – fast den Charakter einer Utopie, denn sie würden m. E. nicht allein über politische „Kopf-Programme“ zu verwirklichen sein. *Ihr Gelingen würde von uns allen – von jedem einzelnen Menschen – große Opfer (♇) erfordern.*
Ich hoffe und vermute, dass es beim Themen-Abschnitt Pluto im Steinbock und dem dazu gehörigen Fallbeispiel nicht schwer gefallen ist, die beschriebenen archetypischen Inhalte mit den bisher dargestellten dramatischen gesellschaftlichen Entwicklungen der letzten Jahre in ein kongruentes Verhältnis zu setzen.

Allerdings habe ich das Thema in seinem bisherigen Verlauf – zeitlich gesehen – relativ unspezifisch abgehandelt. *In den nächsten Forschungs-Beispielen werden wir aber unterschiedliche Arten von Kollektiv-Ereignissen – über die beschriebenen Inhalte hinaus – mit unseren astrologisch-technischen Möglichkeiten auch zeitlich punktueller einkreisen.*

Fallbeispiel Nr. 8 (kollektiv)
„Edward Snowden und die Aufdeckung verfassungsfeindlicher Aktivitäten der NSA"
„Ich riskiere eher ins Gefängnis zu kommen, als dass ich bereit wäre meine geistige Freiheit einschränken zu lassen."[3]

Mit der oberen und einigen weiteren Graphiken werden wir die Wanderung Plutos (♇) durch den Steinbock (♑) über die Jahre hinweg genauer verfolgen und dabei vor allem die Interaktionen untersuchen, die er über Aspekt-Verbindungen mit anderen Planeten am Himmel eingeht.
Die Graphik Nr. 8/1 bezieht sich auf einen längeren Zeit-Raum zwischen Juni 2012 und März 2015. Er wird definiert durch die zeitliche Länge, in welcher der eingezeichnete Quadrat-Aspekt zwischen Pluto (♇) und Uranus (⛢) seine Gültigkeit hatte. Eine solche Himmels-Konstellation ist hochbedeutsam. Uranus ist ebenfalls ein Langsamläufer – und damit auch ein transpersonaler Planet –, wenn auch etwas schneller als Pluto.

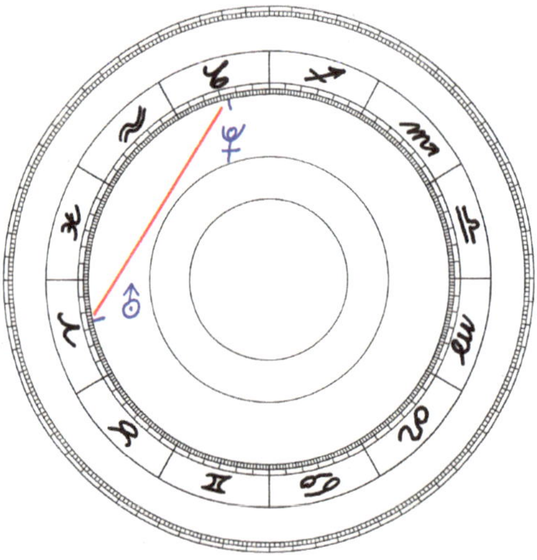

Graphik Nr. 8/1

[3] Edward Snowden am 3. Juni 2013 in Hongkong.

Uranus stand im Juni 2012 mittten im Widder (♈) und kam das erste Mal auf die gleiche Gradposition, wie sie damals Pluto im Steinbock innehatte – bei ca. 8° und bildeten so in diesem Monat einen exakten Winkel. Da sie sich aber mit unterschiedlicher Geschwindigkeit weiterbewegten und jeder dabei immer wiederkehrende Vor- und Rückwärts-Bewegungen vollzog, entfernten sie sich mehrmals leicht voneinander und nahmen daraufhin wieder exakte Winkel zueinander ein. Auf diese Weise blieben sie fast drei Jahre im Wirk-Radius gegenseitiger archetypisch-energetischer Durchdringung, bis sie im März 2015 ein letztes Mal einen exakten Winkel zueinander bildeten – *diesmal auf ca. 15°* – um sich dann endgültig voneinander zu entfernen.
In die Graphik habe ich *eine mittlere Position von 12°* für beide Planeten eingezeichnet – ein Durchschnittswert ihrer Stellungen für den dreijährigen Zeitabschnitt der gegenseitigen Durchdringung ihrer Kräfte, für die beide Planeten symbolisch stehen.
Solche Winkelbeziehungen zwischen „transpersonalen Planeten" untereinander sind relativ selten; dabei energetisch höchst intensiv und lang andauernd. Sie korrelieren mit neuen, prägnanten, inspirierenden und/oder aufwühlenden bis schockierenden Zeitgeist-Strömungen.

Nach allem, was wir mittlerweile schon über Pluto und das Steinbockzeichen (bzw. Saturn) erfahren haben, dürfte es plausibel sein, *wenn wir im Symbol-Spektrum eines „Pluto im Steinbock" u. a. auch den Geheimdienst (♇) eines Staates (♑) assoziieren.* Das ist ein treffliches „Metier" für den „Herrn der Unterwelt" (♇).
Für das jetzige Beispiel müssen wir nur noch den Uranus (♅) zu dieser Geschichte in Beziehung setzen. Zur Bedeutung des „Uranus / Wassermann / Haus 11 - Prinzips" möchte ich aber an dieser Stelle nur einen relativ schnellen Überblick geben:

Pluto ist dem Wasser-Element zugehörig und symbolisiert das tiefe, stehende und dunkle Wasser – auch die Sümpfe und die Moore.
Uranus hingegen ist dem Luft-Element zugehörig und somit das Synonym einer völlig anderen Domäne. Als letztes der drei Luftprinzipien, steht er für den *„überpersönlichen Luftraum"*, der weit über die Alltäglichkeit *(nämlich über die Atemluft für den Körper und für die alltägliche sprachliche Kommunikation = Merkur/ Zwillinge)* hinausgeht.
Es ist die Stratosphäre – die „hohe, dünne Luft", der verbindende Raum zwischen der Irdischen Welt und der Unbegrenztheit des Kosmos. Es ist die Weite des „Himmels" im doppelten Sinne seiner Bedeutung (der äußere und der innere – inwendige – Himmel) und damit die Domäne der Intuition, die aus einer transpersonalen Sphäre „in die Bewusstheit springt" („Gedanken-'Blitz'", elektrisch). *Der Mensch sucht hier die „Freiheit" – auch im doppelten Sinne ihrer Bedeutung:*

- Dabei ist die „äußere Freiheit" die kleine Freiheit – die Freiheit *von etwas* oder *für etwas;* sowohl individuell, als auch im ideologischen, im politischen Sinne verstanden.
- Die „große Freiheit" aber ist eine spirituelle Erfahrung und meint eine „erlebte schöpferische Distanz zu allen Bedingtheiten des Lebens" – ein *„inneres* Losge-

löst-Sein", „frei von Verstrickungen", „frei von Anhaftungen" an irgendwas. Es ist ein innerlich unberührtes spirituelles „Zeuge-Sein" aller Lebenserfahrungen, das aber parallel und innerhalb relativer konkreter Alltags-Zusammenhänge erlebt werden kann.

Verallgemeinernd kann man das Uranus - Wassermann - Wirken als einen *Befreiungsprozess* beschreiben. Jung, der einen Wassermann-Aszendenten hatte, prägte den Begriff der „Individuation" und rückte ihn in den zentralen Fokus seiner Arbeit bzw. seines Werkes.
Der Mensch, der bereit ist, seine ihm gegebenen individuellen Anlagen weitestgehend zu entfalten – auch wenn er dabei in Konflikte mit der „Konformität" gerät – ist ein „Berufener". Über die Intuition hat er den „inneren Ruf", seine „innere Stimme" vernommen und befindet sich auf dem „Weg der Individuation".
Döbereiner spricht in diesem Zusammenhang auch von der „Stimme Gottes".

Auf der kollektiven Ebene finden wir folgende Zuordnungen für das Uranus / Wassermann / Haus 11 - Prinzp:

- Geistige, ideelle, humanistische, spirituelle Menschen, Gruppen, Gesellschaften oder Organisationen;
- Reform- und Emanzipations-Bewegungen, Demonstrationen, Widerstands-Bewegungen, Terrorismus, Revolutionen;
- Universaldenker, Vordenker, Querdenker, Avantgarde, Trends und Trend-Setter, Design, Zeitgeist, Science fiktion;
- Erfinder und Erfindungen, Patent-Ämter;
- Elektrizität, Elektrotechnik und Elektronik, Informatik, Netzwerke, „Silicon Valley", Freizeit-Industrie, Luft- und Raumfahrt-Technik, Sateliten-Technik, *Computer und Internet;*
- Arbeiter in „schwindelnder Höhe", Seiltänzer, Stewardessen, Flugzeuge, Wetterkunde, Vögel und Vogelkunde;
- Flaschenzüge, Hebebühnen;
- Astronomie und Astrologie.

Mythologisch betrachtet sind Pluto, der „Herr der Unterwelt", und Uranus, der „personifizierte Himmel", Antipoden. Aber im großen kosmischen Drama ist alles immer zugleich auch Ergänzung. Die Vielschichtigkeit der beständig wechselnden Kräfte-Kombinationen sind dauernder Anstoß und Entwicklungs-Motor eines ganzheitlichen Kosmos im Rahmen dualer Welt-Erfahrung.
Geheimdienste (♇) haben eine legitime Funktion beim Staats(♉ bzw. ♄)-Schutz, aber es widerspricht den Interessen der menschlichen Freiheit (♅) und denen eines freiheitlich und demokratisch (♅) deklarierten Staates, seine eigenen Bürger und die anderer Staaten flächendeckend wegen egomanischer oder nationaler Groß-machts(♇/♉)-Phantasien auszuspionieren (♇).
Das wird zwar mittlerweile fast überall gemacht, nicht nur in den USA – aber in den USA hat das Dimensionen angenommen, die beispiellos in der bisherigen Geschichte der Menschheit sind.

„Die NSA z. B., die „National Security Agency“, ist eine von mehreren US-Geheimdiensten. Sie beschäftigt etwa 40 000 Mitarbeiter und verfügt über ein jährliches Budget von acht bis zehn Milliarden Dollar. Ihr Abhör-Zentrum in Utah ist das größte Datenzentrum, das auf der Welt bekannt ist. Auf 100 000 Quadratmetern wurden 2013 (innerhalb des Zeitraums der Pluto-/Uranus-Quadratur) vier Server-Hallen aufgebaut. Es gibt drei Wasserpumpen, die täglich sechs Millionen Liter Wasser zur Kühlung der heißlaufenden Computer (♅) in das System drücken können. Allein die Stromrechnung beträgt ca. 40 Millionen Dollar jährlich.
Man bekommt eine Ahnung davon, wie viele Informationen in dieses Daten-Zentrum passen, wenn man versucht, sich 400 000 Textseiten vorzustellen: die Informationsmenge eines Gigabyte. Die mathematische Suchmaschine 'Wolfram Alpha' gibt die geschätzte Größe allen menschlichen Wissens mit zwölf Milliarden Gigabyte an. Auf die Server in Utah aber passt mehr als vierhundertmal so viel, nämlich fünf Billionen Gigabyte oder fünf Zettabyte. Was will ein Geheimdienst mit soviel Speicherplatz?
Die NSA verweigert die Antwort auf diese Frage. Ihr Chef hat noch nie ein Interview gegeben. Es ist Keith Alexander, den einige für mächtiger als den amerikanischen Präsidenten halten, weil Alexander bestimmt, welche Informationen er regelmäßig an Barack Obama weiterleitet“. DER SPIEGEL, 20/2013

Eine Kollektiv-Konstellation, wie die der fast dreijährigen Pluto-Uranus-Quadratur, brachte aber – was unser Forschungs-Beispiel anbelangt – u. a. auch zweierlei unterschiedliche Mechanismen und menschliche Intentionen in die Welt:

- Da war einmal das ungeheure Ausmaß, mit dem diese Versklavungstendenzen (♇) auf die Spitze getrieben wurden. D. h., das Internet (♅) wurde zum global flächendeckenden Medium, „durch das Pluto – mit jedem einzelnen Impuls seines *'Unterwelt-Treibens'* – in jeden noch so winzigen Winkel dieser Erde 'hineinkrauchen' konnte“;
- gleichzeitig fand aber auch „das 'helle Licht menschlich-freiheitlicher Gesinnung' (♅) – personifiziert durch berufene Menschen – ein Schlupfloch, um die 'Hölle menschlichen Macht (♇)-Wahns' auszuleuchten und ans Tageslicht zu befördern;
- Unterdrückung (♇) der menschlichen Individualität (♅) und Freiheit (♅); sowie …
- Befreiung (♅) von pervertierten Macht-Zwängen (♇) waren u. a. die zwei parallel verlaufenden (und global sichtbar gewordenen) Seiten des damaligen kollektiv-umfassenden Zeit-Geist-Prozesses.

  Dieser Prozess hat bis heute kein Ende gefunden und verläuft unterschwellig unvermindert weiter, obwohl „kaum noch ein Hahn danach kräht“. Er hat den Status einer *„zentral-gebündelten kollektiven Aufmerksamkeit“* verloren, den er zur Zeit des damals noch aktuellen Pluto-Uranus-Quadrats innehatte.

Die „Licht-Gestalt unter den Berufenen“ jedoch – hier in Hinblick auf die beschriebenen global-historischen Ereignisse um 2013 herum – ist Edward Snowden.
Snowden, geboren am 21. 6. 1983 in den USA, ist ein herausragend intelligenter Mensch, dessen Leidenschaft für Computer-Technik (♅) schon früh einen Großteil seines Lebens ausfüllte. Gleichzeitig war er stark patriotisch eingestellt und wollte – auch durch den Schock vom 11. September 2001, bei dem er 18 Jahre alt war –

aktiv seinem Vaterland dienen. Er meldete sich freiwillig für die Ausbildung in einer militärischen Spezial-Einheit, was er aber gesundheitlich nicht durchstand. So bewarb er sich bei der CIA (♇) und wurde dort System-Entwickler (♅) in der Cyber-Abwehr (♅ /♇). Schon dort stieß er immer wieder auf Ungereimtheiten, die seinen idealistischen Patriotismus und sein Bild vom freien (♅) Amerika irritierten, die aber noch nicht gravierend waren. Außerdem hatte er gehofft, dass es unter der anbrechenden Obama-Administration anders werden würde, was sich aber als Trugschluss erwies. Unter Obama wurde der amerikanische Geheimdienst-Apparat sogar erst zu einem gigantischen Monstrum ausgebaut.
Darüber hinaus machte Snowden seine Tätigkeit auch im Privat-Leben zu schaffen, weil er kaum noch Zeit und Kraft für die Frau hatte, mit der er zusammenlebte. Außerdem war er für alles, was seine berufliche Tätigkeit ausmachte, zum Schweigen (♇) verpflichtet, was zusätzlich die Intimität zwischen Menschen einschränkt. Ein epileptischer (♅ = Nerven) Anfall jedoch machte dem allen ein vorläufiges Ende. Snowden war bei allem, was er bei der CIA tat, immer ein „Top-Mitarbeiter" und hatte hochrangige Förderer, sodass man ihn erneut anwarb – diesmal für die NSA (♇).

So ging er mit seiner Partnerin nach Hawaii, wo die NSA einen ihrer Stützpunkte hatte. Dort wurde er in seiner Tätigkeit aber viel tiefer in die „Unterdrückungs-Architektur" (O-Ton Snowden) dieser Systeme hineingezogen, und er lernte mit zunehmendem Schauder die dunklen und schmutzigen Seiten der US-Geheimdienste kennen (Drohnenkrieg und Abhör-Praktiken). Es war die Zeit – kurz vor seinem eigenen „comming out" – in der schon andere „Whistle-Blower" kritische Andeutungen von geringerer Bedeutsamkeit gemacht hatten, die aber durch juristische Abstrafungen mundtot gemacht wurden. Dennoch mussten sich zu dieser Zeit sowohl Politiker als auch Geheimdienst-Oberste schon mal einer öffentlichen Anhörung stellen, in der sie jegliche unerlaubten Praktiken komplett leugneten. *Laut der amerikanischen Verfassung ist es nicht erlaubt, dass US-Bürger ohne Gerichtsbeschluss in irgendeiner Weise abgehört werden durften.*
Snowden hatte aber mittlerweile in all diesen „Top-Secret-Praktiken" detaillierte Einblicke bekommen und in Eigeninitiative im Rahmen seiner NSA-Tätigkeit sogar ein Programm entwickelt, welches es ihm ermöglichte, alle die von der NSA illegal abgegriffenen Daten-Einheiten – nach exakter Anzahl und Herkunft – sortiert aufzuschlüsseln. Diese Daten-Sätze waren entweder E-mails, Chats, SMS oder Telefonate von *allen US-Bürgern* und von allen möglichen Ländern dieser Welt. Dabei konnten auch die in den Monitoren der Bürger installierten Kameras auf eine Weise aktiviert werden, die nicht auffiel, weil man dafür sorgte, dass die kleinen Lämpchen dabei nicht angingen. So konnte man völlig wahllos visuelle und akustische Live-Einblicke in die Wohn- und Schlafzimmer verschiedener Menschen nehmen. *Wahllos alle Daten* wurden über Algorithmen nach Schlüsselbegriffen durchforstet und entsprechend sortiert.
Snowden musste zu seinem Entsetzen feststellen, dass seine Statistik der gesammelten E-Mails und Skype-Daten *von einem einzigen Monat Anfang 2013* z. B. folgendes ergab:

Frankreich – 70 Millionen abgegriffener Daten
Deutschland – 500 Millionen ...
Brasilien – 2 Milliarden ....
USA – 3,1 Milliarden ...
Russland – 1,5 Milliarden ...
usw. ...

Snowdens Schock war es vor allem, dass die NSA die eigenen Bürger am intensivsten ausspähte und nicht die „Feindesländer“, wie etwa China oder Russland. Dennoch war die NSA natürlich überall tätig – ob bei Freund oder Feind. Auch in Japan – einer Nation, die als Verbündete galt – wurden z. B. überall im Land heimlich Schläferprogramme (♇ /♅) auf strategisch wichtigen Rechnern (♅) installiert, z. B. in Kraftwerken, Staudämmen, Krankenhäusern, etc.. Sollte Japan eines Tages kein Verbündeter mehr sein – dann ... „‘Licht’ aus!“

Das gleiche, was für Japan gilt, gilt auch für Mexiko, Brasilien, Deutschland, Österreich etc. Und überall gibt es massenhafte Überwachungen von Führungs-Eliten in Wirtschaft und Politik. Es werden Handelsverträge ausgespäht, Firmen-„know how’s“, Diplomaten-Depechen, Sex-Skandale etc., nur um sich Vorteile bei den G8-Verhandlungen zu verschaffen oder um Staats-Oberhäupter in Drittwelt-Ländern zu kippen. Das alles läuft unter dem Terrorismus-Vorwand (Patriot-Act) – aber in Wahrheit geht es um gesellschaftliche und wirtschaftliche Kontrolle (♄/♇) – um den Schutz der Vorrang-Stellung der USA.
„Das moderne Schlachtfeld ist überall und am besten sollte niemand anderer die jeweils eigene Position kennen.“
Snowden aber hatte sich seinen Patriotismus bewahrt, obwohl er nun einen der Haupt-Feinde für ein freies Amerika im eigenen Land und im eigenen Staats-Apparat ausmachte. Und er empfand es als seine menschliche Pflicht dies offen zu legen.
An seinem letzten Arbeitstag, Mitte Mai 2013, meldete er sich für ein paar Tage bei den Kollegen mit dem Vorwand ab, sich einer Epilepsie-Therapie in einer anderen Stadt zu unterziehen. Trickreich schmuggelte er einen Stick mit 1,7 Millionen Dateien an den Hoch-Sicherheits-Schleusen des NSA-Gelände-Ausgangs vorbei. Mit Andeutungen, dass er in Gefahr sei, verabschiedete sich Snowden von seiner Partnerin ohne Ziel-Angaben und flog nach Hongkong. Dort mietete er sich in ein Hotel ein und suchte verschlüsselte Kontakte zu Journalisten vom britischen „Guardian“ und von der „Washington Post“, sowie zu der Dokumentar-Filmerin Laura Poitras, deren kritische Arbeiten ihn vorher schon beeindruckt hatten. Zwei Journalisten und Laura Poitras kamen unter strengsten Vorsichtsmaßnahmen am 3. Juni 2013 zu ihm in das Hotel-Zimmer in Hongkong, sichteten Teile seines Daten-Materials und entwarfen Strategien für eine anvisierte hochbrisante Veröffentlichung. Dabei dokumentierte Poitras jede Phase dieser mehrtägigen Treffen mit Kamera und Mikrofon und schnitt alles später zu dem preisgekrönten Dokumentarfilm „Citizenfour“ zusammen.

Ich fasse hier noch mal kurz astro-technische Mechanismen von kollektiven Prozess-Verläufen zusammen:

- Langfristige, über Jahrzehnte andauernde – Kollektiv-Strömungen mit einer spezifischen archetypischen Färbung, werden vor allem über die Wanderung der drei langsamlaufenden „transpersonalen Planeten" durch die entsprechenden Tierkreiszeichen angezeigt.
  Als Beispiel hatten wir den 16-jährigen Durchlauf des Pluto durch den Steinbock (♑) behandelt, der eine radikale Transformation (♇) gesellschaftlicher (♑) Werte und staatlicher (♑) Strukturen und Gesetze (♑) anzeigt.
- Innerhalb solcher zeitlich ausgedehnten Themenschwerpunkte bilden sich vielfach noch zusätzlich kürzere Phasen von Monaten oder wenigen Jahren heraus, welche die hintergründig angezeigten Langzeit-Themen in unterschiedlich modifizierter Form in die kollektiv wahrnehmbare Erscheinung treten lassen. Solche kürzeren Phasen werden durch zwei oder mehrere Langsamläufer angezeigt, die für die entsprechenden Zeit-Abschnitte Aspekt-Beziehungen untereinander eingehen. Zu dieser Art von gemeinten Langsamläufern gehören – über die drei äußeren Planeten Uranus, Neptun und Pluto – dann auch noch Saturn und Jupiter dazu.
  Das Beispiel der dreijährigen Pluto-/Uranus-Quadratur zeigte besonders deutlich das Ausmaß, in welchem der gesellschaftliche Transformations-Prozess von Pluto im Steinbock (♇ im ♑) die Unterdrückung (♇) der individuellen menschlichen Freiheit (♅) und die der demokratischen (♅) Bestrebungen einzelner Völker bzw. des ganzen Kollektivs noch verstärkt.
  Und es zeigte ebenso deutlich, welche Rolle explizit das Internet (♅) im Allgemeinen und die Geheimdienste (♇) im Besonderen dabei spielten.
- Wenn allerdings prägnante längerfristige kollektive Entwicklungen an ganz bestimmten Tagen plötzlich höhepunktartig in die allgemeine öffentliche Wahrnehmung „springen", dann liegt das entweder daran, dass
  - zwei Langsamläufer, die an einer Aspektbeziehung beteiligt sind, sich in nahezu exakten gemeinsamen Gradpositionen „berühren",
  - oder daran, das sich zusätzlich noch Schnellläufer – zu den schon vorhandenen Aspekten der Langsamläufer – punktuell, d. h. relativ gradgenau (für einen oder nur für wenige Tage) dazugesellen.

Und wie in der letzten Variante war es auch im Fall unseres „Wistleblowers" Edward Snowden.

<u>Am 6. Juni 2013 „pfiffen es die Spatzen von allen Dächern dieser Welt".</u>
Anders gesagt, fand an diesem Tag die gemeinsame Veröffentlichung von Snowdens verstörendem Insider-Wissen im „Guardian" und in der „Washington Post" statt. Ab diesem Tag und noch für die nächsten drei Tage dazu, hatte der schnell laufende Merkur (☿) am Himmel eine Grad-Position eingenommen, die sich mit der Gradstellung der Pluto-/Uranus-Quadratur deckte – nämlich zwischen 9° und 13° im Krebs – und bildete dabei seinerseits eine Opposition zum Pluto und ein Quadrat zum Uranus.

Regelgemäß werden über solche oder ähnliche Himmels-Verhältnisse punktuelle Höhepunkte kollektiver Zeitgeist-Strömungen angezeigt. Die kurzfristige Punktlandung eines Schnellläufers auf aktuell neuralgischen Gradpositionen „bringt es an den Tag".

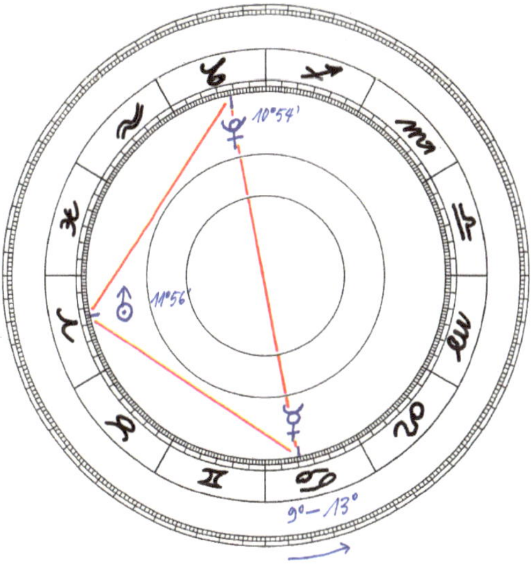

Graphik Nr. 8/2

Graphik Nr. 8/2 zeigt die exakten Gradpositionen von Pluto, Uranus und Merkur zur Zeit der öffentlichen Enthüllungen zwischen dem 6. und 9. Juni 2013.
Der Merkur hat sowohl zum Zwillings-Prinzip, als auch zum Jungfrau-Prinzip ein Verwandtschafts-Verhältnis. Wir müssen ihn aber speziell für unseren Fall mit großem Schwerpunkt als Zwillings-Merkur deuten, weil in den hier untersuchten Tagen gleich drei andere Planeten zusätzlich im Zeichen der Zwillinge (♊) standen – nämlich die Sonne, der Mars und der Jupiter (siehe Graphik Nr. 8/3). Damit war die „archetypische Gesamt-Kollektivkraft" temporär noch mit einem überdurchschnittlich hohen Anteil zwillingshafter Energie gesättigt. Und *das* schlägt sich dann vor allem in der gesteigerten Intensität zwillingshafter Sättigung des Merkurs selbst nieder, der in diesen Tagen – in seiner hervorragenden Tierkreis-Position – eng mit der Pluto-/Uranus-Konstellation „verschmolzen" war.

Graphik Nr. 8/3 (siehe S. 188) zeigt die Intensitäts-Steigerung des Merkurs als Zwillings-Merkur durch eine aktuell starke Zeichenbesetzung der Zwillinge (♊) zur Zeit der öffentlichen Enthüllungen zwischen dem 6. und 9. Juni 2013
Das Merkur-/Zwillinge-/Haus 3-Prinzip ist das erste Luft-Element in der natürlichen Tierkreis-Folge, die am Frühlings-Punkt (0° Widder) beginnt.
Merkur symbolisiert die menschliche Ratio, den Intellekt. Es ist ein funktionales, analytisches Denken, das uns eine klare Orientierung in der materiellen Umwelt

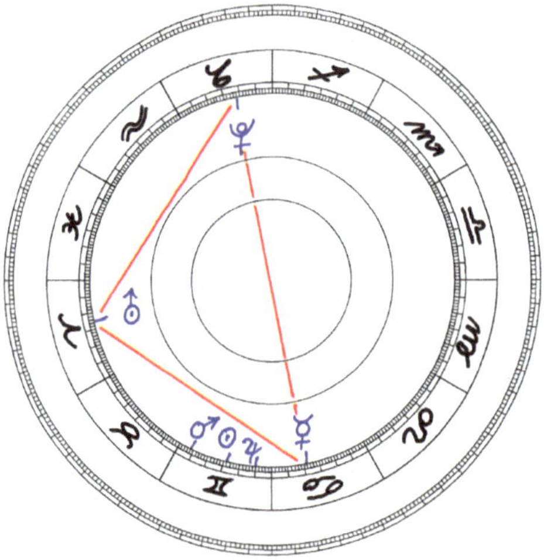

Graphik Nr. 8/3

erlaubt und uns dabei behilflich ist, unsere Alltags-Angelegenheiten zu bewerkstelligen. Der *Sach-Verstand* „klopft“ die Welt nach *Fakten und Informationen* ab – sammelt diese, verwertet sie praktisch und technisch und *vermittelt* sie weiter. Der Zwillings-Merkur steht für die natürliche Neugierde des Menschen, für sein angeborenes Lern-Interesse, für Austausch und Kommunikation. Die Sprach-Organe (Austauschs-Organe) wären ohne die Atemluft nicht denkbar; aber auch Mimik, Gestik, das Lesen, und das Schreiben sind diesem Prinzip zugeteilt – ebenso auch technische Befähigungen.

Auf der kollektiven Ebene finden wir folgende Zuordnungen:
Massenkommunikationsmittel (Presse, Rundfunk, Fernsehen, Telefon, Smart-Phone);
Journalisten, Fotographen, Moderatoren, Verleger;
Zeitungsläden und Kioske, Bibliotheken und Bibliothekare, Buchhandel, Seminarhäuser, Referenten, Kopie-Shops, Druck- und Kopiergeräte;
Bleistifte, Kugelschreiber, Papier, Kreide, Tinte, Flip-Charts, Overhead-Projektoren;
generelle Infra-Struktur = Austausch (auch von Waren) und Mobilität (Post, Fernmeldewesen, Verkehrswesen), Busse und Bahnen, Schaffner und Fahrer, Informations-Stände, öffentlicher Nah-Verkehr, Güter-Nahverkehr; Straßenbau;
technische Abteilungen und Sekretariate (egal welche Branche), Bürobedarfs-Industrie;
Schulwesen allgemein und Lehrer, Sprach- und Ingenieurs-Schulen im Besonderen;
technische Handwerks-Betriebe.

Doch zurück zu Edward Snowden. Mit dem Verständnis der archetypischen Bedeutung des Planeten Merkur (griechisch = Hermes, der Götter*bote*, Mittler, Vermittler) schließt sich für uns ein Deutungskreis. Der geheimdienstliche (♇) Missbrauch des Internet (♅) wurde *durch Hermes-Merkur* öffentlich und hatte von da an die Medien (☿) auf globaler Ebene noch lange Jahre intensiv beschäftigt..
Am 6. Juni 13 – *dem ersten Tag von Merkurs wirksamen Kontakt mit dem Pluto-/Uranus-Quadrat und gleichzeitig der erste Tag der „ungeheuerlichen Veröffentlichungen“* – hatte Snowden noch seine Anonymität gewahrt. Doch schon am 9. Juni – dem letzten Tag von Merkurs wirksamem Kontakt zur Quadratur – durchbrach er auf eigenen Wunsch seine Zurückhaltung und stand ganz bewusst mit seiner Identität für sein Handeln ein. Niemand sollte denken, dass sich vielleicht irgendjemand etwas ausgedacht hat. Mit seiner Identität und seinem bekennenden geheimdienstlichen Status wollte er die Wahrhaftigkeit seiner Aussagen bekräftigen. Außerdem hatte er vorher schon ganz bewusst viele „digitale Finger-Abdrücke“ hinterlassen, damit Freunde und Kollegen/innen nicht durch die Suche nach ihm mit hineingerissen wurden.
Von da an begann die offizielle Jagd nach ihm durch „die Häscher der Unterwelt“ (♇). Aber er konnte sich mit Hilfe zivilcouragierter (♅) Menschen (Frei-Geister) einige Tage in Hongkong verstecken, um nach etlichen Recherchen – hinsichtlich eines halbwegs sicheren Fluchtortes – schließlich zusammen mit der Wikileaks-Mitarbeiterin Sarah Harrison in Moskau zu landen. Dort war man aber nicht auf ihn vorbereitet. Er durfte sich vorübergehend nur in der „Transit-Zone“ des Moskauer Flughafens aufhalten; was noch mal 40 Tage dauerte. Schließlich wurde ihm ein befristetes Asyl von einem Jahr gewährt, das dann aber verlängert wurde. Später siedelte seine Lebenspartnerin zu ihm nach Moskau über. Mit ihr lebt er heute (2019) noch in Moskau.

Snowden stützt sein Handeln auf Prinzipien, die aus der Rechtsprechung der Nürnberger Prozesse formuliert wurden:
„Individuen haben internationale Verpflichtungen, die die nationalen Verpflichtungen zum Gehorsam übersteigen!“
Daher habe jeder einzelne Bürger die Pflicht, inländische Gesetze zu verletzen, um Verbrechen gegen den Frieden und die Menschlichkeit zu verhindern.
Wir haben unsere Geheimdienst-Geschichte bisher ausschließlich auf der kollektiven Ebene abgehandelt, d. h., wir haben nur die Himmels-Ausschnitte *des Zeit-Abschnitts* betrachtet, zu dem die Geschichte tatsächlich aktuell war. Keine dieser Konstellationen war vorher schon einmal in irgendeinem anderen individuellen Horoskop eingebunden gewesen. All diese Betrachtungen haben wir dann mit Edward Snowden und der Rolle, die er darin spielte, verkoppelt – denn seine Geschichte passte inhaltlich auch wunderbar in die behandelte Kollektiv-Konstellation hinein.
Aber…! Da es über die Kollektiv-Konstellation hinaus auch tatsächlich Snowdens ganz eigene Geschichte ist, müssen wir diese auch zusätzlich noch in seinem persönlichem Horoskop wiederfinden – und zwar als Auslösung für genau diese bisher behandelte Zeit. Schließlich spielte er ja die Hauptrolle in ihr.

Und tatsächlich finden wir in den Horoskopen von Kollektiv-Ereignissen auch immer die Verbindungs-Linien zu den persönlichen Horoskopen ihrer Haupt-Akteure.

Lassen Sie uns daher die Gelegenheit nutzen, um – zumindest an diesem Beispiel – das „'umfassende Wirken' der astrologisch beschriebenen kosmischen 'Grund-Kräfte'" auf mehreren Ebenen gleichzeitig darzustellen. Die so gewonnene astrologische Zusammen-Schau steht stellvertretend für die unzähligen anderen – schier unglaublich ineinander verschachtelten – „raum-zeit-inhaltlichen Bezogenheiten" der EINEN WELT.

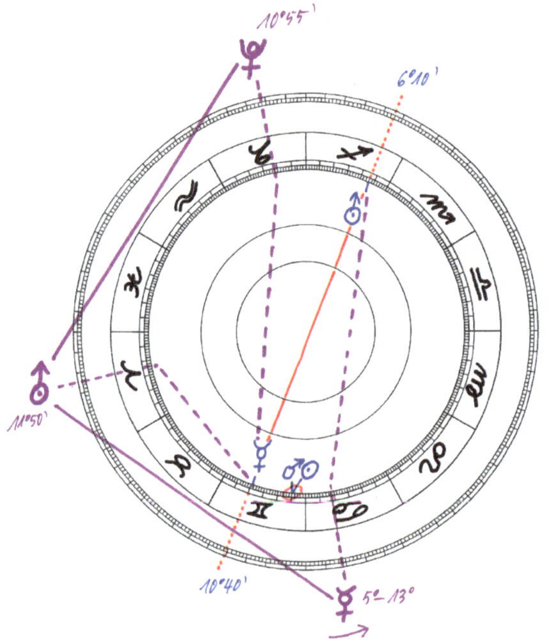

Graphik Nr. 8/4

In Graphik Nr. 8/4 finden Sie im Innenkreis Ausschnitte aus dem Geburts-Horoskop Snowdens vom 21. Juni 1983.
In den Außenkreis verlagert habe ich hingegen die Pluto-/Uranus-/Merkur-Konstellation, so wie sie zurzeit von Snowdens brisanter Veröffentlichung *im Juni 2013* am Himmel stand (und wie sie in Graphik 8/3 dargestellt wurde). Damit will ich deutlich machen, dass die Stellungen von Pluto/Uranus/Merkur im Juni 2013 in der obigen Graphik zu Transit-Planeten für Snowdens Geburts-Planeten werden. Wir haben also hier ausschnitthaft die Himmels-Konstellationen zweier verschiedener Zeiten übereinander gelagert. Dabei wird einsehbar, welche Lebensthemen generell im Jahr 2013 – und dann speziell im Juni – in Snowdens Radix ausgelöst waren.

Es macht Sinn, wenn Sie die obige Graphik bei all den gleich folgenden einzelnen Überlegungen, mit der vorigen Graphik Nr. 8/3 vergleichen, denn es gibt viele Ähnlichkeiten zwischen beiden Bildern – aber auch bedeutsame Unterschiede.

In diesem Vergleich müssen wir uns Folgendes klar machen:
Der zentrale Punkt, der uns dabei sofort „ins Auge springt“, ist, *dass auch hier wieder der Merkur (☿)* – diesmal ist es jedoch Snowdens Geburts-Merkur (*Innenkreis*) – *in intimer Weise in die Pluto - Uranus - Quadratur von 2013 (Außenkreis) eingebunden ist* – in die Quadratur, die diesmal jedoch die Funktion von Transit-Planeten für Snowdens Horoskop – insbesondere für seinen Radix-Merkur – inne hat.

- *Pluto und Uranus transitierten 2013 Snowdens Radix-Merkur gradgenau* – wenn auch in anderen Winkeln (Quinkunx = 150° und Sextil = 60°) – und regten ihn dazu an, die öffentlichen Medien (☿) „mit ins Boot zu nehmen“. So wurde er selbst zum kollektiven Sprachrohr (☿) gegen destruktiv geartete plutonisch-uranische Angelegenheiten.
- Die beiden letzten Graphiken zeugen gemeinsam – aber auch jede für sich auf ihre Weise – *von einer zusätzlichen Dominanz des Merkur - Zwillinge -Themas* (Massen- Medien):
  - <u>einmal als permanentes Thema in Snowdens Geburtsbild,</u> mit 3 Planeten in den Zwillingen (♊), das dann zur Zeit der Enthüllungen bei ihm – durch Transite auf seinen Merkur – konstelliert war (Graphik 8/4);
  - <u>zum anderen als temporäre Erscheinung, eingebunden in die Kollektiv-Konstellation,</u> so wie diese um die Tage der öffentlichen Enthüllungen am Himmel standen (Graphik 8/3).

- Snowdens Geburtsbild (Innenkreis 8/4) zeigt uns aber auch noch eine weitere <u>Uranus-Merkur-Verbindung,</u> nämlich in Gestalt einer Radix-Opposition (gepunktete Linie) als permanentes Grund-Thema seines Lebens (Uranus 6°10' Schütze ♐/ Merkur 10°40' Zwillinge ♊).
  Diese Verbindung bildet einerseits das Potenzial für Snowdens Computer-Genius ab, denn ohne eine solche archetypische Persönlichkeits-Anlage hätte er nicht die Schlüssel-Rolle in dieser „Cyber-Spionage-Story“ spielen können.
  Zum anderen zeigt die Uranus-Merkur-Konstellation auch eine astro-psychosomatische-Disposition für mögliche Nerven-Erkrankungen vielfältiger Art (Uranus = Elektrizität), u. a. auch für Epilepsie, die bei ihm zum ersten Mal in den Jahren seiner Geheimdienst-Tätigkeit durchbrach.

Die hier dargelegten Verschachtelungen zwischen *individuellen und kollektiven Konstellationen, verbunden mit konkreten Ereignissen und noch dazu <u>spezifischen Zeiten,</u>* die *<u>das alles</u>* miteinander verknüpfen, sind insbesondere für den astrologischen Laien sicher erst einmal ein kompliziertes Arbeits-Terrain, wenn er sich hier hineinzudenken versucht. So können Sie, wenn Ihnen das Maß an Differenziertheit reicht, die nächsten 2½ Seiten überspringen und bei Fallbeispiel Nr. 9 weiterlesen.

Wer sich aber diese Mühe macht, an dieser Stelle hier weiterzulesen, dem offenbaren sich „auf das weltliche Geschehen ausgerichtete 'Meisterwerke göttlicher Koordinations-Kunst`".

Denn wenn wir im Rahmen der ganzen Snowden-Geschichte den spezifischen Zeitpunkt der „Großen Enthüllung" aus unterschiedlichen astrologischen Perspektiven betrachten, dann *verschmelzen* – auf diesen Moment bezogen – gleich *vier Uranus-Merkur-Verbindungen zu einer spirituell übergeordneten 'zeit-räumlichen EINHEIT'.*

- Da gibt es Snowdens Geburtshoroskop mit einer Uranus-Merkur-Opposition (Innenkreis);
- und es gibt 30 Jahre nach Snowdens Geburt, zum Zeitpunkt der „Großen Enthüllungen" eine Himmelskonstellation, in der – über die Pluto-Verbindung hinaus – noch ein Uranus-Merkur-Quadrat enthalten ist (Außenkreis);
- und drittens gibt es eine uranisch-merkurische Synthese zwischen den Konstellationen in Snowdens Horoskop und den Planetenstellungen der Himmels-Konstellation zur Zeit der Enthüllungen. Es ist eine Synthese, die wir nicht erst gedanklich schaffen müssen, sondern sie existiert durch sich selbst, und wir stellen astrologisch hier nur das Entdeckte dar. Die Synthese zeigt sich uns durch die gleichartigen Gradpositionen der inhaltlich relevanten Planeten (innerhalb eines definierten Wirkradius = Orbis).
  Auf dieser dritten Ebene der Synthese existieren sogar gleich zwei zusätzliche Uranus-Merkur-Verbindungen:
  - Dabei bildet der Uranus der damals aktuellen Kollektiv-Konstellation ein Sextil-Aspekt zu Snowdens Radix-Merkur (rot gestrichelte Linie Innenkreis);
  - und umgekehrt bildet der Merkur der damaligen Kollektiv-Konstellation einen Quinkunx-Aspekt (150°) zu Snowdens Geburts-Uranus (rote Linie im Innenkreis).

Alle angegebenen Gradzahlen sind exakt, bis auf die des schnelllaufenden Transit-Merkurs, die eine größere Spanne von 5°-13° – innerhalb des mehrere Tage dauernden Ereignisses – umfassen:
Die Radix-Planeten im Innenkreis sind durch den Zeitpunkt der Geburt fixiert und ändern sich sowieso nie. Bei den Tansit-Planeten im Außenkreis verhält es sich anders. Sie sind immer in Bewegung. Aber die Langsamläufer Pluto und Uranus bewegen sich innerhalb von Tagen nur minimal, deshalb kann man es – in Hinblick auf die beschriebenen Ereignisse der „Großen Enthüllung", die sich nur wenige Tage hinzogen – bei einer fixen Grad-Benennung belassen.
Den Merkur im Transit (Außenkreis) habe ich zunächst unbestimmt mit 5°-13° angegeben. Er stand aber dennoch innerhalb der entscheidenden Höhepunkts-Phase der „Großen Enthüllung" zu jeder Zeit *im wirksamen Orbis der beteiligten Gesamt-Konstellationen.* Er ist ein Schnellläufer und verändert seine Position im Schnitt pro Tag 1°.

Während die Langsamläufer die „Fässer langsam und stetig mit großen Mengen Flüssigkeit füllen und dabei anzeigen, wie voll ein jegliches Fass schon ist", sind es die Schnellläufer, die „die Fässer – mit dem letzten noch fehlenden Tropfen – zum Überlaufen bringen".

Durch die relativ schnelle Beweglichkeit des Merkurs kann man deutlich die einzelnen Detail-Abschnitte des gesamten Prozess-Verlauf – innerhalb der entscheidenden Höhepunkts-Phase der 'Enthüllung' – ablesen.

- Am 3. Juni 2013 kommen zum ersten Mal – entsprechend ihrer geheimen Verabredung – der Guardian-Journalist und die Dokumentar-Filmerin Laura Poitras zu Snowden ins Hongkonger Hotelzimmer und er legt ihnen innerhalb von drei Tagen in groben Zügen das zu veröffentliche geheime Material vor. Der Transit-Merkur kam an diesen Tagen in den gradmäßigen Wirkbereich (Orbis) von Snowdens Radix-Uranus auf 6°10' im Schützen.
- Täglich ein wenig weiter wandernd, ist er dann am 6. Juni schwerpunktmäßig mehr in den genaueren Wirkbereich eingetreten, mit dem er selber Teil der aktuell prägnanten Kollektiv-Konstellation in der Drei-Einheit von Pluto/Uranus/Merkur am Himmel wurde (siehe Außenkreis). Das war der erste Tag der Veröffentlichung des geheimen Materials in den Medien.
  In Graphik 8/2 hatte ich die Grad-Angaben zum Merkur noch mit 9°-13° angegeben, da diese Graphik sich ausschließlich auf die Kollektiv-Konstellation bezog und es inhaltlich dabei nur um die Veröffentlichung ging. Hier jedoch beziehen wir noch Snowdens Horoskop mit ein (insbesondere seine Uranus-Stellung) und zudem berücksichtigen wir noch das Geschehen drei Tage vor der Veröffentlichung.
- Am 9. Juni gibt Snowden noch seine Identität öffentlich preis – „dann schiebt sich der Transit-Merkur langsam aus dem Orbis seiner relativ kurzen Mitbeteiligung am Gesamt-Transitgeschehen, und Snowdon verschwindet am nächsten Tag in den Untergrund; „die Jagd auf ihn ist eröffnet".

Schauen Sie sich – unter all diesen behandelten Gesichtspunkten – vielleicht noch einmal die Graphik 8/4 an und fragen Sie sich, welche statistischen Methoden ebenso in der Lage wären, mitten in „Gottes Herz" hineinzuleuchten.

Auffällig in Snowdens Radix ist auch die Pluto (♇)- /Saturn (♄)-Konjunktion, die alle Menschen haben, die zwischen Oktober 1982 und August 1983 geboren wurden.

Auch wenn man eine solche Konstellation sehr unterschiedlich im Leben einlösen bzw. ausleben kann, finden wir in ihr gleichsam eine Erklärung für Snowdens patriotischen Hang, in „leidenschaftlicher" (♇) Weise seinem/r Vaterland/Nation (♄) dienen zu wollen. Und ebenso spiegelt sich in ihr eine gewisse Affinität zu staatlichen (♄) Geheimdiensten (♇) wider, *denn Pluto/Saturn ist inhaltlich „nichts weiter" als ein „Pluto im Steinbock-Äquivalent".* Diese Konjunktion in Snowdens Horoskop war – zur Zeit der „Großen Enthüllung" – ebenfalls durch einen Jupiter (♃)-Transit (dem schnellsten Langsamläufer) ausgelöst.

Jupiter, der u. a. auch als „Reise-Planet 'internationaler Prägung' (Fernreisen)" gilt, stand in den Tagen der „Großen Enthüllung" in genau der gleichen Position am

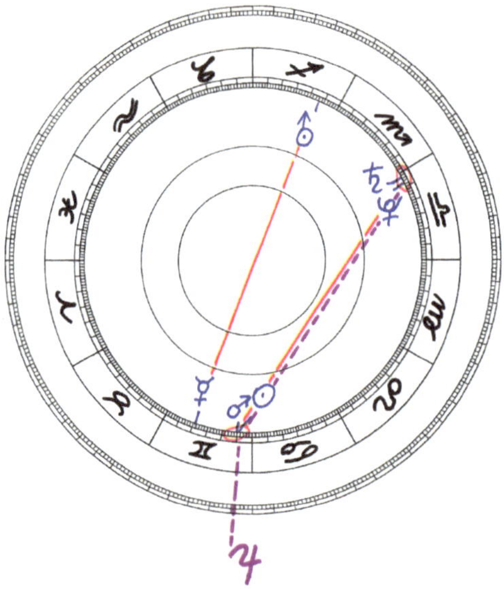

Graphik Nr. 8/5

Himmel (Außenkreis) wie Snowdens Radix-Sonne (☉) und *nahm von dort gleichzeitig einen Trigonal-Aspekt zu seiner Pluto-/Saturn-Konjunktion ein.* Das spiegelt einerseits seinen schon beschriebenen – relativ kurzen – Honkong-Aufenthalt (♃) Geheimdienst-Angelegenheiten (♄/♇) wider. Und andererseits *ist es eine Ironie des Schicksals, dass Snowden gleich im Anschluss – als scheinbar einzig sichere Alternative für ihn – ausgerechnet in Russland, einem quasi autoritären (♇) Staat (♄), einreisen (♃) durfte und dort bis heute Asyl fand.*

Recherchen zum Thema Edward Snowden und NSA:
- SPIEGEL Wochenmagazin (diverse)
- SPIEGEL Online (diverse)
- *„Citizenfour“*, Dokumentarfilm von Laura Poitras. *Dieser Film dokumentiert den Prozess von Snowdens Enthüllungen in Echt-Zeit – seine Tage im Hongkonger Hotelzimmer, die ersten Treffen mit Poitras und den Journalisten, sowie die gemeinsamen Enthüllungen bis zu seiner Flucht nach Moskau.*
- *„Snowden“*, Spielfilm von Oliver Stone, 2016. *Dieser Film zeichnet sich durch Wirklichkeits-Treue aus und hat im „Fakten-Check“ von SPIEGEL Online Bestnoten erhalten.*

Fallbeispiel Nr. 9 (kollektiv)

„Jupiter-Sonde ‘Juno’ erreicht einen Punkt maximaler Nähe zum Jupiter“

Ca. fünf Jahre nach ihrem Start von der Erde erreichte die Jupiter-Sonde ‘Juno’ am 28. August 2016 einen „Punkt von allernächster Nähe zum Jupiter“, ein so genanntes *Perijovum*. Dies war der Tag, an dem das erste Mal während der ganzen Mission die Mess-Instrumente und die Foto-Kameras der Sonde aktiviert wurden. *Soviel erst mal zum Raumfahrt-Technischen Gesichtspunkt.*

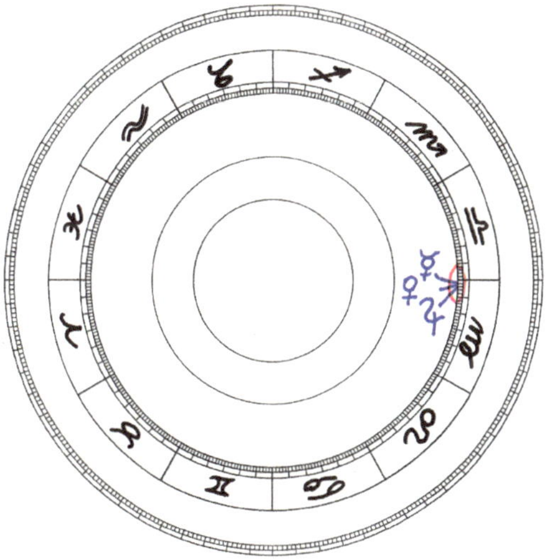

Graphik Nr. 9/1

Die Graphik Nr. 9/1 zeigt die astrologische Perspektive auf diesen besonderen Tag. Sie sehen, dass Jupiter (♃) auf der Tierkreis-Position von 27° 26' in der Jungfrau (♍) steht, und zwar in enger Konjunktion mit gleich zwei anderen Planeten, nämlich mit der Venus (♀) auf 27° 45' (♍) und mit dem Merkur (☿) auf 28° 49' (♍).
Der Jupiter ist also an diesem Tag in einer besonders hervorragenden Weise konstelliert und das verleiht ihm eine zusätzliche Bedeutungs-Intensität. Denn drei von insgesamt zehn Planeten stehen hier an einem Punkt im Tierkreis zusammen, während die anderen sieben Planeten sich – mehr oder weniger verstreut – auf den Rest des Kreises verteilen. *Das,* was wir als Konjunktion bezeichnen, meint in unserem Falle, dass die 3 beteiligten Planeten – aus unserer Erdperspektive – auf einer Linie hintereinander zu sehen sind und damit optisch auf einen Punkt zusammenzufallen scheinen. In Wirklichkeit sind sie aber untereinander – auf die Tiefe des Raumes bezogen – soweit voneinander entfernt, dass man ihren Abstand zueinander nur in Millionen von km ausdrücken kann. Eine solche Konjunktion am Himmel kann man astrologisch in sehr unterschiedliche Bedeutungs-Zusammenhänge bringen, je nachdem, worauf wir sie beziehen:

- Sie könnte z. B. als Transit-Konstellation eine temporäre Rolle in den Horoskopen von Individuen oder Institutionen spielen.
- Wir könnten sie aber auch als integrierten Bestandteil neuer Geburtshoroskope interpretieren, und zwar für alle Menschen, die an diesem Tag – an dem 'Juno' das Perijovum erreichte – geboren wurden, oder für alle Institutionen, die an diesem Tag gegründet wurden.

– Aber hier in unserem Fallbeispiel wenden wir diese Konstellation auf den Jupiter selber an – als relativ seltenen Fall, aber aus gegebenem Anlass.

Diesmal beziehen wir die gesamte *astrologische* Konstellation also auf den *astronomischen* Jupiter, so wie ihn die Astro-Physiker und Raumfahrt-Ingenieure verstanden wissen wollen, für die ja die Astrologie in aller Regel etwas *völlig Irreales und somit auch völlig Irrelevantes* ist. Denn dadurch, dass an diesem Tag die Raum-Sonde 'Juno' am Punkt ihrer nächsten Nähe zum Jupiter steht, rückt der astronomische Jupiter – inklusive des Raumfahrt-Projekts – in den Fokus global-menschlicher Aufmerksamkeit.
Fakt aber ist gleichzeitig, dass der 28. August 2016 – in Hinblick auf den Jupiter – nicht nur für die Astro-Physiker *ein besonderer Tag* war, sondern auch für die Astrologen/innen.

Machen Sie sich noch einmal bewusst, dass Jupiter schon zu den Langsamläufern gehört, auch wenn er der schnellste von ihnen ist. Er braucht immerhin 12 Jahre um einmal den gesamten Tierkreis zu durchlaufen und benötigt entsprechend für den Durchlauf eines einzelnen Zeichens ca. ein Jahr; d. h., er war zum hier aufgezeigten Zeitpunkt schon ein ganzes Jahr lang durch die Jungfrau gewandert, und nun hatte er eine Position an ihrem Ende bezogen.
Venus und Merkur hingegen brauchen beide nur ein einziges Jahr für ihren kompletten Umlauf durch den gesamten Tierkreis und beide stehen im Schnitt jeden Monat in einem anderen Zeichen. Dies bedeutet u. a., dass die enge Konjunktion von Jupiter, Venus und Merkur, so wie sie zum Zeitpunkt des genannten Perijovums am Himmel stand, nur eine Gültigkeit von zwei bis drei Tagen hat, und das nur einmal im Jahr (falls die Venus und der Merkur dann überhaupt wieder gemeinsam den Jupiter erneut überholen würden, was eher selten der Fall ist).

Rufen Sie sich auch ins Gedächtnis, dass wir in Snowdens Fallbeispiel den Merkur schon einmal in grober Weise definiert hatten und wir ihn dabei u. a. auch mit der Ratio, mit dem „funktionalen Denken" in Verbindung brachten. In diesem Kontext haben wir z. B. Assoziationen wie die Folgenden geknüpft: analytische Funktionen, Faktenwissen, Informations-Vermittlung, Kommunikation, Medien, Wissenschaftlichkeit, technisches Verständnis und ebensolche Gerätschaften (u. a. dann natürlich auch Raum-Sonden, Mess-Instrumente, Foto-Kameras, etc).

Nun gab es bei der Juno-Mission insgesamt zweimal die Situation, in der die Sonde an einem Punkt *ihrer „nächsten Nähe" zu Jupiter* stand.
Die Graphik 9/1 (siehe S. 195) bezog sich auf das zweite Perijovum am 28. August 2016. Das erste Perijovum fiel aber schon auf den 4. Juli 2016 (siehe Graphik 9/2) – also fast zwei Monate früher als das Zweite.
Während der langsame Jupiter beim ersten Perijovum schon längst seine Position in der Jungfrau bezogen hatte, waren die beiden Schnellläufer Venus und Merkur noch 2 Zeichen (im Krebs ♋) von ihm entfernt. Sie haben zwar von dort ebenfalls

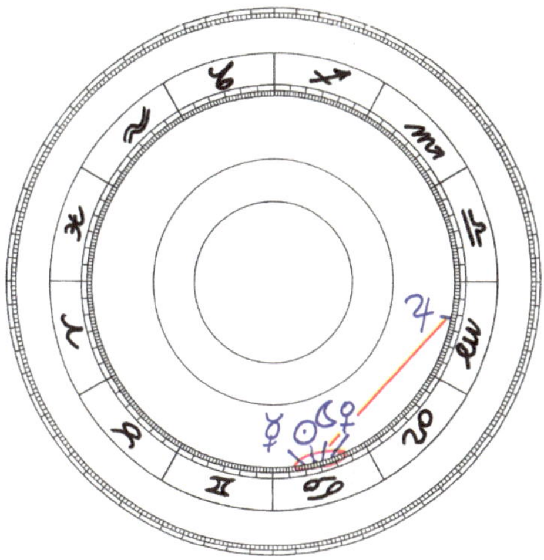

Graphik Nr. 9/2

eine Aspekt-Verbindung (ein Sextil) zum Jupiter – sogar noch mit Sonne und Mond zusammen – aber eine Sextil-Verbindung ist schwächer als die einer Konjunktion, und die Planeten sind auch nicht gradgenau miteinander verbunden, was ebenfalls für eine Abschwächung der Aspekt-Intensität spricht.

Auch die Astro-Physiker und die Raumfahrt-Ingenieure hatten diesem ersten Perijovum – außer seiner Örtlichkeit – keine weitere herausragende Bedeutung beigemessen. Wenn mir auch der physikalisch-technische Grund *nicht* bekannt ist, warum sie von vornherein die Aktivierung der Bord-Messgeräte und die der Foto-Kameras erst für den Moment des zweiten Perijovum geplant hatten, so weiß ich aber in diesem Zusammenhang eines hundertprozentig: *Astrologisch haben sie sich diesen Zeitpunkt nicht ausgerechnet!*

Und dennoch ist der Zeitpunkt des zweiten Perijovum *auch astrologisch* der Wichtigere. Es ist das ALLWISSEN selbst, welches – nach kosmischem Gesetz – dafür „sorgt", dass ein entsprechendes Ereignis zur rechten Zeit am richtigen Ort stattfindet. Und die Astrologie ist ein Kommunikations-Organ des ALLWISSENS für den Menschen.

Die fachliche astrologische Perspektive, die sich zeitlich mit der mathematisch-astronomischen Präzision der Gestirns-Stände deckt (Graphik 9/1), zeigt deutlich den 28. August 2016 – den Tag des zweiten Perijovum – als den absoluten Höhepunkt astrologischer Jupiter-Betrachtung für die damalige Zeitphase an.

An diesem Tag, stand auch der Merkur – als Symbol für alles technische Gerät und somit auch für die Raum-Sonde an sich, inkl. der Mess-Instrumente und der Foto-Kameras etc. – *in „nächster Nähe" zum Jupiter;* genauso, wie die reale materielle Raum-Sonde in „nächster Nähe" zum *astronomischen* Jupiter stand. Ein wunderbares Bild.

Auf diesen – astrologisch angezeigten – Höhepunktstag lief die gesamte 'Juno-Mission' hinaus. An ihm fand die „Initial-Zündung" statt, die es erlaubte, umfangreiche und nie gekannte Daten-Analysen (☿) vom Jupiter (♃) zur Erde zu „funken" (☿), die wir dann das erste Mal im Fernsehen (☿) sehen konnten.

Es liegt in der Natur der 'Dinge', dass wir uns in der Astrologie meist mit anderen Zusammenhängen beschäftigen, als dem hier betrachteten. Dennoch sind auch derartige Beispiele nicht einmalig, sondern regelhafter Ausdruck systematischer astrologischer Forschungs-Arbeit.

Und vielfach scheint – im Kontext solcher Erforschungen – plötzlich ein ungeahnt tiefer symbolischer Sinn durch, sodass man meint „bis auf den Welten-Grund hinunterschauen zu können".
Dazu ein weiteres Beispiel:

<u>Fallbeispiel Nr. 10</u> (kollektiv)
„Eine Mars-Sonde zerschellt auf dem Mars"
Im Rahmen eines *„europäisch-russischen Gemeinschafts-Projekts"* startete am 14. März 2016 eine Mars-Sonde von einem russischen Weltraumbahnhof.

Sieben Monate später, am 19. Oktober 2016, sollte sie auf dem Mars landen, um von dort aus Daten und Bilder zur Erde zu funken. Dazu kam es aber nie, da das Landemanöver missglückte, und die Sonde am besagten 19. Oktober auf dem Mars zerschellte.

Der astrologische Blick auf die Himmels-Konstellationen dieses Tages offeriert u. a. auch einen entsprechenden Ausschnitt, der für sich allein schon „Bände spricht". In Graphik Nr. 10/1 (S. 199) sehen wir die *gradgenaue Mars(♂)-Pluto(♇)-Konjunktion auf 15° Steinbock (♑).* Astrologisch gesehen ist das eine vorrangig „explosive" Konstellation. (Was man aber so alles unter 'explosiv' verstehen kann, das werden wir in anderen Fallbeispielen noch nuancierter untersuchen. Dennoch werden sich an diesem Tag zahllose verschiedene Manifestationsformen dieser Art von archetypischer Prägung in allen möglichen Intensitätsgraden auf unserem Erdenrund ereignet haben).

Doch zurück zu unserer Mars-Sonde. Wir haben uns die astrologische Bedeutung von Pluto schon ausführlich vor Augen geführt und auch die von Plutos 16-jährigem Durchgang durch das Steinbock-Zeichen. Pluto im Steinbock ist von vornherein aufs engste mit wichtigen Kollektiv-Vorgängen verknüpft, mit besonderer Neigung auch hin zu staatlichen (♑) Belangen, die von fundamentalen Transformations-Prozessen begleitet werden.

Jede zusätzliche „Berührung" Plutos durch temporäre Aspekt-Verbindungen mit anderen Planeten (egal ob Langsam- oder Schnellläufer) – so wie sie immer wieder

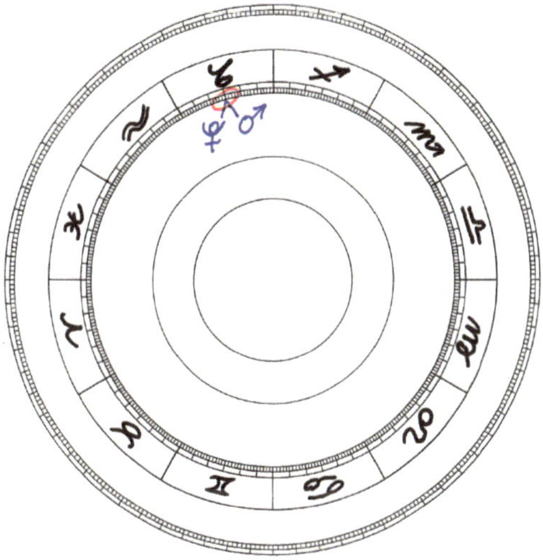

Graphik Nr. 10/1 19. Oktober 2016

aufs Neue am Himmel zustande kommen – hat den Charakter einer verstärkten „transformativen Vibration“, die augenblicklich – mehr oder weniger intensiv – durch unzählige unterschiedliche kollektive Kanäle zu schwingen beginnt.

Eine Mars-Pluto-Konjunktion ist eine sehr energiereiche Verbindung. Die „Ich-Instanz“ (♂) und die „persönliche Durchsetzungsstärke“ (♂), die Mars auf der *individuellen Ebene* symbolisiert, wird durch Pluto aus einer un-persönlichen Tiefen-Dimension heraus zusätzlich „angefacht“ und bekommt eine schwer zu kontrollierende Vehemenz.
Dabei kann sie – durch eine entsprechende Bewusstseins-Wachheit, durch eine evolutionäre Zielsetzung und ebenso durch eine ethisch gefestigte Persönlichkeit – durchaus auch in konstruktive Kanäle geleitet werden. Über diesen inneren Energie-Andrang können dann beeindruckende Leistungen erbracht und schwierige Durchbrüche erreicht werden. Aber ebenso schnell – und in autonomer Weise – drohen diese Kräfte aus der Kontrolle des alltäglich-üblichen Umgangs zu geraten, um sich in übergriffigen Aggressions-Schüben zu entladen. „Es ‘platzt’ das kleine Ego“, weil es mit etwas aufgeladen ist, das ‘seine eigene Kleinheit übersteigt’.

Mythologisch entsteht das Bild, das der „Kriegs-Gott Mars“ sich entweder mit dem „Herrn der Unterwelt“ verbündet oder in Zwist mit ihm gerät. Welche der beiden Varianten im jeweiligen Erlebens-Vordergrund dann auch erscheinen mag, es bleibt immer eine „glühend heiße“ Angelegenheit, denn Mars ist in seinem tiefsten Kern die „hell lodernde bewegliche Flamme“ und Pluto die „dunkel-rote und zäh-flüssige Lava-Masse“.

Wenn nun in der konkreten Lebens-Welt eine Mars-Sonde (♂) auf dem Planeten Mars landen „soll", und zwar an einem Tag an *dem* sich „zufällig" eine exakte Mars-Pluto-Konjunktion am Himmel zusammengefunden hat, dann wird es einen astrologiekundigen Menschen *zumindest nicht verwundern,* wenn diese Mars-Sonde dann *doch nicht* auf dem *Mars* landet, sondern *„in der Unterwelt"* (♇).

Die Formulierung *„zumindest nicht verwundern"* benutze ich, um Zweierlei gleichzeitig deutlich zu machen:

- vehement-energische Ereignisse (individuell und kollektiv) geschehen tatsächlich in Zeiten oder Tagen *solcher* oder ähnlicher Konstellationen;
- sie sind in der Art, wie sie sich ereignen, jedoch nicht zwangsläufig immer destruktiv.

Insofern haben astrologische Konstellationen generell auch keinen fatalistischen Charakter. Wohl gibt es schwierigere und auch subjektiv leichter zu erlebende Konstellationen, die man von vornherein in etwa auch so einstufen kann. Aber allein aus diesen Einstufungen lässt sich nicht das „Wohl oder Wehe" der sich aus ihnen ergebenden Resultate ermessen.

- Die Art der Konstellationen ist das eine;
- die realen Lebensbedingungen, auf die diese Konstellationen dann treffen, sind das andere.

Das heißt, das individuelle oder auch kollektive Karma ist das entscheidende Filter-System, durch das der konstellierte Archetyp immer erst noch durch muss. Dabei bestimmt es den Ausdruck bzw. „die Resultate der wirkenden Kräfte" entsprechend mit. Anders gesagt, ist der Reifegrad des individuellen oder kollektiven Bewusstseins der Dreh- und Angelpunkt für die Ergebnisse, die eine Konstellation hervorbringt. Und diese Resultate „weisen in 'weiser' Weise" immer auch gleich auf die entsprechend anstehenden – final-orientierten – Lernaufgaben des Individuums oder des Kollektivs hin – vorausgesetzt man will da überhaupt hinschauen. *Wenn wir jedoch der Symbol-Kraft kosmischer Zusammenhänge eine tiefe Bedeutung zumessen, dann sind wir – im Verbund mit der untrüglichen Mathematik der Gestirne – in der Lage, sinnige Botschaften einer ebenso tiefen Wahrheit und Wirklichkeit zu empfangen.*
Genau *das* möchte ich im Folgenden noch mehr präzisieren.

Die energetisch-vehemente Tages-Qualität des 19. Oktober 2016 – mit ihrer Mars-Pluto-Konjunktion – hat sich, im Sinne eines Kollektiv-Ereignisses, nicht nur in der „zerschellten Mars-Mission" widergespiegelt, sondern – über die unzählig vielen geringeren Geschehnisse hinaus – noch mindestens in zwei anderen weltbewegenden Ereignissen.

- Da gab es noch den relativ kurzfristig anberaumten *Europa-Russland-Gipfel* im Berliner Kanzleramt, an dem u. a. Wladimir Putin, der ukrainische Präsident Poroschenko, Bundeskanzlerin Merkel, der damalige Außenminister Steinmeyer und der französische Präsident Hollande teilnahmen. Es ging um aktuell dringliche Probleme von „nicht eingehaltenen Waffen-Stillständen" – zwanghafte (♇)

gegenseitige Kriegstreiberei (♂) im monatelangen Stunden-Takt – *vor allem in der Ukraine, aber auch in Syrien.* Die Atmosphäre dieses Gipfels war laut Presseberichte „betont unterkühlt“, was in Wirklichkeit soviel bedeutet wie „glühend-heiß“ (♇/♂). Medien-Fazit: *„Immerhin, sie hatten miteinander geredet“.*

Die sprichwörtliche „Ironie des Schicksals“ drängte sich an diesem Tag – über das Medium synchronistischer Geschehnisse – in sehr plastischer Weise auf. Mitten in den – zum Scheitern verurteilten *Europa-Russland-Gipfel* – „platzte“ die Nachricht der „zerschellten Mars-Sonden-Mission“ (♇/♂) hinein, *die ihrerseits ebenso ein „europäisch-russisches Gemeinschaftsprojekt“ war.*
Die Mars-Mission war schon Jahre vorher geplant gewesen und in ihren unterschiedlichen Phasen auch durchgeführt worden. Die Mars-Sonde selbst war zu dieser Zeit schon sieben Monate lang auf dem Weg zum Mars gewesen. Der Europa-Russland-Gipfel hingegen war erst kurze Zeit vorher als Dringlichkeits-Sitzung – aufgrund einer spannungsreichen internationalen Gemengelage – einberufen worden. Zwischen beiden Ereignissen dürfte also kein gemeinsamer terminlicher Organisations-Bezug existiert haben. Aber beide Ereignisse vollzogen sich in ihrer Parallel-Bedeutung zum „inhaltlich passenden kosmischen Timing“. Vor allem im Zusammenhang mit diesem exakten „kosmischen Timing“ *als eine „Dritte Ebene“* wird das europäisch-russische Scheitern – auf zwei unterschiedlichen Daseins- bzw. Erfahrungs-Ebenen gleichzeitig (Mars-Sonde und Gipfeltreffen) – zum beredten Spiegel menschlicher, ideologischer und nationaler Zwistigkeiten. In der geisteswachen und unzweifelhaften Wahrnehmung solcher ungeheuerlichen kosmischen Zusammenhänge darf meines Erachtens ausnahmsweise mal die – ansonsten müßige und völlig spekulative – „Hätte/Hätte/Fahrradkette-Frage“ gestellt werden, ohne dabei gleich einen endgültigen Wahrheits-Anspruch ableiten zu wollen:
„Wäre die Mars-Sonde auch dann zerschellt, wenn die am Projekt beteiligten Partner-Länder ‘hier unten auf der Erde’ in friedlicher Ko-Existenz miteinander in Verbindung gestanden hätten – selbst bei einer solch schwierig-anmutenden astrologischen Konstellation?“
Wir wissen es nicht! Aber sicher gut, einmal darüber nachzudenken!

- Das dritte punktuell-herausragende weltpolitische Ereignis des besagten Tages möchte ich wenigstens noch kurz erwähnen. Es war der *Beginn einer Groß-Offensive (♇/♂)* zur Befreiung der irakischen Stadt Mossul. Es sollte die Entscheidungsschlacht werden, um den IS (Islamischen Staat) endgültig aus Mossul zu vertreiben. Dafür hatte sich eine Allianz gebildet, die aus Teilen der irakischen Armee, aus kurdischen Peshmerga-Kämpfern, türkischen Truppen und luftunterstützenden amerikanischen Einheiten bestand.

Wir werden uns auch beim nächsten Praxis-Beispiel mit dem Thema der Mars-Pluto-Kombination beschäftigen, und zwar
- um das Thema ebenso auf der individuellen Ebene zu orten; d. h. um die Wirkungen der ‘äußeren Planeten’ immer wieder auch in individuellen Horoskopen sichtbar zu machen;

- um auf gesetzmäßige Mechanismen zwischenmenschlicher Verwobenheiten mit bestimmten Horoskop-Themen hinzuweisen;
- um Intensitäts-Nuancen deutlich zu machen – denn nicht jedes Mal werden gleich „Mars-Sonden von der 'Unterwelt' geschluckt";
- und schließlich, um die Kräfte-Kombination von Mars-Pluto auch optisch sichtbar werden zu lassen – so wie wir es im nächsten Fallbeispiel tun werden.

Fallbeispiel Nr. 11 (individuell, weiblich und männlich)
„Partnerstreit, Zahnschmerzen und künstlerischer Ausdruck"
Bei diesem Beispiel wurden gleich drei verschiedene Manifestationsformen einer vielschichtigen Tageskonstellation für die beteiligte Horoskop-Eignerin erfahrbar. Was den Partnerstreit anbelangt, so war ich selbst „der andere Part", der beiden hier dargestellten Personen. Meine „Mit-Streiterin" war meine damalige Partnerin, mit der ich heute noch in guter Freundschaft verbunden bin. Natürlich haben wir um bestimmte Inhalte gerungen – das jedoch soll in diesem Kontext nicht Thema sein. Wir waren aber – wie das bei Partnerkonflikten hintergründig so gut wie immer der Fall ist – beide *sowohl Grund, als auch Anlass* des Streits für den jeweils Anderen. Und darüber hinaus waren wir auch beide – im „argumentativen 'Wettstreit' um die eigenen unerkannten Projektionen" – ebenfalls Opfer und Täter in Personal-Union, je nach aktueller wechselseitiger Perspektive.
Dieses Beispiel soll deutlich machen, dass *das,* was in jedem Menschen an Ungereimtheiten „schlummert", mit Gewissheit – zu ganz bestimmten Zeiten oder Tagen –in autonomer Weise periodisch an die Oberfläche kommt – nämlich immer dann, wenn die innere *'Spannung des Unverarbeiteten* oder die *des noch Unentdeckten'* durch aktuelle Transit-Einflüsse „über die Ufer tritt".
Ich werde die relevanten Konstellationen zur dieser Geschichte zunächst einmal nur durch einige Ausschnitte aus dem Horoskop meiner Freundin darstellen,
- da diese dargestellten Konstellationen in den schon eingeschlagenen Themen-Rahmen von Mars-Pluto hineinpassen;
- und weil meine Freundin mit *ihren* Auslösungen – was das konkrete Erleben betrifft – auch noch die interessanteren Manifestationen hervorgebracht hat.

In Graphik 11/1 (S. 203) habe ich, was die Transite anbelangt, nur die Konstellationen einer kurzfristigen Tages-Auslösung eingezeichnet, die das hier zu Schildernde schon ausreichend dokumentieren. Die damals ebenfalls ausgelösten Langzeit-Themen (durch Transite der Langsamläufer) habe ich der Einfachheit halber unberücksichtigt gelassen.
Die Mars (♂)-Pluto (♇)-Kombination auf 1° - 2° Jungfrau (♍) – um die es mir hier vorrangig geht – kommt in ihrem Geburtsbild aber nicht als Radix-Verbindung zum Tragen und ist damit auch nicht als permanentes Grundmuster ihrer Persönlichkeit zu verstehen. Die Misch-Konstellation von Mars-Pluto war also nur eine temporäre Erscheinung und beschränkte sich in ihrer Wirkung auf wenige Tage. Dabei nahm ein Mars-Transit (Außenkreis) eine Konjunktion zum Radix-Pluto (Innenkreis) ein, was in der Regel eine vehemente 'Energie-Aufladung von Ich-hafter (♂) Machtfülle

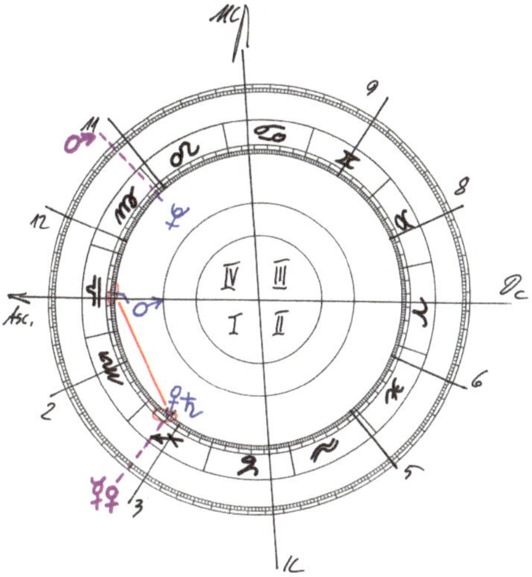

Graphik Nr. 11/1 (weiblich)

(♇)' in der Persönlichkeits-Struktur der betroffenen Person erzeugt. Eine solche Aufladung sucht entweder – im Sinne eines halb-autonomen, oft relativ unbewussten Prozesses – irgendwie nach Entladung; besser nach Kanalisierung oder sie führt zum Aggressions-Stau..

Am selben Tag standen zusätzlich noch Merkur (☿) und Venus (♀) als Transitplaneten in einer gemeinsamen Konjunktion am Himmel (Außenkreis). Sie nahmen dabei ihrerseits beide zusammen eine Konjunktion zu den Radix-Planeten Venus und Saturn (♄) ein, die ebenfalls miteinander von vornherein eine Konjunktion im Horoskop meiner Freundin innehatten.

So kam vor allem der Venus für diesen Tag auch noch zusätzlich eine besondere Bedeutung zu:

a) weil die Transit-Venus im Tierkreis auf ihre eigene Stellung als Radix-Venus zurückgekehrt war (Venus-Venus) und
b) weil wir im Grund-Horoskop einen Waage-Aszendenten haben, sodass die Radix-Venus – die im Verwandtschafts-Verhältnis zum Waage-Zeichen steht – auf diese Weise zum Aszendenten-Herrscher wird. Damit nimmt sie schon von vornherein eine prominente Position im Horoskop ein.

- So kamen am besagten Tag zur „Ich“-haften (♂) Machtfülle (♇) bzw.
  – zur vehementen (♇) Ich-Durchsetzung (♂) bzw.
  – zur Durchsetzung (♂) von kraftvollen Vorstellungs-Bildern (♇)
- noch ein ausgeprägtes Bedürfnis nach Harmonie (♀) hinzu – d. h.
  – ein Bedürfnis nach einem „ausgewogenem“ (Waage) zwischenmenschlichen Gemeinschafts-Erleben (♀ = *Partnerschaft, Freundschaft Liebe, Erotik*) oder auch
  – ein Bedürfnis nach Hinneigung zu den „schönen Künsten“ (♀).

Solche Divergenzen miteinander in einer relativ homogenen Weise in reale eigene Erlebensformen zu transferieren, ist nicht einfach und in der Regel erst über einen langfristig erlernten Bewusstseins-Spagat zu realisieren.

- Die Zahnschmerzen (Zähne = Mars; *„durchbeißen", „Biss haben" etc.)*, die bei meiner Freundin an diesem Tag auftraten, sind ein klassisches psychosomatisches Korrelat für eine solche scheinbare aber dennoch vital erlebte „Unvereinbarkeit".
- Und die Möglichkeit, dass sich eine solche individuell fokussierte archetypische Tages-Qualität zu einem Partner(♀)-Streit(♂/♇) „entzündet", ist relativ hoch.

Werfen Sie bitte noch einmal einen Blick zurück auf die Transite des obigen Geburtsbildes, bevor ich in der nächsten Graphik noch Elemente meines eigenen Horoskops in das Horoskop meiner Freundin einfüge.
Dort sehen Sie noch ihren Radix-Mars auf 15° Waage (♎) (direkt am Aszendenten), der ebenfalls durch den aktuellen Merkur/Venus-Transit über einen Sextil-Aspekt mit ausgelöst ist.

Und nun – in der folgenden Graphik – sehen Sie zum Vergleich die übereinandergelagerten Ausschnitte unserer beiden Horoskope, die damals – sowohl bei ihr als auch bei mir – zeitlich parallel ausgelöst waren.
In Abbildung 11/2 habe ich die sonst dargestellten Häuserspitzen weggelassen. Aber Sie sehen die gleichen Planeten-Positionen wie in 11/1 – sowohl bei den Radix-Planeten, als auch bei den Transiten im Außenkreis. *Zusätzlich* habe ich aber noch zwei Radix-Komponenten aus meinem eigenen Geburtsbild in hellblauer Farbe eingefügt.

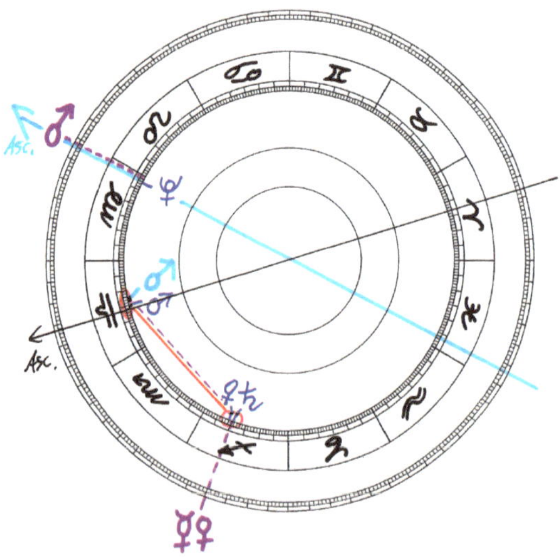

Graphik Nr. 11/2 (männlich / weiblich)

Wir können aus diesem zusammengesetzten Horoskop (Synastrie) die relevanten Überlappungen erkennen, die gleichsam die „Reiz-Punkte" unserer Beziehung ausgemacht haben und die zum hier behandelten Zeitpunkt bei uns beiden parallel ausgelöst waren – „denn zu einem Streit zwischen zwei Menschen gehören immer Zwei" (die in bestimmten Themen-Punkten bzw. in bestimmten Problem-Bereichen „gut" zusammenpassen). Die Astrologie liefert das „Drehbuch" solcher thematischen Überlappungen zwischen einzelnen Menschen, Gruppen und Ereignissen. Sie zeichnet deren interaktive Dynamik nach – im Leichten, wie im Schwierigen.
Da ist einmal ...

- mein Aszendent auf 2° 30' in der Jungfrau **(♍),** der sich gradmäßig mit der Radix-Position des Pluto im Horoskop meiner Freundin deckt. Diese synastrische Verbindung ist einer der tragenden Pfeiler unserer Beziehung, wenn auch teilweise spannungsreich. Der Mars-Transit im Außenkreis hat zum damaligen Zeitpunkt also nicht nur den Pluto meiner Freundin ausgelöst, sondern gleichzeitig auch meinen Aszendenten. So war ich ebenso in meinen „Ich"-Kräften aufgeheizt, weil der Aszendent – egal in welchem Zeichen er steht – immer die Spitze des 1. Hauses ist (also die Spitze des Mars-/Widder-Hauses – des Hauses der persönlichen Durchsetzung).

Zum anderen ...

- ist da noch mein Radix-Mars, der sich auf der gleichen Tierkreisposition wie der Radix-Mars meiner „Mit-Streiterin" befindet. Eine schwierige Verbindung innerhalb einer Partnerschaft, völlig unabhängig von irgendwelchen temporären Transiten. Hier stoßen zwei Egos (♂/♂) aufeinander. Im Rahmen unserer jetzigen Freundschaft ist dieser Aspekt für uns leicht lebbar, im Rahmen unserer damaligen Partnerschaft haben wir das nicht hingekriegt, da hatte jeder zuviel Erwartungen an den anderen, die er bei sich selbst nicht erfüllen konnte. Paradoxerweise hatten wir uns zu einer Zeit kennengelernt, in der genau diese Horoskop-Facette (Mars/Mars) über Langzeit-Auslösungen als temporär dominantes Lebensthema bei uns beiden konstelliert war. Wir hatten uns also – in Hinblick auf diesen thematischen Koordinaten-Punkt – gegenseitig zur passenden Zeit „magisch" angezogen. Ein raffinierter karmischer Schachzug des Schicksals. Und fürwahr – ich meine, dass ich noch nie in der Vergangenheit meines gegenwärtigen Lebens, in solch einer prägnanten Art und Weise auf meine eigenen Ego-Intentionen habe blicken *müssen.* Und eine schnelle Lösung war erstmal nicht zu finden.

Aber nun wieder vorwärts zum besagten Tag unseres schon in Ansätzen beschriebenen Streits und damit wieder zur Graphik 11/2:

a) Ergänzend zum temporären Mars-Transit zu *ihrem* Radix-Pluto und zu *meinem* Aszendenten, kamen also noch ...
b) die Transite von Merkur (f) und Venus (g) *sowohl zu ihrem als auch zu meinem* Radix-Mars hinzu.

Nach einem heftigen Streit, dessen Wogen wir aktuell nicht glätten konnten, zogen wir uns aufgewühlt von „brennenden Emotionen" (♇/♂) voneinander zurück.

Während ich „meinen Anker“ in einem ausgedehnten Spaziergang suchte, hatte meine Freundin spontan zu Pinsel (♀) und Farbe (♀) gegriffen und völlig ohne Konzept einfach drauf los gemalt (♀).

Auf diese Weise ist das untenstehende Bild entstanden, das der aufgezeigten astrologischen Tages-Qualität in faszinierender Weise entspricht.

So hatte – im Vorgang des spontanen Malens – für sie dann doch noch ein ungeahnter Integrationsprozess stattgefunden, der das scheinbar Unvereinbare zu einer Erlebens-Einheit geführt hat.
Über das Medium der Kunst war die Venus nun in der Lage – mit ihren eigenen Mitteln – den ungestümen Kräften der aktuell ausgelösten Mars-Pluto-Verbindung zu einem spontanen und heilsamen Ausdruck zu verhelfen.

Wenn ich nun dieses Bild als ein klassisches Pluto-Mars-Bild bezeichne, dann heißt das nur, dass in ihm hintergründig ein unverwechselbar charakteristischer „'Geschmack' herauszuschmecken ist“, der dieser spezifischen Kräfte-Verbindung immer innewohnt, der aber gleichzeitig in millionenfacher Weise – mehr oder weniger nuanciert – modifiziert auftreten kann. Die konkreten Formen solcher Bilder bleiben also dennoch in unendlich vielgestaltigen Variablen möglich, aber einige typische Kriterien, so wie sie auch in diesem Bild zu finden sind, möchte ich im Folgenden herausstellen:

- Der *eruptive* bzw. *explosive* Charakter, der hier einer Feuer-Fontäne oder einem Vulkan-Ausbruch gleichkommt. Die „Unterwelt“ schleudert heiße Lava in die Atmosphäre.
- Obwohl das Bild insgesamt noch relativ bunt ist, steht aber die rote Farbe im Mittelpunkt des Geschehens. Und die ist immer wieder von schwarzen Elementen durchsetzt, steht nie hell leuchtend für sich alleine. So ist also Schwarz

und Rot in Kombination relativ typisch – schon für Pluto allein oder auch für Mars-Pluto. Aber auch als Mischfarbe erscheint sie oft in einem *Schwarzrot* oder als ein *dunkel-schmutziges Rot.*

- Die einzelnen Ausläufer der „Fontäne“ – die aus dem unteren „Unterwelt-Zentrum“ eruptiv nach oben schießen und von da an immer weiter in die Breite gehen, um den Rest der oberen Bildfläche völlig auszufüllen – nehmen dabei die Formen von organisch anmutenden *Tentakeln* an. Diese Tentakel erinnern – jede einzeln für sich – ebenfalls an *Schlangen*, auch mit ihren Dreiecks-artigen schwarzen Zacken-Mustern.
- Im Zentrum des eruptiven Gebildes kann man durchaus ein Gesicht ausmachen, sodass wir es hier auch mit einer *'geisterhaften Wesens-Identität'* zu tun haben, mit einem *Archetyp als 'Geist-Wesen'*, mit einer *Gottheit* oder mit einem *leibhaftigen Dämon*. Pluto-Mars hat sich hier personifiziert. Er ist aus seiner Anonymität, aus seiner Schattenwelt herausgetreten und zu einem wesenhaften Gegenüber geworden – bereit zu Kontakt und Austausch. Man kann aber auch sagen, dass meine Freundin bereit war zu Kontakt und Austausch mit ihrer eigenen Innenwelt, sonst hätte sie dem inneren Erleben keine Gestalt im Außen verliehen. Und *das* ist es auch, was ich vorhin als *heilsam* bezeichnet habe.
- Das Bild hebt aber – zunächst völlig unspektakulär – noch eine ganz andere Facette hervor. Es ist 'das Licht', vor dessen gleißendem Hintergrund dieses 'Wesen' in Erscheinung tritt und agiert. So ist die Dominanz, der nicht zu ignorierenden 'Wesenheit', dennoch nur eine relativ vordergründige – eine temporäre Manifestation, so wie viele andere Manifestationen auch, *vor dem Hintergrund der UNBEGRENZTHEIT.*

Die ganze Geschichte des Bildes hatte allein schon im aktuellen Vollzug des Malens noch eine andere, 'helle' Dimension. Das beschriebene Mal-Erlebnis der besonders spontanen Art, das ohne das marsisch-plutonische Getrieben-Sein wahrscheinlich gar nicht zustande gekommen wäre, war gleichzeitig noch so etwas wie ein Meilenstein in Hinblick auf ihren eigenen kreativen Prozess. Gemalt hatte sie vorher – in unregelmäßigen Abständen – immer mal wieder. Es war jedoch in der Regel ein eher konzeptuelles Malen, d. h., den Bildern gingen Überlegungen *darüber* voraus, *was* sie malen und *wie* sie das dann umsetzen wollte.

Das Pluto-Mars-Bild hingegen war von Null bis Hundert ein gleichsam autonomer Prozess, bei dem sie fast ausschließlich nur 'Werkzeug ihres eigenen inneren Flusses' war. Dies erlebte sie für sich als neue Erfahrung, die sie mittlerweile schon mehrmals wiederholen konnte – auch ohne großen Stress – und bei der sich für sie ein ganz eigener Stil herausstellte.

So kann man im nachhinein – bei allem erlebten Drama – diese Geschichte auch *„'Pluto-Mars' und die befruchtete Venus“* nennen.

Unter welcher astrologischen Detail-Auslösung dieser damalige Tag stand, das habe ich erst *nach* den hier beschriebenen Ereignissen erforscht.

Beim Thema Mars-Pluto habe ich die Gelegenheit genutzt, um sowohl ein Beispiel aus der Mundan-Astrologie (kollektive Entsprechung), als auch Eins aus der Individual-Astrologie zu präsentieren, die unabhängig von einander waren.
Am Beispiel von Edward Snowden dagegen haben wir die gemeinsamen Schnittstellen zwischen seinem persönlichen Horoskop und der damals aktuell bedeutsamen „Pluto-Uranus-Verbindung“ untersucht – so wie diese Kollektiv-Konstellation zwischen Juni 2012 und März 2015 am Himmel stand. Die dabei ersichtlich gewordene Verwobenheit wurde durch die Mathematik der Gestirne als eine schicksalhafte verifiziert, da die beteiligten Planeten-Konstellationen – die individuellen, wie die kollektiven – mit den spezifischen Zeiten der relevanten Ereignisse korrelierten. Diese Art von Verwobenheit hätten wir noch differenzierter untersuchen können, wenn wir das Horoskop der USA mit dazugenommen hätten. Dieser Grad an Komplexität hätte aber unseren Rahmen gesprengt.
Beim nächsten Beispiel möchte ich wieder auf ein kollektives Ereignis eingehen. Dabei beziehe ich mich diesmal, als Grundlage unserer Betrachtung, auf das Horoskop einer einzelnen Nation – nämlich das der Türkei.

In vorangegangenen Abschnitten haben wir über das Steinbock- / Saturn - /Haus 10 - Prinzip u. a. auch inhaltliche Bezüge zu staatlichen Angelegenheiten hergestellt, insbesondere bei der Betrachtung des gegenwärtigen 16-jährigen Durchlaufs des Pluto durch das Steinbock-Zeichen.
Diese Konstellation betrifft aber – mehr oder weniger – die Transformation der Werte, Gesetze, Zielsetzungen und Organisations-Strukturen (♑) *des gesamten globalen Kollektivs.* Auf dieser Konstellations-Ebene bleibt das Geschehen – aus der erkenntnistheoretischen Betrachtung durch die Astrologie – jedoch zunächst einmal unspezifisch und bezieht sich noch nicht zwangsläufig auf irgendeinen bestimmten Staat. In dieser übergreifenden Art hat es dann eher etwas mit den diffus aufwühlenden Zeit-Strömungen zu tun, die wir – in unterschiedlicher Verteilungskonzentration – auf der ganzen Welt wahrnehmen können und die sich wie eine dunkle Wolke zunehmend zu verdichten scheinen.

Jedes einzelne Staatsgebilde hat jedoch für sich allein noch mal ein ganz eigenes Horoskop, das sich auf seine „Geburt“ bezieht. So besitzt also jeder Staat – obwohl er in sich selbst ein kollektives Gebilde ist – gleichsam auch noch den Status einer „Individualität“ innerhalb der globalen Staaten-Gemeinschaft.

Mit Hilfe dieser Staats- bzw. Länder-Horoskope können wir nun sehr differenziert Einsicht nehmen, in welcher Art und in welchem Ausmaß sich die aktuellen und global-verbindlichen Kollektiv-Konstellationen in den einzelnen Ländern niederschlagen. Die „individuellen“ Länder-Horoskope haben dabei jeweils unterschiedliche ‘Eingangstore’ für die global-verbindlichen Kollektiv-Konstellationen, die dann ihrerseits – diesmal als Transite – in „individuell“ gesonderter Weise in sie hineinwirken.

<u>Fallbeispiel Nr. 12</u> **(kollektiv)**

„Die Türkei – Gesellschaftsreform und Diktatur / Revolution und Gegen-Revolution"

Die Türkei, als moderne Republik mit Anschluss an europäische Werte wurde durch Mustafa Kemal Pascha gegründet, den man später auch Kemal *Atatürk* („Vater aller Türken") nannte.

Die Geburt der Türkei – auch im astrologischem Sinne – ist bestimmt durch Atatürks offizielle *'Ausrufung der Republik' am 29. Oktober 1923, um 20:25 Uhr, in Ankara*

Zunächst habe ich das ganze Horoskop dargestellt, um symbolisch anzudeuten, dass all die unterschiedlichen gesellschaftlichen Belange und Institutionen eines Staates über das Gesamthoroskop ihre Einordnung bzw. ihren Ausdruck finden. Dabei sind *die 12 kosmischen Prinzipien und ihre nuancierten Kräfte-Kombinationen* – angezeigt durch die besondere Anordnung der Planeten, Zeichen- und Häuser-Besetzungen – Spiegel des spezifischen gesamt-gesellschaftlichen Lebens einer Nation.

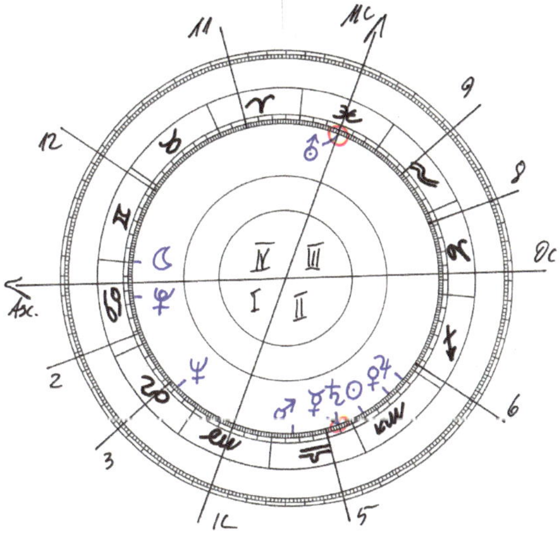

Graphik Nr. 12/1 Geburtshoroskop der Türkei als Republik

Hier noch mal ein grober Themen-Überblick der Bausteine für die astrologischen Kräfte-Kombinationen. Die verwendeten Deutungs-Begriffe der 12 Archetypen sind auf die Interpretation kollektiver Verhältnisse abgestimmt.

Die für unser Beispiel relevanten Deutungs-Bausteine habe ich im Fettdruck herausgehoben:

<u>Haus 1, Mars, Widder</u> – Sportliche Wett*kampf*-Stätten, Feuerwehr, Militär, Rüstungs-Industrie, Zahnarzt-Praxen;

<u>Haus 2, Venus, Stier</u> – Grund- und Boden, Landwirtschaft; Wirtschafts- und Finanzwesen, Versicherungswesen;

Haus 3, Merkur, Zwillinge – Medien und Massenkommunikation, generelle Infrastruktur, naturwissenschaftliche Forschung und Technik, Schulen;
Haus 4, Mond, Krebs – Soziale Einrichtunge,; Gynäkologie, Immobiliensektor und Gastronomie;
Haus 5, Sonne, Löwe – Königshäuser und Regierungs-Chefs, Management-Abteilungen bzw. Führungs-Etagen, Kreativszene, Theater-Landschaft und Unterhaltungs-Industrie Werbebranche;
Haus 6, Merkur, Jungfrau – Gesundheitswesen und Psychotherapeutische Einrichtungen, Dienstleistungsbranche, Stadtreinigung;
Haus 7, Venus, Waage – Schönheitsbranche, Kunstszene, Partner-Vermittlung und Standesämter, Bordelle, Rechtswesen;
Haus 8, Pluto, Skorpion – Atom-Industrie, Okkulte Szene, Friedhöfe, U-Bahnen, Geheimdienste, Massenveranstaltungen, Pharma-Industrie;
Haus 9, Jupiter Schütze – Kultur, Bildung und Geistes-Wissenschaften, institutionalisierte Religionen und Gottes-Häuser, Rechtssysteme, Fern-Tourismus;
Haus 10, Saturn, Steinbock – Staats-„Apparat“ (Parlamente, Politiker, Gesetze, Verwaltung, Ämter, Beamte), Öffentlichkeit allgemein und der gesellschaftliche Überbau im Sinne eines ‘Verhaltens-Kodex’ – die Ordnungsmuster, Regeln, Normen und Maßstäbe einer Gesellschaft (Strukturgebende Konventionen), Traditionen (Stabilität und Kontinuität) Archive und Denkmäler;
Haus 11, Uranus, Wassermann – Reform- und Freiheits-Bewegungen, Individualisierung („Non-Konformität)“), Widerstands-Bewegungen, Revolutionen, spirituelle, ideelle, humanistische Gruppen, Netzwerke, Luft- und Raumfahrttechnik;
Haus 12, Neptun, Fische – Mystisch bewegte Menschen, Alternativ- und Ökologieszene, karitative Bewegungen, Randgruppen, Psychiatrie, Drogenmilieu, „Traum-Fabriken“.

Ein Länder-Horoskop als Ganzes spiegelt also die Gesamtheit des gesellschaftlichen Lebens innerhalb einer Nation wider.

Wenn wir aber etwas *über den ‘Staat’ als solchen* in Erfahrung bringen wollen – nämlich in seiner Funktion als Staatsführung, Regierung, und Gesetzesbezogener Organisations-Struktur – dann müssen wir unsere Aufmerksamkeit innerhalb des Gesamthoroskops vorrangig wieder auf das Steinbock(♑)- / Saturn(♄)- / Haus10-Prinzip richten. In diesen Bausteinen finden wir den „‘Staat’ im Staate“.

Aber auch das 5. Haus – das Sonne -/ Löwe - Haus – werden wir zwischendurch in unsere Überlegungen mit einbeziehen, weil es
- einerseits ebenfalls einen astrologischen Bezug zur Regierung hat – hier explizit zum Regierungs-Chef (siehe 5. Prinzip);
- und andererseits wegen seiner massiven Besetzung im türkischen Horoskop noch dazu eine überdurchschnittlich starke Rolle für dieses Land spielt.

Bei der Interpretation des unten abgebildeten türkischen Horoskops fokussieren wir uns in der oberen Darstellung und in den weiteren Interpretationen auf den Uranus (♅) in Haus 10 und auf die starke *Haus 5-Besetzung*, in dem gleich fünf Planeten stehen.

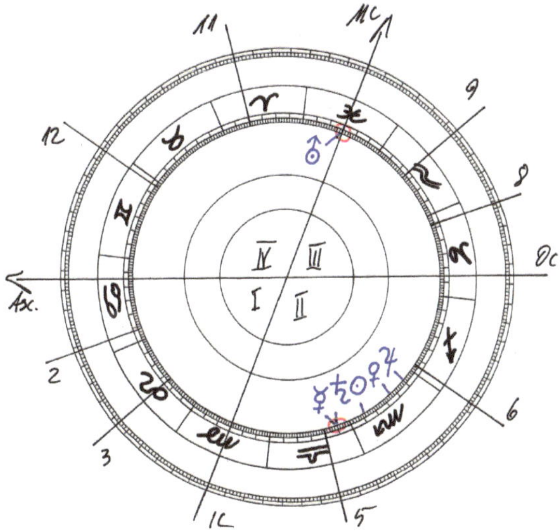

Graphik Nr. 12/2

- Das 10. Haus (das Steinbock / Saturn) beginnt immer am MC (Medium Coeli). Das MC – die Spitze des 10. Hauses – ist gleichzeitig auch der zentralste und kraftvollste Koordinaten-Punkt innerhalb des 10. Hauses. Obwohl diese Achse kein Planet ist, sondern eine kosmisch bedeutsame Raum-Zeit-Koordinate, so ist sie doch genauso wichtig und kraftvoll, wie es auch der Planet Saturn ist, und symbolisiert daher – zusammen mit dem ganzen 10. Haus – auch die gleiche archetypische Qualität, nämlich eine strukturgebende (eine gesellschaftsstrukturgebende); eine gesetzgebende.

  Die Planeten-Besetzungen in Haus 10 sind wichtige Hinweise dafür, welche Formen und Inhalte diese Gesellschafts-Struktur u. a. annehmen wird.

  Mit Uranus (♅) (siehe 11. Prinzip) genau auf der Spitze von Haus 10 – wie im Fall der Türkei – haben wir somit eine reformerische (♅) Gesellschaft-Struktur (H 10).
- Der Saturn (♄) steht zusammen mit seiner Merkur(☿)-Konjunktion im 5. Haus auch nah an dessen Spitze.

  Das 5. Haus beinhaltet natürlich auch viele unterschiedlich-mögliche inhaltliche Deutungs-Facetten, aber in einem Staats-Horoskop hat es eine unmittelbar 'staatstragende' Bedeutung.

  Es ist das Löwe- / Sonnen-Haus und symbolisiert im Horoskop eines einzelnen Individuums das Prinzip der 'väterlichen Stärke' und *das* der männlich-expressiven Führungskraft. Es ist das eingeborene *Vaterbild* eines Menschen und

korreliert – wenn es mit Planeten besetzt ist – im konkreten Erleben tatsächlich mit dem leiblichen Repräsentanten *väterlichen Schutzes* und *aktiv handelnder Führungskraft* innerhalb des Familienverbandes. Das ist meist der biologische Vater selbst; aber diese Rolle kann ebenso von einer archetypisch *führungsstark* geprägten Mutter oder ähnlicher Personen ausfüllt werden.
Auf der kollektiven Ebene ist es traditionell der König (Herrscher oder „Häuptling") – also die „Vaterfigur" eines Kollektivs, welches einer Führung bedarf. In modernen Gesellschaften ist es auf der politischen Bühne der/die Regierungschef/in; in Diktaturen die Diktatoren; in der Wirtschaft sind es die Manager oder „Bosse"; auf dem Amt die Vorgesetzten und in den Schulen die Direktoren/innen, etc.
Saturn in Haus 5 weist auf ein regelndes, disziplinierendes „Vaterbild" hin.

Mit der Graphik 12/1 haben wir die wichtigsten Elemente eingefangen, mit denen wir das Staatsgebilde Türkei sowohl in seinem Gründungspotenzial als auch in seinen Entwicklungs-Verläufen besser verstehen können. Der Horoskop-Ausschnitt spiegelt die gesellschaftlichen, politischen und religiösen Verhältnisse wider, die zur Gründung der modernen Türkei geführt haben.
Es ist Abbild eines inhaltlich-komplexen archetypischen Samenkorns, das am 29. Oktober 1923 „in der 'geistigen Welt' gepflanzt" wurde und um 20:25 Uhr in Ankara – synchronistisch zur 'Ausrufung.der Türkischen Republik' – seinen „Keim-Beginn" hatte.

Historischer Abriss und astrologische Interpretation
Nach dem 1. Weltkrieg und gegen Ende der Osmanischen Herrschaft befand sich die Türkei noch weitere Jahre im Kriegszustand mit Griechenland. Mustafa Kemal Pascha, ein hochrangiger türkischer Militär und schließlich Oberbefehlshaber, hatte maßgeblich dazu beigetragen, verlorenes Gebiet zurückzuerobern – bis hin zu den heutigen Grenzen der Türkei. Er galt als charismatischer Held und ging schließlich in die Politik.
Das Sultanat (Allein-Herrschaft des Sultans) und auch das Kalifat (geistliches Oberhaupt aller Muslime als „Stellvertreter des Propheten Mohammeds") waren geschwächt und Mustafa Kemal stellte sich an die Spitze einer „Neuen Aufbruchs-Bewegung" (♅), die schnell an Einfluss gewann. Dies führte schließlich zur Gründung einer modernen Republik für diesen Vielvölkerstaat, dessen Präsident Kemal selber wurde.

<u>Gesellschafts-„Reformen" (Uranus in Haus 10)</u>
Die neue Türkische Republik war zeitgeschichtlich ein „augenblicklicher krasser Bruch" (♅) mit den traditionellen Strukturen (H 10 = Steinbock-/Saturn-Haus) des Osmanischen Reiches, die über 600 Jahre zurückreichten. An deren Stelle trat eine mentale Orientierung hin zu modernen (♅) europäischen Werten:

- Sultanat und Kalifat wurden abgeschafft und von einer laizistischen Republik mit Trennung von Staat und Religion abgelöst.
- Religiöse Bruderschaften und Orden wurden teilweise verboten.
- Abschaffung der Todesstrafe.

- Die Hauptstadt wurde von Istanbul nach Ankara verlegt.
- Als Zeichen prowestlicher Säkularisierung wurde die sogenannte „Hutrevolution“ (♅) propagiert. Alle orientalischen Kopfbedeckungen (Fes, Turban, Kalpak) waren verpönt und wurden sogar mit Geldstrafen oder Gefängnis geahndet.
- Schritte zur möglichen Frauen-Emanzipation (♅) wurden eingeleitet, u. a. durch die Neuordnung (♅) des ehelichen Scheidungsrechts, in der rechtlichen Gleichstellung (♅) von Mann und Frau.
- In einer Schulreform wurde der Zugang zu höherer Schulbildung und zur Universität für alle Schichten, auch für Mädchen und Frauen, gewährleistet.
- Allgemeine Menschenrechte (♅) und speziell die der ethnischen Minderheiten wurden zugesichert – *jedenfalls solange man mit den neuen (♅) Gesetzen (H 10 bzw. Saturn) konform ging.*

Kemal schwebte eine Gesellschaft (H 10) vor, die im Geiste eines „ständig sich erneuernden Reformprozesses“ (♅) funktionierte und sprach in diesem Zusammenhang oft von 'Revolutionismus' (♅). Und so wurden in den folgenden Jahren immer neue radikale Veränderungen durchgesetzt:

- Die islamische Zeitrechnung wurde durch die westliche (christliche) ersetzt.
- Der Sonntag trat als arbeitsfreier Tag anstelle des Freitags.
- Das 'metrische' Maß- und Gewichtssystem wurde eingeführt.
- Statt der koran-orientierten Rechtsprechung wurde das Schweizer Zivilrecht, sowie das deutsche Handelsrecht und das italienische Strafrecht übernommen.
- Statt der arabischen Schrift wurde das lateinische Alphabet gelehrt, das der vokalreichen türkischen Sprache eher angemessen schien und auch – im Sinne der sozialen Bildungsreform – leichter zu lernen ist.

Mit anderen Worten: „Kein 'Stein` (H 10/Saturn/Steinbock) blieb mehr auf dem Anderen“ (♅).

All diese Veränderungen riefen aber ebenso von Anfang an den Widerstand traditioneller (H 10 /♄), ethnischer und religiöser Gesellschafts-Strömungen hervor. Es folgten immer wieder Aufstände, die Kemal mit aller Härte und Brutalität militärisch niederschlagen ließ. Es gab Partei-Verbote, Notstandsgesetze, einen rigorosen 'Justiz-Apparat' – mit Polizeimaßnahmen, Verhaftungen und Hinrichtungen – und ebenso Presse-Zensur (☿/♄). So nahm die Republik immer wieder auch diktatorische Züge an.[4]

Wir sehen, wie sich hier ein Riss (schon damals) durch diese Nation zieht. Und dieser Riss ging nicht nur durch die türkische Bevölkerung, sondern äußerte sich auch in der Person des Mustafa Kemal.

Einerseits hatte er eine humanistische (♅) Gesinnung, die seine Visionen von einer besseren, offeneren, freieren Gesellschaft (♅ in H 10) zutiefst beflügelte. Er stand – auch ganz praktisch – für eine Politik, die auf das Interesse des Volkes gerichtet war (so seine Vision) und in der jeder sich in seinem individuellen (♅) Wesen

[4] Recherchen: Wikipedia – „Kemal Atatürk“ und „Geschichte der Türkei“.

entfalten konnte. Das gelang ihm aber nur über seine *gebieterische Art (H 5)* im Verbund mit einem *autoritären Führungsstil (♄ in H 5)* – durch die *Vorherrschaft des Militärs und der Beamtenschaft (♄).*
Und hier zeigt sich die andere Seite des türkischen Staats-Horoskops und auch die von Kemal Pascha. Bei aller freiheitlich-humanistischen Grund-Gesinnung, mit dem Drang zu immer neuen Reformen assoziiert eine dominante Besetzung des 5. Hauses mit fünf Planeten gleichzeitig das Bedürfnis eines Volkes nach einer starken „Vater-Figur“ bzw. „Führungs-Figur“, so wie es als „Überbleibsel“ einer langen Tradition durch das osmanische Reich noch immer in der Volksseele „verankert“ zu sein scheint.

Dieses „Vater-Bild“ ist nicht nur „stark“ (5 Planeten in H 5), sondern im Verbund mit Saturn (♄) wird auch eine gewisse *normative Strenge* assoziiert, die diesem Vater-Bild zu eigen ist. Dabei gibt es Neigungen feste oder starre Prinzipien zur Pflicht gerinnen zu lassen bzw. Gesetzestreue (♄) unabdingbar einzufordern.
Die Sonne, als Zentral-Gestirn eines jeden Horoskops, steht ebenfalls in Haus 5 und damit sogar im eigenen Haus. Gleichzeitig hat sie ihre Position im Skorpion-Zeichen (♏), was sowohl als kraftvolles Charisma und Kompetenz gedeutet werden kann, aber auch als unmissverständlicher Macht-Anspruch – oder als beides. So blieb Kemal Pascha in einem gewissen Sinne ein Stück weit noch immer „Sultan“.
Gegen Ende seiner Amtszeit, kurz vor seinem Tod, wurde er tatsächlich mit dem Namen „Atatürk“ geehrt – was soviel heißt wie „Vater aller Türken“, denn er hatte es geschafft das Vielvölker-Gemisch unter *einem* Staat zu einen (eine Ausnahme blieben die Kurden und die Kommunisten). Er war nun Mustafa Kemal Atatürk und somit Repräsentant nicht nur des Uranus in Haus 10, sondern zugleich die lebendige Verkörperung des 5. Hauses im Horoskop der Türkei – nämlich als „Vater“ aller Türken.

Seine humanistischen bzw. progressiven (♅) Visionen (♅) hatte er aber schon lange vor seiner Präsidentschaft in einer Tagebuch-Aufzeichnung vom 6. Juni 1918 zum Ausdruck gebracht. Schon damals spiegelte sich in diesen Sätzen das spätere Horoskop der Türkei in Grundzügen wider, obwohl dieses noch gar nicht existierte: *„Sollte ich eines Tages großen Einfluss oder Macht besitzen, halte ich es für das Beste, unsere Gesellschaft schlagartig*[5] *– sofort und in kürzester Zeit – zu verändern. Denn im Gegensatz zu anderen glaube ich nicht, dass sich diese Veränderung erreichen lässt, indem die Ungebildeten nur schrittweise auf ein höheres Niveau geführt werden. Mein Innerstes sträubt sich gegen eine solche Auffassung. Aus welchem Grunde sollte ich mich auf den niedrigeren Stand der allgemeinen Bevölkerung zurückbegeben, nachdem ich viele Jahre lang ausgebildet worden bin, Zivilisations- und Sozialgeschichte studiert und in allen Phasen meines Lebens Befriedigung durch Freiheit erfahren habe? Ich werde dafür sorgen, dass sie auch dort hinkommen. Nicht ich darf mich ihnen, sondern sie müssen sich mir annähern:“*

---

5 Uranus = elektrisch, der „Blitz“.

Die Türkei blieb das gesamte 20. Jahrhundert und bis zum heutigen Tag ein unruhiges (♅) Land; ein Land im ständigen Umbruch (♅). Das dürfte keine/n Astrologen/in verwundern, denn Uranus am MC ist kein Signum für Stabilität, die das 10. Haus – für sich allein genommen – erst mal verspricht.

Auch Personen mit einem Uranus im 10. Haus führen in der Regel ein eher unstetes Leben. Sie haben es schwer, sich feste Strukturen im Leben aufzubauen und leben vielfach im Gefühl, durch gesellschaftliche Raster und Erwartungen eingeengt zu sein. Sie neigen daher zum Ausbruch (♅) aus Konventionen (H 10) jeglicher Art; zur Revolte, zur Anarchie, zum Experiment, zur steten Veränderung, zu unkonventionellen Lebenszielen, zum Freigeistigen.
Dem einen Betroffenen erscheint diese Art von Freiheits-Drang (bzw. Freiheits-Zwang) – diese „subtil vibrierende (kreative) innere Unruhe" – als Fluch des Unverstanden-Seins oder des Scheiterns.
Dem anderen eröffnet sich gerade dadurch immer wieder aufs Neue der Reichtum vielschichtiger Lebens-Erfahrungen und Entwicklungs-Möglichkeiten, jenseits eingespurter „Selbstverständlichkeiten" der Mainstream-Mentalität.

Auf welcher Skala im Spektrum dieser beiden Pole das Leben dann tatsächlich verläuft, ist – im nicht geringen Maße – auch eine Frage des Bewusstseins-Levels; individuell und kollektiv.

In der modernen Türkei „kemalistischer" Prägung gab es immer wieder neue Regierungen, neue Parlamente, neue Verfassungen, neue Aufstände, wechselnde Mehrheiten, neue Parteigründungen, durchgesetzte Neuwahlen, mehrere Putschversuche des Militärs, Zustände des Kriegsrechts, „Säuberungs"-Aktionen, Terrorakte, Volksentscheide und Reformen.
Aber bei all dieser „Bewegtheit" blieb der „Kemalismus" (laizistische Republik, Revolutionismus, Anbindung ans westliche Europa, keine Allein-Herrschaft, etc.) bis ins komplette erste Jahrzehnt des 21. Jahrhunderts im innersten Kern erhalten und gewann sogar ein „mehr" an Demokratie hinzu, was dann 2005 zu ersten Beitritts-Verhandlungen mit der EU führte.
Aber dieses ideelle Gebilde droht seit einigen Jahren in seinen Grundfesten zu zerbrechen. Ein eklatanter Demokratie-Verlust und Einschränkungen der Medien-Freiheit zeichnen sich mit zunehmender Geschwindigkeit ab. Darüber hinaus „liebäugelt" Präsident Erdogan mit einer Staatsform, in der die muslimische Religion wieder eine größere Rolle spielen soll und sogar jetzt schon spielt.
2013 gab es erste massive Proteste gegen Korruption und den drohenden Verlust von gewonnenen Freiheiten, die aber von Erdogan niedergeschlagen wurden. Und im Zuge dieser Strömungen folgte am 15. Juli 2016 ein Putschversuch von Seiten des Militärs, der aber scheiterte.

Wie lebendig Horoskope tatsächlich sind – auch Länder-Horoskope – wird vor allem in Zeiten deutlich, in denen prägnante Transit-Auslösungen mit offensichtlich einschneidenden realen Entwicklungs-Prozessen synchronistisch verlaufen.

Schauen wir uns deshalb die planetaren Auslösungen im türkischen Horoskop (s. Graphik 12/2), und zwar sowohl für den gesamten Zeitraum der gegenwärtigen Veränderungen als auch zum Tag des Militär-Putsches am 15. Juli 2016:[6]

Putsch und Gegen-Revolution

Die zentralen Radix-Themen des türkischen Horoskops sind zum aktuellen Zeit-Geschehen durch sich selbst – im doppelten Sinne – ausgelöst.

Von den Radix-Planeten habe ich nur die Saturn-Merkur-Konjunktion (♄/☿) im 5. Haus eingezeichnet und den Uranus (♅) in Haus 10.

Als Transit-Planeten habe ich nur die *langsam laufenden* dargestellt. Von denen standen ebenfalls nur Saturn und Uranus in transit-relevanten Positionen am Himmel, und zwar

- der Transit-Saturn im Quadrat-Aspekt zum Radix-Uranus;
- und *in der Umkehrung* der Transit-Uranus im Oppositions-Aspekt zur Saturn/Merkur-Konjunktion im türkischen Geburtshoroskop.

Das ist eine astrologische Bilderbuch-Geschichte, wie es sie allerdings in unzähligen Variationen gibt. Denn im Grunde genommen sind *alle* gewichtigen individuellen und kollektiven Umbruch- und Entwicklungs-Prozesse gleichzeitig immer auch astrologische Bilderbuch-Geschichten.

„Die bestehende Ordnung (♄) soll umgeworfen (♅) werden und die revoltierenden Kräfte (♅) sollen gezügelt (♄) werden“ – mal ganz plakativ gesagt.

Aber lassen Sie uns die astrologischen Verhältnisse – insbesondere die Planeten-Positionen – noch differenzierter betrachten:

Wenn wir uns ein laufendes Transit-Geschehen ansehen, unterscheiden wir am besten zwischen Zeit-Räumen und Zeit-Punkten.

Da ist einmal der „Zeit-*Raum*“ der betrachteten Umbruch-Phase:

- Der Transit-Saturn stand zwischen Januar 2016 bis Oktober 2016 – mit seinen Vor- und Rückläufigkeits-Perioden – mal mehr und mal weniger intensiv im wirkenden Einflussbereich zum Radix-Uranus in Haus 10. Dies ist Symbol dafür, dass sich schon im zeitlichen Vorfeld des Putsches die Spannungen im türkischen Kollektiv-Bewusstsein erhöht hatten.
- Auf den *Punkt* kam die ganze Geschichte allerdings erst, als zusätzlich der Transit-Uranus im Juli 2016 – im Monat des Putsches – das erste Mal direkt seine Oppositions-Stellung zum Radix-Saturn einnahm. Von da an hat Uranus seinen Einfluss auf die begonnene Entwicklung – ebenso über seine Vor- und Rückläufigkeits-Bewegungen – noch bis zum Januar 2018 aufrechterhalten. Beide Transit-Komponenten wirken zusammen und anhand der Berechnungen habe ich hier die krisenrelevanten „Zeit-*Räume*“ dieses türkischen Prozesses beschrieben, die sich über Monate und Jahre erstrecken.

Als nächstes werde ich zur weiteren Differenzierung noch die krisenrelevanten „Zeit-*Punkte*“ herausarbeiten, an denen die hintergründig schwelenden Krisen-

---

[6] Diese Ausführungen wurden am 8. Mai 2017 verfasst.

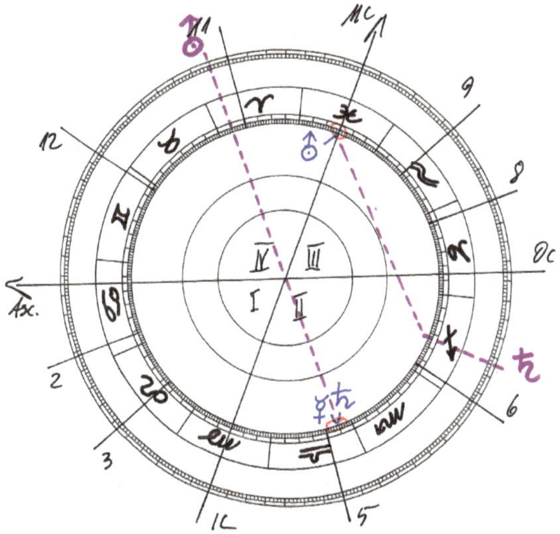

Graphik Nr. 12/3 Juli 2016

Potenziale in Form prägnanter Ereignisse unübersehbar im Kollektiv „hochkochen". Die „kosmische Uhr" ist nämlich ein hoch-sensibler und ebenso – präziser „GEIST-Organismus", der nicht nur in Zeitaltern, Epochen, Jahren und Monaten „rechnet" und diese – über die Umlaufzeiten der Planeten auch ablesbar – anzeigt, sondern er justiert sich im Fein-Bereich seiner Berechenbarkeit auch in Tagen und Minuten ein.

Wir werden jetzt innerhalb des schon angegebenen „Zeit-*Raums*" von Juli 2016 bis Januar 2018, in dem der Uranus seine Funktion als Transitplanet für den „türkischen Prozess" innehat, die neuralgischen kosmischen „Zeit-*Punkte*" auf bestimmte Tage einkreisen, die schon jetzt und auch später in die Geschichts-Schreibung eingehen werden.

Ich beschränke mich in diesem Beispiel ausschließlich auf den Transit-Uranus und lasse dabei sowohl den Transit-Saturn, als auch Transite von Schnellläufern beiseite, weil es für unser Anliegen zu kompliziert ist, mehrere unterschiedliche planetare Rhythmen in ihren Detail-Verläufen parallel zu einander zu beschreiben.

15. Juli 2016, Militär-Putsch gegen die Regierung von Präsident Erdogan
Bei der Radix-Konjunktion im 5. Haus steht Merkur auf 24°26' (sprich: 24 Grad und 26 Bogen-Minuten) und Saturn auf 24°33' in der Waage (♎) (siehe Graphik 12/4).

Dagegen beträgt die genaue Oppositions-Stellung des eingezeichneten Transit-Uranus am Tage des Militär-Putsches 24°25' im Widder (♈).

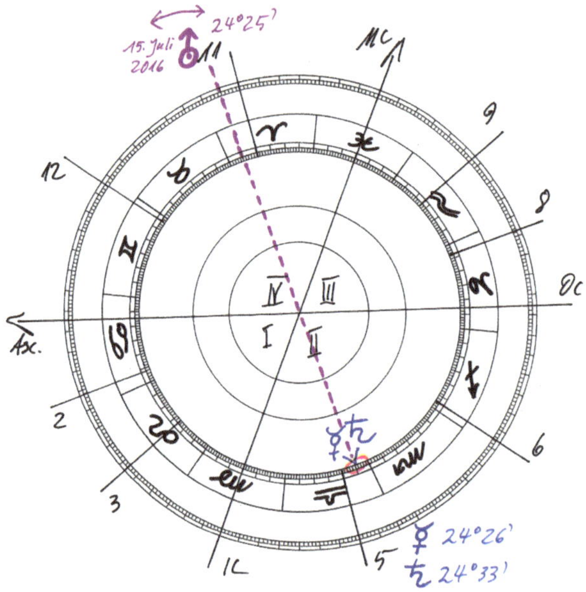

Graphik Nr. 12/4 Militärputsch vom 15. Juli 2016

Das ist höchst präzise im Verhältnis zur Grad-Stellung der Radix-Konjunktion von Saturn/Merkur. Dabei möchte in Erinnerung rufen:

- Jeder einzelne Grad (°) im „360°-Kreissystem" ist im Feinbereich noch mal in 60 Bogenminuten (') unterteilt. Diese Feinheiten sind notwendig, um die Bewegung der Langsamläufer genau erfassen zu können, da diese teilweise nur wenige Bogenminuten pro Tag im Kreis zurücklegen.
- Der Uranus braucht insgesamt ca. 84 Jahre, um einmal den gesamten Kreis zu durchlaufen. Er hält sich im Schnitt ca. 7 Jahre in einem Tierkreiszeichen auf. Das heißt, dass er pro Jahr nur etwas mehr als 4° an Strecke zurücklegt. Das bedeutet auch, dass er im Schnitt nur etwas mehr als eine Bogen-Minute pro Tag zurücklegt. Auf diese Weise kommt er nur relativ selten in einen solchen oder ähnlich spannungsreichen Aspekt zum Radix-Saturn. Und wenn, dann hält er sich relativ lange im wirkenden Einfluss-Bereich auf und berührt ihn auf eine sehr grundlegende Weise. Die in unserem Beispiel erlangte Dichte seiner Stellung, mit einer Differenz von einer Bogenminute zur gegenüberliegenden Opposition, gleicht dem *„intuitiven Bogen-Schuss eines legendären Zen-Meisters ins Schwarze".*
- Alle hier gemachten Geschwindigkeits-Angaben zum Bewegungs-Verlauf des Uranus sind Durchschnittswerte. Die einzelnen Bewegungs-Phasen sind unterschiedlich lang und beziehen die ständig wechselnden Phasen von Vor- und Rückläufigkeit mit ein.

Die scheinbare Rückläufigkeit der Planeten ist ein Phänomen, das im objektiven Sinne nicht existiert. Es begründet sich durch unsere subjektive Wahrnehmung der Planeten-Bewegung aus unserer Erd-Perspektive. Da die Erde sich zusammen mit den anderen Planeten um die Sonne mitdreht, fehlt uns zwangsläufig ein fester bzw. objektiver *„Stand"-Ort* für entsprechend objektive Beobachtungen anderer – sich ebenfalls bewegender – Objekte (Planeten). So gibt es – im „Tanz der Planeten umeinander" – optische Winkel-Verschiebungen, die wir von Zeit zu Zeit als Rückläufigkeit einzelner Planeten wahrnehmen.
Aber so, wie der Himmel sich aus unserer Erd-Perspektive darstellt, wird er in der Astrologie zum *Sinn*bild all unseres irdischen Erlebens.

Diese Vor- und Rückläufigkeits-Phasen sorgen dafür, dass die transitierenden Langsamläufer meist gleich mehrere Übergänge hintereinander über die angesprochenen Radix-Planeten absolvieren. Solche mehrmaligen Übergänge können sich innerhalb von Zeiträumen wie Tage, Wochen, Monate oder bis zu 1-2 Jahren hinziehen.
Bei prognostischen Überlegungen – in Hinblick auf untersuchte Lebens-Prozesse oder Ereignisse – bezieht man also immer die möglichen Vor- und Rückläufigkeits-Phasen von vornherein mit ein.

Gleich am 15. Juli 2016 hatte ich im Radio vom Putsch-Versuch des Militärs auf den türkischen Präsidenten gehört. Da ich als Astrologe in umfassender und beständiger Weise auch forscherisch arbeite, habe ich noch am selben Tag alle notwendigen Daten zu diesem Ereignis recherchiert und sie astrologisch aufgearbeitet. Abgesehen von den gefundenen Auslösungen, wie ich sie in Graphik 12/4 dargestellt habe, bin ich noch weiteren prognostischen Überlegungen nachgegangen.

Im Fall des Uranus-Transits auf die Radix-Konjunktion von Saturn/Merkur hat sich mir dabei zwangsläufig gezeigt, dass das Putsch-Geschehen nicht Ausdruck eines einmaligen Übergangs des Uranus über die gleiche Gradstellung war. Mir sind vor allem – etwas vereinfacht ausgedrückt – noch zwei weitere genaue Übergänge aufgefallen, die in etwas fernerer Zukunft lagen/liegen. So hatte ich mir schon damals – im Juli 2016 – die Monate April 2017 und Dezember 2017 / Januar 2018 als zwei zeitliche Fixpunkte notiert, in denen ich eine ebenfalls „intensivierte Ereignis-Dichte" im Rahmen des gegenwärtigen „Türkischen Prozesses" vermutet habe/vermute.

Eines dieser Zeitfenster hat ja mittlerweile schon die von mir vermutete „intensivierte Ereignisdichte" eingelöst (siehe nächste Graphik Nr. 12/5), nämlich die vom 16. April 2017. Das war einer der Tage, an dem – 9 Monate nach dem Putsch – nun der zweite Transit-Übergang des Uranus über die neuralgischen Tierkreis-Grade der gegenüberliegenden Saturn/Merkur-Konjunktion stattfand.

16. April 2017 – Der Tag des Referendums zur Abstimmung über das – von Erdogan favorisierte – Präsidial-System, das ihm quasi eine Alleinherrschaft ermöglicht.

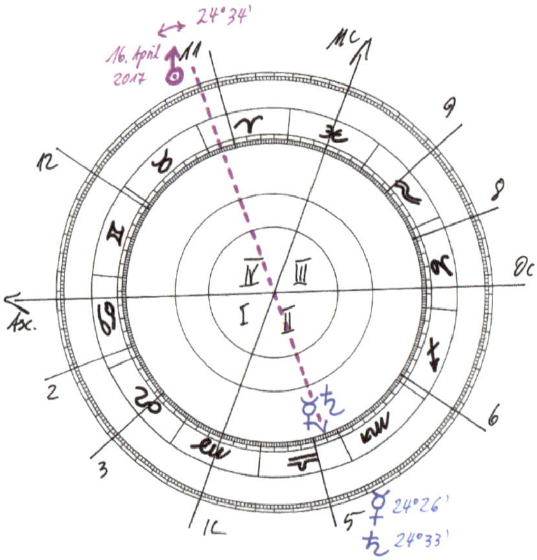

Graphik Nr. 12/5

Vergleichen Sie die hier angegebenen Gradzahlen des Transit-Uranus zum Tag des Referendums (Außenkreis) und die der Radix-Konjunktion von Merkur/Saturn (Innenkreis) mit denen der letzten Graphik Nr. 12/4 vom Putsch und schauen Sie sich dann die folgende Graphik Nr. 12/6 auf der nächsten Seite an.
Obwohl schon wenige Tage nach dem Putsch-Versuch sein Scheitern deutlich wurde, war für mich völlig klar, dass dieser „eingeläutete" Prozess – unter dem Signum des Uranus – sich noch entsprechend lange hinziehen würde, da es in den nächsten 1 ½ Jahren noch zwei weitere bedeutende Transit-Übergänge des Uranus über den gleichen Tierkreispunkt geben würde / gab.
Klar war mir von vornherein auch, dass in diesem Prozess sowohl der April 2017, als auch der Übergang Dezember 2017 / Januar 2018 als Zeiten entscheidender Weichen-Stellungen von Wichtigkeit sein werden.
Allerdings entwerfe ich bei solchen prognostischen Überlegungen keine Bilder von kommenden inhaltlich-konkreten Ereignissen. Sondern ich beschränke mich vorrangig auf die Feststellung ihrer zeitlichen Ereignisse und auf ihren hintergründig-archetypischen Gehalt, denn „unverrückbar konkrete Prozess-Ergebnisse" stehen von vornherein eben „nicht in den Sternen".

Auch bin ich in den ersten Tagen nach dem Putsch von alleine nicht auf die Idee einer möglichen „Gegen-Revolution" gekommen, die Erdogan – scheinbar nahtlos – aus dem Putsch heraus für sich entwickelt hat. Im Rahmen dieser Gegen-

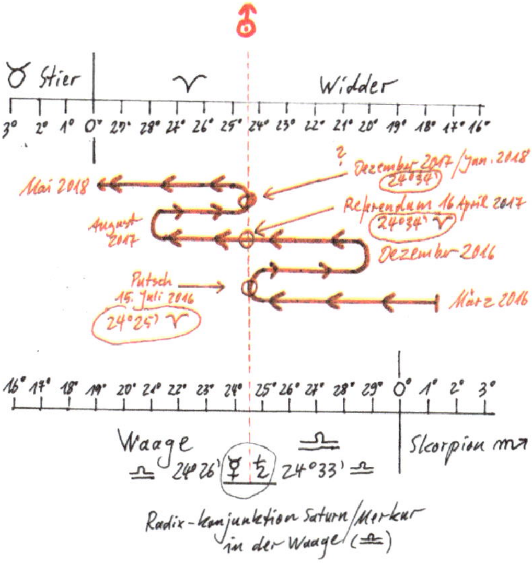

Graphik Nr. 12/6
Transit-Wanderung des Uranus vom März 2016 bis Mai 2018
mit Putsch (15. Juli 2016), Referendum (16. April 2017)
und einem zukünftigem Entwicklungs-Höhepunkt in der Türkei
(Übergang Dez. 2017/Jan. 2018)

Revolution sind bis zum heutigen Tag ca. 100 000 Staatsbedienstete (Lehrer, Beamte, Polizisten, Soldaten, etc.) entlassen worden und fast 40 000 Menschen – denen man eine systemkritische Haltung vorarf (vielfach auch Journalisten) – ins Gefängnis gekommen.

Worauf ich in den ersten Tagen nach dem Putsch ebenfalls nicht gekommen bin, obwohl ich den April 2017 schon „vorbedenklich“ für mich im Bewusstsein hatte, war das Referendum, das dann im April 17 stattfand. Aber das wusste zur Zeit des Putsches nicht nur ich nicht, sondern niemand, nicht mal Erdogan selber. Dieser mag möglicherweise damals schon etliche Ideen gehabt und favorisiert haben, aber die konkrete Planung eines solchen Referendums, die Festlegung seines Datums und seine Verkündung in der Öffentlichkeit fanden erst Monate später statt – in einer Zeit, in der sich Erdogans Machtlage schon wieder mehr stabilisiert hatte.

Das genaue Datum für dieses Referendum jedoch hatte er oder ein paar seiner Mitstreiter einige Monate später in ein Zeitfenster hineingelegt, das ich mir schon zum Zeitpunkt des Putsches notiert hatte.
Wie ist so etwas möglich? Wie „funktioniert“ so etwas?
Fakt ist: Astrologische Prognosen sind möglich! Aber nicht um vorherzusagen, *was* genau passiert! Meines Erachtens geht es bei solchen möglichen prognostischen Erkenntnissen vielmehr darum,

- das „spirituelle Schauspiel des Daseins“ bewusst mit zu erleben und um „das Eingebunden-Sein“ zu erfahren;
- und es geht auch darum, die wirkenden Archetypen mit wacher Aufmerksamkeit „live“ zu begleiten und sie so in einem tieferen Sinne für sich selbst verstehen zu lernen,
- um Demut, um Ein-Ordnung und Aus-Richtung auf das GANZE zu lernen.

Dieses GANZE erschließt sich aber nicht, in dem wir unsere Aufmerksamkeit in der astrologischen Arbeit auf „spekulativ herbei-prognostizierte Oberflächen-Strukturen“ richten. Dagegen sind die „zeitlich und inhaltlich synchronistisch erscheinenden archetypischen Tiefen-Strukturen“ – so wie wir sie durch die Arbeit mit Astrologie beobachten können – immer unmittelbar wahrnehmbarer Ausdruck dieser GANZHEIT.

<u>Astrologie ist kein Wahrsage-, sondern ein Erkenntnis-Instrument!</u>

Was sich in Bezug auf den „türkischen Prozess“ – in der Übergangs-Zeit von Dezember 2017 / Januar 2018 – wirklich gezeigt hat, war somit nicht abhängig von den Prognosen einzelner Astrologen, sondern von der Entwicklung des Kollektiv-Bewusstseins.
In der folgenden Graphik Nr. 12/6 sehen Sie den Prozess-Verlauf des Uranus-Transits durch das Widder-Zeichen in Opposition zur türkischen Radix-Konjunktion von Saturn-Merkur im Waage-Zeichen. Der gesamte 1 ½ - jährige Prozess-Verlauf ist hier in einem einzigen Bild zusammengefasst.
Die Gradskala <u>im oberen Bild-Bereich</u> bezieht sich auf die beweglichen Positionen des Transit-Uranus in der letzten Hälfte des Widder-Zeichens und noch auf den Anfang des Stier-Zeichens. Die Radix-Konjunktion – <u>im unteren Bild-Bereich</u> – ist auf der angezeigten Skala mit 24° 33’ für den Saturn und mit 24° 26’ für den Merkur im Waage-Zeichen eingezeichnet. Dies ist eine sehr enge Konjunktion mit dem minimalen Unterschied von nur 7’ Bogenminuten.

Vergleichen Sie diese Graphik mit Graphik Nr. 12/5. Dort sehen Sie die tatsächlichen Verhältnisse der beteiligten Planeten-Positionen, so wie diese im Kreis-System des Tierkreises angeordnet sind, und warum die Grad-Zählung im Widder-Zeichen nur scheinbar in entgegengesetzter Richtung verläuft, wie die Gradzählung im Zeichen der Waage.

Die Transit-Wanderung des Uranus mit seinen Phasen von Vor- und Rückläufigkeit können Sie anhand der geschlängelten Linie in Pfeilrichtung verfolgen, von März 2016 bis zum Mai 2018. Bei dieser Wanderung nimmt der Uranus insgesamt 3 x einen *punktgenauen* oppositionellen Transit-Kontakt zur Saturn-Merkur-Konjunktion ein. Seine exakte Grad-Stellung (*inklusive der Fein-Justierung durch Bogen-Minuten*) zum Tag des Putsches am 15. Juli 2016 und dem Tag des Referendums am 16. April 2017 habe ich in den dazugehörigen Kreisen angegeben. Das dritte Datum lag beim Schreiben dieser Zeilen (2017) noch in der Zukunft. So war ein weiteres gewichtiges Ereignis im türkischen Gesamt-Prozess mit hoher Wahrscheinlichkeit an einem *der* Tage zu erwarten, an denen sich der laufende Uranus der eingekreisten Position von ca. 24° 34' im Widder ein letztes Mal wieder annäherte – im Übergang von Dezember 2017 / Januar 2018.

Nachbemerkung im September 2019: Präsident Erdogan konnte das von ihm angestrebte Präsidial-System (das 2019 in Kraft getreten ist und ihn gewissermaßen zum Alleinherrscher machte) tatsächlich bis zu *dem* Punkt durchbringen, dass es im Sinne einer offiziellen 'Ausrufung' rechtskräftig wurde. Allerdings steckt der Präsident seitdem in der Krise.

Es ist daher noch offen, ob sich das von ihm inaugurierte System auf Dauer durchsetzen wird. Gelingt dies, so würde das bedeuten, dass der 'Kemalismus' dann tatsächlich an sein Ende gekommen und die Neugeburt der Türkei (die nächste Re-Inkarnation der Volks-Seele) eingeleitet worden wäre – und damit ein neues Horoskop für die Türkei gelten würde. Das wir die Zukunft erweisen.

<u>Fallbeispiele Nr. 13 und Nr. 14</u> (individuell)
„Der Aszendent – u. a. auch ein 'Eingangs-Tor zur physischen Wirklichkeit'"

1. **Eine Kaiserschnitt-Geburt (Nr. 13)**
2. **Eine traurige Familien-Geschichte (Nr. 14)**

1. Eine Kaiserschnitt-Geburt (Nr. 13)

In meiner langjährigen astrologischen Praxis ist mir – bewusst – nur ein einziger Fall eines Kaiserschnitts untergekommen. Es war eine Frau, die ihre Tochter mit Kaiserschnitt zur Welt gebracht hatte.

Bei all meinen anderen – für mich unüberschaubar vielen – Klienten/innen dürften dennoch einige weitere Kaiser-Schnitt-Geburten dabei gewesen sein, bei denen ich aber von dieser existentiellen Besonderheit nichts mitbekommen habe. Solche möglicherweise betroffenen Personen kommen in der Regel wegen ganz anderer Anliegen in die Praxis – Anliegen, die vorrangig aktueller Natur sind und bei denen ihre eigenen Kaiserschnitte keine Rolle spielen.

Die gemeinte Sitzung fand Ende der 1980er Jahre statt, zu einer Zeit, in der ich es mir noch nicht zur Gewohnheit gemacht hatte, besonders interessante Horoskop-Sitzungen systematisch zu dokumentieren, da ich damals noch nicht ahnte, in welchem Ausmaß ich selbst mal Astrologie lehren würde. Ich erinnere mich aber genau an die zentrale Geschichte, die sich um die Geburt des Kindes herum zugetragen hat, sodass ich sie ohne Original-Horoskop schematisch rekonstruieren kann. Das wirkt vielleicht etwas holprig und statistisch wenig überzeugend. Ich möchte Ihnen diese Geschichte aber dennoch nicht vorenthalten, da über sie – und über das verkoppelte Ergänzungs-Beispiel – ein astrologischer „Mechanismus" deutlich wird, den ich immer wieder in entsprechend ähnlichen Variablen beobachten konnte.

Ich erinnere mich aus zwei Gründen noch so gut an diese Begegnung. Erstens erschien die Klientin genau zu Beginn einer Sonnenfinsternis bei mir. Wir hatten

den Termin schon einige Wochen vorher ausgemacht, und niemand von uns beiden hatte zu dieser Zeit an eine kommende Sonnenfinsternis gedacht. So gingen wir nach der Begrüßung als erstes gemeinsam auf den Balkon und schauten uns durch gerußte Gläser das kosmische Schauspiel an. Zum zweiten hatte ich den eben angekündigten astrologischen „Mechanismus" – den ich damals zunächst nur aus der Theorie kannte – das erste Mal „live" in meiner Praxis erlebt.
Das Thema, um das es der Klientin ging, war das Verhältnis zu ihrer Tochter. Sie hatte ein schlechtes Gewissen, und es machte sie auch traurig, dass sie nicht *die* Nähe zu ihr herstellen konnte, wie sie es sich am liebsten gewünscht hätte. Sie brachte das u. a. mit der Kaiserschnitt-Geburt ihrer Tochter in Verbindung. Damals war es bei einer solchen Geburt noch üblich, dass *Mutter und Tochter nach der Geburt von einander getrennt wurden* (Vollnarkose der Mutter, labile Atmung beim Kind, etc.). So kam es, dass meine Klientin ihre Tochter erst 36 Stunden nach der Geburt zum ersten Mal gesehen bzw. auf dem Arm gehabt hatte.
An das Horoskop der Klientin kann ich mich überhaupt nicht mehr erinnern, obwohl dies der Hauptfokus der astrologischen Sitzung war. Aber vom Horoskop der Tochter hat sich der betreffende „Mechanismus" tief in mein Gedächtnis eingegraben und ich hatte mir später noch eine kleine Zettelnotiz dazu gemacht.

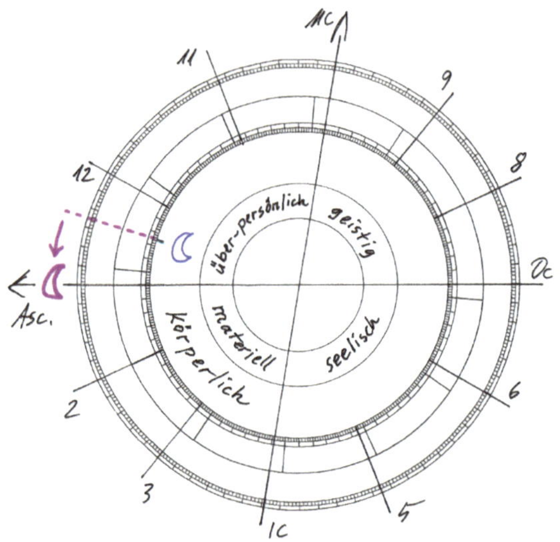

Graphik Nr. 13

Graphik Nr. 13 ist also kein Original-Horoskop, sondern eine wirklichkeits-relevante schematische Darstellung des Originals. Ich habe nur den Mond und den Aszendenten mit den 12 Häusern eingezeichnet. Die Tierkreis-Symbole habe ich weggelassen, weil ich nicht mehr weiß, in welchen Zeichen der Mond und die Häuserspitzen standen. Die Gradpositionen des Aszendenten, sowie der übrigen

Häuserspitzen und die des Mondes in den Zeichen-Abschnitten sind fast gänzlich willkürlich gesetzt. *Was aber an diesem Horoskop-Ausschnitt genau stimmt, ist der Mond in Haus 12 und sein Grad-Abstand von 18° zum Aszendenten.*

Ein Mond im 12. Hause ist ein mögliches stimmiges Abbild einer Kaiserschnitt-Geburt. Als „Haus der Transzendenz", ist das 12. Haus ein „Ort des Abseits" – sei es eine Meditationszelle, eine Studierstube, ein Gefängnis, ein Krankenhauszimmer oder einfach nur ein psychisches Abseits; ein „Gefühl (☾) von Alleinsein (H 12)" oder ein transzendentes „ALL-EINS-SEIN".
Der Mond als Repräsentant des „Seelischen" bzw. des „mütterlich-fürsorglichen Prinzips" auf der Planeten-Ebene symbolisiert im Horoskop eines Kindes das eigene Kindsein und steht gleichzeitig stellvertretend für das innere Mutterbild, das es in sich trägt. Er ist aber ebenso ein Symbol für die Mutter als reale physische Person.
Ein Mond in Haus 12 eines Geburtshoroskops spiegelt u. a. auch den Zustand „seelischer Ungeborgenheit" während der Geburt wider – in unserem Fall die physische Abwesenheit der Mutter. Es ist die Keim-Situation für den weiteren biographischen Werdegang, mit der schicksalhaften Aufforderung, seine seelische Heimat (☾) vorrangig im Unpersönlichen, im Transpersonalen, in der UNBEGRENZTHEIT (H 12) zu suchen und ein universell (H 12) mitfühlendes (☾) Wesen zu entfalten, das die persönlichen Begrenzungen familiärer (☾) Zugehörigkeiten transzendiert (H 12). Deshalb finden wir hier einerseits karitative, spirituelle und künstlerische Gaben sowie eine Sensitivität, die bis ins Mediale reichen kann (1. Natur). Oder es entwickeln sich schwächliche Konstitutionen mit überempfindlichen Wesenszügen und einer entsprechenden Lebensängstlichkeit (2. Natur).
Die obere Graphik Nr. 13 zeichnet aber gleichzeitig noch das Bild einer seelischen Dynamik, die sich sofort im Anschluss an die Geburt im Einklang mit den kosmischen Gesetzmäßigkeiten entfaltet. Während im Innenkreis der Mond in seiner Radix-Position in Haus 12 fixiert bleibt, sehen wir ihn im Außenkreis noch einmal eingezeichnet. Da hatte er – nun als Transit Planet – in den ersten 36 Stunden nach der Geburt eine Strecke von 18° zurückgelegt; und zwar von seiner eigenen Radix-Position in Haus 12 bis zur Gradposition des Aszendenten. Denn der Mond wandert ca. alle 2 Stunden 1° im Tierkreis weiter. Damit ist das 'Seelische', das 'Mütterliche' (☾) aufgrund seiner eigenen dynamischen Bewegung aus dem „Abseits" (Haus 12) in das „konkrete physische Leben", in die Sichtbarkeit des 1. Hauses im ersten Quadranten eingetreten (der erste Quadrant ist der materielle bzw. körperliche Quadrant). Jetzt erst spürt und hört die neugeborene Tochter ihre Mutter das erste Mal physisch – und umgekehrt.

Der dynamische Aspekt des Mondes – seine Bewegung als Transit-Planet durch den Tierkreis und durch die Häuser einer entsprechenden Person – sorgt für Veränderungen und Entwicklung innerhalb der seelischen (☾) Erfahrungs-Qualitäten dieser Person, wenn auch nicht so intensiv, wie es langsam laufende Transit-Planeten bewirken, wenn sie – umgekehrt – mit ihren Aspekten den Radix-Mond „berühren". Denn obwohl es ja eigentlich der Transit-Mond ist, der am Himmel zu

einer bestimmten Zeit seine Bahn zieht, so ist er parallel dazu – in einem metaphorischen Sinne – noch immer auch *ihr eigener Mond,* der dabei durch ihr Horoskop wandert – zusätzlich noch aufgeladen mit seiner spezifischen Radix-Färbung.
Die hierüber in Gang gesetzten Entwicklungsprozesse können deshalb letztendlich auch immer nur im Rahmen der Grund-Anlage ihres „Mondes in Haus 12“ variieren. Die eigentliche 'Bestimmung der Seele' bleibt also bei aller dynamischen Entwicklung erhalten. In unserem Fallbeispiel ist es *das „Einfühlen (☾) in den transzendenten Hintergrund (H 12)“.*

2. Eine traurige Familien-Geschichte (Nr.14)

Die folgenden astrologisch dokumentierten Ereignisse sind Teil meiner eigenen Familien-Geschichte.

Es geht dabei um meinen Vater, der sich im August 1999 unter tragischen Umständen das Leben genommen hatte. Schon etliche Monate zuvor fühlte er sich kontinuierlich sehr krank – ständig geschwächt mit diffusen Schmerzen, aber niemand konnte ihm helfen. So hatte er eine Odyssee durch viele Facharztpraxen hinter sich und lag zwischendurch sogar für drei Wochen im Krankenhaus. Sein subjektiv wahrgenommener quälender Zustand jedoch blieb unverändert. Zu all dieser körperlichen Qual kam noch hinzu, dass er sich zunehmend in die Rolle des „eingebildeten Kranken“ geschoben sah und schließlich nur noch verzweifelt war.
Am 13. August 1999 saß ich mit meiner fünfjährigen Tochter und ihrer Freundin im Zug von München nach Flensburg, wo wir zu dieser Zeit wohnten. Es war Spätnachmittag, als mein Name im Zug ausgerufen wurde und ich die Nachricht von meiner Mutter aus Berlin erhielt, dass mein Vater – 81 Jahre alt – seit den frühen Morgenstunden verschwunden war. Ich brachte noch die beiden Mädchen nach Hause und fuhr am nächsten Morgen von Flensburg zu meiner Mutter nach Berlin. Mein Vater war am Tag zuvor – wie an jedem anderen Tag auch – morgens aus dem Haus gegangen, um Brötchen und die Zeitung zu holen und war nicht mehr zurückgekommen. Mittlerweile hatte meine Mutter bemerkt, dass er seine Schlüssel, die er sonst immer mitnahm, an diesem Morgen in seine Nachttisch-Schublade abgelegt hatte, was wir später als eindeutigen Hinweis dafür interpretierten, dass sein Weggehen und Nicht-Wiederkommen seiner vollen Absicht entsprach. Das war alles sehr traurig.
Was mir gleich auffiel, als ich in Mutters Wohnung ankam, war, dass die Küchen-Uhr stehengeblieben war. Meiner Mutter war das auch schon aufgefallen, wusste aber nicht, ob an diesem Tag (14. Aug.) um 5:54 Uhr morgens „die Batterie plötzlich alle war“ oder schon am Abend zuvor – dem Tag seines Weggangs – um 17:54 Uhr.
(Auch diese Uhrzeiten hatte ich später astrologisch untersucht. Die Ergebnisse würden aber den Rahmen unseres Themas sprengen, und außerdem bleiben sie – wenn auch interessant – im spekulativen Dunkeln. Das Phänomen der „stehengebliebenen Uhr“ ist aber für sich allein schon ein bemerkenswertes, weil es hierüber immer wieder ähnliche Geschichten von Todesfällen gibt – auch in anderen Zusammenhängen, neben den astrologischen).

Wir gaben die Personalien meines Vaters an die Polizei und waren ansonsten hilflos. Wir konnten uns nur gegenseitig beistehen, und ich habe noch stundenlang Plätze in der Nähe der elterlichen Wohnung abgesucht, bin durch naheliegende Parks gestrichen, aber meine Suche war vergebens. So mussten wir uns in ein beklommenes Warten fügen.
Ich blieb nur drei Tage in Berlin und musste dann wieder zurück nach Flensburg. Dort schaute ich mir dann auch alle relevanten Daten zum Verschwinden meines Vaters astrologisch an.

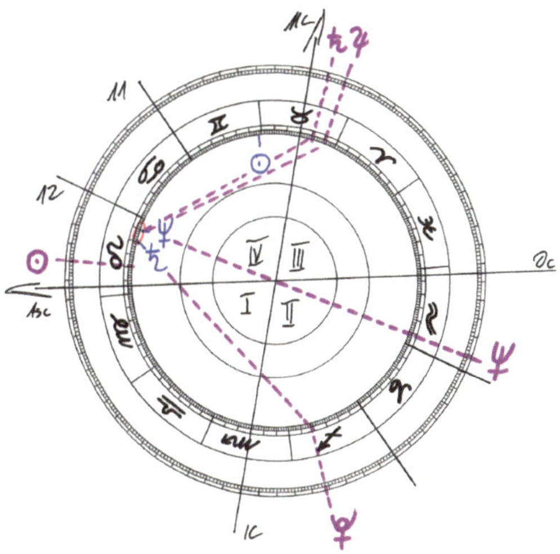

Graphik Nr. 14/1

Was an dieser Graphik sofort ins Auge fällt, ist die Neptun-Saturn-Konjunktion, die im 12. Haus meines Vaters steht und gleich von vier Langsamläufern (Pluto, Neptun, Saturn und Jupiter) transitiert wurde – ein Langzeitthema von fast vier Jahren, zumindest was den Transit-Neptun anbelangt. Saturn und Jupiter haben sich danach schneller wieder aus ihrer Transit-Position verflüchtigt, sodass die damalige Zeit einen gewissen Höhepunkt innerhalb dieses langen Prozesses anzeigte.
Diese Radix-Konjunktion in Haus 12 (im Neptun-Haus) ist eine starke, denn Neptun (♆) selbst steht dabei als Radix-Planet in seinem eigenen Haus und der aktuelle Transit-Neptun ist temporär ebenfalls noch mit einer Opposition zu sich selbst beteiligt. Diese 12. Haus-Besetzung ist die „meditative“ Seite meines Vaters, sein Rückzugs-Bedürfnis, das hier höchst intensiv angesprochen wurde. Er hätte das nie so gesehen, wie ich es jetzt hier definiere. Und ebenso hatte er es lange Zeit nicht verstanden, dass ich selber einen meditativen Lebensweg eingeschlagen habe – damit hatte er in der Vergangenheit lange gehadert. Erst in den letzten Jahren seines Lebens haben wir zunehmend zueinander gefunden – mit einer stillen, aber ausgeprägten gegenseitigen Bejahung. Aber was die „meditative“ Seite

seines Lebens betrifft, so war er jahrelang in einem Berliner Angelverein, und ich bin als Jugendlicher auch ein paar mal mit ihm am Wochenende raus gefahren auf den großen Tegeler See.
Haben Sie schon mal im Sommer morgens ab 3:00 Uhr zu zweit in einem Angelkahn auf dem Wasser gesessen? Am Rande des Schilfes? Gerade wenn das erste Sonnenlicht am Horizont aufglimmt und den aufsteigenden Nebel in ein warmes diffuses Orange taucht? Wo man lang andauernd kaum miteinander spricht, sondern nur dasitzt und die Angelpose im Wasser beobachtet? Wo man sonst nichts hört, außer dem zarten Glucksen des Wassers bei den Minimal-Bewegungen des Bootes? Und dann und wann einen ersten Morgenfrosch, dessen kehlige Laute am weit entfernten anderen Ufer echoartig und dünn verhallen? Das sind Eindrücke, die das Innerste zum klingen bringen, und die ich all die Jahrzehnte nicht vergessen habe.
Das hat mein Vater geliebt, und das ist es, was mir immer einfällt, wenn ich seinen Neptun im 12. Haus (das Wasser) sehe und dazu seinen Saturn – das kleine Stück Materie bzw. das Boot – das ihn im Wasser trägt. Das war seine Transzendenz, von der er immer mehr wollte, als es seine Lebens-Umstände zuließen, bis er es – schweren Herzens – ganz aufgab.
Diese Konjunktion war nun zur Zeit seines Verschwindens massiv ausgelöst. Eine schwierige Gesamt-Konstellation und eine ebensolche existentielle Herausforderung. Es hat ihn innerlich in den Rückzug gezogen – ins „psychologische Abseits". „Alle Fassaden wirken wie Attrappen" beim Ansturm der inneren Wirklichkeit – er kam ins „Schwimmen" und verlor die Bodenhaftung. Symptomatisch war auch das diffuse (H 12) Krankheitsbild, bei dem keine klaren Konturen sichtbar waren; alles löste sich im Nebel (H 12) auf – „in den Nebeln von Avalon", denen er aber keinen Sinn abgewinnen konnte und sie nur als bittere Einsamkeit erfuhr.
In die obere Graphik habe ich noch die schnell laufende Transit-Sonne mit eingezeichnet – das Zentral-Gestirn und Symbol für die feurige Lebenskraft. Sie bildete keinen Aspekt, lief aber dafür einen Monat lang durch das 12. Haus meines Vaters. Das assoziiert noch einmal eine kurzfristige Vertiefung des generellen Sogs in die Innenwelt hinein. Angesichts des endlosen UR-Wassers – was da konstelliert war – dünnte sich auch die Lebenskraft seiner Sonne aus.
Auch der Transit-Merkur lief gleichzeitig durch Haus 12 und die Transit-Venus war schon mal die letzten zwei Wochen zuvor durch Haus 12 gegangen, stand nun kurzfristig in Haus 1 und schickte sich – in ihrer nun „anvisierten" Rückläufigkeit – gerade wieder an, für die nächsten Wochen noch mal ins 12. Haus zurückzugehen. Beide – Merkur und Venus – habe ich nicht eingezeichnet, um die Graphik nicht optisch zu überladen; insbesondere mit der rückläufigen Venus ist das schwer darstellbar. *Fakt bleibt aber, dass sich fast alle Planetensymbole des Horoskops in diesen Tagen und Wochen in irgendeiner Weise mit dem Thema des 12. Hauses verkoppelt haben:*

- *gleich vier Langsamläufer warfen Transit-Aspekte auf die Saturn-Neptun-Konjunktion in Haus 12;*
- *und drei Schnellläufer transitieren direkt durch das 12. Haus – und tauchen dabei ihrerseits ein in das „Große Wasser").*

Der Transit-Sonne und ihren Durchgang durch das 12. Haus maß ich damals jedoch von vornherein eine besondere Bedeutung zu und habe sie deshalb mit eingezeichnet. Ihre Position war zum Tag des Verschwindens meines Vaters auf 20° im Löwen (♌) und dabei nur noch 7 Grad vom Aszendenten entfernt.
Aufgrund wiederkehrender Erfahrungen von ähnlicher Art – so wie wir es auch im vorigen Horoskop der Kaiserschnitt-Geburt nachvollziehen konnten – hatte ich bei der Sichtung des Horoskops schon von vornherein vermutet, dass die Wahrscheinlichkeit, meinen Vater zu finden, ab dem Zeitpunkt steigen würde, wenn der Gang der Transit-Sonne durch sein 12. Haus – dem Haus des Rückzugs, des Abseits und des Hintergrunds – abgeschlossen wäre.
Acht Tage nach seinem Verschwinden hatte man seinen teilweise schon verwesten Leichnam in einem kleinen Waldzipfel unter einer Autobahnbrücke zufällig gefunden, als ein dort haltender Autofahrer etwas tiefer in die Büsche ging um mal zu pinkeln – sonst kommt dort kaum jemand vorbei.

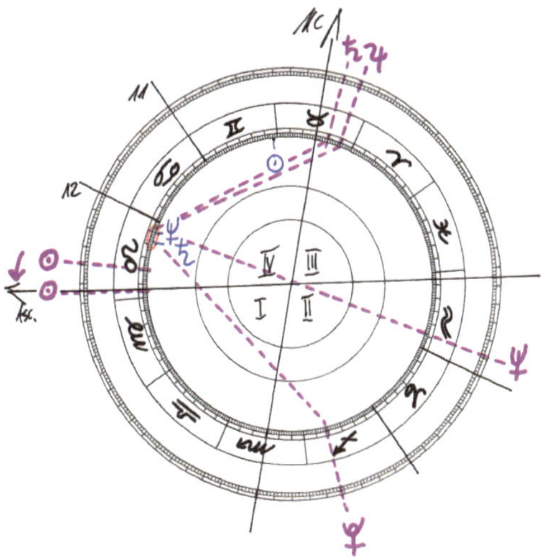

Graphik Nr. 14/2

Graphik 14/2 ist fast identisch mit der vorigen, außer dass ich hier den weiteren Verlauf der Transit-Sonne eingezeichnet habe. Während diese am 13. August, dem Tag von Vaters Verschwinden, noch im 12. Haus auf 20° Löwe (♌) stand, befand sie sich am 21. August, dem Tag des Leichen-Fundes, auf 28° im Löwen und hatte den Aszendenten (27° Löwe) schon 1° Grad überschritten – stand aber noch immer in enger Konjunktion mit ihm.
Es mag sich für den einen oder anderen Leser sonderbar anhören, möglicherweise auch pietätlos klingen, aber aus der reinen astrologischen Bildsprache heraus sieht es so aus, als wäre mein Vater, mit dem Eintritt der Sonne in sein 1. Haus (beginnend am Aszendenten) wieder ein Stück weit aus dem Extrem-Abseits der letzten Wochen und Tage herausgekommen.

Die gerichtsmedizinische Obduktion hatte später u. a. ergeben, dass er vor seinem Suizid ein handelsübliches Beruhigungs-Mittel genommen hatte, um sich dann mehrere Pulsadern gleichzeitig aufzuschneiden – an Händen und an den Fersen.

Ich habe diesen Abschnitt relativ nüchtern und in einem Zuge durchgeschrieben. Das hatte ich mir vorgenommen und ich denke, das ist gut so. Ich hatte aber, bevor ich zu schreiben anfing, einen mehrstündigen Vorlauf, um all mein persönliches Material zum Tod meines Vaters zu sichten und für meine Zwecke zu sortieren. In dieser Zeit hatte ich mir auch die „innere Zeit" genommen, um all die Bilder und Empfindungen von damals wieder hochkommen zu lassen, sofern „*sie* das wollten". Das geschieht in größeren Abständen immer mal wieder – einfach so.

Das entscheidende Element, bei all diesen inneren Wieder-Begegnungen in unterschiedlichen Intervallen ist, dass ich meinen Vater in den letzten Jahren seines Lebens lieben gelernt habe. Und so mischen sich im Auftauchen solcher etwas intensiveren Momente der Erinnerung sowohl Anflüge von Traurigkeit mit ebensolchen von Freude. Die Anflüge von Traurigkeit haben dabei viel mit dem zu tun, was wir damals noch miteinander „versäumt" haben und unwiederbringlich ist. Diesen Punkt möchte ich aber nicht mit Reue zu verwechseln wissen. Es gibt nichts zu bereuen – „die 'Dinge' sind so wie sie sind" – obwohl der vitale Anflug von Traurigkeit gleichzeitig Ausdruck dafür ist, dass mir einiges von dem Geschehenen leid tut. Und die stille Freude, die ich paradoxer Weise gleichzeitig empfinde, rührt von dem Gefühl des Friedens, den ich in Hinblick auf meinen Vater gefunden habe, und die ich – in der Umkehrung – mit ihm geteilt weiß.

Ganz nebenbei sind wir durch das Ende dieser Geschichte noch auf einen anderen Gesichtspunkt gestoßen, auf den uns die Erkenntnis der astrologischen Wirklichkeit hinweist. Nämlich dass das Horoskop eines Menschen – auch nach seinem Ableben – noch immer relevant für all die Belange bleibt, die mit der verstorbenen Person in einer direkten Beziehung stehen.
Dass z. B. der Leichnam meines Vaters dann gefunden wurde, als die Sonne am Himmel sich mit der Position <u>seines</u> Aszendenten deckte – obwohl er da schon 8 Tage tot war – ist ein erster Hinweis auf ein weites astrologisches Feld, das ich schon mehrfach forschend betreten und darüber auch Artikel geschrieben habe.
In diesen Artikeln habe ich u. a. auch die astrologischen Gesetzmäßigkeiten beschrieben, die den posthumen Werdegang des literarischen Werkes eines längst verstorbenen Autors dokumentieren – und vieles andere mehr.
Im Studium dieses Materials wird deutlich, dass in der EINEN WELT auch Leben und Tod untrennbar miteinander verbunden sind und bleiben. Die hier gemeinte Verbindung führt uns dabei in höhere transpersonale Bereiche und speist sich aus dem Welten-Gedächtnis (Akasha-Chronik). Das Geburtsbild eines Menschen ist damit noch immer das adäquate Erkenntnis-Instrument, um die post-mortale Entwicklung seiner „geistigen Hinterlassenschaf- ten" in ihren wichtigen Zügen nachvollziehen zu können.

So ist das nächste Fallbeispiel Nr. 15 folgerichtig ein Auszug aus meinem im Juni 2005 verfassten Essay *„Postmortale Wirkweise der Werke bedeutender Menschen in der Gesellschaft“, eine spirituell-astrologische Betrachtung am Beispiel von Mahatma Gandi, J. R. R. Tolkien und Rudolf Steiner,* in dem diese – in höchstem Maße erstaunlichen – Zusammenhänge veranschaulicht werden.

Fallbeispiel Nr. 15 (männlich / kollektiv)
„Das Horoskop als Erkenntnis-Instrument für postmortale Entwicklungs-Mechanismen am Beispiel von Mahatma Gandhi“

In Gandhi's Horoskop steht die Sonne (☉) in der Waage (♎). Obwohl die Sonnenstellung im Horoskop nur eine unter sehr vielen anderen Deutungskomponenten ist, kann bei den hier aufgezeigten archetypischen Kräften selbst der astrologische Laie meist schon das zentrale Anliegen im Wesen und Werk Gandhis sofort wiedererkennen. Die Waage symbolisiert Harmonie und Ausgleich; das Ausgerichtet-Sein auf das DU als Lebensimpuls und Aufgabe, verbunden mit dem eingeborenen Mechanismus der „Beißhemmung“ (Döbereiner) zur Erhaltung der Gattung.

Diese friedensschaffenden Ambitionen finden wir bei Gandhi einerseits in sehr weltlichen Belangen wieder, denn er war studierter Rechtsanwalt und in jungen Jahren auch beruflich damit tätig gewesen. (Viele der Leser werden wahrscheinlich die Schutzpatronin der Juristerei kennen: Justitia, die römische Göttin, die allermeist mit verbundenen Augen dargestellt wird und eine Schalenwaage in der Hand hält, mit der sie das „Maß des Rechts“ abwägt).
Andererseits waren diese friedensstiftenden Ambitionen bei ihm aber auch stark in einen sprituellen Hintergrund eingebettet, weil seine Waage-Sonne gleichzeitig noch im 12. Haus steht, dem Haus der geistig-spirituellen Erfahrungsdimension (Neptun/Fische-Haus). Diese Wesenszüge waren es auch, die ihn veranlasst hatten, ein Ashram-Projekt zu initiieren, in dem Menschen aller religiösen Richtungen zusammenlebten und *das* in einem Indien und in einer Zeit, in der sich Hindus und Moslems vielfach feindlich gegenüber standen.
Bei all diesen Anlagen zur Friedensfähigkeit, hat Gandhi dennoch kein harmonisches Leben geführt. In der Differenziertheit einer erweiterten Horoskop- Betrachtung können wir ablesen, wie innerhalb einer einzelnen Person verschiedene, teilweise auch divergierende Kräfte sich gegenseitig modifizieren. Oft kommt der betreffende Mensch dabei in quälende Zerrissenheitszustände – mit der gegebenen Lebensaufgabe, diese Divergenzen auszubalancieren. Gandhi's Biographie legt von diesem Ringen ein beredtes Zeugnis ab. Schauen Sie sich die Graphik Nr. 15/1 genauer an:

- Im 1. Haus (*beginnend am Asc.*) – dem Haus der Ich- und Willenskäfte, des Kampfes und der Agression (Widder/Mars-Haus) – finden wir gleich 3 Planeten, darunter der Mars selbst, der die dort angelegten Kräfte potenziert.
- *Alle 3 Planeten stehen im Zeichen Skorpion (♏)* und zusätzlich der Aszendent selbst auch. Eine mächtige Skorpionbesetzung und im Verbund mit der ausge-

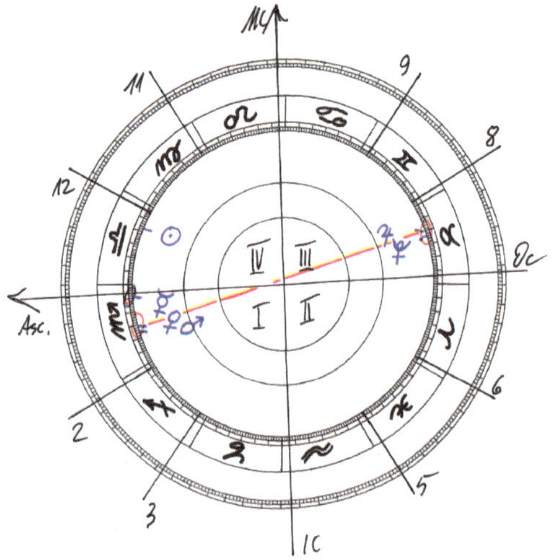

Graphik Nr. 15/1 Gandhi, Horoskop-Ausschnitt

prägten Widder/Mars-Anlage wirkt dies entweder kontrolliert (♏) geladen (♂) oder bis hin zu explosiv.

- *Skorpion = (Geistige Tiefe, Leitbildhaftigkeit, Unterwelt, Tod, Einfluss, Macht)*
- Der Mars, als Planet bildet mit Pluto (♇), dem Skorpion-Planeten eine genaue Opposition *(gestrichelte Linie zum gegenüber-liegenden 7. Haus*) und ist somit ein weiteres mal in in spannungsreicher Weise skorpionisch – tiefgründig, durchdringend, machtvoll – aufgeladen.

Das alles zusammen assoziiert extreme Willenskräfte der vehementen Art, aber auch ein entsprechendes Gewaltpotenzial.
Anders herum gesehen, haben wir hier eine *„ideale Mischung"* für den Lebensauftrag eines „Vorkämpfers" (♂/♏/♇) der indischen Unabhängigkeitsbewegung mit den Mitteln der „Gewaltlosigkeit" (Ahimsa) (♎) bzw. des „Zivilen Ungehorsams", denn die Waagekräfte allein haben nicht das Potenzial gegen „Tod und Teufel (Pluto/Skorpion = *Herr der Unterwelt*) zu kämpfen" (♂/♏/♇); Waage betonte Menschen scheuen vor lauter Harmonie eher jegliche Auseinandersetzung.
Sein *„Initiationserlebnis"* in seine spätere über-persönliche *Berufung zum „gewaltlosen Vorkämpfer"* hatte Gandhi 1893 mit 24 Jahren – als genau diese Mars-Pluto-Opposition nach einem innerbiographischen Rhythmus ausgelöst war. Er war damals im südafrikanischen Apartheitsstaat als neuangekommener Rechtsanwalt für eine indische Handelsgesellschaft tätig und reiste dort als *farbiger* Inder in einem Abteil der 1. Klasse mit der Bahn. Da Farbige per Gesetz in Südafrika nicht 1. Klasse reisen durften, wurde er von aufgebrachten Weißen – in rabiater Weise und samt Koffer – kurzerhand aus dem Zug geworfen. Hier begann sein Widerstandsdasein, bei dem er im Laufe der Zeit seine lukrative Rechtsanwaltstätigkeit aufgab und seine feinen Anzüge gegen den Lendenschurz tauschte. Denn Gandhi

hat sich nicht gefügt, sondern stattdessen Massen gegen die Unterdrückung durch die niederländische und die britischen Kolonial-Macht (♏/♇) mobilisiert – erst in Südafrika und später in Indien.

O-Ton Gandhi, beispielhaft für viele der von ihm initiierten Aktionen: *„Wir werden niemanden angreifen oder töten..., aber wir werden uns weigern..., ...wenn sie uns umbringen, dann haben sie zwar unsere toten Körper, aber nicht unseren Gehorsam.“*
Diese Sätze waren nicht als erbauliche Gleichnisse zu verstehen, sondern blutiger Ernst mit den entsprechenden Folgen.
Gandhi's Lebensschauplatz war die Gewalt, auch wenn er und seine Millionen Mitkämpfer sie nie selbst anwandten. Die Gewaltlosigkeit der Waage war zu einem skorpionisch-geistigen Leitbild geronnen (die Venus als Herrscher-Planet der Waage steht im Skorpion), das ihm diese unglaubliche Unerschütterlichkeit (♏/♇) seines Wesens verlieh. Die Demütigungen, die Schläge (♂) und der Tod (♏/♇) wurden in aktiv angewandter Gewaltlosigkeit (♀/♎) empfangen und mit geistiger Beherrschtheit (♏/♇) und demonstrativer Menschenwürde getragen. Gandhis Leben atmete bei aller begnadeter menschlich-spiritueller Größe (Mahatma = die „Große Seele“) ein ebenso großes Maß an individuell und kollektiv erfahrener Tragik – der Preis, der damals für die Unabhängigkeit vieler Menschen und der des ganzen indischen Volkes zu zahlen war. Er selbst wurde am 30. Januar 1948 von einem religiösen Fanatiker erschossen, zehn Tage nachdem er einem Bombenattentat auf ihn entkommen war.

Einstein über Gandhi: „Zukünftige Generationen werden kaum glauben, daß einer wie er – in Fleisch und Blut – über die Erde gewandelt ist.“
Ich habe die Biographie Gandhi's aufgearbeitet und alle wichtigen Lebensabschnitte und Erfahrungen seines ereignisreichen Lebens anhand beschriebener Transit-Auslösungen nachvollziehen können. Um jedoch zu unserem Thema der „postmortalen Wirkmechanismen“ zurückzukommen, bitte ich sie nun, sich die Transite von Saturn (♄) und Jupiter (♃) anzuschauen, so wie ich sie in der Abbildung 15/2 im Außenkreis dargestellt habe.
Dieser angezeigte Transit fand im Jahr 1981 statt. Beide Planeten standen in der 1. Hälfte dieses Jahres gleichzeitig an derselben Stelle des Tierkreises in der Waage (♎) und bildeten somit zusammen eine Große Konjunktion (starke astrologische Relevanz), die in *der* Art nur ca. alle 20 Jahre vorkommt und dann auf allen erdenklich möglichen Tierkreis-Positionen.

Die hier für 1981 aufgezeigte Konjunktion hat aber am Himmel exakt dieselbe Gradstellung in der Waage, wie sie auch der Sonnenstellung (☉) in Gandhis Radix entspricht. Die Sonne ist das Zentralgestirn – auch in Hinblick auf ihre hervorragende Bedeutung in einem individuellen Horoskop.
Und so symbolisiert dieses Transitgeschehen eben auch ein entsprechend zentrales Anliegen zu dieser Zeit im „Leben“ des Horoskopeigners.
Zum Zeitpunkt dieses Transits war Gandhi jedoch schon seit 33 Jahren tot.

Vom 31. Januar bis zum 10. Mai 1981 wurde von Richard Attenborough in nur 125 Tagen Dreharbeit Gandhi's Biographie mit einem gigantischen Aufwand an Menschen und Material verfilmt. Attenborough hat in zwanzig jähriger Vorbereitungszeit für diesen Film penibel recherchiert und gearbeitet um wiederum in seinem Lebenswerk das Leben Gandis so authentisch wie nur möglich darzustellen. Und Gandhi war hier – mit all *dem* was er repräsentiert – im Bewusstsein einer neuen Generation wieder auferstanden, und das für jedermann physisch sichtbar, wenn auch nur auf der Kinoleinwand.

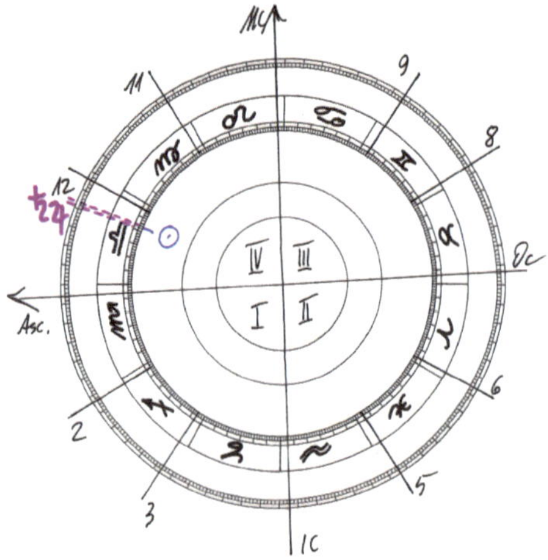

Graphik Nr. 15/2 Drehbeginn zum Gandhi-Film

Aber nicht nur Gandhi war wieder auferstanden, sondern es war das größte Menschenaufgebot der damaligen Film-Geschichte, das mobilisiert werden konnte, um diesen Film zu realisieren. 3000 Zivilschutzhelfer, 85 000 Dorfbewohner und 300 000 Zuschauer waren dabei. Das sind in etwa die Größen-Ordnungen, die Gandhi zu seiner Zeit motiviert hat, um an Demonstrationen teilzunehmen. Genau solche Massen sind nun wieder „seinem Ruf" gefolgt, als Saturn und Jupiter – gemeinsam als große Konjunktion – ihre Position auf Gandhis post-mortale Radix-Sonne einnahmen.

Diese erneute bzw. erneuernde öffentliche Bewusstseins-Präsenz einer charismatischen Geistes-Größe ist nun – 36 Jahre nach der Filmpremiere – wieder abgeflaut, aber in vielen Menschen ist noch ein Kern lebendig und wird weitergetragen, wie z. B. hier, denn ohne diesen Film würde Sie als Leser dieser Inhalt heute nicht erreichen.

Der Film jedoch ist noch immer in jeder besseren Videothek oder Bibliothek auszuleihen bzw. im Internet abrufbar. Er würde Ihnen noch mal sehr deutlich machen, was ich hier meine.

7. WIE DIE ASTROLOGIE ZU MIR KAM

Autobiographische Beschreibung einer Phase hochgradiger Ereignis-Dichte, die zur Entdeckung eines „roten Fadens“ beitrug, der sich – nach wie vor – durch mein Leben zieht

Das eigentliche Wesen dieses „roten Fadens“ – sein Sinn-Gehalt – wurde mir dabei erst durch das Erkenntnis-Instrument 'Astrologie' offenbar. Die Bedeutung der gewonnenen Einsichten war so zentral, dass sich über sie gleich mehrere Ebenen gleichzeitig für mich erschlossen haben:

– Ich erfuhr eine umfassende bzw. tiefgreifende Selbst-Erkenntnis, die proportional zu jeder weiteren Auseinandersetzung mit der Astrologie wuchs.
– Ich lernte ein ungeahnt praktisches, zuverlässiges und fruchtbares Werkzeug für ein erweitertes Verständnis des Zusammenhangs von SEIN und Da-Sein kennen.

Als Hinführung zum besseren Verständnis meiner damaligen Erfahrungen – und zu dominanten Wesens-Anteilen, die mir zu eigen sind – möchte ich jedoch zuerst *eine ausführliche Darstellung des 11. kosmischen Grund-Prinzips* vorwegnehmen. Einen kürzeren Überblick über dieses Prinzip hatte ich schon im Praxis-Beispiel Nr. 8 zu Edward Snowden gegeben.

<u>**Der Archetyp der schöpferischen Distanz und der Individuation**</u>
Uranus (♅), Wassermann (♒), Haus 11 (H 11), Element:Luft

Die 11. kosmische Grund-Kraft ist in der schematischen Darstellung des UR-Horoskops im 4. Quadranten angesiedelt.[1]
Das deutet auf die <u>*über-persönliche*</u> Natur dieses Prinzips hin.
Zusammen mit dem 12. Prinzip – Neptun/ Fische/ Haus 12 – schließt das 11. Prinzip „den Reigen des Daseins-Kreises“ und verbindet uns wieder mit unserer transpersonalen Sphäre – mit dem ALL in ALLEM (auch in uns Allen).

Während das 12. Prinzip noch tiefer reicht und den unbegrenzten *'UR-Grund`* symbolisiert, weist das 11. Prinzip auf den *'UR-Sprung'* hin.
<u>*Der 'UR-Sprung'*</u> wird mit der archetypischen Ebene assoziiert, mit der Ebene der platonischen UR-Bilder, die Platon als die „EWIG UNWANDELBAREN“ bezeichnet hat. In vielen Traditionen spricht man auch von der <u>*Kausal-Ebene*</u>, die als UR-Sprungs-Ebene aller Daseins-Erscheinungen verstanden wird (*nicht zu verwechseln mit dem physikalischen Kausal-Prinzip von Ursache und Wirkung*). Sie hat ihre Existenz an der „Nahtstelle zwischen Zeit und EWIGKEIT“ (Maharishi Mahesh Yogi). „Dort“ sind es die „'virtuellen Fluktuationen' im Quanten-Feld“ – die „scheinbaren Bewegungen im UNBEWEGTEN“, die jeglichen Schöpfungs-Prozess in Gang setzen.

---

[1] siehe „Die 12 kosmischen Grund- Prinzipien“ in Erläuterung 12, Teil III..

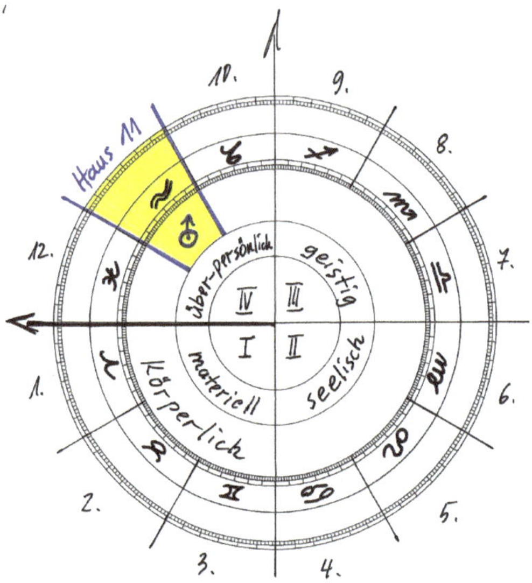

Graphik Nr. 16/1
Haus 11 (H 11) als Teil des 4. Quadranten =
über-persönlicher Quadrant

Die gerade angeführten Beschreibungen beziehen sich zunächst auf den innersten Gehalt dieses Prinzips, auf seine transzendente Natur.

Dieser transzendente Kern des 11. Prinzips findet aber auch seine Entsprechungen auf der menschlichen Erfahrungs-Ebene.

In der Philosophie wird er mit Begriffen wie Atman, 'Göttlicher Funke', Monade oder das 'Höhere Selbst' benannt. Ich nenne ihn die 'individualisierte GANZHEIT' und setze diese gleich mit der 'Inneren Weisheit'. Döbereiner spricht von der 'Göttlichen Un-Ruhe' (im Menschen), sowie von der 'Stimme Gottes' und bezieht sich dabei auf seine reichen astrologischen Praxis-Erfahrungen. Die unmittelbare Funktion dieser Instanz im konkreten Leben – in einem evolutionären Sinne verstanden (Erste Natur) – beschreibt er als die *Aufhebung (Befreiung) von subjektiven Triebfedern'* (zugunsten der Erfahrung des Über-Persönlichen).

Als Zustandsform auf der erfahrbaren Ebene menschlichen Bewusstseins ist es – in seiner reinsten Natur – das *'Zeuge-Sein'*. Es wird in den unterschiedlichen spirituellen Traditionen als das 'Nicht-Verhaftet-Sein' an die Erfahrungen der Erscheinungs-Welt beschrieben. Dabei ist es egal, ob sich der Begriff Erscheinungs-Welt hier nun auf die äußere Sinnen-Welt oder auf die inneren, abstrakteren Gefühls- und Gedanken-Welten bezieht. Es ist dies die geistige bzw. spirituelle Freiheit; die 'Große Freiheit', die durch eine '*innere Losgelöstheit'* charakterisiert wird, bei der man *'in der Welt lebt, ohne an sie verhaftet oder in sie verstrickt zu sein'.*

Das konkret erfahrene Wirken des 11. Prinzips jedoch, schlägt sich vor allem auch in unbeschreiblich vielen Varianten weltlichen Erlebens nieder, wie zum Beispiel:

- Intuitionen („Geistes-Blitze" / elektrisch) gehen vielfach mit Erkenntnissen größerer Zusammenhänge und visionärer Vorstellungen einher – sozial, gesellschaftlich, religiös, etc.

Aber auch im persönlichen Leben des Alltags-Geschehens kann die Intuition eine tragende Rolle einnehmen (innere Führung). Sie steht in enger Verbindung mit dem '*unschuldigen Impuls des ersten Moments'* (wenn dieser nicht mehr von vornherein durch Ängste, Vor-Urteile oder konventionelle Raster besetzt ist). Intuitionen können stattfinden in der kultivierten *Offenheit* auch für „merk-*würdige*" oder *unerwartete* Situationen, Erlebnisse oder Zusammenhänge.

- Hierzu gehören auch Zustände geistig-kreativer Erregung (elektrisch) mit Ideen-Reichtum und Erfindergabe (praktisch, technisch, wissenschaftlich, künstlerisch) (1. Natur).
- Aufregung (elektrisch), Un-Ruhe, Hektik und die ständige Suche nach dem „'Thrill' des Lebens" sind Ausdruck dieser Kraft in ihrer 2. Natur.
- Individuation (1. Natur). Die Entfaltung der gegebenen individuellen Persönlichkeits-Anlagen wird als Lebens-Auftrag empfunden, auch wenn man diese – im astrologisch definierten Sinne – nicht kennt. Authentizität wird in diesem Fall zum Kompass auf dem unkonventionellen Lebensweg.
- Egozentrische Besonderheit (2. Natur) – mit der man „sich selbst (mit dem Ego) demonstrativ aus der Masse, aus dem Üblichen heraushebt". Das erscheint zunächst ebenfalls als unkonventionell, ist aber der krampfhaft kompensatorische Versuch, aus vital einengenden Konventionen zu entfliehen, was nicht wirklich gelingen kann („sich zum Affen machen").
- Eine 'schöpferische Distanz' (1. Natur) ist die Voraussetzung zur Verwirklichung persönlicher Unabhängigkeits-Ziele. Diese 'schöpferische Distanz' kann man auch mit der „Vogel-Perspektive" vergleichen. Aus ihrer Sicht – mit innerem Abstand – sieht man „die Dinge" anders; sie gewährt Überschau, Objektivität und Vorausschau.
- Die 'schizoide Distanz' (2. Natur) eines uranischen Menschen drückt sich in persönlicher Kühle, Kälte, „Abgetrennt-Sein" aus („einsames Treiben eines Satelliten in der kalten Apathie des Weltraumes"). Sie ist in entsprechenden Situationen oft der letzte kompensatorische 'Rettungs-Anker', um mit bedrängenden sozialen Verstrickungen umzugehen.
- „Ver-rückte" Ideen und Handlungen – spielerisch bewusst vollzogen – können ein kreatives Elixier sein, um aus Eingespurten, überholten Gewohnheiten herauszutreten, diese bewusst zu machen und neue Anregungen zum freien Fließen zu bringen (1. Natur). Darüber hinaus sind sie oft auch einfach nur Ausdruck purer Lebens-Intensität und -Lust und kommen dem uranischen Bedürfnis nach geistiger Erregung und Ekstase entgegen.
  Kreative „Ver-'rückt'-heiten" können sich in Form *spontaner* Inszenierungen innerhalb des Alltags-Geschehens „Bahn-'brechen'"; aber ebenso durch künstle-

rische *Improvisationen* (auch solche in aufgesuchten rituellen Situationen, Gruppen bzw. Veranstaltungen). Oder sie finden ihren Ausdruck durch die verschiedenen Formen spiritueller Ekstase (elektrisch), wie Schüttel-Übungen, Dynamische Meditation, konvulsiver Tanz (zittern, zucken, schütteln, krampfen), Derwisch-Tanz, 'Habi-Tric', verschiedene Formen 'forcierten Atmens', Meditationen des 'Redens in fremden Zungen', etc.

- Unerwartete Störungen und Unterbrechungen des Alltag-Geschehens können uns ebenso „ver-rückt" machen – diesmal in der destruktiven Weise (in der 2. Natur). Sie sind vielfach von uranischer Herkunft. Insbesondere bei entsprechenden Auslösungen gehen sie häufig mit nervös-kribbeligen Verstrickungen einher – das sind z. B. falsch besetzte oder überhöhte Erwartungen mit starkem psychischen „Spannungspotenzial; ebenso übereilte Forcierungen eines Vorgangs oder zwischenmenschlicher Verbindungen. Das „innere 'Flirren'" (elektrischer Nerven-Impulse) kann dabei auf unbewusste Weise sowohl den Verlauf eines Sozialgeschehens irritieren oder es stört die Funktionsweise benutzter (vorrangig elektrischer) Gerätschaften. Derartige Geschehnisse kann man aber auch in nicht-kausalen Zusammenhängen verstehen, also als Synchronizität.
  Die uranische *Irritation* ist aber vielfach auch ein konstruktiv „gemeintes" Korrektiv des 'in-formierten Universums'. Wenn wir in solchen unliebsam unterbrochenen Prozessen wachsam und offenen Geistes innehalten, sind wir allermeist schon ganz dicht dran an der „'Wahrheit', die nur wir allein kennen".

Weitere Assoziationen zum 11. Prinzip:

– *„Der Himmel"* – im doppelten Sinne gemeint: als spirituelle Metapher und als physischer Raum (hier die Stratosphäre);
– Weltraumfahrt, Flug-Maschinen, Aussichtstürme;
– Aber auch das „Abgehoben-Sein" im psychologischen Sinne; die Realitätsferne; die Utopie, die „Über-Heblichkeit", die „Un-Erreichbarkeit" (in allen Abstufungen; auch bestimmte Facetten des Autismus);
– Astro-Physiker, Meteorologen, Astronomen, Astrologen;
– Elektrizität, „der Blitz, das Gewitter" (Befreiung von „Spannung"); Elektronik, Elektrotechnik, Informatik, Netzwerke, Internet und Computer;
– das „Prickeln", das „Flimmern", das „Kribbeln", das „Flirren", das „Zucken und Zittern", die Nervosität, das „Flackern", der (Nerven-)Kitzel, der „Thrill" (des Lebens);
– das plötzliche Geschehen, die Überraschung, das Unvorhersehbare, das Neue, das Unwahrscheinliche, das Besondere, das Außergewöhnliche – „aus dem Rahmen Gefallene";
– das Experiment, die Improvisation;
– Emanzipation, Veränderungen, Wechsel, Neu-Anfänge, Einbrüche, Aufbrüche, (alles sowohl im individuellen, als auch im kollektiven Kontext zu verstehen);
– „Freiheit, Gleichheit, Brüderlichkeit"; die Brüder und Schwestern im Geiste; Gleichgesinnte *(die Entdeckung des Uranus fiel in die Zeit der französischen Revolution und spiegelt dabei die Geburt bestimmter gesellschaftlicher Wert-Haltungen in synchronistischer Weise);*

- Freigeister, Querdenker, Universaldenker, Vordenker, Außenseiter; Avantgarde,Trendsetter;
- Zeitgeist = Kairos (Καιρός), griechisches Wort für Zeit-*Qualität* (im Gegensatz zu Chronos (Χρόνος), der Zeit-*Quantität* bzw. der Zeit-Takt = Steinbock, Saturn);
- Geistige oder spirituelle Gemeinschaften, humanistische Bestrebungen, Befreiungs-Bewegungen, Reformen, progressive Bestrebungen, Demonstrationen und Widerstand, Umstürze, Revolutionen, Terrorismus;
- Der „weise Narr“, der Zirkus-Clown, der „Klassen-Clown“, „Originale“, „zerstreute Professoren“ („Genie und Wahnsinn“);
- der „verschrobene Eigenbrötler“; Exzentriker, Provokateure, „*sprunghafte* Menschen mit ‘tausenderlei’ Ideen und Impulsen“;
- Vögel, Schmetterlinge, Känguruhs, Giraffen;
- federball spielen, Drachenfliegen, Fallschirm- oder bungee springen;
- „federnder Gang“, *in Abgrenzung zum „Schlurfen“ (bei Fische/Neptun/Haus 12) und im Gegensatz zum „festen Schritt“ (bei den Erd-Zeichen);*
- Unterschenkel, Waden, Sprunggelenk, Nervensystem (elektrische Funktions-Abläufe);
- Unfälle, Brüche, Krämpfe, Krampfadern, Koliken, Spasmen, Epilepsie, Tics, Nervenleiden und Nerven-Zusammenbrüche.

<u>Fallbeispiel Nr. 16</u> (persönlich)
„Wie die Astrologie zu mir kam – Schicksalsschlag oder Selbst-Befreiung?“

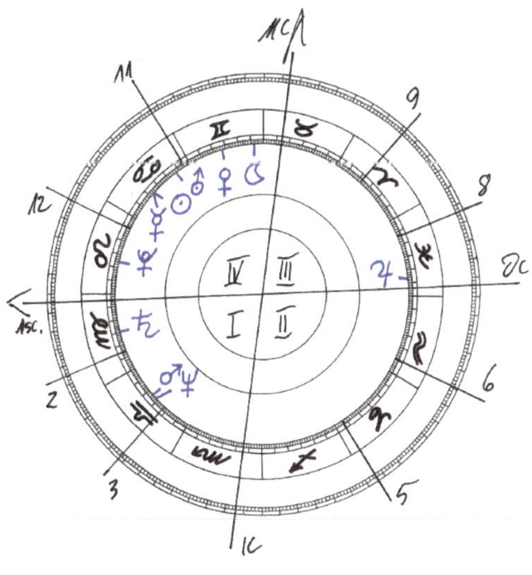

Graphik Nr. 16/2
Peter Seidel,
** 11. Juli 1950, 8:15 Uhr in Berlin*

Wir werden auch in diesem Fallbeispiel vorrangig mit Horoskop-Ausschnitten arbeiten. Aber wenn Sie wollen, dann können Sie jedes behandelte Detail-Thema – im jeweiligen Graphik-Vergleich – auch in die Graphik 16/2 (das Gesamthoroskop) einordnen.

Es gibt einen klar definierbaren Zeitpunkt, von dem an ich anfing, mich ganz konkret mit Astrologie zu beschäftigen. Das war 1981.
Ich war *31 Jahre alt* und hatte ein paar Wochen zuvor die Trennung von *der* Frau erleben müssen, die ich lange Zeit als meine „Große Liebe" bezeichnet hatte – eine Benennung, die ich mittlerweile relativieren kann. Denn diese Empfindung speiste sich für mich aus einem subjektiven Wohlgefühl in Verbindung damit, *dass wir einander in der Gegenseitigkeit unser jeweiliges „Ein und Alles" waren,* was ich aber erst im nachhinein – Jahre später – zunehmend auch als „höchst fragwürdig" einzustufen in der Lage war. Darüber hinaus hatten spätere Beziehungen dafür ganz andere, ganz eigene, aber vielfach auch ebenso substantielle Bedeutungen, deren Erfahrungen Teil meines Lebens-Ganzen geworden sind.
Dennoch bleibt die Tatsache, dass ich diese Trennung damals als einen harten Schicksalsschlag empfunden hatte. Ich brauchte zwei Jahre, um zu trauern, zu verarbeiten, zu verstehen und zu bejahen.

Astrologie hat mir damals geholfen einen verborgenen Sinn hinter diesem Geschehen zu entdecken. Diesen Beitrag kann sie potenziell für die meisten Menschen leisten, die sich in irgendeiner Weise mit drängenden Lebensfragen beschäftigen und genügend psychologische und geistige Offenheit mitbringen.
In meinem Fall jedoch hatte die Begegnung mit der Astrologie – über das aktuelle Bedürfnis nach Lebensklärung hinaus – noch eine andere, tiefere Bedeutung. Sie ist nunmehr seit 35 Jahren zu einem zentralen Bestandteil meines Lebens geworden. Und so war meine damalige existentielle Krise gleichzeitig noch eine Art schmerzlicher Geburt oder auch 'Initiation in meine eigentliche Berufung'.

Es war schon eine sehr merkwürdige Geschichte, die sich damals zugetragen hatte. Diese Partner-Beziehung – insgesamt ein Prozess von ca. 2 1/2 Jahren – war von ihrer ersten *Keim-Situation* bis zu ihrem bitteren Ende von mehreren Serien starker mystischer Erfahrungen begleitet. Sie hatte mich in dieser Zeit über Visionen, Synchronizitäts-Erfahrungen und kaum noch zu begreifender Fügungen – ein Stück weit mehr und in verdichteter Weise – das „Wunder dieser Welt" gelehrt.
Ich hatte *schon 8 Monate vor der ersten konkreten Begegnung mit dieser Frau* immer wieder Eingebungen und Visionen, die das Kommende vorwegnahmen und mich mit einer unerschütterlichen, ahnenden Gewissheit erfüllten. Es war die Gewissheit, dass „nun" das Thema Beziehung für mich anstand und dass ich „jetzt" in entschiedener Weise die entsprechende Frau kennenlernen würde. Wo ich diese ur-plötzliche Gewissheit hernahm, wusste ich nicht, und es schien mir müßig, dies zu ergründen.
Schon in diesem zeitlichen Vorfeld befand ich mich immer wieder in Zuständen seliger Verzückung, schrieb Liebesgedichte (was ich sonst nie tue, nicht mal

Gedichte überhaupt) und wartete geduldig auf die verheißene Erfüllung. Aufgrund von Eingebungen hatte ich sogar in dieser „Vorlaufzeit“ meinen damaligen Wohn- und Tätigkeits-Ort Flensburg verlassen, weil ich mir sicher war, dass diese bevorstehende Begegnung in meiner Heimatstadt Berlin stattfinden würde – obwohl es dafür keinerlei Anhaltspunkte gab, weder für eine Beziehung an sich noch für einen besonderen Ort dieses Ereignisses.
Auch der Beginn und der Verlauf der – sich später einstellenden – konkreten Partnerschaft waren erfüllt von intensiv beglückender Innigkeit und Bedeutungsschwere, die aber gegen Ende in einen verzweifelten Schmerz überging und mich fast in den Wahnsinn trieb.

Vielleicht hätten die gerade geschilderten Erlebnisse der damaligen Zeit – die ich hier als kurzen Überblick angerissen habe – alleine nicht ausgereicht, um mich dazu zu motivieren, explizit bei der Astrologie nach einer Antwort zu suchen.
Deshalb muss ich – bevor ich diese eigentliche, zentrale Geschichte weitererzähle und vertiefe – noch drei weitere Begebenheiten meines Lebens vorausschicken, die viel früher stattgefunden hatten. Denn ein bestimmtes, schon mehrmals zuvor erfahrenes Lebensmuster tauchte auch zu dieser Zeit wiederholt auf. Diese seltsamen Erfahrungs-Wiederholungen waren es zusätzlich, die meine damalige aufgewühlte Seelen- und Geistes-Verfassung in einer bestimmten Richtung nach Antwort Ausschau halten ließ.
Und so muss ich bei der Erklärung, „wie die Astrologie zu mir kam“, zunächst bis in eine Zeit zurückgehen, in der ich das Wort Astrologie vermutlich noch nie zuvor gehört hatte.

- Ich war 8 Jahre alt, als unsere Familie – meine Eltern, mein Bruder und ich – innerhalb Berlins umzogen. Ein Umzug mit „Sack und Pack“ ist schon etwas Besonderes („Nest-Unruhe“ = Hoffnungen, neugierige Erwartungen, Ungewissheit, Chaos und Ängstlichkeit mischen sich hier). Das herausragende Merkmal bei diesem Umzug war jedoch der Umstand, dass er ausgerechnet an meinem Geburtstag stattfand. Ich hatte das damals den Erzählungen meiner Eltern zufolge – mit einem gewissen enttäuschten Unmut registriert bzw. moniert und hätte viel lieber meinen Geburtstag richtig gefeiert.
- Solange ich noch in meinem Elternhaus lebte, zogen wir noch ein zweites Mal alle Vier miteinander um („Nest-Unruhe“). Diesmal war es der Tag meines 12. Geburtstags, an dem der Umzug stattfand. Und diesmal hatten wir mehr über diese „Merk-Würdigkeit“ gewitzelt, und ich konnte die auffällige Wiederholung eines mich betreffenden Erlebens-Musters damals sogar von der humorvollen Seite her sehen.

Da nunmehr schon zwei herausragende Ereignisse mit der gleichen inhaltlichen Qualität direkt an meinem Geburtstag stattgefunden hatten, liegt für unsere Betrachtung die Überlegung nahe, ob es etwas mit meinem Sonnenthema zu tun haben könnte, denn die Sonnenstellung eines jeden Geburtstages ist am Himmel immer identisch mit der Sonnenstellung in den Geburtshoroskopen einer jeden Person.

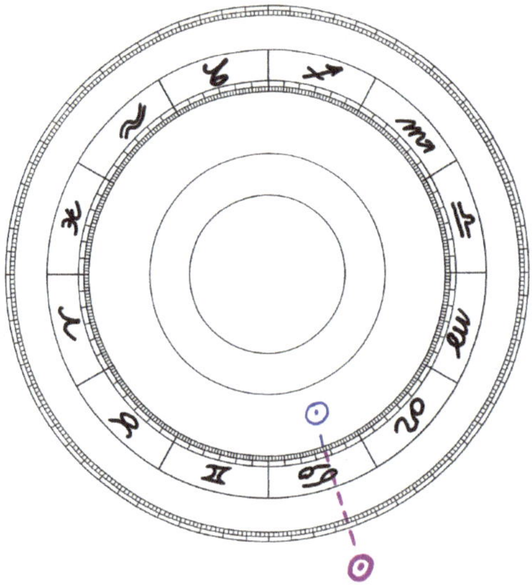

Graphik Nr. 16/3
Innen die Radix-Stellung meiner Geburts-Sonne am 11. Juli 1950
Außen die jährliche Geburtstags- bzw. Transitstellung der Sonne an einem x-beliebigen 11. Juli

Ich wurde am 11. Juli 1950 geboren. Nach dem gröbsten astrologischen Raster bin ich also ein Krebs. D. h., am 11. Juli eines jeden Jahres steht die Sonne (☉) im Tierkreiszeichen Krebs (♋) und das – im Groben – immer an der gleichen Stelle, nämlich ca. 18° Grad Krebs.
Wenn jemand Geburtstag hat, kehrt also die Sonne in ihrem Lauf am Himmel so ziemlich gradgenau – diesmal als schnell laufender Transit-Planet – zu dem Tierkreispunkt zurück, an dem sie schon am Tag der Geburt gestanden hatte, und wie es auch in einem Geburtshoroskop graphisch verankert ist. Denn die scheinbare Umlaufbahn der Sonne durch die 12 Tierkreiszeichen und damit durch den ganzen Tierkreis, bedingt ja erst den gesamten Jahreslauf mit seinen Jahreszeiten (siehe Deutungstechnische Grundlagen unter 'Tierkreis'). So ist ein Geburtstag für eine entsprechende Person nicht nur ein Kalendertag auf einem Stück Papier, sondern ein rhythmisch-energetisches Geschehen, gekoppelt an spezifische qualitative Inhalte.
Um Missverständnissen vorzubeugen, muss hier daran erinnert werden, dass die jährliche Rückkehr der Sonne zu ihrem eigenen Standpunkt im Geburtsbild zwar eine gewisse Verstärkung des Grundthemas „auslöst"; dass aber eine solche Verstärkung – die allein durch die Rückkehr der Sonne symbolisiert wird – in ihrer Wirkung zu „dünn" ist, um tatsächlich tiefere Lebensveränderungen mit sich zu bringen. Wirkliche biographische Ereignisdichte entsteht nur dann, wenn ein oder mehrere Langsamläufer an den Auslösungen mit beteiligt sind. Dann jedoch kann auch die Transit-Sonne, mit ihrem relativ geringen Auslösungs-Potenzial, zum

berühmten „Tropfen“ werden, der das „Fass zum überlaufen“ bringt – so wie es in meinem Falle damals war (und später immer wieder einmal vorkam).

Nun möchte ich ein paar simple Deutungs-Elemente zum Thema Sonne (☉) im Krebs (♋) einfädeln, bevor ich mit meiner Erzählung ins nächste Stadium übergehe. Dafür rufe ich einige grundsätzliche Schlüsselbegriffe zum 'Krebs (♋) / Mond (☾) / Haus 4-Prinzip' in Erinnerung.

Beim Krebs- bzw. Mond-Prinzip geht es vor allem um die seelischen Belange des Menschen; um sein Gefühlsleben; um das Innenleben; aber auch um das Mitgefühl im Sinne der mütterlichen Fürsorge, die archetypisch weiblich ist, aber in ihrer Auslebensweise dabei nicht auf das biologisch-weibliche Geschlecht beschränkt bleibt, sondern auch in Männern einen verstärkt weichen, gefühlsbetonten Zug hervortreten lässt. Es geht diesen Menschen im weitesten Sinne um Geborgenheit – in persönlichen Beziehungen und im sozialen Engagement.
Die positiven Quellen dieser Kraft sind der bewusste Kontakt zum eigenen Innenleben, zur Seele, zur Gefühlswelt *und* im Außen durch das „Nest“, die Nestwärme, die Mutter, die Familie, die Heimat, das Heim, die Wohnung, das Interieur.

Schon hier werden assoziierte Ahnungen frei, inwieweit mögliche Verbindungen zwischen der Bedeutung dieser Schlüsselworte und meiner Geschichte existieren könnten.

Natürlich haben auch alle anderen Menschen mit anderen Sonnenthemen eine Seele, ein Gefühlsleben, eine Mutter, eine Familie und ein Heim, denn ein jeder Mensch hat ja noch einen Mond und ein 4. Haus in seinem Horoskop, egal welches Sonnenzeichen er hat. Aber diese Themen schwellen in Hinblick auf ihre erlebte Dichte und Bedeutung bei Krebsen immens an. Von daher gibt es hier schon stimmige Assoziationen in Hinblick auf das Thema „Nest“ und auch auf die Koppelung mit meinem Geburtstag.

Dennoch ist das astrologische Rätsel um die beiden Umzüge an meinen Geburtstagen mit dieser Erklärung noch nicht rund gelöst und garantiert sind „Geburts tags-Umzüge“ unter Krebsen ebenso selten, wie bei anderen Tierkreis-Betonungen auch. Denn das „Nest“ – im ausschließlichen Sinne des Krebses – ist zunächst einmal ein Ruhepol, ein Ort der Regeneration, der Wärme und Geborgenheit. Das jeweils herausragende Ereignis, sowohl an meinem 8., als auch an meinem 12. Geburtstag, bezieht sich zwar ebenfalls auf das „Nest“, spiegelt aber eine deutliche Un-Ruhe – also eine Modifikation des Grundthemas – wider.
Mit der nun folgenden Kurz-Darstellung der modifizierenden Kräfte, in Hinblick auf das für mich so wichtige Krebsthema, greife ich in der Chronologie meines Lebens um etliches vor, denn es sollte noch 20 Jahre dauern – mit weiteren Serien ähnlicher Erlebnisse – bevor dieses Lebens-Muster über die Auseinandersetzung mit der Astrologie für mich begreifbar wurde.

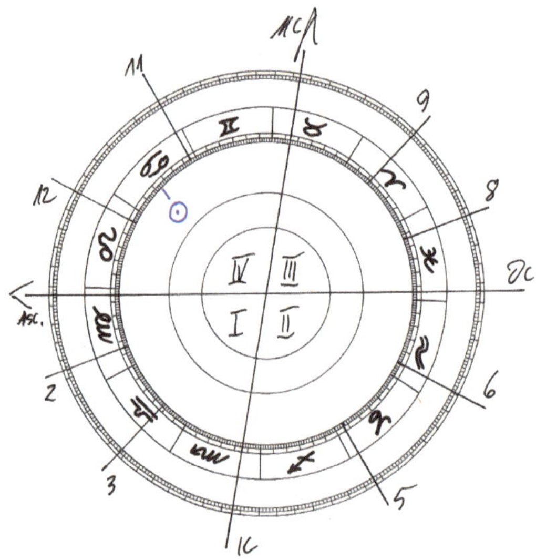

Graphik Nr. 16/4
Sonne im Krebs und im 11. Haus

Meine Geburt am 11. Juli 1950 (Sonne im Krebs) fand um 8:15 Uhr in Berlin statt. Über die Uhrzeit und über den Ort der Geburt lassen sich der Aszendent, das MC und die Häuserpositionen des Horoskops bestimmen. Und so hat meine Krebs-Sonne gleichzeitig im 11. Haus – also im Wassermann-Haus, im Uranus-Haus – ihre feste Radix-Position bezogen

Genauso, wie die Sonne das Zentral-Gestirn unseres Sonnensystems ist, entsprechend zeigt die Sonne im Horoskop auch das zentrale Anliegen eines Horoskop-Eigners an. So bin ich – einer astrologischen Schlagwort-Definition zu Folge – an dieser Stelle nicht nur „ein Krebs“, sondern im gleichen Maße auch noch ein „Elft-Häusler“ (ein Wassermann, ein Uraniker).

- Während beim Krebs sich der Erlebensschwerpunkt um das Thema der persönlichen Geborgenheit („Nest“) dreht – um seelische Verwurzelung, Regeneration, Gefühlsleben und Fürsorge,
- finden wir beim 11. Haus Schlüsselworte wie „Befreiung von subjektiven (persönlichen) Triebfedern“ (Döbereiner), „Verwirklichung einer über-persönlichen geistigen Freiheit“ (kein Verhaftetsein, kein Verstricktsein), Intuition („Geistes-Blitz“), geistige Erregung und Ekstase, Individuation, Veränderung, Emanzipation und Unabhängigkeit, progressive Bestrebungen, unkonventioneller Lebensrahmen, etc.

So liegt mein Haupt-Lebensthema darin, diese beiden sehr unterschiedlich orientierten archetypischen Kräfte bewusstseinsmäßig zu einer kreativ gelebten Einheit zusammenzuführen. Dieses Kombinations-Thema ist Anlage, Gabe, Aufgabe, Herausforderung und Schicksal in einem.

In der Astrologie gibt es oft formelhaft artikulierte, eingängige Bilder, die facettenartig die Vielschichtigkeit einzelner Konstellationen auszudrücken in der Lage sind. So wird Krebs (♋) in Haus 11 (H 11) – was gleichbedeutend ist mit der Konstellation „Mond (☾)/Uranus (♅)“ – mit Bildern wie *„Seelen-Vogel“, „Broken home“, „Entfernung von den Müttern“,* etc. benannt. Was diese Formelhaften Bilder jedoch im konkreten Leben bedeuten können, werden wir auf den nächsten Seiten wohl ein Stück weit näher kennen und verstehen lernen.
Auf jeden Fall ist das „Nest“ (☾) – und auch mein seelisches Innenleben (☾) – für mich nicht unbedingt ein Ruhepol von ausschließlich persönlichen Geborgenheits(☾)- Bedürfnissen. Auch die „Göttliche Un-Ruhe“ (H 11/♅/♒) hat hier ihr Domizil und inszeniert immer wieder Zustände seelischer (☾) Rastlosigkeit (♅), d. h., sie sorgt sowohl für inspirierte (♅) seelische (☾) Bewegtheit, als auch für entsprechende Geborgenheits-Irritationen (♋ in H 11). Und so bin ich gleichzeitig ein „Nest-Sucher“ und auch ein „Nest-Flüchter“ in Personal-Union und fühlte mich auf meinem Weg – in schicksalhafter Weise – oft zerrissen und dann wieder inspiriert bis hin zu ekstatisch ausgefüllt.
Heute (2019), mit 69 Jahren, lebe ich „schon“ seit 4 Jahren in meiner 29. Wohnung oder soll ich „Unterkunft“ sagen?
Nein, das tue ich nicht! Denn das klingt zu entwertend.
Ich habe ja nicht x-beliebig gewohnt, sondern atmosphärisch, ästhetisch, geistig und zwischenmenschlich allermeist in anspruchsvollen Verhältnissen, auch wenn diese – materiell gesehen – meist eher von einfacher Natur waren; und zwar in Einzelwohnungen, mit Partnerinnen, in Wohngemeinschaften, mit meiner Familie (Frau und Tochter), in Akademien und Meditations-Zentren, in großen alternativen Wohnprojekten mit ca. 80 (halbwegs) gleichgesinnten Menschen, etc.

Eines muss ich an dieser Stelle noch anmerken: Ich bin bei all diesen verschiedenen Wohnungen bzw. Wohn-Orten längst nicht immer an meinem Geburtstag umgezogen. Es gibt auch andere krebs- bzw. mondhafte Auslösungsmöglichkeiten – auch über das 4. Haus, insbesondere über die IC-Achse, der Spitze des 4. Hauses. Dennoch spielte mein Geburtstag – in Hinblick auf prägnante Lebens-Veränderungen – immer wieder eine zeitlich punktuelle Hauptrolle.
Ich bin auch nicht jedes Jahr umgezogen, sondern habe sogar einmal 5 und zweimal 9 Jahre am Stück in einer Wohnung gelebt.
Dieser zweite Umzug – als Jugendlicher in meinem Elternhaus im Jahre 1962 – istso lange her, dass ich mich nicht mehr daran erinnern kann, welche Erklärungen meine Eltern damals dazu gegeben haben, dass der Wohnungswechsel wieder an meinem Geburtstag vonstatten ging. Fest steht für mich, dass sie es sicher nicht vorsätzlich so arrangiert hatten. So waren meine Eltern nicht, dass sie – aus welchem Grund auch immer – meinen Geburtstag ignoriert hätten; und das nun schon zum zweiten mal.
Im nachhinein gibt es für mich zwei verschiedene Erklärungs-Modelle, die ich jedoch nicht gegeneinander ausspielen möchte. Sie haben beide ihre Berechtigung und bilden zusammen eine ‘paradoxe Einheit’:

Ich kann es mir einerseits nur mit irgendwelchen mehr oder weniger „zufälligen" äußeren Sach-Verhältnissen oder -Zwängen erklären, z. B., dass mein Vater als Familienvater jeweils nur im Sommer Urlaub bekam – wegen der Schulferien, und mein Geburtstag ist der 11. Juli. Möglicherweise hat er diese freie Zeit für den anstehenden Umzug nutzen wollen, und die angeheuerte Umzugsfirma hatte keinen anderen Tages-Termin frei gehabt, etc. Oder es haben sich – ebenso scheinbar „zufällig" – immer nur im Sommer neue konkrete Wohnungs-Angebote für uns ergeben.
Das sind alles durchaus plausible Möglichkeiten. Sie entsprechen in ihrer Art den Sachfakten und Erklärungsmodellen unserer Alltagswelt. Sie entsprechen unserer kausalen Erlebensweise und den damit verkoppelten Denkmodellen und -mustern. Sie stimmen mit den Gesetzen der Logik überein und sind wahr und wirklich – auf ihrer Ebene, auf der Ebene von Ursache und Wirkung, die sich hier gegenseitig bedingen müssen. Und sie können nicht anders sein – auf ihrer Ebene.
Darüber hinaus sehe ich aber diese Geschichte – und im Grunde genommen alle anderen Geschehnisse dieses Lebens überhaupt – noch unter dem Blickwinkel der Synchronizität. Es ist ein anderer *zusätzlicher* Blickwinkel, der aber die dargestellten – durchaus plausiblen – Erklärungsmöglichkeiten parallel zu sich selbst stehen lassen kann.
Kausalität wird also durch diesen zusätzlichen Blickwinkel nicht unwahr. Aber ergänzend werden wir uns auch die astrologischen Auslösungen zu den wichtigsten Facetten dieses Fallbeispiels genau anschauen. *Deren* Einsichten sind es dann, die uns die Relativität des Kausalprinzips in rational begründeter Weise an-*schau*-lich machen.

- Als nächstes möchte ich nun noch einen dritten Trennungs- bzw. Neubeginn-Geburtstag schildern, bevor ich zu meiner ursprünglichen Geschichte zurückkehren werde.

Es war 1975, und ich war 25 Jahre alt. Ich hatte gerade mein Abitur auf dem zweiten Bildungsweg abgeschlossen. Nach meiner Lehre als Koch (♋) und zwei Gesellenjahren war ich noch einmal drei Jahre lang zur Schule gegangen. Während dieser ganzen Schulzeit habe ich mich parallel sehr für meine Ideale engagiert. Ich hatte schon vier Jahre nach dem System der Transzendentalen Meditation (TM) meditiert und arbeitete in meiner freien Zeit oft im TM-Center mit. Der Wunsch selber Meditationslehrer zu werden, war schon länger im Hintergrund präsent, und nun schien sich die Zeit für dieses Vorhaben zu verdichten.
Die Schule war vorbei. Die erste feste Beziehung, die ich in meinem Leben hatte, war in ihrem Endstadium. Wir hatten zwei Jahre zusammengelebt und meine Partnerin war gerade ausgezogen. Unsere Kontakte wurden rarer, und ich hatte mich bei der TM-Bewegung für ein Arbeits-Studien-Programm in Frankreich und der Schweiz beworben mit der Perspektive, die kommenden 2 – 3 Jahre dort einzutauchen und meinen bisherigen Lebensrahmen komplett hinter mir zu lassen – ein klassischer „uranischer Bruch".

Im astrologischen Kontext symbolisiert das 11. Haus auch spirituelle Gemeinschaften und eine solche sollte für die nächsten Jahre auch gleichzeitig mein neues un-persönlisches bzw. transpersonales (H 11) Zuhause (♋) werden.

Mein Vorhaben war klar. Für meine Wohnung hatte ich schon jemanden gefunden, der sie vom Moment meines Auszugs an sofort übernehmen würde. Alles, was ich nicht mehr brauchte, war verkauft oder verschenkt. Den Rest eines ohnehin raren Mobiliars hatte ich in der Wohnung lassen können. Wichtige Papiere waren in einem Koffer bei meinen Eltern im Keller untergebracht, und sowie ich das endgültige okay zur Reise nach Frankreich erhalten sollte, würde ich auch meinerseits den erstmöglichen Zeitpunkt wahrnehmen um loszufahren. Nichts hielt mich mehr – außer dem Warten auf die offizielle Bestätigung.
Auf die musste ich allerdings dann noch wochenlang warten, ohne zu wissen, wann es genau sein würde. So lebte ich erwartungsvoll und ungeduldig auf „Abruf“ in meiner fast verwaisten Wohnung. Als es dann aber soweit war, hatte ich in einem Zuge die letzten abschließenden Erledigungen „durchgezogen“, die mich noch von meinem neuen Leben trennten, und stand drei Tage später mit zwei Koffern – meiner noch einzigen verbliebenen Habe – auf dem Bahnhof zur Abreise bereit. Es war der 11. Juli 1975, mein 25. Geburtstag. Verabschiedet hat mich die Frau, mit der ich die Jahre zuvor gelebt hatte.

In dieser Abschiedssituation bin ich in einen höchst merkwürdigen Zustand „hineingerutscht“. Kurz vor Abfahrt des Zuges war ich in mein Abteil gegangen, das bis auf meinen Platz schon komplett besetzt war. Ich verstaute meine Koffer und ging durch die Beinreihen der anderen Fahrgäste zum Fenster, zog es herunter, hielt die Hand meiner Freundin, schaute ihr in die Augen und eine tiefe Trauer stieg in mir hoch. Krebse sind so – eben Gefühl. Auch die Augen meiner Freundin wurden glasig – ein Fisch (Fische sind auch so – also zwei Wasser-Zeichen; beide „nahe am Wasser gebaut“). Ich hatte noch einen kleinen Moment schamhaft überlegt, ob ich wirklich jetzt vor fünf anderen, fremden Menschen weinen wollte. Mir war sofort klar, ich wollte – ich musste, nichts wäre angemessener. Die Trillerpfeife vom Schaffner... und augenblicklich schossen mir die Tränen in die Augen – meine Freundin, aber auch mein ganzes nun ehemaliges Leben; meine Eltern, meine Freunde, Berlin – alles würde gleich hinter mir liegen. Die anderen Menschen im Abteil waren unwichtig. In einer bewussten Entscheidung stellte ich alle Bedenken und Hemmungen beiseite. Als der Zug losfuhr, war nur noch lautes Schluchzen, und ein eruptives Beben zuckte durch meinen ganzen Körper.
Aber, bei all dem Drama, das sich jetzt wie von selbst vollzog, war da merkwürdigerweise gleichzeitig noch etwas Anderes. Ich erlebte einen Zustand, bei dem ich wie „aus einem Guss“ auf verschiedenen, scheinbar voneinander getrennten Daseins-Ebenen gleichzeitig existierte und diese in höchst-bewusster Wachheit entsprechend parallel wahrnahm. Da war mein Körper, der, nachdem ich alle Kontrolle bewusst abgegeben hatte, sein schluchzendes, eruptives Eigenleben vollkommen autonom vollzog. Da war mein Gefühlszustand (♋), von abgrundtiefer Trauer völlig aufgewühlt und in Beschlag genommen. Und dann war da noch dieses

andere, ganz tief in mir drin – eine Bewusstseins-Instanz (H 11), die das alles ganz neutral, ganz objektiv, ganz klar aus einer für mich wahrnehmbaren und zustandsbedingten inneren emotionslosen Distanz (H 11) beobachtete. Hier drin war ich frei (H 11). Hier war ich ausschließlich wahrnehmender Zeuge (H 11) der Vorgänge, die sich autonom in meinem Körper und parallel auf der Gefühlsebene (♋) abspielten, ohne selbst in diese Vorgänge involviert zu sein – der reine, nichtinvolvierte (H 11) transpersonale (H 11) Beobachter, und der war „ICH". Mit ihm hatte ich meine wahre Identifikation, während der Körper und das Gefühl „nur" die Objekte meiner Beobachtung waren.
Hier „drinnen" war ich von einem intensiv-ekstatischen Glücksgefühl angefüllt/ausgefüllt, während das „Objekt" meiner Beobachtung – also der Körper – die Funktion seiner Tränendrüsen auf maximale Ausschüttung hoch steuerte. Ich nahm intensives Schluchzen wahr und hörte parallel innerlich eine Stimme, die das erlebte Geschehen in ganz eigener Weise kommentierte: „...So ist es gut", „...lass den Körper weinen", „...es ist alles in Ordnung", „...das ist der Weg", „....so muss es sein".

Das erlebte Paradox konnte kaum größer sein. Aus der Perspektive des 'Innerlichst-Glückseligen' schaute ich auf meinen trauernden Körper und meine ebensolche Gefühlswelt. Meine Umwelt sah mich ausschließlich als einen akut Leidenden, aber ICH-SELBST war vor allem mit dieser inneren Instanz von leuchtender Freiheit identifiziert, einem Zustand von Nicht-Verhaftet-Sein – an was auch immer.
Nach Abfahrt des Zuges dauerte es noch ca. 15 Minuten, bis sich mein körperliches Beben langsam wieder bis hin zu einem entspannten Zustand geglättet hatte. Alle Trauer war verschwunden. Gelöst und erwartungsfroh konnte ich dem Kommenden entgegensehen. Ich freute mich auf mein neues (H 11) Leben in einer spirituellen Gemeinschaft (H 11), in der ich mir meine Meditationslehrer-Ausbildung durch Kochen (♋) in Seminar-Hotels verdienen wollte.

Es gibt sicher reichlich Menschen, die bei den eben beschriebenen Zuständen an eine pathologische Bewusstseinsspaltung denken. Aber das klassische Merkmal einer Bewusstseinsspaltung (Dissoziation) ist, dass die einzelnen Persönlichkeitsanteile tatsächlich auseinanderzufallen drohen, bzw. dass bestimmte Anteile als Träger wichtiger Informationen einfach für gewisse Augenblicke oder länger aus der Bewusstheit verschwinden.
In meiner Erfahrung war aber – bei aller scheinbaren Isoliertheit der Ebenen – gleichzeitig eine ordnende, integrative Instanz gegenwärtig, die alles parallel und präzise wahrnahm und sich heilsam anfühlte. Sie war Wahrheit, Trost und Segen zugleich.

Im Außenkreis der Graphik Nr. 16/5 sehen Sie die langsam laufenden Transit-Planeten Saturn (♄) und Jupiter (♃) und auch die Schnelllaufende Transit-Sonne (☉).

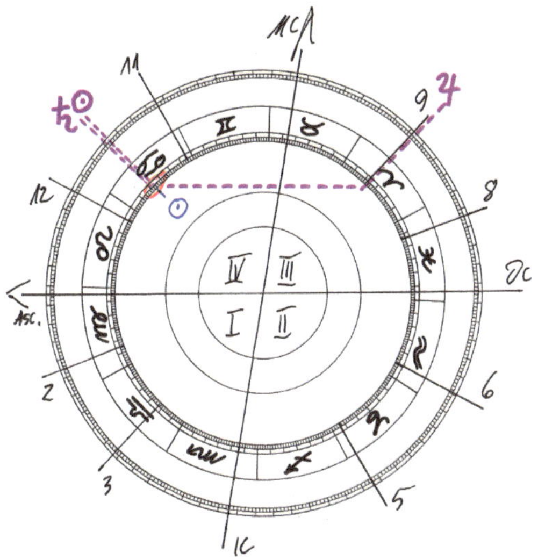

Graphik Nr. 16/5
11. Juli 1975: Abschied und
Aufbruch in eine verdichtete spirituelle Lebens-Form
sowie ein intensiviertes spirituelles Durchbruchs-Erlebnis

Der Saturn transitierte schon länger direkt durch mein 11. Haus und stand damit in Konjunktion zu meiner Krebs-Sonne. Im Juni 75 hatte er dann grad- und bogenminutengenau seinen Höhepunkt zur Geburts-Sonne – also einen Monat vor meiner Abreise. Das war der Monat, als ich in Warteposition in meiner schon leergeräumten und damit verwaisten Wohnung verbrachte. Die Wohnung (♋) hatte in dieser Endphase atmosphärisch in etwa den kühlen Charme eines imaginären „Aufenthalts-Raums in der Stratosphäre" (H 11).

Einen Monat später, zum Tag meiner Abreise, war der Saturn schon etwas weiter gelaufen, befand sich jedoch noch immer im Orbis (Wirkungs-Radius) seiner Transit-Konjunktion zur Radix-Sonne. Da kam die schnell laufende Transit-Sonne als Tages-Konstellation – wie üblich an meinem Geburtstag – ebenfalls noch in ihre exakte Konjunktion „zu sich Selbst" – „zu ihrer eigenen Krebs-/Haus 11-Thematik". Das war – entsprechend der Mathematik der Gestirne – der absolute Höhepunkt eines inhaltlich schon länger laufenden Prozesses und gleichzeitig der „kosmische Start-Schuss" in das Real-Werden eines neuen Lebens. Metaphorisch entsteht bei mir das Bild, als hätte der Saturn mit seiner „Vorarbeit" nur noch auf die Sonne als prädestinierten „Erfüllungsgehilfen" gewartet, um alle Pläne, um alle Vorbereitungen in die Realisation zu überführen.

Über den gleichzeitigen Jupiter-Transit (♃) im Quadrat-Aspekt zur Radix-Sonne, der mit seinen damaligen Vor- und Rückläufigkeits-Phasen, noch länger im Auslösungs-Orbis blieb, sei noch folgendes gesagt:

- Er hatte den parallellaufenden Saturn-Transit zur Radix-Sonne sowohl verstärkt als auch verlängert.
- Auch Jupiter steht für geistige Aspekte – nämlich für Sinnsuche, Philosophie, etc., wenn auch vorrangig über die Verstandes-Schiene und nicht so sehr über die unmittelbare „Berührung" mit den transpersonalen Erfahrungs-Dimensionen, wie das beim 11. Prinzip der Fall sein kann. Und so passte auch er mit ins Gesamtbild des Themas „Eintauchen in eine geistige Gemeinschaft".
- Zum anderen ist Jupiter auch der klassische Reise-Planet, insbesondere für Auslands-Reisen, da diese den geistigen Horizont (♃) in wesentlich prägnanterer Weise erweitern als Reisen innerhalb der Region oder des eigenen Landes. So steht dieser Transit symbolisch auch für den Übergang zu einem zweijährigen Auslands-Aufenthalt.

Auch hier hatte sich der neuralgische Zeitpunkt meiner existentiellen Veränderung „von ganz allein" so gefügt, wie es der stimmigen Planeten-Konstellation der damaligen Zeit entsprach und nicht so, wie ich es mir – in selbst-planerischer Weise – gerne schon früher eingerichtet hätte. Ich musste also wochenlang geduldig „auf meine Konstellationen warten" – ohne einen solchen Zusammenhang überhaupt zu ahnen.

Ich wusste ja zu dieser Zeit noch immer nichts von Astrologie, sodass ich mir auch keinen 'Kairos' (den astrologisch stimmigen Termin, die kosmisch stimmige Zeit-Qualität) raussuchen konnte. Es ist das 'uns innewohnende' ALLWISSEN mit seiner präzisen Organisations- und Koordinations-Kraft, das den astrologisch beobachtenden Menschen immer wieder aufs Neue in ein 'heiliges Erstaunen' versetzt. Die präzisen Korrelationen zwischen den konkreten Lebens-Ereignissen und den ihnen entsprechenden Planeten-Konfigurationen – die uns hier staunen lassen – sind gleichzeitig die Grundlage dafür, dass ich heute – als Astrologe – anhand der Ephemeriden (Gestirnstands-Tabellen) in der Lage bin, die damaligen Konstellationen rückwirkend nachzulesen und sie in Beziehung zu meinen Erlebnissen zu setzen.

An diesen Beschreibungen wird aber auch noch etwas anderes klar – nämlich die Vielschichtigkeit und damit auch die verschiedenen Bedeutungen der astrologischen Symbolik und ihrer einzelnen Konstellationen.

Ich hatte an diesem astrologisch angezeigten Höhepunkts-Tag – mein 25. Geburtstag – nicht nur meinen Wohnort (♋) gewechselt (H 11) und eine völlig neue Lebensweise vor mir, bei der ich in einer 'geistigen Gemeinschaft' (H 11) u. a. auch auf deren Meditations-Seminaren im großen Stil kochte (eine klassische 'fürsorgliche' Tätigkeit, die dem Krebs-/Mond-Prinzip entspricht: das „Bemuttern"), sondern ich erlebte auch noch einen intensivierten spirituellen (H 11) Durchbruch, der durch eine emotionale (♋) Abschieds-Situation aus meiner bisherigen Heimat (♋) mit forciert wurde.

Hier fallen verschiedene innere und äußere Umstände und Erfahrungen gleichzeitig zu einer Einheit zusammen, die alle den gleichen inhaltlich symbolischen Bezug aufweisen. Und *das* innerhalb der Erlebenswelt einer einzigen Person. Das ist immer so in Zeiten prägnanter Auslösungen

Nun komme ich endlich auf meine Eingangsgeschichte zurück. Sie war ja der eigentliche Auslöser, weshalb u. a. auch die Astrologie zu mir kam:

Ich blieb zwei Jahre in Frankreich und der Schweiz und absolvierte mein Arbeits-Studien-Programm in eigens dafür angemieteten Hotels, die dann auch komplett von der TM-Bewegung in Eigenregie betrieben wurden. Gemietet wurden ausschließlich Hotels, die sonst wegen saisonaler Verhältnisse leer gestanden hätten – sozusagen „für 'n Appel und 'n Ei“. Im Winter waren es Hotels in Seen-Gebieten, in denen normalerweise ausschließlich Sommersaison-Betrieb war, und im Sommer zogen wir in hochgelegene Alpen-Hotels, die nur auf Ski-Betrieb im Winter ausgerichtet waren. Damit waren wir immer abseits touristischer Betriebsamkeit, sozusagen „unter uns“ – durchgehend im Rahmen monatelanger Meditations- und Ausbildungs-Seminare.
Im Sommer 1977 ging ich dann als Meditationslehrer nach Flensburg, um dort mit Kollegen ein Meditations-Center zu leiten. Flensburg war wie eine neue Heimat für mich. Ich lehrte TM und wohnte (♋) gleichzeitig in unserem Lehr-Institut (H 11) – sozusagen in einem un-persönlichen (H 11) bzw. transpersonalen Zuhause (♋). Ich hatte gute Freunde, und mein Leben und mein Aufgabenfeld empfand ich als stimmig bis erfüllend. Eine Partnerbeziehung hatte ich seit 3 ½ Jahre nicht mehr, und für die Gesamtsituation, in der ich mich befand, fühlte sich auch das in organischer Weise stimmig an, obwohl eine hintergründige Sehnsucht danach unterschwellig dennoch vorhanden war – eher als unspektakuläre Randerscheinung.
Das änderte sich schlagartig ab Dezember 78. Plötzlich, innerhalb weniger Wochen, stand eine Beziehungs-Vision so plastisch und unverrückbar vor meinem geistigen Auge, dass sie mich von da an langfristig und kontinuierlich innerlich ausfüllte. Diese inneren Bilder waren keine Sehnsüchte im mir bekannten Sinne, sondern Gewissheit. Sie hatten spontanen Zugang zu meiner Gefühlsebene und entfachten dort eine starke emotionale Leidenschaft, obwohl sie kein konkretes Ziel-„Objekt“ im Außen vorfanden. So fing ich an, Liebesgedichte zu schreiben. Das hätte ich noch Wochen vorher – von mir selbst – für unglaublich gehalten. Aber dieses energetische „Hoch“ musste sich irgendwie Bahn brechen.
„Innere Impulse“ drängten mich, im Frühjahr 1979 nach Berlin zu ziehen, „weil ich wähnte, dass an diesem Ort die erahnte Beziehung stattfinden könnte“ – und ich vertraute diesen Bildern, die von innen „aufbrachen“. In Berlin tat sich dann für mich eine Gelegenheit auf, in der TM-Akademie im Grünen nahe der Havel mitzuarbeiten – einem Ort, an dem Meditierende für wochenlange Meditations-Retreats zusammenkamen.
Obwohl mittlerweile Monate vergangen waren und auch noch vergehen sollten, wurde meine Gewissheit und mein Enthusiasmus keineswegs „dünner“. Alles blieb ungebrochen – auch die Geduld, die sich mit meiner „wartenden Gewissheit“ verband – und erfuhr Ende August 79 sogar noch eine empfundene Steigerung. In dieser enthusiastischen Verfassung ging ich an einem freundlichen Sommertag mit meinen Akademie-Kollegen an der Havel spazieren. Die Havel ist an der Stelle unseres damaligen Spaziergangs eigentlich ein relativ schmaler Kanal. Es ist der

Teil, der vom nördlichen Tegeler bzw. Spandauer Seengebiet durch das Stadtgebiet Spandaus führt und dann im Süden wieder in das große Havelbecken mündet, an das sich dann der Wannsee anschließt.
Dieser Havel-Kanal-Teil hat beidseitig eine relativ flache befestigte Kaimauer, von der aus ich ein – im Wasser schwimmendes – optisch „interessantes" Teil wahrnahm. Davon auf merkwürdige Weise angezogen (denn es hatte eigentlich nicht wirklich etwas Attraktives an sich, außer seine schlichte Sonderbarkeit) ging ich noch näher bis zum Rand der Kaimauer, legte mich bäuchlings und fischte das Teil aus dem Wasser. Ein Stück dunkelgraues Plastik, nur Bruchstück (besser Schnittstück) eines viel größeren Teils, mit einseitig-schuppenartiger Oberflächenstruktur, ein kleines Teil von einem offensichtlich zerschnittenen Plastik-Dino. Ich hatte keine Ahnung, warum ich dieses Stück Zivilisations-Abfall noch kurz und wortlos meinen erstaunten Kollegen „unter die Nase" gehalten hatte, bevor ich (damals noch ohne entwickeltes Umweltbewusstsein) es wieder im „hohen Bogen" in die Havel warf.
Zwei Tage später ging ich wieder ausgedehnt spazieren, diesmal allein. Ich ging wieder am selben linken Ufer der Havel entlang, nun aber in die andere Richtung, und lief bis zum Ende des Havelkanals – da wo der Kanal ins große Havelbecken einmündet. An dieser Einmündung macht der Uferweg einen scharfen Linksknick, fast im rechten Winkel, um am ausgedehnten Havelbecken weiterzuführen. Hier gibt es keine Kaimauern mehr. Dichte Büsche von Schilfgewächsen bilden den Übergang vom Wasser zum schmalen Sandweg, auf dem ich ging. Dahinter, zur Landseite hin, wuchs ebenso dichtes Buschwerk.
An einer Stelle, an der das Schilf eine schmale Schneise zum Wasser freigab, durch die ich gerade durchpasste, nahm ich die Gelegenheit wahr, bis zum Wasser vorzugehen und meinen Blick über den offenen See schweifen zu lassen. Dort fand ich im Wasser ein kleines Stück dunkelgrauen Plastiks, genauso ein Bruchstück (oder besser gesagt Schnittstück) von einem Plastik-Dino mit einseitiger schuppenartiger Oberflächenstruktur – nur diesmal eine andere Ausschnittform als das von zwei Tagen zuvor. Die Stelle an der ich das „heutige" Teil fand, war etwa 2 km von der Stelle entfernt, an der ich das andere Teil gefunden hatte, in einem ganz anderen Abschnitt der Havel. Und es war zweifelsfrei ein anderes Stück von dem gleichen Dino.
Ich war erschüttert ... und noch im selben Moment – im zusätzlichen Anschwellen meines schon vorhandenen inneren Hochgefühls – wusste ich unzweifelhaft, dass sich die Zeit meines Wartens erfüllt hatte – nun „war es soweit"!
Es macht wohl wenig Sinn, für einen solchen „Zu-Fall" die Segnungen der Statistik zu bemühen, um die Wahrscheinlichkeit seines Ereignens zu erforschen. Welche Parameter wollte man hier zugrunde legen? Wie viele Nullen sollte diese Zahl denn haben?
Zum Anderen werden einige Leser – in durchaus verständlicher Weise – spontan einen möglichen Beziehungs-Wahn bei mir assoziieren, wenn sie sich meine – offensichtlich ernst-gemeinten – Schlussfolgerungen auf ihrer „geistigen Zunge" zergehen lassen, die ich aus dem geschilderten Phänomen gezogen hatte. Nach den Regeln des Kausalität-Prinzips würde das tatsächlich heißen: *„Weil er innerhalb von zwei Tagen an zwei verschiedenen Orten der Havel zwei Plastikteile ein-*

und desgleichen ursprünglichen Gegenstands aus dem Wasser fischt, verwirklichen sich seine monatelangen Partnerschafts-Visionen in der konkreten Alltagsrealität".
Nein, so geht das nicht. So kann man wirklich nicht denken!
Aber so ist es auch gar nicht gemeint!. Nicht „weil..., deshalb...".
Wir befinden uns mit unseren geistigen Wahrnehmungs-„Organen" längst in einer anderen Schicht erlebbarer Wirklichkeit, in der das 'Prinzip von Ursache und Wirkung' seine Ausschließlichkeit eingebüßt hat. Auf dieser Ebene der Wirklichkeit ist nicht „zuerst die Henne und dann erst das Ei" oder „umgekehrt", sondern die Ereignisse laufen für die Länge eines bestimmten Zeitrahmens synchronistisch – egal ob dieser jeweilige Zeitrahmen Minuten, Stunden, Tage..., Generationen oder Zeitalter dauert. Es ist ein Parallel-Geschehen, in dem sich das gleiche archetypische UR-Bild auf mehreren Daseins-Ebenen gleichzeitig niederschlägt.
Aus dem Wissens- und Erfahrungs-Standort meiner späteren Jahre heraus war dies eine klassische Synchronizitäts-Erfahrung.
C. G. Jung, der sich intensiv mit den Archetypen auseinander gesetzt hat, erforschte in diesem Kontext auch das Phänomen der Synchronizität. Dazu boten sich ihm viele lebendige Gelegenheiten, denn er selbst hatte in seinem eigenen Leben immer wieder reiche Serien derartiger Erfahrungen gemacht und brachte so die geistige Offenheit mit, *solchen* Erlebnissen auch bei seinen Klienten/innen gezielt nachzuspüren und forschend zu dokumentieren.
„Dabei kam er zu dem Schluss, dass das, was wir in einem transpersonalen Zustand erleben, nicht allein in unserem 'Kopf' vor sich geht, sondern Teil eines dynamischen Netzwerks ist, das auch die äußere Wirklichkeit umfasst. Er nannte die Archetypen 'Psychoid' - Phänomene an der Schnittstelle zwischen Bewusstsein und Materie".[2]

Zum Zeitpunkt meiner eigenen Erlebnisse jedoch hatte ich diese Begriffe noch nicht einmal gekannt. Aber intuitiv waren diese von einem „Wunder-Gefühl" begleiteten Erfahrungen so etwas wie eine 'zweifelsfreie Selbstverständlichkeit' in erlebter Echtzeit, ohne dass diese Selbstverständlichkeit vorher durch irgendein interpretierendes Gedanken-Konstrukt durchgegangen wäre. Die 'inneren und äußeren Bilder des Moments' hatten eine solche eindringliche Macht, dass ich mich ihrer 'ungefilterten Autorität' nicht entziehen konnte.
Natürlich hatte ich im Anschluss an diese Erfahrungen auch über sie reflektiert und sie dabei ebenso selbstverständlich als Erlebens-Aspekt der WELTEN-EINHEIT hingenommen, von der in den spirituellen Philosophien immer die Rede ist. Es war – im Rahmen meiner philosophischen Welterklärungs-Modelle, die ich in mir trug – nur logisch-konsequent, genau so etwas tatsächlich auch erleben zu können. Aber diese nüchtern wirkende, logisch-gedachte Konsequenz des hintergründigen „Beobachters" änderte nichts an der vitalen Wucht des Erlebten.
Am nächsten Tag hatte ich für den Abend einen festen Termin, der schon Wochen vorher feststand. Mit einem anderen Akademie-Kollegen zusammen sollten wir

---

2 Stanislav Grof, *Auf der Schwelle zum Leben*, Wilhelm Heyne Verlag, München 1989, S. 60

einen philosophischen Abend in unserem Berliner Stadt-Center gestalten. Wir waren etwas verspätet dran. Als wir den Flur des Centers betraten, war die Tür zum Seminarraum geschlossen, aber der Saal war innen schon voll mit ca. 60 wartenden Besuchern.
Ich machte die Tür von außen auf und das Erste was ich noch im selben Moment des Öffnens bewusst wahrnahm, war ein Augenpaar, in das ich unvermittelt blickte – und das mir ebenfalls exakt aus meiner spontanen Blickrichtung entgegensah. Eine Frau in der Besuchermenge hatte sich beim Tür-Klacken aus der Menge nach hinten zur Tür umgedreht, wie einige andere Besucher auch. Aber mein erster spontaner Blick in den Raum hinein fand den Ihren, ohne ihn gesucht zu haben. Für diesen einen kurzen Moment, noch bevor mein Blick in organischer Weise weiter über die Besuchermenge wandern konnte, hörte ich es in mir sagen: „Da ist sie ja ...“
Ohne krampfig-manipulative Anstrengungen ergab es sich, dass ich sie nach der Veranstaltung auf dem U-Bahnhof wieder traf. Wir hatten ein Stück weit zusammen zu fahren, spürten eine intensive Dichte im Kontakt, verabredeten uns für die nächsten Tage und waren von da an ein Paar.
In der Folge fing ich als Quereinsteiger (H 11) in einer Architektur-Modellbaufirma (Krebs = Nest/Wohnung/Haus/Immobilien/ Architektur/...etc.) an und sorgte so für meine geregelten Einkünfte. Wir bezogen eine gemeinsame Wohnung und lebten fast zwei Jahre bis zum Ende unserer Beziehung in einem vormals ungeahnten, ununterbrochenen, für uns beide gleichermaßen intensiv-beglückenden Einklang.

Wir waren einander alles, ohne die geringsten emotionalen Trübungen – als gäbe es nichts Anderes auf der Welt.

Die ersten Irritationen in unserer Beziehung traten im Mai 1981 auf. Sie entsprangen aus der Tiefe meines eigenen Innenlebens und standen in einem krassen Missverhältnis zu meinem bewussten Erleben, diametral zu meinem bewussten Wollen und Wünschen. Innerhalb weniger Wochen wurde in mir der Gedanke „ich müsste die Beziehung verlassen“ immer deutlicher. Ich sah dabei für mich keinen verständlichen Grund, warum ich das hätte tun sollen – wir waren noch immer „eine Seele und ein Körper“. Dennoch spürte ich gleichzeitig einen immer stärker werdenden inneren Druck, der einen scheinbar autonomen Charakter hatte und sich durch mein bewusstes Unverständnis nicht beeindrucken ließ (H 11 = „Aufhebung – Befreiung – von Subjektiven Triebfedern“; Döbereiner – zugunsten der Erfahrung des Über-persönlichen; Anm. d. Verf.).
Die Stimme wurde unerbittlich und im selben Ausmaß nahmen Häufigkeit und Intensität einer neuen Serie von sich aufdrängenden Synchronizitäts-Erlebnissen zu, die ich an dieser Stelle gar nicht alle darstellen kann, bis auf das Höhepunktsgeschehen. Sie schienen mir aber alle – jedes in seiner unterschiedlichen Art – die gleiche Botschaft zu spiegeln: „Es ist vorbei“.
In der Anfangsphase dieser Irritation hatte ich große Scheu, meine Partnerin in diese plötzliche innere Umtriebigkeit einzuweihen. Es schien mir wie ein unfassbarer, ungeheuerlicher Einbruch in das subjektiv wahrgenommene Selbstverständnis

unserer Beziehung, und ich wollte den Prozess zunächst einmal nur in meinem Inneren beobachten, in der Hoffnung, es würde sich wieder legen. Doch ich konnte dieses innere Geschehen nicht lange in mir verborgen halten.
In unserer gemeinsamen Wohnung hatten wir ein kleines Bild hängen, eine dieser bunten klassischen indisch/tantrischen Miniaturen – ein Liebespaar in erotischer Vereinigung. Es war u n s e r Bild – ein kleines hübsches Papierbild auf eine feste Pappe aufgeklebt. Wir hatten es an der rechten Seite des Mauerwerks innerhalb der Fenster-Einrahmung an einen kleinen Nagel gehängt. Es gab nur ein sehr großes durchgehendes Fenster, das wie auf einer imaginären waagerechten Achse mittig zu kippen war – mit dem unteren Teil nach außen hinaus, mit dem oberen Teil nach innen ins Zimmer hinein.
An einem dieser Tage – wir waren vormittags noch gemeinsam zu Hause – machten wir die Entdeckung, dass das Bild weg war. Es hing einfach nicht mehr an seiner Stelle. „Rätselhaftes einander anschauen". Monatelang hatte es da gehangen, und keiner von uns hatte es abgenommen. Fremde Leute kamen nicht in die Wohnung. Nach Absuchen der unmittelbaren Fensternähe blieb nur noch eine – wenn auch eher unwahrscheinliche – Hypothese offen. Demnach hätte ein möglicherweise stärkerer Windzug das Pappbild vom Nagel „hebeln" können, um es seitlich aus der relativ schmalen Ankipp-Öffnung des Fensters hindurch „hinauszuführen". Ungläubig gingen wir zusammen nach unten in den kleinen Vorgartenteil unseres Hausgrundstücks, um direkt unter unserem Fenster weiterzusuchen. Es lag aber auch nicht dort. Die letzte Idee, die uns noch kam, war, dass ein anderer Hausbewohner es vielleicht hier im Vorgarten gefunden, als „Müll" betrachtet und „ordnungsgemäß" entsorgt hatte. So war unser letzter Versuch der gemeinsame Blick in die Mülltonne, die ein Stück weit abseits stand. Da lag es dann, u n s e r Bild, in der Mülltonne, dazu noch zerknittert und eingerissen.

Da war es wieder, das synchronistische Erleben von Innen und Außen. Die sogenannte „objektive materielle Welt" draußen spiegelte in eindringlicher Symbolik meine innere Geistes- und Seelenverfassung wider – machte sie plastisch, machte sie bewusster. Innere Bilder, die ich gerne verdrängt hätte, bekamen durch diesen Vorgang verstärkt Nahrung, ließen sich nicht mehr wegschieben und füllten alle Ebenen des Daseins aus. Sie schauten mich „aus allen Winkeln der Welt" an, sogar aus der Mülltonne.

Beklommenheit stieg nicht erst jetzt in mir auf, füllte mich aber von nun an ganz und gar aus. Es blieb in dieser Situation aber keine Zeit um das Erlebte angemessen zu teilen, da meine Partnerin gleich im Anschluss nach der Suche berufliche Termine wahrnehmen musste. Ich blieb in meiner angeschlagenen Gemüts-Verfassung allein zu Hause zurück, fühlte dunkle Ahnungen und das scheinbar Unvermeidliche.
Ich war gerade kurze Zeit zuvor mit dem I-Ging, dem chinesischen „Buch der Wandlungen" in Berührung gekommen. Dieses Buch – 3000 Jahre alt – bildet die gemeinsame Wurzel der Lehren sowohl des Konfuzius als auch des Laotse – ein Weisheits- und Orakelbuch in einem. Jetzt brachte ich den verzweifelten Mut auf,

mit Hilfe dieses Buches in einen gewollten und bewussten Kontakt mit meiner inneren Weisheit und Wahrheit zu treten, und stellte über die Orakelmethode die Frage nach der Bedeutung meiner gegenwärtigen Partnerschafts-Konfusion. Die Antwort – auch sie war unschwer als eine Synchronizität zu entschlüsseln – traf mich wie der letzte, scheinbar noch notwendige Schlag, mitten ins Herz und brachte die restlichen Dämme, die ich dem Drängen meiner ungewollten, unbewussten inneren Impulse noch krampfhaft entgegengesetzt hatte, endgültig zum einbrechen.

> **Fong / Die Fülle**
> „Sei nicht traurig; du musst sein wie die Sonne am Mittag...
> Eine Zeit höchster Größe und Fülle herbeizuführen, ist nicht jedem Menschen beschieden...
> Die Zeit einer solchen Fülle ist meist kurz. Ein Weiser könnte daher angesichts des folgenden Niedergangs wohl traurig werden. Doch ziemt sich solche Trauer nicht für ihn. Nur ein Mensch, der innerlich frei ist ...
> Er muss sein wie die Sonne am Mittag, die *(trotz des folgenden Niedergangs; Anm. d. Verf.)* alles unter dem Himmel erleuchtet und erfreut."

Schwitzige Hände, aufgepeitsche Seele, schluchzender und bebender Körper, trance-ähnlicher Zustand, Wille ausgehebelt, unbewusst getrieben ... Augenblicklich lief ich raus aus der Wohnung, aus dem Haus, aufs Fahrrad, ohne Ziel – zitternd bin ich nur gefahren, einfach gefahren, schon woanders, schon im Wald, schon am oberen Rand einer abschüssigen Wiese, gebremst, abgestiegen, Fahrrad einfach zur Erde fallen gelassen, Hügel hinunter gerannt und auf halbem Weg nach unten stehen geblieben, auf die Knie gefallen um die einzelnen Teile eines dort im Grase liegenden kaputten roten Schaumstoff-Balles aufzuheben und sie in der Schale meiner beiden Hände in wimmernder Seelenpein tränenverschwommen zu betrachten. Äußerlich in der Form einer handvoll Dreck hielt ich nun meine „zerbrochene Liebe" in meinen Händen – und hielt und hielt und hielt sie und wusste irgendwann nicht mehr, was ich nun mit „ihr" machen sollte. Eigentlich eine handvoll Dreck konnte ich doch meine „zerbrochene Liebe" nicht einfach jetzt so wegwerfen.
Nun erst wurde mir bewusst, dass der untere Teil des Hügels in unmittelbarer Nähe an das Ufer eines kleinen Sees stieß. Ich lief nach unten bis zum See und warf – einem heiligen Ritual gleich – die Ball-Teile ins Wasser. Im 'Abschied nehmenden Schauen' auf die schwimmenden Teile nahm ich plötzlich an der linken Peripherie meines Schauens etwas anderes im Wasser wahr, was sich beim richtungsgenauen Hinsehen als ein zweiter Schaumstoffball entpuppte. Diesmal war der Ball aber ganz, und er war gelb (die Farbe der Mitte, der GANZHEIT – während das Rot eher die Leidenschaften des Lebens symbolisiert), und er schien – im leichten Auf und Ab der vom Wind gekräuselten Wellen – tänzelnd mir entgegenschwimmen zu wollen. Ich suchte nach einem langen Stock und zog ihn damit zu mir ans Ufer. Ein „Heiliges Staunen" glättete merklich meinen inneren Sturm. Ergriffen nahm ich mit einer sehr bewussten Geste diese „goldene Kugel" ganz in

mich hinein und ein kleines Stück innerer Friede konnte wieder in mir Wurzel fassen. Zutiefst dankbar und mit dem Gefühl „behütet zu sein", warf ich auch diesen Ball wieder ins Wasser zurück und entfernte mich langsam rückwärtsgehend – noch immer die Bälle im Auge – vom See.

Ich war bereit wieder nach Hause zu gehen. Als ich oben auf dem Hügel ankam, war mein Fahrrad weg, gestohlen – obwohl ich in dieser Gegend und zu dieser Zeit lange überhaupt keinen Menschen mehr gesehen hatte. Es dauerte dann noch eine ganze Weile, bevor ich ohne Fahrrad wieder zu Hause war.

Von Stund an ließ ich meine Partnerin an all meinem Erleben teilhaben, und in den letzten Wochen unseres Zusammenseins teilten wir Schock, Ratlosigkeit, Verzweiflung, Ohnmacht, tiefen Schmerz und Tränen, aber auch die schönen Seiten in inniger Weise miteinander.

Dennoch konnte ich auch nach diesen intensiven und eindeutigen Erfahrungen noch immer nicht ganz loslassen, und wir hefteten uns – nach Alternativen suchend – an jeden Strohhalm, in der Hoffnung dieses „Schicksal" noch abwenden zu können. Mir ging es aber jedes Mal zunehmend schlechter, wenn ich wieder Gesten von Festhalten eingenommen hatte. Und es ging mir besser, wenn ich Gesten von Loslassen einnahm. Schöpfte ich wieder neue Hoffnungen, die Beziehung retten zu können und versuchte dabei, erdachte „Erneuerungen im Alten" praktisch zu leben, überfiel mich Panik, und ich stieß in der Öffentlichkeit mit merkwürdigen, verrückten oder aggressiven Menschen zusammen.

Ich bezog alles auf mich und lebte tatsächlich in einer ausgeprägten Art von Beziehungswahn, der sowohl destruktive, als auch konstruktive Züge aufwies – so jedenfalls stellt es sich für mich aus der Distanz der Jahre danach dar, als ich gelernt hatte, das damals Geschehene zu bejahen und in ihm einen Sinn zu sehen. Wenn ich die Feuerwehr irgendwo in der Ferne hörte, war sofort der Angstgedanke da: „Ja, das ist für mich. Wenn ich nicht gehe, dann passiert mir ein Unfall, und die Feuerwehr wird mich holen". Hatte ich mich „ernsthaft" (zumindest für eine Weile) mit dem Gedanken beruhigt, mich dem als schicksalhaft Empfundenen hinzugeben und meine Partnerin zu verlassen, entspannte sich mein gesamter Zustand sofort merklich. Doch in der Erfahrung dieser Entspannung schöpfte ich wieder neue Hoffnungen und ersann wiederum neue Strategien, die die Beziehung vermeintlich hätten retten können. Es war ein dauerndes „sich im Kreise Drehen".

Natürlich hatte ich mir die Frage nach einem versteckten Sinn des Geschehens gestellt. Es gab auch diverse Mutmaßungen. Aber ich war mir nicht sicher, ob diese auch wirklich stimmig waren. Und sollte ich wegen unsicherer Mutmaßungen unsere Beziehung aufgeben? Außerdem gingen diese mir entschieden gegen den Strich meiner persönlichen Wünsche (der „kuschelige Krebs" in mir fühlte sich aus dem Nest gestoßen – obwohl die Intention und auch die Kraft zu diesem Stoß ebenfalls aus mir selber kam; aus meinem 11. Haus; ein klassischer Zerrissenheits-Zustand).

So verrannen die Wochen in quälendem „hin und her Geworfensein". Ohne eine klare Entscheidung treffen zu können, war ich kaum noch zu einem kontinuierlichen Alltagsleben tauglich. Die Nächte verbrachte ich in grübelndem Viertelschlaf, und mein Allgemeinzustand wurde zunehmend desolater. In der Nacht vom 10. zum

11. Juli 1981, meinem 31. Geburtstag, hatte ich einen kurzen „Traum“. Es gab keine Bilder, nur eine Stimme und nur einen Satz. Der Stimmungscharakter dieser Stimme entsprach dem eines männlichen Nachrichtensprechers. Die einzelnen Worte selbst waren bestechend klar artikuliert, dabei gedanklich laut und unüberhörbar.
„Geh nach Hamburg!“
Ich wachte augenblicklich auf und war sofort von dieser Aufforderung – ohne wenn und aber – ganz eingenommen, obwohl ich niemanden in Hamburg kannte und auch nicht wusste, was ich da hätte tun können. Ich weckte meine Freundin, und die atmosphärische Mischung von erlöster Qual und unverrückbarem Abschied war für uns in den nächsten Stunden schwer zu tragen.
Vormittags telefonierte ich mit der Hamburger TM-Akademie und erfuhr, dass ich mich dort für ein paar Tage zu Sonder-Konditionen (wegen meines TM-Lehrer-Status) einmieten konnte. Ich packte meine Koffer und stand am Nachmittag meines 31. Geburtstags auf dem Bahnhof bereit zur Abfahrt.
Als ich in den nächsten Tagen in näheren Kontakt mit dem Hamburger Akademie-Team kam, erfuhr ich, dass einer der Mitarbeiter in zwei Wochen von dort weggehen würde und bisher noch kein Ersatz für ihn gefunden war. So bekam ich das Angebot, dort zu bleiben und im Team mitzuarbeiten. Von Stund an brauchte ich für meinen Raum auch keine Miete mehr zu bezahlen. Ich hatte sofort wieder eine „Wohnung“ (♋) im 11. – im unpersönlichen – Haus, und eine „Arbeit“ (im 11., unpersönlichen Haus).
Bei all dem Bruch und meinem vertrauensvollen Sprung in das völlig Ungewisse ging mein äußeres Leben paradoxerweise von ganz alleine fast nahtlos weiter. Nachdem ich die letzten 1 ½ Jahre in Berlin als Architekturmodellbauer gearbeitet hatte, nahm ich nun – noch Tage vorher unbeabsichtigt – meine Lehrtätigkeit als TM-Lehrer wieder auf.
Wusste mein Unbewusstes vorher schon von dem offenen Posten hier in Hamburg? Und kam deshalb genau diese „Nachricht“ im Traum bei mir durch?
Ich fuhr nur noch einmal ein paar Wochen später für kurze Zeit nach Berlin, um meiner Freundin bei Renovierung und Umzug in ihre neue Wohnung zu helfen.

In Hamburg bin ich über meine damaligen Teamkollegen zum ersten Mal mit Astrologie in Berührung gekommen. Sie gaben mir die ersten Einblicke, und ich saugte diesen „Stoff“ auf wie ein Durstiger. Ich hatte das deutliche Bedürfnis, eine Art Bilanz für mein bisher erfahrenes Leben zu ziehen, denn für die Zeit meines bisherigen Erwachsenen-Daseins war ich auffallend umtriebig gewesen. Es gab immer wieder Veränderungen der Lebensumstände, vor allem in Beruf, Wohnungen und Wohnorten, aber auch in Beziehungen, obwohl ich in diesem Bereich einen der heutigen Zeit durchaus entsprechenden Rahmen nicht wirklich gesprengt hatte. Diese Veränderungen habe ich zu einem großen Teil als von mir selbst initiiert erfahren, aber teilweise bekamen sie auch eine mehr oder weniger starke, als schicksalhaft empfundene Note. Dazu kamen Neigungen und Interessen, die man für gewöhnlich gerne als „exotisch“ zu bezeichnen pflegt. Ferner gab es eine lange „Liste“ ungewöhnlicher Erfahrungen – von wunderbar bis schmerzlich – und ebenso merkwürdige, sich wiederholende Lebensmuster.

In dieser Hamburger Lebensphase stand nun eine Frage für mich wie ein Leitstern im Zentrum meines bewussten Denkens. „Auf welche Art und Weise bin ich in dieses Leben, in diesen Kosmos eingebunden"?
Dass ich überhaupt eingebunden und aufgehoben bin in einem GROSSEN GANZEN, aus dem ich nicht herausfallen kann (und jeder Andere auch nicht), fühlte ich aufgrund verschiedener intensiver und außergewöhnlicher Erfahrungen meiner damaligen Vergangenheit schon seit langem aus tiefster Überzeugung. Jetzt jedoch interessierte mich vor allem das Wie – die besondere, eigene, individuelle, persönliche Art und Weise dieses Eingebundenseins.
Da gab es am Anfang meiner Beschäftigung mit Astrologie schnelle Aha-Erlebnisse, aber die Differenziertheit und Tiefgründigkeit der Antworten und Erkenntnisse wurde erst ganz allmählich mit zunehmendem Eindringen in die komplexe Vielschichtigkeit dieser Disziplin deutlich. Sie sprengten schließlich alle meine Vorstellungen und gingen weit über meine Fragestellungen nach dem individuellen Eingebundensein hinaus.
Über die Jahre eröffnete sich mir ein direkter Blick in eine magische und spirituelle Welt ungeahnter Lebenszusammenhänge, durch die ein ABSOLUTER GEIST hindurchschimmerte.

So hat sich vor allem das Spektrum der Möglichkeiten zur Erfahrung des ABSOLUTEN GEISTES für mich durch die Astrologie erweitert.

- Über LSD hatte ich – als ich 20 Jahre alt war – Zustände von ZEITLOSIGKEIT erfahren, die Aldous Huxley in seinem Buch *Die Pforten der Wahrnehmung* als „IST-heit" bezeichnete. Diese ZEITLOSIGKEIT hatte meine üblichen Erfahrungskategorien überstiegen und nachhaltig meine weitere Lebensausrichtung mit bestimmt.
- Während einer Nah-Tod-Erfahrung bin ich – zunehmend tiefer in das „Erleben des Todes" hineingehend – zuerst durch Stadien der Panik, des Haderns, der Gewissensbisse und der Läuterung gegangen und hatte schließlich das 'bedingungslose glückselige Aufgehoben-Sein im tiefsten UR-Vertrauen, eingebettet in der GOTTHEIT' erlebt – das uns möglicherweise alle erwartet, wenn wir im Moment des allgemein gefürchteten Todes den „Übergang vom Leben zum LEBEN" vollziehen.
- Durch eine lange andauernde Serie von „Ausstiegserlebnissen" (außerkörperlicher Wahrnehmung), die mich ungewollt und unvorbereitet „ereilten", hat sich in mir die Gewissheit verfestigt, dass mein Geist – in seiner Existenz – nicht abhängig ist von einem physischen Träger.
- Auch Erfahrungen des 'Zeuge-Seins`, so wie ich sie oben ausführlich geschildert habe, sind mir – vor allem aus ekstatischen Zuständen – vertraut.
- Durch meine lange Meditations-Praxis ist mir das 'innerliche Eingebettet-Sein', das ich relativ geregelt und in graduell unterschiedlicher Ausprägung erfahre, zu einem ebenso vertrauten „ORT" geworden.
- Auch die – von mir erlebten – Synchronizitäten gehören in die hiesige Kategorie. Zeigen sie doch die bedeutungsvolle (intelligent- und absichtsvoll- anmutende)

Verbundenheit aller Daseins-Erscheinungen, egal auf welcher Schöpfungs-Ebene die beteiligten Einzel-Facetten dabei „in sinnvoll-spielerischer Weise in Aktion treten".

Sie lassen auf einen ABSOLUTEN GEIST schließen, der mit seinem ALLWISSEN und seiner ALLMACHT einen geordneten Kosmos „in Funktion hält". Und sie zeigen auch, wie diese ALL-VERBUNDENHEIT von der menschlichen Wahrnehmungsfähigkeit erschlossen und im Bewusstsein verankert werden kann.

Mit der Astrologie hat sich mir nun ein ganz anderer bzw. erweiteter Zugang zum ABSOLUTEN GEIST eröffnet. Es ist ein 'trans-rationaler' Zugang, bei dem sich eine 'integrale Dreiheit' zu einer 'intuitiv-erleuchtenden Einheit' verbindet.
Die drei beteiligten Einzel-Facetten sind:

- Das differenzierte archetypische Symbol-Wissen (= geisteswissenschaftlicher Verstand);
- die 'Mathematik der Gestirne' (= Rationalität);
- beliebig ausgewählte konkrete Lebens-Ereignisse (= wache Alltags-Wahrnehmung), die man dann in Beziehung zu den ersten beiden Facetten der Dreiheit setzt.

Wenn diese drei „Bausteine" im astrologischen Forschungsprozess (nach festen Regeln und Gesetzmäßigkeiten) zu einer fruchtbaren Verbindung *zusammengebracht* werden, dann ist *das GANZE*, was daraus erwächst, mehr als die Summe seiner Einzelteile – nämlich 'Intuitive Erkenntnis', die die Grenzen unserer üblichen Vorstellungs-Kraft transzendiert.
Mit dieser besonderen Art der 'Intuitiven Erkenntnis' entsteht auch ein ganz anderer Zugangs-Kanal zur Erfahrung des ABSOLUTEN GEISTES und lässt vorrangig ganz bestimmte Eigenschaften des GEISTES hervortreten, die ich im Zusammenhang mit dem Erleben der Synchronizität schon erwähnt habe, *nämlich seine ALL-durchdringenden Eigenschaften – seine ALLGEGENWÄRTIGKEIT, sein ALLWISSEN und seine ALLMACHT* (die aber nicht in Kategorien menschlich-egomanischer Vorstellungsraster verstanden werden darf).
Aus einem bestimmten Blickwinkel heraus, zeigt uns die Astrologie in qualitativer Hinsicht auch „nicht viel mehr" auf, als wie es spontane und *graduell stark ausgeprägte* Synchronizitäts-Erfahrungen auch schon tun. Aber sie erweitert u. a. das quantitative Spektrum der synchronistischen Einsichtnahme.

Astrologie zeigt – im beliebig wiederholbaren Experiment – dass die Spontan-Wahrnehmungen 'intensiven synchronistischen Erlebens' einzelner Menschen nur „die Spitze des Eisbergs" sind und dass unterhalb unserer üblichen Wahrnehmungs-Schwelle alle Daseins-Erscheinungen und Prozesshaften Abläufe immer synchronistisch sind.
Oder, um es in der Terminologie Ken Wilbers auszudrücken, dass alle Daseins-Erscheinungen und Prozesshaften Abläufe mit dem 'Himmlischen Super-Holon` und seiner umfassend wirksamen 'Abwärtskräfte' (Archetypen) korrelieren.
Während der GEIST im meditativen Kontext schwerpunktmäßig als etwas 'Innerliches' wahrgenommen wird, wird das EINE – durch die Erkenntnisse der Astrologie

– tatsächlich nun vorrangig in (potenziell) allen Manifestationen und Prozessen des gelebten und erfahrenen Alltags **transparent** (je nachdem was man astrologisch gerade untersucht).
ALLES ist Gesetz und direkt wahrnehmbarer Ausdruck des EINEN, bis in die scheinbaren Banalitäten der Alltags-Welt hinein.
Und ALLES ist mit JEDEM und ALLEM (mehr oder weniger bedeutsam ausgeprägt) *in direkt wahrnehmbarer Weise* verbunden (je nachdem, was man astrologisch gerade untersucht)

Das ist ungeheuerlich!

Und zwar so ungeheuerlich, dass sogar die allermeisten spirituell orientierten Menschen nicht die Vorstellungskraft besitzen, die es ihnen gestattet, eine solche mögliche Wahrheit vorurteilsfrei bzw. auch nur „testweise“ an sich heran zu lassen. In ihren „spirituellen Ideologien“ ist die ALLGEGENWÄRTIGKEIT des ABSOLUTEN GEISTES ein akzeptierter Posten. Sie gehört sozusagen irgendwie zu einem vollständigen „Inventar“ einer jeden spirituellen Ideologie – die „etwas auf sich hält“ – dazu. Wenn die Astrologie aber für sich in Anspruch nimmt, ein spirituelles Erkenntnis-Instrument zu sein, mit dem das ABSOLUTE für jeden experimentell offenen Menschen zu einer direkt wahrnehmbaren WIRKLICHKEIT werden kann, *die durch alle Alltags-Facetten hindurchleuchtet,* dann gewinnt man – aufgrund der vitalen Reaktionen auch spirituell-orientierter Mitmenschen – fast flächendeckend den Eindruck, dass es mit der ALLGEGENWART des EINEN „ja wohl doch nicht so ganz ernst gemeint sein kann“.

Um Missverständnisse zu vermeiden, mache ich hier noch einmal deutlich, dass niemandem damit gedient ist, wenn man *all das* einfach nur so glaubt, was ich hier als behauptete Wahrheit und Wirklichkeit in den Raum stelle.
Im Gegenteil, ich bin sogar der Ansicht, dass man die Behauptungen der Astrologie unmöglich glauben kann; einfach deshalb, weil sie tatsächlich *unglaublich* sind. Aber auch das scheinbar Unglaubliche, kann sich manchmal als eine zweifelsfreie und tiefe Erkenntnis für diejenigen entpuppen, die es – durch die Anwendung des regeltreuen Experiments – als eine Solche erkannt haben.

Um meine autobiographische Fall-Geschichte zu einem halbwegs runden Abschluss zu bringen, stehen – meines Ermessens nach – noch zwei verschiedene Einblicke offen:

1. Meine Transit-Auslösungen zwischen Dezember 1978 – Juli 1981
   Wir schauen uns noch die wichtigsten Transit-Auslösungen zu drei verschiedenen Verlaufs-Phasen dieser mystisch durchwobenen Liebesgeschichte an und setzen sie zueinander in Beziehung.
   a) Die Zeit, in der meine Vorahnungen zu einer anstehenden Partner-Beziehung begannen, ohne dass es konkrete Anhaltspunkte für eine mögliche Beziehung gab.

b) Die Zeit (8 Monate später), in der sich die geahnte Beziehung realisiert hat. Hierüber – also in der Betrachtung der beiden ersten Horoskope (a und b) zusammen – erklärt sich nun auch der Umstand, warum es zwischen den „ersten Ahnungen einer kommenden schicksalhaften Beziehung" und der „tatsächlichen Realisierung dieser geahnten Beziehung" noch 8 Monate gedauert hatte.
c) Die Zeit unserer Trennung.

2. <u>Andere astrologische Einsichten in mein persönliches Leben – vorrangig zum Thema Mond/Uranus</u>
In diesem letzten Abschnitt komme ich noch einmal auf meinen damaligen persönlichen Erkenntnis-Gewinn durch die Astrologie zu sprechen – auf das 'Wie' meines Eingebunden-Seins, so wie es sich aus der astrologischen Perspektive – in Hinblick auf meine 'Krebs-Sonne in Haus 11' (= Mond/Uranus) – darstellt. Dazu gibt es ein paar Erfahrungs-Beispiele aus verschiedenen Abschnitten meines eigenen Lebens und einige prägnante astrologische Textstellen, die mit meinen eigenen Lebens-Erfahrungen korrelieren.

3. <u>Meine Transit-Auslösungen zwischen Dezember 1978 – Juli 1981</u>
• *Phase der Vorahnungen Beginn: Dezember 1978*
• *Konkrete Begegnung und Beginn der Partnerschaft August 1979*
• *Trennung Juli 1981*

Wir werden im Folgenden eine Serie von Horoskop-Ausschnitten betrachten, die den von mir erzählten autobiographischen Lebens-Abschnitt astrologisch dokumentieren. Die dargestellten Auslösungs-Mechanismen sind in der Regel komplexer, als wie ich sie in diesemn Rahmen realisieren kann. Ich habe aber die Essenz der relevanten Konstellationen herausgefiltert, die das Wesentliche der erlebten Prozesse für uns verdeutlichen können.

In Graphik Nr. 16/6 sehen Sie all die Radix-Konstellationen, die für meine Geschichte eine Rolle spielen.
Die Bedeutung der <u>*Sonne im Krebs und in Haus 11*</u> haben wir uns mit formelhaften Begriffs-Kombinationen wie „Seelenvogel", „Suche nach transpersonaler bzw. unkonventioneller Geborgenheit", „freier Gefühls-Ausdruck", „Nest-Unruhe", „Entfernung von der Mutter", „seelische Rastlosigkeit" etc. schon im Groben vor Augen geführt. Anhand meiner autobiographischen Beschreibungen sind auch schon etliche konkrete Auslebensformen dieser Konstellation deutlich geworden.
Die Graphik Nr. 16/6 macht nun zusätzlich deutlich, wie stark gerade diese 'Krebs/Haus 11'-Anlage in meinem Leben ausgeprägt ist, denn es ist nicht allein die Sonne, die das Thema" ins individuelle Erleben „ruft", sondern Merkur (☿) und Uranus (♅) befinden sich ebenfall im gleichen Zeichen und im gleichen Haus. Das ist eine überdurchschnittliche Ballung, insbesondere auch noch dadurch, dass der Uranus in seinem eigenen Hause steht (Haus 11 = Uranus-/Wassermann-Haus) und seinerseits vor allem noch mal die 'über-persönliche, spirituelle oder auch unkonventionelle Ausrichtung' betont.

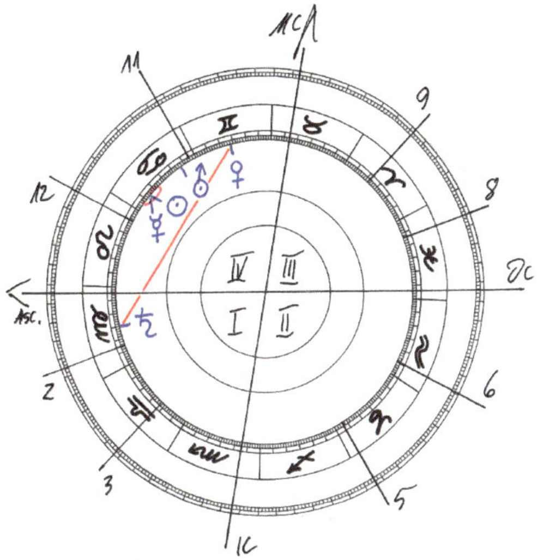

Graphik Nr. 16/6
Peter Seidel
Radix-Ausschnitt

Ferner habe ich auch den *Quadrat-Aspekt meiner Venus(♀)-/Saturn(♄)-Verbindung* eingezeichnet, da es in der beschriebenen Geschichte ja auch um die Liebe (♀), um Partnerschaft und Erotik geht. Das Krebs-Thema spielt natürlich als Detail-Facette allermeist in den Partnerschafts-Bereich mit hinein (insbesondere auch bei mir) – es steht für Gefühlswärme und seelischen Geborgenheits-Austausch, für das „miteinander zuhause sein". Diese Lebens-Facette kann aber auch über andere soziale Formen als über eine erotische Liebes-Beziehung gelebt werden. So spielt also, wenn es tatsächlich um eine Liebes-Beziehung geht – wie in unserer bzw. meiner Geschichte – auch die Venus-Konstellation eine besondere Rolle.

Die Venus in meinem Horoskop ist gleich im doppelten Sinne saturnisch (♄) gefärbt – einmal durch die Quadratur zum Planeten Saturn selbst und dann noch einmal durch ihre Stellung im 10. Haus, dem Steinbock-/Saturn-Haus (*beginnend oben am MC*) – alles sehr erdig. Eine solche Beziehungs (♀)-Färbung kann für einen 'Freigeist'(H 11) wie mich – mit soviel transpersonaler Luft – entweder tatsächlich ein erdender, stabilisierender Faktor im Leben sein oder „ein Klotz am Bein". Mit „Klotz am Bein" meine ich nicht zwangsläufig allein die konkret möglichen Partner mit saturnischem Einfluss – zu denen ich mit meiner *Saturn*-Venus aufgrund entsprechender Resonanz-Gesetze eine „astro-genetische Affinität" habe. Sondern vor allem meine ich erstmal meinen eigenen Umgang mit den angezeigten Kräften in mir selbst, der eine bestimmte Art realer Partner-Anziehung zur Folge hat. Anders gesagt – es sind meine eigenen eher konventionellen (♄) Partnerschafts (♀)-Bedürfnisse, die ich manchmal schwer in eine angemessene Balance zu meinen Freiheits (H 11)-Notwendigkeiten bringen kann. Mein „elftes Haus" hält das nicht lange aus, wenn ich selber *zu eng klammere.*

Das eben Beschriebene zu Graphik 16/6 ist ein Ausschnitt aus meinem generellen Anlage-Potenzial. Es ist damit Teil des „Lebens-Stoffs", der mich immer „begleitet" – das archetypische „Rohmaterial", aus dem heraus ich mein Leben gestalte – bewusst oder unbewusst.

Darüber hinaus gibt es aber – entsprechend der kosmischen Rhythmen (z. B. Transite) – immer wieder Zeiten, in denen einzelne Muster der persönlichen Grund-Anlage eine *besondere energetische Aufladung erfahren* und so für eine gewisse Zeit den Lebens-Ausdruck und die Lebens-Ausrichtung dominieren.

Die folgende Graphik ist der temporäre Spiegel eines immensen inneren Bild-Andrangs und einer entsprechenden Ereignis-Dichte in der Zeit von Dezember 1978 bis August 1979.

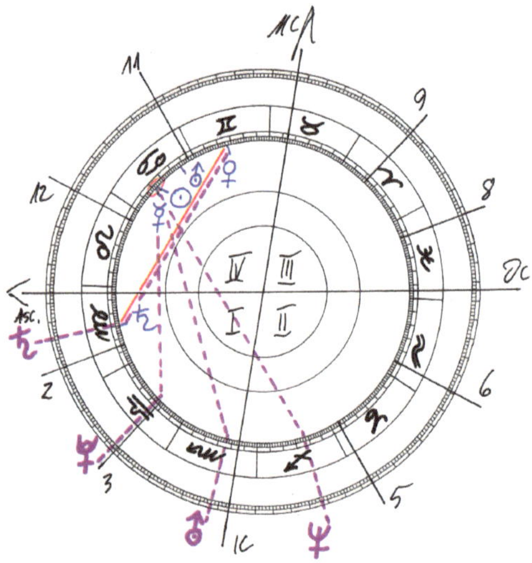

Graphik 16/7
Transit-Geschehen vom Beginn meiner Vor-Ahnungen einer kommenden Partnerschaft im Dezember 1978 bis zur ersten Begegnung und dem Beginn der realen Beziehung im August 1979

Graphik 16/7 zeigt das Gesamtbild aller damaligen Transit-Auslösungen, die im Einzelfall zwar unterschiedlich lang andauerten, die aber alle über den eben genannten Zeitraum parallel ihre Gültigkeit hatten.

Ich werde gleich mehrere Detail-Graphiken der gleichen Transit-Situation folgen lassen, damit wir einzelne Facetten des Gesamtgeschehens klarer herausarbeiten und besser verstehen können. Dennoch habe ich bewusst erst einmal das Gesamtbild dargestellt, um von vornherein auch die Anschauung eines realen energetischen Gesamt-Prozesses zu transportieren und ihn als solchen im Bewusstsein zu verankern.

Vielleicht haben Sie zwischendurch den Wunsch – während der Sichtung der folgenden Detail-Graphiken – diese mit dem Bild des energetischen Gesamt-Geschehens zu vergleichen.

Dieses letzte graphische Abbild eines lebendigen Prozesses zeigt eine 'transpersonale Aufladung' 1. Grades.
Alle drei transpersonalen Planeten (die extremen Langsamläufer Pluto, Neptun und Uranus) nehmen als Transite am Himmel eine aktuelle Grad-Stellung ein, die sich über einen langen Zeitraum mit der Radix-Konjunktion von meiner Sonne (18° 25') und meinem Merkur (18° 34') deckt. Auch wenn alle drei in einem anderen Zeichen stehen, so sind doch ihre gemeinsamen Gradpositionen soweit identisch, dass sie sich alle drei im Wirkungs-Radius eines Transits zu meiner Sonne/Merkur-Konjunktion im Krebs und in Haus 11 befinden:

- Pluto (♇)-Transit im Quadrat zur Radix-Konjunktion Sonne (☉) / Merkur (☿);
- Uranus(♅)-Transit im Trigon zu Radix-Sonne/Merkur
- Neptun(♆)- Transit im Quinkunx zu Radix-Sonne/Merkur

Fazit: *Drei transpersonale Planeten* lösen gleichzeitig meine Radix-Konjunktion aus, die von vornherein ebenfalls in einem *transpersonalen Haus* (H 11) steht.

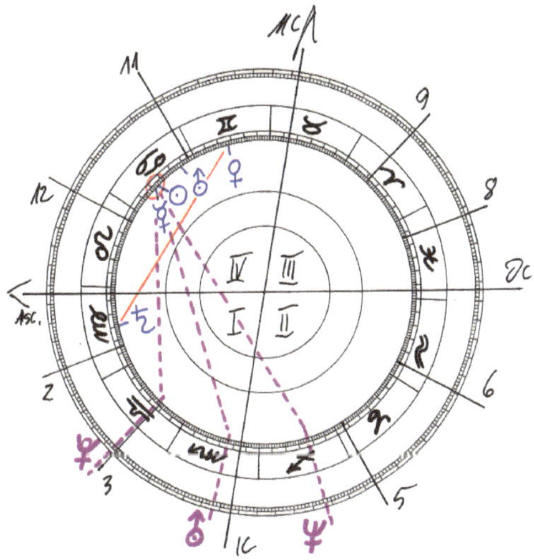

Graphik Nr. 16/8
(Detail-Bild von
Graphik Nr. 16/7)

Vielleicht lassen Sie die Graphik Nr. 16/8 für einen Moment lang rein optisch auf sich wirken. Die Aspekt-Figur der drei transitierenden Langsamläufer verrät eine hochkonzentrierte energetische Verdichtung, die auf einen einzigen und gleichzeitig zentralen Punkt meines Geburtsbildes abzielt.

Ich war damals als Meditations-Lehrer tätig, meditierte dabei selber bis zu sechs Stunden am Tag und „wohnte (♋) auch transpersonal" (H 11) – nämlich im Flensburger TM-Center. In dieser Zeit hatte ich die beschriebenen Vor-Ahnungen, Eingebungen oder Visionen (H 11) von einer anstehenden Partnerschaft, die mich sogar dazu veranlassten schließlich meinen Wohnort (♋) zu wechseln (H 11), da ich eine innere Gewissheit spürte, die den Ort der kommenden Beziehung in meiner Heimatstadt (♋) Berlin ansiedelte.

An dieser Stelle müssen wir sauber zwischen den unterschiedlichen Arten der aktuell konstellierten Archetypen unterscheiden, denn die gerade besprochenen Auslösungen decken dabei all das ab, was von transpersonaler Natur ist – nämlich:

- der unkonventionelle Lebens-Rahmen;
- das spirituelle Umfeld;
- das ekstatische Hoch-Gefühl;
- das Aufkommen von 'Eingebungen' als solche – ganz unabhängig von ihren inhaltlichen Aussagen;
- das Vertrauen in die innere Führung;
- die Synchronizitäts-Erlebnisse; etc.

Das Thema der Partnerschaft jedoch gehört hier nur *mittelbar* hinein.
Das Thema Partnerschaft wurde zwar über das *transpersonale* Vehikel 'medialer Vor-Ahnungen' transportiert, aber archetypisch inhaltlich gesehen, gehört es der *personalen* Domäne der Venus an, die parallel zu all den massiv konstellierten über-persönlichen Kräften auch noch ausgelöst war – was aber im hiesigen Graphik-Ausschnitt nicht eingezeichnet ist (dafür aber in der vorigen Nr. 16/7). So mischen sich die Manifestationen aller gleichzeitig ausgelösten Kräfte innerhalb eines energetischen Gesamtprozesses für den Laien manchmal bis zur Un-Unterscheidbarkeit der beteiligten Einzel-Archetypen.
Um dabei noch einen geordneten Überblick zu wahren, schauen wir uns hier die Detail-Auslösungen in den Detail-Graphiken an, aber gleichzeitig auch das graphische Pendant des archetypischen Gesamt-Geschehens innerhalb dieser Lebens-Phase. Sie können also noch einmal zur vorletzten Graphik 16/7 zurückgehen, um zwischen all den vielen transpersonalen Einflüssen auch noch die aktuell vitalisierte Venus (♀) aufzuspüren oder Sie gehen weiter und schauen sich die obige Graphik 16/9 an –, in der wir gemeinsam die graphisch isolierte Venus-Auslösung der damaligen Zeit ins Visier nehmen.
(Statistiker allerdings dürften angesichts dieser Verschachtelungen der "Ver-Zweifel-ung" anheim fallen).
Hier sehen wir ein anderes Thema, und diesmal eines von *personaler* Art, das aber – parallel zu all den *transpersonalen* Aufladungen – *auch noch* in verstärkter Weise durch Transit-Einflüsse in den Vordergrund trat.
Die Radix-Quadratur von Venus/Saturn wurde dadurch ausgelöst, dass der Transit-Saturn auf seine eigene Radix-Position zurückgekehrt war. Das geschieht alle 28-29 Jahre einmal und nennt man Saturn-Rückkehr – und ich war damals 28 Jahre alt. Das gilt also für alle Menschen, da Saturn 28-29 Jahre für seinen eigenen kompletten Umlauf durch den Tierkreis braucht und nach jeder Umrundung wieder zu seiner Geburts-Position zurückkehrt.

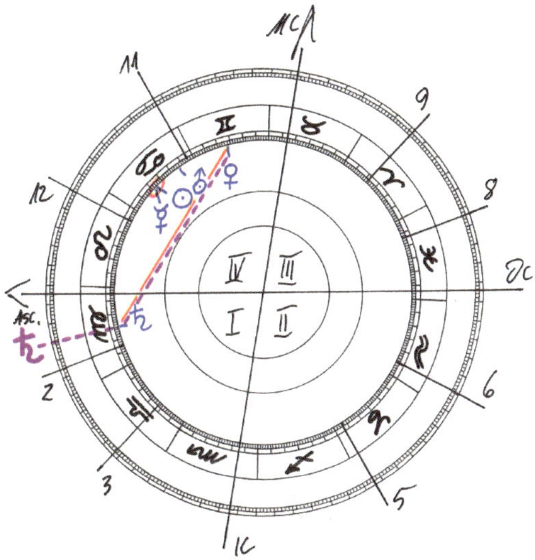

Graphik Nr. 16/9
(Detail-Bild von
Graphik Nr. 16/7)

Die Saturn-Rückkehr ist eine wichtige Lebens-Periode, in der u. a. so etwas wie eine Art von Bilanz der eigenen Lebens-Erfahrungen für den durchlaufenen Zyklus gezogen wird. Der Realitäts (♄)-Sinn des Menschen wird hier „abgefragt". Das geschieht natürlich nicht so formelhaft theoretisch, wie ich es hier in der astrologischen Terminologie zusammenfasse – sondern ganz praktisch und lebensnah – nämlich über entsprechend „infragestellende" Erfahrungen, die sich in dieser Zeit konzentriert zeigen. Die hieraus gewonnenen Einsichten sind die Basis für realistischere Lebensziele (♄) mit denen man den nächsten Zyklus zu strukturieren gedenkt. Es ist eine starke Reifungs-Phase und die meisten Menschen erleben sie zweimal in ihrem Leben, manche – wenn sie in etwa an die 90 Jahre alt werden – sogar ein drittes Mal.

Dass bei mir noch die Venus am Saturn dranhängt, ist allerdings ein individueller Spezialfall und gleichzeitig ein Hinweis darauf, dass für mich in dieser Periode das Thema Liebe, Partnerschaft (Waage-Venus), aber auch das der materiellen Sicherheit (im Sinne der Stier-Venus) eine große Rolle gespielt hat. Beziehung (♀) wird einer Realitäts (♄)-Prüfung unterzogen und/oder möchte in eine stabile (♄) Form (♄) gebracht werden.

Lassen Sie uns diese Saturn-/Venus-Auslösung in der nächsten Graphik noch einmal genauer anschauen, und zwar diesmal in ihrem exakten zeitlichen Ablauf. Denn hierin finden wir nämlich die verblüffende und zugleich rational befriedigende Erklärung dafür, warum es noch 8 Monate vom ersten Beginn meiner Beziehungs-Vor-Ahnungen gedauert hat, bis sich diese dann in der ersten konkreten Begegnung realisiert hat.Dezember

Für das Radix-Quadrat von Saturn/Venus im *Innenkreis* habe ich diesmal die genauen Grad-Positionen angegeben. Dabei steht der Saturn 15°12' in der Jungfrau (♍) und die Venus 16°20' in den Zwillingen (♊) – beide bilden über ihren Quadrat-Aspekt eine Einheit. Wird nun einer der beiden relativ gradgenau von einem Transit-Planeten „berührt", schwingt der andere Teil dieser Einheit automatisch mit.
Um die Bedeutung des Saturns als Transit-Planet – so wie ich ihn im *Außenkreis* rot eingezeichnet habe – für meine damalige Geschichte besser verstehen zu können, wollen wir uns sein generelles Bewegungs-Verhalten differenzierter vor Augen führen.

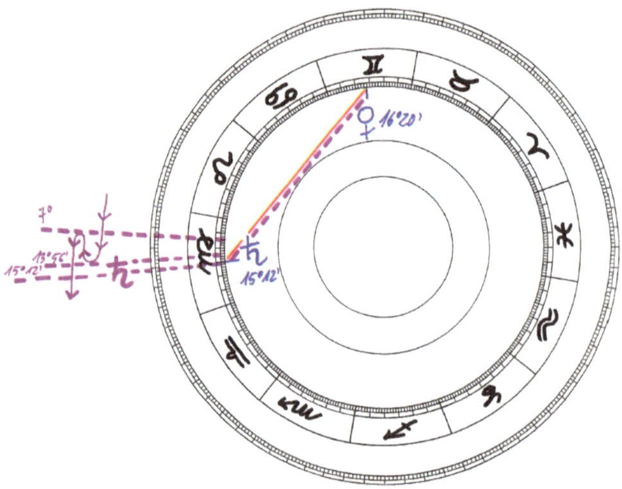

Graphik Nr. 16/10
Der Transit-Saturn und seine reale Verlaufskurve
von Dezember 1978 bis Augunst 1979

Schauen wir uns den Saturn in seiner Funktion als Transit-Planet über mehrere Jahre an, dann können wir – in Hinblick auf seine Phasen von Vor- und Rückläufigkeit – ein relativ stabiles Bewegungsmuster ausmachen. In seiner Himmelsbewegung, wie wir es von der Erde aus wahrnehmen, wandert er dabei im Durchschnitt immer 19° vorwärts (D = direct) und dann wieder ca. 7° rückwärts (R = retrograde). Der Übergang von einer Bewegungsrichtung in die andere ist aber nicht abrupt, sondern vollzieht sich schleichend und beinhaltet dazwischen immer auch eine kurze Phase des Stillstands (stat. = stationär). Die Geschwindigkeit innerhalb seiner Bewegungsphasen ist also keine gleichbleibende, sondern variiert ständig. Wenn er z. B. aus einer Stillstandsphase heraus wieder vorläufig wird, heißt das, dass „er sich erst mal wieder ganz langsam 'anschiebt'" und dann zunehmend schneller wird. Ungefähr auf der Hälfte seiner aktuellen Vorwärtsstrecke hat er dann seine Höchst-Geschwindigkeit erreicht, die er aber bald wieder

allmählich drosselt, um schließlich langsam ausschleichend (ohne „Ruck") in den erneuten Stillstand überzugehen. Dort bleibt er dann etliche Tage scheinbar ohne Bewegung (stat.) und braucht anschließend zwei/drei Wochen äußerst langsamer Bewegung, „um wieder zunehmend in Fahrt zu kommen" – diesmal jedoch rückläufig. Das „zunehmend in Fahrt kommen" bzw. das „Ausschleichen" kann man sich wie bei einer Eisenbahn vorstellen, wenn sie von einem Halte-Bahnhof abfährt oder auch umgekehrt, wenn sie in einem Bahnhof ankommt. Um den Strecken-Abschnitt seiner Vorläufigkeits-Phase (ca. 19°) zu erwandern, braucht Saturn etwa 7 Monate, und für die Strecke seiner Rückläufigkeit (ca. 7°) benötigt er ungefähr 5 Monate.
Alle Planeten – außer Sonne und Mond – haben diese Vor- und Rückläufigkeits-Phasen, und das hier Gesagte gilt im Prinzip auch für diese, nur eben mit anderen Strecken- und Geschwindigkeits-Verhältnissen.[3]

In Graphik 16/10 habe ich links außerhalb des Kreises nicht nur, wie in den Abbildern zuvor, allein den transitierenden Saturn eingezeichnet, sondern auch in differenzierter Weise seine reale Verlaufskurve, die er damals aus der Erdperspektive heraus, am Himmel vollzogen hat. In der eingezeichneten kleinen „Schleife" – die ich mit mehreren Pfeilrichtungen versehen habe – wird das Phänomen der Vor- und Rückläufigkeit des Saturns dargestellt.
Die drei rot gestrichelten Linien stellen die – aus dem Kreis heraus – verlängerten Tierkreis-Grade dar, die der eingezeichnete Transit-Saturn während seiner Verlaufskurve damals berührt oder überschritten hatte.

Folgen Sie nun gedanklich der rot gezeichneten Verlaufskurve des Saturn in Pfeilrichtung, dann überquerte (transitierte) er damals zuerst *den* Tierkreis-Grad, den ich mit 7° Jungfrau (♍) eingezeichnet habe. Dieser Übergang hat für unsere Geschichte zunächst einmal keinerlei Bedeutung. Weiterlaufend jedoch „berührte" der Saturn-Transit dann *den* Tierkreis-Punkt, den ich sehr differenziert mit 13°56' angegeben habe. Es ist der Punkt, auf dem er aus seiner vorherigen Vorläufigkeit heraus nun zum Stillstand (stat.) gekommen war. Inklusive langsamer „Ankunfts-", „Stillstands-" und ebenso langsamer – nun rückläufiger – „Abfahrts"-Zeit hatte er mehrere Wochen im Bereich dieser Grad-Position zugebracht.
In dieser Stellung war er aber gleichzeitig schon ziemlich nahe an der eingezeichneten Position meines Radix-Saturns auf 15°12' angelangt – also nur 1¼ Grad davon entfernt – und somit zwar noch nicht auf seinem stärksten Wirkungs-Höhepunkt, aber dennoch schon im relevanten Wirk-Radius (Orbis) zu meiner gesamten Saturn/Venus-Quadratur.
Das war im Dezember 1978, der Monat, in dem ich das erste Mal meine Beziehungs-Vorahnungen in mir wahrnahm, und zwar gleich von Anfang an sehr deutlich bzw. eindringlich und in seliger Hochstimmung, ohne dass es irgendeinen äußeren Anlass dafür gab, und von da an blieben sie unverrückbar in selbstverständlicher Dauer-Präsenz.

---

[3] „Planeten-Umlaufzeiten, Transite und Rückläufigkeit" s. unter Erläuterung 13, in TEIL III.

Seien Sie sich in diesem Zusammenhang gleichzeitig noch bewusst, dass parallel zu dieser ersten und „noch zaghaften“ Saturn/Venus-Auslösung, die vorher schon beschriebene massive ‘transpersonale Aufladung’ zu dieser Zeit schon voll im Gange war und auf dieser Grundlage dem nun beginnenden Venus-Thema ihr visionäres Gepräge gab.
Seien Sie sich auch zusätzlich noch bewusst, dass ich zu dieser Zeit von Astrologie genauso wenig verstand wie „Klein Fritzchen von Börsengeschäften“, also Null. Alles kam ausschließlich von innen.
Heute kann ich – wie andere Astrologen/innen auch – solche archetypischen Prozess-Verläufe in Echtzeit mitlesen – individuell und kollektiv.
Nach diesen ersten Auslösungs-Manifestationen durch den Transit-Saturn (nämlich das innere Aufkeimen des Partner-Themas, das – über die parallele transpersonale Aufladung – als ‘mediale Vor-Ahnung’ in Erscheinung trat), war dieser nun für die nächsten 5 Monate wieder rückläufig (siehe Pfeilrichtung in Graphik 16/10). Er konnte sich also noch nicht bis zu seinem eigenen Wirk-Höhepunkt (auf 15°12’ in der Jungfrau – der exakten Position meines Radix-Saturn) „vorarbeiten“. Er hatte das Thema zunächst nur „angerissen“ und „im Raum schweben lassen“, aber er würde diesen Wirk-Höhepunkt später – beim nächsten „Anlauf seiner Vorläufigkeit“ endgültig überschreiten und das Thema durch das Hervorbringen konkreter Ereignisse abrunden.
So kam der Transit-Saturn zunächst wieder bis auf den Punkt von 7° Jungfrau zurück (siehe rot-gestrichelte Linie) und dort zum Stillstand. Aber noch einmal drei Monate später überquerte er – nachdem er in seiner erneuten Vorwärtsbewegung bald „ordentlich schnelle Fahrt“ aufgenommen hatte – diesmal komplett den neuralgischen Tierkreis-Punkt von 15°12’, der identisch mit der Gradzahl meines Radix-Saturns ist (und Tage später dann auch noch den Tierkreispunkt 16°20’, der identisch ist mit der Stellung meiner Geburts-Venus, zu der er dann im Quadrat stand).

Dieser gradgenaue Übergang kennzeichnet nun endlich den astrologischen Auslösungs-Höhepunkt, nachdem das Thema acht Monate vorher schon „angerissen“ war. Dieser Höhepunkt wurde im August 1979 ausgelöst – der Monat, in dem ich die letzten dramatischen Vor-Zeichen mit den Dino-Teilen in der Havel erlebte und die dann ohne Zeitverzögerung in die erste reale Begegnung mit meiner Partnerin überging.

Der ganze angezeigte Zeitraum von Dezember 1978 bis August 1979 muss – entsprechend der dargestellten Saturn/Venus-Auslösungen – als ein einheitlicher Prozess mit unterschiedlichen Phasen und punktuellen Höhepunkten verstanden werden –nämlich …
– mediale Vorahnungen;
– vertrauensvolles, enthusiastisches, geduldiges Warten;
– synchronistische Erlebnisse;
– veränderte Lebens-Umstände (Umzug nach Berlin):
– reale Partner-Begegnung.

Diese gerade beschriebene Art von 'kosmischem Mechanismus' ist kein astrologischer Einzelfall. Ich kenne ganze Serien davon in x-beliebigen thematischen Varianten bei Klienten, Kursteilnehmern oder Bekannten.

Und so möchte ich hier stellvertretend und im Schnelldurchlauf noch ein weiteres Beispiel mit einer Saturn/Venus-Verbindung und einem ähnlich verlaufenden Auslösungsprozess darstellen, um das eben beschriebene zu untermauern. Dabei beziehe ich mich auf das Horoskop eines Freundes.

Also Achtung! Es handelt sich im folgenden um ein zwischengeschobenes Fremd-Horoskop – nicht mehr um meines.

Es ist das Horoskop eines Freundes, der auch eine Saturn/Venus-Verbindung in seinem Geburtsbild hat – in diesem Beispiel jedoch als Konjunktion. Der Saturn ist auf 21°50' im Zeichen Skorpion (♏) zu finden und die Venus auf 22°50'. Die obere rote gestrichelte Linie steht für den nach außen verlängerten Grad-Mittelwert der

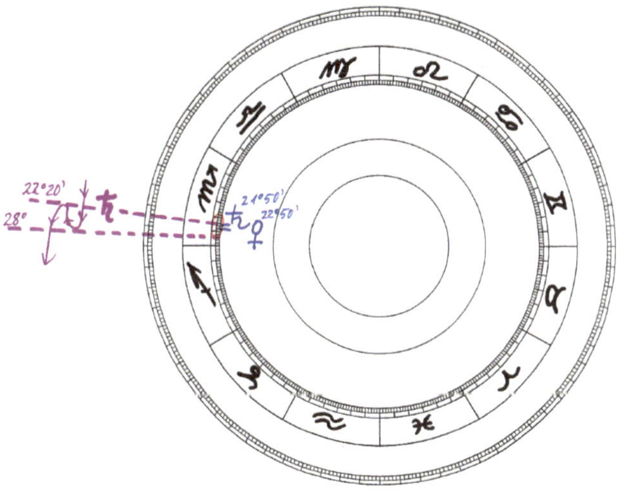

Graphik Nr. 16/11 (männlich)
Trennung meines Freundes von seiner Ehefrau im Dez. 1984
und Beginn einer neuen Partnerschaft im Sept. 1985

beiden, an der Konjunktion beteiligten Planeten – nämlich 22°20'. Zwischen Dezember 1984 und September 1985 wurde diese Konjunktion ebenfalls durch den Transit-Saturn ausgelöst.
Als der transitierende Saturn in seiner Vorwärts-Bewegung im Dez. 84 diesen Konjunktions-Punkt (erste rote Linie) das erste Mal überquerte, hatten sich mein Freund und seine Ehefrau getrennt. Das war ein noch relativ schneller Übergang, da der Saturn zunächst einmal noch bis 28° im Skorpion weiterlief (siehe untere rote Linie).

An diesem Tierkreispunkt (28°) wurde er im März 85 stationär, ging anschließend wieder in die rückläufige Richtung und überquerte dabei im Juni 85 ein zweites Mal den neuralgischen Tierkreispunkt von 22°20' (obere rote Linie) – allerdings nur minimal, denn er kam gleich danach in unmittelbarer Nähe der Radix-Konjunktion zum Stillstand.
Ende Augunst – Anfang September 1985 transitierte er ein drittes Mal – diesmal wieder vorläufig – die genauen Positionen von Saturn/Venus, und mein Freund lernte seine neue Partnerin kennen.
In diesem Beispiel wurden sowohl Partner-Trennung, als auch partnerschaftlicher Neubeginn durch ein und die gleiche Konstellations-Auslösung angezeigt bzw. angestoßen, und zwar zu den verschiedenen Höhepunkts-Phasen des gleichen Prozess-Verlaufs – aber immer „pünktlich" zum 'kosmischen Timing'.

<u>Zurück zu meiner Geschichte!</u>
Ich möchte nun das letzte Horoskop meiner autobiographischen Fall-Geschichte darstellen. Es ist das kosmische Abbild unserer damaligen Trennungs-Situation, in der ich mich in einer sehr desolaten Verfassung befunden hatte – in der Verzweiflung widersprüchlicher Gefühle und Intentionen, bei der mein persönliches Wollen von eigenen inneren Kräften bzw. von eigenen inneren transpersonalen Instanzen „ausgehebelt" war. Auch diese Phase ging mit ganzen Serien von dramatischen Synchronizitäts-Erfahrungen und visionären Eingebungen einher, die aber eher einen düsteren, beklommenen und teils sogar bedrohlichen Charakter annahmen, dann aber mit einem befreienden Impuls endeten.

Das letzte Horoskop dieser Serie zeigt sowohl die Langzeittrends, die für mich im Jahr 1981 galten, als auch die signifikante Tages-Konstellation für meinen 31. Geburtstag im selben Jahr – also am 11. Juli 1981. An diesem Tag wiederholte sich für mich das schicksalhafte Muster eines erneuten Trennungs-Geburtstags von Wohnort und Beziehung, so wie ich es schon mehrfach in unterschiedlichen Varianten in meinem Leben erlebt hatte, und nicht nur allein in *den* Fällen, die ich hier schon beschrieben habe. Wir können aber auch von einem schicksalhaften Veränderungs- bzw. Erneuerungs-Geburtstag sprechen.
Die beiden schnellsten Langsamläufer, Saturn und Jupiter (♄ und ♃) – im Außenkreis – bildeten von November 1980 bis August 1981 am Himmel eine temporäre Konjunktion und gingen dabei in ihren Pendelbewegungen von „vor und zurück" dreimal über den Tierkreispunkt von 6° Waage (♎) hinweg, von wo aus sie als Transit-Planeten einen Quadrat-Winkel zu meinem Radix-Uranus (♅) in Haus 11 bildeten. – ein spannungsreicher Winkel zu einer spannungsreichen Konstellation. Ein ausgelöster Radix-Uranus (♅) im Uranus-Haus (H 11) bringt das gesamte 11. Haus (inklusive der anderen dort „ansässigen" Planeten) zum „vibrieren".
Das hatte ich damals gemerkt; und das ohne schon die astrologischen Zusammenhänge zu kennen. Ich hatte kaum noch „Boden unter den Füßen" und „meine Nerven (♅) lagen blank". Ich war nicht mehr in der Lage, die gleichen transpersonalen Kräfte – die mir oft spirituell erhebende und inspirierende Nahrung waren – in bewusster und konstruktiver Weise zu kanalisieren. Diese

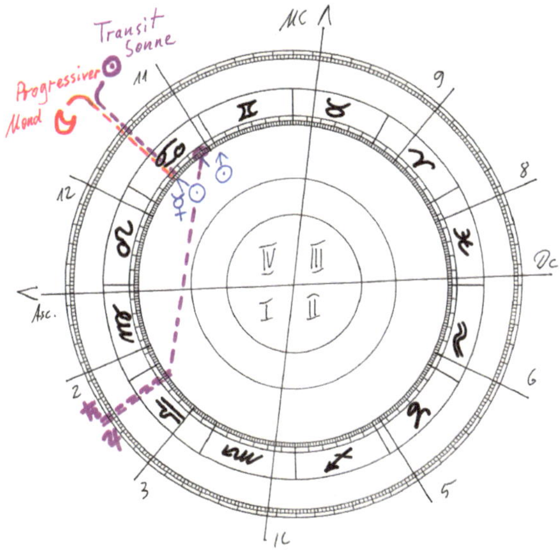

Graphik Nr. 16/12
11. Juli 1981: Trennung von meiner Partnerin und Abreise nach Hamburg

transpersonalen Kräfte führten ein von meiner Bewusstheit abgetrenntes Eigenleben, und ich wurde so „zum Spielball ihrer ganz eigenen Intentionen". Ich war wohl „vom Weg (vom 11. Haus) abgekommen" oder besser gesagt, ich hatte diesen (meinen) Weg – in wichtigen Facetten seiner selbst – wohl etwas „verkannt". Dafür hatte ich mich – „auf wunderschöne Weise" – „verklebt"; ich war zu „eingespurt" und zu sehr fixiert auf „eine Liebe, in der wir einander – in der Gegenseitigkeit – das jeweilige 'Ein und Alles' waren".

Ein „kuscheliger (♋) Freigeist" (H 11), der sich „für eine warme Decke" (♋) selbst einsperrt!

Oh, das ist zu hart formuliert, auch wenn es die Wahrheit ist. Es allein so stehenzulassen, wird dieser Geschichte aber nicht ganz gerecht. Denn ich möchte diese Zeit „als aufbewahrten Schatz in meiner Erlebens- und Erfahrungs-Truhe" nicht missen – auch wenn ein solcher Rahmen für mich langfristig nicht wirklich lebbar ist. Das habe ich damals gelernt, aber erst nach einer langen Verarbeitungszeit.

Wenn ich mich heute sehe, weiß ich, „ich habe noch immer nicht ausgelernt" – „ich bin aber auch nicht stehen geblieben"!

Die Transit-Planeten Saturn und Jupiter, die meinen Radix-Uranus im 11. Haus auslösten, symbolisierten also das Langzeit-Thema, das 1981 – im wahrsten Sinne des Wortes – meine Lebensausrichtung in hoch-bedeutsamer Weise „bestimmte". Die eingezeichnete Transit-Sonne im Außenkreis macht ihrerseits deutlich, dass es sich bei diesem Graphik- Ausschnitt gleichsam auch um das Abbild einer Tages-

Konstellation handelt. Wenn nun – durch den ausgelösten Langzeit-Trend – das ganze 11. Haus sowieso schon „vibriert“, dann gleicht (an meinem Geburtstag) der Sonnen-Transit auf meiner Radix-Sonne in Haus 11 „dem berühmten i-Tüpfelchen“. In der Nacht zu meinem Geburtstag hatte ich denn auch die deutliche Traumstimme mit dem eindringlichen Satz *„Geh nach Hamburg!“* vernommen und habe mich noch am selben Tag von meinem bisherigen Heim und meiner Partnerin getrennt.

Ich hatte noch lange Monate danach immer wieder mal Anflüge von Trauer in mir, und auch ein gedankliches Ringen auf der inneren Suche nach dem Sinn hat mich weiter beschäftigt. Aber der „Wahnsinn“, der mich vor meiner Trennung Monate in der Umklammerung hielt, war vom Tag (Geburtstag) meiner Abreise an, komplett aus meinem Leben gewichen. Ich hatte mich befreit (H 11) – wenn auch schmerzlich.

Eine Freundin, die von meinem Weggang nach Hamburg erfuhr, schickte mir Tage später ein Haiku:
Nacktes Bettlerglück!
Himmelsrund und Erde dient ihm zum Sommerkleid.
Kikaku

Nachtrag: Der Mond (hier rot gemalt), den ich ebenfalls im Außenkreis der letzten Graphik eingezeichnet habe, ist kein Transit-Mond, sondern der *progressive Mond,* der seine Wurzeln in einer anderen Auslösungs-Methode hat als die der Transite – nämlich in der sogenannten ‘Sekundär-Progression’. Ich möchte aber in unserem Rahmen nicht weiter auf diese Technik eingehen, gleichwohl wollte ich diese Information allen fortgeschrittenen Lesern nicht vorenthalten. Aber egal, wo Sie als Leser in astro-technischer Hinsicht auch stehen mögen, sehen Sie den progressiven Mond einfach als nochmalige Verstärkung des eben schon Gesagten, das aber auch ohne diese zusätzliche Progressions-Auslösung seine Gültigkeit behält.

2. Andere astrologische Einsichten in mein persönliches Leben – vorrangig zum Thema Mond/Uranus (= Sonne Krebs in Haus 11)

In der astrologischen Literatur gibt es eine große Anzahl von differenzierten Beschreibungen einzelner Archetypen und deren Misch-Konstellationen. Sie sind durch achtsame und fachkundige Beobachtungen lebendiger Vorgänge entstanden und zeigen ihrerseits das unauslotbare Manifestations-Spektrum der Archetypen in „tausenderlei“ individuell unterschiedlichen Spielarten, die aber alle wiederum vom berühmten „roten Faden“ durchzogen sind.
Über die Astrologie hatte ich in der damaligen Situation – als ich anfing mich mit ihr zu beschäftigen – eine deutliche Vision meiner grundlegenden Motive und Lebensantriebe erhalten.
Da gibt es bildhaft „verklausulierte“ Begriffsformeln und plakative Eindeutigkeiten. Es werden sowohl Wesens-Anlagen aufgezeigt, als auch die potenziell damit

einhergehenden Lebensverhältnisse, insbesondere sozialer Art. Schwierigkeiten und Zerrissenheiten werden beschrieben und auch die potenziellen oder real nährenden Ressourcen.

Es folgt nun ein relativ plakativer Text von Peter Orban zum 11. Haus, der – von ein paar wenigen Abstrichen mal abgesehen – „den Nagel wuchtig auf den Kopf trifft". Der Text steht beispielhaft dafür, wie astrologische Definitionen *„mich manchmal sofort anspringen können"* – da ich ja meine Biographie selber sehr genau kenne:

11. Haus
„Während die vorige Landschaft (er meint das 10. Haus,; Anm. d. Verf.) an eine Situation der Härte verpflichten will und von mir fordert, sie zu akzeptieren, will der Boden des 11. Hauses mich von etwas *lösen.* Hier gilt der Spruch „Arbeit macht frei" *nicht* mehr, hier lautet er „Arbeit macht unfrei", und jede (innere) Person (*mit 'innere' Person* meint Orban die Planeten, die im 11. Haus stehen; Anm. d. Verf.), die sich hier aufhält, tritt in den Dienst einer Befreiungsbewegung. Sie will mich von etwas lösen, von etwas entbinden.
Das hört sich auf den ersten Blick erstrebenswert an, so als ob ich mich darüber freuen könnte, jetzt eben nicht mehr irgendwo festzusitzen. Was aber, wenn ich gerne festsäße? In meiner Arbeit? In meiner Beziehung? In meiner Wohnung? Was geschieht, wenn ich froh darüber bin, so eine tolle Beziehung, Arbeit, Wohnung etc. zu haben? Das 11. Haus interessiert sich nicht dafür, ob es mir gefällt, frei zu sein oder gebunden zu sein. Es befreit – auf Biegen und Brechen. Lag die Härte des 10. Hauses (das Steinbock-Saturn-Haus; Anm. d. Verf.) darin, dass ich in einem erdrückenden Zusammenhang auszuhalten gezwungen wurde, so liegt die Härte des 11. Hauses darin, dass ich aus einem festgefahrenen Zusammenhang, den ich jedoch als befriedigend erlebe, herausgebrochen werde. In beiden Fällen ist es jedoch Härte, die ich subjektiv als solche erlebe.
Die Landschaft des 11. Hauses verlangt von mir, dass ich in einem ständigen Lösungs-Prozess meine Unabhängigkeit zu erarbeiten bereit bin. Dafür stellt sie mir große Kräfte zur Verfügung und ein ausreichendes Maß an Kreativität und Originalität.
Weil ich auf eigenen Füßen stehen soll – und nicht irgendwo bequem im gemachten Bett herumsitzen – erhält das 11. Haus vom Schicksal die Gabe des Innovativen. Das Schicksal *nimmt* mir hier die Sicherheit, am Alten festzuhalten, und es *gibt* mir hier die Gnade der Kreativität und Erneuerung."[4]

Wow! Wen es betrifft, der ist betroffen! So jedenfalls ging es mir bei diesem Text. Aus dem gleichen Buch zitiere ich einen Abschnitt zum Thema Sonne im Krebs:
„Der besonders deutliche Auftrag an Dein Ego lautet: Sei *mit* den anderen, leide mit ihnen, lache mit ihnen! Sei ein Begleiter, nutze deine enorme seelische Kraft, um dich mit den Menschen zu verbinden, sie zu schützen und ihnen Geborgenheit

[4] Peter Orban, *Drehbuch des Lebens,* Schirner Verlag, Darmstadt 2009, S. 131.

zu schenken. Du kannst ihnen eine Heimat sein, so eine Art seelisches Zentrum bilden, um das sich die anderen scharen wie eine Familie um ihre Mutter. Das bedeutet nicht, dass du unbedingt eine Familie gründen sollst, denn du wirst sehr bald bemerken, dass in *jeder* Zugehörigkeit deine Mütterlichkeit und Fürsorglichkeit sichtbar wird. Man braucht dich, dein Einfühlungsvermögen, dein Verständnis, und: Du brauchst die anderen. Du stellst den weiblichen Pol im Leben dar, den Mond der von der Sonne beschienen werden muss, um gesehen zu werden …
… Du bist weich, verletzlich, beeindruckbar. Sei eine Schale, die vom Leben aufgefüllt werden kann. Verschließe dich nicht, auch wenn du oft schmerzhaft berührt bist. Jeder, der dich kennt, weiß, wie empfindsam du bist, und verzeiht dir gern (da auch du nicht nachtragend bist) deine Gefühlsschwankungen, deine sprichwörtliche Launischkeit. Sie gehören zu dir, sind eng verbunden mit deinem Wesen, das letztlich passiv und hilflos den Energien der Welt ausgeliefert ist. Sobald du dich zu „retten“ versuchst, verlierst Du dich, wirst deiner Aufgabe nicht mehr gerecht …“[5]

Auch mit den krebstypischen Beschreibungen hatte ich sofort eine starke Identifikation, obwohl diese sehr gegensätzlich zu den Definitionen des 11. Hauses klangen. Es fiel mir jedoch – trotz dieser offensichtlichen Divergenz beider Kräfte – überhaupt nicht schwer zu verstehen, dass laut astrologischer Definition alle beiden Archetypen zusammen zu meinen Haupt-Wesensanteilen gehören sollten.
*I*ch kannte sie nur zu gut und schon aus meinen Kindertagen sind mir beide Wesens-Anteile plastisch in Erinnerung. Ich hatte sie jedoch noch nie auf diese Art einzeln definiert und anschließend wieder bewusst zusammengedacht (Analyse und Synthese).

- Ja, ich bin der kleine zartbesaitete (♋) Peter, der sogar gerne mal mit Puppen (♋) spielt und auch schnell mal anfängt zu weinen (♋).
- Aber/und ich bin auch der Abenteurer (H 11), der mit sieben Jahren schon allein mit dem Roller durch ganz Berlin gefahren ist, morgens früh los und spätnachmittags erst wieder zu Hause, mit „aufgeregt geschnattertem Reisebericht“. Meine Geschichten hatten den eintönigen Erlebens-Horizont meiner Mutter ein wenig geweitet, und mit leuchtenden Augen, und genauso aufgeregt, hing sie oft an meinen Lippen – wie in einem „Live-Kino“ (einen Fernseher hatten wir damals ja noch lange nicht). Die „Leine“, an der ich gehalten wurde, und die mich mit unserer „Hütte“ (♋) verband, war ungewöhnlich lang (H 11); ich hatte fast alle Freiheiten (H 11) – und das in einem ansonsten konventionellen Elternhaus.
- Mit einer gewissen ‘findigen Cleverness’ (H 11), die originell, witzig und geistreich war, konnte ich schon als Kind andere Menschen (Kinder und Erwachsene gleichermaßen) verblüffen (H 11) und für mich einnehmen. Damit habe ich einerseits meine Schüchternheit (♋) und konstitutionelle Schwäche (♋) kompensiert ,und andererseits hat mir das so manche Türen geöffnet und mich auch über Gefahren-Momente hinweggetragen.
- Soweit ich zurückdenken kann, habe ich mir immer kleine phantastisch (H 11)

---

5 Peter Orban, *Drehbuch des Lebens,* Schirner Verlag, Darmstadt 2009, S. 141.

anmutende „Appetit-Häppchen" (♋) in tausenderlei kreativen Varianten „gebastelt", mit allem was die dürftige Nachkriegs-Speisekammer in Arbeiterfamilien hergab. Ich war ständig am experimentieren (H 11) mit meinen ungewöhnlichen (H 11) kulinarischen (♋) Eigenkreationen. Waren meine Eltern aus dem Haus, habe ich meinen älteren Bruder bekocht (♋) und später auch mal reizende Mädchen zum Bratkartoffel-Essen eingeladen. Ich wollte als kleiner Junge schon Koch werden (die „Öffentlichkeit bemuttern") und habe dieses Vorhaben kontinuierlich bis zu meinem Eintritt in eine Kochlehre mit 17 Jahren beibehalten.
- Seit frühster Jugend gehörte ich immer zur Trendsetter-Clique (H 11) – auf der Straße und in der Schule.

Dies sind vor allem charakterliche Wesensbeschreibungen – Ausdruck von Anlage-Potenzialen im Sinne des Verhaltens, aber auch solche von Talenten.

- Astrologische Beschreibungen sprechen aber auch vom potenziellen Sozial-Gefüge der Horoskop-Eigner/innen und von vorgeburtlichen sozial-psychologischen bzw. schicksalhaften Umständen.
- Außerdem gliedern wir uns alle in eine sinnhafte Ahnenreihe ein, die nicht nur genetischer, familien-psychologischer oder karmischer, sondern auch astro-energetischer Natur ist.

Diese letzten beiden Punkte möchte ich gerne aufgreifen und am Beispiel-Horoskop meiner Mutter zunächst unsere gegenseitigen astro-energetischen Verbindungen aufzeigen.
Die gemeinten Verbindungen zeichnen sich in gewissen Facetten schon während der Schwangerschaft ab, und zwar im Zusammenhang mit den Langsamläufern. Später – zum Zeitpunkt der Geburt – bilden sie über die Horoskope in differenzierterer Weise die Dynamik der individuellen Wechsel-Beziehungen innerhalb der Familie ab.
Das geschilderte Anliegen kann hier – wie immer in diesem Buch – nur sehr ausschnitthaft zur Anschauung gebracht werden, da die Wirklichkeit über unsere Maßen hinaus komplex ist. Aber auch in solch bescheidenem Rahmen wird das grundsätzliche Prinzip, was dahinter steht, sichtbar und verständlich gemacht.
Fokus der hier dargelegten Beispiel-Ausschnitte wird wieder die Mond/Uranus-Verbindung sein:

Das Krebsthema (♋) ist ein zentrales Thema unserer Familie, und ich habe es von der mütterlichen Linie her „vererbt" bekommen.
(Lassen Sie sich nicht verwirren, weil das Krebsthema ja eh ein Familienthema ist. Ja ist es! Und jeder Mensch hat normalerweise auch eine Familie. Aber bei „Krebs-betonten Menschen" ist dieses Thema gerade deshalb in einer besonderen Weise betont).
In der astro-technischen Deutungs-Hierarchie zeigt die Sonne sowohl im jeweiligen Zeichen als auch im jeweiligen Haus das zentrale Lebensthema an; gefolgt dann noch von der Aszendent-Stellung, usw.

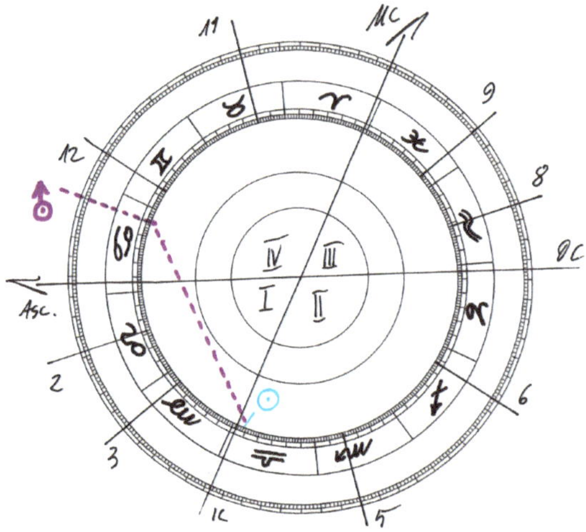

Graphik Nr. 16/13
Ausschnitt vom Horoskop meiner Mutter
während des Zeitraums ihrer Schwangerschaft und meiner Geburt
Dargestellt ist der Uranus-Transit auf ihrer Radix-Sonne

Betrachten wir den oberen Horoskop-Ausschnitt meiner Mutter – mit der Sonnen-Stellung (diesmal hier hellblau eingezeichnet) in der Waage (♎) und im 4. Haus (beginnend am IC) — so liegt ihre zentrale Identifikation einerseits im Waagehaften, aber auch im Krebs- bzw. Mondhaften, denn das 4. Haus ist immer – wie auch im Fall meiner Mutter – das Krebs(♋)-/Mond(☾)-Haus.

Für den weiteren Text möchte ich noch einmal anmerken:
Egal, ob ich in bestimmten rein Horoskop-technischen Zusammenhängen die gemeinten kosmischen Grundkräfte sinnvollerweise mal mit ihren Planetennamen, mal mit ihren Zeichennamen oder mal mit ihrer „Häuser-Nummer“ bezeichne (oder ihre jeweiligen Symbole darstelle), letztendlich meine ich immer das gleiche – ihnen entsprechende – kosmische Grundprinzip, das sich hinter den unterschiedlichen Bezeichnungen verbirgt.
Also, egal ob ich aus Horoskop-technischen Erwägungen heraus…
… Krebs (♋), Mond (☾) oder Haus 4 (H 4) sage, ich meine damit generell immer das 4. kosmische Grund-Prinzip.
Und ebenso ist es egal, ob ich…
... Wassermann (♒), Uranus (⛢) oder Haus 11 (H 11) schreibe, ich meine generell immer das 11. kosmische Grund-Prinzip.
Was meine Mutter und mich demnach von vornherein astrologisch verbindet, ist also u. a. auch das zentral betonte Krebs-Thema – ich über das Zeichen, sie über das 4. Haus –, auch wenn diese gemeinsame Betonung bei uns beiden noch mal

eine jeweils andere archetypische Kräfte-Kombination eingeht. Außerdem befindet sich der Aszendent meiner Mutter ebenfalls im Krebs.
Die Graphik 16/13 auf S. 280 zeigt, dass im gesamten Zeitraum, in dem meine Mutter mit mir schwanger war (inklusive meiner Geburt) – der eingezeichnete *Uranus-Transit (♅)* in einem Quadrat-Aspekt zu ihrer Radix-Sonne stand. Das war ein starker temporärer Einfluss und färbte ihr zentrales Waage-/Krebs-Thema für diesen gesamten Zeit-Abschnitt uranisch (♅).
Innerseelisch (☾) gehen solche Phasen mit einem verstärkten Erregungs-Potenzial (♅) – positiv wie negativ – einher. Es ist der Drang, selber zu mutieren (♅), neu werden zu wollen, Ungewöhnliches (♅) zu erleben, aus Rastern auszusteigen bzw. aus einengenden Konventionen; es ist der Drang, sich unabhängiger (♅) machen zu wollen, und hat Un-Ruhe, Erregung und Aufregung im Gefolge – positiv wie negativ.
In diesem Seelen-Zustand (☾) wurde meine Mutter schwanger (☾) und trug mich aus.
Schon hier im Mutterleib (☾) „kostete“ ich die seelischen (☾) Erregungszustände (♅) meiner Mutter und lebte sie neun Monate parallel mit ihr zusammen. Sie waren meine „vorgeburtliche Mutter-Milch“ – inklusive ihrer Freuden, Hoffnungen, Sehnsüchte, Erwartungen; Ängste, Frustrationen und Verdrängungen.
Schließlich kam ich – entsprechend dieser „vorgeburtlichen Muttermilch“ – mit einer Krebs-Sonne im 11. Haus zur Welt.
Ich übernahm sozusagen, das Thema, das in der damaligen Schwangerschafts-Phase im Horoskop meiner Mutter – nur temporär – ausgelöst war, in mein Geburts-Horoskop und dort ist es nun permanent verankert.
So geht das! Das ist nur logisch konsequent – zumindest „astro-logisch“ konsequent.

Dass meine Krebs-Sonne bei meiner Geburt gerade im Uranus-Haus (H 11) ihre permanente Stellung bezogen hatte, ist aber keine astronomisch-technische Selbstverständlichkeit, sondern ist abhängig von der Uhrzeit, zu der ich an meinem Geburtstag aus dem Leib meiner Mutter nach draußen drängte (oder sie mich herauspresste). Denn durch die Drehung der Erde um sich selbst, dreht sich das gesamte Häuser-System einmal am Tag komplett entgegen dem Uhrzeigersinn durch den Tierkreis mit seiner Planeten-Besetzung.
Es blieb also im Verlauf des ganzen Tages meiner Geburt nur ein Zeitfenster von ca. 2 x 2 Stunden offen, bei dem sich eine solch massiv-prägende Uranus-/Mond-Konstellation hatte ergeben können. (Alle drei Planeten, die an meinem Geburtstag im Krebs gestanden haben – Sonne, Merkur und Uranus –, hätten dabei entweder im 4. oder im 11. Haus stehen müssen – offensichtlich hatte ich mich wohl für das 11. Haus entschieden). Mein Blick auf diese Zusammenhänge, die ich schon unzählige Male im Verbund mit der Astrologie – vor allem auch bei anderen Menschen – beobachtet habe, lässt in mir das Bild entstehen, dass der Zeitpunkt meines „Austritts aus dem Geburtskanal“ von der „vorgeburtlichen Muttermilch“ (☾/♅) mitbestimmt wurde, die ich schon in Form von spezifischen psycho-energetischen Qualitäten in mir trug, und die ihrerseits eine passende Horoskop-

Konfiguration brauchte, um sich in meinem nun beginnenden Leben angemessen ausdrücken zu können.
Generell gesagt, heißt das: es werden vor allem immer die Themen astrologisch „vererbt", die zum Zeitpunkt von Schwangerschaft und Geburt in den Horoskopen der Eltern ausgelöst sind. Da „schwappen" von beiden Elternteilen unterschiedliche Konstellations-Facetten ins Horoskop des Kindes über – mal mehr oder weniger viele, je nach der Tiefe der gegenseitigen (möglicherweise karmischen) Verwandtschafts-Verhältnisse.

Und so bin ich mit einem gewichtigen Persönlichkeits-Anteil meiner Selbst (Krebs in H 11) die bleibende Personifizierung der – damals kurzzeitig – uranisch-erregten Seele (H 4) meiner Mutter.

Mit anderen Worten: Auch nachdem sich ihr Transit-Uranus schon längst wieder verflüchtigt hatte, blieb seine damalige „energetische Präsenz" – durch mich, als „Träger des Uranischen" – im interaktiven Wechselspiel meiner Familie weiterhin gegenwärtig; vor allem aber in dem besonderen Verhältnis zwischen mir und meiner Mutter.
Die folgende Graphik wird dies veranschaulichen:

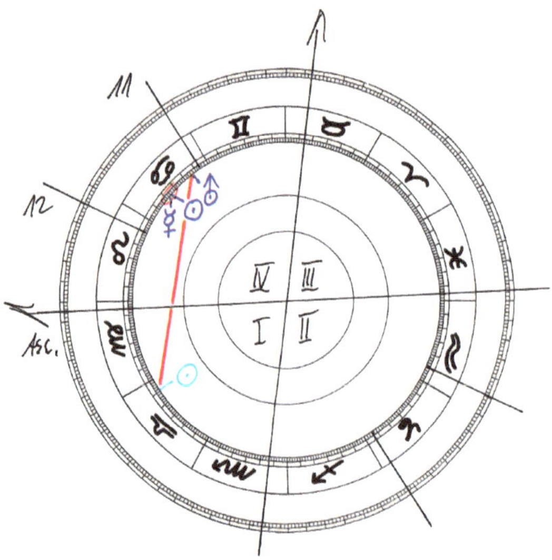

Graphik 16/14
Ausschnitt aus dem Synastrie-Horoskop zwischen meiner Mutter und mir
Meine Radix-Konstellationen, inklusive der Häuser-Struktur (schwarz)
Die Radix-Sonne meiner Mutter (hellblau)

In einem Synastrie-Horoskop sind einzelne Konstellationen von zwei oder mehreren Geburts-Horoskopen in einem zusammengelegt, um den Energiefluss

zwischen den beteiligten Personen und/oder Instanzen sichtbar werden zu lassen. Sie können das Horoskop in Graphik 16/14 mit dem in Graphik 16/13 vergleichen. In ersterem bildet das Horoskop-Raster meiner Mutter den Gesamt-Rahmen und es zeigt die Position des Transit-Uranus (♅) auf ihre Sonne im 4. Haus, und zwar während der Schwangerschaft und Geburt.
In der obigen Darstellung 16/14 ist das zugrunde liegende graphische Raster diesmal *mein* Geburts-Horoskop. Neben Sonne und Merkur befindet sich auch noch der Uranus im Krebs und im 11. Haus.

Die eingezeichneten Uranus-Positionen – in ihrer jeweiligen Stellung im Tierkreis – ist in beiden Graphiken identisch.

- Während Uranus in Darstellung 16/13 – zum Zeitpunkt meiner Geburt – jedoch als Transit-Planet die Radix-Sonne meiner Mutter transitierte.
- In der obigen Darstellung 16/14 ist das fester Bestandteil meines Geburtshoroskops geworden.

Darüber hinaus habe ich in die obige Darstellung meines Horoskops auch noch die Radix-Sonne meiner Mutter (hier hellblau eingezeichnet) hinein transferiert (Synastrie).
Dieses Bild zeigt, dass es ab meiner Geburt eine direkte – astrologisch sichtbare –Verbindung zwischen meinem Uranus und ihrer Sonne gibt. Das symbolisiert einen erregenden Fluss seelischer Energie, positiv und/oder negativ, der eine lebenslange vitale Bedeutung für uns beide und unser Miteinander hat.
Mit anderen Worten: Die zunächst temporäre Transit-Konstellation, unter der mich meine Mutter geboren hat, existiert für sie weiter – durch mich.
Die äußeren Umstände, in die ich hineingeboren wurde, waren aber alles andere, als es der assoziierte „weite Raum" (Stratosphäre) eines stark uranischen Geschehens vermuten lässt.
Im Nachkriegs-Berlin des Jahres 1950 hatten wir – aus der Not heraus – zunächst mal bei Oma und Opa, den Eltern meines Vaters, gelebt. Wir waren zu sechst in einer kleinen Zweizimmerwohnung. Das kleinere Zimmer war für uns vier – meine Eltern, mein drei Jahre älterer Bruder und ich. Das war Leben auf engstem Raum. Hinzu kam, dass meine Mutter und meine Oma sich überhaupt nicht verstanden haben. Meine Mutter war also nur geduldet – und nun kam ich auch noch.
Als intimer Kenner der uranischen Impulse kann ich mich im nachherein gut in die damalige Familiensituation – und insbesondere in die meiner Mutter – hineinversetzen. Ich ahne, was es heißt, wenn ein starkes inneres – dabei unbewusst diffus wirkendes – Unabhängigkeits-Bedürfnis (♅) im „Doppel-Gefängnis" einer konventionellen und auch räumlichen Enge „eingesperrt" bleibt. Da „vibrieren" die Nerven (♅); da ersehnt man den „Ausbruch"; „es riecht nach Explosion", nach innerem Widerstand, nach innerer Rebellion und muss sich dennoch „im außen" anpassen.
Nur wenige Tage nach meiner Geburt – mein Vater und mein Opa waren arbeiten – klingelte es an der Wohnungstür. Meine Mutter öffnete und erhielt die Nachricht, dass Willi Seidel einen Arbeits-Unfall erlitten hatte und sein Auge verletzt war. Meine Mutter bekam augenblicklich einen Schock (♅) und erfuhr erst etwas später,

dass nicht mein Vater, sondern mein Opa damit gemeint war, der daraufhin auch tatsächlich auf einem Auge blind wurde. Das kurzfristige Missverständnis rührte daher, dass sowohl mein Vater, als auch mein Opa beide Willi hießen und der Überbringer der Nachricht dies nicht wusste. Von Stund auf versiegte der Milchfluss meiner Mutter, und sie konnte mich nicht mehr stillen (☾).

Hier kommt zum ersten Mal – zumindest in der bewussten Wahrnehmung – *das* zum Tragen, was Döbereiner bei der Mond-/Uranus-Konstellation *die „Entfernung (♅) von den Müttern (☾)* " oder *die „Lösung von den Müttern"* nennt. Das sind umfassend gemeinte Metaphern, die in vielen Spielarten konkrete Formen annehmen können.
Bezogen auf die damaligen Familienverhältnisse hieß es erst mal schlicht und einfach, dass die Innigkeit (☾) zwischen Mutter und Kind unterbrochen / gebrochen (♅) war. Das ist aber nur äußerer Spiegel innerer Vorgänge bzw. innerer Zustände. Ältere Astrologie-Bücher der 60er / 70er Jahre sprechen bei Mond / Uranus noch von „Flaschen- oder Schlüssel-Kindern". Die Zeiten haben sich etwas geändert, und heute ist das stillen aus den unterschiedlichsten Gründen insgesamt rarer geworden, so wie das „selber kochen" auch (durch Berufstätigkeit der Frauen, Zeitmangel, falsch verstandener Fortschritts-Glaube – „modern sein wollen"; praktisch, quadratisch, hygienisch und konsumgerecht, etc.).
Aber was astrologisch im eigentlichen Sinne mit „Flaschen-Kinder" gemeint war, ist die „Entfernung von den Müttern" in einem viel umfassenderen Sinne – nämlich die psycho-energetische „Irritation (♅) des Weiblichen (☾)" schlechthin. Das abrupte (♅) Versiegen der Muttermilch (☾) ist dabei nur eine klassische psychosomatische Spielart der Uranus-/Mond-Verbindung, die hier von der Mutter selbst auszugehen scheint oder von den äußeren – schicksalhaften – Umständen. Aber vielfach ist es auch das Kind – egal welchen Alters –, das sich seinerseits von der Mutter „entfernt" bzw. „löst" (physisch, emotional oder räumlich), weil es von ihr nicht *die* Geborgenheit bekommt, die es braucht. *Es ist ein energetischer Wechsel-Prozess gegenseitiger Art,* der schwer zu verstehen und noch schwerer zu entwirren ist – ein Prozess, bei dem es nicht wirklich um Schuld geht, sondern um das Ringen mit den drängenden Lebens-Kräften. Man könnte für diese Konstellation ebenso die Metapher der „Entfernung von den Kindern" benutzen.

Zu ähnlichen Zusammenhängen – *nämlich bei der Konstellation Sonne-/Uranus, wie es ja auch bei mir mit meiner Sonne in Haus 11 gegeben ist (hierbei spielt es erst einmal keine Rolle in welchem Zeichen meine Sonne dann steht)* – schreibt Wolfgang Döbereiner:
Der Geburt geht (noch ungesichert) die Ablehnung voraus – sei es seitens der Mutter, dass diese sich wehrt, Frau und Mutter zu werden (auch unbewusst; Anm. d. Verf.), sei es durch deutlichen Meinungsdruck seitens der Anverwandten oder der Umwelt.
Es kommt indirekt oder direkt zu einer Gefährdung des noch Ungeborenen in der Schwangerschaft (oder zur Irritation des schon geborenen Kindes; Anm. d. Verf.):
– durch die gegen die Mutter gerichtete Gefährdung etwa durch Schreck, Schock,

Sturz der Mutter oder der Beteiligung an einem Unfallgeschehen (etwa Autounfall, Kriegseinwirkungen, Verschüttungen, usw.);
– durch schwachen Gesundheitszustand der Mutter;
– Versuch der Schwangerschafts-Unterbrechung.

Die Gefährdung wird zur Erfahrung des Neugeborenen. Sie will im Empfinden hochsteigen, wird aber nicht ins Erleben, damit nicht ins Bewusstsein gebracht.
Folgen:
– Charakteristisch sind der ständige (vom Zwischenhirn gesteuerte) unterbewusste Alarmzustand, die flackernde innere (nervöse) Unruhe, das innere ständig 'auf dem Sprung sein'...;
– Charakteristisch sind auch die Konzentrationsmängel...
– Umwelt wird zur Beengung, man sieht sich ständig unter Erwartungsdruck gesetzt....
– Die unterschwellige Bedrohungserwartung wird zur Platzangst, wenn die inneren Bilder der vorgeburtlichen Gefährdung (Gebärmutter) assoziiert werden; geschlossene Räume, Enge, oder Dunkelheit... So bleiben die Türen offen, Fenster werden aufgerissen, um sofort Fluchtwege vorzufinden...
– Kontinuität wird zur psychischen Beengung... Die innere Unruhe drängt in die Bewegung, in die Veränderung...
– Es kommt zur ständigen Mutation, zum 'Ausbrechen', und die Lebens- und Berufswege erscheinen vielfach zerrissen...
– Die Befreiung des Handelns wie Erlebens von dualen Auseinandersetzungen wird das Hauptmotiv des Verhaltens...

Der akute Transit des Uranus über die Sonne zeigt an, dass die eigene Empfindungswelt oder die notwendige innere Entwicklung durch die bestehende Umwelt (etwa Gemeinschaftsleben) oder durch die herrschenden sozialen bzw. gesetzlichen Gegebenheiten behindert bis unterdrückt werden....
Es ist erklärlich, dass die verquälte Psyche in eine immer stärker werdende Konfrontation mit der bewussten Lebensführung (bewusstes Ich) gerät, dass sie die Form des Ich zerstören will, um von den äußeren Zwängen freizuwerden.“[6]

Soweit eine Draufsicht auf das Thema *Sonne in Haus 11.* Ich erkenne mich darin sehr stark wieder:

- einerseits die beschriebene Familiensituation, insbesondere um die Schwangerschaft und Geburt herum;
- andererseits kenne ich vor allem diesen starken Drang zur Mutation (♅) – einmal als Flucht-Impuls vor Beengung, Erstarrung, aber auch durch Gefühle der Bedrohung – diffuser oder konkreter Art (bei den Bedrohungs-Gefühlen kenne ich sowohl die von uranischer als auch die von plutonischer Genese).

Aber ebenso kenne ich Mutationen in den Formen „des beherzten und vertrauensvollen Zugreifens auf neue – vorher ungeahnte – kreative oder generell

---

6 Wolfgang Döbereiner, *Astrologisch-homöopathische Erfahrungsbilder zur Diagnose und Therapie von Erkrankungen*; Band 1, Verlag Döbereiner, Herrsching 1980. Stark gekürzter Auszug aus dem Kapitel „Uranus-Sonne“ (S. 184-191).

erweiternde Lebensmöglichkeiten". Hier ist Mutation auch der Zugang zum Reichtum des Lebens, um das Spektrum der Erfahrungen – etwas übertrieben gesagt – bis hin zum „Universellen" auszudehnen. Die Gefahr, auf diesem Weg liegt jedoch darin, in die Unverbindlichkeit bzw. in die Beliebigkeit abzurutschen (Mutation als Selbstzweck) und dabei den „roten Faden", das „geistige Band". zu verlieren. Das muss aber nicht sein.
Der Weg jedoch, der dabei zurückgelegt werden will, ist immer ein unkonventioneller; und zwar in gleichzeitiger Tuchfühlung mit dem 'Höheren Selbst' und der 'Inneren Stimme'.
Anderenfalls wird 'das Uranische' (in uns) zum Feind unserer Selbst. Dann macht 'es' uns (mit unserer eigenen Hilfe) zu „gebeutelten Nerven-Bündeln", zu „chronischen Regel-Verweigerern", zu „hippen Hypern", oder zu.....

<u>Doch nun zurück zu meiner „Kindheit und Jugend im Zeichen von Uranus/Mond":</u>
Die „Entfernung von den Müttern" hat in meinem fortschreitenden Leben noch viele Formen angenommen. Vielleicht kann man es besser mit Stadien oder Stufen als mit Formen ausdrücken. Auf jeden Fall war das „Versiegen der Muttermilch" nicht die einzige Manifestation dieser vieldeutigen Metapher.
Bald hatten wir unsere erste eigene Wohnung, und ich war früh ein „Nest-Flüchter" – allermeist auf der „Straße" und dort viel unterwegs – schon als kleines Kind. Die „Entfernung von den Müttern" (♅ /☾) wurde zur „Entfernung von zuhause" (♅ /☾). Aber was war zuerst da? Die Henne oder das Ei? Es lässt sich schwerlich auseinander halten, wer sich eigentlich von wem entfernt hatte.

Ich trage z. B. keinerlei Erinnerungsbilder in mir, dass meine Mutter irgendwann einmal mit mir gespielt hätte. Ja, zu viert schon, manchmal, an besonderen Familienabenden mit meinem Bruder und meinem Vater – „Mensch ärgere Dich nicht" oder Kartenspiele. Aber meine Mutter? Mit mir allein? Daran kann ich mich nicht erinnern. Dabei war sie als konventionelle Hausfrau – zumindest bis zu meinem Jugendalter – immer zu Hause. Sie hat dort ihre Pflicht erfüllt, aber es gab keine „Kür". Sie war – mit ihrer Waage-Sonne in Haus 4 – dabei meist freundlich in der Form und dennoch distanziert (♅). Manchmal gab sie sich sogar sichtlich Mühe im Kontakt oder „knuddelte" auch mal, aber so richtig konnte sie nicht aus ihrer Haut. Sie blühte für Momente aber dann emotional auf, wenn ich nach Hause kam und selber begeistert meine Tages-Abenteuer (♅) erzählte. Das waren Situationen, in denen sie auch emotional mitgehen konnte – „Oooh, Junge, was Du alles machst!" Und sie war in solchen Augenblicken sichtlich stolz oder amüsiert. Es war so, als ob sie über mich ein Stück weit von der Welt da draußen, von den Abenteuern, von dem „Freisein", miterleben konnte.

Astrologisch habe ich dabei immer meinen Uranus vor Augen, der ja – im Synastrie-Horoskop zwischen uns beiden – über eine Quadratur allzeit fest mit ihrer Sonne im 4. Haus verbunden ist (siehe letzte Graphik). Damit gab es eine bestimmte Seite in mir, die in ihr einen gewissen „Thrill" (♅) auslöste.

Waren meine aktuellen Abenteuer-Beschreibungen jedoch am Ende, dünnte sich auch unser Kontakt schnell wieder aus, und „wir gingen beide erneut unsere eigenen Wege“ – auch innerhalb unserer Wohnung. Wenn sie kochte (☾), war ich gerne bei ihr in der Küche, ansonsten spielte ich allein, mit meinem Bruder oder – auch abends manchmal nach seiner Arbeit – mit meinem Vater.
Was war es, was mich auf die Straße trieb? Das Abenteuer an sich? Die Horizont-Erweiterung fernab der kleinen spießigen Familienwelt? Oder meine Mutter, die zwar pflichtgetreu für alles Funktionale sorgte (sie hatte auch noch den Saturn im 4. Haus), aber mit uns Kindern nicht wirklich etwas anfangen konnte. Meine Mutter hatte sich also auch ihrerseits „von den Kindern (☾) entfernt“ (♅) bzw. „von ihrer eigenen Mütterlichkeit“, „von ihrer eigenen Gefühlswelt“. Sie wollte einfach ihre Ruhe haben und strahlte das auch aus.
Dabei hatte sie ansonsten keinerlei erwähnenswerte Interessen, denen sie sich hätte widmen wollen, außer dann und wann einen „Freundschafts- oder Verwandtschafts-Klön-Besuch“.
Es waren dies jedoch noch Zeiten, in denen ich sie immer wieder einmal lachen gesehen habe. Zu Beginn meiner Jugendzeit wurde das aber immer seltener.
Die Spannungen zwischen meinen Eltern wurden von da ab immer größer. Jeder der beiden hatte plötzlich unterschiedliche Vorstellungen darüber, wie Partnerschaft und Familienleben hätte aussehen können, und diese schienen kaum überbrückbar. Über lange Zeiten gab es bösen Streit, und meine Mutter rutschte zunehmend tiefer in schwere Depressionen hinein, die sie fast[7] bis zum Lebensende beibehielt und nur kurzfristig unterbrechen konnte – häufig, in dem sie ihr Leiden mit sentimentalem Gefühlsüberschwang kompensierte.
In Situationen, in denen es ihr besonders schlecht ging, konnte sie – quasi manisch – plötzlich von einer Extremstimmung in die andere wechseln. Dann wurde sie zuckersüß, „über-frau-te“ bzw. „über-mutter-te“ mich körperlich und wollte gierig mit mir kuscheln. Ein Akt des Missbrauchs, nicht sexuell, sondern „nur“ rein mütterlich als gewaltsames Erzwingen-Wollen von Geborgenheits-Gefühlen.
Das hat, je älter ich wurde, immer weniger geklappt. Ich habe mich mit angewiderten Gesichtszügen aus ihren Umarmungen herausgewunden oder sie einfach von mir gestoßen. In dem ich mich so „von den ‘Müttern’ (☾) entfernte“, hatte ich mir meine „Freiheit“ (♅) errungen und sie wurde mir „gewährt“ – bis zum nächsten zwanghaften Übergriff meiner verzweifelten Mutter.

Lassen Sie mich hier auszugsweise zitieren, was Döbereiner in seinem Buch „Astrologisch-homöopatische Erfahrungsbilder“ im Kapitel „Uranus/Mond“ schreibt:

[7] In den letzten 2-3 Jahren ihres Lebens hat Mutters seelische Verfassung noch mal eine unerwartete Wendung genommen. Nach dem Tod meines Vaters hatte sie auch körperlich stark abgebaut und musste in ein Altenheim – da, wo sie eigentlich nie hinwollte. Dort fand sie aber ein paar neue Freundinnen, die ihrer „Wellenlänge“ entsprachen. Und so ist sie noch einmal – nach jahrzehntelanger Depression – richtig aufgeblüht. Sie war strahlend und gelöst und konnte ihr Leben anders abschließen, als wir es befürchtet hatten.

„Uranus/Mond – 'Der Seelenvogel'
Das Herausheben des Empfindens aus dem Dualen (aus der Konfrontation) …
Die Seele, die den Körper verlässt, um das Jenseits zu erfahren (in 'höhere Gefilde', um 'Reinheit' zu erfahren, unberührt vom 'Schmutz der Emotionen'; die 'Heiligung' – Flucht – der Seele) …
Die ererbte Schuld des Subjektiven ist es, seinen Anteil am Dualen zu leben. Der Versuch, das Subjektive 'zu heiligen' ist der Versuch, das Rationale mit dem Irrationalen zu befriedigen (Verdrängung von Wirklichkeit), der niemals befreit …
Wer anders als über Golgatha in den Himmel kommen will, ist ein infamer Betrüger (Multatuli) …
Es ist die Leugnung der Unvollständigkeit des Menschen, damit seiner Schuld wie seiner Sühne …
Die 'Lösung von den Müttern' (Uranus/Mond) ist zunächst eine notwendige Reaktion des Kindes vor dem seelischen Bedrängtwerden durch die Mutter:

Zur Ausgangssituation: Das Kind bekommt nicht die seelische Geborgenheit, die es eigentlich braucht. Die Mutter ist vielfach eine etwas eigenwillige Person, die mehr ihre eigenen Ziele im Kopf hat, als adäquat auf das Kind einzugehen. Das muss nicht immer heißen, dass sie sich nicht um das Kind kümmert.

- Mutter ist enttäuscht und wirft all ihre 'Liebe' auf das Kind (das Anklammern der *Depressiven).*
- Das Kind soll das erfüllen, was die Mutter versäumt hat. Die Mutter tut sich in den *Werdegang des Kindes 'hineinidentifizieren', sodass das Kind keinen Platz mehr in sich selbst hat (Eisprinzessin-Effekt: das Mädchen tanzt auf dem Eis, und an der Bande sitzen zwei Tonnen Mutter).*
- Das Kind soll dem Leben der Mutter einen „Sinn" oder eine 'Aufgabe' geben.
- Das Kind wird mit unechten Gefühlen zugedeckt (Mutter ist „gerührt" von der *Vorstellung, ein Kind zu haben und 'spielt Mutter'*).
- Wenn das Kind den Auftrag hat, das Leben der Mutter zu verlängern und 'an ihrer *Statt' zu handeln.*

Auf die seelische Zudringlichkeit der Mutter reagiert das Kind proportional mit seelischer Abschirmung (Umwelt – Emotionen sind schmutzig).
Das Kind wird seelisch unberührbar und sperrt sich gegen gefühlsmäßige Eindrücke; es wird seelisch beziehungslos; das Empfinden entpolarisiert (aus dem dualen Zusammenhang – aus der Konfrontation gehoben).

Folge:

- Im Stadium des Erwachsenseins (und Erwachsenwerdens; Anm. d. Verf.) wird die *Abwehr gegen die Mutter bewusst. Neun von zehn Frauen mit der Konstellation der Mond-Uranus-Verbindung bekennen blanken Mutterhass, bei Männern äußert sich nur die Hälfte der Befragten dementsprechend. Die Abwehr des Mutterprinzips, des Mütterlichen, zeigt sich indirekt – etwa wenn Männer in Partnerbeziehungen die knabenhafte Erscheinung bevorzugen, bei Frauen der 'Pagenlook' und der Zug in das 'Aparte' überwiegt. Bei Männern kommt es vielfach zu Ehekrisen, wenn die Partnerin Mutter wird.*

- Umwelt ist 'schädlich', 'schmutzig'. Man muss sich 'rein halten', darf sich nicht *durch die Welt der Emotionen beschmutzen lassen. Dabei hält man sich selbst als etwas 'Besonderes' ('Splendid isolation' = Kontaktproblem mit Scheinherzlichkeit). Die seelische Belastbarkeit und Tragfähigkeit ist gering, jede duale emotionale Herausforderung kann erschrecken, irritieren (nervöse, flackernde innere Unruhe).*
- Die Abwehr gegen das Unreine, Schädliche wird manchmal seelsorgerisch und in *Heilberufen kompensiert.*
- Mutationen allgemein und spezifisch im emotionalen Bereich (Befreiung von gesperrten *Gefühlen). Periodischer Drang die Identität zu wechseln, das alte Gefühl vom Selbst und vergangene Konditionierungen radikal abzuschütteln."*

Es ist schon sehr verblüffend, wenn wir uns einmal bewusst die Korrelation vor Augen führen, die zwischen meinem biographischen Erleben, meinen astrologischen Konstellationen und Döbereiners Interpretationen bestehen. Das allein ist ein Wunder.

Döbereiner baut seine Konstellations-Interpretationen so auf, dass er zunächst von der *Bedeutung der astrologischen Zeichen* spricht.
Ab dem zweiten Absatz beschreibt er jedoch – psychologisch und soziologisch stimmig – die entsprechend-möglichen *psycho-sozialen Ausgangssituationen* von Schwangerschaft, Geburt und Kindheit.
Und im Anschluss daran umschreibt er einige der immer wieder zu beobachtenden *Folgen dieser Ausgangs-Situationen* – auch für das Erwachsenenleben.
Die letzten beiden Kategorien – die *psycho-soziale Ausgangs-Situation* und ihre *Folgen* – gehören, genauso wie *Ursache* und *Wirkung*, zum kollektiven Gemeingut unserer Vorstellungen von menschlicher Entwicklung, und astrologische Interpretations-Texte tragen auch dieser Wirklichkeits-Ebene vielfach in angemessener und differenzierter Weise Rechnung.

Aber gleichzeitig siedeln Astrologen/innen in solchen *„psycho-sozialen Ausgangssituationen" nicht* die *Ur-Sache* der beschriebenen menschlichen Erlebensweisen und Entwicklungs-Prozesse an, wie es in der Psychologie oder Soziologie völlig selbstverständlich der Fall ist, sondern sie transzendieren diese Ebene und setzen ihr eine 'tiefere' voraus.

<u>Diese tiefere – oder umfassendere – Ebene ist eine a-kausale, eine nicht-lineare, eine spirituelle Ebene.</u>

In der astrologischen Arbeit kann man zuverlässig beobachten, dass mit bestimmten Erlebensformen und ihren verzweigten Spielarten auch immer wieder gleiche astrologische Konstellationen einhergehen. Durch diese regelhaft wiederkehrenden Beobachtungen, bestätigt sich ebenfalls der Umkehr-Schluss, dass man von vornherein von bestimmten Konstellationen auf entsprechende Erlebensweisen von Menschen schließen kann. Gemeint sind hier genauso auch Menschen, von denen man zunächst noch gar nichts weiß. Dieses Phänomen habe ich im therapeutischen Kontext oder auch im Alltags-Geschehen unzählige Male beobachtet.

Wenn man also über die astrologischen Geburts-Konstellationen einer Person …

… auf ein charakteristisches Spektrum vorgeburtlicher psycho-sozialer Gegebenheiten schließen kann, …

… und auch auf bestimmte Formen zwischenmenschlicher Interaktionen innerhalb des Familien-Verbandes – sowohl nach der Geburt, als auch im weiteren Lebensverlauf;

… und wenn man dann auch noch die individuellen Wesensanlagen und ihre potenziellen schicksalhaften Folgen im Leben dieses Menschen – ebenfalls von vornherein und in realistisch naher Weise – nur aufgrund seiner Geburts-Konstellationen beschreiben kann,

- dann gibt es noch etwas Grundlegenderes, das in seiner Bedeutung den *psycho-sozialen Ausgangssituationen und Prägungen übergeordnet ist, ohne dass damit gleich die Perspektive der psycho-sozialen Prägung komplett negiert werden muss;*
- dann gibt es noch ein Schicksal, das sogar noch über die physio-psychische Prägung unserer Gen-Struktur hinausreicht;
- *Dann ist Schicksal absichtsvoll und final-orientiert* – nicht nur weil über das Horoskop eine Art von generellem Lebensplan vorliegt, dessen spezifische Impulse sich erst noch lebendig entfalten müssen. Auch alle biographisch wichtigen Teilabschnitte sind in diesem individuellen Lebensplan schon „eingefaltet" und stehen von vornherein fest – noch bevor der nachgeburtliche Biographieverlauf beginnt.
  Fest stehen dabei sowohl die inhaltlichen Färbungen (Tiefen-Struktur) dieser noch kommenden Lebensphasen als auch die exakten Zeiten ihres Eintretens – nicht aber ihre konkret-lebendigen Ausformungen (Oberflächen-Struktur).
  Somit ist das Schicksal frei von Fatalismus – *ein Paradox,* das seine Erklärung in der ALL-UMFASSENDEN WELTEN-EINHEIT findet, die alles Duale zur gegenseitigen Er-GÄNZ-UNG werden lässt.
- So erscheint Schicksal als ein Weg, der von uns gegangen werden will, weil er schon *da ist* und dabei beständig unsere Lebens-Erfahrungen in Form von metaphorischen Schemen durchwebt – bis in den Alltag hinein. Den Weg gehen, setzt voraus, dass wir sowohl über die geeigneten Mittel verfügen müssen, um diese Schemen in ihrer Eigenart zu erkennen und dass wir dabei auch aufgerufen sind, die dafür notwendige innere Achtsamkeit aufzubringen.
  Haben wir die Schemen erst einmal *als die unseren* erkannt, können wir dem Schicksal – in eigen-schöpferischer Weise – auch ein attraktiveres „Outfit verpassen". Ansonsten erscheint es uns als fremd und willkürlich.
  Die vielen Irrungen, denen wir dabei begegnen („die Winke mit dem Zaunpfahl"), gehören *in ihrer Art* genauso zum Weg bzw. *zu uns* wie die „Leuchtfeuer auf dem Turm". Alles ist individuell-spezifische Metapher – *und die Art der Fessel, weist auf die Art der Befreiung hin.*

- Im Schicksal haben wir Bestimmung und eine Aufgabe. Und wir haben auch die *entsprechenden potenziellen Gaben,* um diese Aufgaben – in einem relativierten Sinn – zu verwirklichen. Dabei kann nichts in dieser Welt perfekt sein; wichtig scheint nur, *dass wir fortschreiten*.

Im Falle der behandelten Uranus-/Mond-Thematik und in Hinblick auf die damit verbundenen Gaben (Ressourcen) heißt das für mich, dass ich einen nuancierten Unterschied in Döbereiners Begrifflichkeiten hineindeute bzw. eine ergänzende Note hinzufüge.

Die Benennung „Entfernung von den Müttern" setze ich ebenso mit der „Flucht der Seele aus den dualen Zusammenhängen" gleich, so wie es auch Döbereiner als innerseelischen Vorgang beschreibt, und wie ich es ebenfalls in spezifischen Lebens-Situationen selbst erlebt habe; entweder an mir oder an meinem Gegenüber – nämlich die „seelische Unberührbarkeit" als Schutz-Mechanismus vor „schmutzigen Emotionen". Im selben Deutungs-Zusammenhang benutzt Döbereiner auch die Umschreibung „Lösung von den Müttern" oder auch das „Herausheben des Empfindens aus dem Dualen" als weitere Synonyme.

Das, was hier bei der Uranus-/Mond-Thematik als reale Gefahr für eine gesunde Seelen-Entwicklung beschrieben wird und tatsächlich auch existiert – dass die Seele den Körper verlässt und sich dabei vom dualen Empfinden entfernt –, ist im Kern jedoch gleichzeitig auch die gesunde Ressource dieser Konstellation. Es geht bei Uranus-Mond – wie bei allen anderen Uranus-Verbindungen genauso – tatsächlich um ein „Lösen", um ein „Entbinden", um ein „inneres Losgelöstsein", aber das ist hier nicht allein in der Form seelischer Verdrängungen gemeint (dies wäre nur die zweite Natur), sondern es geht – im evolutionären Sinne – um eine 'schöpferische Distanz', um das „Nichtverhaftetsein", wie es u. a. auch in den buddhistischen Traditionen benannt wird; bzw. um das sogenannte „Zeuge-Sein".

Ich lehne mich hier an meine eigene Extrem-Erfahrung in der Abschiedssituation von 1975 an, als ich mein ganzes damaliges Leben hinter mir gelassen hatte, um in Frankreich und in der Schweiz ein zweijähriges Arbeits-Studien-Programm in der TM-Bewegung zu absolvieren.

Meine ehemalige Partnerin hatte mich am Bahnhof verabschiedet. Meine bewusste Entscheidung, jegliche Scham-Kontrolle abzulegen und mich voll dem Abschieds-Schmerz hinzugeben, ließ mich einen paradoxen Zustand erleben, in dem ich einerseits 'in schmerzlichen Tränen und bebendem Körper aufgelöst' (☾) war und mich gleichzeitig als 'vom Schmerz losgelösten inneren Zeugen' (♅) erlebte, der wiederum von ekstatischer Glückseligkeit angefüllt war.

Mein Bewusstsein war schwerpunktmäßig mit diesem „inneren Losgelöstsein" (♅) identifiziert, aber mein Empfinden (☾) war noch immer in der ihr eigenen Gefühlssphäre lebendig, und zwar voll lebendig. Es (das Empfinden) fühlte alles, was es zu fühlen gab – auf seiner Ebene; ohne Filter und sehr bewusst. Ich „existierte auf mehreren Ebenen gleichzeitig aber nicht im Sinne einer „Ab-Spaltung“, sondern als unterschiedliche Glieder einer ‘einheitlichen Erfahrung’. Ich war auf allen Ebenen gleichzeitig wach und erlebte auf allen Ebenen etwas anderes – etwas Ebenen-Entsprechendes.

Das ‘Heilige’ ist kein Widerspruch zum (scheinbar) Profanen, auch wenn es uns allermeist so vorkommt. Und Spiritualität ist nicht immer Flucht, obwohl es häufig durchaus auch so ist.

Das war natürlich ein sogenanntes „Gipfel-Erlebnis“ und nicht meine gelebte Alltags-Erfahrung. Und so schnell, scheint es mir, werde ich solche Zustände nicht in stabiler Weise in mir kultivieren können. Aber darum geht es ja auch nicht – es geht nicht um „Alles oder Nichts“, sondern auch oder sogar vor allem um die Zwischentöne, und da sind mir einige vertraut.

- Auch als „großer (Krebs-) Peter“ kommen mir noch immer schnell die Tränen, und sie sind in der Regel willkommen. Dabei haben sie viele mögliche Auslöser im unmittelbaren Vorfeld – wie das „Angerührtsein“ von einer schönen menschlichen Geste; eigene aktuelle Trauer; das Auftauchen von Erinnerungs-Bildern; ein beglückendes Natur-Erlebnis (sehr häufig und manchmal nur im Kleinen); der Gedanke an liebe Menschen; das ‘Aufkeimen einer tiefen Wahrheit’; Tränen seeliger Ekstase und die des Weltschmerzes; Tränen der Empathie für die bewegte Freude anderer und auch für deren Leid. Auch als Therapeut gibt es Situationen, wo ich mit dem Klienten mitweine (gelebte Nähe). In der Gestalttherapie mit ihren Konzepten ist das kein Problem, vorausgesetzt man kann sich aus möglichen Projektionen oder Übertragungen wieder zurückziehen – hier ist der Therapeut gleichzeitig auch Mensch. Für Freudsche Analytiker wäre das ein Unding …
  Ja, ich bin ein echter Krebs! Und lebe das auch. Das ist Teil meines inneren Reichtums.

- Ich bin aber auch ein richtiger „Elft-Häusler“ – ein Wassermann, ein Uraniker. Und mein Bewusstsein ist auch in Schichten wach und zuhause, die unterhalb bzw. oberhalb meiner intensiven Gefühls-Sphäre liegen und mir dadurch eine halbwegs zuverlässige schöpferische Distanz zu (all) meinen intensiven Gefühlserfahrungen gewähren.

<u>Das</u> ist es, was ich unter ‘Freiheit (♅) der Seele (☾)’ verstehe …

… nämlich alles, was es zu fühlen (☾) gibt, zu fühlen und fühlen zu dürfen; auch in höheren Intensitätsgraden. Und um das Gefühlte – ein Stück weit *„abseits der üblichen Konventionen“* (♅) – auch ausdrücken zu können. Es ist ein Prozess heilender Gefühlshygiene und das Erleben von ‘lebendig sein’; das Erleben gefühlsmäßigen Reichtums.

... Gleichzeitig ist es möglich mit der bewussten Identifikation – ebenso ein Stück weit – losgelöst von der eigenen Gefühls-Sphäre zu sein, damit diese – bei aller Intensität des Fühlens – nicht die Ganzheit des Menschen in all seinen Funktions-Einheiten überlagert.

Es hat also etwas mit innerer Zentrums-Verschiebung in Richtung Mitte, in Richtung „Höheres Selbst" zu tun und in diesem Zusammenhang nichts mit einer Minderung oder Auflösung von Gefühls-Qualitäten bzw. -Intensitäten.

Hierbei entfernt sich das Empfinden nicht aus den dualen Zusammenhängen oder Herausforderungen, es bleibt sich selbst in seiner eigenen Gefühls-Sphäre erhalten. Das 'reine Bewusstsein' hingegen entdeckt sich selbst in seiner eigenen transzendenten Natur und erlebt sich dabei als losgelöst von Körper, Gefühl und Geist (Verstand), ohne dass deren weltliche Funktionen negiert oder geschwächt werden. Im Gegenteil, die weltlichen Funktionen ziehen aus dieser Gesamtverfassung ein größeres Maß an Klarheit, Wirklichkeit und authentischer Lebendigkeit.

Die positiven Quellen, um der Entfaltung einer uranisch geprägten 'schöpferischen Distanz' Nahrung zu geben, liegen in einer 'integrativen Form bewusster SELBST/Selbst-Begegnung', die die 'Bedürfnisse menschlicher GANZHEIT' berücksichtigt und die die Vielschichtigkeit ihrer einzelnen Glieder mit einbezieht – die körperlichen, gefühlsmäßigen (psychologischen), mentalen, sozialen, ökologischen und spirituellen Aspekte des Menschen. Für eine solche 'integrative Arbeit an sich SELBST/Selbst' gibt es keine genau definierbare Schablone. Sie kann nur maßvolle individuelle und flexible Formen annehmen, die den Ressourcen des Einzelnen entsprechen und gleichzeitig dem ganzheitlichen Charakter eines jeden Menschen Genüge tun. Wir können uns solchen Zuständen annähern, ohne dabei „der Welt zu entsagen" oder gleich „erleuchtet zu sein". Es gibt also nicht nur Defizite oder Flucht bei uranisch-gefärbten Persönlichkeits-Anteilen, sondern auch Ressourcen – „noch und nöcher".[8]

Ebenso gibt es viele Ressourcen und kreative Potenziale, die durch die Uranus-/Mond-Verbindung im Individuum hervorgebracht werden können.

Eine der substantiellsten Gaben dieser Konstellation – so empfinde ich es jedenfalls für mich – ist *die 'intuitive (♅) Empathie (☾)'*:

- Sie hat etwas „Universelles", denn sie durchdringt das persönliche Erleben vieler einzelner Alltags-Situationen aller möglichen Arten, insbesondere im zwischenmenschlichen Bereich.
- Auch in meiner therapeutischen Arbeit und meinen Ausbildungs-Gruppen empfinde ich sie als großen Segen.
- Doch in den letzten sieben Jahren meines Lebens hatte sich für mich – mit der

---

8 siehe hierzu „Der Archetyp der 'schöpferischen Distanz' und der 'Individuation'" am Anfang des Kapitels „Wie die Astrologie zu mir kam".

'Gabe der íntuitiven Empathie' – noch mal ein völlig neues und unvermutetes Aktionsfeld erschlossen.

Aus einer existentiellen, sprich materiellen Not heraus hatte ich mich mit 60 Jahren beruflich noch einmal grundsätzlich umorientiert, was mir als „geübter Elft-Häusler" aber nicht besonders schwerfiel. Dennoch war es (wieder einmal) ein großer Schritt, als ich als Quer-Einsteiger bei einem 'Sozial-Dienst' (☾) eine Beschäftigung fand. Ich hatte dann die ersten Jahre in einer Wohngemeinschaft mit demenzkranken Menschen gearbeitet. Zusammen mit meinen Teamkollegen/innen waren wir für die Rundum-Versorgung unserer Bewohner verantwortlich – Körperpflege, Haushaltsführung und Freizeitgestaltung. Die letzten drei Jahre lief für mich das gleiche Rahmenprogramm, nur diesmal mit jungen Down-Syndrom-Menschen.

Diese Arbeit, mit beiden unterschiedlichen Gruppen, kam meinem Naturell als Uranus-/Mond-Geprägter überraschenderweise sehr entgegen.
Das gemeinsame charakteristische Element in beiden Gruppen war nämlich, dass all diese zu betreuenden Menschen „in einer Welt lebten, in der Konventionen fast oder überhaupt keine Rolle mehr spielten" (♅).

Also konnte ich selber in diesem Rahmen beinahe zu jeder Zeit einfach so sein, wie ich mich gerade fühlte bzw. wie es mir sinnvoll oder auch lustvoll erschien, ohne auf eine fremdbestimmende Umgangsform Rücksicht nehmen zu müssen. Nun ging es ja nicht nur allein um mich, sondern vor allem um die Bewohner. Aber das „Echt-Sein-Dürfen" setzt bei mir generell ungefilterte Kreativ-Schübe frei. Das sind beste Voraussetzungen für eine unkonventionelle (♅) und dabei authentische Interaktion, von der alle profitieren. Auch insofern ist dies generell ein durchaus passendes Arbeitsfeld für einen Uranus-Mond-Geborenen.

Natürlich geschah dies immer in menschlich verantwortlicher Weise und auf der Basis gesetzes- und firmen-relevanter Pädagogik- und Pflegestandards. Aber ansonsten, im persönlichen Umgang mit den Klienten/Bewohnern, „tobte" dort – mit einer gewissen verlässlichen Kontinuität immer wieder aufs Neue – das 'ver-rückte' (♅) Leben"; mitunter sogar, wie man so schön sagt, „der reine Wahnsinn".

Gleich zwei meiner hervorragenden uranischen Ressourcen – die „Narrenfreiheit" und die 'Intuitive Empathie" – konnte ich hier miteinander zu einem fruchtbaren zwischenmenschlich-therapeutischen Handwerkszeug verbinden. Ich habe selten in einem so ausgeprägten Maße meine eigenen Verrücktheiten ausleben können, wie in diesen Jahren, und das kam auch noch gut bei den Bewohnern an – nicht nur im Sinne des gemeinsamen Spaßes, sondern auch im Sinne eines gelösten persönlichen Zugangs zu Menschen, denen auf den „kognitiven Ebenen des Austauschs" oft schwer zu überwindende Grenzen gesetzt sind. Ein Kontakt mit „Händen und Füßen", mit „Stehgreif-Sing-Sang", Grimassen und mit gefühlsbetonter „Seelen- bzw. Phantasie-Sprache" sind da wahre „Tür-Öffner". Natürlich muss das auch in einem Gleichgewicht zu einer situations-angemessenen Ernsthaftigkeit und einer alltags-praktischen Kompetenz stehen. Ist all das gegeben, dann haben geistig behinderte Menschen in einer solchen Atmosphäre auch mehr Zutrauen zu ihrem eigenen besonderen So-Sein(-Dürfen) und zu ihren eigenen Qualitäten und Stärken. Denn im Kontakt mit anderen Menschen erfahren sie sich selbst ja immer wieder – mehr oder weniger unterschwellig – in einer Art von Kontrast. Selbst schwer Demenzkranke sind sich nämlich noch immer ihres eigenen Zustands des „Anders–Seins" bewusst – auch wenn sie in einer relativ kleinen Gemeinschaftswohnung, in der sie schon seit Jahren leben, nicht mehr alleine die Toilette finden. In ihrem innersten Kern jedoch, sind sie noch immer „sich ihrer selbst bewusste" Menschen.

Wenn wir als Bezugs-Personen unserer Anvertrauten in entsprechenden Kontakt-Situationen die Fähigkeit kultivieren, *diesen inneren Kern* – der noch unterhalb der Schichten ihres menschlichen Chaos liegt – tatsächlich auch bewusst wahrzunehmen *(und zwar jenseits theoretischer Fortbildungs-Konstrukte),* dann schafft das Kontakt von Mensch zu Mensch auf Augenhöhe – auch bei aller Unterschiedlichkeit an der Peripherie des Alltagslebens.

Stark saturnisch geprägte Pädagogen/innen oder Pflegekräfte tun sich da manchmal (nicht zwangsläufig) schon schwerer von der Meßlatte ihrer eigenen zwischenmenschlichen Umgangs-Standards abzuweichen und verstärken dadurch das Gefühl des beschriebenen Kontrasts. Im schlechtesten Fall kann man dann sogar die zwanghaften Neigungen an ihnen beobachten, auch geistig behinderte Menschen am liebsten „zivilisieren" zu wollen.

Über die Klienten hinaus bekam ich in diesem Rahmen *gerade auch wegen meiner „ungewöhnlichen Ressourcen"* ebenfalls eine achtungsvolle Anerkennung sowohl von Seiten der „Klienten-Verwandtschaft" als auch von meinen Vorgesetzten und Team-Kollegen, die aber teilweise ähnlich „drauf waren", wie ich.

(Im gesellschaftlichen Tätigkeitsfeld 'sozialer Dienste' tummeln sich ja viele Menschen, die überdurchschnittlich stark vom 4. archetypischen Prinzip – Krebs/Mond/Haus 4 – geprägt sind. Ohne die Horoskope der meisten Kollegen /innen in meinem unmittelbaren Teambereich gekannt zu haben, konnte ich das u. a. auch daran ablesen, dass die allermeisten von ihnen *– über ihren sozialpädagogischen (☾) oder pflegerischen (☾) Beruf hinaus – super kochen (☾) konnten,* *auch die Männer.* *Dreht es sich innerhalb der sozialen Sparte dann noch um geistig Behinderte, dann nehmen die uranischen und neptunischen Färbungen in den Wesenszügen der Mitarbeiter ebenfalls zu).*

Lange Zeit hatte ich diesen „Job" mit einem großen und vitalisierenden Enthusiasmus verrichtet. Blut, Schweiß, Tränen, Kot und Urin und sehr oft dichte Körpernähe mit „sabberndem Speichel" ließen sich für mich unter diesen Umständen gut ertragen und wurden schnell zu einem unspektakulären Selbstverständnis.

Nach mehr als sieben Jahren war aber auch dieses Engagement zu einer gewissen Routine geworden und – das muss ich realistischerweise sagen – es war auch ganz schön anstrengend.

Nun bin ich alt genug und kann bei einer Mini-Rente vieles von dem tun, was für den Rest meines Lebens noch getan werden will. Zum Beispiel konnte ich dieses Buch zu Ende schreiben, in welchem ich 35 Jahre intensiver Astrologie-Forschung zu einer Art Lebenswerk komprimiert habe.

Diese letzten Jahre jedoch – im pädagogisch-pflegerischen Dienst – bleiben als einer der großen Meilensteine in meinem Leben. Hatte ich es vorher in meinen Tätigkeiten ca. 40 Jahre lang vorrangig mit selbst-reflektierten, geistig-wachen und sehr differenzierten Menschen zu tun gehabt – was großartig war und was ich ebenfalls als meine Berufung empfand –, stand ich nun mit relativ einfachen, noch dazu schwerkranken und geistig behinderten Menschen im täglich dichten Kontakt auch über unsere Körper: „Hintern abwischen und kuscheln".

Dieses Tätigkeitsfeld, das ich ursprünglich als eine Art materieller „Not-Anker" betrachtet hatte, entpuppte sich aber als reicher Erfahrungs-Schatz, der es mir gestattete, „verborgene innere Kammern meines Herzens (☾) aufzuschließen". Dabei hatte ich vorher unterschwellig Angst, in diesem Arbeitsfeld den Geist missen zu müssen. Stattdessen bin ich mit „vorher Ungeahntem" belohnt worden. Intuitiv war dieser „Sprung" genau der richtige gewesen.

Autobiographischer Ausklang

Nachdem ich in der Beschreibung unserer Familien-Situation und im Verhältnis zu meiner Mutter etliche problematische Seiten angeführt habe, könnte vielleicht der Eindruck entstehen, ich hätte eine schlechte oder schwierige Kindheit gehabt. Bei allem realen Mangel, der tatsächlich vorhanden war, möchte ich das aber nicht so benennen. Ich würde eher sagen „ganz normaler Durchschnitt", denn *ideale* Familien, ideale Eltern, ideale Kindheiten gibt es wohl kaum auf unserer Welt. Und mit etwas weniger rational-absichtsvoller Bescheidenheit sage ich nun sogar, dass ich tatsächlich vorrangig eine glückliche Kindheit hatte. Eine Kindheit voller Freiheit, Abenteuer und Erlebnisdichte – durch kaum eine „Fessel" unnötig gebunden; und *das*, ohne dabei zu entgleisen. Das sind die Einsichten, die ich gerade in den letzten Monaten (2019) gewonnen habe. Dieser Blick hat sich mir im reifen Alter „von der anderen Seite her", der *paradoxen*, geöffnet. So bin ich mittlerweile zu der Überzeugung gelangt, dass *meine* Mutter genau *die* war, die ich gebraucht habe. Bei allem Mangel an emotionaler Nähe, hat sie mir dennoch immer das Gefühl gegeben, dass ich *so,* wie meine Wesensart ist, *richtig bin.*
Natürlich gab es auch die andere Seite. Da gab es Situationen, die mich belastet oder gar gequält haben; aber bis auf wenige länger und nachhaltiger andauernde Phasen in meiner Jugend waren die anderen Problem-Situationen eher punktueller und haben meine Wesens- und meine jeweils aktuelle Erlebens-Natur nicht dauerhaft gedrückt oder gar erdrückt.

Das Thema der „seelischen Distanz" (Mond-Uranus in der 2. Natur), das ich vor allem über den Kontakt zu meiner Mutter erfuhr, und auch ihre „mütterlichen Übergriffe", vor denen ich mich immer nur mit schroffer Ablehnung zur Wehr setzen konnte, hat natürlich lange Schatten auch auf mein späteres Erwachsensein geworfen. Das Problem von Nähe und Distanz, so wie es für mich stimmig ist oder wäre, ist ein Balance-Akt, mit dem ich zwar im generellen Alltag mittlerweile gut umgehen kann, aber in Partnerbeziehungen komme ich auch heute noch immer wieder mal an kritische Punkte, bei denen ich mich selbst zu verlieren drohe. Da fühle ich mich schnell „abgelehnt", ungeborgen und kann es nur schwer ertragen, wenn meine Zuneigung unerwidert bleibt. Ich muss dann – auch umgekehrt – selber höllisch aufpassen, dass ich mich nicht zu sehr von meiner Partnerin vereinnahmen lasse. Da fehlt mir noch die Souveränität. Ich hatte auch Partnerschaften, wo ich selbst in die „Fußstapfen" meiner Mutter getreten bin und meinerseits Zuwendung erpresserisch eingefordert habe – für beide Beteiligten ein unwürdiger, quälender Akt.

Aber ich bin schon lange davon abgekommen, dafür meine Mutter verantwortlich zu machen. Sie hatte ihre eigenen Probleme, und ich habe mittlerweile *meine* Probleme allermeist zu den 'meinen' gemacht. Ich lebe in der Überzeugung, dass wir alle nur „Erfüllungsgehilfen" oder „Wegweiser" füreinander sind, um auf unserem eigenen Schicksalsweg in die „richtige" Richtung voranschreiten zu können – auch wenn es sich dabei von Zeit zu Zeit um "Winke mit dem Zaunpfahl" handelt.
Eine spirituelle Lehrerin, ich bin mir nicht mehr sicher, wer es war, sagte einmal sinngemäß, „das die Eltern – auch in schwierigen Fällen – noch immer gut dafür sind, um an ihnen das zu überwinden, was es für uns generell zu überwinden gilt".
Als Astrologe weiß ich auch, dass ich ein Schicksal habe und dass die *psychosoziale Ausgangs-Situation* in der Familie nur eine *Station* auf dem Weg dieses Schicksals ist, und nicht ihre Ursache.

Durch all die hier geschilderten Erfahrungen scheint es mir offensichtlich, dass es meine Aufgabe in diesem Leben ist, eine 'un-abhängige (♅) Form von Geborgenheit' (☾) zu entwickeln – eine 'Schöpferische Distanz (♅) zu meinem (intensiven) Gefühlsleben' (☾), die es scheinbar nicht gestattet, dass ich mich irgendwie „verklebe" *(sei es an äußere Situationen oder an innere Wunschbilder)*. Die konkret gelebte Gestalt, die dieses Schicksals-Anliegen dann annimmt, scheint dabei zweitrangig zu sein, wenn nur die innere Verfassung eine unabhängige bleibt, inklusive der damit einhergehenden Wahlmöglichkeiten zur jeweils aktuell angemessenen Situations- bzw. Lebens-Gestaltung.

Wem ich diese „klugen Gedanken" hier gerade erzähle? An dieser Stelle jetzt vor allem mir selbst, da es mein besonderer Weg ist, und ich lasse Sie ein Stück weit in dem Bewusstsein partizipieren, dass es beim Voranschreiten keine klar definierten Ziel-Markierungen gibt.
Aber um es genereller zu formulieren: Ich bin davon überzeugt, „dass das Schicksal, um einen solchen (oder anderen) final orientierten Entwicklungsweg zu

ermöglichen, mit raffinierten „Schachzügen“ scheinbar alles bereit stellt, was für eine entsprechende Lernaufgabe benötigt wird, sprich, die spezifischen Lebensumstände, die passenden Mitspieler und die jeweiligen Kulissen. Und das alles – mit mathematisch zu errechnender Präzision – immer zum inhaltlich stimmigen Zeitpunkt. Mit dieser Einsicht, sowie mit ein paar zusätzlichen Hilfsmitteln und dem Vertrauen in die innere Führung bin ich – zumindest bis jetzt – ein zufriedener Mensch geworden. Und dies steht nicht im Widerspruch dazu, dass es noch immer Schatten-Anteile in mir gibt.

8. INTEGRALE PSYCHOTHERAPIE

– Heißt auf meine Arbeit bezogen: Spirituell-astrologische Psychotherapie

Vorbereitung auf Fallbeispiel Nr. 17 (weiblich):
Die Neptun (♆)-Mars (♂)-Verbindung –
„Transzendenz und Ego“

In unserem nächsten Beispiel-Horoskop werde ich eine Neptun (♆) / Mars (♂)-Verbindung und eine damit verbundene klassische Erlebensweise – so wie es einer Kursteilnehmerin real erging – zur Anschauung bringen.
Diese archetypische Verbindung ist von ausgesprochen gegensätzlicher Natur:
Neptun (♆) symbolisiert einen transzendenten bzw. überpersönlichen Archetyp. Er ist ein „Türöffner“ für die spirituelle Daseins-Dimension, für die Erfahrung der hintergründigen EINHEIT allen Lebens und aller Erscheinungen. Der Mensch wird von dieser – ihm innewohnenden – Instanz aufgerufen, sich in den organischen Fluss ewig veränderlichen kosmischen Daseins einzufügen, mitzuschwingen, um dadurch selbst zum Ausdruck dieser hintergründigen GANZHEIT zu werden.
Mars (♂) hingegen steht für die Ego-Instanz, für das Ich, das durch Willens- und Tatkraft versucht, das persönliche Leben in der materiellen Umwelt zu meistern (Lebenskampf) und die eigene Person, sowie deren persönliche Ambitionen durchzusetzen.
Die besonderte Gabe dieser Misch-Konstellation liegt – zunächst ganz einfach gesagt – in einer transpersonal (♆) inspirierten Initiativ- und Handlungskraft (♂), verbunden mit der aktiven Umsetzung entsprechender transpersonaler Inhalte in der konkreten Alltags-Wirklichkeit.
Ein Mensch mit dieser Planeten-Konstellation läuft jedoch auch Gefahr, in entsprechenden Situationen immer wieder aufs Neue in unterschwellig quälende Handlungs(♂)-Lähmungen (♆) hineinzugeraten. Die hochgradige Empfindsamkeit (♆) und das damit einhergehende Mitgefühl (♆) des Betreffenden kollidieren nur allzu leicht mit seinen gleichermaßen vorhandenen Ego-Impulsen (♂). Sich in der Umwelt „stark“ (♂) zu zeigen und sich zu konturieren (♂), büßt dieser Mensch vielfach mit schlechtem Gewissen, denn jede forsche Direktheit (♂), jeder erlangte *persönliche Vorteil* (♂) anderen gegenüber, empfindet er mit seiner seismographischen Empathie (♆) als unzumutbare „Härte“ (♂) gegen seine Mitmenschen, die ihm selber wehtut. Mit jedem *„Etwas-nur-für-sich-Selbst-wollen“ (♂)* – auch wenn es sich dabei mitunter um wichtige *eigene Bedürfnisse* (♂) handelt – kann in diesen Menschen immer auch die potenzielle und unbewusste Angst aufsteigen, damit aus der *EINHEIT mit jedem und allem* (♆), aus der EINHEIT mit dem Kosmos, aus der EINHEIT mit GOTT herauszufallen.
Dieses existentielle Problem zeigt sich auch in umgekehrten Fällen. Wenn z. B. andere Menschen mit überbordenden Ich-Kräften (♂) in suggestiv-selbstverständlicher Weise Forderungen oder Erwartungen an einen Neptun/Mars-Geborenen

herantragen, hat dieser meist nicht die genügende Stärke, sein eigenes Ich (♂) vor ungewollten Übergriffen (♂) zu schützen, und lässt sich willensschwach (♂/♆) vereinnahmen. *Er ist auch hier „grenzenlos" (♆). Seine Ich-Grenze (♂) ist porös (♆), durchlässig, „aufgelöst".* Er hat derartigen Vorgängen in Akutsituationen in der Regel nicht viel entgegenzusetzen – außer die spürbare Unsicherheit (♆), die ein egomanisches (♂) Gegenüber natürlich „bedenkenlos" auszunutzen weiß.
Aber der Mars – als autonome archetypische Kraft im Innern eines entsprechenden Horoskopeigners – lässt sich nicht einfach ignorieren. Schuldbeflissen oder idealistisch (♆) abgedrängt – in Form eines kompensatorischen Altruismus, bei dem man innerlich unfreiwillig „klein beigibt" – führt Mars unbewusst und autonom dann ein heimliches (♆) Eigenleben ganz nach seiner Facon:

- Die aufgestauten Aggressionen (♂) haben dann eine Eigendynamik und erscheinen allermeist in subtil unterschwelliger (♆) Weise durch schwer greifbare Verstimmungen, durch seelische „Unerreichbarkeit" (♆) *(stumm strafender Rückzug in die „Weite des psychischen Innenraumes");*
- oder in sporadischen Eruptionen (♂) aggressiver Art;
- oder er richtet diese gegen sich selbst, z. B. auf der psychosomatischen Ebene: geschwächte (♆) Immun-Abwehr mit entz*ünd*lichen (♂) Symptomen.

<u>Eine weitere Spielart,</u> in der diese archetypische Verbindung ausgelebt werden kann, ist die einseitige Identifikation mit der Mars-Kraft, in der das Neptun-Prinzip scheinbar keine Ausdrucks-Möglichkeiten mehr findet. Dann bekommt die marsische Persönlichkeits-Komponente vielfach etwas Rauschhaftes.

Die geschilderten Zusammenhänge sind den Horoskopeignern in der Regel nicht geläufig. Sie selbst und teils auch ihre Mitmenschen erleben nur die Symptome ihrer Lebensangst oder deren Kompensationen. Astrologen/innen jedoch sehen – über diese Symptome hinaus – zusätzlich noch die dazugehörige klassische Konstellation und die entsprechenden Zusammenhänge.

Bevor ich zur nächsten Fall-Besprechung übergehe, möchte ich ein möglichst breites Spektrum von beobachteten Erfahrungs-Varianten dieser Misch-Konstellation skizzieren. Sie erscheinen uns sowohl in Formen innerer „Zerrissenheit", (Zweite Natur) als auch in ihren integrativen Erlebens-Weisen (Erste Natur)

<u>Mögliche Manifestationsformen der Neptun (♆)- / Mars (♂)-Verbindung</u>

- Es sind spirituell, alternativ, künstlerisch, karitativ oder idealistisch inspirierte (♆) Initiativen (♂), die durch tätigen (♂) Einsatz konkrete Wirklichkeit werden wollen. *Erste Natur* (Gleichgewicht der Kräfte).
- Dabei geht es nicht nur um die beschriebenen Inhalte, sondern auch um den „Flow" (♆), mit dem man den *eigenen organischen Energie-„Gezeiten"* (♂/♆) folgt – um den natürlichen und individuellen Wechsel von Ruhe (♆) und Aktivität (♂). *Erste Natur.*

- Dagegen führt eine starre Orientierung an konventionelle Leistungsraster bei Menschen dieser Prägung
  - <u>entweder</u> zu diffusen (♆) Versagens- und Lebensängsten und zu Gefühlen,

„ein Nichts" (♆) zu sein („nicht von dieser Welt zu sein") und hat gestaute Aggressionen (♂) zur Folge;
- oder zu reduzierter (♆) Körperenergie (♂); zu Willens(♂)-Schwäche(♆) und Handlungs(♂)-Lähmung (♆) – Zweite Natur (♂H / ♆ K);
- auch mangelnde *persönliche* Durchsetzung (♂) durch falsch verstandenem Altruismus (♆) ebenfalls mit Aggressions-Stau – Zweite Natur *(♂H / ♆);*
- *oder es führt* zur Verdrängung von allen subtil-hintergründigen (♆) Wahrnehmungs-Impulsen durch ausufernden (♆), 'unendlichen' (♆) Aktivitäts(♂)-Rausch (♆) bis zum Burnout oder Zahn(♂)-Verfall(♆) („Workaholic") – Zweite Natur (♂K / ♆H, also als Mars-Kompensator und Neptun-Gehemmter in Personal- Union);

- Diskrepanz zwischen hehren Idealen (♆) und deren tätige (♂) Umsetzung. Das Leben speist sich mehr aus der Hoffnung als aus der Realität – Zweite Natur (♂H /♆K) (also als Mars-Gehemmter und Neptun-Kompensator in Personal-Union)
- harte (♂) Haltungen gegenüber jeglichen „Laisser-faire"-Zuständen (♆). Das kann sich bis hin zur offenen Aggression (♂) gegenüber „Taugenichtsen" oder „sozialen Randgruppen" (♆) äußern – Zweite Natur (♂K /♆ H) (also als Mars-Kompensator und Neptun-Gehemmter in Personal-Union);
- Helfersyndrom (♆) mit kämpferischen bzw. tatkräftigen (♂) Einsatz. Zweite Natur (K);
- „Greenpeace-Aktivist" – (vorrangig) Erste Natur (je nach Motivationslage).
- Schwimm(♆)-Sport(♂) für Beweglichkeit, gute Kondition, Lebendigkeit und Gesundheit – Erste Natur.;
- Leistungs(♂)-Schwimmen; Speed(♂)-Boot(♆)-Rennen (♂) – Zweite Natur (♂ K / ♆ H);
- Judo und verwandte Kampfsportarten mit spirituellem Hintergrund – Erste oder Zweite Natur (K) (je nach innerer Motivationslage);
- Yoga; Dynamische (♂) Meditation (♆) – Erste Natur.
- Yoga als „schicker Lifestyle" – Zweite Natur (K);
- Integration von Spiritualität (♆) und Sexualität (♂); feinfühlige (♆) Sexualität (♂); entgrenzende (♆) Sexualität und „göttliche Ekstase" (♆); Tantra und ihre neuen Äquivalente mit spirituell-therapeutischen Ansätzen – (vorrangig) Erste Natur (je nach Motivationslage);
- „entgrenzende" (♆) Sexualität (♂) als Sex-Sucht (♂/♆) bzw. „unendliche" sexuelle Maßlosigkeit als Weltflucht – Zweite Natur (♂K / ♆ H);
- authentisches Zölibat (ohne „Verquältheit") als Lebensweg – Erste Natur;
- Diskrepanzen zwischen Spiritualität (♆) und körperlicher Lust / Trieb (♂) sind in einem breiten Erscheinungs-Spektrum auszumachen. Sie zeigen sich u. a. in:
  - sinnvoll-kritischer Infragestellung beider Facetten (Arbeit an der Integration) – Erste Natur;
  - über quälende Zerrissenheit – Zweite Natur;
  - suggestiven (♆) Missbrauchsgeschichten – Zweite Natur;
  - bis hin zu künstlich auferlegtem Zölibat (ideologische Hintergründe wie dog-

matischer Katholizismus, Hare Krishna-Bewegung, puritanische Protestanten etc. liefern scheinbare Legitimationen für ein Leben in der zweiten Natur oder können ein solches verstärken. All diese unterschiedlichen Formen sind – wenigstens im hiesigen Kontext – von der gleichen Art und zeigen sich uns als …

- „Welt- und Körperfeindlichkeit" (die Weltsicht der „reinen Aufsteiger" – Wilber) – Zweite Natur (♆ K / ♂ H).
- oder einfach nur als diffuse (♆) sexuelle (♂) Minderwertigkeitsgefühle ohne ideologischen Hintergrund – Zweite Natur;

• bei Männern: Subtile erotische Männlichkeit – Erste Natur;
  - oder schwer greifbare Angst „Mann zu sein", Impotenz – Zweite Natur;
  - Sex-Sucht, um verunsicherte (♆) Männlichkeit (♂) zu kompensieren

• bei Frauen: Subtile erotische Weiblichkeit – Erste Natur;
  - oder Flucht (♆) in die sexuelle oder seelische „Unerreichbarkeit" („Ausflüchte") – Zweite Natur (♆ K / ♂ H);
  - oder eine möglicherweise „elfenhafte Wesensart" (♆), generell männliche Sexualität als grob-animalisch (♂) zu empfinden – mit Kastrationseffekt;
  - oder ein „still-passives Erleidenmüssen von 'intimer' Begegnung" (Masochismus) – Zweite Natur.

Im Folgenden möchte ich nun *an einem konkreten Fall-Beispiel* darstellen, inwieweit diese allgemein beschriebenen Erfahrungen in einer individuellen Lebensgeschichte auf eine unverwechselbar persönliche Art erlebt werden kann.

Fall-Beispiel Nr. 17 (weiblich)
„Der Amoklauf des 'rächenden Piraten'"
Beispiel eines integralen therapeutischen Settings im Rahmen einer Astrologie-Ausbildung, die als Lern- und Selbsterfahrungsgruppe konzipiert war.

Das Setting bestand aus …

- einer Gruppen-Phantasiereise im Rahmen eines tiefen Entspannungs-Zustands;
- einer gestalttherapeutischen Einzelarbeit innerhalb der Gruppe mit einer Teilnehmerin und ihrer vorangegangenen „Reise-Erfahrung";
- sowie einer abschließenden astrologischen Betrachtung und Aufarbeitung des Themas anhand aktueller Transit-Auslösungen der Teilnehmerin im Gruppenprozess.

Meine Astrologie-Ausbildungs-Gruppen, die ich in den Jahren 1990 ff und 2000 ff durchgeführt hatte, dauerten immer 2 ½ Jahre. Im Ausbildungskonzept waren nicht nur astrologische Theorien und das Kennenlernen praktischer Fallbeispiele vorgesehen. Ein großes Kontingent persönlicher Selbsterfahrung – mit den eigenen Horoskopen, aber auch mit unterschiedlichen kreativen Medien und therapeutischen Werkzeugen – war ebenso Teil des Ausbildungs-Programms. Die jeweils aktuell behandelten astrologischen Themen sollten auf diese Weise auf einer

anderen, sehr persönlichen Ebene erfahrbar und somit auch tiefer ins eigene Bewusstsein zu integrieren sein, als es über die rein kognitive Schiene normalerweise möglich ist. Dazu gehörten Gestalttherapie, freier Tanz, Körperarbeit, Meditationen, Maskenarbeit, Phantasiereisen und vieles mehr.
Ein Ausbildungs-Wochenende, das dem Thema *Neptun/Fische/Haus 12* gewidmet war, hatte ich mit einer Gruppen-Phantasiereise (♆) eingeleitet.
In einer Phantasiereise wird die Gruppe sitzend oder liegend zunächst zu einer Tiefenentspannung (♆) angeleitet. Das geht über Atemtechniken, evtl. verbunden mit meditativer Musik (oder auch ohne) und verbaler Trance-Induzierung. Ist ein bestimmter Grad von Tiefenentspannung in der Gruppe erreicht, werden ihr spezifische thematische Bilder angeboten, die in jedem einzelnen Gruppenmitglied wiederum eine ganz eigene individuelle innere Bildfolge anstoßen. *Diese „angestoßene“ individuelle Bildfolge ist das „psychische Material“, der „geistig-seelische Schatz“ der im Bewusstsein des „Reisenden“ zutage gefördert wird.*
Dem Thema des Neptuns entsprechend, hatte ich das Bild vom „Meeresstrand“ gewählt, das den „Reisenden“ aber erst im Moment erlangter Tiefenentspannung offeriert wurde.

Obwohl ich in so einem Fall zur ganzen Gruppe spreche, benutze ich zur Ansprache das „Du“, damit jeder Einzelne zu den dargebotenen Bildern eine stärkere und damit individuellere Identifikation entwickeln kann:

„Ich bitte Dich nun, Dir vorzustellen, Du seiest irgendwo an einem Meeresstrand“.
Pause, ...
... denn es sollen gleich von Anfang an nicht zu viele schon fertige Vorstellungsbilder eingebracht werden. Umso authentischer können in jedem „Reisenden“ dessen eigene Bild-Versionen von einem Meeresstrand entstehen. Diese Bilder bleiben zunächst ausschließlich auf der Ebene eigener innerer Erfahrung und werden erst nach Beendigung der „Reise“ in der Gruppe nach Bedarf zum Austausch gebracht.

„Wie sieht es dort aus?“
Pause, ...
... während der eine Teilnehmer sofort Bikini-Frauen sieht, nimmt ein anderer spontan den Palmenbestand an der Landseite eines einsamen Strandes wahr, etc. (So verschieden sind wir als Individuen; oder in so verschiedenen aktuellen Lebensphasen können wir uns gerade befinden).

Mit all den nun folgenden Bild-Anregungen und entsprechenden Bild-Entwicklungspausen „poppt“ bei allen Reiseteilnehmern langsam und in autonomer Weise ein völlig eigenes Meeres-Strand-Szenarium vor ihren inneren Augen auf, das sich stetig individuell weiter entwickelt:
„Geh ein wenig herum“ – Pause,
„Bück Dich auch, berühre den Sand“ – Pause,
„Was riechst Du?“ – ...

„Was hat die Flut ans Ufer gespült?" – …
„Erforsche den Strand und entdecke allerlei Neues…" – Pause,
„Jetzt schaue hinaus auf den Ozean. Wie kommt er Dir vor?"
Pause, …
… An dieser Stelle könnte – je nach der inneren Seelenverfassung der einzelnen Reisenden – sich bei dem einen ein stiller Sonnenuntergang in Szene setzen, während bei jemand anderem vielleicht ein dunkelgrauer Himmel sichtbar wird, mit Wellenbergen und sturmgepeitschter Gicht, oder…, oder…
Langsam läuft die „Reise" auf ihren Höhepunkt zu …
„Schau jetzt die Küste entlang, nach allen Seiten" – kleine Pause,
„Und dann wieder geradeaus aufs Wasser"
Pause,
„Ganz weit draußen, da ist e t w a s. Etwas, das mit den Wellen auf Dich zukommt!"
Pause,
„Zuerst bist Du Dir nicht ganz sicher, was es ist und wie groß es ist – aber nach und nach,….. wenn es näher kommt, …… wirst Du sehen, was es ist"
Pause,
„Beobachte es genau – vielleicht treibt es an den Strand?"
Die Reise geht noch weiter, aber für unseren Zweck hat sich die technische Seite ihrer Darstellung erfüllt und erschöpft. *Interessant ist für uns von nun an nur noch der inhaltliche Schatz, den eine bestimmte Kursteilnehmerin über diese Reise „aufs Festland ihres Bewusstseins" gezogen hat.* Doch bevor wir diese „Kiste" öffnen, schauen wir uns einen Konstellations-Ausschnitt ihres Geburtshoroskops und die damalige temporäre Transit- Auslösung an – von der ich vor dieser Reise nichts wusste und die wir erst ganz am Schluss des gesamten folgenden Prozesses gemeinsam in der Gruppe erforscht haben.
Die Kursteilnehmerin hat im Geburtsbild (siehe Graphik 17/1 auf S. 303) den Mars (♂) auf 10° Grad im Tierkreiszeichen Wassermann (♒) und im 12. Haus, *dem Neptun/Fische-Haus* (siehe Innenkreis). Wir haben hier eine inhaltlich vollständige Variante der Neptun/Mars-Verbindung vorliegen.
Dieser *Mars in Haus 12* war bei ihr zur damaligen Zeit längerfristig ausgelöst. Im „'Spiel von Vor- und Rückläufigkeit" standen die beiden transitierenden Langsamläufer Uranus (♅) und Jupiter (♃) temporär im Einflussbereich (Orbis) einer Konjunktion mit ihrem Mars in Haus 12. Die Neptun/Mars-Seite ihres Lebens wollte also in dieser biographischen Phase zu neuen Ufern der Erfahrung hingeführt werden. *Die Ich-Kräfte (♂)* wollten zum Zweck verstärkter Durchsetzung (♂) spiritueller, alternativer, künstlerischer oder karitativer (♆) Zielsetzungen eine Befreiung (♅) aus anachronistischen Gewohnheitsrastern erfahren. Sie – die Ich-Kräfte – wollten im freien (♅) „Flow" individueller „Energie-Gezeiten" Ausdruck finden und in *„einfühlsamer Weise (♆) ihrer eigenen Stärke mit Bestimmtheit Nachdruck (♂) verleihen".*
Hui… das klingt ja sehr theoretisch und idealistisch!
Ja, ist es zu einem gewissen Grade auch. Es ist der *„Leuchtturm in der Ferne".* Auf jeden Fall stimmt es im Kern. Dieser benötigt aber in der gelebten Alltagswelt noch ein relativierendes Verständnis.

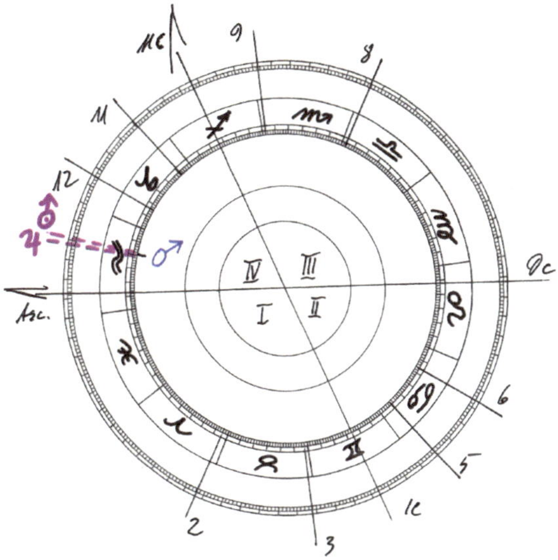

Graphik Nr. 17/1

Aber zunächst zurück zu unserer Phantasiereise!
Was hat die Horoskopeignerin in der Phantasiereise „dort hinten am Meereshorizont“ (in ihrem 12. Haus, in der ‘Unbegrenztheit’ ♆) gesehen und was trieb langsam näher an das Ufer heran, auf dem sie stand?
Ein Pirat (♂/♆) – ein Krieger (♂) des Meeres (♆) – mit einem Schwert (♂) kam aus dem Wasser auf sie zu. Sie freute sich darüber, *denn sie durfte das Schwert haben, und der Pirat sagte ihr: „Sie könne jetzt loslegen“.*
Sie nimmt das Schwert und stellt sofort ein fürchterliches Gemetzel (♂) in ihrer Umgebung an, sticht (♂) alles nieder, sogar Greise und Kinder. Aber sie besinnt sich augenblicklich und bekommt ein schlechtes Gewissen – „das mit den Greisen und Kindern, das geht dann doch zu weit“ – und lässt von denen ab. Sie wütet (♂) aber weiter und kommt schnell in eine besondere Straße in der ein Arzt wohnt – nein nicht nur irgendein Arzt, sondern der Arzt – ihr Hausarzt.
Dem macht sie nun den Garaus, sticht ihm die Augen aus, schlitzt ihm den Bauch auf. „Nun ist es erfüllt“.
Sie will zuerst das Schwert behalten, gibt es aber dann doch zurück. Sie bittet aber den Piraten, dass dieser bei passender Gelegenheit zurückkommen möge. Der Pirat verspricht es.

In Hinblick auf Phantasiereisen, möchte ich in unserem astrologisch geprägten Zusammenhang ein paar Punkte besonders deutlich machen.
Auch wenn in der beschriebenen Reise das Bild des „unendlichen Meeres-Horizonts“ als Medium für das Neptun-Thema und für das Erscheinen einer individuellen „Botschaft“ verwendet wurde, heißt das noch lange nicht, dass…

a) ...dann bei den Reisenden gegen Ende der Reise – als „Essenz", als „Botschaft" – immer Bilder auftauchen, die in sich selbst schon Meeres- Assoziationen freisetzen, so wie es eben das Bild eines Piraten (mit zusätzlichem Mars-„Geschmack") hier „zufälligerweise" tatsächlich auch tut. Das ist aber dann der seltenere Fall. Natürlich liegt es nahe, dass treibende Kisten, Truhen oder floßartige Gebilde am fernen Horizont auftauchen (jedoch längst nicht immer). Aber das, was dann jeweils z. B. in einer solchen möglichen Truhe drin ist, das, worauf es dann im eigentlichen Sinne als Ergebnis der Reise ankommt – nämlich das Symbol, das Gebilde, die Botschaft selbst –, das hat dann meist keinen direkten Meeresbezug mehr.
b) Ferner ist zu sagen, dass längst nicht alle Reiseteilnehmer starke Neptun-Bezüge oder gar eine Neptun-Mars-Verbindung in ihren Geburtshoroskopen haben. Bei unserem Beispiel war es aber so, und da spielt ihre aktuell ausgelöste „Mars in Haus 12-Konstellation" auch eine entscheidende Rolle. Zwar hat jeder in seinem Geburtsbild ein 12. Haus, aber in diesem muss weder ein Mars noch überhaupt irgendein anderer Planet zwangsläufig drin stehen. Zwar hat jeder den Neptun als Planet in seinem Horoskop, aber dieser kann dann für das Gesamthoroskop durchaus eher eine untergeordnete Rolle spielen und muss nicht unbedingt irgendwelche Winkelbeziehung zu anderen Planeten aufweisen oder gar einen Mars-Aspekt haben bzw. im 1.Haus (dem Mars-Haus) stehen.
c) Aber selbst wenn „Reisende" stärkere Neptun-Verbindungen in ihrem Geburts-Horoskop haben, möglicherweise sogar Neptun-Mars-Kombinationen, so heißt das noch lange nicht, dass diese zum Zeitpunkt der Phantasiereise über Transite tatsächlich aktuell konstelliert sein müssen und somit zum aktuellen Zentralthema der Reise werden.
d) Als ich eine Phantasiereise ausgewählt hatte, um einen Wochenend-Workshop mit dem Haupt-Thema Fische/Neptun/Haus 12 zu leiten, war meine vorrangige Absicht überhaupt nicht darauf ausgerichtet, die Stimulierung einer ganz bestimmten Art von neptunischer Botschaft als Endergebnis der Reise zu erzeugen – auch wenn ich dann doch sehr absichtvoll den „Meeresstrand" als Entrée benutzt hatte.

   Die <u>Phantasiereise als solche</u> war der eigentliche Hauptfokus meiner Intention. Phantasiereisen sind neptunische Werkzeuge. Durch dieses Medium sollten die Kursteilnehmer „bewusstseins-erweiternde (♆) Erfahrungen" machen und somit – jenseits abstrakter Begrifflichkeiten – in Neptuns Sphäre mit wacher Aufmerksamkeit direkt eintauchen. Es ging also in erster Linie um das Erleben „zeit-räumlich veränderter Bewusstseinszustände" und damit um den intimen Zugang zu dieser transpersonalen archetypischen Erfahrungs-Dimension.

   Die Phantasiereise selbst war also der eigentliche neptunische Gehalt, auf den es mir in erster Linie ankam. Die Botschaften waren natürlich auch wichtig, aber bei den allermeisten Teilnehmern hatten diese – inhaltlich gesehen – *keinen transpersonalen Bezug,* wie das in metaphorischer Weise bei unserer Protagonistin der Fall gewesen ist, sondern sie waren eher individuell-personaler Natur bzw. rein psychologischer Art.

So war der spontan erschienene Pirat – hier also mit direktem Meeresbezug – für unsere Kursteilnehmerin tatsächlich ein verblüffend stimmiges Abbild einer inneren transpersonal-archetypischen Prägung, die wir in ihrem individuellen Horoskop anhand ihrer Mars-Stellung in Haus 12 „nachlesen" können, die just zum Zeitpunkt der Phantasiereise in signifikanter Weise konstelliert bzw. ausgelöst war.

Durch solche oder ähnlich gelagerte – immer wiederkehrende – Erfahrungen zieht der erfahrene Astrologe den klaren und rational einleuchtenden Schluss, dass die Synchronizität aktuell konstellierter archetypischer Muster potenziell auf jeder Daseins-Ebene ihre zeitgleiche und inhaltlich-verwandte Ausdrucksform findet, sei es…

- in der Phantasie oder in der Phantasiereise eines betreffenden Menschen;
- in nächtlichen Traum-Sequenzen oder in Tagträumen; (siehe „Meerestraum" im Fallbeispiel Nr. 3 – *„Unendlich viele Tränen für die 'verlorene' geliebte Person"* bei einem Neptun-Transit über den Aszendenten);
- in Visionen, Erfindungen und theoretischen Welterklärungs-Modellen;
- in Ideen, Gedanken und Worten, die einem Menschen zu „gegebener Zeit" kommen;
- in Gefühlserfahrungen;
- in körperlichen Zuständen und psychosomatischen Symptomen, die uns „ereilen";
- in Menschen, denen wir begegnen (Resonanz);
- in Situationen, die wir intuitiv aufsuchen oder in die wir von jemand anderem hinein*geschick*t werden (Resonanz);
- in den materiellen Dingen, die wir kaufen, selbst herstellen, zu einem spezifischen Zeitpunkt finden oder geschenkt bekommen (Resonanz);
- in Projekten, die wir selbst initiieren oder die jemand anstößt und in die wir dann „einsteigen";
- in kulturellen Erscheinungen, bei Mode-Trends oder künstlerischen Strömungen (siehe im Fallbeispiel Nr. 5 des Film-Regisseurs Wolfgang Petersen);
- etc., etc.

Wir sind immer Kanal für den „Durchlauf" kosmischer Kräfte und Energien von Moment zu Moment.
Kanal zu sein heißt aber in diesem Zusammenhang nicht zu einer leblos-mechanischen Hülle zu werden, durch die Lebendiges fließt. Denn als „inkarnierte 'Hülle'" sind wir in individueller Weise genauso lebendig wie die Kräfte selbst, die durch uns hindurchfließen, und wir färben den Ausdruck dieser Kräfte – während ihres Durchflusses – in individuell-schöpferischer Art und Weise mit (meist ohne uns dessen bewusst zu sein).
Nur in der Arbeit mit Astrologie sind wir in einer Position, die es uns ermöglicht, diese Zusammenhänge für uns selbst und für andere interessierte Menschen transparent zu machen – wie auch hier im aktuellen Fallbeispiel. *Denn der Mars z. B. ist und bleibt – vor allem anderen – in erster Linie immer der Mars,* sowohl als Radix-Planet als auch als temporär ausgelöster oder selbst auslösender Faktor.

Egal bei wem oder in welcher spezifischen Situation er auch immer in die Erscheinung treten mag, das Grundsätzliche seiner Eigenschaften ist für den symbolkundigen Astrologen immer „herauszuschmecken". Gleichzeitig aber werden diese grundsätzlichen Eigenschaften des Mars – während ihres Durchflusses durch jeden einzelnen Menschen – immer auch in mehr oder weniger nuancierter Weise *individuell modifiziert* zum Ausdruck gebracht.

Im Moment des Durchflusses modifizieren sich „die Kräfte" und „die Hülle" in der Gegenseitigkeit, sodass etwas anderes, neues auf beiden Seiten gleichzeitig entsteht. *Auf diese Weise sind wir Mitschöpfer (ob wir das bemerken oder nicht) und werden selbst neu geschaffen* (ob wir das bemerken oder nicht).
Und wir sind – mit erweitertem astrologischen Erfahrungs-Wissen und zunehmend wacher Bewusstseins-Präsenz – Beobachter für diese Art von Prozessen und kultivieren dabei – nun in bewusst-aktiver Weise – unser Mitschöpfertum.
Auf diese Weise fließt der Fluss beständiger kosmischer Evolution im Verbund mit der Evolution des Bewusstseins.

Die Bilder der Phantasiereise hatten unsere Kursteilnehmerin sehr aufgewühlt. Gleichzeitig fühlte sie sich aber auch erleichtert. Sie hatte sich mit ihrem inneren Bild-Material gleich im Anschluss an diese Reise auf eine gestalttherapeutische Einzelarbeit im Rahmen der Gruppe eingelassen. Dabei kam u. a. auch folgende Geschichte „ans Licht":

Sie fühlte sich die ganze Woche schon unter Druck und war voller Wut (♂). Vor einigen Tagen war sie beim Arzt, und der gab ihr gleich mehrere Spritzen (♂), ohne dass er dazu vorher viel erklärt hatte. Sie fühlte sich vergewaltigt (♂) und ärgerte (♂) sich zusätzlich noch über sich selbst, dass sie so etwas *„mal wieder mit sich hat machen lassen"* (♆).
Noch am selben Tag, gleich im Anschluss an dem Arztbesuch, kreuzte ihr Vater bei ihr zu Hause auf, und der war von vornherein ebenfalls ziemlich sauer (♂), auch auf sie, wegen einer Familienangelegenheit. Sie war bereit zu reden; er war aber schnell wieder verschwunden (♆). Nun war sie doppelt wütend, weil ihr Vater sich nur bei ihr ausgetobt (♂) hatte und sie selbst *„mal wieder im passiven Erleiden-müssen* (♆) *einer solchen Situation stecken geblieben war"*, ohne ihrerseits darauf angemessen reagieren (♂) zu können.
Die gestalttherapeutische Arbeit bot ihr die zusätzliche Gelegenheit sowohl des verbalen als auch des non-verbalen Gefühls-Ausdrucks. Empörung, Wut, eine gewisse Resignation und Traurigkeit wurden in dieser Phase noch mal anders spürbar – bis in die eigene Körperlichkeit hinein. Aber auch Ansätze von Kraft und Entschlossenheit wurden dabei sichtbar.

Ein weiterer Blick in das Horoskop unserer Ausbildungsteilnehmerin zeigt uns in differenzierterer Weise noch eine ergänzende kurzfristige astrologische Konstellation, die nur für wenige Tage als auslösender Faktor in ihrem Horoskop wirksam war. Hierzu gehörte auch der Tag des Arztbesuches und des Streits mit ihrem Vater.

(Diese Konstellation bestätigt das milliardenfach bekannte Zitat aus dem 'kollektiven Weisheits-Fundus': „Es kommt immer alles auf einmal").

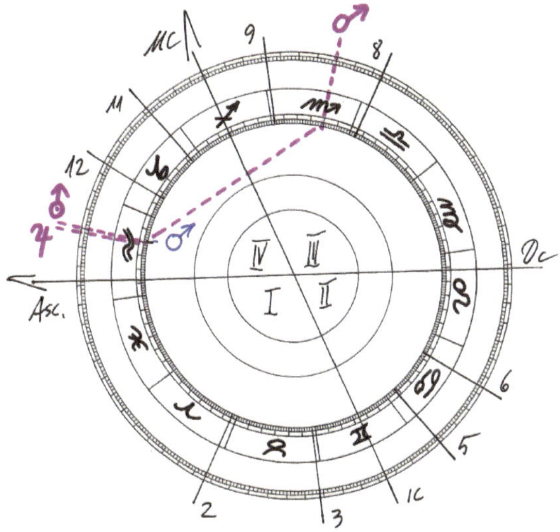

Graphik Nr. 17/2

In der Graphik 17/1 hatten wir die Langsamläufer Uranus und Jupiter im Transit zu ihrem Radix-Mars in Haus 12 ausgemacht, die ein langfristiges Krisengeschehen in der Auseinandersetzung mit dem angezeigten Thema verdeutlichte. Am Tag der beiden aggressiven Übergriffe (obige Graphik 17/2) stand zusätzlich der Mars selbst noch – diesmal als schnell laufender Transitplanet (Außenkreis) – zu seiner eigenen Radix-Stellung (Innenkreis) in einem spannungsreichen 90° Grad-Winkel (Quadrat Aspekt). Diese zusätzliche Quadratur durch den Schnellläufer Mars entfaltet seine herausfordernde Wirkung – punktuell und massiv – nur für wenige Tage und hat die langfristig schwelenden Krisenpotenziale mit seiner „hitzigen Reibungskraft" (♂) an die plastisch erfahrbare Wahrnehmungs-Oberfläche befördert. Es sind dies diejenigen Tage, an denen man *u. a. auch* „vergewaltigende Arzt-Spritzen" (♂) bekommen und – im gleichzeitigen Verbund – „tobenden Vätern" begegnen kann.

Die Phantasiereise – Tage später – hat aber zusätzlich noch andere und subtilere Wahrnehmungsebenen, die sich unterhalb der Wahrnehmungs-Oberfläche befanden, deutlich erfahrbar werden lassen. Sie spiegelten die Nachwirkungen der vergangenen Tage wider und verdeutlichten gleichzeitig das weiterhin krisenhaft schwelende Grundmuster.

Der „Pirat" (♂/♆) – als inner-psychische Figur – wollte unserer Protagonistin offensichtlich auf seine etwas drastische Weise vermitteln, dass es ihr an einer „guten Portion Biss" mangelt und wiederkehrende existentielle Schwierigkeiten damit vorprogrammiert sind – Schwierigkeiten, die „den Aggressor" anziehen und Übergriffe mit sich bringen.[1]

Phantasiereisen sind ein wunderbares Medium, um an unsere inneren Ressourcen heranzukommen, und das Horoskop als Ergänzung dazu bestätigt auf einer anderen Ebene die gewonnenen therapeutischen Einsichten. Natürlich ist hier mit „Biss" nicht diese Form und Intensität gemeint, wie sie uns durch die Phantasiereise vorgeführt wurde.
Die überaus drastische Figur des Piraten ist ja nur die kompensatorische Zerrform verdrängter situationsangemessener Ich-Kräfte (♂). Sie erscheint als *„Über-Ladung",* die energetisch entsteht, um eine schon vorhandene *psychische „Mangel-Lage"* auszugleichen.[2]

Diese drastische Figur ist die psychische Reaktion auf den teilweise verdrängten marsischen Pol. Dieser ist von der „hintergründigen 'unendlichen Weite' des kosmischen Innenraums" (hier symbolisiert durch seinen neptunischen Gegenpol = H 12) quasi wie „verschluckt" und hat es damit schwer, sich im Vordergrund konkreten Lebens zu konturieren.
„Aus den Augen, aus dem Sinn", lautet das uns allen bekannte Sprichwort. Aber „aus dem Sinn" heißt hier nicht „aus der Wirklichkeit". Denn auch wenn die Ich-Kräfte scheinbar, wie in unserem Beispiel, von der neptunischen Kraft (oder „Sphäre") stark „absorbiert" werden, sind sie dennoch nicht wirklich außer Kraft gesetzt. *Sie wirken nach wie vor, nur eben in autonomer Weise und damit zunächst unbemerkt unterhalb der Oberfläche (der Psyche, des Lebens, der Welt)* – und sie zeitigen entsprechende (unkontrollierte, „verzauberte") Wirkungen *auch oberhalb* der Oberfläche (der Psyche, des Lebens, der Welt) – nämlich wenn *„'transzendente' Grenzenlosigkeit" (♆)* die legitimen persönlichen Ich-Bedürfnisse (♂) eines Menschen in adäquaten konkreten Alltagssituationen scheinbar verunmöglichen.

Astrologie, als „Messinstrument für Wirklichkeit", im Zusammenhang mit den konkreten Erlebensweisen und -formen einzelner Menschen, zeigt sehr deutlich, dass kein Pol einer archetypischen Mischkonstellation – und sei er (bewusstseinsmäßig) noch so dominant von seinem Gegenpol überlagert – damit gleichzeitig auch wirklich außer Kraft gesetzt werden kann.

Auf der Ebene der Phantasiereise ist „die Figur des blutrünstigen Piraten" von zweierlei Bedeutung:

- Zum einen spiegelt er nicht etwa gleich einen Amokläufer-Status unserer Kursteilnehmerin wider, und so ist er für den praktischen Lebensvollzug der Horos-

---

[1] siehe Teil II, „Verzauberung der Anlagen".

[2] Hermann Meyer (in: *Befreiung vom Schicksalszwang,* Edition Astrodata, Wettswil-CH, 1986, S. 23) spricht hier vom „Gesetz des Ausgleichs" und im erweiterten Zusammenhang auch vom „Gesetz der Wiederkehr des Verdrängten".

kop-Eignerin eine vornehmlich harmlose Erscheinung und ändert nichts an der Tatsache, dass unsere Protagonistin dennoch eine relativ reife und kultivierte Frau mit viel Empathie ist. Symbolisch kann man den Piraten auch als eine Art „'transzendenten' Robin Hood" bezeichnen, der den 'armen Unterdrückten' zu Hilfe eilt. Und zwar denen, die – in unbewusster Weise – ihrem eigenen überbordenden Idealismus (H 12) ausgeliefert sind und sich dabei ein beträchtliches Stück selbst unterdrücken. Er wirkt zunächst einmal – während seiner unmittelbaren Erfahrung und im folgenden Aufarbeitungsprozess – eher kathartisch; d. h. läuternd, reinigend, befreiend im Sinne einer Abreaktion.
- *Zum anderen verkörpert er eine wichtige und ernst zu nehmende Botschaft* – und gleichzeitig einen anderen Teil ihrer Gesamtpersönlichkeit, der noch ein gewisses Kontingent an Entwicklungs-Aufmerksamkeit in ihrem Leben bedarf.
  Nun ja, der Pirat ist ja – nach akuter „Hilfeleistung" – erstmal wieder aufs Meer hinausgefahren, ist dort in der „unendlichen Weite" (des 12. Hauses), noch hinterm Horizont, verschwunden und hat auch sein Schwert (♂) wieder mitgenommen. Er hat zwar versprochen wiederzukommen, aber wenn er bei jeder alltäglichen Akut-Situation immer erst über die „sieben Meere" (♆) anreisen muss, wird er wohl des Öfteren nicht ganz pünktlich erscheinen. Dann bleibt ihm nur immer die gleiche „Racheaktion für geschehenes 'Unrecht'", um gestaute Energie und Aggression wieder in Fluss zu bringen. Damit ist aber niemandem wirklich geholfen.
  Dennoch – wir wollen derartigen Bildern nicht die potenziell befreienden Kräfte absprechen, die an sie gekoppelt sind und um deren Willen die innere GANZHEIT solche Bilder überhaupt inszeniert. *Sie haben sich tief im Bewusstsein der Erlebenden verankert und wirken möglicherweise langfristig wie der „stete Tropfen".*

In Hinblick auf die Art von „Biss", die es bei Neptun/Mars zu entwickeln gilt, stellt sich bei mir die mythisch anmutende Assoziation des „edel-tugendhaften Ritters" (auch Frauen können „ritterlich" sein) ein. Der braucht seinerseits gar nicht wirklich zu „beißen" oder zu kämpfen, aber dennoch verkörpert er von vornherein eine mutige, standhafte Figur, an die gleichzeitig entsprechend ideelle (♆) Motivationslagen und ebensolche spürbaren äußeren Lebensausrichtungen und Zielsetzungen angekoppelt sind, für die er sich aktiv einsetzt – für die er sich „stark macht" (♂).[3]

Diese „Art von 'Biss'" findet jedoch ihre organische Basis im „transzendenten Angeschlossensein" (Vertrauen in die innere Führung) – und äußert sich in einer bewegt-meditativen „Gestimmtheit".
Im achtsam gelebten hier und jetzt schließt sie die empathische Ausgewogenheit zwischen kraftvollem Nachdruck (♂) einerseits und sozial-motivierter Nachgiebigkeit (♆) andererseits mit ein.

---

[3] In freier assoziativer Anlehnung an eine Karte des „Symbolon-Kartendecks" – unter den Signaturen von Mars-Neptun, von Orban/Zinnel/Weller.

Es geht also nicht nur um „Biss“, sondern auch um eine „bestimmte umfassendere (♆) Art in der Welt zu sein“. Diese „umfassendere Art“ kann aber – nun umgekehrt – u. a. nur in *dem Maße* Wirklichkeit werden, in welchem man nicht mehr an inneren gestauten Aggressionen „anhaftet“. Fehlender „Biss“ führt hier also paradoxerweise zu einem graduell höheren Ausmaß an „Weltverhaftung“ – und versperrt verstärkt den „Weg zur Transzendenz“.

Vielfach mutet es ein wenig wie die „Quadratur des Kreises“ an, wenn Ego (♂) und Ego-Transzendenz (♆) „wie aus einem Guss“ zusammen gelebt werden sollen – das „kleine, vorrangig auf sich selbst und auf seine eigenen Belange bezogene Ich“ (♂) und die „Eingangspforte“ zur allmächtigen, ALLES durchdringenden GOTTHEIT (♆).
Diese Konstellation – und darüber hinaus auch noch die Konstellationen Neptun/-Sonne (♆/☉) und Neptun/Saturn (♆/♄) – scheinen mir in einer sehr individuellen Weise noch einmal die eigentliche menschliche Grundspannung auszudrücken, nämlich „in der Welt sein (♂), aber nicht von dieser Welt sein (♆)“. Und an dieser existentiellen Grundspannung haben sich auch schon so manche „halb- bis dreiviertel Erleuchtete“ (♆) die „Zähne (♂) ausgebissen“:

Sollen wir unsere persönlichen Bedürfnisse, Wünsche und Lebensentwürfe zukunftsorientiert und zielstrebig mit Kraft und Ausdauer vorantreiben? Sollen wir uns bei auftauchenden Widerständen besonders stark einsetzen, um die „Hürden des Lebens zu meistern“ und an ihnen in unseren Kräften und Fähigkeiten zu wachsen?
Oder sollen wir im Hier und Jetzt einfach nur offen sein für das, was das Leben uns von selbst offeriert, dies dann annehmen und lernen, es wertzuschätzen?

Dieses Mars/Neptun-Dilemma stellt sich bei allen Menschen mit dieser Konstellation ein, natürlich auch bei denen, die nicht in spirituellen Kategorien denken. Diese erleben die Konstellation dann noch immer auf der rein energetischen Ebene – in allen möglichen Varianten von Erster und Zweiter Natur – dabei allerdings nur mit teilweiser oder gänzlich fehlender bewusster Daseins-Reflektion.

Bei Menschen mit einer bewussten spirituellen Ausrichtung jedoch besteht vielfach die Neigung (oder Gefahr), die „Idee des Spirituellen“ einseitig zu „überhöhen“ (die „reinen Aufsteiger“). Sie sehen den Ausweg aus diesem Dilemma darin, dass sie bestrebt sind, das Ego aufzulösen, um dadurch Befreiung zu erlangen, bzw. um HEIL / GANZ zu werden. Sie werden aber aus dem hiesigen Betrachtungswinkel nicht GANZ, weil sie sich nur auf einen Pol fixieren und den anderen ausklammern. Sie dividieren GEIST und Welt auseinander, ignorieren den Reichtum der *„Schöpfung, die ‘GOTT (selbst) IST’“* und landen so in der Analyse, statt in der SYNTHESE.

Das Ich lässt sich aber nicht auflösen, ohne „Welt“ (lebendige Lebensprozesse) gleich mit aufzulösen. Es kann wohl transzendiert (überschritten) werden, indem das Bewusstsein seinen Identifikations-Schwerpunkt auf eine transpersonale Ebene verlagert. Aber eine solche „höher entwickelte Form der Bewusstseins-Organisation" schließt, wenn sie gelungen sein will, all die niederen Ebenen (Körper, Seele, Geist – und hier im besonderen das Ich) *als ihr Fundament mit ein, nicht aus (Wilber). Ansonsten hat keine wirkliche Integration stattgefunden und die neugewonnene „höhere Position" ist nur ein labiles Gebilde – anfällig für pathologische Erscheinungen und von Rückfall oder Zerfall bedroht.*

Von meinem Verständnis her ist die einzig passende Antwort auf die existentiellen Herausforderungen einer „polaren Welterfahrung mit synchronem EINHEITS-Hintergrund" *das Paradox – das simple „sowohl als auch".*
Dies gilt in gleicher Weise für alle anderen zu vollziehenden Lebens- bzw. Integrationsaufgaben, die durch die „Mischkonstellationen *divergierender* archetypischer Kräfte"[4] in den jeweiligen individuellen Horoskopen dargestellt werden.
Dieses „sowohl als auch" – in dem alle (polaren) Lebens-Facetten ihre parallele existenzielle Bedeutung und Berechtigung haben – *ist aber gleichzeitig in eine hierarchische Ordnungsstruktur innerhalb des kosmischen Gesamtgefüges eingebettet. Denn aus einem bestimmten anderen Erfahrungs-Blickwinkel wird den transpersonal-orientierten astrologischen Grundprinzipien eine größere Autorität zugeschrieben als ihren personal-orientierten Vertretern.*[5]
Aus dem Blickwinkel eines hierarchischen kosmischen Ordnungssystems heraus, zitiere ich – passend zu unserem gehabten Fallbeispiel – aus meinem ersten Buch „Astrologie, Psychotherapie und Spiritualität":

Ich-Stärke (♂) als „Diener 'ganzheitlichen Lebens' (♆)"
„Ist nun jeder seines 'Glückes Schmied'? Oder sollen wir 'unser Schicksal annehmen'? Das Glück, das *einzig* aus der Ego-Instanz heraus entwickelt und geschaffen wird, ist in der Regel sehr labil und anfällig für 'die Winde organisch-sich-entwickelnden-Lebens'. Wenn wir uns aber andererseits vom 'Fluss des Lebens' völlig passiv treiben lassen, ohne dabei irgendwelche aktiven Schwimmbewegungen selbst zu vollziehen, werden wir möglicherweise niemals in die vom Hauptstrom angezeigte Richtung gelangen können. Es könnte nämlich sein, dass wir auf eine Sandbank auflaufen, in Ufernähe uns in einem überhängenden Gestrüpp verfangen, in einen Strudel geraten oder zu weit an den Rand kommen und dabei – leider knapp verfehlt – in einen toten oder unbedeutenden Nebenarm hineintreiben.
Nur wenn wir *aktiv mit dem Strom mitschwimmen,* sind wir im evolutionären Fluss der Entfaltung unserer eigenen Möglichkeiten. Hilfreich bzw. notwendig ist es, dass das Ego dabei ein geschickter, kraftvoller, ausdauernder und widerstandsfähiger Schwimmer ist – fähig, den kosmischen Impuls in der konkreten physischen Wirklichkeit zu realisieren. *„Dienen" kann in diesem Zusammenhang Ausdruck gelebter Würde sein – „Opfersein" dagegen nicht!*

---

[4] siehe Definition „Polarität" unter Erläuterung 18, in TEIL III.

[5] „Personale und transpersonale Archetypen" siehe Erläuterung 14 und Teil II.

'Dein Wille geschehe, Ich handle (inspiriert, würdevoll, konsequent, mutig und kraftvoll)'."

Hier noch eine kleine Anekdote:
Wie das immer so ist mit der Synchronizität! Ich schreibe gerade diese letzten Sätze zu Ende, da fällt mir ein Artikel von Frank Fiess – u. a. Therapeut für integrative Körperpsychotherapie – in die Hände, der für die Kultur einer „täglichen Praxis" plädiert und dabei einige Anregungen für Atem-, Körper- und Meditations-Übungen sowie diverse andere mögliche tägliche Rituale gibt.
Zum einen betont er den Nutzen von derartigen Übungen in ihrer jeweils ganz eigenen Qualität, da sie bestimmte Facetten menschlichen und spirituellen Wachstums unterstützen und helfen das *Ich bin (♆)* auszubilden.
Zum anderen unterstreicht er in diesem Zusammenhang noch einmal explizit die Wichtigkeit der *„täglichen Praxis"* (egal mit welcher Art von Ritual oder Übung). Allein in dem Vorgang, ganz konsequent tag-täglich die bewusste Aufmerksamkeit auf irgendeinen festgesetzten Fokus zu richten, sieht er die Chance hin zu einer segensreichen Willensschulung. Auf diese Weise wird das *Ich will (♂)* ausgebildet.

O-Ton F. Fiess gegen Ende des Artikels:
„…und so ist die Verbindung von *Ich bin* und *Ich will*, die Verbindung der zwei mächtigsten Wirkprinzipien des Universums. Es ist die Verbindung dessen, was uns *weise und stark* zugleich sein lässt…"

9. ELEMENTE EINER FRUCHTBAREN ASTROLOGISCHEN EINZEL-SITZUNG

Um den Blick auf den therapeutischen Wert der Astrologie abzurunden, möchte ich in prägnanter Weise *die* Elemente hervorheben, die – meines Erachtens – für einen freilassenden Umgang zwischen Astrologen/innen und ihren Klienten/innen erforderlich sind.

Wenn Menschen in die astrologische Praxis kommen, tun sie das nicht vorrangig aus Wissensdurst oder aus einem generellen Drang zur Selbst-Erkenntnis, sondern weil es ihnen „unter den Nägeln brennt" – sie tragen in der Regel schwierige aktuelle Konflikte mit sich.
Bevor jedoch die eigentliche astro-therapeutische Sitzung beginnt, habe ich mich natürlich – wie jede/r meiner Kollegen/innen auch – schon darauf vorbereitet. Das heißt, ich habe das Geburtsbild des/der Nativen als solches studiert und ebenso die aktuell ausgelösten individuellen Lebensthemen errechnet bzw. inhaltlich gesichtet. Damit habe ich auf einer *symbolhaften* Ebene sowohl ein Bild von den generellen Persönlichkeits-Anlagen, als auch eine *substantielle* Vorstellung darüber, warum dieser Mensch gerade jetzt in meine Praxis kommt. Ich kenne zwar noch nicht die konkreten Details seines Anliegens, aber aus der archetypischen Tiefen-Struktur seiner aktuellen Auslösungen lassen sich wichtige Erkenntnisse ableiten, die sowohl die Krisenhaftigkeit seiner gegenwärtig herausragenden Lebensthemen einsehbar machen, die aber auch gleichzeitig fruchtbare Nahrung für die betroffene Person sein können.

Diese gegenwärtigen – astrologisch sichtbaren – Konfliktthemen, beziehen sich in der Regel aber nur auf einzelne bzw. nur auf wenige Konstellations-Ausschnitte des Gesamt-Horoskops.

Meine Vorgehensweise in astrologischen Einzelsitzungen ist dabei, dass ich schwerpunktmäßig auch nur diese Konstellations-Ausschnitte zum „Betrachtungs-Gegenstand" der kommenden ca. zweistündigen astrologischen Sitzung mache und nicht das Horoskop als Ganzes (*das ich aber dennoch vorher schon studiert und hintergründig im Bewusstsein habe, um es in manchen Abschnitten der Konsultation für sinnige Querverweise zu benutzen).* Allein mit diesem Lebensphasen-spezifischen Fokus gibt es genug zu besprechen und zu bearbeiten. Und genau mit diesem Fokus können Klienten/innen auch die astrologische Relevanz ihrer persönlichen Thematik *voller* erfassen, weil ich als Astrologe in der Regel in der Lage bin, ihre aktuell drängende Erlebensdichte von einer Metaebene aus – auch inhaltlich – authentisch widerzuspiegeln.

Die drängenden Archetypen des erlebten „Hier und Jetzt" sind für die betroffene Person in ihrer astrologischen Relevanz prägnanter zu begreifen, als viele der

häufig etwas fernen anderen individuellen Persönlichkeits-Themen, die zur gleichen Zeit für diesen Menschen mehr im Hintergrund seiner erlebten Alltäglichkeit weben.
Ich erstelle in meiner Praxis also kein umfassendes Persönlichkeits-Profil – u. a. auch deshalb nicht, weil – auf der Suche nach einer Synthese – die zu verarbeitende Datenmenge so komplex ist, dass meines Erachtens nach vieles im Theoretisch-Abstrakten bzw. im Spekulativen hängen bleibt.
Dafür arbeite ich gemeinschaftlich mit den Klienten an einzelnen spezifischen Konflikt-Punkten, und zwar so, wie diese sich in ihrer aktuellen archetypischen Ausformung im Horoskop darstellen (eine Ausnahme ist die astrologische Biographie-Arbeit, die sich innerhalb eines längeren Zeitraumes in kontinuierlicher Zusammenarbeit mit den Klienten über mehrmalige Sitzungen gestaltet).
Die Vorinformationen, die mir über das Horoskop zur Verfügung stehen, sind zwar ein höchst wertvolles und anregendes Arbeits-Material für eine verabredete gemeinsame Sitzung, aber *diese allein* reichen noch nicht aus, um mir vorab wirklich ein angemessen vollständiges Bild über diesen Menschen machen zu können, der mir dann später in der Praxis gegenübersitzen wird. Denn, obwohl in einem Horoskop einerseits *potenziell* alles enthalten ist, was einem individuellen Menschen an Kräften, Gaben und Aufgaben zur Verfügung steht, stellt es doch nur das „Rohmaterial" dar, das dem Nativen zur 'mit-schöpferischen Bearbeitung' im Leben mitgegeben wurde. *Das Ausmaß seiner Befähigung* zur 'mit-schöpferischen Bearbeitung' seiner Lebensprozesse ist mir als Astrologe per se jedoch nicht bekannt.

Das umfassende Schicksal eines Menschen besteht also – über den mir nun bekannten archetypischen „Ausgangsstoff" hinaus – zusätzlich noch aus anderen Komponenten. Ich spreche hier vor allem vom geistig-seelisch-spirituellen Reifegrad eines Menschen; von seinem Bewusstseins-Level, das gleichzeitig ein Spiegel für das Ausmaß seiner 'mit-schöpferischen Befähigung' ist, mit der er seine gegebenen Anlagen auslebt.
Wohl wissend, dass wir es bei den Anlage-Konstellationen mit vielschichtigen und vieldeutigen Symbolen zu tun haben und nicht mit einer biographischen 1:1-Dokumentation, halte ich eine *dialogische Beratungs-Situation* für den erforderlichen Rahmen, um in gemeinsamer Arbeit überhaupt erst einmal herauszufinden, wie der Betreffende seine Konstellationen lebt, bevor man sich über erweiternde Erlebens-Möglichkeiten austauscht. sinnträchtige Fragestellungen, die Astrologen /innen während einer solchen astrologischen Einzelsitzung zum Austausch bringen könnten, sind u. a. folgende:
– Welche möglichen Lebensformen innerhalb des breiten potenziellen Spektrums einzelner archetypischer Mischkonstellationen haben Klienten in ihrem Alltag überhaupt konkret ausgestaltet?
– Lebt jemand seine ihm gegebenen Anlagen in der Ersten oder in der Zweiten Natur? In der Hemmung oder in der Kompensation?[1]

---

[1] in Anlehnung an Hermann Meyer's Konzept „Verzauberung der Anlagen" – siehe Teil II.

- Lebt jemand in Hinblick auf bestimmte Konstellationen in der Opfer- oder Täter-Position? Denn in der EINEN Welt gibt es keine strikte Abtrennung zwischen Ich und Du, sondern nur wirkende Archetypen auf allen Daseins-Ebenen.
- Welche individuellen Anlage-Muster projiziert ein Mensch sonst noch auf andere Personen und erlebt dabei „sich selbst im anderen" – ohne es zu wissen?
- Welche Persönlichkeits-Anteile drücken sich stärker als psychosomatische Symptome auf der Körper-Ebene aus, als sie womöglich auf der bewussten Handlungs-Ebene eine lebensfördernde Rolle spielen könnten.
- etc.

Das alles sind Verhältnisse, die monologisch arbeitende Astrologen/innen (Blind-Deuter) für ihre Klienten zwangsläufig nicht sortiert bekommen, und damit sind sie auch für die Nativen wenig hilfreich – manchmal sogar irreführend. So halte ich es auch nicht für meine Aufgabe, Ratschläge zu erteilen oder schon fertige Lösungsmöglichkeiten für jemand anderen zu ersinnen.

In einem dialogischen Prozess jedoch können wir immer wieder – wohl platziert – kleinere oder größere „Häppchen" unseres tiefen astrologischen Erfahrungswissens in den Austausch einbringen und erfragen ein Feedback darüber, wie die Klienten das im Alltag für sich erleben. Über einen solchen intimen Austausch erlebe ich mich in der Rolle des Astrologen weniger als „Berater" oder „Deutender", sondern eher *als Katalysator* – als jemand, der zusammen mit den Nativen deren Horoskope „erkundet", „ergründet" – damit diese zunehmend ein vertieftes und realeres inneres Verhältnis zu sich selbst entwickeln können. Was *wir* dazu beizusteuern in der Lage sind, ist unser kostbares archetypisches Wissen und das Verständnis der kosmisch-evolutionären Gesetzmäßigkeiten, das mitunter auch den Klienten „Intuitions-Flügel" verleihen kann – denn wenn Klienten hierüber sich selber besser verstehen lernen, entsteht eine andere geistig-psychologische Ausgangslage, aufgrund derer sie ihre eigenen, sinnigeren Entscheidungen treffen können.

Außer bei explizit deklarierten Biographie-Arbeiten beschränke ich mich in meiner astrologischen Arbeit *fast ausschließlich nur auf die Gegenwart,* beziehe aber manchmal Vergangenheits-Erfahrungen der Klienten mit ein, bei denen schon einmal die gleichen Themen wie in der „Jetzt-Zeit" ausgelöst waren, um daran bestimmte – sich wiederholende – Muster herauszuarbeiten. Das „Stochern in der Zukunft einer anderen Person" lasse ich gänzlich sein.

Die von mir gemeinte Gegenwart hat aber eine in sich selbst verankerte kürzere oder längere Ausdehnung, die zeitlich sowohl ein Stück weit „nach vorn" als auch „zurück" reicht.

Die mit einem Klienten zu besprechende Gegenwart – also „die individuelle Gegenwart" dieses speziellen Klienten – dauert immer genau so lange, wie es seinen aktuellen Transit-Auslösungen entspricht.

So reicht die „individuell ausgelöste ‘Gegenwart'" des Klienten meist etliche Monate – manchmal sogar Jahre – zurück und ragt oft ähnlich lange in eine „gegenwärtige

Zukunft" hinein. Diesen Zeitraum mache ich für meine Klienten immer transparent. Sie sollen wissen, wie lange „*ihre* spezielle Gegenwart" andauert; das begünstigt den Zustand 'vertrauensvoller Geduld' – u. a. gerade durch die Gewissheit, dass auch diese (möglicherweise schwierige) Phase vorübergeht. In der zeitlichen Benennung einer solchen längeren und intensiven Entwicklungs-Phase liegt für die Klienten/innen aber auch die Chance, ein realistisches Verständnis dafür zu entwickeln, dass jeder nachhaltige Individuations-Prozess tatsächlich auch eine solide Reifungszeit braucht, um sich neu finden zu können. Ein solches Verständnis begünstigt *ebenfalls* den Zustand 'vertrauensvoller Geduld'.

Über diese Grenze hinaus ist Zukunft nur noch abstrakt. Sie lässt sich zwar astrologisch errechnen und thematisch benennen, aber sie lässt sich nicht mehr erlebend fühlen, wie es bei der „gegenwärtigen Zukunft" der „individuell ausgelösten Gegenwart" sehr eindringlich der Fall ist. So ist eine „zukünftige Zukunft" für mich in meiner Arbeit mit Klienten/innen irrelevant (das bezieht sich auch auf explizit deklarierte astrologische Biographie-Arbeiten).

Für die gegenwärtig noch laufenden Prozesse meiner Klienten/innen prognostiziere ich keine fixen Entwicklungs-Ergebnisse (in der Art von: „Ihre Bemühungen werden erfolgreich sein" oder: „Dann kommt der Richtige" oder „Lassen Sie am besten die Finger von diesem Vorhaben", etc.). Das sind meines Erachtens unangemessene Einmischungen in menschliches Schicksal und überschreitet den organischen Kompetenz-Rahmen eines/r Astrologen/in. Möchte ein Klient jedoch – innerhalb *seiner* „individuell ausgelösten Gegenwart" – ein von ihm erwünschtes Vorhaben realisieren, so kann ich ihm meinerseits – mit einer von mir explizit deklarierten *ergebnisoffenen* Grundhaltung – damit behilflich sein, dass ich einen astrologisch als stimmig erachteten Zeitrahmen für ein solches Vorhaben einkreise.

„Sichere" Prognosen sind ein „verführerisches Spiel" mit einem assoziierten Spektrum *möglicher* Oberflächen-Erscheinungen, die auf dem Nährboden eines darunter liegenden archetypischen Grundprinzips erwachsen *könnten.* Anstelle solcher Spekulationen täten wir – aus meiner Sichtweise heraus – besser daran, in spielerischer und dabei „kreativ-ernst gemeinter Unverbindlichkeit" für unsere Klienten ein mögliches Manifestations-Spektrum aktuell-individueller Zeitströmungen zu zeichnen, dass auch ihnen das „umfassende Tiefen-Wesen" der darunter liegenden Archetypen bewusst und verständlich macht (was ich damit meine, können Sie in Fall-Beispiel Nr. 5 – „Die kleine Insel" – nachlesen).

Ich denke, dass es in unserer astrologischen Arbeit vorrangig genau um diese *„vielbedeutige 'Innere Natur' der Archetypen" geht; es gilt, sie transparent zu machen und zu kommunizieren.* Auf diese Weise können sie als „Seelen- oder Geistes-Bilder" Entwicklungen anstoßen und keimhaft im Menschen weiterwirken.

Die „äußeren Erscheinungsformen" dieser inneren Bilder, sind zwar nicht gleichgültig, bleiben aber dennoch sekundär. Von der tatsächlichen Relevanz solcher bestimmten äußeren Erscheinungsformen für unsere Klienten, wissen wir als Astrologen aber auch nicht wirklich viel. *Auf der Ebene der Inneren Bilder selbst jedoch sind wir Experten.*

Über all *das* hinaus empfinde ich es als Astrologe in einem hoch bedeutsamen Maße ebenfalls als meine Berufung, während meiner Arbeit – im gefühlten Ausmaß

der inneren Bereitschaft meiner Klienten – sehr bewusst Bilder von der „EINEN WELT und ihrer synchronistischen Mechanismen“ in den Raum zu stellen; Bilder einer Welt, in der wir alle, und ebenso auch unsere Klienten, mit allen Daseins-Ebenen potenziell verbunden sind.
Im bewusst-aktiven Aufzeigen auch der hintergründig wirkenden kosmischen Gesetzmäßigkeiten, die wir als Astrologen/innen selber beständig erfahren, scheinen die „Wunder dieser Welt“ auch für die Klienten/innen durch und haben die Potenz, das „'Innere Staunen' über ihr eigenes Angeschlossen-sein an Allem und Jeden“ in ihnen zu wecken.

An dieser Stelle möchte ich Sie noch einmal auf mein erstes Buch *„Astrologie, Psychotherapie und Spiritualität“* aufmerksam machen. Da geht es vor allem in Teil II „Krisen und Wachstum“ über mehrere Kapitel hinweg um die therapeutische Relevanz von astrologischen Einzel-Sitzungen.

Teil II

Deutungstechnische Grundlagen und Regeln

Vertiefende Ergänzungstexte zu Teil I

DIE ZWEI SÄULEN DER ASTROLOGIE – KÖRPER UND GEIST-SEELE

Astrologie wird von zwei großen Säulen getragen – <u>Astronomie und (Be)Deutungskunst.</u> In der praktischen astrologischen Arbeit bedingen sich diese beiden Säulen immer. Sie bilden eine Einheit.

Astrologie ist ohne Astronomie nicht denkbar, sie hätte sonst keinen „Körper“ und damit keine praktische Relevanz.
Umgekehrt hat sich die offizielle Astronomie als naturwissenschaftliche Disziplin in den letzten Jahrhunderten von der Astrologie – von ihrer „Geist-Seele“ – vollkommen abgetrennt. Das, was ihre Repräsentanten als wissenschaftlichen Fortschritt auszumachen glauben, ist in Wahrheit ein tiefer Bedeutungsverlust. Zurückgeblieben ist ein auf die mineralische Ebene reduzierter Kosmos, der sich ausschließlich im Funktionalen erschöpft. Das Bild des Menschen von sich selbst ist in diesem Reduktionismus zwangsläufig schon mit eingeschlossen.

<u>1. Astronomie</u>
Astronomie bildet den technisch-mathematischen Teil der Astrologie. Es geht um eindeutige Fakten, die aufzeigen, wie wir hier auf der Erde und aus der Erd-Perspektive in unser Sonnensystem eingebettet sind.
Technisches und mathematisches Wissen werden wir aber in diesem Buch nur soviel wie notwendig behandeln und es dabei in vereinfachter Form stehen lassen.
Dabei werden wir

- den <u>Tierkreis</u>, die <u>4 Elemente</u> und die <u>12 Tierkreiszeichen</u>,
- den <u>Aszendenten</u>, die <u>4 Quadranten</u> und die <u>12 astrologischen Häuser</u>,
- die <u>Planeten</u> unseres Sonnensystems, incl. ihrer Umlaufzeiten,
- und sogenannte <u>Aspekte</u> – besondere Winkelbeziehungen der Planeten untereinander –

zunächst aus der astronomischen Warte heraus betrachten und anschließend ihre astrologisch symbolischen Bedeutungen systematischer kennenlernen. Über all diese Facetten können wir den Aufbau eines Horoskops und seine innere Dynamik verstehen.

Um ein Horoskop zu errechnen, braucht man den Tag, das Jahr, die genaue Uhrzeit und den Ort der Geburt. Erst jetzt ist es möglich, die Daten so zu verarbeiten, dass die oben aufgelisteten Horoskop-Bausteine in einen komplexen und individuellen Bedeutungszusammenhang gebracht werden können. Um die Berechnungen selbst werden wir uns jedoch in diesem Buch nicht weiter bemühen. Dafür gibt es heute Astro-Computer-Programme, die jeder interessierte Mensch für sich handhaben kann.

Darüber hinaus werden in diesem zweiten Teil noch andere – für uns hilfreiche – deutungstechnische Zusammenhänge und Regeln dargestellt. Das Inhaltsverzeichnis im Vorspann des Buches gibt Ihnen den Überblick darüber.
Ein besonders wichtiges Thema, das ich hier noch explizit erwähnen möchte, sind die *Prognose-Verfahren,* deren Verständnis den Reichtum astrologischer Einsichten erst in vollem Ausmaß lebendig werden lassen. Der astronomische Anteil an diesen Verfahren bezieht sich auf die „Mathematik der Planeten-Umläufe“, mit der wir herausragende individuell-biographische und auch kollektive Umbruchs- und Entwicklungsphasen zeitlich genau berechnen können. Dabei werden wir uns weitgehend auf die *„Transite“* als Haupt-Auslösungsmethode der Astrologie beschränken. Sie werden dann aber im Fließtext des Hauptteils abschnittweise in jeweils zunehmend differenzierter Weise ausführlich behandelt.

2. Deutungskunst
Deutungskunst ist die zweite Säule der Astrologie. *Alle* oben angeführten astronomischen Fakten sind über ihre funktionale Betrachtung hinaus in der Astrologie gleichzeitig noch Symbole für jeweils spezifische Bedeutungsinhalte. Gleichnishaft bilden sie hintergründigen Welten-Sinn ab, so wie dieser sich in den unendlich vielgestaltigen Formen allen Weltgeschehens manifestiert – geistig, seelisch, körperlich, materiell.
Astrologische Deutungskunst als jahrtausendealtes menschliches Erfahrungs-Wissen ist ein Medium tiefen geistigen Welt-Verstehens.

Dadurch, dass wir vom Himmel auf den Sinn schließen können, befinden wir uns mit der Astrologie in einem vom GEIST durchdrungenen und von Grund auf auch ethischen Kosmos.
Das von Platon postulierte „Gute, Wahre und Schöne“ ist als Naturgesetz von vornherein inhärent im Kosmos vorhanden. Es wirkt als „final orientierte Triebkraft der Evolution“ und ist auf den höheren Stufen des Daseins – in der Menschwerdung – über die Intuition oder über schicksalhafte Ereignisse (sowohl die „positiv“ als auch die „negativ“ empfundenen) erfahrbar.
Genauso wie in Teil I der Aspekt der Deutung zwangsläufig immer eng mit den astro-technischen Komponenten verbunden ist, so ist es auch hier in Teil II – nur in einem umgekehrten Verhältnis. Während dort der Schwerpunkt auf der Deutung lag, liegt er hier in der Beschreibung der technischen Zusammenhänge.

DAS HOROSKOP ALS STRUKTURBILD ASTRONOMISCHER GEGEBENHEITEN UND SEINE ASTROLOGISCHEN BEZÜGE

Der Tierkreis

(*in Beziehung zu den Tierkreiszeichen, den 4 Elementen und den 4 Quadranten)*
Vor über 2000 Jahren, kurz vor unserer Zeitenwende, ist man – durch den Einfluss

des griechischen Wissens und im Zuge der damaligen fundamentalen geistigen Erneuerungen (erweiterte astronomische Kenntnisse, Aufkommen der Rationalität und der Ich-Werdung) – auch in der westlichen Astrologie neue Wege gegangen. Insbesondere die astronomische Erkenntnis der Präzession (die rückläufige Bewegung des Frühlingspunktes durch den siderischen Tierkreis) führte zur Einführung eines neuen Tierkreises – dem tropischen Tierkreis – mit dem die westliche Astrologie bis heute arbeitet. Der tropische Tierkreis wurde von den Sternbildern am Himmel (siderischer Tierkreis), *die durch bestimmte Fixsterngruppen sichtbar eingeteilt sind, abgekoppelt.*

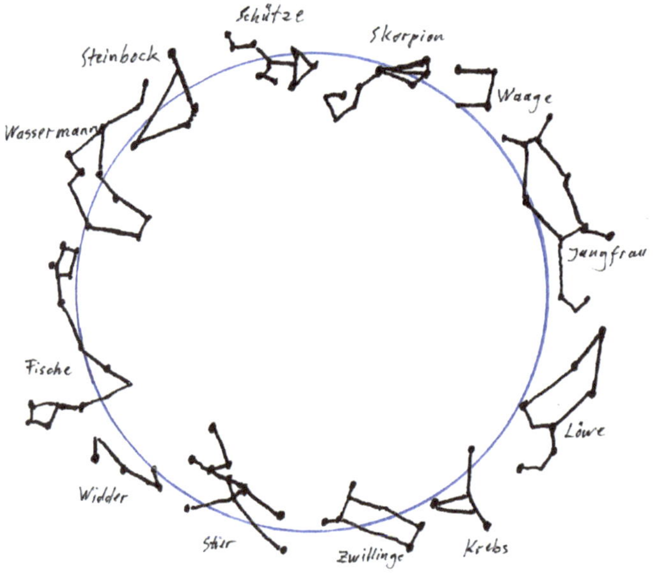

Graphik Nr. 18/1
Sternbilder des sichtbaren siderischen Tierkreises
(siderisch = auf die Sterne bezogen)

Das, was vorher am Himmel räumlich sichtbar war und natürlich auch heute noch sichtbar ist, wurde in einen unsichtbaren Zeit-Kreis (tropischer Tierkreis) übergeführt. Dessen Einteilung ist nun nach einem kosmisch vorgegebenen zeitlichen Zyklus – nämlich entsprechend dem jeweiligen Beginn der vier Jahreszeiten – errechenbar (tropisch = auf den Frühlingspunkt bezogen). „Damit hatte die Erde ihren eigenen Tierkreis" (Ulrike Voltmer), der unabhängig von den Sternbildern am Himmel ist.

Dieser Schritt ging parallel einher mit der Entwicklung der Individual-Astrologie. Davor blieb die Anwendung der Astrologie nur den Belangen der Herrscher, des Staates, der Kollektiv-Prozesse sowie dem Naturgeschehen vorbehalten.

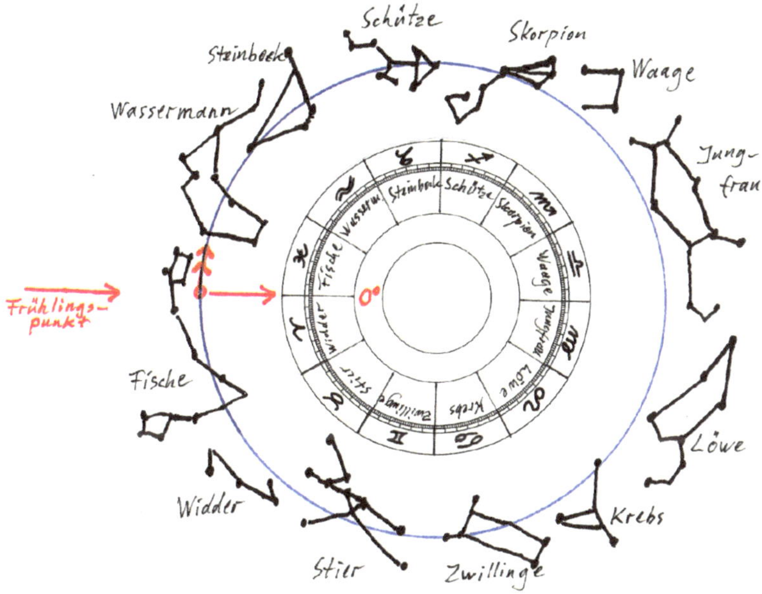

Graphik Nr. 18/2
Sternbilder des siderischen Tierkreises (außen)
und tropischer Tierkreis (innen)

Der tropische Tierkreis wird ausschließlich vom „scheinbaren" Jahreslauf der Sonne (☉) definiert. „Scheinbar" deshalb, weil es aus unserer subjektiven Erd-Perspektive so aussieht, als liefe die Sonne einmal im Jahr durch den gesamten Tierkreis, während es in der objektiven Wirklichkeit so ist, dass die Erde sich mit uns einmal im Jahr um die Sonne dreht. *In der Definition des Tierkreises aber legen wir unsere subjektive „geo-zentrische" Perspektive zugrunde.* Aufgrund dieser Perspektive behandeln wir die Sonne in der Astrologie wie einen Planeten – also wie einen Wandelstern, obwohl sie real – aus der objektiven „helio-zentrischen" Perspektive heraus – unser Zentral-Gestirn ist , um den sich „alles" (alle Planeten – auch die Erde) dreht. Sie ist real ein Fixstern.

Der tropische Tierkreis ist also ein Zeitkreis. Der Beginn dieses Kreises ist durch den *Frühlingspunkt* – durch die Tag- und Nachtgleiche im Frühling – bestimmt.

Exakt zum Zeitpunkt der Tag- und Nachtgleiche im Frühling definiert man den Punkt am Himmel, an dem gerade die Sonne (☉) steht, als Beginn des tropischen Tierkreises und benennt ihn als Null Grad (0°) Widder (♈).

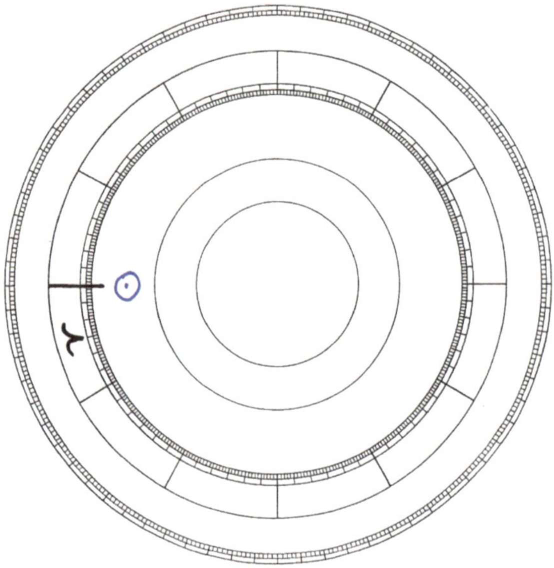

Graphik Nr. 18/3
Frühlingspunkt
Der Tag dieses Sonnenstandes ist auch Frühlingsbeginn im Kalender

Der Sonnenlauf in unserer Graphik ist entgegen dem Uhrzeigersinn und dementsprechend ist auch die Gradzählung in den Tierkreiszeichen entgegen dem Uhrzeigersinn. Der Kreis als Ganzes umfasst – wie jeder Kreis – 360°, und jedes der 12 Tierkreiszeichen zählt 30° (12 x 30° = 360°). Der 30ste Grad des vorhergehenden Zeichens (Grenzlinie) entspricht dabei 0 Grad des jeweils folgenden Zeichens.

Genauso, wie der Beginn des Kreises durch den Frühlingspunkt bestimmt ist, so wird auch die weitere Unterteilung des Kreises – wie in der nächsten Graphik sichtbar – immer durch kosmische Eckpunkte mitbestimmt.

Drei Monate später haben wir den längsten Tag des Jahres – *Sommeranfang*. Die exakte Stellung der Sonne an diesem Tag am Himmel markiert den Tierkreispunkt 0° Krebs (♋). Am Tag des *Herbstbeginns* – wieder Tag- und Nachtgleiche – markiert der Sonnenstand am Himmel den Tierkreispunkt 0° Waage (♎) und wieder drei Monate später haben wir den *Beginn des Winters* am kürzesten Tag des Jahres. Dieser Sonnenstand am Himmel ist identisch mit dem Tierkreispunkt 0° Steinbock (♑).

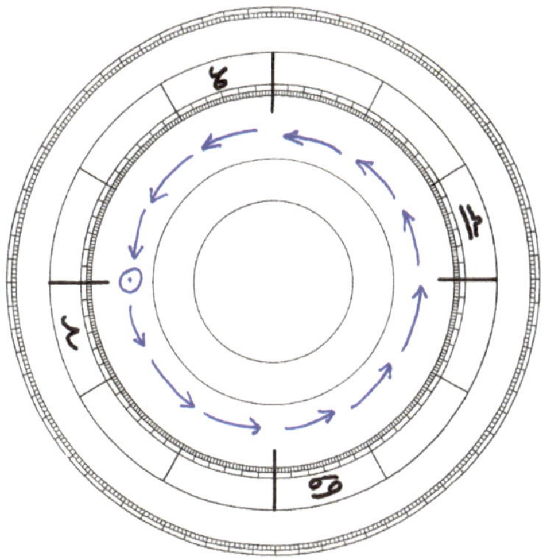

Graphik Nr. 18/4
Mit vier kosmischen Eckpunkten bilden die Jahreszeiten das grobe Gerüst des Kreises

Die Zwölfer-Einteilung mit **12 Tierkreiszeichen** als Feinstruktur – siehe folgende Graphik – ist ebenfalls einem kosmischen Rhythmus *entlehnt.* Sie findet ihre Parallele in der metaphorischen Spiegelung, dass es 12 Neumonde im Jahr gibt.

Bei Neumond treffen sich Sonne (das männliche Prinzip) und Mond (das weibliche Prinzip) in ihrer jeweiligen Umlaufbahn am gleichen Tierkreispunkt. In der klassischen Astrologie wird dies als „mythische Hochzeit" angesehen. In der schöpferischen Vereinigung des Ur-Männlichen mit dem Ur-Weiblichen wird ein neuer Zeitabschnitt „gezeugt" und damit neue Zeit-Inhalte – neue Zeit-Qualitäten (Kairos).

Die 12 Neumonde finden real allerdings in jedem Jahr zu anderen Zeiten statt, während die Zwölfereinteilung des Tierkreises konstant bleibt. Der beschriebene Zusammenhang ist also gleichnishaft, wie so vieles in der Astrologie gleichnishaft ist und dennoch Wirklichkeit atmet.

Die 12 realen Neumonde behalten in der astrologischen Praxis aber dennoch zusätzlich ihre Bedeutung in anderen Zusammenhängen, die hier aber nicht erörtert werden können.

Graphik Nr. 18/5

Die 4 Elemente, die 4 Quadranten, die 12 Zeichen

Die 4 Eckpunkte des Grundgerüsts bilden gleichzeitig die Grenzlinien zu den 4 Quadranten, auf die wir noch zu sprechen kommen. Die Quadranten teilen den Kreis in vier inhaltsträchtige „(Zeit-)Räume“, die wir in einem übergeordneten Sinne zunächst mit *materiell, seelisch, geistig und überpersönlich* assoziieren. Auf der Ebene des Tierkreises, finden die Quadranten nun ihren ersten anschaulichen und praktisch bedeutsamen Niederschlag, im Sinne von Deutungs-Elementen. Dennoch spielen sie hier auf der Zeichen-Ebene noch immer eine mehr nebensächliche Rolle. Ihre volle Bedeutsamkeit bekommen die Quadranten erst auf der Häuser-Ebene, wo wir sie später noch einmal ausführlich behandeln.

Der Tierkreis ist eine fundamentale Ebene des Horoskops. Einerseits selber Spiegel spezifischer Kräfte und Inhalte (durch die Quadranten, die einzelnen Zeichen und – wie wir später sehen werden – noch durch die 4 Elemente), *bietet er uns durch seine Grad-Einteilung gleichsam ein Koordinatensystem, um die anderen Horoskop-Facetten (Planeten, Häuser, Aszendent, Deszendent, Aspekte = ebenfalls Spiegel spezifischer Kräfte) in ihren gesetzmäßig relevanten Gesamtverhältnissen überschaubar zu machen.*

Der Kreis symbolisiert ein GANZES. Er steht für die EINHEIT, für die sinnvolle Geschlossenheit aller Lebenserfahrungen in sich selbst. Die verschiedenen Einteilungen des Kreises – hier zunächst einmal die 12 Tierkreiszeichen – stehen für die archetypischen Grundkräfte des erfahrbaren Lebens. Die Zeichen finden über ihre Stellung in den Quadranten (Qu.) – ihre schwerpunktmäßige Zuordnung

hin zu materiell (I. Qu.), seelisch (II. Qu.), geistig (III. Qu.) oder überpersönlich bzw. spirituell (IV. Qu.) (siehe Graphik 18/6 auf S. 332).
In den folgenden Übersichten der kosmischen Grundkräfte auf der Ebene der Zeichen spiegeln sich zusammengenommen alle menschlichen Bedürfnisse, Fähigkeiten und Notwendigkeiten wider – zunächst einmal in groben Zügen. Als Summe sind sie alle in jedem einzelnen Menschen potenziell präsent – d. h., dass in jedem Horoskop einer jeden einzelnen Person von vornherein alle Grundkräfte bzw. alle 12 Tierkreiskräfte zusammen vorhanden sind, nur in jeweils unterschiedlicher individueller Ausprägung.
Deshalb, wenn Sie in den weiteren Texten die Namen irgendwelcher Tierkreiszeichen lesen, dann denken Sie bitte nicht in erster Linie an konkrete Personen, denen man in der versimplifizierenden Sonnenstands-Astrologie gewöhnlich diese dann beschriebenen Charakteristiken zuordnet.
Stellen Sie sich stattdessen alle beschriebenen Tierkreiskräfte zusammen als die – in Ihnen wohnenden – Teile Ihres eigenen Selbst vor. Sie alle repräsentieren unterschiedliche Facetten Ihres individuellen Lebens. Sie sind Ihre unterschiedlichen Persönlichkeits-Anteile – Ihr Ego, Ihre Art von Gefühlsleben, Ihre Handlungs-Impulse, Ihre Beziehungs-Bedürfnisse, Ihr Zugang zur spirituellen Daseins-Dimension, etc.
Auch auf diese Weise hat jeder Mensch Anteil an der UNIVERSALITÄT des Lebens.
Entgegen dieser UNIVERSALITÄT entsteht individuelle Persönlichkeit erst dadurch, dass der Einzelne unterschiedliche Intensitäts-Schwerpunkte und anders geartete Mischformen archetypischer Grundkräfte aus dem universellen Pool aller Möglichkeiten „für sich herausfiltert". Dieses „Herausfiltern" geschieht über die individuellen Planetenbesetzungen der jeweiligen Zeichen und Häuser, über Aszendent-Stellung, über besondere Aspekte, etc.

Die archetypischen Grundkräfte erscheinen also hier einerseits *als die verschiedenen Glieder* des GROSSEN GANZEN unseres KOSMOS, die parallel zueinander stehen. Sie erscheinen aber ebenso als die verschiedenen Glieder unserer individuellen Persönlichkeit, die genauso parallel zueinander stehen.
Darüber hinaus können sie aber gleichzeitig noch in ihrer Anordnung und Abfolge im Kreis *als die einzelnen Phasen oder Stufen* eines universellen und ebenso individuell-persönlichen Entwicklungsprozesses begriffen werden, die zeitlich nacheinander durch die Umlauf-Bewegungen der Planeten immer wieder aufs Neue durchlaufen werden – zyklisch und rhythmisch.
Die Hierarchie, nach der die folgend beschriebene Reihe gegliedert ist, wird sowohl durch die chronologische Folge der Quadranten als auch durch die der Tierkreiszeichen bestimmt, wie sie sich durch den ganzen Kreis ziehen. Diese Hierarchie – die der chronologischen Folge der Quadranten und der Zeichen im Kreis – ist die Wichtigste.
Wir werden aber noch im Anschluss an diese Reihe eine zweite Hierarchie der Zeichenstellungen im Kreis herausarbeiten, die sich dann auf das Ordnungsmuster in der Stellung der vier Elemente untereinander bezieht.

Die untenstehenden inhaltlichen Deutungen der Zeichen geben einen kurzen systematischen Überblick mit „griffigen“ Schlüsselbegriffen und schaffen eine Interpretationsgrundlage, dessen Repertoire später erweitert wird.

In diesem Kurzüberblick habe ich erst einmal ausschließlich kreative Ausdrucksformen der unterschiedlichen Tierkreisphasen dargestellt. Sie zeigen, worum es im eigentlichen Sinne im Leben gehen könnte. Es sind dies die erlösten Formen der Tierkreiskräfte, sozusagen ihre „erste Natur“ (Meyer), der qualitative Kern einer Energie. Man könnte hier die eigentlichen kosmischen Absichten assoziieren, denn sie werden als lebensfördernd erlebt und unterstützen den grundlegenden evolutionären Impuls allen Daseins.

Auf mögliche Zerrformen dieser Kräfte, wie sie uns alle ebenso geläufig sind, kommen wir später noch zu sprechen. Diese wären Ausdruck unserer eingeengten individuellen und kollektiven menschlichen Bewusstseins-Kapazitäten: Ausdruck unreifer und kindlich-undifferenziert gebliebener Persönlichkeits-Anteile; Ausdruck gesellschaftlich normierter Maßstäbe und der daraus resultierenden neurotischen bzw. traumatischen Verzerrungen; Ausdruck unserer Ego-Spiele. Sie wären dann unsere „zweite Natur“, der Spiegel unseres Schattens.

I. Quadrant materiell

Widder	(♈)	Feuer	ICH-STÄRKE *Das Bild: Das Kampffeld* Körperenergie (Konstitution), Wille, Sexualität
Stier	(♉)	Erde	HABEN *Das Bild: Grund und Boden* Sicherheit, Abgrenzung, Gemeinschaftsgefühl
Zwilling	(♊)	Luft	INTELLEKT *Das Bild: Die Bibliothek* Analyse, Kommunikation, Technikverständnis

II. Quadrant seelisch

Krebs	(♋)	Wasser	*Das Bild: Der heimatliche Dorftümpel* Gefühl, Geborgenheit, soziales Gewissen
Löwe	(♌)	Feuer	LEBENSKRAFT *Das Bild: Die Spielwiese* Emotion, Kreativität, Handlungsimpuls
Jungfrau	(♍)	Erde	VERNUNFT *Das Bild: Der Arbeitsplatz, die Lupe* Wahrnehmung, seelische Reflektion, Anpassungsfähigkeit

III. Quadrant geistig

Waage	(♎)	Luft	BEGEGNUNG *Das Bild: Der Blumenstrauß* Harmonie, Begegnung, Kunst, Erotik
Skorpion	(♏)	Wasser	GEISTIGE TIEFE *Das Bild: Der Sumpf, der Vulkan* Forschungsgeist, Wandlungsfähigkeit, Überlebensfähigkeit
Schütze	(♐)	Feuer	VERSTAND *Das Bild: Der Horizont* Sinnfindung, Ethik, Kultur

IV. Quadrant überpersönlich

Steinbock	(♑)	Erde	GESETZ *Das Bild: Der Berg* Struktur, Realbewusstsein, Verantwortung
Wassermann	(♒)	Luft	ERKENNTNIS *Das Bild: Der Himmel, Aussichtsturm* Intuition, Individuation, progressive Bestrebungen
Fische	(♓)	Wasser	ALL-VERBUNDENHEIT *Das Bild: Das Meer* Ahnungsvermögen, Mitgefühl, Alternativen entwickeln

Die 12 Glieder oder Phasen oder Zeichen des Tierkreises werden – über die Quadranten-Einteilung hinaus – zusätzlich noch nach den 4 Elementen – kategorisiert. Jedes einzelne Element, sei es Feuer > Erde > Luft > Wasser, ist – genau in dieser gerade beschriebenen Reihenfolge – im Tierkreis gleich dreimal hintereinander vertreten, bevor der Kreis sich wieder schließt.

Feuer >	**Erde >**	**Luft >**	**Wasser >**
(♈) Widder >	**(♉) Stier >**	**(♊) Zwilling >**	**(♋) Krebs >**
(♌) Löwe >	**(♍) Jungfrau >**	**(♎) Waage >**	**(♏) Skorpion >**
(♐) Schütze >	**(♑) Steinbock >**	**(♒) Wassermann >**	**(♓) Fische**

VI. Quadrant **III. Quadrant**

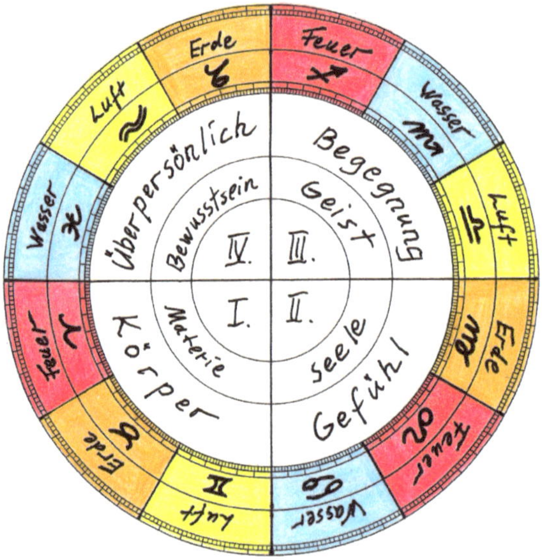

I. Quadrant **II. Quadrant**

Graphik Nr. 18/6

Schauen Sie sich nun die obere Graphik zunächst einmal am besten aus zwei unterschiedlichen Perspektiven nacheinander an:
Einmal ist es sinnig die Abfolge der 4 Elemente durch den gesamten Kreis bewusst nachzuvollziehen (die unterschiedlichen Farben sind Hilfen zur schnellen Orientierung).

Und danach gilt es, sich die vier Quadranten anzuschauen und dort die Elementen-Verhältnisse zu sondieren. Von den vier Elementen sind in jedem Quadranten immer nur drei vertreten, und zwar in jeweils unterschiedlicher Verteilung.

Wenn Sie nun im Folgenden die Interpretationen der einzelnen Elemente in Kombination mit den jeweiligen Zeichen lesen, kann es hilfreich sein, sich bei den unterschiedlichen Textpassagen noch einmal diese letzte Graphik vor Augen zu führen.

Wie sich die vier Elemente in den einzelnen Tierkreiszeichen jeweils in einer differenzierteren Weise ausdrücken, werde ich im Folgenden eingehender interpretieren. Dabei werden ihre Positionen in den verschiedenen Quadranten mit berücksichtigt.
Die Interpretationsbegriffe der nachfolgenden Übersicht sind alle auf die Belange des einzelnen abgestimmt. Darüber hinaus gibt es in der Astrologie noch viele andere Interpretationsraster, die sich mehr auf gesellschaftliche bzw. kollektive

astrologische Entsprechungen beziehen, z. B. auf Politik, Wirtschaft oder auf Naturgeschehen etc.

Feuer ist kraftvoll / überschießend (cholerisch)
Wir finden hier dynamisch-expansive Impulse, die unverzögert in konkrete Handlungen übergehen. Die „Welt 'will' erobert bzw. ergriffen werden" um sie zu verändern und zu formen. Feuer ist willensstark, lebendig, aktiv, verausgabend, emotional – in seiner Überwertigkeit ungestüm, dominant, willkürlich und verletzend / in seiner Unterwertigkeit kraftlos.

- Dieser Wille zur Handlung wird in der Phase des Widder-Prinzips **(♈)** von außen her motiviert (I. Quadrant, materielles Feuer) – durch die existentiellen Herausforderungen der realen, stark physisch geprägten Umwelt, die wir zu meistern haben. Handlung ist hier also *reaktiv* (Döbereiner) und konfrontativ – Lebenskampf.
- In der Löwe-Phase **(♌)** kommt die Handlungs-Motivation hauptsächlich aus der eigenen inneren gefühlsmäßigen Mitte (II. Quadrant, seelisches Feuer). Der spontane Fluss seelischer Bilder im hier und jetzt führt über die Emotion (Gefühle in Wallung) zum konkreten Handlungs-Impuls. Handlung ist hier spielerischer (eigenschöpferisch) als beim kämpferischen Widder-Prinzip und gleicht eher dem Ausdruck von Lebenslust.
- In der Schütze-Phase **(♐)** ist die dynamische Expression vorrangig geistinspiriert, vom Feuer der „Begeisterung" getragen (III. Quadrant, geistiges Feuer). Sie „entzündet" sich an Vorstellungsbildern menschlich erweiternder Möglichkeiten, ist dabei eher zukunftsorientiert und wirkt ihrerseits – sinnhaft, weltanschaulich, kulturbildend und ebenso inspirierend.

Erde ist realistisch / beharrend bis schwerfällig (phlegmatisch).
Sie zeichnet sich aus durch ausgeprägten Sinneskontakt, praktische Befähigungen, ordnende Ambitionen und lebensnahe Zielsetzungen.
Erde ist formgebend, festigend, stabil, bewahrend und ausdauernd – in ihrer Überwertigkeit träge, unflexibel, starr, antiquiert – in ihrer Unterwertigkeit haltlos.

- Beim Stier-Thema **(♉),** als Persönlichkeits-Anteil individuellen Lebens richten sich die ordnenden und praktischen Ambitionen auf den Bereich des „Habens", auf die existentielle Sicherung (I. Quadrant, materielle Erde). Es ist ein pflegender, bewahrender und mehrender Umgang mit den Gesetzen der materiellen Umwelt.
- In der Jungfrau-Phase **(♍)** werden die ordnenden Ambitionen wirksam durch die seelische Analyse (2. Quadrant, seelische Erde). Eine sachlich-nüchterne Gefühls-Wahrnehmung gewährleistet realistische Selbst- und Fremdeinschätzungen, schafft psychologische Klarheit und Verbindlichkeit.
- Ordnende und bewahrende Intensionen beziehen sich im Steinbock-Prinzip **(♑)** auf die Regeln, Gesetze und Werte unseres gesamtgesellschaftlichen Eingebundenseins (IV.Quadrant, überpersönliche Erde). Es ist unser kultureller Überbau und die staatlichen bzw. öffentlich-institutionalisierten Vorgaben, die in das Leben der einzelnen Individuen hineinwirken und es mitbestimmen.

Luft ist mental / flüchtig (sanguinisch).

Luft symbolisiert die „Ideen-Welt", die mentalen Abstraktionen hinter den konkreten Daseinsformen. Es sind Gedankenmuster verschiedener Spielart und sprachliche Kanäle des Ideen- und Informations-Austausches. Luft ist leicht, beweglich, veränderbar, interessiert, vermittelnd und funktional – in ihrer Überwertigkeit ver-„kopft", lebensfremd, exzentrisch, fanatisch – in ihrer Unterwertigkeit „einsichtslos" im weitesten Sinne.

- Im Zwillingsthema (♊) ist das funktionale Denken angesiedelt, das unsere physische Umwelt analysiert (I. Quadrant, materielle Luft). Durch die forschende Ratio werden Daten gesammelt, kategorisiert, zum Austausch gebracht und verglichen. Sie dienen der praktischen Orientierung in unserer funktionalen Umwelt und ihrer verbesserten Handhabung. Es ist der Intellekt, als klassisch naturwissenschaftlich-orientierter Denkmechanismus. Hier finden wir auch die Befähigung zum guten sprachlichen Ausdruck.
- Die mentalen Prozesse der Waage-Thematik **(♎)** sind ästhetischer bzw. schöngeistiger Natur (III. Quadrant, geistige Luft). Sie sind harmonisch, menschlich verbindlich, kunst- und kulturschaffend. Dieser Persönlichkeits-Anteil ist auch ganz Du-orientiert und gibt in bedeutendem Ausmaß Hinweise auf bestimmte Spielarten unserer Partner-Anziehungen (III. Quadrant auch Begegnung).
- In der Wassermann-Phase **(♒)** sind die mentalen Prozesse überpersönlich inspiriert (IV. Quadrant, spirituelle Luft) – die „Stimme Gottes" (Döbereiner). Es ist die Intuition, der „Gedanken-Blitz", der uns über die Erkenntnis mit den kosmisch-evolutionären Notwendigkeiten unmittelbar in „Berührung" bringt. Damit wird der „Weg der Individuation" für jeden einzelnen Menschen in seiner ihm einmaligen und besonderen Weise vorgezeichnet.
  (Im Anhang dieses Tierkreisthemas wird noch mal auf die spirituelle Bedeutung des Wassermann-Prinzips hingewiesen und in einen gemeinsamen Kontext mit dem Fische-Prinzip gesetzt).

Wasser ist gefühlvoll / labil (melancholisch).

Wasser steht für alles Beseelte in dieser Welt und ist in seiner grundlegenden Dimension Quell alles Lebendigen. Gleichwohl ist es Symbol für das Gefühl in seinen unterschiedlichen Erlebens-Nuancen und für die Domäne des Unbewussten, der Träume und Phantasien. Wasser ist passiv, beeindruckbar, empfangend, fließend, weich, rund – in seiner Überwertigkeit ver„träumt", überempfindlich, sentimental, „sehn"süchtig, „zerfließend"-labil – in seiner Unterwertigkeit „seelenlos" (versachlicht, unterkühlt und verhärtet).

- Im Tierkreisstadium des Krebses **(♋)** kommt der Mensch mit seiner inneren Gefühlswelt in Berührung (II. Quadrant, seelisches Wasser), ebenso mit seinem persönlichen Unbewussten. Es ist der Aspekt der Geborgenheit und ein entsprechendes inneres Gestimmtsein, mit dem der Mensch sich nicht nur selbst erfühlt, sondern mit diesem Gefühl auch die ihn unmittelbar umgebende Umwelt „abtastet". Hier siedelt die Gabe der Empathie und das soziale Gewissen.
- Beim Skorpion-Thema (♏) vertieft sich unser Gefühlsleben bis in die magische,

übersinnliche Wirklichkeit des kollektiven Unbewussten hinein (III. Quadrant, geistiges Wasser). Das tiefe „vergeistigte Fühlen" atmet eine kraft- bis machtvolle Intensität. Diese ist in uns selbst ebenso erlebbar, wie in ihrer still-nachhaltigen bzw. leitbildhaft anmutenden Wirkung nach außen. „Beseelt" von einem tabulosen Forschungsdrang, fasziniert hier alles Unentdeckte, Hintergründige. *Dem* „auf den Grund" zu gehen, entspringt einer organisch vorhandenen Anziehungskraft, damit der „angeborene Trieb zur Selbst-Transformation" sich prozesshaft erfüllen kann – oftmals in fundamentaler Weise. Dies gilt auch für den Beziehungs-Aspekt unseres persönlichen Lebens, bei dem wir mit unserem Skorpion-Anteil in tiefer geistig-seelischer Verbundenheit, vor allem das Wesentliche mit dem Du teilen möchten. (III..Quadrant auch Begegnung).

– Beim Fische-Anteil (♓) unseres eigenen Gesamtwesens weitet sich unsere Gefühls-Befähigung bis in die Unbegrenztheit transpersonalen Seins hinein aus (IV. Quadrant, überpersönliches Wasser). Es ist das gefühlsmäßige Verschmelzen mit JEDEM, mit ALLLEM und mit dem UNSAGBAREN – dem GÖTTLICHEN URGRUND – und hat ein authentisches Mitgefühl mit *allen* lebenden Wesen im Gefolge.
  (Die gemeinsame spirituelle Bedeutung des Wassermann- und des Fische-Prinzips wird im Anhang dieses Tierkreisthemas noch einmal herausgearbeitet).

Feuer und Luft sind zwar einerseits von sehr unterschiedlicher Wesensart, teilen aber wiederum auch wichtige Eigenschaften miteinander. Deshalb fasst man sie auch oft in eine Gruppe wesensverwandter Zuordnung zusammen. Beide sind zentrifugal. Sie steigen nach oben zur Peripherie hin. So sind sie archetypisch männlich, d. h. aus sich selbst heraus *aktiv*, expressiv, initiativ, verströmend, extrovertiert.
Erde und Wasser sind ebenfalls sehr unterschiedlich und sich dabei auch wieder in grundsätzlichen Charakteristiken ähnlich bzw. wesensverwandt. Beide gehorchen der Schwerkraft, d. h., sie sind zentripetal – zum Mittelpunkt, zum tiefsten Punkt hin orientiert. Dabei „streben" sie jedoch nicht aus sich selbst heraus nach unten, sondern „werden" nach unten – zum Mittelpunkt der Erde hin – „gezogen". Sie verhalten sich passiv, rezeptiv und introvertiert. Astrologisch schreibt man ihnen deshalb archetypisch weibliche Eigenschaften zu.

Anhang

Das Wassermann- und das Fische-Prinzip symbolisieren im astrologischen Welten-Modell die beiden spirituellen Archetypen – jedes für sich auf seine eigene spezifische Art und Weise. *Wenn auch alle anderen archetypischen Kräfte ebenso ihren Ursprung im ABSOLUTEN GEIST haben, so zielen doch deren anordnende Eigenschaften vor allem auf die weltlichen Belange des Menschen und deren Bewältigung ab – „Mutter-Instinkt"; (im archetypischen Sinne) männliche Handlungsstärke; Analysefähigkeit des Intellekts; etc.*
Hier aber, mit diesen Kräfte-Gliedern oder in diesen prozesshaften Phasen von Wassermann und Fische, kommen wir mit unserem tiefsten inneren spirituellen

Kern in eine lebendige Berührung, und das auch dann noch, wenn wir es bewusst gar nicht mitbekommen; nämlich auch dann, wenn diese Erlebensweisen – allzu häufig – zunächst einmal in sehr weltlich anmutenden Verkleidungen (Verzerrungen) erscheinen und durch das „unkundige Auge" in ihrem eigentlichen Charakter nicht erkannt und verstanden werden können. Denn …

… von der Spiritualität bis zu den Spirituosen gibt es aus astrologischer Warte keinen wirklichen inhaltlichen Unterschied – nur einen graduellen auf der Skala eines spezifisch-qualitativen Spektrums. In genau diesem Sinne können wir auch eine Gefängniszelle in eine Reihe mit dem Abseits einer Meditationsklause stellen.

Wassermann (Luftzeichen) und Fische (Wasserzeichen) gehören zwar in der hiesigen Elementen-Zuordnung unterschiedlichen Kategorien an, in der Reihenfolge der Zeichen im Tierkreis stehen sie jedoch direkt hintereinander (siehe Graphiken). Dabei bilden sie die beiden letzten Zeichen im 4. überpersönlichen Quadranten und damit auch den vorläufigen „Abschluss" des gesamten Kreises.

Beide zusammen haben ihre tiefste Bedeutung in der bewussten Identifikation des Individuums mit der GOTTHEIT inklusive der EINHEIT mit ALLEM in dieser Welt.

Ihre jeweils separate authentische Natur (Luft und Wasser) bringt natürlich auch zweierlei unterschiedliche Wirkungen hervor. Aber in ihrer gemeinsamen evolutionären Zielrichtung zur EINHEIT hin, bleibt ihr jeweils anders gearteter charakteristischer Impuls dennoch aufeinander bezogen und findet eine Parallele im buddhistischen Konzept der „wahren erleuchteten Weisheit" (bodhi).
Nach D. T. Suzuki besteht diese aus „zwei Säulen, die das große Gebäude des Buddhismus tragen":

1. Prajna, die transzendente Weisheit oder intuitive Intelligenz (Wassermann; Anm. d. Verf.)
2. Karuna, die universelle Liebe und Barmherzigkeit (Fische; Anm. d. Verf.)

Über das Wassermann-Thema (Luft) wird durch den Vorgang der intuitiven Erkenntnis die „Transzendente Weisheit/Wahrheit/Wirklichkeit" – sprich die Einsicht in die großen Zusammenhänge dieser Welt – sozusagen in Form des „Geistes-Blitzes" auf die mentale Ebene „herunter-geladen".
Das Fische –Thema (Wasser) trägt seinerseits das Potenzial in sich, über das bewusst-erfahrene gefühlsmäßige Verschmelzen mit JEDEM und ALLEM ein spontanes und auf das GANZE hin bezogenes Mitgefühl zu erlangen. Erst diese Erfahrung scheint es zu sein, die das Individuum in die Befähigung dessen verwurzelt, was die spirituellen Traditionen als authentische UNIVERSELLE LIEBE beschreiben.

- „Intuitive Weisheit" ohne allumfassende Liebe erfährt immer wieder eine graduelle Beschränkung in Hinblick auf die praktische tägliche Verwirklichung ihrer Selbst.

- „Universelle Liebe“ ohne intuitive Weisheit hat keine klare Ausrichtung, läuft Gefahr, im „nur subjektiven Empfinden stecken zu bleiben“, und ist nicht zwangsläufig segensreich in ihrem Wirken nach außen.

Die Planeten

Die Planeten vollziehen – objektiv gesehen – allesamt ihre Umlaufbahnen um die Sonne, die wiederum ein <u>Fix-Stern</u> ist. So gehört auch unsere Erde zu den Planeten, und wir drehen uns ebenso wie die anderen Planeten um die Sonne. Und weil der Mond als Erdtrabant beständig um unsere Erde kreist, umkreist auch er – sozusagen indirekt – mit uns zusammen die Sonne.

Das ist es, was wir als unser „heliozentrisches Weltbild“ kennen – die Sonne als unbewegliches (fixes) Zentrum innerhalb unseres Sonnensystems.

Wenn uns unsere menschlichen Sinne nun kontinuierlich „vorgaukeln“, dass sich unsere Sonne am Himmel dennoch bewegt, liegt das ausschließlich an zwei unterschiedlichen Bewegungsabläufen der Erde selbst, die unser charakteristisches Erde-Sonne-Verhältnis bestimmen:

... <u>zum einen</u> dreht sich die Erde einmal im Jahr (in 365 Tagen) um die Sonne (die *Revolution*). Diese Bewegung, vermittelt uns den subjektiven Eindruck, als würde die Sonne, auf ihrer scheinbaren Sonnenbahn einmal im Jahr durch den ganzen Tierkreis (360°) „wandern“ – also pro Tag nicht ganz 1° Grad im Tierkreis „weiterrücken“. Dieser Eindruck entsteht aber nur durch die Erdumlauf-Bewegung, bei der wir von Tag zu Tag immer wieder selbst eine andere, etwas verschobene Perspektive der Sonne gegenüber einnehmen. Und mit jeder neuen, etwas verschobenen Perspektive nehmen wir dann zwangsläufig die Sonne immer wieder vor einem etwas anderen Himmels-Hintergrund wahr – was uns wie die Wanderung der Sonne am Himmel vorkommt.

... <u>zum anderen</u> dreht sich die Erde zusätzlich noch einmal täglich um die eigene Achse (die *Rotation*) – eine Bewegung, die unserem subjektiv erlebten Tag- und Nachtrhythmus zugrunde liegt. Dabei haben wir den Eindruck, dass die Sonne tagsüber am Osthorizont „aufsteigt“, dann am Himmel über uns „hinwegwandert“, um später schließlich am Westhorizont wieder „unterzugehen“.

Aus der subjektiven Erd-Perspektive heraus erleben wir das Himmels-Szenerio also ganz anders, als es wirklich ist. Von hier aus gesehen scheint sich alles um uns zu drehen – alle Planeten und auch die Sonne.
<u>Und das ist es wiederum, was wir als das alte „Geozentrische Weltbild“ kennen, das noch bis zum Jahr 1543 als das allein richtige galt.</u>
Iin diesem Jahr veröffentlichte Nikolaus Kopernikus – nach langem Zögern – sein Buch „Über die Umläufe der Himmelskörper“ und löste damit einen geistigen Transformationsprozess erster Ordnung aus.

Eine solch einschneidende kollektiv-menschliche Erneuerungsphase – in diesem Falle ausgelöst durch fundamental neue astronomische Erkenntnisse – ist als inhaltliches Ereignis anhand entsprechender planetarer Konstellationen am Himmel natürlich auch astrologisch nachvollziehbar. Und wir werden auf dieses Ereignis und seine astrologische Spiegelung später noch zurückkommen.
Durch das damals entdeckte objektive, heliozentrische Weltbild hat sich die Bedeutung der Erde und des Menschen im Hinblick auf seine Stellung im Universum in vielerlei Hinsicht relativiert, und gleichzeitig haben sich die Grenzen des Universums für uns ins Unermessliche erweitert. Dennoch hat – auch durch das neu gewonnene Wissen – das geozentrische Weltbild nicht komplett seine Bedeutung eingebüßt – insbesondere nicht für die Astrologie. *Aus gutem Grund ist die Astrologie in integrativer Weise in der Lage, beide Weltbilder parallel zueinander stehen zu lassen und beiden „das ihnen Gemäße“ in fruchtbarer Weise abgewinnen zu können.*
Das bedeutet, dass …
… wenn wir z. B. eine Rakete zum Mars „schießen“ wollen und diese dort auch ankommen soll, wir die dafür notwendigen Berechnungsdaten aus dem heliozentrischen Weltbild heraus beziehen müssen;
… wenn wir in einem tieferen, wesenhaften Sinne mehr über den Menschen als solchen und über die dynamischen Relationen seines irdisch-kosmischen Eingebundenseins verstehen wollen, dann haben uns die „alten Bilder“ (die „Ur-Bilder“) noch immer Wichtiges zu sagen – auch wenn sie dabei für die heutige Zeit neu interpretiert werden müssen.

In der Astrologie rücken wir – nach wie vor – den Menschen und alles Leben hier auf dieser Erde in den Mittelpunkt unserer kosmischen Betrachtungen.

So bleibt die geozentrische Perspektive – im angemessenen Kontext – ein probates *Sinnbild* für die geistige Zusammenschau aller erlebten irdisch-qualitativen Kräfteverhältnisse und hält uns – auch im „Zeitalter quantitativer Welt-Vermessung“ – den Zugang zum *Sinn* offen.
Aus diesem Verständnis heraus ist es auch stimmig, wenn wir Sonne und Mond astrologisch wie Planeten behandeln, weil sie sich aus unserer subjektiven Wahrnehmung heraus wie Planeten verhalten. Denn …
… <u>einerseits</u> sieht es tatsächlich so aus, als würde die Sonne am Himmel wandern (Planet = Wandelstern). Diese *„An-Schauung“* ist auch tief in unserer Sprache verwurzelt, wenn wir z. B. davon sprechen, „...mit welch einer verschwenderischen Farbenpracht die Sonne gestern Abend ‘untergegangen’ ist“ oder wenn wir sagen: „Wir treffen uns bei Sonnenaufgang!“
Und sinniger Weise soll diese Art von Verhältnis zwischen Sprache und „Anschauung“ – bei aller Objektivierung realer Lebensvorgänge – auch so bleiben.
… <u>andererseits</u> scheinen sowohl die Sonne als auch der Mond ihre Bahnen ebenfalls auf diesem „schmalen Tierkreisband“ (Zodiak) am Himmel zu vollziehen, so wie wir es auch bei den anderen Planeten beobachten können.

Mit Sonne und Mond werden insgesamt 10 Planeten in die Deutung eingebracht. Diese durchwandern den Tierkreis entgegen dem Uhrzeigersinn, was auch der Grund dafür ist, dass die Tierkreisgrade ebenso entgegen dem Uhrzeigersinn gezählt werden.

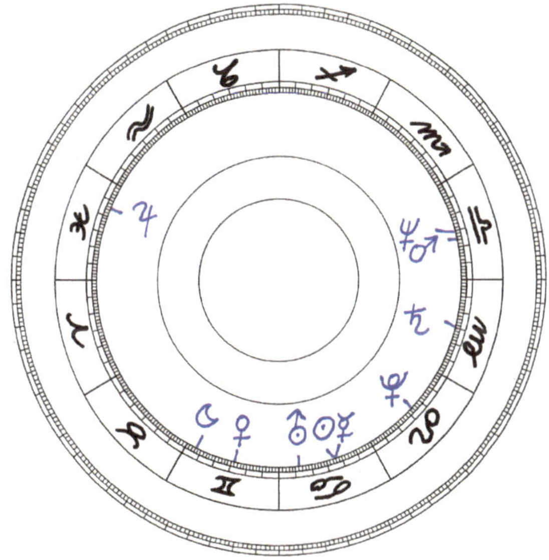

Graphik Nr. 19

In obiger Graphik sehen Sie:
Sonne (☉), Mond (☾), Merkur (☿), Venus (♀), Mars (♂),
Jupiter (♃), Saturn (♄), Uranus (⛢), Neptun (♆) und Pluto (♇).
Objektiv gesehen – also aus der heliozentrischen Sicht hat jeder der Planeten eine andere Umlaufbahn um die Sonne (☉). Manche Planeten sind näher an ihr dran, manche weiter von ihr entfernt. Entsprechend brauchen sie für ihren Sonnen-Umlauf auch eine unterschiedlich lange Zeit.
Aus der geozentrischen Perspektive heraus, findet dieser Umstand natürlich seinen Niederschlag in unserer subjektiven Wahrnehmung der Umlaufzeiten verschiedener Planeten (inkl. Sonne und Mond) durch den Tierkreis. Je nach ihrer Umlaufzeit teilt die Astrologie die Planeten in eine Hierarchie von Schnellläufern und Langsamläufern ein. Während der Mond ca. 28 - 29 Tage braucht, um einmal den Tierkreis zu durchwandern, benötigt die Sonne – wie wir mittlerweile wissen – dafür schon 1 Jahr. Und der Pluto, der langsamste Planet, braucht für seinen Umlauf ca. 248 Jahre.
In unserer zweidimensionalen, flächenhaften Draufsicht „auf" den Himmel laufen alle Planeten (inkl. Sonne und Mond) auf diesem schmalen Band des Tierkreises entlang – ein Phänomen. Ihre einzelnen Bahnen liegen alle parallel und dicht nebeneinander, und sie ziehen ihre Kreise wie die Pferde in der Arena einer

Rennbahn. Einige etwas „oberhalb“, andere etwas „unterhalb“ der Sonnenbahn, aber alle auf diesem relativ schmalen Band nebeneinander. Natürlich sind sie nach „hinten“ in die Tiefe des Raumes hinein wieder sehr weit voneinander entfernt.

Schnellläufer			**Langsamläufer**		
Mond	(☾)	ca. 28 Tage	Jupiter	(♃)	ca. 12 Jahre
Sonne	(☉)	1 Jahr = ~ 1° / Tag	Saturn	(♄)	ca. 28 / 29 Jahre
Merkur	(☿)	ca. 1 Jahr	Uranus	(⛢)	ca. 84 Jahre
Venus	(♀)	ca. 1 Jahr	Neptun	(♆)	ca. 165 Jahre
Mars	(♂)	ca. 2 Jahre	Pluto	(♇)	ca. 248 Jahre = ± 1 ½° / Jahr

Planeten sind in der Astrologie von zweierlei grundlegender Bedeutung:

1. *Sie gehören – neben den Zeichen und Häusern – zu den zentralen Bausteinen der Deutung eines Grund-Horoskops).*
   Sie repräsentieren – genauso wie die Tierkreiszeichen (und die Häuser) – auch auf ihrer Ebene die 12 kosmischen Grundkräfte. Metaphorisch gesehen sind sie also ebenso „Bedeutungs-Träger“ für die gleichen Archetypen. Deshalb gibt es auch inhaltliche Verwandtschaftsverhältnisse zwischen einzelnen Planeten und den ihnen zugeordneten einzelnen Zeichen (und Häusern – auf die wir später noch zu sprechen kommen).

Tierkreiszeichen und zugeordneter Planet:

Widder	(♈)	– Mars	(♂)		Waage	(♎)	– Venus	(♀)
Stier	(♉)	– Venus	(♀)		Skorpion	(♏)	– Pluto	(♇)
Zwillinge	(♊)	– Merkur	(☿)		Schütze	(♐)	– Jupiter	(♃)
Krebs	(♋)	– Mond	(☾)		Steinbock	(♑)	– Saturn	(♄)
Löwe	(♌)	– Sonne	(☉)		Wassermann	(♒)	– Uranus	(⛢)
Jungfrau	(♍)	– Merkur	(☿)		Fische	(♓)	– Neptun	(♆)

(Während die Hierarchie der Planetenfolge im letzten Abschnitt durch die Umlaufzeiten der einzelnen Planeten bestimmt wird, wird sie in dieser Darstellung durch die Zuordnung zu den entsprechenden Tierkreiszeichen und deren natürliche Folge im Tierkreis bestimmt).

Das, was hier so schön auf Grund eines Zuordnungsschemas zueinander gestellt ist, läuft im realen Leben bzw. in einem realen Horoskop jedoch komplett „durcheinander“ – allerdings nach Regeln, genauer gesagt nach Gesetzen. Denn jeder Planet ist ständig in Bewegung und folgt seiner eigenen Umlaufbahn und Umlaufzeit durch den Tierkreis. Das heißt, auch wenn jeder Planet einem bestimmten

Zeichen zugeordnet ist, so hält er sich bei seinem Umlauf in „seinem“ Zeichen nicht länger oder kürzer auf als in all den anderen Zeichen auch (eine Ausnahme ist Pluto; für ihn gilt das wegen seiner elliptischen Bahn nur in einem relativierten Sinne). Dennoch bleibt der inhaltlich-verwandtschaftliche Bezug eines jeden Planeten zu „seinem Zeichen“ während seines gesamten Umlaufs bestehen.

Umgangssprachlich könnte man sagen, dass der Planet, der die gleichen Eigenschaften wie sein Zeichen “in-sich-trägt“, somit zum „Bewegungsprinzip“ seines statischen Zeichens wird. In dieser Funktion trägt er die „Botschaft“ oder das besondere Thema seiner „Heimat“ in die „Welt“ (des Tierkreises) bzw. in andere „Länder“ (Zeichen) hinein. Auf diese Weise entstehen die Mischformen der 12 archetypischen Grund-Kräfte.

Wenn ein Planet während einer bestimmten Zeitphase seines Umlaufs in irgendeinem beliebigen Zeichen steht, dann ist das...

- <u>einerseits</u> ein Spiegel dafür, dass die Eigenschaften, die dieses Zeichen symbolisiert, in einem verstärkten Maße im konkreten Leben zum Ausdruck kommen. Besetzte Zeichen – sei es, dass sie durch Planeten oder durch andere Horoskop-Facetten, wie z. B. durch den Aszendent etc. besetzt sind – schwellen in ihrer energetischen Intensität an und gewinnen so eine Bedeutungsdominanz im Verhältnis zu unbesetzten Zeichen. Durch die Besetzung eines Zeichens werden dessen Eigenschaften individuell „herausgefiltert“ und verstärkt in die Manifestation, ins Leben gebracht;
- <u>andererseits</u> ein Hinweis darauf, dass dieser Planet – in welchem Zeichen er zu irgendeiner Zeit auch immer stehen mag – er, metaphorisch gesehen, auch gleichzeitig mit seiner Art in die inhaltliche Sphäre dieses Zeichens hineinwirkt und dessen Inhalt modifiziert, und zwar in etwa so, wie ein reisender oder ausgewanderter Italiener die Mentalität und Gepflogenheiten seines Landes mitnimmt und in andere Länder einbringt („Pizza all over the world“). Aber genauso, wie ein eingewanderter Mensch sich auch den Gepflogenheiten seiner neuen Heimat ein Stück weit anpassen muss, so wird auch die Grundeigenschaft eines Planeten durch das Zeichen, in dem er steht, modifiziert (wechselseitige energetische bzw. inhaltliche Durchdringung).

2. *Planeten sind aber auch „Werkzeuge prognostischer Einsichten“ für alle bewegten temporären evolutionären Prozesse.*
   Wir haben die Planeten – im Unterschied zu den statischen Abschnitten der Tierkreiszeichen – als *Bewegungsprinzipien der einzelnen archetypischen Kräfte* bezeichnet. Prognostisch gesehen werden sie – durch ihre unterschiedlichen und präzisen Umlauf-Geschwindigkeiten – zu höchst verlässlichen Wissens-Quellen in Hinblick auf kollektive und auch auf ganz individuelle Entwicklungs-Prozesse. Prognostisch angewandt, beschreiben sie Zeit-Punkte oder auch längere Zeit-Räume von Krisen, Veränderungs-, Wachstums- und Reife-Prozessen und damit ebenso deren entsprechende inhaltliche Tiefenstrukturen. Das können entweder biographische bzw. gesellschaftlich-historische *Meilen-*

steine oder auch weniger ausgeprägte Erfahrungsmuster sein, deren Bedeutung aber noch immer als „lebensbildend“ – in einem evolutionären Sinne – verstanden werden kann. Dabei spielt es nur eine untergeordnete Rolle, ob diese prognostischen Verfahren dann auf die Vergangenheit, auf die Gegenwart oder auf die Zukunft angewandt werden.
Das Thema Transite finden Sie ebenfalls hier in Teil II in ausführlicher Form weiter hinten. Es wird aber auch vor allem im Fließtext des Hauptteils in langsam zunehmender Komplexität anhand der vielen Fallbeispiele ausgiebig erläutert.

Der Häuserkreis bzw. das Häusersystem

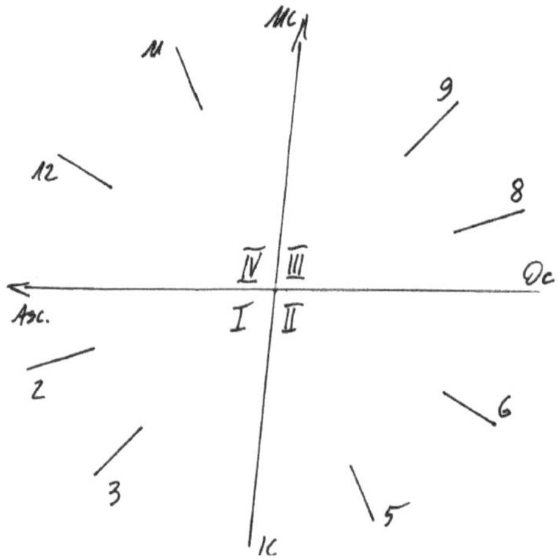

Graphik Nr. 20/1

Der Häuserkreis ist ein zweiter astrologischer Interpretationskreis, der auf dem Tierkreis „aufliegt“ und gegen diesen – entgegen dem Uhrzeigersinn – verschiebbar ist (siehe Pfeilrichtung in der nächsten Graphik).

Die 12 Haus-Segmente – ebenfalls entgegen dem Uhrzeigersinn gezählt – sind in der Regel ungleich groß und beginnen jeweils immer an den nummerierten Häuser-Spitzen.
Der **Aszendent (Asc)** – egal in welchem Zeichen er auch stehen mag [in Graphik 20/2 steht er im Zeichen der Jungfrau (♍)] – *ist dabei immer die Spitze des 1. Hauses,* und dann folgen die anderen 11 Häuser chronologisch.

Wie schon bei den Tierkreiszeichen und bei den Planeten steht jedes der 12 Haus-Segmente ebenso symbolisch für eines der 12 archetypischen Grundkräfte der Astrologie. Während jedoch der *Tierkreis den Himmelsraum* und die Umlaufbahn der Planeten symbolisiert (= Himmelsverhältnisse), steht der *Häuserkreis für die Erde*

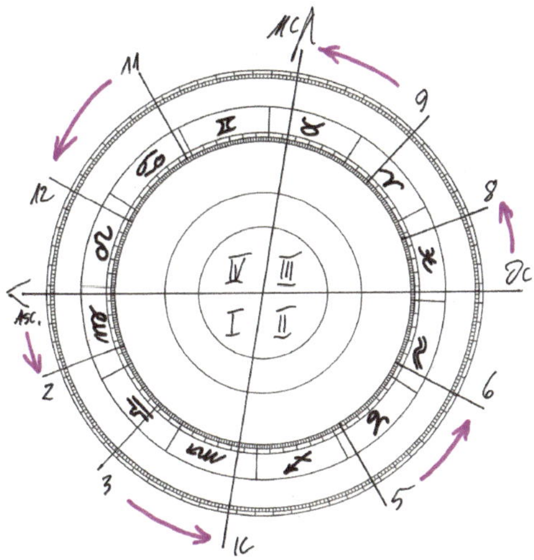

Graphik Nr. 20/2

bzw. für den Erd-Umraum und spiegelt die Drehung der Erde (*entgegen dem Uhrzeigersinn; siehe Pfeilrichtung untenstehende Graphik 20/3*) im Verhältnis zu den aktuellen Himmelsgegebenheiten wider.

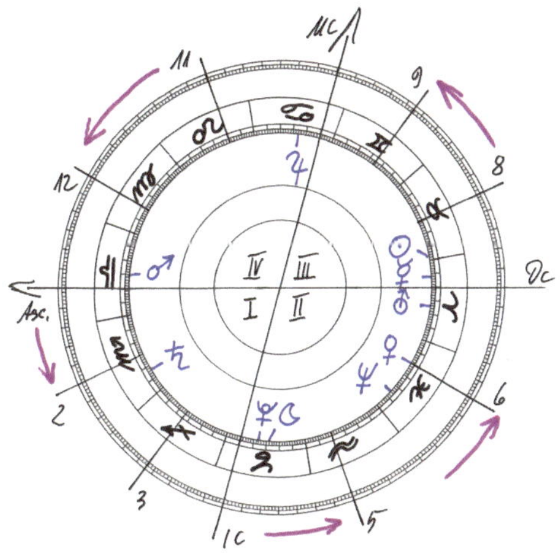

Graphik Nr. 20/3

Innerhalb seiner Zwölfer-Einteilung hat das Häuser-System vier markante Eckpunkte – wie der Tierkreis auch. Die Eckpunkte des tropischen Tierkreises sind durch den jeweiligen Sonnenstand zu Beginn der vier Jahreszeiten definiert[1], also durch Gegebenheiten, die wir an der Himmels-Ebene ablesen.

Die Eckpunkte des Häusersystems jedoch sind durch erd-spezifische Gegebenheiten festgelegt und weisen den Häuser-Kreis als den Erd-Umraum aus:

1. Durch den **Osthorizont**	=	**Aszendent (Asc.)**	=	Spitze des **1. Hauses**
2. Durch den **Westhorizont**	=	**Deszendent (Dc.)**	=	Spitze des **7. Hauses**
3. Durch die **Himmelsmitte**	=	**Medium Coeli (Mc.)**	=	Spitze des **10. Hauses**
4. Durch die **Himmelstiefe**	=	**Imum Coeli (Ic.)**	=	Spitze des **4. Hauses**

Der **Aszendent (Asc)** symbolisiert im Zusammenhang mit dem Erden-Raum den Osthorizont, und zwar immer von dem Ort aus gesehen, an dem wir ein beliebiges Ereignis betrachten wollen. Der Osthorizont ist ein wichtiger Orientierungspunkt innerhalb des Erden-Raums, weil an ihm – durch die Drehung der Erde – das „schmale Himmelsband" des Tierkreises „entlangläuft".
Da wir uns mit unserer Erde einmal am Tag um unsere eigene Achse drehen, dreht sich der Aszendent – und mit ihm das komplette Häusersystem – ebenfalls einmal am Tag durch den ganzen Tierkreis. Dadurch, dass wir die Drehung der Erde selber nicht merken, entsteht, aus unserer subjektiven Erd-Perspektive heraus, nun umgekehrt das Bild, als ob der gesamte Tierkreis (mit all seinen 12 Zeichen und den aktuellen Planeten-Positionen) einmal am Tag am Osthorizont – also am Aszendenten – „vorbeilaufen" würde bzw. als ob jedes einzelne seiner Zeichen im Laufe eines Tages einmal am Osthorizont „aufsteigen" würde. Deshalb spricht man von dem Zeichen, das zu einem gegebenen Zeitpunkt am Aszendenten steht, auch vom „aufsteigenden Zeichen". In Graphik Nr. 20/2 hatten wir da einen Jungfrau-Aszendenten (♍) und in der Graphik Nr. 20/3 steht die Aszendent-Achse im Zeichen der Waage (♎).

Der Westhorizont – der **Deszendent (Dc)** – ist der „Untergangspunkt". Das Zeichen, das zu einem gegebenen Zeitpunkt dort steht, nennt man auch das „absteigende Zeichen".
So ist das Zusammenspiel von Tierkreis und Häuserkreis ein Abbild der jeweils aktuellen und immer wieder neuen *Erde-Himmels-Relation* von Minute zu Minute – gesehen aus der Perspektive eines genau definierten Ortes auf der Erdkugel.
Das Horoskop wiederum ist das Abbild eines „angehaltenen" Zeit-Moments, in dem die jeweils entsprechende Erde-Himmels-Relation fixiert ist.

Mit den folgenden Graphiken wollen wir die bisher beschriebenen Vorgänge bildhafter machen:
Sie sehen ein nicht ganz vollständiges Horoskop:
– Wir haben den Tierkreis mit seinen 12 gleich großen Tierkreiszeichen.
– In das 360°-Koordinatensystem des Tierkreises habe ich 4 von insgesamt 10 Planeten eingezeichnet.

---

1 siehe unter **Tierkreis** S. 223 f.

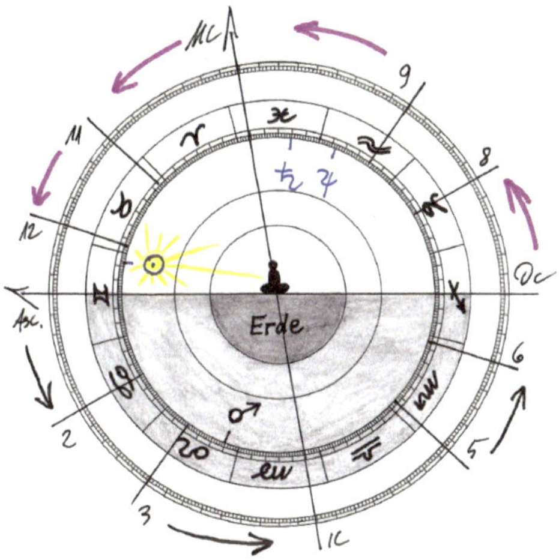

Graphik Nr. 20/4

– Und wir haben noch den Häuserkreis mit seinen 12 Häuserspitzen am jeweiligen Beginn seiner 12 ungleich großen Häuser.

Bitte versetzen Sie sich nun – mittels ihrer Phantasie – selbst in dieses Bild hinein und schauen Sie sich die Szenerie von Innen an. Ich habe schon einen Platz für Sie reserviert. Die Figur die in der Mitte des Kreises im Schneidersitz Platz genommen hat, das sind Sie. Sie sitzen an irgendeinem Ort auf dieser Erdkugel, und ihr Gesicht ist zunächst geradeaus nach vorn gewandt, in die gleiche Richtung, in der Sie momentan auf dieses Bild schauen.
Unter Ihnen ist fester Boden (die Erde), oberhalb von Ihnen wölbt sich der Himmel (der halbe Tierkreis, in dem drei Planeten in ihrer gegenwärtigen Position eingezeichnet sind). Die waagerechte Achse, auf der Sie sitzen ist die Horizont-Achse ihres Aufenthaltsortes.
– Links von Ihnen sehen Sie den *Osthorizont = Asc = Aszendent = Spitze des 1. Hauses* .
– Rechts von Ihnen den *Westhorizont = Dc = Deszendent = Spitze des 7. Hauses*
Wenn Sie sich nun aus Ihrer Position heraus den Himmel anschauen, dann ist Ihr Blickfeld zwangsläufig auf den beschriebenen Ausschnitt begrenzt. Abgesehen von der Richtung geradeaus können Sie ihren Blick nur vom Osthorizont (Asc) nach oben über die *Himmelsmitte* (Mc = Spitze des 10. Hauses – senkrecht über Ihnen) schweifen lassen, und dann wieder bis hinunter zum *Westhorizont (Dc)*.
Sie können also nur den Himmels-Ausschnitt (Tierkreis-Abschnitt) sehen, der sich über dem Horizont befindet; nicht *den*, der sich unterm Horizont bzw. unter / hinter der Erde befindet.
Bleiben Sie bitte noch einen Moment sitzen und schauen sich weiter den Himmel über Ihnen an.

Insgesamt habe ich in diese Graphik vier Planeten eingezeichnet. Die Sonne (☉), den Mars (♂), den Jupiter (♃) und den Saturn (♄). Drei von ihnen stehen über dem Horizont, einer von ihnen unterm Horizont. Die Position der Sonne (☉) *überm* Horizont verrät uns, dass es im gegenwärtigen Moment Tag ist und Sie deshalb die Sonne – von Ihrem Ort aus – auch tatsächlich sehen können.

Ein bisschen anders verhält es sich mit den beiden anderen Planeten, die sich auch noch überm Horizont befinden – mit Saturn (♄) und Jupiter (♃). Diese befinden sich zwar ebenfalls – wie die Sonne – im Radius ihres räumlichen Blickfeldes, sind aber für Sie dennoch nicht sichtbar. Das hat damit zu tun, dass beide Planeten aufgrund ihrer Größe und ihrer Entfernung einerseits nur als kleine Punkte sichtbar wären (am Nachthimmel) und sie andererseits tagsüber komplett vom hellen Licht der Sonne überstrahlt werden.

Der eingezeichnete Mars (♂) befindet sich jedoch in einer Himmelposition, die völlig außerhalb Ihres gegenwärtigen Blickfeldes liegt. Seine Stellung fällt, zum augenblicklich besprochenen Zeitpunkt, in den Nachtbereich hinein. Würden Sie sich – bei der in dieser Graphik aufgezeigten *Erde-Himmel-Relation* – auf der gegenüberliegenden Seite der Erdkugel befinden, würden Sie von dort aus (bei klarem Nachthimmel) den Mars tatsächlich mit bloßem Auge beobachten können, und das, obwohl auch *er* am Himmel nur in etwa genauso klein wie Saturn und Jupiter in Erscheinung tritt.

Aber Sie befinden sich ja nicht auf der gegenüberliegenden Seite der Erdkugel, sondern Sie sitzen an dem Ort, der in der betreffenden Horoskopgraphik angezeigt ist.

Ein Horoskop ist das Abbild einer festgehaltenen Zeitsituation aus der Perspektive eines ganz bestimmten Ortes auf dieser Erde und zeigt, in welche aktuellen Himmelsverhältnisse dieser besondere Ort zu diesem fixierten Zeitpunkt „eingebettet" ist.

Es gibt aber noch mehr, was Sie im gegebenen Moment – wie im oberen Horoskopbild – von Ihrer aktuellen Orts-Position aus am Himmel beobachten können, nämlich, dass sich die Sonne (☉) noch relativ nah am Osthorizont (Asc.) befindet. Für den Kenner solcher Graphiken wird sofort deutlich, dass es noch relativ früh am Morgen ist und die Sonne vielleicht erst vor knapp einer Stunde (je nach Jahreszeit) über dem Osthorizont „aufgestiegen" ist.

Und sie wird auch in den nächsten Stunden erst mal noch weiter „höher steigen", bis sie mittags ihren höchsten Stand am Zenit erreicht hat. Das heißt, dass sie dann an der *Himmelsmitte bzw. am Mittagspunkt = Mc = Medium Coeli = Spitze des 10. Hauses* „angekommen" ist und dabei genau senkrecht über Ihrem Beobachtungs-Ort steht.

Aber solche fiktiv angenommenen späteren Zeitpunkte lassen sich nicht 1:1 auf unsere Graphik übertragen, weil es in Wirklichkeit gar nicht die Sonne ist, die da „zur Himmelsmitte wandert" oder „höher steigt", sondern es die Erde ist, die sich dreht und dabei die Sonne (und den gesamten Tierkreis mit allen anderen Planeten) als „wandernd" erscheinen lässt.

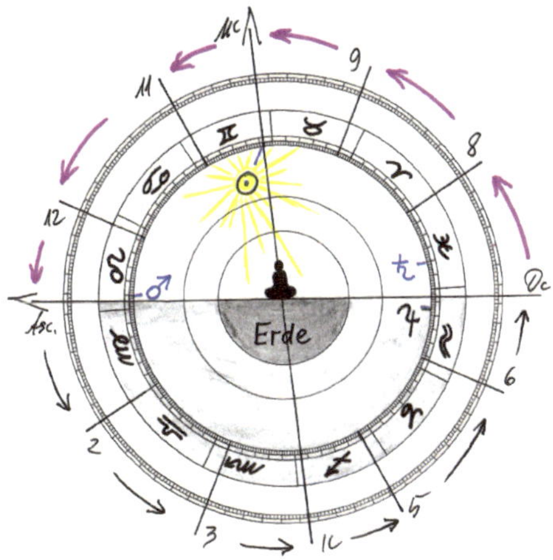

Graphik Nr. 20/5

Um das genauer zu verstehen, brauchen wir noch eine weitere Horoskopgraphik – und wir nehmen dafür als Raum-Zeit-Koordinaten wieder den gleichen Ort und auch den gleichen Tag – aber eine andere Uhrzeit, nämlich 12 Uhr mittags.

Sie sitzen noch immer am gleichen Platz, und es sind einige Stunden vergangen, in denen sich die Erde ein Stück weiter um ihre eigene Achse gedreht hat (ablesbar an der Aszendent- und Häuser-Wanderung entgegen dem Uhrzeigersinn und entgegen dem Tierkreis – siehe Pfeilrichtung).

Jeder Ort auf der gesamten Erdkugel – inklusive der Ort, an dem Sie verharren – ist nun in andere Himmelsverhältnisse eingebettet. Es ist aber nicht wirklich der Himmel, der sich verändert hat, sondern diese neue Situation ist durch die Drehung der Erde und ihres Häuserkreises zustande gekommen. Sie erkennen das sofort u. a. allein am Sonnenstand. Die Sonne, steht jetzt zwar direkt senkrecht über Ihnen an der Himmelsmitte (Mc = Spitze des 10. Hauses), denn es ist mittags. Aber sie befindet sich noch immer fast exakt auf der gleichen Gradposition, die sie im Tierkreis (am Himmel) auch Stunden vorher schon innehatte, nämlich auf 3° im Zwillingen (♊). Die Sonne hat ihre Gradposition innerhalb der letzten Stunden nur um Bruchteile eines einzelnen Grades verschoben. (Vergleichen Sie bitte die Graphiken 20/4 und 20/5, zu diesem und zu den folgenden Punkten).

Die Stellung der Sonne hat sich nur hinsichtlich ihrer Hausposition geändert (also innerhalb des Erd-Umraums – sie steht jetzt in Haus 10, während sie in der vorigen Graphik im 12. Haus stand), nicht aber innerhalb des Tierkreises (Himmels-Ebene). Auch die anderen drei Planeten befinden sich noch immer in ihrer vormaligen Tierkreis-Postion, aber alle jetzt in anderen Häusern.

So steht auch der Mars (♂) z. B. noch immer auf 24° im Tierkreiszeichen Löwe (♌), wenn wir hier der Einfachheit halber nur mit vollen Gradzahlen arbeiten. Er ist aber von seiner vormaligen Position im Erd-Umraum vom 3. Haus (unterm Horizont, im Nachtbereich) bis zur Spitze des 1. Hauses = Aszendent „vorgerückt" und ist gerade im Begriff am Osthorizont, am Aszendenten – zusammen mit dem Tierkreiszeichen, in dem er steht – „aufzusteigen", d. h., er tritt erstmals an diesem Tag in den „Radius *Ihrer* potenziellen Sichtbarkeit" (von Ihrem Beobachtungsort aus, und nur von Ihrem Beobachtungsort aus), obwohl er durch die Taghelligkeit nicht mehr zu sehen ist.
Beide Horoskope, obwohl sie vom gleichen Tag stammen, müssen jedoch jeweils anders interpretiert werden, auch wenn ihre Planetenstellungen in den Zeichen fast identisch sind, denn die Vollständigkeit einer Horoskop-Interpretation ergibt sich zwar zunächst aus der Analyse all ihrer Einzelbausteine, aber dann abschließend auch aus der zu deutenden Synthese der archetypischen Misch-Verhältnisse – also so, wie sie durch die Stellung der Planeten in den Zeichen und in den Häusern gleichzeitig symbolisiert wird.

Der Vergleich der zwei letzten Graphiken macht noch andere prägnante Veränderung deutlich. Die vier Eckpunkte des Achsenkreuzes – Asc, Dc, MC und IC – stehen ebenso jeweils in anderen Zeichen. Alle vier Eckpunkte des Achsenkreuzes gelten als „sensible Punkte" und ihre Positionen in den Zeichen spielen bei der Gesamt-Interpretation eine wichtige Rolle.

Wenn wir nun – ausgehend vom letzten Horoskop, mit der Mittagsstellung der Sonne am MC – *noch einmal 12 Stunden weitergehen, dann ist jetzt am gleichen Beobachtungsort, an dem Sie noch immer sitzen, Mitternacht* (wie in Graphik 20/6).

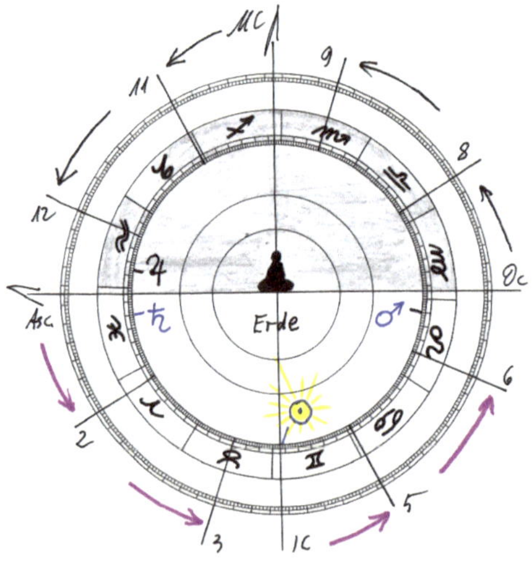

Graphik Nr. 20/6

Die Sonne (☉) war schon vor einigen Stunden am Westhorizont (Dc) „untergegangen“ und steht nun am tiefsten Himmelspunkt (von Ihrem Beobachtungsort aus gesehen), exakt senkrecht unter Ihnen (unter / hinter der Erde) – am Imum Coeli (IC), an der „Himmelstiefe“ bzw. am Mitternachtspunkt.
Sie selbst sitzen im Nachtbereich und sehen den Sternenhimmel mit seinen vielen Fixsternen über sich. Dazu, mit bloßen Augen, noch den Planeten Jupiter (♃), der noch relativ nahe links am Osthorizont (Asc) steht – ein Indikator dafür, dass er vor noch gar nicht langer Zeit (vor ca. einer Stunde) erst *an „Ihrem“ Nachthimmel* „aufgegangen“ ist.

Vorrangig durch die Berechnung seiner 4 Eckpunkte

– Osthorizont – Aszendent
– Westhorizont – Deszendent
– Himmelsmitte – Medium Coeli
– Himmelstiefe – Imum Coeli

entstehen hier auf der Häuser-Ebene ebenso 4 Quadranten (*siehe obere Graphik*), wie wir es schon auf der Tierkreis-Ebene kennengelernt haben – dort jedoch festgelegt durch die Eckpunkte der 4 Jahreszeiten.[2] Die Häuser sind in Relation zueinander oft verschieden groß. Das hat sowohl etwas mit dem geographischen Breitengrad des Geburtsortes zu tun als auch mit der jeweiligen Jahreszeit der Geburt.

Das Häusersystem ist also so etwas wie ein astronomisch-mathematisches Koordinaten-Netz, das man über den Erdball ausspannt und dann astrologisch interpre tiert .
Dic Häuser teilen dabei den gesamten „Erden-Umraum“ – immer ausgehend von einem vorher exakt definierten Betrachtungs-Ort und zu einer entsprechenden Zeit – zunächst einmal in 4 Quadranten und schließlich in 12 unterschiedliche archetypische Bedeutungs-Zonen. Diese haben in ihrer chronologischen Folge ihren Ausgangspunkt immer am Osthorizont – also am Aszendenten. Die 12 Häuserspitzen werden dabei gedanklich über den Erdball hinaus bis in die Tierkreis-Ebene des Himmels hinein „verlängert“.
Hierüber wird angezeigt, welche *symbolträchtigen Tierkreis-Abschnitte* (inklusive der aktuell in ihnen stehenden Planeten) in welche „irdischen Bedeutungs-Zonen“ hineinragen. Die einzelnen, durch die Himmels-Ebene symbolisierten Kräfteverbindungen, werden somit – in *ihrer* Bedeutung – noch mal in besonderer Weise irdisch modifiziert.
Es entsteht das metaphorische Bild, als würde der noch relativ „grobe kosmisch-archetypische Rohstoff“ (symbolisiert durch die Planeten in den Zeichen) durch die

[2] siehe unter **Tierkreis** S. 223 f.

(ebenfalls archetypisch geprägten) „irdischen Häuser“ noch einmal einen höheren Grad an Differenzierung bzw. einen höheren Grad an erdbezogener Individualisierung erfahren.

Es sei hier noch einmal deutlich gemacht, dass *alle* Menschen, die am selben Tag des selben Jahres geboren wurden, fast immer dieselben Planetenpositionen in denselben Tierkreiszeichen zu stehen haben. Die Planeten vollziehen an einem einzelnen Tag ja nur relative „Minimalbewegungen“. Eine Ausnahme macht da nur der Mond, der pro Tag immerhin schon eine Distanz von 12° - 15° Bogengrade im Tierkreis zurücklegt. Insofern gibt es innerhalb einer solchen Tagesgruppe allerhöchstens nur minimale Wesensunterschiede zwischen den Menschen.
Wenn wir nur die Planeten in den Zeichen betrachten, ohne dabei die Häuserstellungen zu berücksichtigen, dann hebt sich eine Tages-Gruppe in ihrer Detail-Prägung zwar schon von *den* Gruppen ab, die ein paar Tage oder Wochen vor oder nach ihr geboren wurden, und natürlich noch viel deutlicher von den Gruppen, die Monate, Jahre oder sogar Jahrzehnte vor- oder nachher geboren wurden. Die einzelnen Menschen einer Tagesgruppe sind also – aus diesem Betrachtungswinkel – zunächst nur gegenüber den Menschen anderer Tages-Gruppen individualisiert, jedoch noch nicht wirklich als einzelne Menschen gegenüber den anderen Menschen ihrer eigenen Gruppe. Erst durch die zusätzliche Berücksichtigung der Uhrzeit des jeweiligen Tages, in Verbindung mit dem Ort der Geburt, bekommt die individuelle Prägung des einzelnen Menschen den endgültigen Feinschliff. Durch die Drehung der Erde um sich selbst nehmen die Planeten – kontinuierlich fortschreitend – immer wieder andere Quadranten- und Haus-Positionen ein, und das schlägt sich in ausgeprägt unterschiedlichen Wesensmerkmalen innerhalb der Menschengruppe mit fast gleicher Tageskonstellation nieder.

In der Interpretation eines Horoskops werden also die Planeten sowohl in den Zeichen, als auch in den Häusern zusammen gedeutet.

Nimmt man noch die Aspekte dazu – auf die ich später noch zu sprechen komme – so entstehen komplexe energetische Mischformen, die im konkreten Leben ihren individuellen dynamischen Ausdruck suchen.
Wie ein in der Farblehre studierter und praxiserfahrener Künstler relativ genau weiß, welche Art von Farbton entsteht, wenn er bestimmte Mengenverhältnisse verschiedener Farben miteinander mischt, so nehmen erfahrene Astrologen einen relativ genauen „Geschmack“ beim Betrachten von Mischkonstellationen wahr. Dieser Geschmack lässt sich in differenzierter Form artikulieren.
Was hier relativ kompliziert anmutet, lässt sich in eine vereinfachte Form bringen, denn ebenso wie jedem Tierkreiszeichen ein Planet zugeordnet wird, so werden auch jedem Haus ein Zeichen und ein Planet zugeordnet.
Wir brauchen also auch bei den Häusern keine grundsätzlich neuen Interpretations-Begriffe. Es reicht, zunächst einmal zu verstehen, dass in der Welt der Astrologie vor allem die Zwölfer-Einteilung eine herausragende Rolle spielt. Jede dieser 12 Archetypen tritt dann aber auf 3 verschiedenen astrologischen Ausdrucks-Ebenen

gleichzeitig in Erscheinung – auf der Ebene der Zeichen, auf der Ebene der Planeten und auf der Ebene der Häuser.
In realen bzw. „lebendigen "Horoskopen werden die Archetypen, so wie sie bei verschiedenen Geburten variantenreich auf den 3 Ausdrucks-Ebenen erscheinen können, deutend miteinander kombiniert.

Im folgenden Schema jedoch möchte ich noch einmal deutlich die inhaltlichen Verwandtschafts-Verhältnisse von Zeichen, Planeten und Häusern zueinander darstellen.
Entsprechend ihrer 3 Ausdrucks-Ebenen, werden wir die einzelnen Archetypen im passendem Kontext immer mal wieder als *„Widder-Mars-Haus 1-Prinzip"*; als *„Stier-Venus-Haus 2–Prinzip";* oder als das *„Zwillinge-Merkur-Haus 3-Prinzip"* etc. benennen – so wie es Meyer und etliche andere Autoren auch ähnlich tun.

Polarität		**Element**	**Tierkreiszeichen**	**Planet**	**Haus**	
1. Prinzip	+	Feuer	Widder (♈)	Mars (♂)	Haus 1	(H 1)
2. Prinzip	–	Erde	Stier (♉)	Venus (♀)	Haus 2	(H 2)
3. Prinzip	+	Luft	Zwillinge (♊)	Merkur (☿)	Haus 3	(H 3)
4. Prinzip	–	Wasser	Krebs (♋)	Mond (☾)	Haus 4	(H 4)
5. Prinzip	+	Feuer	Löwe (♌)	Sonne (☉)	Haus 5	(H 5)
6. Prinzip	–	Erde	Jungfrau (♍)	Merkur (☿)	Haus 6	(H 6)
7. Prinzip	+	Luft	Waage (♎)	Venus (♀)	Haus 7	(H 7)
8. Prinzip	–	Wasser	Skorpion (♏)	Pluto (♇)	Haus 8	(H 8)
9. Prinzip	+	Feuer	Schütze (♐)	Jupiter (♃)	Haus 9	(H 9)
10. Prinzip	–	Erde	Steinbock (♑)	Saturn (♄)	Haus 10	(H 10)
11. Prinzip	+	Luft	Wassermann (♒)	Uranus (♅)	Haus 11	(H 11)
12. Prinzip	–	Wasser	Fische (♓)	Neptun (♆)	Haus 12	(H 12)

Diese Zuordnungen bzw. die Verwandtschaftsverhältnisse zwischen Tierkreiszeichen, Planeten und Häusern lassen sich am Kreisbild vielleicht schneller einprägen. Dieses Kreisbild ist dabei noch mal in vier Quadranten aufgeteilt.

Das Ur-Horoskop

Dieses Kreisbild nenne ich das Ur-Horoskop. Es steht für einen imaginären „Zustand vor dem Beginn der Schöpfung", weil es ein solch vollkommen geordnetes und ursprüngliches Gebilde in der real existierenden Zeit nicht geben kann. Dieses Bild assoziiert Stillstand, einen Zustand der Zeitlosigkeit – der EWIGKEIT. Denn Zeit ist Bewegung und erst die Bewegung ist das charakteristische Merkmal des „Lebensspiels", während hier alle „Figuren" und „Spiel-Elemente" noch wohlgeordnet in ihrer jeweiligen Ausgangsposition (Ruheposition) verharren – ganz wie bei einem „Mensch-Ärger-Dich-Nicht"-Spiel, kurz bevor der erste Wurf mit dem Würfel getan ist.

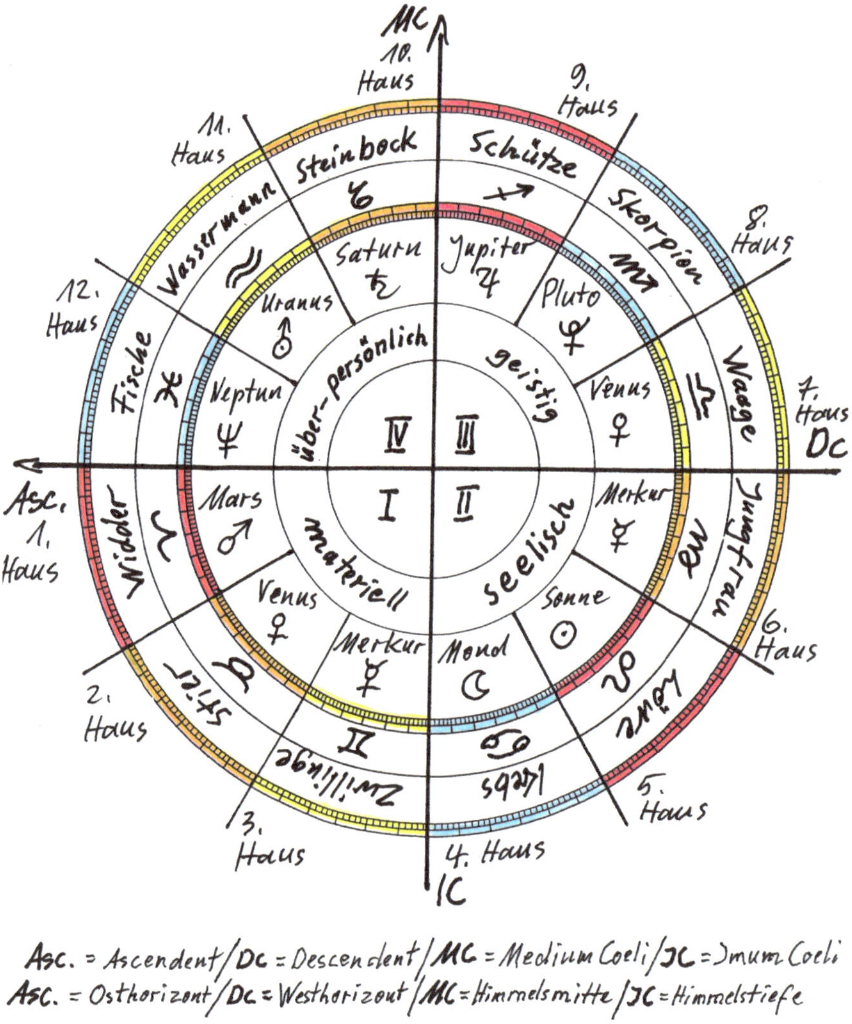

Graphik Nr. 20/7 Das UR-Horoskop

Am Ur-Horoskop wird deutlich, dass die Häuser – was ihre inhaltliche Bedeutung anbelangt – in der gleichen Chronologie verlaufen wie die Zeichen, und das, obwohl beide Ebenen – in der Dynamik bewegter Zeit (also im realen Leben) – sich kontinuierlich gegeneinander verschieben und dabei nur selten in inhaltlicher Deckungsgleichheit zueinander stehen (und wenn, dann auch nur ganz kurz). Doch in ihrer jeweils eigenen Bedeutsamkeit korrelieren der Aszendent auf der Häuser-Ebene (Tagesrhythmus) mit dem Frühlingspunkt auf der Zeichen-Ebene (Jahresrhythmus). *Beide assoziieren einen Anfang, einen Aufbruch der Kräfte.*

Der Tagesrhythmus erscheint dabei in seinem inhaltlichen Verlauf nur wie eine Verkleinerung oder noch treffender ausgedrückt, wie eine energetische Verdichtung des Jahreslaufes.
„Wie im Großen, so im Kleinen“; „wie oben, so unten“; „wie innen, so außen“ – aus der astrologischen Weltwahrnehmungs-Perspektive spiegeln sich in solchen Parallel-Mustern die realen, wenn auch für die allermeisten Menschen verborgenen, Wunder allen Daseins.

Das Ur-Horoskop ist vergleichbar mit dem chinesischen Yin/Yang-Zeichen. Dieses Symbol zeigt die grundlegenden polaren Kräfte des Lebens (männlich/weiblich, Plus/Minus, Tag/Nacht, Oben/Unten, Vorher/Nachher, Gut/Böse, etc.), die jedoch

Graphik Nr. 20/8

in diesem Zusammenhang letztlich immer Ausdruck einer ihr übergeordneten GANZHEIT sind (symbolisiert durch den Kreis) – und somit in ihrem tiefsten Wesen Ergänzungen darstellen.
In diesem Symbol sind die Polaritäten in einem vollkommenen Gleichgewicht dargestellt – eine Metapher für die ABSOLUTE Ordnung, die hinter der Welt der verschiedenartigen Erscheinungen existiert. Im konkreten Leben jedoch – also innerhalb der Erscheinungswelt – kann eine solche Harmonie nicht existieren. Eine jegliche Bewegung – und sei sie noch so subtil – brächte/bringt die VOLLKOMMENHEIT aus der Balance.
In genau dieser Weise „purzeln“ auch alle „Figuren“ und „Spiel-Elemente“ des Ur-Horoskops „durcheinander“, wenn man sie aus der Perspektive real-zeitlicher und – räumlicher Verhältnisse und entsprechend realer Horoskope betrachtet, genau so, wie das z. B. auch in der unteren Graphik der Fall ist.

Dieses „Durcheinanderpurzeln“ einzelner „Spiel-Elemente“ verläuft allerdings in präzis geordneter Weise nach entsprechenden Weltgesetzen:
- Die Planeten ziehen dabei ihre Bahnen innerhalb des Tierkreises – ein jeder in einem anderen Rhythmus – und überholen sich gegenseitig; sie bilden immer wieder neue und andere wechselseitige Verhältnisse zueinander.
- Der gesamte Häuserkreis, der etwas mit der Drehung der Erdkugel um ihre eigene Achse zu tun hat, – also mit unserem erlebten Tag-/Nacht-Rhythmus – verschiebt sich einmal pro Tag komplett entgegen dem Tierkreis.

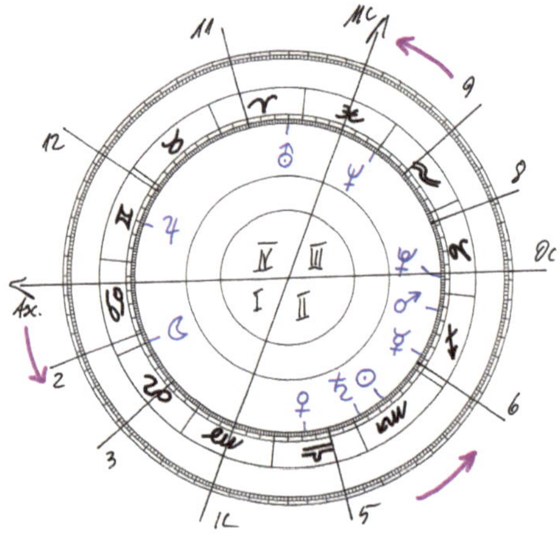

Graphik Nr. 20/9

– Alle Konstellations-Bausteine vermischen sich untereinander auf 3 verschiedenen Ebenen und bilden zusammen – in ihren Mischverhältnissen – eine potenziell schier unerschöpfliche Variationsvielfalt kosmischer Konstellationen und entsprechender Zeitqualitäten ab – und damit ebenfalls eine schier unerschöpfliche Variationsvielfalt an potenziellen Schöpfungsmöglichkeiten.

Doch nun zurück zu den ursprünglichen Zuordnungen unseres Ur-Horoskops (in der vorvorletzten Graphik Nr. 20/7):

Daran anknüpfend stelle ich die 12 astrologischen Grund-Prinzipien, so wie wir sie schon als Kurzüberblick zum Thema Tierkreiszeichen kennengelernt haben, noch einmal dar – im Kontext mit den Planeten, Häusern und Quadranten in etwas erweiteter Form.

Die archetypische Bedeutung der 12 astrologischen Grundkräfte auf all ihren 3 Ausdrucks-Ebenen (Tierkreiszeichen, Planeten und Häusern) – in ihren kreativen Formen

Spiritualität, Ahnungsvermögen, Mitgefühl, unangepasste Alternativen, „der Lebensfluss“.

Diese inhaltliche Kurzübersicht der 12 Prinzipien lässt sich ebenfalls als Kreisbild darstellen (siehe Graphik Nr. 20/10 auf S. 353). Das Wichtigste zum praktischen Verständnis der Struktur und der inhaltlichen Bedeutung der „Dreiheit“ von Tierkreis, Planeten und Häusersystem wurde hiermit dargelegt. Wir haben den Kreis unserer Überlegungen mit der *Deutungs-Synthese aller drei Bausteine* geschlossen, die es uns ermöglicht, Lebens-Erscheinungen – insbesondere im einzelnen Menschen – in ihren individuellsten Ausformungen zu beschreiben

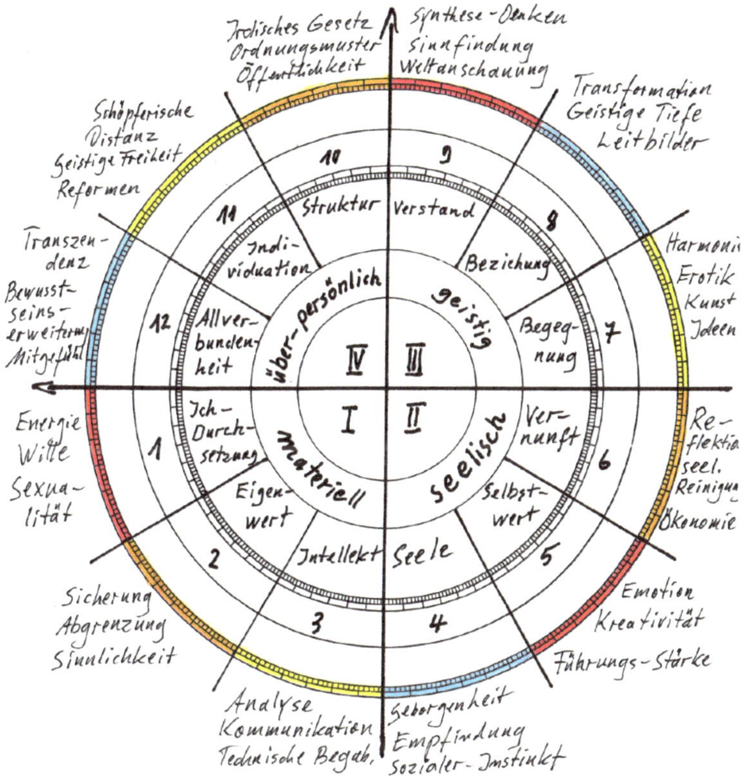

Graphik Nr. 20/10

In einem späteren Skript bietet sich die Möglichkeit, das hier gewonnene Verständnis – über das Verhältnis aller drei Ebenen (Bausteine) zueinander – noch weiter aus *der esoterischen Perspektive* zu vertiefen.

Aspekte (Winkelbeziehungen der Planeten untereinander)

Planeten können auch untereinander bestimmte Winkelbeziehungen (Aspekte) eingehen. Dabei symbolisieren sie, wie die Planeten in den Zeichen oder in den Häusern, ebenfalls eine gegenseitige Durchdringung der Kräfte.
Es gibt 5 Hauptwinkel in der Astrologie, auf die wir uns beschränken wollen.
In der Graphik 10/11nehmen wir zum Zweck ihrer schematischen Darstellung für jede Aspektart den gleichen Ausgangsort, nämlich 0° Widder (♈):
1. Die Konjunktion (☌) zeichnet sich darin aus, dass 2 oder mehrere Planeten an der gleichen Stelle im Tierkreis stehen, hier auf 0° Widder (♈).
2. Das Sextil (⚹) kommt dadurch zustande, dass zwei oder mehrere Planeten 60°

voneinander entfernt stehen – also zwei Zeichen voneinander entfernt. Diese Entfernung entspricht einem Sechstel des Kreises. In unserem Bild steht mindestens ein Planet 0° Widder (♈) und mindestens ein Planet 0° Zwillinge (♊).

3. Das Quadrat (□) steht für einen 90° Winkel – 3 Zeichen voneinander entfernt. Das entspricht einem Viertel des Kreises. Hier 0° Widder (♈) bis 0° Krebs (♋).

4. Das Trigon (△) beschreibt eine 120° Entfernung der beteiligten Planeten voneinander – also vier Zeichen weiter von 0° Widder bis 0° Löwe (♌). Dies entspricht einem Drittel des Kreises.

5. Die Opposition (☍) umfasst 180°. In ihr stehen sich 2 oder mehrere Planeten genau gegenüber. In unserem Beispiel von 0° Widder (♈) bis 0° Waage (♎). Das sind sechs Zeichen Entfernung und entspricht der Hälfte des Kreises.

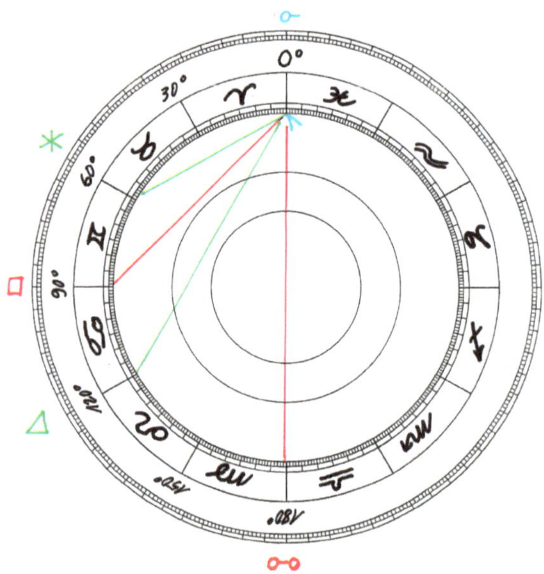

Graphik Nr. 21/1

Wir haben in obiger Graphik die Aspekte schematisch dargestellt. In der praktischen astrologischen Arbeit sieht das natürlich „lebendiger" aus und wird flexibler gehandhabt.

Das Bild von der Konjunktion macht den Vorgang gegenseitiger Kräfte-Durchdringung und die mit ihr verbundenen Gradpositionen der Planeten am einfachsten deutlich:

1. Die Konjunktion (☌) zeichnet sich darin aus, dass 2 oder mehrere Planeten an der gleichen Stelle im Tierkreis stehen – wie in der folgenden Zeichnung.

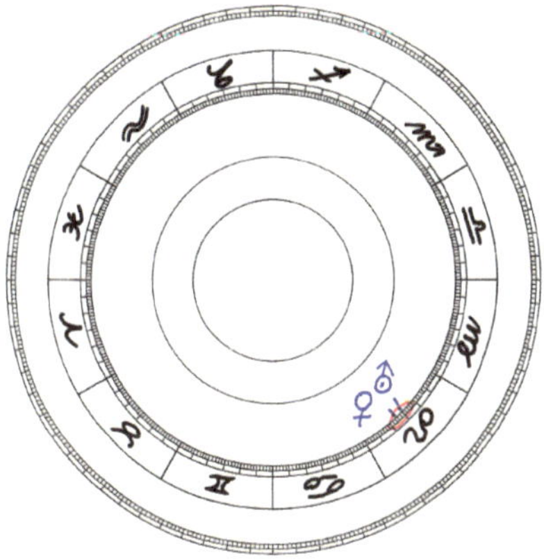

Graphik Nr. 21/2 Konjumktion

Die eingezeichnete Konjunktion in unserem Beispiel ist nicht gradgenau. Das muss sie auch nicht sein und ist es in realen Horoskopen tatsächlich eher selten. Die Venus (♀) steht hier auf 12° Löwe (♌) und der Uranus (⛢) steht auf 15° Löwe. Die Planeten haben aber im übertragenen Sinne eine „Ausstrahlung", einen „Wirk-Radius", den man Orbis nennt. Um ihre Kräfte auszutauschen, reicht es deshalb aus, wenn sie nur „in etwa" auf der gleichen Grad-Position stehen.

Dieser Orbis beträgt in meiner Arbeit *plus/minus 6° im Durchschnitt.* Sind jedoch an einem Aspekt in irgendeiner Weise Sonne oder Mond – die beiden „Großen Lichter" – beteiligt, lasse ich einen Orbis bis 10° zu. Sind ausschließlich die drei langsamsten Planeten – Pluto, Neptun und Uranus – untereinander beteiligt, nehme ich nur einen Orbis von 4°. Dabei gilt: je enger der Orbis, desto prägnanter die gegenseitige Durchdringung der von den Planeten symbolisierten Kräfte – je weiter der Orbis, desto mehr dünnt sich ihr wechselseitiger Einfluss aus.

Beide Planeten unseres Konjunktion-Beispiels stehen im gleichen Zeichen (das ist in den allermeisten Fällen so, kann aber auch mal anders sein, z. B. an der Grenzlinie zwischen zwei Zeichen) und damit allermeist auch im gleichen Haus. Sie werden dadurch von der gleichen Hintergrunds-Energie (hier durch das Löwezeichen = Feuer) getragen und wirken ein jeder auf seine ihm eigene Art in die gleiche Zielrichtung des gleichen (hier noch fiktiven) Hauses hinein. So spricht man bei der Konjunktion zunächst einmal von einem Gleichklang, Zusammenklang oder Einklang.

Dieser Gleichklang relativiert sich allerdings oder hebt sich sogar zeitweise auf, wenn die beteiligten Planeten – in ihrer jeweils ganz eigenen energetischen Qualität – untereinander selber schon scheinbar gegensätzlicher Natur sind. Ein ausführliches Beispiel dafür werde ich gegen Ende dieses Kapitels geben.

Generell sind Planeten aber nicht allein nur dadurch aspektiert, dass sie – wie bei der Konjunktion – zusammen an einer Stelle stehen. Bei allen folgenden Aspekten ist es anders. Die am Aspekt beteiligten Planeten stehen einzeln für sich in jeweils anderen Zeichen. Dennoch sind sie über die ungefähr gleiche Gradzahl ihrer Tierkreisposition (auch hier gilt der durchschnittliche Orbis von plus/minus 6°) in einer astrologisch definierten Winkelbeziehung miteinander verbunden.

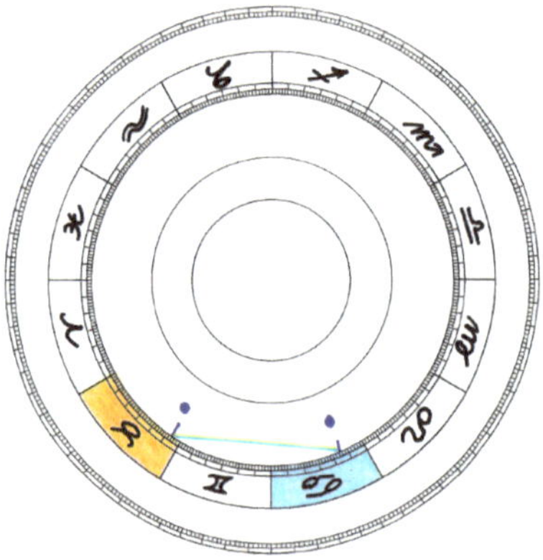

Graphik Nr. 21/3: Sextil

Schauen Sie sich den 60° Aspekt, das Sextil (⚹) in der obigen Graphik an. Ein imaginärer Planet steht 27° im Stier (♉), in einem Erdzeichen. Der andere 22° im Krebs (♋), in einem Wasserzeichen.
Stellen Sie sich vor, dass die Linie zwischen den Planeten eine Art Leitung wäre, durch die beide Planeten einen Teil ihrer Art von Energie zu dem jeweils anderen Planeten schicken, dass sie sich auf beiden Seiten miteinander vermischen können und diese modifizierte Energie dann beide in ihr jeweils eigenes Haus einbringen – inklusive der hintergründigen Zeichenqualität.
Natürlich kommt es auch hier auf die Art der Planeten an, die an diesem Aspekt beteiligt sind. Aber prinzipiell gilt das Sextil als ein Winkel, bei dem sich beide beteiligten Planeten in ihrem Ausdruck gegenseitig unterstützen, weil sie – von den Elementen her – in jeweils verwandten Zeichen stehen. In diesem Falle Erde (♉ = materielle Sicherheit) und Wasser (♋ = seelische Geborgenheit).

Ein Quadrat-Aspekt (□) definiert sich durch einen ca. 90° Winkel. In unserer Zeichnung stehen unsere imaginierten Planeten einmal 10° Skorpion (♏), also in einem Wasserzeichen und der andere 14° Löwe (♌), in einem Feuerzeichen. Das mutet – von den beteiligten Elementen her – zunächst einmal konträr an und assoziiert eine Spannung.
Der eine Planet wird durch seine feurige Hintergrundenergie zur Expression (♌) gedrängt, der andere will sich – in wässeriger Art – mehr von Innen (♏) heraus selbst erfahren. „Welteroberung" (♌) und „existentielle Wandlung in geistig-seelischer Tiefe" (♏) wollen sich hier gegenseitig befruchten. Wahrlich eine Herausforderung und bedeutsame Lebens-Aufgabe zugleich.

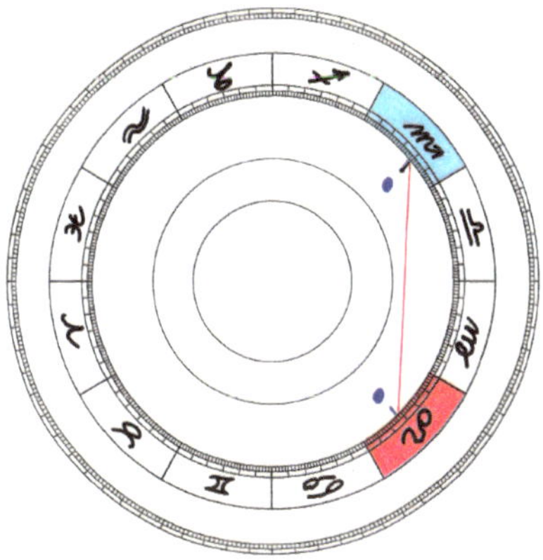

Graphik Nr. 21/4: Quadrat

In welchen Zeichen eine Quadratur auch immer zum Tragen kommt, ihre beteiligten Planeten sind allermeist der Spannung von divergierenden Kräften ausgesetzt – entweder im Spannungsfeld zwischen Feuer und Wasser, Erde und Feuer, Luft und Erde oder zwischen Wasser und Luft. Man nennt Quadrat-Aspekte manchmal „harte" Aspekte oder auch – für meine Ohren besser – „herausfordernde" Aspekte. Hier liegen Gaben und unabdingbare Aufgaben verborgen, die wir uns häufig erst durch prozesshafte Lebenserfahrungen „erringen" müssen. Sie bringen in der Regel ein Mehr an Krisen in unser Leben, aber eben auch entsprechend ein Mehr an Entwicklungschancen, wenn wir diese Krisen mit sinnträchtigen inneren Haltungen durchwandern, auch wenn wir dabei – phasenweise – ein wenig „gebeugt" gehen müssen.

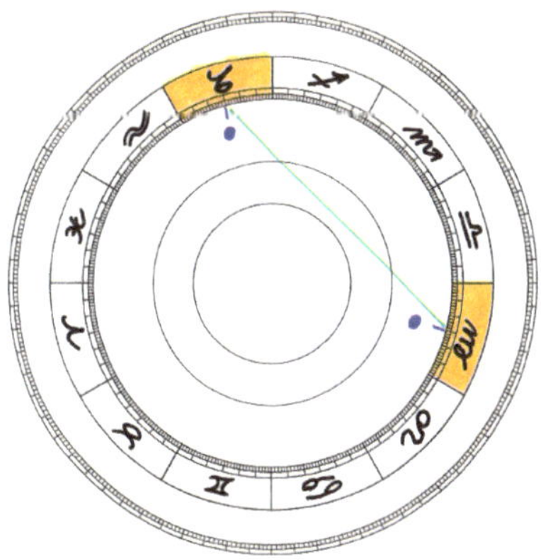

Graphik Nr. 21/5: Trigon

In einem Trigonal-Aspekt (Δ), kurz Trigon genannt, sind die beteiligten Planeten 120° voneinander entfernt. Dieser Winkel wird als „fließend" (flüssig) definiert, und selbst Planeten, die in ihrer jeweils eigenen Qualität allgemein als divergierend zueinander beurteilt werden, haben es miteinander häufig einfacher, zu einem gemeinsamen Ausdruck zu kommen, wenn diese an einem Trigon beteiligt sind. Die Erklärung liegt darin, dass die entsprechenden Planeten allermeist in Zeichen der gleichen Elemente-Gattung stehen (außer in Grenzfällen zu anderen Zeichen) – also Wasser und Wasser, Erde und Erde, etc.

In diesen Aspekten liegen Gaben und Lebensfelder verborgen, zu denen wir im allgemeinen einen leichten Zugang haben und vielfach – auch durch die Umwelt – Unterstützung erfahren.
Die empfundene Freude und Zufriedenheit über die offensichtlichen Leichtigkeiten im Leben ist sicherlich in vielerlei Hinsicht erhebend und legitim. Die mit diesen Aspekten einhergehenden „Fragwürdigkeiten" sind aber in „Gefahr", sich möglicherweise dann einseitig auf diese Lebensfelder zurückzuziehen, wenn mit ihnen den anstehenden Herausforderungen anderer Art aus dem Wege gegangen wird – sei es aus Bequemlichkeit oder Ängstlichkeit. Es können somit auch Weiter-Entwicklungen in anderen Bereichen verhindert werden.

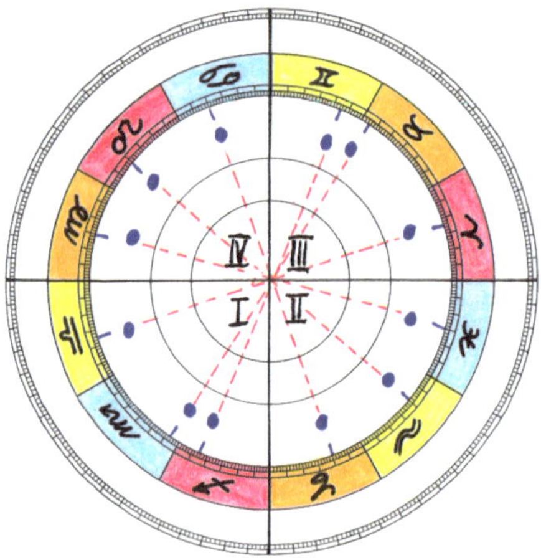

Graphik Nr. 21/6 Oppositionen

Die 180° Entfernung von Planeten zueinander nennen wir eine Opposition (☍). Sie stehen einander gegenüber, was allein schon eine Spannung assoziiert. Dabei ist die Elemente-Besetzung beider Pole zueinander zwar eher eine verwandtschaftliche, ähnlich wie beim Sextil – nämlich entweder Erde-Wasser (archetypisch weiblich) oder Feuer-Luft (archetypisch männlich).
Die Erklärung des dennoch vorhandenen Spannungspotenzials liegt vor allem in der Betrachtung des Kreises als Ganzes. Der Kreis symbolisiert einen – zunächst – in sich geschlossenen, stufenweise („zeichenweise") aufsteigenden Entwicklungs-Zyklus, der von den Planeten (den „Erweckern der Kräfte") immer wieder

neu durchlaufen wird. Letztlich mündet die Folge immer neuer Durchläufe in eine nie endende Evolutionsspirale.
Innerhalb eines einzelnen – in sich zunächst abgeschlossenen – Zyklus gehören die jeweiligen Zeicheninhalte, die durch eine solche Opposition energetisch „geweckt“ werden, einer *weit voneinander entfernten und damit schon fremdartigen und gegensätzlichen Erfahrungs-Kategorie an* (unabhängig von der Element-Betrachtung, dafür mehr durch die Einbeziehung ihrer Quadranten-Besetzung).

Es stehen sich im Kreis (auf der Zeichen-Ebene) folgende Entwicklungsphasen – im Sinne einer Opposition – gegenüber:

1. Widder, Ich-Durchsetzung, I. Qu.	< >	7. Waage, Du-Orientierung, III. Qu.
2. Stier, materielle Sicherung, I. Qu.	< >	8. Skorpion, geistige Tiefe, III. Qu.
3. Zwillinge, Umwelt-Analyse, I. Qu.	< >	9. Schütze, geistige Synthese, III. Qu.
4. Krebs, Gefühl / Nest-Bau, II. Qu.	< >	10. Steinbock, Gesetz/Öffentlichkeit, IV. Qu.
5. Löwe, Selbst-Organisation II. Qu.	< >	11. Wassermann, Selbst-Entbindung, IV. Qu.
6. Jungfrau, Diagnostik, II. Qu.	< >	12. Fische, Auflösung von Grenzen, IV. Qu.

Ob eine Aspekt-Beziehung im Horoskop für eine Person leichter oder schwieriger auszuleben ist, hängt grundsätzlich von 3 unterschiedlichen Komponenten ab.

Die ersten beiden Komponenten können durch astrologische Regeln definiert werden; sie sind also eher von deutungs-technischer Natur.

1. Wie oben schon ausgeführt, spielt dabei die Art des Winkels (Aspekt) in dem die beteiligten Planeten zueinander stehen, eine wichtige Rolle. Sie werden hier nochmal zusammengefasst:
   - Konjunktion – energetisch neutraler Aspekt.
   - Sextil und Trigon – energetisch unterstützender, fließender Aspekt, „die offene Tür“.
   - Quadrat und Opposition – energetische Spannung, herausfordernder Aspekt, „das Hindernis“ (das manchmal akzeptiert, meistens jedoch – eher längerfristig gedacht – transformiert werden will).
2. Wie passen die miteinander kombinierten Kräfte, so wie sie von den beteiligten Planeten repräsentiert werden, in ihrer jeweiligen Eigenart zusammen? Gibt es gewisse Parallelen in ihrer jeweils eigenen Natur oder treffen stark diametral motivierte Wesenszüge aufeinander?

Die dritte Komponente, die mit entscheidet, in welchem Selbstverständnis eine astrologisch angezeigte Kräfte-Kombinationen von einer Person ausgelebt werden kann, hat nichts mit astrologisch-technischen Deutungsregeln zu tun. Sie ist völlig anderer Natur und meines Erachtens die entscheidende Komponente menschlich-subjektiven Erlebens.
Mit dieser 3. Komponente verlassen wir den Rahmen eines nur fatalistischen Astrologie-Verständnisses, bei dem die astrologischen Kräfte und Regeln allein schon

der Schiedsspruch des Schicksals sein sollen. Mit der dritten Komponente sehen wir die Kräfte und ihre gesetzlichen Regeln als das, was sie meines Erachtens wirklich sind – eben als archetypische Potenziale, die dem „inneren schöpferischen Menschen“ als „Rohmaterial“ dafür gegeben sind, dass er sie **„in 'anlagegemäßer Weise' selbst gestaltet“**. Dies entspricht einer paradoxen Wahrheit der menschlichen Existenz.[3]

3. Diese dritte Komponente hat etwas mit dem individuellen Verarbeitungsvermögen einer Person, in Hinblick auf menschliche Lebenserfahrungen, zu tun – mit psychologischer Reflexion, mit dem Verstehen geistiger Weltengesetze, mit Selbst- und GOTT-Vertrauen (Vertrauen in die „Innere Führung“), mit dem Mut zur Individuation, etc. – mit Bewusstheit.

So ist es also durchaus möglich, dass ein Mensch auch diametral anmutende Kräfte-Kombinationen innerhalb der eigenen Persönlichkeits-Struktur bewusst integriert und diese im Sinne einer gegenseitigen Ergänzung auch konkret zu leben vermag. Das muss sich nicht zwangsläufig leicht anfühlen – wenn es aber als sinnig erlebt wird, als „gegebene Aufgabe“, so bekommt es allein hierüber schon seine schöpferische bzw. „eigen-schöpferische“ Bedeutung – eine Bedeutung, die jenseits eines „schicksalhaften Opfer-Bewusstseins“ liegt.
Eine solche Integration ist aber oftmals erst das Ergebnis eines längeren menschlichen Reifungsprozesses, so wie ihn C. G. Jung mit dem Begriff der *Individuation* beschreibt. Eine solche Integration ist aber gleichzeitig auch ein Synonym für die finale Absicht hinter allen menschlich-evolutionären Prozessen und entspricht dem innersten Drängen des ABSOLUTEN GEISTES. Das folgende Beispiel einer Saturn (♄)-Uranus (♅)-Konjunktion soll das eben Erläuterte begreiflicher machen..

Beispiel einer Saturn-Uranus-Konjunktion
Der „Zusammenklang“ einer grundsätzlich energetisch-neutralen Konjunktion relativiert sich oder hebt sich sogar zeitweise auf, wenn die beteiligten Planeten in ihrer jeweils ganz eigenen energetischen Qualität untereinander schon scheinbar gegensätzlicher Natur sind. Während *Saturn* **(♄)** strukturschaffend wirkt, Gesetze bzw. Ordnungsmuster etabliert und erhält und damit stark konservative Züge trägt, symbolisiert *Uranus* **(♅)** individuelle bzw. geistige Freiheit, progressive Bestrebungen, Erneuerung, Originalität, etc.
Was nun?
Das, was vom kosmischen Standpunkt – von der „EINHEIT der Vielfalt“ – als „sich ergänzende Kräfte“ verstanden werden kann, die zusammen erst das GANZE ausmachen, erscheint uns Mensche mit unserer begrenzten Bewusstseins-Kapazität oft als unüberbrückbarer Gegensatz.

Betroffene Menschen erleben solch eine Konstellation vielfach als eine Zerrissenheit innerhalb ihrer Persönlichkeitsstruktur. Solche „Risse“, solch ein „Un-EINS-

[3] siehe Erläuterung 16 „Freier Wille und schicksalhafte Bestimmung“.

sein" kennen wir alle, wenn auch vielleicht mit anderen Themen, denn wir leben ja in der Polarität; in der „weltlichen" Welt; in der Welt der Vielfalt – die vom subjektiven Erleben her nicht die EINE ist.

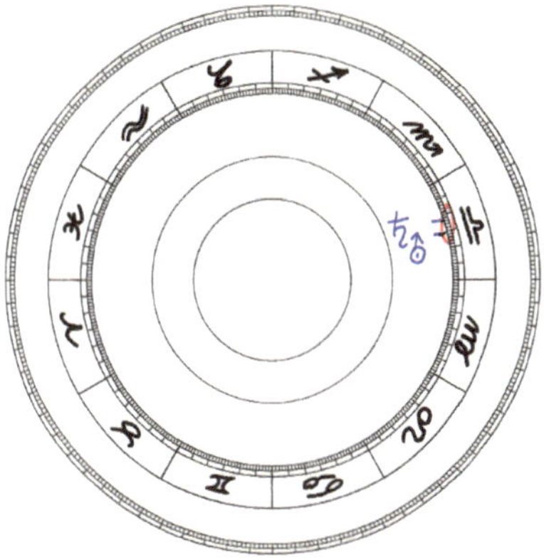

Graphik Nr. 21/7

In unserem Beispiel der Saturn/Uranus-Konjunktion versucht also jemand mit zwei unterschiedlichen inneren Intentionen gleichzeitig auf eine bestimmte Zielrichtung hin einzuwirken – nämlich auf die Angelegenheiten eines bestimmten Zeichens und/oder auf die eines bestimmten Hauses (hier nicht eingezeichnet). Hier haben wir einen Lebensauftrag vor Augen, der nach Integration ruft, und die Biographie solcher Menschen spricht für das geübte astrologische Auge Bände. Die vom inneren Selbst geforderte Integration kann – wenn überhaupt – in der Regel erst langsam im mittleren bis späteren Erwachsenenalter wirklich halbwegs stabile Form annehmen.

Die Astrologie beschreibt in bestechender Psychologie verschiedene Spielarten, wie ein Mensch mit solch einer Kräfte-Kombination umgeht, sehr ausführlich. Da, wo man divergierende Persönlichkeitsanteile bewusstseinsmäßig nicht klar umfassen kann, neigt ein Mensch dazu, eine der beiden qualitativen Kräfte zu favorisieren. Das bewusste Selbstbild identifiziert sich dann schwerpunktmäßig – manchmal sogar fast ausschließlich – mit dieser „erwählten" Facette, während der andere, „ungeliebtere" Anteil ein Schattendasein in unbewussteren Regionen fristen muss. Da beide Anteile nicht in Balance sind, wird der eine Pol zwangsläufig überhöht und der andere erniedrigt (hier noch immer innerhalb der Psyche der gleichen Person).

Da aber viele Menschen diese gleiche Konstellation (die Saturn/Uranus-Verbindung) in ihrem Horoskop haben, teilt sich dieser Grundtypus innerhalb dieser Personengruppe in 2 verschieden-mögliche Sub-Typen auf:

So finden wir in dieser Personengruppe einerseits den Sub-Typus …

… des Uranus(♅)-Kompensators, der gleichzeitig ein Saturn(♄)-Gehemmter ist (Meyer). Dieser Typus fühlt sich im Kontakt mit konventionellen (♄) Ideen, Menschen und Situationen sowie mit Routineabläufen, festen Strukturen und Autoritäten schnell eingeengt, bevormundet, unfrei. Seine Reaktionen darauf haben die Tendenz, den jeweils von ihm subjektiv als zu eng erlebten Rahmen zu sprengen (♅) – und zwar in unterschiedlichen Intensitätsgraden.

Klassische Mechanismen dafür sind u. a.

- originell-witzelndes Hinterfragen (ein „Raunen geht durch die Menge"),
- Signale des „Sich-Heraushebens" (aus der Konvention, aus der „Herde"),
- Ausbruchs- und Fluchtimpulse,
- provokantes Verhalten bis hin zur ideologisch begründeten Autobombe,
- etc.

Und andererseits finden wir in der gleichen Personengruppe den Sub-Typus…

… des Saturn(♄)-Kompensators, der gleichzeitig ein Uranus(♅)-Gehemmter ist. Dieser Typus fühlt sich im Kontakt mit unkonventionellen Ideen, Menschen und Situationen, bei unvorhersehbaren (♅) Ereignissen, umgestelltem Büro-Interieur und vollem Papierkorb schnell irritiert, pikiert, „aus dem Lot". Seine Reaktionen darauf haben die Tendenz, in unterschiedlichen Intensitätsgraden die Ordnung (♄) da „wieder" herzustellen zu wollen, wo er von seinem subjektiven Erlebten her vor allem „Chaos und Anarchie" (♅) assoziiert.

Klassische Mechanismen dafür sind u. a.

- Unflexibilität bis Sturheit;
- ebenso die Überzeugung „für sich das Recht in Anspruch nehmen zu dürfen, andere Menschen nach Gutdünken zu maßregeln" (♄);
- und ferner jeden „'Wildwuchs' – mit welchen Mitteln auch immer – zu begradigen", bis hin zu drakonischen Strafen.

So verschieden diese beiden Sub-Typen, zumindest in diesen genannten Lebensfacetten, auf den ersten Blick auch erscheinen mögen, so ungeheuer ähnlich sind sie sich auf einer tieferen Ebene ihrer Gesamtpersönlichkeit. Fast identisch, nur spiegelverkehrt. Sie haben ja auch beide die gleiche Konstellation – nur jeder von beiden favorisiert den jeweils anderen Pol dieser gleichen Konstellation bzw. verdrängt die jeweils andere Persönlichkeits-Facette. Deshalb habe ich mir auch nicht viel Mühe gegeben, die Interpretationstexte zu diesen beiden Sub-Typen vom groben Gerüst her viel anders zu gestalten.

Diese Menschen „suchen" sich im Leben gegenseitig (unbewusst), und kreuzen viel öfter ihre Wege (magisch), als sie sich das wünschen würden. Der unbewusst wirksame und dynamisierte Schatten projiziert sich von selbst nach außen und erscheint in der Begegnung als der personifizierte verlorene Persönlichkeitsanteil. Hinter solchen Anziehungskräften steht die Suche des „Inneren Selbst", das – *als autonome Instanz in uns und durch uns* – nach Integration strebt, in der Hoffnung, dass die bewusste Ich-Kraft diese Impulse aufgreift. Es ist das unbewusst-dynamische Streben hin zur eigenen GANZHEIT. So gilt es für das Bewusstsein, das Eigene im Fremden zu entdecken.

In diesen psychischen Mechanismen finden wir auch eine tiefere Erklärung für die schamanische Vorstellung und notwendige Praktik der „Seelen-Rückholung", damit der Mensch nicht vom „bösen Geist" heimgesucht wird, der aus psychologischer Sicht der eigene „ungeklärte und verdrängte Seelen-Anteil" ist – eine Außen-Projektion.

Was nun eine gemeinsame Saturn/Uranus-Konstellation bei entsprechenden Menschen betrifft, kann man astro-psychologisch auf einer tieferen Ebene z. B. einem Gefängniswärter (♄) durchaus eine teilweise Wesensverwandtschaft mit (s)einem Häftling (♅) (z. B. einem Mitglied der RAF) zugestehen. Innerlich mehr mit seinem Saturn und den Ordnungsmustern „dieser Welt" identifiziert, bewacht er im Häftling stellvertretend seinen eigenen „reformerisch- bzw. revolutionär-gesinnten" Uranus, dem er möglicherweise in seinem persönlichen Leben viel zu wenig lebendigen Raum gibt und der ihm nun im Häftling in entsprechend überdimensionierter Weise entgegen- kommt. Es ist der gespiegelte Schatten seiner eigenen ungelebten geistigen Freiheit (♅), Individualität und Unkonventionalität. Der überdimensionierte Uranus des Häftlings dagegen braucht offensichtlich eine ebenso starke saturnische Außeninstanz, die ihn sozial erträglich diszipliniert. Der scheinbar krass anmutende Unterschied ist dabei nur eine Oberflächen-Erscheinung, während man in der angelegten archetypischen Tiefen-Struktur miteinander wesensverwandt ist.

Die Schwierigkeiten, die mit solchen herausfordernden Konstellationen verbunden sind, entsprechen mythologisch gesehen dem Kampf zweier Göttergestalten, nur dass dieser Kampf nicht in irgendeinem imaginären Götterhimmel oder in irgendeinem Buch der griechisch-römischen Klassik stattfindet, sondern vor allem im Inneren eines meist gewöhnlichen Alltagsmenschen.

Hinsichtlich der Projektion eigener abgespaltener Persönlichkeitsanteile auf die Umwelt gibt es unzählige Spielarten solcher Kämpfe, auch innerhalb der Personengruppe mit einer Saturn-Uranus-Konjunktion im Geburtsbild. Die unterschiedlichen Häuserstellungen, in denen eine solche Konjunktion zum Tragen kommen kann, spiegeln sich in den unterschiedlichen gesellschaftlichen Szenarien wider, in denen sich die „Grabenkämpfe" zwischen Tradition (♄) und Progression (♅) dann abspielen, …

… wie z. B. auf wissenschaftlichen Fachtagungen, wenn es darum geht, ob man an „gesicherten" (♄) physikalischen Modellvorstellungen festhalten (♄) sollte oder ob man den provokanten (♅) Thesen des Herrn Prof. Soundso tatsächlich eingehender nachzugehen bereit ist = *Saturn/Uranus in Haus 3.*

… oder wie in kirchlichen Gremien, wo die Frage erörtert wird, ob die Grenzen (♄) der Gottesdienst-Ordnung (♄) beim Predigt-Stil bestimmter Priester noch gewahrt bleibt oder diese längst überschritten (♅) sind = *Saturn/Uranus in H 9* (siehe folgende Graphik 21/8).

… oder wie bei dem Ehepaar, bei dem der Mann zur Cocktailparty des Schwagers Turnschuhe (♅) anzieht, während sie dort lieber im „festlichen neuen Schwar-

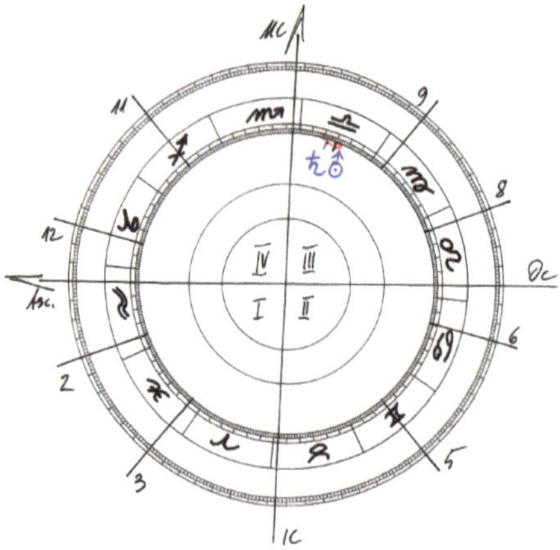

Graphik Nr. 21/8

zen“ (♄) erscheinen will und am liebsten ihn auch elegant an ihrer Seite hätte = *Saturn/Uranus in H 7.*

Solche Menschen (Gehemmte und Kompensatoren) können aber einander auch bewundern, achten oder sogar lieben, wenn sie – auf dem Weg zur erweiternden Integration – an der Verschiedenartigkeit des anderen auch Seiten entdecken, die für sie selber einen Lernwert haben.

Dann können Saturn/Uranus-Geborene zu Erneuerern (⛢) werden, die gleichzeitig ein Gefühl für realistische (♄) Gegebenheiten haben. Also solche Erneuerer, die alles Anachronistische (♄) ohne Wehleidigkeit hinter sich lassen (⛢), gekoppelt mit dem Hang, alles das, was sich noch heute bewährt (♄), weiterhin zu bewahren (♄) – egal in welchen persönlichen oder gesellschaftlichen Lebensbereichen.

Aspekte sind definierte Winkelbeziehungen der Planeten untereinander. Ihre Bedeutung liegt darin, dass die beteiligten Planeten sich gegenseitig „befruchten“ „wollen“ (dürfen, sollen, müssen) …
– je nach Inhalt und Ausrichtung der Kräfte …
– je nach der Art des Winkels …
– aber auch je nach individueller oder kollektiver Bewusstseinsreife …
können sie sich gegenseitig in ihrem Ausdruck unterstützen oder behindern.

„Verzauberung der Anlagen“

Ein astro-psychologisches Konzept nach Hermann Meyer

Meine astrologischen Wurzeln sind in Hermann Meyers Psychologischer Astrologie zu finden, die ich aber im Laufe der Jahrzehnte zu einer Integralen Astrologie hin

weiterentwickelt habe. Dennoch sind einige von Meyers Konzepten und Arbeitsweisen für mich unverzichtbares „Handwerkszeug“ geblieben, wie auch das folgende Konzept, das er – mit sprachlicher Anleihe bei Döbereiner –*„Verzauberung der Anlagen“* nennt.
Weil wir dieses sehr fruchtbare psychologische Arbeitswerkzeug in vielschichtiger Weise vor allem immer wieder in unseren Fallbeispielen praktisch anwenden wollen, möchte ich es hier noch mal im Verbund mit den beiden uns schon bekannten Archetypen – Widder/Mars/Haus 1 und Krebs/Mond/Haus 4 greifbarer darstellen.

Wir haben uns bisher schon mehrfach vor Augen geführt, dass jede der archetypischen Kräfte sowohl in positiven als auch in negativen Auslebensvarianten erfahren und ausgedrückt werden kann – in Licht- und Schattenvariablen:
bewusst oder unbewusst;
authentisch oder sich verbergend (neurotisch);
lebensfördernd oder lebenshemmend;
kreativ oder destruktiv;

Diese Art von Unterscheidung wollen wir – mit dem genannten Konzept – in grundsätzlicher Weise noch einmal differenzieren, weil sich daraus ein realeres Bild von der Psychodynamik konkreter menschlicher Alltagserfahrungen ableiten lässt.
Meyer teilt in seiner Terminologie – zunächst einmal – jedes archetypische Prinzip in eine Erste Natur und in eine Zweite Natur ein, in der es ausgelebt werden kann. Das entspricht unserem schon bekannten Licht- und Schatten-Konzept.

Die Erste Natur wird als ein bewusster und authentischer Ausdruck der Archetypen durch einen gereiften Menschen verstanden, bei dem die Kräfte nicht egozentrisch oder neurotisch verzerrt in Erscheinung treten. Sie entsprechen dabei in ihrer jeweils spezifischen inhaltlichen Art den eigentlichen kosmischen bzw. evolutionären Absichten, die ihnen innewohnen, und werden in ihrem Ausdruck als lebensfördernd betrachtet.

Meyer spricht von der gelebten Ersten Natur auch von der *erwachsenen Erlebens- und Auslebensform* eines Archetyps.

Die Zweite Natur wird – mit meinen Worten gesagt – als ein Ausdruck definiert, in dem die gleichen Kräfte, die gleichen potenziellen Inhalte der Ersten Natur, undifferenziert geblieben sind. Somit erscheinen sie hier nur in ihren noch ungeschliffenen Rohformen oder als „verzaubert“ (Döbereiner) im Sinne entfremdeter Zerrformen. Sie bleiben in ihrem eigentlichen und schöpferischen Wesen unverstanden bzw. unbewusst – sind Spiegel unserer noch *„kindlich“-unentwickelten,* verengten oder neurotischen Filtersysteme, durch die sie erst „verquält“ hindurch müssen.
Meyer bringt diese „ungeschliffenen Potenziale“ oder „Verkümmerungen“ mit den patriarchalen Normen unserer Gesellschaft in Verbindung, die die individuellen

Eigenarten des Menschen – so wie sie in unseren Horoskopen angezeigt sind – nur in Ansätzen dulden. Insbesondere spielen die repressiven Kindheits-Erlebnisse durch Elternhaus, Milieu, Schule, etc. – mit ihren Geboten, Verboten, Strafen und Demütigungen etc. – dabei eine herausragende Rolle.
Meyer unterscheidet aber nun diese Zweite Natur (also die Schatten-Variante) noch einmal in zwei grundsätzlich unterschiedliche Ausdrucksformen – in die gehemmte und in die kompensatorische Variante.
So haben wir hier folgende Formel:

ERSTE NATUR

ZWEITE NATUR

/ \

Hemmung Kompensation

ZWEITE NATUR:

Die Hemmung – als Auslebens-Variante undifferenziert gebliebener Anlagen – entspricht einem energetisch reduzierten Ausdruck der eigenen individuellen Anlage-Möglichkeiten. Man kann auch sagen, sie entspricht einer Ausdrucks-Angst.
Man darf nicht so sein, wie man ist – fühlt sich schuldig, minderwertig, hilflos, und es fehlt die Traute, sich im Rahmen der angelegten, konstellations-bedingten Möglichkeiten (Erste Natur) auszudrücken. Man verharrt schwerpunktmäßig in einer graduell-regressiven Passivität, führt im Alltag mehr ein eingespurtes Hintergrunds-Dasein – erleidet das Leben mehr, als es aktiv zu leben. Man verhält sich scheu, schüchtern, in still-fügsamer Weise angepasst und nachgiebig. Das alles wird aber zunächst einmal nur als unbewusster oder teilbewusster Vorgang vom Betroffenen wahrgenommen. Meyer nennt den Gehemmten auch den *„Kindrollenspieler“.*

Eine Hemmung im Ausdruck der individuell angelegten archetypischen Grundmuster kann über die Kindheit hinaus bestehen bleiben. In nicht seltenen Fällen kann sie sich sogar fürs Leben verfestigen. Oder sie wandelt sich in eine gelebte Kompensation um.

Die Kompensation – als zweite Auslebens-Variante undifferenziert gebliebener Anlagen – ist eine überzogene Reaktion auf die Erfahrung einer schon vorhandenen eigenen Hemmung. Im Sinne des Lebenskampfes, „sich nicht unterkriegen zu lassen“ (meist unbewusst), *dynamisiert der Kompensator lediglich seine eigene Hemmung* – und zwar mit innerem und äußeren „Kraftaufwand“ und ohne bewusste psychologische Verarbeitung.
Er wird aktiv, „geht in die Vollen“, „schiebt sich in die ersten Reihen“, „interpretiert seine Not in eine Tugend um“ und versucht diese seiner sozialen Umwelt – deutlich

sicht- und hörbar – auch als eine solche zu „verkaufen“. So bringt er seine verletzten und unbewusst als minderwertig empfundenen Anlagen aus ihrem „lethargischen Schlummer“ tatsächlich mehr ins Leben, jedoch in „schießender“, „ungehobelter“, „verzerrter“ und anmaßender Art – viel zu plakativ, unsensibel, ungekonnt und aufdringlich – eben als *Kompensation* (als Karikatur einer allzu gewollten Tugend, Stärke oder Befähigung).
Meyer nennt den Kompensator auch den *„Elternrollenspieler“.*
Den Gehemmten nennt Meyer deshalb „Kindrollenspieler“, weil dieser unbewusst immer zaghaft, unsicher und heimlich nach den „Eltern“ „schielt“ – ob er denn, in deren Augen immer alles „richtig“ macht und hoffentlich nicht getadelt wird.
In der Alltagsrealität entsprechen diese „Eltern“ jedoch nur den Komplementärbildern der eigenen Hemmung. So sind es, genauer genommen, die ebenso neurotischen „Elternrollenspieler“ bzw. die Kompensatoren, nach denen er innerlich „schielt“ und von denen er fälschlicherweise annimmt, sie seien schon erwachsen und wüssten immer „wo es lang geht“.
Den Kompensator nennt Meyer deshalb „Elternrollenspieler“, weil dieser unbewusst –aber dennoch nach außen in ganz offener und ungenierter Weise – darauf achtet, ob die „Kinder“ immer „alles richtig machen“ oder ob er sie tadeln bzw. bestrafen muss. In der Alltagsrealität entsprechen diese „Kinder“ jedoch nur den Komplementärbildern der eigenen neurotischen Kompensation. Es sind daher in Wirklichkeit die „Kindrollenspieler“ bzw. die Gehemmten, von denen er annimmt, dass sie immer mal wieder mehr oder weniger deutlich seiner Weisungen oder Disziplinierungen bedürfen, damit – in seinem, als selbstverständlich angenommenen Sinne – auch wirklich alles klappt oder dass sie irgendetwas „endlich mal verstehen lernen könnten“.

„Erste Natur“ und „Zweite Natur (mit Hemmung (H) und Kompensation (K))“ am Beispiel der beiden kosmischen Prinzipien:
Widder/Mars/Haus 1 und Krebs/Mond/Haus 4
In den folgenden schematischen Darstellungen des Konzepts „Verzauberung der Anlagen“ – anhand der beiden uns schon bekannten Archetypen – benutze ich nicht nur *Meyers Darstellungsform der kosmischen Prinzipien, sondern auch dessen Terminologie*, die allerdings sehr häufig auch aus traditionellen Quellen oder von anderen Autoren – aber natürlich ebenfalls in vielerlei Hinsicht aus seinen eigenen Begriffs-Schöpfungen und aus den entsprechend eigenen Verständniszusammenhängen stammen. Ich ergänze sie nur durch die „Bilder“ und durch die Interpretationshilfen.

♈ ♂ H 1 Widder/Mars/Haus 1 Ego

Element: Feuer – Das Bild: die Kampfarena
Erste Natur:
Energie; Konstitution; Entdeckung und Ausleben der körperlichen Eigenart (Triebe, Sexualität, Sport); Ich-Kraft, Wille, Durchsetzungsfähigkeit, Selbstbehauptung, Tatkraft, Aktivität; der Mut Impulse zu setzen, Initiativen zu ergreifen und Pionier-

arbeit zu leisten; Fähigkeit persönliche Bedürfnisse einzubringen. Natürliche Männlichkeit.

Zweite Natur:

Egoismus (K), „Altruismus" (*hier als Ersatzhandlung verstanden*) (H); unkontrolliertes Ausagieren von Agressionen (K), Aggression erleiden (H);
starker Mann / Held = „Chauvi"(K) – aber auch Frau, die „starker Mann" spielt = „Emanze" (K); Selbstzweifel in Hinblick auf das eigene „Mann-sein" (H) (auch bei Frauen); Antriebslosigkeit (H).

Organe:

Kopf, Galle, Zähne, Nägel, Penis, körperliche Energie.

Krankheiten:

Kopfschmerzen, Gallenbeschwerden, Fieber, Entzündungen, Unfall- und Verletzungstendenzen, Verbrennungen.

Interpretationshilfe zur Begriffsklärung:

Natürliche Männlichkeit als erste Natur verstanden, drückt sich darin aus, dass man maßvoll mit den angelegten archetypisch männlichen Kräften (auch als Frau) umgeht.

Das heißt, dass man eine realistische Einschätzung seines Trieblevels, seiner Körperkräfte, seiner Ausdauer, seines Mutes und seiner Führungsqualitäten hat. Risikobereitschaft wird hier zum realistisch kalkulierten Risiko. Der Betreffende stellt dabei weder sein „Licht unter den Scheffel", noch hat er es nötig ein aufgesetztes Imponiergehabe zur Selbst- und Fremdtäuschung „zur Schau zu stellen". Im Verfolgen persönlicher Intentionen bleibt er oder sie im Rahmen der eigenen souveränen Machbarkeit und wird nicht übergriffig – eigene, real vorhandene, Grenzen und Schwächen werden *mutig* eingestanden.

Egoismus (Zweite Natur K) und „Altruismus" (als Ersatzhandlung) (Zweite Natur H) muten wie völlig gegensätzliche menschliche Eigenschaften an. Sie wären es auch, wenn dieser gemeinte Altruismus (Selbstlosigkeit) tatsächlich als reife Frucht einer zutiefst menschlichen Entwicklung gelebt wird. Solch ein authentischer Altruismus wächst aus authentischer Stärke und innerer Fülle. Es handelt sich – in diesem Fall – aber eher um menschliche Ausnahmefälle und entspräche dann auch nicht mehr dem Widder / Mars / Haus 1-Prinzip in seiner 'zweiten Natur`, sondern dann dem Fische/Neptun/Haus 12-Prinzip in seiner 'ersten Natur`.

Dafür ist jedoch in unzähligen Fällen zu beobachten, wie der *Typus des Widder/Mars/ Haus 1-Gehemmten* sich häufig in unbewusster Weise nach außen hin der Ersatzhandlung eines defizitär-motivierten „Altruismus" „bedient" („Schwanz einziehen"). Er tut das, weil er in bestimmten Situationen dem raumgreifenden Egoismus der *Kompensatoren* – insbesondere der *Widder/Mars/Haus 1- Kompensatoren* – nichts entgegen zu setzen hat. Er tut dann nach außen so, als hätte er keine persönlichen Bedürfnisse (♂) in den entsprechenden Situationen (verdrängtes Ego). Und *das* deswegen, weil er aufgrund seiner „eingerasteten" Lebenserfahrungen in der resignierenden Angst lebt, sich mit seinen persönlichen Bedürfnissen bei den „anderen" sowieso nicht durchsetzen zu können und gleich wieder „ausgebremst" wird.

So hat er mit seinem demonstrativ dargestellten „Altruismus" – wenigstens vor sich selbst – das Gefühl einer moralischen Überlegenheit und hofft zudem, dass die Kompensatoren hierüber endlich ihren eigenen Egoismus bemerken (merken sie aber meist nicht). Im Akt der Verdrängung „spielt" der *Widder/Mars/Haus 1-Gehemmte* aber nur nach außen die Rolle des Altruisten – des Selbstlosen – während er innerlich verdeckt Aggressionen staut. In seiner Seele hadert er mit dem „grenzenlosen Egoismus" seiner Mitwelt, die sich immer „das größte Stück Torte nimmt", während für ihn nur die Krümel übrig bleiben.
Die Galle als Organ produziert den Gallensaft, der als die *aggressivste* Säure des Körpers gilt und als einzige Substanz in der Lage ist, bestimmte Fette zu zersetzen und sie zu verstoffwechseln. Psychosomatisch wird die Galle von jeher – entsprechend jahrhundertealter Tradition – mit dem Thema Aggression und Wut in Verbindung gebracht („Gift und Galle spucken", „...da ist ihm die Galle übergelaufen").

♋ ☾ H 4 Krebs/Mond/Haus 4 Seele

Element: Wasser – das Bild: der heimatliche Dorftümpel
Erste Natur: Empfindungsfähigkeit; Entdeckung der seelischen Eigenart – Identität, das eigene Wesen, innere Stimme; Fähigkeit, die eigenen Gefühle aufkeimen zu lassen; die Fähigkeit Liebe, Geborgenheit und Zärtlichkeit zu geben und zu empfangen; Einfühlungsvermögen; soziales Gewissen; Zugang zu Träumen; Phantasie, musische und künstlerische Fähigkeiten; natürliche Mütterlichkeit.
Die Mutter, das Kind, die Familie; die Heimat, das Haus, die Wohnung.

Zweite Natur:
Bemuttern wollen – die „Glucke" (K) (*das gilt auch für Männer)*, Kind bleiben wollen (H); Gefühlsüberschwang (K), seelische Kälte und Depression (H); Zärtlichkeitsdefizit und Ungeborgenheit (H); Fühlen nach Norm (K).

Organe:
Magen, Brust, Gebärmutter, Prostata, Vagina, Wasserhaushalt, Schleimhäute.
Krankheiten:
Gastritis, Magengeschwür, Schleimhaut-Affektionen, Prostataleiden, Regelbeschwerden, Brust- und Unterleibserkrankungen.

Interpretationshilfe zur Begriffsklärung:
Mit natürlicher Mütterlichkeit als erste Natur verstanden, ist hier (auch bei Männern) vor allem *ein empathisches Element* gemeint. Ein empathisches Element, das mit *aktiver Fürsorge* – z. B. für ein Kind oder auch für viele andere mögliche Personen – eine Synthese eingeht. Fürsorge richtet sich dabei vorrangig an den erspürten individuellen Bedürfnissen und Notwendigkeiten des Moments aus. Sie speist sich aus gelebter Seelenfülle und nicht aus den Egoismen eigener emotionaler Mangelerscheinungen. Im Vertrauen auf die eigenen, organisch gewachsenen sozialen Kompetenzen, orientiert sie sich nur in Maßen an den vorgegebenen Vorstellungs-

Schablonen pädagogischer Ideale oder an der einschlägigen Ratgeber-Kultur – egal ob diese eher traditioneller oder progressiver Natur sind.
Das Fühlen nach Norm (Zweite Natur K) ist als eine Reaktionsbildung auf einen innerseelischen Mangelzustand (Hemmung) zu verstehen. Der Kompensator hofft *dadurch* Anerkennung zu finden und als „gesund" zu gelten, wenn er sich bemüht, gesellschaftskonforme Gefühlsrollen auszufüllen.
Das geschieht einerseits dadurch, dass von Außen – durch die soziale Umwelt – Gefühlserwartungen an ihn herangetragen werden, denen er dann auch entsprechen will: *„Sage mir, dass Du mich liebst" oder „Ich freue mich riesig" (über das gerade erhaltene Verlegenheitsgeschenk) oder die „bedauernde Stimmlage", wenn man sich in der Firma krankmeldet etc.* Solche Gefühlserwartungen müssen gar nicht verbalisiert werden, sondern stehen – in unterschiedlich ausgeprägtem Maße – zu Hauf als subtile Forderung in unser aller Alltagsleben (ob in Partnerschaften, im Freundes- und Familienkreis oder in beruflichen Zusammenhängen), und wir müssen immer wieder auf sie reagieren.
Umgekehrt erlegen wir uns solche Gefühls-Normen immer wieder auch selber auf, um nach außen *den* Schein zu wahren, der uns am vorteilhaftesten erscheint.

Eine wahre „Stilblüte gefühlsmäßiger Fremdbestimmung" (fühlen nach Norm) – ja sogar „gefühlsmäßiger Vergewaltigung" – hatte die Discount-Supermarktkette NETTO „aus dem Boden sprießen" lassen, als sie ihren Mitarbeitern verordnete, über Monate hinweg unter ihrem Namensschild am Kittel noch ein zweites Schild zu tragen mit der Aufschrift „ICH BIN FREUNDLICH". Mit dieser „Botschaft" (Soll-Leistung) waren sie dann den ganzen Tag dem Kundenstrom ausgeliefert.
Dabei tröstet es wahrscheinlich wenig, wenn man sich vor Augen führt, dass die Manager, die solche Verordnungen herausgeben, im Grunde genommen nur das von ihren Untergebenen fordern, was sie selbst im Erklimmen der Karriereleiter – jahrein, jahraus – täglich leisten müssen, nämlich sich menschlich/gefühlsmäßig zu „verbiegen".

Das alles ist nicht nur in den jeweiligen Situationen sehr anstrengend, sondern droht am Ende in einen massiven seelischen Verlust zu münden – den die meisten Menschen dann beflissentlich überspielen, ja den sie sogar für „ganz normal" halten (die „heile Bieder-Welt des angepassten und innerlich ausgebrannten – seelenleeren – Konsummenschen").

Fazit für all die beschriebenen Fälle: Wir sind nie wirklich wir selbst, sondern gleichen einer Gefühls-Schablone. Nur mit zunehmender Bewusstwerdung und dem Mut zur Veränderung können wir uns den Weg zu einer weitestgehenden Authentizität „freischaufeln".

Die Prostata ist eine Drüse des männlichen Körpers (während alle anderen aufgeführten Organe dieses archetypisch weiblichen Prinzips auch biologisch weiblicher Natur sind). Sie produziert aber *Schleim,* der den Spermien zu ihrer fließenden Beweglichkeit verhilft. Diese Schleimbildung untersteht astrologisch dem Wasser-Element und damit der archetypisch weiblichen Domäne des Krebs/ Mond / Haus 4-Prinzips.

Komplementäre Verstrickung zwischen „Kindrollen-“ und „Elternrollenspieler“
Anhand der gerade beschriebenen archetypischen Beispiele wird deutlich, dass beide – der Gehemmte und der Kompensator – in Hinblick auf das gleiche spezifische Thema „aus einem Holz geschnitzt sind“. Und damit kommen wir zu einem äußerst wichtigen Punkt. Wir können nämlich auf Grund dieser Einsicht beobachten, wie sich ganz bestimmte prägnante und regelhafte Anziehungsmechanismen in der zwischen-menschlichen Begegnung gestalten.
Gehemmte und Kompensatoren – im Verbund mit einer hintergründig vorhandenen gemeinsamen Thematik – ziehen sich beide „magnetisch“ an. Dass sie sich dabei an der Lebensoberfläche sehr häufig als diametral gegensätzlich zueinander erleben, genau das ist ihnen in den ersten Phasen ihrer Begegnung meist noch gar nicht wirklich bewusst.

Anders ausgedrückt: Sie begegnen sich miteinander vor allem in *den* Teilfacetten ihrer selbst, in denen sie beide die gleiche tiefenstrukturelle archetypische Prägung in sich tragen und sie auch beide in der „Zweiten Natur“ leben – ein jeder für sich. An der konkreten Erfahrungs-Oberfläche jedoch bilden diese gemeinsamen Persönlichkeits-Anteile dann mit Hemmung und Kompensation die beiden – gegensätzlich anmutenden – äußeren Pole im Rahmen des Gesamtspektrums „Zweite Natur“. In dieser Gegensätzlichkeit spiegeln sich aber nur die „beiden Seiten der berühmten *'einen Medaille'*“.

Arrangiert vom unbewussten evolutionären Impuls einer übergeordneten GANZHEIT in uns selbst – die immer „der Mitte zustrebt“ – bilden dann beide Pole zusammen in der Begegnung erstmals so etwas wie eine „Pseudo-Ganzheit“. Daher suchen sie sich (magisch-unbewusst) gegenseitig, – insbesondere in Zeiten verstärkter Auslösungen – *um jeder für sich aber über den anderen* ein bestimmtes, ihnen beiden gemeinsames archetypisches Thema zu bearbeiten.

- Beide ringen in ihrem Leben prozesshaft um dieses gleiche Thema innerhalb ihrer jeweils eigenen Persönlichkeits-Struktur. Das verbindet sie unbewusst miteinander.
- Beide jedoch erleben dieses gemeinsame Thema gleichzeitig aus diametral erscheinenden Perspektiven (Hemmung und Kompensation), wobei keiner von beiden in der Regel ein wirkliches Verständnis für die Perspektive des jeweils anderen hat. Das trennt sie unbewusst voneinander.

Aber erst in der konkreten Alltagsbegegnung zwischen beiden – *erst durch das direkte Erleben* – kann sich die hintergründige Psychodynamik und die eigentliche Bedeutung dieses gemeinsamen Potenzials langsam herausschälen. Und möglicherweise kann dies dann auch zu einer zunehmenden Bewusstheit des jeweils realen Selbst-Seins und der realen zwischenmenschlichen Verhältnisse führen.

Die Begegnung zwischen dem Kindrollenspieler und dem Elternrollenspieler, in Hinblick auf spezifische gemeinsame astrologische Konstellationen, birgt entsprechenden Konfliktstoff. Es ist dies insbesondere der Konflikt von Über- und Unterordnung in einem oder mehreren Lebensbereichen. Einer der Beteiligten gibt vor „bescheid zu wissen“, wie „der Hase zu laufen hat“ (K), der andere ordnet sich teils bereitwillig, teils unwillig unter (H). Das Alles geschieht entweder gänzlich unbewusst oder mehr oder weniger teilbewusst.
Beide Beteiligten leiden vielfach aneinander. Beide brauchen sich aber auch gegenseitig, um ihren jeweils eigenen labilen Seelenhaushalt am anderen zu stabilisieren:

- Der Gehemmte partizipiert an der demonstrierten „Stärke“ des Kompensators, fühlt sich ein Stück mitgetragen und kann mit ihm vielfach mutiger und aktiver am Leben teilnehmen. Er schaut sich auch von diesem etwas ab und lernt im besten Fall von ihm ein bisschen mehr seine eigenen Anlagen aktiv auszubauen und auszudrücken.
- Der Kompensator wiederum ist umgekehrt genauso auf den Gehemmten angewiesen, denn auch *sein* Selbstbewusstsein befindet sich auf keiner wirklich festen Basis, sondern ebenso nur in einem „labilen Gleichgewicht“. So kann er sich selbst – in einem entsprechenden Lebensbereich – vor allem nur im Umfeld mit dem Gehemmten als stark, wissend, schlagfertig, mutig oder lebenserfahren, etc. erleben. Und um sich „größer“ zu fühlen, muss er den anderen vielfach „kleiner“ machen.

Ein anderer Mensch, der in den entsprechenden Lebensbereichen graduell fähiger ist, seine Erste Natur zu leben, lässt sich in der Regel von den Elternrollen-Spielchen des Kompensators nur wenig bis gar nicht beeindrucken. Er durchschaut sie schnell als wenig substantiell und selbstüberhöhend. Im besten und stabilsten Fall hat er ein empathisches Verständnis für dessen Problemsituation und wird deshalb auch weniger bis gar nicht in etwaige Verstrickungen mit dem Kompensator hineingezogen. Umgekehrt sind dem Kompensator Menschen, die ihre Anlagen in einer relativ erwachsenen Form ausleben, immer etwas suspekt. Er kann sie nur schwer einschätzen und ist irritiert, weil seine schablonenhaften „Nummern“ (die ihm ja unbewusst selber wesensfremd sind) bei diesen Menschen nicht mehr richtig „ziehen“. Das quittiert er meist mit misstrauischer Distanz – manchmal aber auch mit neugieriger Beeindrucktheit und inspirierter Offenheit.

Aber auch dem Kindrollenspieler sind erwachsene Auslebensformen in der ersten Natur eher fremd und irritieren ihn ebenfalls.

Sein *Idealbild von Mensch und Partner – sein „Idol“* – ist trotz der Schwierigkeiten, die daraus für ihn resultieren, immer noch das unbewusst sehnsüchtig projizierte Komplementärbild seiner eigenen Hemmung – der *Kompensator.*
Denn da, wo Mangel ist, meint man die Lösung allen Übels nur in der sentimentalen Überhöhung finden zu können. Und durch die Gegenwart eines relativ erwachsenen bzw. reifen Menschen fühlt sich der Kindrollenspieler hinsichtlich seiner

„Bilder“, die er von einer „heilen Welt“ hegt, bedroht. Es sind „Bilder einer heilen Welt“, deren „legitimer“ Repräsentant für ihn nur der Elterrollenspieler ist.
Aber natürlich ist auch hier – angesichts eines unerwartet leichten Kontakts gegenseitiger Annahme – eine zunächst einmal vorbehaltlose Offenheit zwischen relativ gereiften Menschen und den Kindrollenspielern potenziell immer möglich.

Bei all den aufgeführten Ungereimtheiten liegt jedoch gerade in der Begegnung zwischen dem Gehemmten und dem Kompensator die eigentliche Chance zur realen GANZ-Werdung beider Beteiligten – ein jeder für sich selbst.

Voraussetzung dafür ist, dass man die gegenseitige *komplementäre Verstrickung* und die scheinbar „nervig-plakative Verschiedenartigkeit“ des anderen als „Spiegel-Spiel“ eigener innerer Zerrissenheit erkennt und sie – abseits von Extremen – in gradueller Weise in die eigene Persönlichkeit zu integrieren vermag.

Erst durch das bewusst wahrgenommene Wechselspiel von Hemmung und Kompensation auf verschiedenen Wachstumsstufen individuell-menschlicher Reife und durch eine entsprechende psychologische Verarbeitung, kommt es zunehmend zum authentischen Ausdruck der zugrundeliegenden wesenhaften „Kern“-Energie (Erste Natur).

Dabei ist in der Regel zu beobachten, dass die Entwicklung von der Hemmung zur Ersten Natur allermeist über das Zwischen-Stadium der Kompensation verläuft. Es scheint so, als ob das Individuum erst *beide Seiten des Mangels* (Hemmung *und* Kompensation) und ihre jeweiligen Auswirkungen im konkreten Leben „am eigenen Leibe“ erfahren muss, um wirklich zu verstehen, auf was es im Leben tatsächlich ankommt. Erst dann steht der mittlere Weg offen, der sowohl aus dem Minderwertigkeitsgefühl als auch aus der Selbstüberschätzung und dem Größenwahn herausführt.

Die eben beschriebenen Mechanismen habe ich zunächst einmal auf Menschen bezogen, die man als *„Erwachsene“ im Sinne des Lebensalters* bezeichnet. Dort sind diese Mechanismen aber keine rare Erscheinung. Hat man sie einmal richtig verstanden und schaut unter diesem Gesichtspunkt wachsam in die Welt – bei sich selbst und bei anderen – wird man sie flächendeckend beobachten können (sowohl in der Privatsphäre als auch im gesamten sozialen Umfeld).
Aber auch bei (hier altersbedingten) Kindern kann man das schon wunderbar beobachten:

Bei ihnen lässt sich jedoch auch am deutlichsten erkennen, dass es sich bei diesen Mechanismen um organische Stufen bedeutsamer und universal-menschlicher Entwicklungsprozesse handelt und nicht nur um pathologische Erscheinungen.
Denn Kinder entwickeln und verändern sich schnell – oft innerhalb von Tagen; während *altersbedingte Erwachsene* für manche Entwicklungsprozesse oft Monate bis Jahre brauchen und man dabei die beschriebenen Mechanismen dieser

Entwicklungen kaum noch im aufeinander bezogenen Zusammenhang erfährt und erkennt.

Hierzu eine kleine Geschichte:
Meine Tochter war drei Jahre alt, als wir in eine andere Stadt zogen. In dem neuen Mietshaus gab es einen ausgebauten Dachboden mit mehreren abgeteilten Holzverschlägen – so wie man sie sonst eher in Kellern findet –, und jeder Mieter hatte dort jeweils einen dieser relativ geräumigen Stellkammern. Einige Tage nach unserem Einzug musste ich noch mal nach oben, um ein paar Sachen zu sichten. Es war das erste Mal, dass meine Tochter mit mir nach oben ging. Sie war sichtlich beeindruckt, als ich die schwere Metalltür zum Vorraum aufschloss, zumal dort auch das Tageslicht von den Hausflurfenstern nur noch sehr „dünn“ und schummrig hineinfiel. Und als sie drinnen bei schlechtem Kunstlicht links und rechts vom Gang nur die Reihen der Holzverschläge und die vielen Türen mit Vorhängeschlössern sah, merkte ich ihr eine gewisse Beklommenheit an, die sie noch dadurch unterstrich, dass sie sich plötzlich an meinem Hosenbein festhielt. Ihr war etwas unheimlich zumute.
Ich sagte ihr, dass sie keine Angst zu haben bräuchte und erklärte ihr die Bedeutung dieses Speichers. Wir liefen den Gang ab und guckten zusammen durch die Zwischenräume der Holzlatten in die dunklen Hintergründe der Dachstellkammern anderer Mieter – sahen oder erahnten Dinge und sogen diese Atmosphäre ein. Das war alles sehr spannend. Dann musste ich ein paar von unseren Sachen in die Wohnung hinunterbringen, um anschließend noch einmal nach oben zu gehen. Auf keinen Fall hätte meine Tochter in der Zwischenzeit – auch nicht für wenige Minuten – allein hier oben bleiben wollen. Sie ging lieber mit mir die Treppe runter, dann wieder rauf und noch einmal runter. Ansonsten war sie schon sehr früh ungewöhnlich selbständig.
Schon am nächsten Tag fragte sie mich, ob ich wieder mit ihr auf den Dachboden gehen würde, was wir auch taten – nur so. Und noch ein paar Tage später wollte sie ihren Puppen und Stofftieren diesen besonderen Ort zeigen und mit ihnen allein dort oben sein – ich sollte nur aufschließen. Oben angekommen verschwand sie hinter der schweren Metalltür, die ich aber einen Schlitz aufließ und leise hörte, wie sie augenblicklich zu ihren Puppen und Tieren sprach: „Das ist der Dachboden, von dem ich Euch erzählt habe… Ihr braucht wirklich keine Angst zu haben, so gruselig ist das gar nicht. Ich bleibe ja auf jeden Fall bei Euch…“

An diesem Punkt ist meine Tochter von ihrer gehemmten Position in die kompensatorische Rolle übergewechselt, die – in diesem Fall – gleichzeitig auch eine Beschützerrolle beinhaltete. Wäre sie in dieser Entwicklungsphase ohne ihre Tiere und Puppen dort oben alleine gewesen, hätte sie wahrscheinlich ihre eigenen Restängste viel deutlicher gespürt. So aber konnte sie diese auf ihre Tiere und Puppen (auf die Gehemmten) projizieren – die jetzt „ihrerseits Angst hatten“. Innerhalb ihres – scheinbar „in sich geschlossenen“ – eigenen Persönlichkeitsgefüges waren ihre Ängste für sie selbst nicht mehr wahrnehmbar. Stattdessen nahm sie bei sich selbst vorrangig nur ihren eigenen – frisch erlangten – Mut wahr.

Auf die gleiche Art und Weise projiziert der Kompensator unbewusst alle eigenen Anteile von Schwäche, Unsicherheit, Ängstlichkeit, Aggressivität, Schuldempfinden, etc., – die er bei sich selbst nicht wahrhaben möchte – auf den Gehemmten, mit dem er in der Begegnung komplementär verstrickt ist, und spürt dabei nur seine eigenen Stärken in noch unangemessener Verhältnismäßigkeit.
Genauso projiziert der Gehemmte seine potenziell angelegten, aber bisher noch undifferenziert gebliebenen eigenen Befähigungen auf den Kompensator und erlebt diese vorrangig über ihn, kann sie im Extremfall dort sogar „vergöttern" oder, anders herum, ablehnen bzw. bekämpfen.
Mit der Geschichte meiner Tochter möchte ich aber vor allem zusätzlich noch einmal deutlich machen, **...**

... dass ich die psycho-dynamischen Ausdrucksformen „Zweite Natur", mit „Hemmung" und „Kompensation", die unser aller Alltagsdasein so vielschichtig durchweben, nicht unbedingt als pathologisch bewerte.

Obwohl ihre Erscheinungsformen – hier im Sinne der Über- und Unterordnung gemeint – sehr häufig durchaus auch patriarchale Züge tragen, sehe ich deshalb unsere patriarchalen Gesellschaftsformen nicht als die eigentliche Ursache der beschriebenen Mechanismen an, so wie man es aus Meyers Büchern an vielen Stellen immer wieder herauslesen könnte. Dies ist – in der hier anklingenden Konsequenz – auch in seinen Büchern nicht so gemeint. Es *erscheint* aber häufig deshalb so, weil es prinzipiell an entsprechend anderen hintergründigeren Erklärungsmodellen mangelt.
Meiner Überzeugung nach liegt eine mögliche Antwort auf die hier zugrunde liegende Fragestellung zunächst einmal in der Feststellung, dass wir alle – immer wieder – erst mal noch „auf dem Weg" sind.
Abgesehen von den „Großen Seelen" dieser Welt wird in der Regel niemand als eine ausgereifte menschliche Persönlichkeit geboren, die nur durch eine entsprechend restriktive Gesellschaftsordnung am Ausleben ihrer „Vollblüte" verhindert ist – egal in welcher Kultur- und Zeit-Epoche wir uns dabei befinden mögen.
Die Erörterung, inwieweit die verbreitete Vorstellung der Reinkarnation des Menschen in diesem Zusammenhang relevant sein könnte, müssen wir auf später verschieben, weil sie für mich nicht mit einem schnellen Ja oder Nein zu beantworten ist. Die Modellvorstellung der Reinkarnation ist von mir favorisiert, denn sie stellt viele der von mir durch die Astrologie erfahrenen Phänomene in einen schlüssigen Gesamt-Zusammenhang. Dieses Reinkarnations-Modell kann aber umgekehrt *nicht allein durch die Astrologie* und ihre erfahrbaren Phänomene eindeutig bestätigt werden; wir müssen daher auch auf andere Quellen zurückgreifen.
So setze ich menschliches Leben immer mit einer relativen Unvollständigkeit gleich. Und wie es uns die Arbeit mit der Astrologie nahelegt, trägt das Leben dabei gleichzeitig einen eingeborenen Wachstums-Impuls – hin zu einer „werdenden GANZHEIT" – in sich und ebenso ein entsprechendes Wachstums-Potenzial.

So sind „Zweite Natur“, „Hemmung“ und „Kompensation“ – über ihre vielfach tatsächlich auch pathologischen Erscheinungsformen hinaus – für mich *vor allem* immer Ausdruck aller unausgereiften menschlichen Erfahrungs- und Bewusstseins-Ebenen, die die Menschen von Geburt an schon mit in diese Welt hineinbringen. Insofern sind sie auch ganz natürliche Erscheinungen – ein authentischer Spiegel des Weltenprozesses und unserer Menschwerdung.

Die kollektive Projektion alles „menschlich Allzumenschlichen“ prägt dann aber den jeweiligen Status quo der gesellschaftlichen Verhältnisse zu einer bestimmten Zeit in ihrer Gänze – dies ist meine tiefste Überzeugung. „Das Bewusstsein prägt vorrangig das Sein (der gesellschaftlichen Verhältnisse), nicht umgekehrt“, was eine Wechselbeziehung in einem gewissen Grade nicht zwangsläufig ausschließt.

Durch die bewusste Wahrnehmung der treibenden Evolutionskräfte (Archetypen) als kreative Impulsgeber in uns – und durch unsere angemessene Reaktion darauf – sind wir immer wieder, wie Jung es nannte, zur Individuation aufgerufen.
Dieser „Weckruf zur Individuation“ wird aber – wenn er in unbewusster Weise abläuft – ebenso bekräftigt durch das Leiden sowohl an uns selbst als auch an den gesellschaftlichen Verhältnissen.

Dabei werden die jeweils konstellierten Archetypen – insbesondere die „Transpersonal-Wegweisenden“[4] – zu Mittlern auf dem „Weg zur Erkenntnis unserer eigenen GÖTTLICHKEIT, die die ‘GÖTTLICHKEIT alles Weltlichen’ gleichermaßen mit einschließt“ – also einer GÖTTLICHKEIT, die ALLES ist, was IST.

Dies jedoch ist wohl noch ein weiter Weg, den der Mensch im Zuge seiner eigenen Evolution zu gehen hat, wie es Wilber in seinem Buch „Halbzeit der Evolution“ überzeugend darstellt, denn es ist *ein ALLES umfassender Weg,* der nicht nur temporäre Gesellschaftsordnungen transzendiert.

Nach all dem, was wir bis jetzt hier dargelegt haben, muss noch einmal deutlich gemacht werden, *dass fast ausnahmslos wir alle* die ganze Palette der Ausdrucksformen – Erste Natur, Zweite Natur sowie deren Unterspielarten Hemmung und Kompensation – in unterschiedlichen Intensitätsabstufungen in uns tragen und diese auch veräußern.
Darüber hinaus nimmt jeder einzelne Mensch graduell unterschiedliche Schwerpunkte in der einen oder anderen Richtung dieser Erlebens- und Ausdruckformen ein, obwohl diese Schwerpunkte dann damit nicht gleich völlig fixiert sind. Sie verändern sich graduell – je nach Tagesform, Lebensphase und entsprechend der Schwankungen an Wachheit, Bewusstheit und innerer Stärke. Je nachdem, in welcher Situation wir stecken und mit wem wir gerade zusammen sind, können sie sich relativieren, aufheben oder sogar mal ins Gegenteil verkehren.
Ein „Elternrollenspieler“ in einem bestimmten Lebensbereich z. B., fühlt sich

4 „Personale und transpersonale Archetypen“ siehe unter Erläuterung 14, in TEIL III.

gegenüber den dort anzutreffenden "Kindrollenspielern" nur solange in seiner Rolle überlegen, bis ein noch „größerer Kompensator" auf diesem Lebensfeld auftritt – dann fällt er graduell wieder in die innerlich gleichzeitig noch vorhandene Rolle seines eigenen Gehemmtseins zurück. Ebenso hängt ihr Ausdruck auch von langfristigen Entwicklungs-Prozessen ab, in denen sich die Rollen ebenso immer mal wieder umkehren können – diesmal aber dann eher auf einem höheren Level der Bewusstheit.
Dennoch bleiben – innerhalb längerer Lebensphasen – im Groben die jeweils aktuell eingenommenen Schwerpunkte relativ stabil ersichtlich.
Und das ist hoch bedeutsam für die praktische astrologische Arbeit.

Im Sinne dieser Bedeutsamkeit versuche ich in einer astrologischen Sitzung schon relativ schnell herauszufinden, wie die Gewichtungen zwischen Erster und Zweiter Natur / Hemmung und Kompensation bei *den* Themen verteilt sind, die aktuell beim Klienten ausgelöst sind.
Habe ich hierfür Anhaltspunkte gefunden, ...
... dann kann ich die Deutung seiner Themen individueller auf ihn abstimmen, und
... dann habe ich in Hinblick auf aktuell-mögliche Begegnungs-Situationen, die mit seiner gegenwärtig ausgelösten Haupt-Thematik in einer inneren Beziehung stehen, gleichzeitig nicht nur deutliche Hinweise auf den Inhalt, sondern auch auf die Form dieser Begegnungen:

- Der Inhalt einer solchen Begegnung wird vorrangig bestimmt durch den aktuell ausgelösten Archetyp.
- Und die Form einer solchen Begegnung wird bestimmt durch die Gewichtung von Erster Natur, Zweiter Natur, Hemmung und Kompensation im Persönlichkeitsgefüge des Klienten:
  - Gelebte Facetten der Ersten Natur ziehen Facetten der Ersten Natur des Gegenübers an.
  - Gelebte Facetten der Zweiten Natur ziehen ebenso Facetten der Zweiten Natur an.
  - Gelebte Hemmung zieht vorrangig den Kompensator an.
  - Gelebte Kompensation zieht vorrangig den Gehemmten an.

So haben wir mit dem Konzept „Verzauberung der Anlagen" nicht nur ein erweiterndes Medium differenzierterer individueller Wesenswahrnehmung und -beschreibung (Charakter-Struktur), sondern es erhellt darüber hinaus das Verständnis zwischen-menschlicher Anziehungs-Mechanismen (Resonanz) in ihren Feinheiten immens.

Diese und andere psychologischen Konzepte sind in den letzten Jahrzehnten selbstverständlicher Teil astrologischer Wirklichkeitsbeschreibungen geworden, und so hat – durch die Integration verschiedener Erkenntnisse der modernen westlichen Psychologie – die Astrologie noch einmal eine weitere Differenzierung erfahren.

Teil III

Erläuterungen

Kurzdefinitionen technischer oder inhaltlicher Art,
die durch die Darstellungen in TEIL II
noch einmal vertieft werden können

1. EIN HOROSKOP …

… ist das graphische Abbild eines festgehaltenen Zeitmoments. Es zeigt die planetaren Himmelsverhältnisse unseres Sonnensystems für diesen Augenblick, insbesondere in Relation zu einem besonderen Ort auf unserer sich bewegenden Erdkugel. Dieser gewählte Ort ist bestimmt durch ein besonderes Ereignis, das wir astrologisch betrachten wollen – sei es eine menschliche Geburt, die Unterzeichnung eines Miet- oder sogar Staatsvertrags, der Stapellauf eines Schiffes, eine Film-Premiere oder der Amoklauf eines verzweifelten Menschen, dessen innere psycho-soziale Kontrollinstanzen völlig zusammengebrochen sind, etc.

Das Wort Horoskop leitet sich ab aus den lateinischen Wörtern *hora* (Stunde) und *skopein* (blicken bzw. schauen), was soviel heißt wie „in die Stunde schauen". Was wir astrologisch bei diesem „Schauen" dann „sehen", ist der qualitative Aspekt der Zeit, den die alten Griechen *Kairos* nannten – die *„Zeit-Qualität"*. Sie ist der jeweilige thematische Bedeutungs-Inhalt, der jedem Moment, also jeder einzelnen Einheit von *„Zeit-Quantität" (Chronos)* innewohnt.
Ich möchte das Wort Horoskop hier allerdings viel lieber etwas unspezifischer mit *„in die Zeit schauen"* übersetzen, weil wir astrologisch – je nach eingenommenem Blickwinkel – unterschiedlich lang ausgedehnte Zeit-Einheiten untersuchen können; seien es epochale Zeitströmungen (Zeit-Geist), Generations-Konstellationen (ebenfalls Zeit-Geist) oder punktuelle Ereignisse, bei denen wir tatsächlich bis „in die Minute hineinschauen" können oder sogar müssen, um den spezifisch wesenhaften Gehalt der untersuchten Ereignisse wirklichkeitsnah zu erfassen. Je punktueller wir den Zeitraum eines Geschehens erfassen, desto individueller stellt sich ihr Wesensgehalt für uns dar.
Wenn es z. B. um das Geburtsbild eines einzelnen Menschen geht, so brauchen wir in jedem Falle das Jahr, den Monat, den Tag und die Uhrzeit und ebenso den Ort der Geburt. Erst jetzt ist es möglich, die Daten so zu verarbeiteten, dass mindestens
– sowohl die 10 Planeten (inklusive Sonne und Mond)
– als auch etliche andere energetisch sensible Faktoren
in einen komplexen Deutungs-Zusammenhang gebracht werden können mit
– den 12 Tierkreiszeichen und
– den 12 astrologischen Häusern.
Erst damit haben wir ein vollständiges Horoskop und damit ein genügend differenziertes Mess-Instrument, um einen angemessenen Einblick in die individuellen Persönlichkeits-Anlagen eines Menschen zu bekommen.
Das Horoskop ist dann Symbolspiegel für den ganz eigenen Charaktertypus, für die besonderen potenziellen Gaben und Fähigkeiten und ebenso für die potenziellen individuellen Problem- und Aufgabenstellungen dieses Menschen. Es ist ein Lebens-Skript, eine Art „genetischer Code" auf makroskopischer bzw. makrokosmischer Ebene, denn hier gelten sinnhafte – aufeinander bezogene – Analo-

gieschlüsse zwischen den unterschiedlichsten Daseins-Ebenen innerhalb der EINEN WELT: „Wie innen so außen – wie oben so unten".

Das Horoskop zeigt aber nicht allein die Potenzen der ganz eigenen Persönlichkeits-Anlagen eines Menschen, sondern ist gleichzeitig praktisches Werkzeug im Sinne einer individuell-angelegten biographischen Uhr. In jede Horoskopstruktur sind – aus einem astronomisch-mathematischen Blickwinkel heraus betrachtet – rhythmische und zyklische Muster in Samenform eingebettet, die ausschließlich nur für diesen Menschen gelten (mit Ausnahme der Menschen, die zur gleichen Zeit am selben Ort geboren wurden) und die im Verlauf des dynamischen Lebensvollzugs dann zum Tragen kommen.
So ist das Horoskop gleichzeitig die Grundlage zur weiteren Berechnung für die zeitliche Fälligkeit der wesentlichen individuell-biographischen Krisen, Umbruchs- und Wachstumsphasen eines Menschen, inklusive der symbolischen Hinweise auf die – mit diesen Zeiten einhergehenden – thematischen Inhalte.

Die wesentlichsten Bausteine eines Horoskops sind:
- der Tierkreis
- die Planeten
- die Aspekte
- das Häusersystem

Sie bilden zusammen das grobe Gerüst zur Darstellung eines dynamischen Geschehens, das „Himmel und Erde" gleichzeitig umfasst – und dies bis in subtile Feinheiten hinein.

Graphik Nr. 22/1
Der Tierkreis

Der Tierkreis ist ein „schmales Band" am „Himmelsrund" auf dem wir – aus unserer Erd-Perspektive – den scheinbaren Umlauf der Sonne und auch den aller anderen Planeten beobachten können. Der Tierkreis ist in die 12 Tierkreiszeichen eingeteilt.

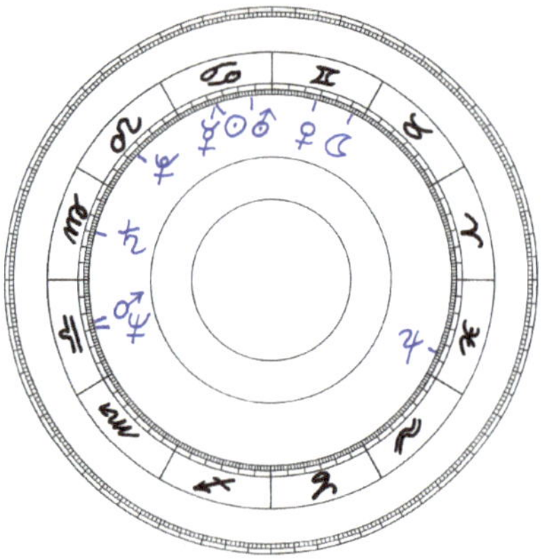

Graphik Nr. 22/2
Die zehn Planeten

Die Planeten – inklusive Sonne und Mond sind es zehn – durchlaufen den Tierkreis alle in unterschiedlichen Umlaufgeschwindigkeiten und schaffen durch die Besetzung der Zeichen und Häuser, aber auch durch die Aspekte, immer wieder neue – astrologisch deutbare – Gesamtkonstellationen.

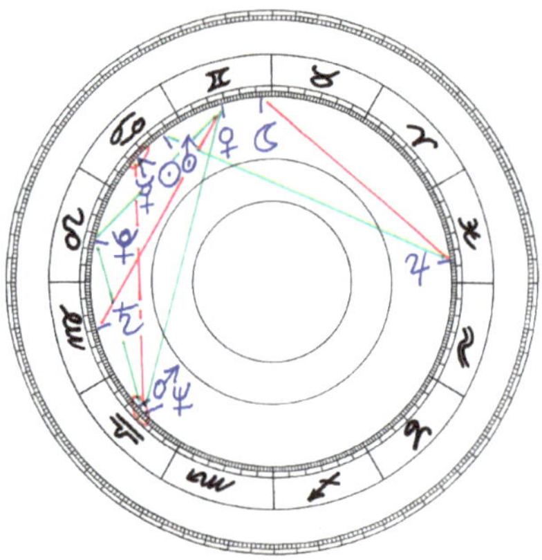

Graphik Nr. 22/3
Die Aspekte oder Winkelbeziehungen zwischen den Planeten

Die Aspekte sind unterschiedlich definierte Winkelbeziehungen, die Planeten untereinander während ihrer permanenten Himmelswanderung temporär eingehen können. Sie symbolisieren entsprechende energetische Wechselwirkungen, die mit in die Deutung einfließen.

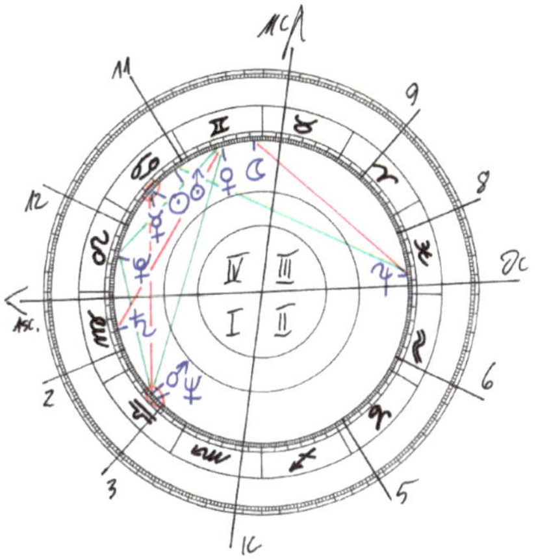

Graphik Nr. 22/4
Die zwölf Häuser

Das Häusersystem ist ein zweiter Deutungskreis, der auf dem Tierkreis aufliegt und gegen diesen – entgegen dem Uhrzeigersinn – verschiebbar ist. Der Tierkreis ist ein „Himmels-Ort“, auf dem die Planeten ihre Umlaufbahnen ziehen. Der Häuserkreis dagegen symbolisiert die sich unablässig „um sich selbst drehende Erde“. Innerhalb von 24 Stunden hat der Häuserkreis eine Komplettdrehung um sich selbst und damit durch den gesamten Tierkreis vollzogen – Tag für Tag, Nacht für Nacht. Durch die Eigendrehung der Erde gegenüber dem Himmel scheint kontinuierlich fließend zu jeder Zeit des gesamten Tages immer wieder ein neuer Himmelsabschnitt in unseren Beobachtungs-Ort hinein – inklusive der Planeten, die in diesen Himmelsabschnitten gerade stehen
Auch dieser Kreis ist – wie der Tierkreis in 12 astrologische (Be-)Deutungszonen eingeteilt, den **12 Häusern.**

Dies zum kurzen Überblick. In späteren Abschnitten gibt es für jedes einzelne der oben angeführten Themen – Tierkreis, Planeten, Aspekte und Häuser – eine extra Erläuterung zum weiterführendem Verständnis. Noch ausführlicher werden diese Themen in Teil II abgehandelt

2. PRÄRATIONALE SPIRITUALITÄT ...

...wird als Begriff häufig von Wilber gebraucht und ist möglicherweise auch von ihm geprägt. Er meint damit eine rückwärtsgewandte Spiritualität/Religiosität, die das Heil darin sieht, der Gefahr einer destruktiven rationalen Dominanz in der gegenwärtigen Gesellschaft – und vor allem auch im Zusammenhang mit spirituellen Hinneigungen – dadurch zu begegnen, dass man die Ratio geringschätzt, sie ignoriert oder gar verteufelt und bekämpft. Das alles dann zu Gunsten von unreflektierten, unkritischen, naiv religiös-spirituellen Grundhaltungen, Annahmen und Praktiken, die mit anachronistischen Traditionen, Dogmen, Aberglauben, unantastbaren Autoritäten, Ego-Gebaren etc. einhergehen. Dies hat zwangsläufig u. a. naive Harmlosigkeit, Lebensängste, krampfhafte Unterordnung, Anmaßung, Größenwahn, Hörigkeit, Hass oder Weltflucht-Tendenzen in allen graduellen Ausprägungen zur Folge.

Wilber macht diese Art von Symptomen aber nicht nur in wandlungs-resistenten und institutionalisierten Traditionen aus, sondern sieht ebenfalls große Teile der gegenwärtigen „New Age-Szene" von der Tendenz zur spirituellen Rückwärtsgewandtheit infiziert. Damit sind einerseits bestimmte Geistes-Strömungen gemeint, die keine „echte Transzendenz" im Sinne meditativer oder kontemplativer Verinnerlichung hervorbringen, um mit dem EINEN GEIST, der ALLES *ist*, in Berührung zu sein und auch keine Wege dorthin aufzeigen; sie verweilen vornehmlich im Mythischen oder fühlen sich geistig in der *Natur,* „als letzte Wirklichkeit allen Daseins", verwurzelt – und nicht im GEIST. Es ist das Bestreben, die Natur zu „spiritualisieren", wie das in der Öko-Bewegung in einem ausgeprägten Maße der Fall ist. Andererseits sind aber auch innere unausgegorene Haltungen gemeint, die Menschen einnehmen, wenn spirituelles Geneigtsein vielfach nur egomanischen Kompensationen dienen soll.

Wilber äußert sich im gleichen Kontext aber ebenfalls kritisch gegenüber der destruktiven Dominanz der Rationalität, die überall offensichtlich ist und alles zu beherrschen droht. Er tut das jedoch, ohne gleichzeitig die wichtige evolutionäre Bedeutung der Rationalität zu negieren. So macht er sich immer wieder zum Anwalt einer „trans-rationalen Spiritualität". Diese nächst höhere Stufe in der menschlichen Evolution liegt seines Erachtens in einer geklärten Spiritualität, die die Ratio übersteigt – transzendiert –, sie aber gleichzeitig mit einschließt und als wichtige, entwicklungsgeschichtlich notwendige Unterfunktion ins Bewusstsein integriert.

So macht Wilber in seinen Schriften immer wieder auf die tragische „Prä-Trans-Verwechslung" aufmerksam, der viele „spirituell" orientierte Menschen unbewusst anheim fallen, die auf diese Weise zum Hemmschuh für eine gesamt-gesellschaftliche Entwicklung werden kann, wo andererseits – auch auf breiterer öffentlicher Ebene – eine aufgeklärte, reife, authentische, weltzugewandte und kraftvolle Spiritualität vonnöten wäre.

3. GEIST …

… (nur groß geschrieben) meint hier tatsächlich den GROSSEN GEIST – den ABSOLUTEN GEIST, das REINE BEWUSSTSEIN („rein“ im Sinne von „pur“ verstanden, also nicht in einem moralischen Sinne – es ist das BEWUSSTSEIN an sich, ohne manifeste Inhalte), der UR-QUELL, das VEREINTE FELD, das QUANTEN-VAKUUM, das GÖTTLICHE, die GOTTHEIT, GOTT.

Dagegen verstehe ich unter „Geist“ (klein geschrieben) die Summe aller mentalen Prozesse im Menschen. Das ist
- der Intellekt bzw. die Ratio, die vorrangig Sachbezüge analysiert;
- die Vernunft, die persönliche Gefühlskomponenten vernimmt bzw. wahrnimmt und diese mental reflektiert bzw. verbalisiert;
- der Verstand, der übergreifende Zusammenhänge versteht (synthetisches Denken);
- die Erkenntnis (Inspiration), die in „blitzartigen“ mentalen Bildern Zusammenhänge erkennt, häufig auch in ihren transpersonalen Bezügen;
- die Intuition ihrerseits empfängt über das gefühlsmäßige Angeschlossensein an die letzte WIRKLICHKEIT das „Wissen des Herzens“ und vielerlei spontan-kreative Ausdrucksformen, die auch mental reflektiert werden können.

All dies kann aber nur eine grobe Begriffs-Bestimmung sein. Sie erfasst nach meinem Weltverständnis nicht alle erfahrbaren GEIST/Geist-Kategorien in diesem sauber getrennten Begriffs-System. Deshalb benutze ich bei der Benennung bestimmter Erfahrungen oder besonderer Vorgänge im Weltengeschehen eben noch diese „unbestimmte“ *GEIST/Geist*-Metapher. Sie hat ihre Bedeutung u. a. in der Beschreibung von Vorgängen wirkender archetypischer Kräfte – die von ihrer Natur her nicht mehr ABSOLUTER GEIST sind, aber auch nicht Ausdruck menschlicher Mentalität. Diese *GEIST/Geist*-Metapher benennt also „Göttliches-in-die-Welt-hineinwirken“ bzw. „Archetypisches-in-die-Welt-hineinwirken“, wenn es entweder mental (z. B. durch Intuition) direkt erfahren wird oder aber als beobachteter „vielgestaltiger Vorgang in der Welt“ beschrieben werden soll. Und auch hier kann man nicht jeder Bedeutungsnuance begrifflich gerecht werden.

4. DER BEGRIFF DES ARCHETYPS

„Der Sternenhimmel ist in der Tat das aufgeschlagene Buch der kosmischen Projektionen, die Widerspiegelung der Mythologeme, eben der Archetypen.“ (C. G. Jung)

Der Begriff des Archetyps findet vorrangig Anwendung in der Philosophie, der Mythologie, der Psychologie – insbesondere in der Analytischen Psychologie C. G. Jungs – und in der Astrologie.
Archetypen sind „geistige Ur-Bilder“ aus der „ursächlichen Ideenwelt“ (Kausal-Ebene), die Platon als die „eigentliche Wirklichkeit“ bezeichnete, während er die Welt der vielfältigen Erscheinungen (seien es grobstoffliche Erscheinungen wie Materie und biologische Körper oder auch feinstoffliche wie Gefühlserfahrungen und mentale Aktivitäten verschiedenster Art) für variationsreiche Abbilder dieser Ur-Bilder hielt. Und zwar sah Platon dies in einer Art, in der die ursprüngliche Göttlichkeit in Form des „Guten, Wahren und Schönen“ für ihn noch immer auch in ihren Abbildern durchschien.
Archetypen sind Gestaltkräfte, die anordnenden Muster allen Daseins in der konkreten Erfahrungswelt – sei es in der Natur oder im Menschen selber. Es sind die ursächlichen „Gestalter“ der eingeborenen kosmischen Ordnung, die „geistige bzw. göttliche Matrix“ aller evolutionären Prozesse.

- Auf der *materiellen Daseinsebene*, inkl. aller biologischen Körper, sind Archetypen vorrangig über die Naturgesetze erfahrbar.
- Auf der *Verhaltensebene im Tierreich* wirken sie als Instinkte.
- Im *Menschenleben* sind sie – sowohl unbewusst als auch bewusst – über die Intuition als seelisch-geistige Ordnungsmuster wirksam und haben, wenn sie aktuell konstelliert sind, verbindlichen „Aufforderungs-Charakter“ (Jung). Sie kommen in Lebens- und Überlebenskräften sowie in Lebensmechanismen zum Ausdruck und gipfeln im ethischen Wachstum des Menschen und in spontanen Eingebungen von Erkenntnissen einer umfassenderen Wahrheit und Wirklichkeit im Einklang mit dem GANZEN.
- In der *Mythologie* stellen sich ihre wirkenden Lebensgesetzmäßigkeiten metaphorisch-personifiziert in Form von agierenden Göttergestalten dar und *spiegeln universelle menschliche Daseinsprozesse – in kulturell bedingten Modifikationen – wider.*
- In der *Astrologie* sind ihre Abbilder in der immer veränderlichen und jeweils aktuell ablesbaren Anordnung der Planeten-Konfigurationen am Himmel sichtbar.

Aber genauso, wie die Naturgesetze und die Götter in der Mythologie nur Sinnbilder für „Geistig-Wesenhaftes“ sind, das hinter ihnen lebendig wirkt, *so sind auch die Planeten* (ebenso die Tierkreiszeichen und Häuser) *nicht die Archetypen selbst!* Das wird in Hinblick auf die Astrologie immer wieder völlig falsch verstanden. Planeten, Tierkreiszeichen und Häuser sind nur die symbolischen Repräsentanten

für die noch hinter ihnen verborgenen geistigen Kräfte. Sie sind dabei genauso nur Abbilder auf einer kosmischen Ebene, wie alles in der Erscheinungswelt – Materie, Landschaften, Pflanzenreich, Tierreich, Menschenreich, Gefühls-Qualitäten, Mental-Formen etc. – auf ihrer jeweiligen Ebene „nur" Abbilder der Archetypen, nur Abbilder „geistig-transzendenter Ur-Bilder" sind. In ALLEM und auf jeder Ebene spiegelt sich immer eine geistige Ordnung – *ihre jeweils spezifische An-Ordnung* wider.
Von den Planeten gehen in rein physikalischer Hinsicht sicher auch Kräfte aus, die dann aber auch nur rein physikalisch wirken. Diese Art von Wirkungen haben aber nichts mit den *ALL-umfassenden „Spiegel-Informationen"* in Bezug auf die Totalität der gesamten Erscheinungswelt zu tun, wie wir sie mit Hilfe der Astrologie von den Himmelskonstellationen für uns abzulesen vermögen. Die Planeten mit ihren mathematisch präzise zu errechnenden Bewegungen zeigen als Abbilder im Sinne der Astrologie, wie die Zeiger einer Uhr, nur an, in welch geistig-inhaltlichem Zeitabschnitt wir uns gerade befinden. Die von der jeweiligen Planetenkonstellation eines bestimmten Moments angezeigten Misch-Verhältnisse archetypischer Kräfte wirken dabei von einer noch hinter ihnen liegenden geistigen Sphäre aus genau zu diesem Zeitpunkt parallel auf alle Daseins-Ebenen gleichzeitig ein.
Das heißt, Geist, Seele, Körper, Materie, Tierreich, Pflanzenreich und ebenso die Planeten-Sphäre – alle diese Daseins-Ebenen sind zu einem spezifischen Zeitpunkt von den jeweils aktuell vorherrschenden, gleichen Kräfte-Verhältnissen parallel durchwoben.

Die Himmelskonstellationen sind – aus dieser Perspektive heraus – die „göttlichen Hieroglyphen", die „Zeichen am Himmel". Sie zeigen nur etwas an – nämlich die tiefste qualitative WIRKLICHKEIT eines vergänglichen Zeitmoments – sie selbst „tun" aber nichts.

Wir „hängen" also nicht mit unsichtbaren „Schicksalsfäden" an materiellen Himmels-Körpern, die uns wie Marionetten mechanisch hin und her bewegen, sondern sind sinnvoll eingebettet in einem ALLLES umfassenden GEIST-Organismus.

5. IN-FORMIERTES UNIVERSUM

Ervin Laszlo wählt, wenn er davon spricht, ganz bewusst die Schreibweise mit dem Bindestrich und macht damit deutlich, dass es sich im hiesigen Zusammenhang um die *„Theorie der In-formation"* handelt, die er nicht mit der derzeit gängigen „Informationstheorie" – die sich mit technischen Belangen beschäftigt – verwechselt wissen will.
„In-formation ist…" – seiner und auch der Definition des Physikers David Bohm nach – „…nicht nur das Wissen um eine Tatsache oder um ein Ereignis. Auch nicht ein – auf einem (physischen) Übertragungskanal – aufgeprägtes Muster…",
sondern …
„…eine feine, quasi augenblickliche und *energielose Verbindung* zwischen Dingen (und Ereignissen) an verschiedenen Orten im Raum und auch zu verschiedenen Zeitpunkten, *die nicht verloren geht.* In den Naturwissenschaften bezeichnet man solche Phänomene als 'nicht-lokal', in der Bewusstseinsforschung als 'transpersonal'. Was ihre zeitliche Beständigkeit betrifft, betrachtet man "In-formation" als eine Form von Erinnerung sowohl in der Natur als auch in der inter- und transpersonalen Kommunikation.
Ob es sich in der Sphäre der Natur oder im Bewusstsein zeigt, die Erklärung des Phänomens ist stets dieselbe: Sie ist die Reaktion des als 'Quantenvakuum' bezeichneten *kosmischen Plenums* auf Dinge und Ereignisse in Raum und Zeit. Alle Dinge und Ereignisse, die sich in Raum und Zeit zutragen, hinterlassen Spuren im Vakuum – d. h., sie „in-formieren" es – , und das in-formierte Vakuum *wirkt seinerseits auf Dinge und Ereignisse ein* – es „in-*formiert*" sie, es bringt sie „in *Form*". Die unterschwellige *„Formung"* von Dingen und Ereignissen durch Wechselwirkung mit dem Vakuum ist die Ursache für das beobachtete (sonst als sonderbar und anormal zu betrachtende) Phänomen der In-formation…".

Was Laszlo hier beschreibt, ist die Wechselwirkung von Dingen und Ereignissen in Zeit und Raum mit dem Quantenvakuum, die den „Empfänger" dieser In-**f**ormation tatsächlich auch formt, also mitgestaltet (wenn er mit ihr in Resonanz steht, wie er es später weiter ausführt).
In-formation ist etwas aus sich selbst heraus Aktives.

6. ZEITLICHKEIT UND ZEITLOSIGKEIT (EWIGKEIT)

Mit dem im Fließtext gemachten Statement, „dass auf einer tieferen (oder höheren) Daseins-Ebene die Zeit ‘nur’ die imaginäre Spielwiese einer immer gegenwärtigen EWIGKEIT ist“, möchte ich auf gar keinen Fall die existentielle Bedeutung der Zeitlichkeit an sich – und ihre inhaltlichen Entsprechungen für den Menschen – zu„gunsten“ einer „höheren“ oder „tieferen“ Wahrheit herabsetzen. Das könnte dann durchaus im Sinne einer „spirituell getarnten Weltflucht“ missverstanden werden. Ich möchte damit nur deutlich machen, dass es noch etwas anderes gibt, außer die von der Mainstream-Mentalität angebetete Zeitlichkeit (das „Goldene Kalb“).
Im Gegenteil. Die Integrale Astrologie zeigt – parallel zu den wunderbaren Einsichten in den spirituellen Lebens-Hintergrund – gleichzeitig auch die potenziellen individuellen und kollektiven Evolutions-Ströme (Zeitgeist), deren Wahrnehmung tatsächlich nur über den „‘Kanal’ der linearen Zeit“ empfangen werden kann, auf den die Mainstream-Mentalität fast ausschließlich „einge-’tuned’“ ist.
Wir haben es auch hier wieder mit den zwei Seiten einer umfassenderen WAHRHEIT zu tun – der „Paradoxen Wahrheit“, wie ich sie schon mehrfach angeführt hatte und weiterhin auch immer wieder darauf zu sprechen kommen werde.

Die Integrale Astrologie ist Ausdruck einer GANZHEITS-Schau und betont ausdrücklich *die „EINHEIT von Weltlichkeit und GÖTTLICHKEIT“.*

- Dabei postuliert sie einerseits die Hinwendung des Menschen zur Spirituellen Dimension als eine existentielle Notwendigkeit, wenn der Mensch nicht von seiner innersten „Nahrungs-Quelle“ – GEIST – abgeschnitten und „sich SELBST“, „seinem eigenen ZENTRUM“, „seiner eigenen GÖTTLICHKEIT“ gegenüber wesensfern sein will.
- Was nun andererseits aber die „linear strömende Zeit“ bzw. die „Weltlichkeit“ betrifft, so zeigt eine jede Art von authentischer Astrologie – über die präzisen Umlaufgeschwindigkeiten der Planeten – sogar die kosmisch planvoll-vorgegebene Folgerichtigkeit aller evolutionären Ströme, seien diese nun von individueller oder kollektiver Natur. Diese zeigen sich in Form von unterschiedlich langen Zeitabschnitten, die jeweils alle mit unterschiedlichen und definierbaren „Informationen“ (Archetypen) „angefüllt“ sind.

So beschreibt Astrologie in einer kaum zu „toppenden“ Differenziertheit den „eigentlichen Stoff“, aus dem unser aller Leben gewebt ist und fordert uns damit auf, „unsere Weberkünste“ (Weltlichkeit) – mit der differenzierten Kenntnis um diesen Stoff – soweit wie möglich zu verfeinern.

7. DER TIERKREIS

Die Erläuterung 7 ist eine Kurz-Version zum Thema „Tierkreis“. Eine ausführliche Beschreibung des Themas finden Sie im zweiten Teil des Buches „Deutungstechnische Grundlagen und Regeln“.

Die übliche 360° Grad Einteilung eines Kreises hat, wie in der nebenstehende Graphik, beim Tierkreis noch eine hervorragende arbeitstechnische Bedeutung. Der Kreis umfasst 12 Tierkreiszeichen zu je 30° Grad. Die Tierkreisgrade werden entgegen dem Uhrzeigersinn gezählt.

Der Tierkreis fungiert als astronomisches Koordinatensystem für die Positionen der Planeten, sowie anderer sensibler Horoskopfaktoren und als Symbol-Spiegel 12 verschiedener archetypischer bzw. astrologischer Gestaltkräfte.

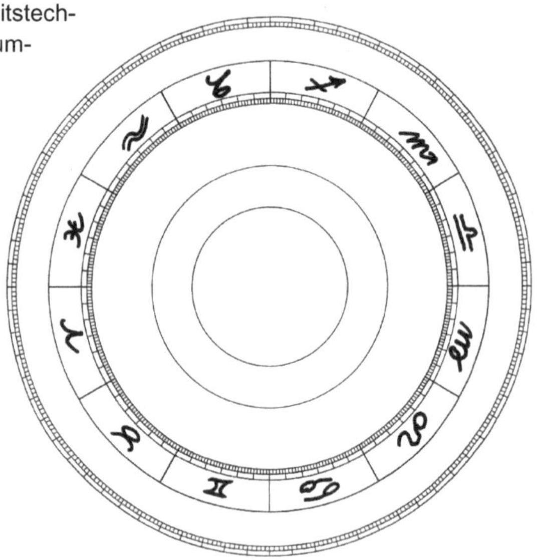

Die oben abgebildeten Tierkreiszeichen in chronologischer Folge – entgegen dem Uhrzeigersinn – sind:
Widder (♈), Stier (♉), Zwillinge (♊), Krebs (♋), Löwe (♌), Jungfrau (♍), Waage (♎), Skorpion (♏), Schütze (♐), Steinbock (♑), Wassermann (♒) und Fische (♓).

Jeder dieser Abschnitte steht symbolisch für eine der 12 astrologischen Grundkräfte. Dabei sind in jedem Zeitmoment (und damit auch in jedem Horoskop, in jedem Individuum und in jedem erfahrbaren Ereignis) unterschwellig immer alle 12 Kräfte gemeinsam präsent und wirksam beteiligt. Aber in jedem Moment haben sie unterschiedliche Gewichtungen zueinander. Zu einem entsprechenden Zeitpunkt gewinnen immer *die* Kräfte des Tierkreises eine verstärkte Dominanz im Gesamtgefüge, deren Zeichen durch Planeten oder andere sensible Horoskopfaktoren (z. B. der Aszendent etc.) besetzt sind.

8. DIE PLANETEN

Im Jahre 1543 konnte Nikolaus Kopernikus die Erkenntnis, dass alle Planeten unseres Sonnensystems (inklusive unserer Erde) um die Sonne kreisen, auch mathematisch eindeutig untermauern. Damit wurde das vormals vom Menschen rein subjektiv wahrgenommene geozentrische Weltbild (alle Planeten, inklusive die Sonne umkreisen die Erde) vom objektiven heliozentrischen Weltbild abgelöst. Die Bedeutung der Erde und die des Menschen in Hinblick auf seine Stellung im Universum wurde damit in vielerlei Hinsicht relativiert, und gleichzeitig haben sich die Grenzen des Universums für uns ins Unermessliche erweitert.
Dennoch hat, auch durch das neu gewonnene Wissen das geozentrische Weltbild nicht komplett seine Bedeutung eingebüßt – insbesondere nicht für die Astrologie.

Aus gutem Grund ist die Astrologie in integrativer Weise in der Lage, beide Weltbilder parallel zu einander stehen zu lassen und beiden „das ihnen Gemäße“ in fruchtbarer Weise abzugewinnen. D. h. ...

... wenn wir z. B. eine Rakete zum Mars „schießen“ wollen, und diese dort auch ankommen soll, müssen wir die dafür notwendigen Berechnungsdaten aus dem heliozentrischen Weltbild heraus beziehen.

... Wollen wir aber in einem tieferen, wesenhaften Sinne mehr über den Menschen als solchen verstehen und auch mehr über die dynamischen Relationen seines irdisch-kosmischen Eingebundenseins, so haben uns die „alten Bilder“ (die „Ur-Bilder“) noch immer Wichtiges zu sagen – auch wenn sie dabei, für die heutige Zeit, neu interpretiert werden müssen.

<u>In der Astrologie rücken wir – nach wie vor – den Menschen und alles Leben hier auf dieser Erde in den Mittelpunkt unserer kosmischen Betrachtungen.</u>

So bleibt die geozentrische Perspektive – im angemessenen Kontext – ein probates *Sinnbild* für die geistige Zusammenschau aller erlebten irdisch-qualitativen Kräfteverhältnisse und hält uns – auch im „Zeitalter quantitativer Welt-Vermessung“ – den Zugang zum *Sinn* offen.

Aus diesem Verständnis heraus ist es auch stimmig, wenn wir Sonne und auch den Mond astrologisch wie Planeten behandeln, weil sie sich aus unserer subjektiven Wahrnehmung heraus auch wie Planeten verhalten.

Mit Sonne und Mond werden insgesamt 10 Planeten in die Deutung eingebracht. Diese durchwandern den Tierkreis entgegen dem Uhrzeigersinn, was auch der Grund dafür ist, dass die Tierkreisgrade ebenso entgegen dem Uhrzeigersinn gezählt werden.

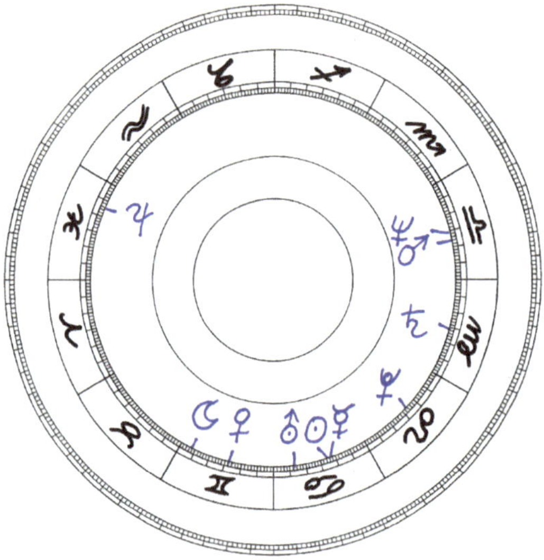

In der obigen Graphik 22/5 sehen Sie:
Sonne (☉), Mond (☾), Merkur (☿), Venus (♀), Mars (♂),
Jupiter (♃), Saturn (♄), Uranus (♅), Neptun (♆) und Pluto (♇).

In unserer zweidimensionalen, flächenhaften Draufsicht „auf den Himmel" laufen alle Planeten (inkl. der Sonne) auf diesem schmalen Band des Tierkreises entlang – ein Phänomen. Ihre einzelnen Bahnen liegen alle parallel und dicht nebeneinander, und sie ziehen so ihre Kreise wie die Pferde in der Arena einer Rennbahn, einige etwas „oberhalb" der Sonnenbahn, andere etwas „unterhalb" davon, aber alle auf diesem relativ schmalen Band nebeneinander. Natürlich sind sie nach „hinten", in die Tiefe des Raumes hinein wieder sehr weit voneinander entfernt.
Die Umlaufgeschwindigkeiten der einzelnen Planeten durch den Tierkreis schwanken immens. Zwischen dem Mond, der mit 28-29 *Tagen* der schnellste, und dem Pluto, der mit 248 *Jahren* der Langsamste ist, gibt es bei jedem Planeten eine andere Variante. Diese Geschwindigkeiten sind vor allem abhängig von der Umlauf-Entfernung ihrer Bahn von der Sonne.[1]

Planeten sind in der Astrologie von zweierlei grundlegender Bedeutung:

1. *Durch ihre spezifischen Positionen im Tierkreis gehören sie* – neben den Zeichen und Häusern – *zu den zentralen Bausteinen der Deutung eines Grund-Horoskops).* Sie repräsentieren – genauso wie die Tierkreiszeichen (und die Häuser) – auch auf ihrer Ebene die 12 kosmischen Grundkräfte. Metaphorisch

[1] mehr dazu in der Erläuterung 13 „Planeten-Umlaufzeiten und Transite" und in TEIL II unter „Planeten".

gesehen sind sie also ebenso „Bedeutungs-Träger" für die gleichen Archetypen. Deshalb gibt es auch inhaltliche Verwandtschaftsverhältnisse zwischen einzelnen Planeten und den ihnen zugeordneten einzelnen Zeichen (und Häusern – auf die wir unten zu sprechen kommen).

<u>Tierkreiszeichen und zugeordnete Planeten:</u>

Widder	(♈)	– Mars	(♂)	Waage	(♎)	– Venus	(♀)
Stier	(♉)	– Venus	(♀)	Skorpion	(♏)	– Pluto	(♇)
Zwillinge	(♊)	– Merkur	(☿)	Schütze	(♐)	– Jupiter	(♃)
Krebs	(♋)	– Mond	(☾)	Steinbock	(♑)	– Saturn	(♄)
Löwe	(♌)	– Sonne	(☉)	Wassermann	(♒)	– Uranus	(♅)
Jungfrau	(♍)	– Merkur	(☿)	Fische	(♓)	– Neptun	(♆)

Tierkreiszeichen und Planeten sind also zwei verschieden geartete Bedeutungsträger der gleichen kosmischen Grundkräfte. Wenn wir jedoch die realen Verwandtschafts-Verhältnisse beider Ebenen zueinander verstehen wollen, müssen wir uns vom oben aufgezeigten Schema wieder lösen, ohne es völlig aus den Augen zu verlieren. Während die Zeichen als *Bedeutungs-Zonen* „statisch" in der festgefügten Chronologie des Tierkreises „verankert" sind, so treten die einzelnen Planeten als *Bewegungs-Prinzip* der jeweiligen Archetypen in Erscheinung. In ihren Umläufen durch den Kreis halten sie sich im Durchschnitt in jedem anderen Zeichen genauso lange auf wie in ihren eigenen, ihnen verwandtschaftlich zugeordneten Zeichen.
Auf diese Weise kommen vielfältig variable Mischverhältnisse (Konstellationen) archetypischer Grundkräfte untereinander zustande, wenn die jeweilige Bedeutung eines wandernden Planeten mit der Bedeutung *des* Zeichens verschmilzt, welches er gerade durchläuft.
Lassen Sie sich nicht irritieren, wenn wir für 12 kosmische Grundkräfte in der Zuordnungstabelle nur 10 Planeten gegenüberstehen haben. Sowohl der Planet Merkur, als auch die Venus sind je zwei verschiedenen Zeichen gleichzeitig zugeordnet. Erklärungen dazu folgen später.

2. *Planeten sind aber auch „Werkzeuge prognostischer Einsichten" für alle bewegten temporären evolutionären Prozesse in dieser Welt.* Prognostisch gesehen werden sie – durch ihre unterschiedlichen und präzisen Umlauf- Geschwindigkeiten – zu höchst verlässlichen Wissens-Quellen in Hinblick auf kollektive und auch auf ganz individuelle Entwicklungsrhythmen. Prognostisch angewandt, beschreiben sie die Zeit-Punkte oder auch die längeren Zeit-Räume von allen wichtigen Krisen, Veränderungs-, Wachstums- und Reife-Prozessen und damit ebenso deren entsprechende inhaltliche Thematik (im Sinne ihrer jeweiligen Tiefenstruktur – ein Begriff, den ich später an praktischen Beispielen immer wieder plausibel zur Anschauung bringen werde).

9. DER HÄUSERKREIS BZW. DAS HÄUSERSYSTEM

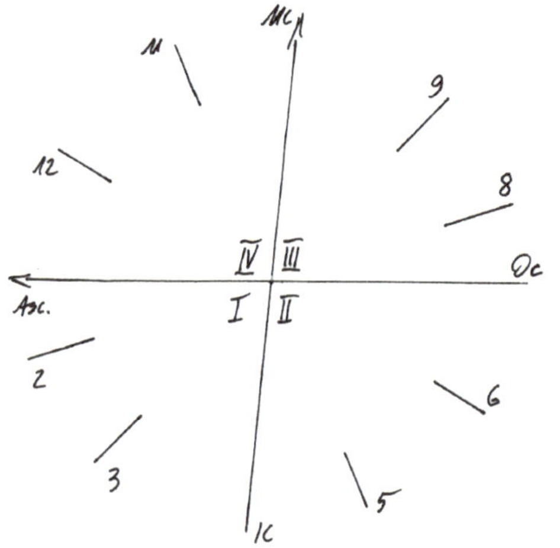

Graphik Nr. 22/6

Der Häuserkreis ist ein *zweiter astrologischer Interpretationskreis*, der auf dem Tierkreis „aufliegt" und gegen diesen – entgegen dem Uhrzeigersinn – verschiebbar ist (siehe Pfeilrichtung in den nächsten Graphiken).

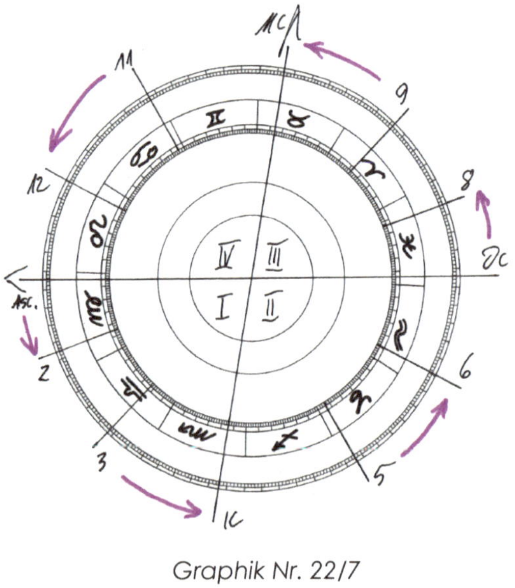

Graphik Nr. 22/7

Die zwölf Haus-Segmente – ebenfalls entgegen dem Uhrzeigersinn gezählt – sind in der Regel ungleich groß und beginnen jeweils immer an den nummerierten Häuserspitzen. Dabei ist der Aszendent (Asc), egal in welchem Zeichen er auch stehen mag – im oberen Beispiel (Graphik 22/7) steht er im Tierkreis-Zeichen der Jungfrau (♍) –, *immer die Spitze des 1. Hauses,* und dann folgen die anderen 11 Häuser chronologisch.

Das Imum Coeli (IC) ist dabei die Spitze des 4. Hauses
Der Deszendent (Dc) ist die Spitze des 7. Hauses
Das Medium Coeli (MC) ist die Spitze des 10. Hauses

Wie schon bei den Tierkreiszeichen und bei den Planeten, steht jedes der 12 Haus-Segmente ebenso symbolisch für eines der 12 archetypischen Grundkräfte der Astrologie.

Während der *Tierkreis den Himmelsraum und die Umlaufbahnen der Planeten* symbolisiert (= Himmelsverhältnisse), steht der *Häuserkreis für die Erde bzw. für den Erd-Umraum* und spiegelt die tägliche Komplett-Drehung der Erde um ihre eigene Achse wider – und zwar im jeweils aktuellen Verhältnis zu den Himmels-gegebenheiten von Moment zu Moment (siehe Pfeilrichtung in Graphik 22/8).

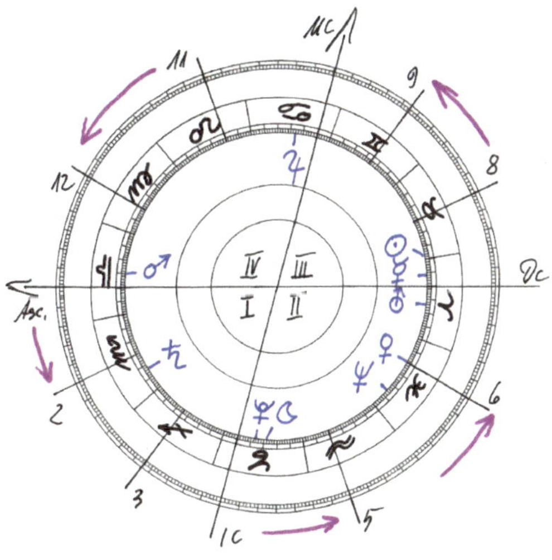

Graphik Nr. 22/8

Innerhalb dieses graphisch dargestellten Erden-Umraums steht die durchgezogene Aszendent-/Deszendent-Achse für die Horizont-Achse eines beliebigen Beobach-tungs-Ortes auf der Erde, an dem sich ein imaginärer Beobachter befindet.

- Der *Aszendent* (Asc.) symbolisiert dabei den Osthorizont des Beobachtungs-Ortes.

- Der *Deszendent* (Dc.) dessen Westhorizont
- Das *Medium Coeli* (MC) die Himmelsmitte; den Punkt am Himmel, der sich senkrecht über dem Beobachtungs-Ort befindet.
- Das Imum Coeli (IC) steht für die Himmelstiefe; diese liegt unterhalb der Horizont- Achse des Beobachtungs-Ortes. Also an dem Ort im Erden-Umraum, der sich senkrecht unterhalb des Beobachters auf der gegenüberliegenden Seite der Erde befindet.

Das Häusersystem ist also so etwas wie ein astronomisch-geographisches Koordinaten-Netz, welches man über den Erdball ausspannt.[2] *Dabei teilt man es in 4 Quadranten und 12 Bedeutungs-Zonen ein, die man dann astrologisch mit interpretiert. Über die so gewonnene Graphik wird angezeigt, welche symbolträchtigen Tierkreis-Abschnitte* (inklusive der aktuell in ihnen stehenden Planeten) *zu welcher Zeit in welche „irdischen Bedeutungs-Zonen" hineinragen.*

Die einzelnen – jeweils aktuellen – Kräftekombinationen auf der Himmels-Ebene (zwischen den Planeten und den Zeichen), *werden nun auf der Häuser-Ebene – wie durch ein zusätzliches Prisma – „gebrochen" und so noch einmal in besonderer Weise irdisch modifiziert.*

Nun haben wir eine komplette Deutungsformel: „Planeten in den Zeichen und in den Häusern": Jede Form von Individualität – in Wesenhaftigkeit und äußerer Erscheinung – so wie sie sich vorher schon allein durch die planetaren Zeichenbesetzungen in einer noch verhältnismäßig groben „Rohfassung" herauskristallisiert hatte, bekommt hier – durch die Interpretation in den Häusern – ihren letzten Schliff.

Wie vordem schon erwähnt, symbolisiert der Häuserkreis die „sich komplett um ihre eigene Achse drehende Erde innerhalb von 24 Stunden".

Welche Himmelsausschnitte zu einer bestimmten Zeit eines bestimmten Tages in welche Häuser-Abschnitte hineinscheinen, ist somit abhängig von der genauen Uhrzeit dieses speziellen Tages. Und somit ist auch die Uhrzeit dieses Tages der Schlüssel zur Darstellung und zum Verständnis des „am meisten ausgeprägten Grades individueller Differenziertheit" in der Escheinungswelt im allgemeinen – und im Besonderen bezogen auf jeden einzelnen Menschen als unverwechselbares Individuum.

Im folgenden Schema möchte ich diesmal die inhaltlichen Verwandtschafts-Verhältnisse <u>*aller drei Ebenen*</u> *zueinander darstellen, also die von Zeichen, Planeten und von Häusern.* Entsprechend ihrer 3 Ausdrucks-Ebenen, werden wir die einzelnen Archetypen im passendem Kontext immer mal wieder als <u>„Widder-Mars-Haus 1-</u>

---

[2] Erläuterung 9 ist eine Kurzbeschreibung zum astronomisch-technischen Verständnis des Häuserthemas. Eine detaillierte Beschreibung dieses Systems siehe Teil II.

Prinzip“; als „Stier-Venus-Haus 2–Prinzip“ oder als das „Zwillinge-Merkur-Haus 3-Prinzip“; etc. benennen – so wie es Meyer und etliche andere Autoren auch ähnlich tun.

Polarität		Element	Tierkreiszeichen	Planet	Haus	
1. Prinzip	+	Feuer	Widder (♈)	Mars (♂)	Haus 1	(H 1)
2. Prinzip	–	Erde	Stier (♉)	Venus (♀)	Haus 2	(H 2)
3. Prinzip	+	Luft	Zwillinge (♊)	Merkur (☿)	Haus 3	(H 3)
4. Prinzip	–	Wasser	Krebs (♋)	Mond (☾)	Haus 4	(H 4)
5. Prinzip	+	Feuer	Löwe (♌)	Sonne (☉)	Haus 5	(H 5)
6. Prinzip	–	Erde	Jungfrau (♍)	Merkur (☿)	Haus 6	(H 6)
7. Prinzip	+	Luft	Waage (♎)	Venus (♀)	Haus 7	(H 7)
8. Prinzip	–	Wasser	Skorpion (♏)	Pluto (♇)	Haus 8	(H 8)
9. Prinzip	+	Feuer	Schütze (♐)	Jupiter (♃)	Haus 9	(H 9)
10. Prinzip	–	Erde	Steinbock (♑)	Saturn (♄)	Haus 10	(H 10)
11. Prinzip	+	Luft	Wassermann (♒)	Uranus (⛢)	Haus 11	(H 11)
12. Prinzip	–	Wasser	Fische (♓)	Neptun (♆)	Haus 12	(H 12)

10. ASPEKTE

Planeten können untereinander bestimmte Winkelbeziehungen (Aspekte) eingehen. Dabei findet ebenfalls eine gegenseitige Durchdringung *der* archetypischen Kräfte statt, die von den beteiligten Planeten symbolisiert werden. In einer solchen Verbindung laden sich die beteiligten Kräfte – im Sinne einer Intensitätssteigerung – gegenseitig auf und werden gleichzeitig durch die jeweilige Art ihrer unterschiedlichen Bedeutungs-Inhalte in ihrem qualitativen Ausdruck wechselseitig modifiziert. Dieses Miteinander der Kräfte kann entweder als „rund" und stimmig (kompatibel) oder auch als divergierend erlebt werden – und das sowohl von den betroffenen Nativen an sich selbst als auch von ihrer Mitwelt in Bezug auf sie.

Es gibt fünf Hauptwinkel in der Astrologie, auf die wir uns hier im Buch allermeist beschränken wollen – die Konjunktion, das Sextil, das Quadrat, das Trigon und die Opposition.
Das Bild von der Konjunktion macht den Vorgang gegenseitiger Kräfte-Durchdringung am einfachsten deutlich:

1. Die Konjunktion (☌) zeichnet sich darin aus, dass 2 oder mehrere Planeten an der gleichen Stelle im Tierkreis stehen – wie in der folgenden Graphik.

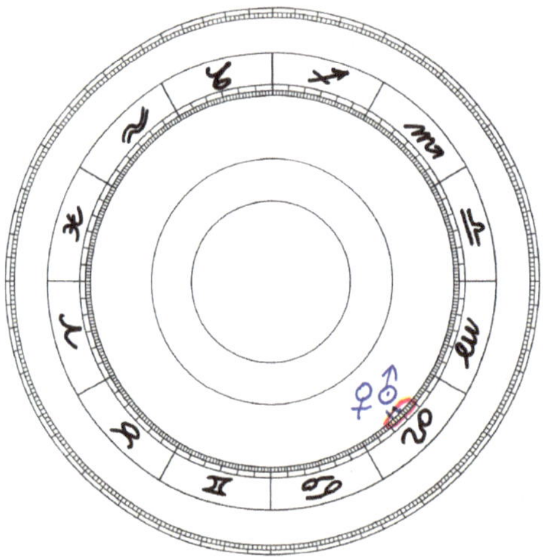

Graphik Nr. 22/9

Die eingezeichnete Konjunktion in unserem Beispiel ist nicht gradgenau. Das muss sie auch nicht sein und ist es in realen Horoskopen tatsächlich eher selten. Die Venus (♀) steht hier auf 12° Löwe (♌) und der Uranus (♅) steht auf 15° Löwe. Die Planeten haben aber im übertragenen Sinne eine „Ausstrahlung", einen „Wirk-

Radius", den man Orbis nennt. Um ihre Kräfte auszutauschen, reicht es deshalb aus, wenn sie nur „in etwa" auf der gleichen Grad-Position stehen.
Dieser Orbis beträgt in meiner Arbeit *plus/minus 6° im Durchschnitt.* Sind jedoch an einem Aspekt in irgendeiner Weise Sonne oder Mond – die beiden „Großen Lichter" – beteiligt, lasse ich einen Orbis bis 10° zu. Sind ausschließlich die 3 langsamsten Planeten – Pluto, Neptun und Uranus – untereinander beteiligt, nehme ich nur einen Orbis von 4° (eine Tabelle der Planeten-Umlaufgeschwindigkeiten finden Sie in der Erläuterung 13). Dabei gilt: Je enger der Orbis, desto prägnanter die gegenseitige Durchdringung, je weiter der Orbis, desto mehr dünnt sich ihr wechselseitiger Einfluss aus.

Generell sind Planeten aber nicht allein nur dadurch aspektiert, dass sie – wie bei der Konjunktion – zusammen an einer Stelle stehen. Bei allen folgenden Aspekten ist es anders. Die am Aspekt beteiligten Planeten stehen einzeln für sich in jeweils anderen Zeichen. Dennoch sind sie über die *ungefähr gleiche Gradzahl* ihrer Tierkreisposition in einer astrologisch definierten Winkelbeziehung miteinander verbunden (auch hier gilt der durchschnittliche Orbis von plus/minus 6°) – wie z. B. auch in der Quadrat-Verbindung von Mond und Mars im Fließtext des Hauptteils zum Fallbeispiel Nr. 2 „Ein kleiner hässlicher Küchenbrand", deren Graphik ich hier noch mal abbilde.

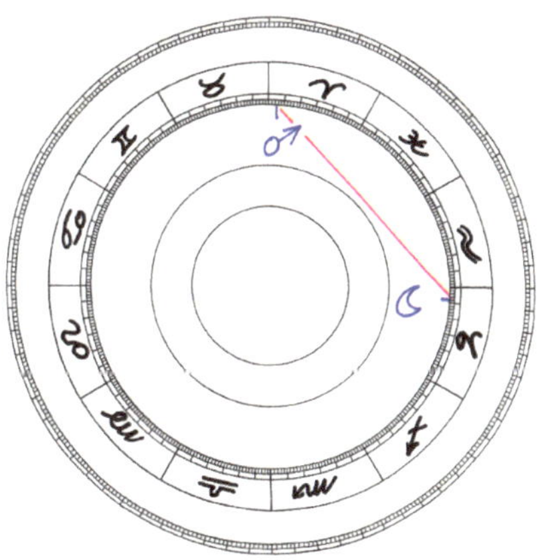

Graphik Nr. 22/10

Alle Haupt-Aspekte im Überblick:

1. Die Konjunktion (☌) zeichnet sich darin aus, dass 2 oder mehrere Planeten an der gleichen Stelle im Tierkreis stehen.

2. Das Sextil (⚹) kommt dadurch zustande, das 2 oder mehrere Planeten ca. 60° voneinander entfernt stehen – also zwei Zeichen voneinander entfernt. Dies entspricht einem Sechstel des Kreises.

3. Das Quadrat (□) steht für einen 90° Winkel – drei Zeichen voneinander entfernt. Das entspricht einem Viertel des Kreises (siehe obere Graphik).

4. Das Trigon (△) beschreibt eine 120° Entfernung der beteiligten Planeten. Diese stehen vier Zeichen – also ein Drittel des gesamten Kreises – voneinander entfernt.

5. Die Opposition (☍) umfasst 180°. In ihr stehen sich zwei oder mehrere Planeten im Tierkreis genau gegenüber. Das entspricht der Hälfte des Kreises.

Ob eine Aspekt-Beziehung im Horoskop für eine Person leichter oder schwieriger auszuleben ist, hängt grundsätzlich von 3 unterschiedlichen Komponenten ab.

- Einmal von der Art des Winkels selbst. Als grobe Regel gilt hier:
- Die Konjunktion wird zunächst als energetisch neutral angesehen.
- Das Sextil und das Trigon gelten als sich gegenseitig fördernder Aspekt.
- Das Quadrat und die Opposition werden als kritisch und spannungsreich betrachtet.

Diese Einschätzung hängt vor allem mit der Zeichenstellung der einzelnen Planeten zusammen, die an einem Aspekt beteiligt sind.
Jedes Zeichen ist einem der vier Elemente zugeordnet – entweder *Feuer, Erde, Luft* oder *Wasser.* Dabei stehen je zwei Element-Gruppen in einem verwandtschaftlichen Verhältnis zueinander:
Feuer und Luft dehnen sich zur Peripherie des Raumes hin aus. Sie werden beide als expressiv, spontan und handlungsorientiert verstanden.
Erde und Wasser werden durch die Schwerkraft bestimmt bzw. werden zum Erd-Mittelpunkt hingezogen. Beide werden als passiv, zentrierend und aufnehmend klassifiziert.

– Bei der Konjunktion (☌) stehen die beteiligten Planeten in der Regel im selben Zeichen und damit auch im selben Element (außer sie haben ihre jeweiligen Positionen direkt im Bereich der Zeichengrenzen und einer der beteiligten Planeten befindet sich knapp über diese Grenzlinie hinaus). Planeten in

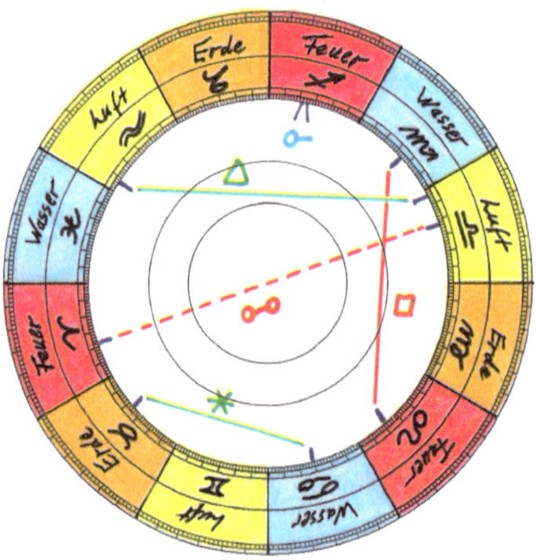

Graphik Nr. 22/11

Konjunktion haben also in der Regel zunächst einmal die gleiche Zielrichtung und werden von der gleichen Hintergrunds-Energie getragen. In der letzten Graphik stehen beide im Feuerzeichen Schütze (♐) und unterstützen sich gegenseitig in Hinblick auf ihre expressiven Intentionen (Feuer). In anderen Fällen, bei denen die Planeten selbst schon in ihren jeweiligen Eigenarten als divergierend zueinander empfunden werden oder aber als divergierend zum Feuer-Element stehen, assoziieren die beteiligten Kräfte eher eine Spannung.

- Beim <u>Sextil</u> (⚹) stehen die Planeten in jeweils anderen Zeichen, aber dabei in der Regel in verwandtschaftlichen Elementen. In unserem Beispiel im Erd-Zeichen Stier (♉) und im Wasser-Zeichen Krebs (♋) und befruchten sich gegenseitig durch die beteiligte Elemente-Besetzung (weicher und schwach fließender Aspekt).
- Die klassische <u>Quadrat</u>-Verbindung (□) zeichnet sich dadurch aus, dass die miteinander verbundenen Planeten in verschiedenen Zeichen und ebenfalls in unterschiedlichen bzw. in artfremden Elementen stehen. In unserem Beispiel gibt es einmal einen Wasser- und einmal einen Feuerhintergrund. Diese unterschiedlichen Hintergrundsfärbungen prägen den Ausdruck der jeweils beteiligten Planeten grundlegend. Es entsteht ein Spannungspotenzial, das die Nativen immer wieder in innere und äußere herausfordernde Situationen und Auseinandersetzungen drängt, um hierüber langfristig vermehrt zu Erfahrungen einer möglichen integrativen Lebensgestaltung zu gelangen (harte oder herausfordernde Winkelbeziehung; Arbeits-Aspekt – als „Arbeit an sich selbst").
- Beim <u>Trigon</u> (△) stehen die Aspekt-Planeten zwar in unterschiedlichen Zeichen, dabei aber in der Regel im selben Element. Dies bedeutet gegenseitige Unterstützung der Kräfte durch einen weichen, stark fließenden Aspekt. Der Trigonal-Aspekt in unserem Beispiel stellt sich als Luft-Luft-Verbindung dar.
- In einer <u>Opposition</u> (☍) besetzen die Planeten unterschiedliche Zeichen. Obwohl diese jedoch in der Regel in verwandtschaftlichen Elementen (Feuer und Luft; Wasser und Erde) stehen, befinden sie sich aber gleichzeitig miteinander *in einer konträren Verbindung mit einem weit voneinander entfernten Entwicklungsthema*, das jeweils auf der gegenüberliegenden Seite des Kreises auszumachen ist.[3]

Außerdem spielt – wie schon erwähnt – die <u>Eigenart der einzelnen Planeten</u>, die an einem Aspekt beteiligt sind, bei der Beurteilung solcher Winkelbeziehungen ebenfalls eine wichtige Rolle. Hier ist es ihre inhaltliche Verwandtschaft oder ihre mögliche konträr anmutende Ausdrucksform, die dabei den Ausschlag geben. Insbesondere bei der Konjunktion, die ja zunächst als energetisch neutraler Winkel gilt, sind die beteiligten Planeten das „Zünglein an der Waage", das stark mitbestimmt, ob man sie schwerpunktmäßig als konsonant oder als dissonant einschätzen soll.

---

[3] In dieser sinnträchtigen Perspektive, die wir später noch vertiefen werden, betrachten wir den Tierkreis als stufenweise evolvierende GANZHEITS-Entwicklung, die in einer chronologischen Abfolge von Themen – die einzelnen Zeichen – verläuft (Evolutions-Modell der Integralen Astrologie). Auf jeder neuen Stufe entstehen höhere Ordnungsgrade der archetypischen Erfahrungsmuster, die nach Abschluss eines einzelnen Kreisdurchlaufs ihre Fortsetzung in einer zyklischen Evolutionsspirale nehmen.

Das entscheidende Kriterium jedoch, ob eine astrologische Konstellation eine bewusste und kreative Ausdruckform findet oder ob sie sich in Form undifferenzierter bzw. unreflektierter Erlebens-Situationen zeigt, hängt letztendlich immer *vom Reifegrad eines Individuums ab,* – von seiner gelebten Bewusstseins-Präsenz und von seinem Integrations-Vermögen. Solche ausgeprägten Grade von Bewusstseins-Präsenz bedürfen aber in der Regel jahrzehntelanger Reifungsprozesse achtsamer Individuen. Und in diesen Reifungsprozessen liegt meines Erachtens unsere eigentliche Lebensaufgabe.

Aspekte finden als astrologisches Arbeitswerkzeug drei unterschiedliche Anwendungsmöglichkeiten:

1. Sie liefern unverzichtbare deutungstechnische Informationen für die generelle Interpretation von Geburts- und von Ereignishoroskopen.
2. Sie sind höchst aufschlussreich um thematische Anziehungskräfte deutlich zu machen, die in den Verhältnissen zwischen zwei Menschen (Eltern, Partner, Kollegen, Freunden, Gegnern, etc.) eine entscheidende und sinnhafte Rolle spielen. Bei diesen Verfahren legt man zwei oder mehrere Horoskope übereinander und untersucht, welche Planeten der einen Person Aspekte zu den Planeten der anderen Person aufweisen. Das Gleiche gilt für das tiefere Verständnis der Verhältnisse zwischen einzelnen Menschen und Gruppen, zwischen Menschen und spezifischen Ereignissen und schließlich zwischen Ereignissen und anderen Sachbezügen.
3. Aspekte sind das wichtigste Medium bei der Anwendung astrologischer Prognose-Verfahren, z. B. bei den Transiten. Bei den Aspekten zwischen den Transit-Planeten und den Radix-Planeten nimmt man generell aber kleinere Orben, deren Grad-Differenz aber davon abhängig ist, um welchen Transit-Planeten es sich handelt.[4]

[4] In Teil II dieses Buches finden Sie unter „Aspekte“ vertiefende Ergänzungen zum Thema.

11. DAS ASTRO-PSYCHOLOGISCHE PROJEKTIONSVERSTÄNDNIS

Sie werden sich vielleicht gewundert haben, dass ich die Inhalte bestimmter Konstellationen, die ich zunächst gedanklich im Horoskop *einer fiktiven Person* ansiedle, dann plötzlich und scheinbar ganz selbstverständlich auch auf andere Personen *ihres* Umfeldes übertrage – zum Beispiel auf eine ganze Familienatmosphäre mit den tobenden Kindern im Haus.
Ich lehne mich dabei an immer wiederkehrende astrologische Erfahrungsmuster an und möchte Sie auf das *immens große Ausmaß der „projektiven Natur des Bewusstseins" generell* aufmerksam machen, wie es uns die Arbeit mit Astrologie auf lebendige Art offenbart. Wie diese „projektive Natur des Bewusstseins" teilweise mit ganz realen sozialen – aber auch materiellen – Umweltverhältnissen verschachtelt ist, lässt sich anhand praktischer Beispiele ausgiebig sichten.

An unserem Familien-Beispiel jedoch möchte ich zunächst einmal folgendes im Besonderen deutlich machen: Durch die Einsichten der Astrologie, die über die verschiedenen Horoskope von den einzelnen Familienmitgliedern gewonnen werden, können die individuellen Hauptthemen beschrieben werden, die Teil des gemeinsamen Familien-Erbes sind. *Man „sitzt in einem Boot",* wenn „projizierte" eigene Persönlichkeits-Anteile eine passende Projektionsfläche bei anderen Familienmitgliedern finden.
Diese Art geistig-seelischer Verwandtschaft regelt sich in Familien (☾) über die Vererbung (natürlich genetisch – aber eben auch über vererbte astrologische Konstellationen).

Andere Arten von Wesensverwandtschaften, z. B. mit Partnern, Freunden, Arbeitskollegen, „Gesinnungs-Genossen", Geschäftspartnern etc. – aber auch unsere Feinde, mit denen wir in „projektiver Weise" verbunden sind, *regeln sich über den Mechanismus „magischer Resonanz innerhalb des WELTENGANZEN" bzw. innerhalb eines „in-formierten Universums".*

Diese Andeutungen sollen eine Ahnung davon vermitteln, dass das Verständnis des Projektions-Begriffes in der Astrologie weit über das der Psychologie hinausgeht und dabei sowohl die Grenzen unserer üblichen „Zeit-Raum-Vorstellungen" sprengt als auch die Grenzen unserer uns vertrauten sinnlichen Kommunikations-Mechanismen.
So seltsam – ja, so befremdlich – es klingen mag: Auch solche Wesensverwandtschaften wie Partnerschaften, Freundschaften etc., die sich durch spezifische gemeinsame Hauptthemen definieren lassen, werden genauso durch bestimmte gemeinsame astrologische Konstellationen widergespiegelt, die die einzelnen beteiligten Personen jeweils in ihren eigenen individuellen Horoskopen stehen haben.

Und noch viel befremdlicher mutet die folgende konstant wiederkehrende astrologische Beobachtung an:
Menschen, die sich in irgendeiner Weise wechselseitig viel bedeuten und sich vorher noch nicht kannten, sind sich zum ersten Mal in ihrem Leben *genau zu dem Zeitpunkt* begegnet, zu dem die vorgenannten gemeinsamen astrologischen Konstellationen, in den jeweils einzelnen Horoskopen beider beteiligten Personen eine gleichzeitige temporäre „archetypische Erweckung“ fanden. Solche „Erweckungszeiten“ oder „Auslösungen“ sind gekoppelt an ganz individuelle biographische Rhythmen und lassen sich durch die Mathematik der Gestirne präzise errechnen. Bildhaft stellen sich diese Phänomene so dar:

Wir alle projizieren – entsprechend eigener individueller Entwicklungsrhythmen – Teile unserer inneren Wesenszüge unbewusst in den überpersönlichen kollektiven Bewusstseins-Raum hinein.

Diese unbewussten Wesensanteile stellen – aufgrund einer spezifischen geistig-seelischen „Frequenz“ – in autonomer Weise eine wesensverwandtschaftliche Verbindung im kollektiven Bewusstseins-Raum her. Diese Verbindungen haben den Charakter „unbewusster Verabredungen“ und bilden den Ausgangspunkt für das Zustandekommen konkret-erlebbarer Ereignisse in der realen Alltagswelt zur (astrologisch) rechten Zeit, am (archetypisch-inhaltlich) rechten Ort.

„Wir und die Welt sind EINS.“

Diese Vorgänge entziehen sich in der Regel komplett der Einsicht des menschlichen Alltags-Bewusstseins. Sensitive Menschen haben manchmal mehr oder weniger klar ausgeprägte Ahnungen davon und können diese mitunter sogar gedanklich klar reflektieren. Versierten Astrologen hingegen liegen diese Vorgänge immer „offen vor Augen“, vorausgesetzt sie kennen den Ort und den genauen Zeitpunkt entsprechender Ereignisse und aller anderen mit diesen Ereignissen verbundenen Faktoren.

12. DIE ZWÖLF KOSMISCHEN GRUNDPRINZIPIEN (ARCHETYPEN)

Das hier noch einmal wiedergegebene Schema stellt u. a. dar, in welchem inhaltlich-energetischen Verwandtschafts-Verhältnis die zwölf Prinzipien insbesondere zu den beschriebenen Ebenen von Tierkreis-Zeichen, Planeten und Häusern stehen. So werden jedem einzelnen Prinzip sowohl ein Zeichen, als auch ein Planet und ein entsprechendes Haus zugeordnet.

Polarität		Element	Tierkreiszeichen	Planet	Haus	
1. Prinzip	+	Feuer	Widder (♈)	Mars (♂)	Haus 1	(H 1)
2. Prinzip	–	Erde	Stier (♉)	Venus (♀)	Haus 2	(H 2)
3. Prinzip	+	Luft	Zwillinge (♊)	Merkur (☿)	Haus 3	(H 3)
4. Prinzip	–	Wasser	Krebs (♋)	Mond (☾)	Haus 4	(H 4)
5. Prinzip	+	Feuer	Löwe (♌)	Sonne (☉)	Haus 5	(H 5)
6. Prinzip	–	Erde	Jungfrau (♍)	Merkur (☿)	Haus 6	(H 6)
7. Prinzip	+	Luft	Waage (♎)	Venus (♀)	Haus 7	(H 7)
8. Prinzip	–	Wasser	Skorpion (♏)	Pluto (♇)	Haus 8	(H 8)
9. Prinzip	+	Feuer	Schütze (♐)	Jupiter (♃)	Haus 9	(H 9)
10. Prinzip	–	Erde	Steinbock (♑)	Saturn (♄)	Haus 10	(H 10)
11. Prinzip	+	Luft	Wassermann (♒)	Uranus (♅)	Haus 11	(H 11)
12. Prinzip	–	Wasser	Fische (♓)	Neptun (♆)	Haus 12	(H 12)

Diese Zuordnungen, bzw. die Verwandtschaftsverhältnisse zwischen Tierkreiszeichen, Planeten und Häusern lassen sich am Kreisbild gut einprägen.[5]

Dieses Kreisbild nenne ich das UR-Horoskop. Es steht für einen imaginären „Zustand vor dem Beginn der Schöpfung", weil es ein solch vollkommen geordnetes und ursprüngliches Gebilde in der real existierenden Zeit nicht geben kann. Dieses Bild assoziiert Stillstand, ein Zustand der Zeitlosigkeit – der EWIGKEIT. Denn Zeit ist Bewegung und erst die Bewegung ist das charakteristische Merkmal des „Lebensspiels", während hier alle „Figuren" und „Spiel-Elemente" noch wohlgeordnet in ihrer jeweils gemeinsamen Ausgangsposition (Ruheposition) verharren – ganz so, wie bei einem „Mensch-Ärger-Dich-Nicht"-Spiel, kurz bevor der erste Wurf mit dem Würfel getan ist.

Das UR-Horoskop ist vergleichbar mit dem chinesischen Yin-Yang-Zeichen. Das Yin-Yang-Symbol zeigt die grundlegenden polaren Kräfte des Lebens (männlich-weiblich, plus-minus, Tag-Nacht, oben-unten, vorher-nachher, gut-böse, etc.), die jedoch in diesem Zusammenhang letztlich immer Ausdruck einer ihr übergeordneten GANZHEIT (symbolisiert durch den Kreis) sind.

---

5 Über das Zustande-Kommen der Quadranten finden Sie ausführliche Beschreibungen in TEIL II sowohl unter „Tierkreis" als auch unter „Häuserkreis".

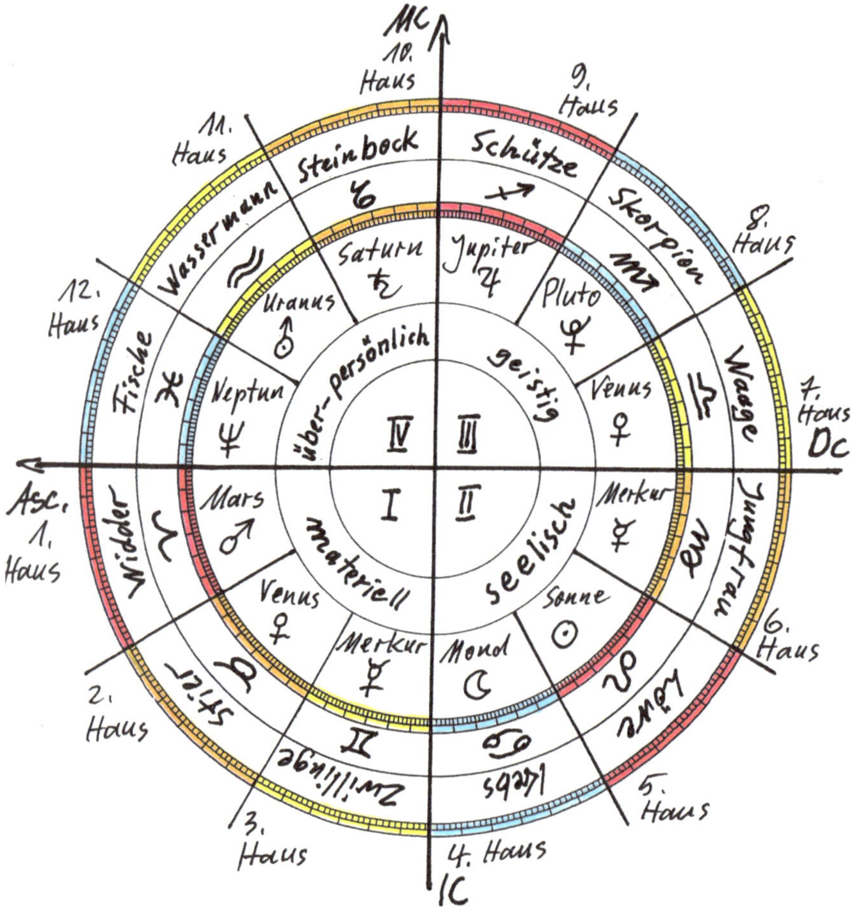

Asc. = Ascendent / Dc = Descendent / MC = Medium Coeli / JC = Jmum Coeli
Asc. = Osthorizont / Dc = Westhorizont / MC = Himmelsmitte / JC = Himmelstiefe

Graphik Nr. 22/12
Das Ur-Horoskop

Im Yin-Yang-Zeichen sind die Polaritäten in einem vollkommenen Gleichgewicht zueinander dargestellt – eine Metapher für die ABSOLUTE Ordnung, die hinter der Welt der verschiedenartigen Erscheinungen existiert. Im konkreten Leben jedoch – also innerhalb der Erscheinungswelt – kann eine solche Harmonie nicht existieren. Eine jegliche Bewegung – und sei sie noch so subtil – brächte/bringt die VOLLKOMMENHEIT aus der Balance.

In genau dieser Weise „purzeln“ auch alle „Figuren“ und „Spiel-Elemente“ des <u>UR-Horoskops</u> „durcheinander“, wenn man sie aus der Perspektive real-zeitlicher Verhältnisse und entsprechend realer Horoskope betrachtet, wie das z. B. auch in der unteren Graphik der Fall ist.

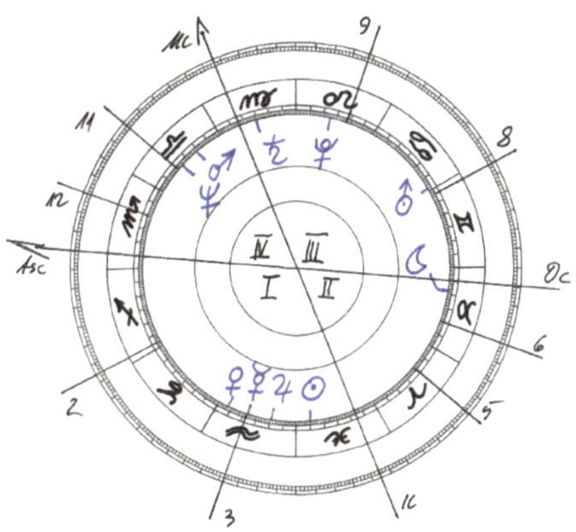

Graphik Nr. 22/13
Beliebiges Horoskop

Dieses „Durcheinanderpurzeln“ einzelner „Spiel-Elemente“ verläuft allerdings in präzis geordneter Weise nach entsprechenden Weltgesetzen:

- Die Planeten ziehen dabei ihre Bahnen innerhalb des Tierkreises – ein jeder in einem anderen Rhythmus – und überholen sich gegenseitig; sie bilden immer wieder neue und andere wechselseitige Verhältnisse zueinander.
- Der gesamte Häuserkreis, der etwas mit der Drehung der Erdkugel um ihre eigene Achse zutun hat – also mit unserem erlebten Tag-Nacht-Rhythmus – verschiebt sich einmal pro Tag komplett entgegen dem Tierkreis.

  Alle Konstellations-Bausteine vermischen sich untereinander auf drei verschiedenen Ebenen und bilden zusammen – in ihren Mischverhältnissen – eine potenziell schier unerschöpfliche Variationsvielfalt kosmischer Konstellationen und entsprechender Zeitqualitäten ab – und damit ebenfalls eine schier unerschöpfliche Variationsvielfalt an potenziellen Schöpfungsmöglichkeiten.

Doch nun zurück zu den ursprünglichen Zuordnungen unseres UR-Horoskops. Im folgenden stelle ich die zwölf astrologischen Grund-Prinzipien als Kurzüberblick und in systematischer Auflistung alle noch einmal dar – diesmal mit ein paar prägnanten Schlüssel-Begriffen zu ihrer archetypischen Bedeutung.

Die archetypische Bedeutung der zwölf astrologischen Grundkräfte auf all ihren drei Ausdrucks-Ebenen (Tierkreiszeichen, Planeten und Häusern) – in ihren kreativen Formen

Widder (♈), Mars (♂), Haus 1 Feuer **I. Quadrant (materiell)**
ICH-STÄRKE Das Bild: Das Kampffeld
Körperenergie (Konstitution), Sexualität, Wille, Selbstbehauptung, Initiativkraft, Tat, Mut

Stier (♉), Venus (♀), Haus 2 Erde **I. Quadrant (materiell)**
HABEN Das Bild: Grund und Boden
Sicherheitsstreben, Besitz, Abgrenzung, Gemeinschaftsgefühl, Sinnlichkeit, Genuss

Zwillinge (♊), Merkur (☿), Haus 3 Luft **I.Quadrant (materiell)**
INTELLEKT Das Bild: Die Bibliothek
Lerninteresse, Logik, Analyse, Sprache, Kommunikation, Technikverständnis

Krebs (♋), Mond (☾), Haus 4 Wasser **II. Quadrant (seelisch)**
SEELE Das Bild: Der heimatliche Dorftümpel
Familie, Geborgenheit, Gefühl, innere Stimme, soziales Gewissen, Fürsorge, Träume

Löwe (♌), Sonne (☉), Haus 5 Feuer **II. Quadrant (seelisch)**
LEBENSKRAFT Das Bild: Die Spielwiese
Lebendigkeit, Emotion, Kreativität, Selbstbewusstsein, Handlungsimpuls, Selbständigkeit

Jungfrau (♍), Merkur (☿), Haus 6 Erde **II. Quadrant (seelisch)**
VERNUNFT Das Bild: Der Arbeitsplatz, die Lupe
Wahrnehmung, seelische Reflektion, Anpassungsfähigkeit, Detailbezogenheit, Systematik

Waage (♎), Venus (♀), Haus 7 Luft **III. Quadrant (geistig)**
BEGEGNUNG Das Bild: Der Blumenstrauß
Harmonie, Ästhetik, Kunst, Partnerschaft, Erotik, Kompromissfähigkeit, Diplomatie

Skorpion (♏), Pluto (♇), Haus 8 Wasser **III. Quadrant (geistig)**
GEISTIGE TIEFE Das Bild: Der Sumpf, der Vulkan
Hintergründigkeit, Forschergeist, Wandlungsfähigkeit, Überlebensfähigkeit, Opferbereit

Schütze (♐), Jupiter (♃), Haus 9 Feuer **III. Quadrant (geistig)**
VERSTAND Das Bild: Der Horizont
Sinnfindung, Glaube, Ethik, Kultur, weite Reisen, Bildung, Inspiration, Wachstum,

Steinbock (♑), Saturn (♄), Haus 10 Erde **IV. Quadrant (überpersönlich)**
GESETZ Das Bild: Der Berg
Tradition, Struktur, Realitätssinn, Disziplin, Verantwortung, Öffentlichkeit, Berufung

Wassermann (♒), Uranus (♅), Haus 11 Luft **IV. Quadrant (überpersönlich)**
ERKENNTNIS Das Bild: Der Himmel, Aussichtsturm
Ekstase, Intuition, Individuation, progressive und humanistische Bestrebungen, Freigeist

Fische (♓), Neptun (♆), Haus 12 Wasser **IV. Quadrant (überpersönlich)**
ALL-VERBUNDENHEIT Das Bild: Das Meer
Spiritualität, Ahnungsvermögen, Mitgefühl, unangepasste Alternativen, „der Lebensfluss"

Diese inhaltliche Kurzübersicht lässt sich ebenfalls als Kreisbild darstellen:

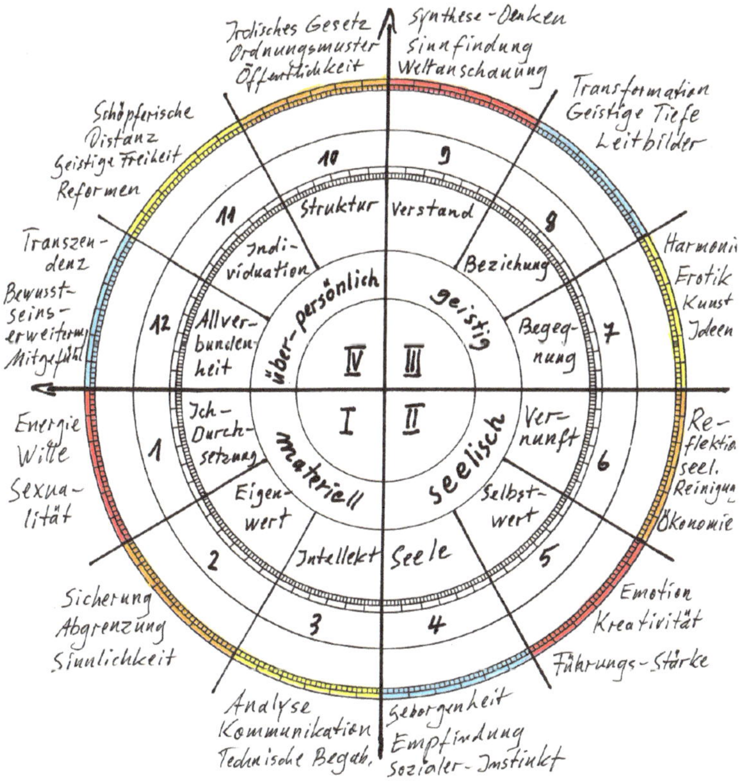

Graphik Nr. 22/14

Dem aufmerksamen Leser ist vielleicht aufgefallen, dass uns zur Erklärung der Verwandtschafts-Verhältnisse zwischen den drei astrologischen Ebenen zwar zwölf Tierkreiszeichen und zwölf Häuser zur Verfügung stehen, aber im Verhältnis dazu nur zehn Planeten. Wir haben hier eine gegenwärtige Grundsituation, in der zwei Planeten (von den zehn) – nämlich Merkur und Venus – eine Doppelverwandtschaft zu je zwei Tierkreiszeichen und je zwei Häusern innehaben. Der Merkur – u. a. das Symbol analytischer Vorgänge – ist als Planet sowohl dem Zwillinge- als auch dem Jungfrau-Prinzip zugeordnet. Beide sind analytisch betonte Zeichen, auch wenn sich die analytischen Gaben der Zwillinge mehr auf die materiellen Belange dieser Welt (Außenwelt – Naturwissenschaft) beziehen, während die analytische Befähigung der Jungfrau sich mehr auf die seelischen Belange des Menschen, auf lebendige Vorgänge (Selbst- und Fremd-Reflektion, Psycho-Analyse) ausrichtet.

Genauso steht die Venus sowohl für das Stier- als auch für das Waage-Prinzip.

13. PLANETEN-UMLAUFZEITEN, TRANSITE UND RÜCKLÄUFIGKEIT

Entsprechend ihrer Umlauf-Geschwindigkeiten, werden die Planeten in zwei Kategorien eingeteilt – **in Schnell- und in Langsamläufer.** Angegeben werden immer die Zeiträume, die der jeweilige Planet braucht, um einmal den gesamten Tierkreis zu durchwandern.

Schnellläufer			**Langsamläufer**		
Mond	(☾)	ca. 28 Tage	Jupiter	(♃)	ca. 12 Jahre
Sonne	(☉)	1 Jahr = ~ 1° / Tag	Saturn	(♄)	ca. 28 / 29 Jahre
Merkur	(☿)	ca. 1 Jahr	Uranus	(♅)	ca. 84 Jahre
Venus	(♀)	ca. 1 Jahr	Neptun	(♆)	ca. 165 Jahre
Mars	(♂)	ca. 2 Jahre	Pluto	(♇)	ca. 248 Jahre = ± 1 ½° / Jahr

Diese Tabelle zeigt den enormen Unterschied der Umlaufzeiten bei den entsprechenden Planeten. Der wichtigste Faktor für diese Unterschiede liegt in der jeweiligen Entfernung der Planeten von der Sonne begründet. Sie haben eben auch unterschiedlich viel Strecke zu bewältigen, um eine Umkreisung zu vollenden. Während der Mond als schnellster Planet es innerhalb eines Jahres schafft, dreizehnmal durch den Tierkreis zu wandern, hat sich der Pluto mit seinem Jahresschnitt von ca. 1½° kaum bewegt. Um seine tägliche Bewegung zu dokumentieren reicht auch der Umgang mit glatten Tierkreis-Graden nicht aus und es müssen feinere Messeinheiten benutzt werden. So ist jeder einzelne Tierkreis-Grad **(°)** noch mal in 60 Bogenminuten **(')** aufgeteilt – wie jede Zeitstunde 60 Zeitminuten hat.
Als Beispiel für die Schreibweise nehmen wir die fiktive Stellung Plutos auf 6 Grad und 53 Bogenminuten im Krebs: ♇ 6°53' ♋.
Es gibt auch noch Bogensekunden **(")**, d. h., jede Bogenminute **(')** hat noch einmal 60 Bogensekunden **(")**, aber die benötigen wir für unsere astrologische Arbeit nicht. Ich erwähne sie nur, weil alle Planetenstände in den Gestirnsstands-Tabellen (Ephemeriden) auf diese Weise (6°53'23"**)** angegeben sind. Die Bogenminuten jedoch sind wichtig – vor allem bei den Langsamläufern, denn *für die Prognosemethode „Transite" sind nur die Langsamläufer relevant.*

Wenn Langsamläufer – über ihre Aspekte – in bestimmten Zeiträumen Radix-Planeten transitieren, dann bleiben sie relativ lange in deren Einflussbereich (Orbis). Es hat eine besondere Faszination, immer wieder aufs Neue zu beobachten, wie sich biographische Höhepunkt- oder Krisenzeiten bei einem Menschen in dessen Leben zunehmend verdichten, wenn Transite – von ihrer Gradstellung her – sich entsprechenden Radix-Planeten nähern. In der Regel korreliert

dabei die Genauigkeit im Bogenminuten-Bereich in synchronistischer Weise auch zeitlich mit der erfahrenen Erlebens- bzw. Ereignis-Dichte im Leben dieses Menschen (das gilt nicht nur für Horoskope des einzelnen und dessen Leben, sondern ebenso für kollektive Prozesse jeglicher Art – politisch, wirtschaftlich, kulturell, militärisch etc.). Die in diesem Zusammenhang erwähnte Faszination ist für mich Ausdruck eines jeweiligen „lebendig Zeuge sein Dürfens", *wie wir alle und ständig auf das Intimste mit den kosmischen Gesetzmäßigkeiten verwoben sind.* Diese astrologisch offenbarte Verwobenheit bleibt jedoch den allermeisten Menschen völlig verborgen.
Eine Besonderheit muss ich hier noch erwähnen – die so genannte Rückläufigkeit der Planeten. Natürlich laufen Planeten nicht wirklich rückwärts, aber bei allen Planeten, außer bei der Sonne und dem Mond, sieht es in regelmäßigen Abständen aus unserer Erdperspektive zumindest so aus, als würden sie für eine gewisse Zeit rückläufig sein. Das hat damit zu tun, dass wir mit unserer Erde keinen festen Beobachtungspunkt haben, von dem aus wir den Lauf der Planeten betrachten. Da wir uns selber – während unserer Beobachtungen – um die Sonne bewegen, gibt es subjektive Perspektivverschiebungen in Relation zu den anderen sich bewegenden Planeten, die wir dann optisch als Rückläufigkeit erleben. Für den Astrologen ist das hochbedeutsam, denn das subjektiv wahrgenommene Himmels-Abbild hat „'merk'-'würdiger'-weise" Spiegelfunktion für alles Erden-Erleben.
Somit spielen die rückläufigen Bewegungen vor allem in der Prognostik eine große Rolle. Der Pluto z. B. bewegt sich innerhalb eines Jahres im Schnitt ca. 4 ° vor und dann wieder ca. 2½ ° zurück. Insgesamt kommt er in diesem Zeitraum also nur 1½ ° voran.
Der Saturn kommt dagegen ungefähr auf 18° voran, ehe er wieder ca. 7° zurückläuft; dann sind insgesamt ca. 8 - 9 Monate vergangen.
Die prognostische Bedeutung dieser „Tingel-Bewegungen" liegt darin, dass der entsprechende Transitplanet sich innerhalb eines zu errechnenden Zeitraumes mehrmals „vor- und rückwärts" über den gradbezogenen Einflussbereich (Orbis) eines Radix-Planeten bewegen kann, d. h., dass die durch das Transitgeschehen angezeigten und intensivierten Entwicklungsphasen des Horoskop-Eigners manchmal Monate, ja sogar bis zu 2½ Jahre dauern können.

Die technischen Feinheiten dieser rhythmischen Zusammenhänge und welche „Zu-Arbeiter-Rolle" die Schnellläufer im Wechselspiel mit den Langsamläufern im Transitgeschehen einnehmen, lernen wir zunehmend anhand der praxisorientierten Horoskop-Fallbeispiele.

14. PERSONALE UND TRANSPERSONALE ARCHETYPEN

Alle Archetypen – die wegweisenden bzw. die anordnenden Ur-Muster unserer gesamten komplexen Erfahrungswelt (von der Oberfläche bis in die Tiefen hinein) – entstammen einer transpersonalen Daseinsschicht, die in den mystischen Traditionen die „Kausal-Ebene" genannt wird. Gemeint ist damit die „Geburtsstätte von Zeit und Raum", oder mehr bildhaft betrachtet, die „Geburtsstätte der Götter" bzw. der Kosmischen Gesetze.
Obwohl alle Archetypen diesen gemeinsamen UR-Sprung haben, beziehen sich die von ihnen ausgehenden Wirkungen jedoch grundsätzlich auf zwei verschiedene Ausrichtungen:

1. Die eine Kategorie richtet sich mit „ihrem Anliegen" fast gänzlich auf die „Weltlichkeit" – auf das Da-Sein.
2. Bei der anderen Kategorie bezieht sich der große Schwerpunkt ihres Wirkens auf den Bereich des Spirituellen – auf das SEIN.

Beide Wirkungskomplexe ergänzen sich jedoch gegenseitig und bleiben somit eine unverbrüchliche EINHEIT – auch wenn das vom menschlichen Oberflächen-Bewusstsein anders wahrgenommen wird.

1. Die eine Ausrichtung – das Diesseitige, Alltäglich-Weltliche.
Archetypen, die richtungweisend vorrangig in diese Ebenen hineinwirken, sind „Welt-Gestalter" im umfassenden Sinne. Ihre Wirk-Domäne ist durch den vorgegebenen Rahmen der spezifisch-menschlichen Wahrnehmungsgrenzen von Zeit und Raum klar definierbar abgesteckt.
Direkt auf uns Menschen bezogen geben sie *die* Gestalt-Potenziale vor, die uns helfen, unsere konkreten alltäglichen Lebens- und Überlebensbedürfnisse in evolutionärer Weise zu bewerkstelligen und zu differenzieren. Mit anderen Worten: Sie sind die *„'Göttliche Führung'* („Überlebens- und Lebenshilfe") *durch die Labyrinthe des konkreten irdischen Daseins".*
In ihrer Ursprünglichkeit sind sie dabei zunächst einmal fernab von irgendeinem egozentrischen Eigensinn. Wir nennen sie *personale Archetypen* weil sie mehrheitlich den persönlichen oder weltlichen Bedürfnissen des Menschen dienen. Es handelt sich um

- Willens- bzw. Tatkräfte und der Sexualtrieb (♈♂ H 1);
- die natürliche Neigung zur Bodenständigkeit – mit Nahrungstrieb (♉♀ H 2);
- rationale Verarbeitung; handwerkliche bzw. technische Fähigkeit (♊☿ H 3);
- den Mutter-Instinkt, „Nestbau", Empathie und soziales Engagement (♋☾ H 4);
- väterliche Stärke und Schutz, handelnde „Welt-Eroberung", Kreativität (♌☉ H5);
- die Detail- bzw. Feinwahrnehmung und (Selbst-)Reflektionsfähigkeit (♍☿ H 6);
- Harmonieempfinden, Begegnungsorientiertheit, Erotik (♎ ♀ H 7);
- Synthese-Denken (Verstehen von Zusammenhängen), Sinnfindung (♐♃ H 9).

2. Die andere Ausrichtung – transpersonal orientierte Archetypen sind in ihrem Wesen immer von übergreifender Natur.

Auch hier gibt es im Feinbereich noch einmal eine Unterscheidung in zwei Arten:

a) Da sind einmal diejenigen Kräfte, die in ihrer transpersonalen Ausrichtung noch immer *hauptsächlich ins Weltliche hineinwirken.* Sie sind in dieser weltlichen Ausrichtung aber dennoch vorrangig „irdisch-profund", d. h. sie übersteigen (transpersonal) die Bedürfnisse des Einzelnen und seiner gelebten „Alltäglichkeit".
   - Entweder sind sie Repräsentanten grundlegender irdischer Gesetzmäßigkeiten und Daseins-Bedingungen wie das „irdische Gesetz" (Zeit, Raum, Schwerkraft, Dualität, Resonanz, etc.) und stellen sich gleichzeitig in ihrer konkreten gesellschaftlichen Relevanz *als staatliche bzw. gesellschaftliche Ordnungs-Muster dar – nämlich Tradition, Konvention, Gesetz (♑♄ H 10).*
   - Oder sie sind Träger profunder Kollektivströmungen. Das bezieht sich auf *geistige Tiefendimensionen, die transformierend wirken: das „Zwischenreich", der Tod, magisch-übersinnliche Dimensionen und ebenso das „kollektive Unbewusste" (♏♇ H 8);*

b) Die anderen transpersonalen Kräfte sind nicht nur selbst transzendenten UR-Sprungs (so wie alle Archetypen), sondern sie weisen gleichzeitig mit ihren Wirkungen, die sie ausüben, auch noch auf sich selbst – auf die Transzendenz – hin. Sie zielen beim Menschen auf die Bewusstwerdung ihrer eigenen spirituellen Wesensnatur ab – auf die Bewusstwerdung der ZEITLOSEN und UNBEGRENZTEN SEINS-Sphären, nämlich...
   - auf den UR-Sprung, auf die Kausal-Ebene (archetypische Ebene) bzw. auf die „individualisierte GANZHEIT" (das Höhere Selbst, die Monade) – *die intuitiv wirkt (die „Stimme GOTTES") und dabei zur Individuation aufruft (♒⛢ H 11);*
   - auf...den Zugang zum UR-GRUND, zur EINHEIT. Auf das ABSOLUTE BEWUSSTSEINS (in ALLEM, so auch in uns) – *das sensibilisierend wirkt im grenzenlosen Mitgefühl und in der universellen Liebe (♓♆ H 12).*

     Sie sind somit transpersonale und spirituelle Archetypen gleichzeitig.

In Hinblick auf die spirituell-orientierten transpersonalen Archetypen muss noch mal deutlich gemacht werden, dass zwar der zentrale Fokus ihres Wirkens auf die zeitlosen, nicht-alltäglichen und immateriellen Bewusstseins-Dimensionen ausgerichtet ist; dass sich aber ihre ganz spezifischen Symbolkräfte – im realen Lebensvollzug – dann zusätzlich auch noch auf alle anderen Daseins-Ebenen (bis hinunter in die physische Ebene) parallel manifestieren.

Konkrete Beispiele dafür finden Sie in gebündelter Form in den detaillierten Darstellungen der 11. und 12. kosmischen Grundkraft (Wassermann / Uranus / Haus 11 *und* Fische / Neptun / Haus 12) und natürlich weit gestreut in den vielen lebensnahen Fallbeispielen.

Außerdem muss noch betont werden, dass auch transpersonale, ja selbst spirituelle Archetypen potenziell von jedem Menschen „egozentrisch vereinnahmt“ werden können. Das geschieht sogar flächendeckend, denn nur die wenigsten Menschen sind von ihrer Entwicklungshöhe her in der Lage, spirituelle Potenziale – die in *jedem* Menschen potenziell angelegt sind und in jedem Menschen auch von Zeit zu Zeit ausgelöst werden – auch als solche spirituellen Erfahrungen bewusst zu erleben und zu manifestieren. Das bedeutet aber nicht, dass diese Potenziale deshalb überhaupt nicht wirken. Sie wirken sogar unvermindert vital, werden aber dementsprechend in der Regel nur „symbolisch verzerrt“ zum Ausdruck gebracht – auch in der Projektion auf andere Menschen und auf situative und objektbezoge Manifestationen der erfahrenen Umwelt („Verzauberung der Anlagen“).

Auf diese Weise – im „diffus-mechanischen Erfüllungszwang“ der unbewusst fordernden spirituellen Potenziale – werden aus dem „Spirit“ in unzähligen Fällen u. a. dann „Spirituosen“.
Oder das unbewusste Sehnen nach einer meditativ-bewusstseinswachen Erfahrung der GRENZENLOSIGKEIT (♆) wird durch tage- und wochenlanges „schmoren“ am Meeresstrand (♆) im Zustand eines „träg-dösenden Bewusstseins“ kompensiert. Dabei wird das tiefer liegende, organische Bedürfnis der Seele nach innerer Einkehr durch die Ego-Intention („wer ist der Braunste im ganzen Land?“) bis zur Unkenntlichkeit verdeckt, verzerrt und pervertiert.

15. DHARMA

„Wie an dem Tag, der Dich der Welt verliehen,
Die Sonne stand zum Gruße der Planeten,
Bist also bald und fort und fort gediehen
Nach dem Gesetz, wonach Du angetreten.
So musst Du sein, Dir kannst Du nicht entfliehen,
So sagen schon Sibyllen, so Propheten:
Und keine Zeit und keine Macht der Welt zerstückelt
Geprägte Form, die lebend sich entwickelt.

Johann Wolfgang von Goethe,
„Ur-Worte orphisch“

Dharma ist ein Begriff, der aus den hinduistischen und buddhistischen Traditionen entlehnt ist und dort in sehr vielschichtigen Bedeutungszusammenhängen gebraucht wird. *Diejenigen* Bedeutungsfacetten des Dharma, die fraglos in unseren astrologischen Kontext hineinpassen, sind vor allem die des Gesetzes – im Sinne einer gegebenen Lebensordnung.
Diese Lebensordnung umfasst grob:

- die kosmische Ordnung des gesamten Universums,
- die gesellschaftliche Ordnung im Rahmen familiärer, sozialer, ethnischer, nationaler und globaler Zusammenhänge
- und die gegebene einmalige individuelle Veranlagung eines jeden Menschen.

All diese Lebens-Ebenen sind gesetzmäßig aufs engste miteinander verzahnt. Sie agieren mit- und reagieren aufeinander – und zwar immer. Zusammen sind sie die „Große Lebensordnung“ einer untrennbaren EINHEIT, in welcher Individualität keinen Widerspruch zur GANZHEIT darstellt.
Aus der Perspektive isolierter Einzelwesen bzw. menschlicher Individualitäten jedoch besteht nun unsere Aufgabe (unser Dharma) darin, uns in unseren Lebens-Haltungen und – Äußerungen an der gesellschaftlichen und kosmischen Lebensordnung (ebenfalls unser Dharma) auszutarieren, mit ihr in Balance zu kommen, und zwar jeder in der ihm entsprechenden Weise, jeder entsprechend seinem ihm gegebenen *Anlage-Potenzial* (gemäß *seinem* Dharma, d. h. *seinem* Gesetz, *seiner* Wesenhaftigkeit, Interessenslage, Berufung, besonderen Mission, *seiner* Aufgabenkomplexe und Anliegen).
Das Karma – also die Reaktion individueller, sozialer und kosmischer Gesetzmäßigkeiten auf unsere Lebens-Haltungen und -Äußerungen – ist in dieser Hinsicht eine Hilfsfunktion des Dharma, ein Navigations-Instrument, um dieser Balance näherzukommen.
Große Missverständnisse gibt es meines Erachtens allerdings da, wo man meint, dieser „Großen Lebensordnung“ dadurch Genüge zu tun und mit ihr in Balance zu kommen, dass man festen Kollektivregeln folgt – seien diese nun ideologischer

oder religiös-moralischer Art. Das Dharma ist zwar unzweifelhaft auch von ethischer Natur und umfasst gänzlich die komplexen Dimensionen von Recht und Gerechtigkeit; es gibt aber keine ausschließlich kognitiv erlernbaren Dharma-Schablonen, wohl aber Hilfsmittel der Erkenntnis, die von integral-spiritueller Natur sind. Im Verbund mit diesen Hilfsmitteln ist jeder aufgerufen, seinen eigenen Weg zu finden.
Die Bedeutung, die speziell der Astrologie in diesem Zusammenhang zukommt, besteht darin, dass sie den individuellen Weg (das Anlage-Potenzial) eines jeden einzelnen Menschen in groben Zügen zu skizzieren in der Lage ist, jedoch wissend, dass dies nur ein Anlage-*Potenzial* ist. Dies bedeutet, dass wir parallel zu diesem Anlagebild so gut wie immer einen Menschen vor uns haben, dessen im Horoskop sichtbare Wesenszüge noch längst nicht ausgereift sind, dessen individuelle Wesenszüge wir aber *in ihren jeweils sehr unterschiedlich ausgeprägten Entwicklungsstadien* definieren können.

Bei der Einteilung der verschiedenen entwicklungsbedingten Auslebensformen einer astrologischen Konstellation haben wir schon zwei unterschiedliche Blickwinkel kennengelernt:

- Die *Einteilung in Licht und Schatten* ist eine grobe, aber auch sehr stimmige. Wir können hier auch von einer bewussten oder unbewussten Auslebensform archetypischer Kräfte sprechen bzw. von einem lebensfördernden oder lebenshemmenden Ausdruck – für die Person selbst und für ihre Mit- und Umwelt..
- *Die Einteilung in Erste Natur und Zweite Natur* sowie in die beiden „gegensätzlich“ erscheinenden Spielarten der Zweiten Natur, *nämlich Hemmung und Kompensation* gestattet einerseits eine differenziertere Betrachtung individueller Erlebens- und Ausdrucksformen der kosmischen Gestaltkräfte und gewährt zusätzlich einen klaren Blick auf verwickelte Anziehungs-Mechanismen zwischenmenschlicher Art. Über diese Anziehungs-Mechanismen (kosmo-psychologische Resonanz-Gesetze und ihre karmische Komponente) lässt sich vereinfacht folgendes sagen:
  - Auslebensformen der Ersten Natur stehen in kollektiver Resonanz mit Auslebensformen von ebenfalls Erster Natur;
  - Zweite Natur zieht dementsprechend auch Zweite Natur an (immer bezogen auf einzelne archetypische Persönlichkeits-Anteile innerhalb der Gesamt- Persönlichkeit – also nicht auf den ganzen Menschen);
  - Ein gehemmter Ausdruck zieht den kompensatorischen an;
  - ebenso der Kompensator den Gehemmten.

Um jedoch noch besser zu verstehen, was ich mit den „unterschiedlich ausgeprägten Entwicklungsstadien individueller Wesenszüge“ genauer meine, möchte ich hier – mit einem Kurz-Beispiel noch ein drittes Konzept darstellen, das Nikolaus Klein beschrieben hat:

- Klein hat die Erlebens- und Ausdruckformen eines jeden kosmischen Grund-Prinzips in sechs unterschiedlich mögliche menschliche Entwicklungsstadien aufgezeigt. Da die hiesige Erläuterung in Verbindung mit einem Fall-Beispiel zum

Neptun-Thema steht, werde ich die gemeinten Entwicklungs-Stadien auch auf den neptunischen Archetyp beziehen. Dabei gehen wir wieder von den grenzauflösenden Eigenschaften des Neptuns aus und von seiner, wie Klein[6] es beschreibt, *Durchlässigkeit und Konturlosigkeit.*

Die Stadien der hier skizzierten Entwicklungsleiter entwickeln sich von unten nach oben und sind am besten auch so zu lesen:

6. Stadium: schweigende Weisheit, selbstvergessenes Helfen, mitfühlende Nähe, Ergebenheit in die Schöpfung;
5. Stadium: visionäre Gesamtschau, ahnendes Erkennen der wesentlichen Zusammenhänge, mediale Einblicke in den Entwurf der Schöpfung, Kommunion mit anderen;
4. Stadium: feinfühliges gesellschaftliches Engagement, phantasievolle Beiträge zum Leben, auf der Suche nach dem Wunderbaren, der Nüchternheit entrückt,
3. Stadium: sich verstecken, sich von der Welt enttäuscht zurückziehen, vor Verantwortung fliehen, sich nicht abgrenzen können, romantisches Schwärmen, schöne Lebenslügen;
2. Stadium: sich lügend durch das Leben mauscheln, hinterrücks intrigieren, sich mit Drogen betäuben, rückgratloses Mitschwimmen;
1. Stadium: schleichendes, lähmendes Zersetzen, heimliches Unterminieren, haltloses Sich-Treiben-Lassen.

Nehmen wir ruhig noch ein 2. Beispiel um diese Sichtweise ein wenig zu festigen. Auch hier wähle ich ein uns schon bekanntes Thema aus – die Mars-Energie:

6. Stadium: handeln aus dem absoluten Gleichgewicht; absichtsloses Tun, das ganz dem Fluss des übergeordneten GANZEN angepasst ist; frei von persönlichem Ergebnisstreben; gleichmütiges Agieren;
5. Stadium: ritterliches Engagement; zivil-couragiertes Eintreten für andere;
4. Stadium: sportliches Kräftemessen mit „Wettkampfpartnern" in allen Lebensbereichen; kontrolliertes, zielgerichtetes Handeln;
3. Stadium: rivalisieren; Leistungskampf mit Menschen, die andere Positionen vertreten; Eroberungsstrategien; hektisches, ruheloses Agieren;
2. Stadium: aggressives sich selbst Durchsetzen; Ellenbogenmentalität; „Rambo-Manieren"; unbesonnenes Draufgängertum;
1. Stadium: „hirnloser" Aktivismus; blindwütiges Rasen; Zerstörungslust; wütende Selbstschädigung.

Auf diese Weise zeichnet Klein spezifische Entwicklungswege ...
- vom Ich zum Selbst (Sonne);
- von der Sentimentalität zum wahren Gefühl (Mond);
- vom Schwätzer zum Vermittler zwischen Himmel und Erde (Merkur);
- von der Verliebtheit zur Liebe (Venus);

[6] Nicolaus Klein, *Glück und Selbstverwirklichung im Horoskop,* Hugendubel Verlag, München 1994, S.54-61 u. S. 134-142.

– vom Ausagieren zum bewussten Handeln (Mars);
– vom Überfluss zum Sinn (Jupiter);
– vom Widerstand zur Klarheit (Saturn);
– vom Rebellen zum Freigeist (Uranus);
– von der Illusion zur Wahrheit (Neptun) ...
je nach dem gemeinten Archetyp.

Als gezogene Konsequenz aus dem bisher Gesagten entsteht für uns eine paradoxe Perspektive:
Einerseits soll der Mensch erst werden, was er – von seiner Anlage her –potenziell schon ist. Dabei wird er in seinem laufenden Entwicklungs-Prozess vielfach durch die undifferenziert gelebten, karmaträchtigen Zerrformen seiner ihm gegebenen individuellen Anlagemuster mehr oder weniger zu weiteren Läuterungen seiner Wesensnatur angeregt.
Andererseits war, ist und bleibt jeder Mensch (zumindest was seine astrologischen Anlagen betrifft) *immer im Dharma seiner individuellen Anlagen fest verankert*, nur eben auf jeweils unterschiedlich möglichen Entwicklungs-Stufen.
Das heißt aber nicht, dass er schon damit – in einem übergreifenden Sinne – *im EIN-Klang ist* (mit sich selbst, mit dem sozialen Umfeld und mit der KOSMISCHEN GANZHEIT).
Denn das sind zwei verschiedene Betrachtungs-Ebenen:
– einfach „nur" im eigenen Gesetz sein
– oder sich dabei auch noch im EIN-Klang (*mit sich Selbst, mit Anderen und mit ALLEM*) zu befinden.

So mag es sein, dass ein Mensch, bezogen auf einen konkreten Entscheidungs- oder Handlungs-Impuls, sich innerlich zwischen zwei eigenen, aber scheinbar divergierenden Persönlichkeits-Anteilen zerrissen fühlt und dabei den weniger geliebten Teil – der ebenso konstelliert ist – auf andere Menschen oder Situationen projiziert. Dann ist und bleibt er Un-EINS mit sich selbst und mit der Welt, obwohl er nichts anderes tut, als in unbewusster oder nachlässiger Weise eigene Persönlichkeits-Anteile unausgewogen zu kanalisieren. Seine Grund-Anlage bleibt dabei immer gegenwärtig und er kann nichts anderes leben, als seine eigenen mitgebrachten Potenziale – wenn auch in „verzerrter" (innerlich zerrissener) Weise.
Insofern ist jeder Mensch immer in seinem Dharma, in seinem Gesetz. Aber je nach Entwicklungshöhe eines Menschen, bzw. je nach Auslebens-Ebene dieser Potenziale, ruft das zwangläufig auch ein anderes Karma für ihn auf den Plan. Das wiederum gehört jedoch ebenso zum Gesetz.
Das Karma gleicht ein entstandenes Un-GLEICHGEWICHT wieder aus und schafft eine meist vorläufige und fragile „GANZHEIT", mit der man sich allerdings nicht unbedingt auch noch im EIN-Klang fühlen muss.
Im fruchtbarsten Fall jedoch geht diese aufgezeigte Situation in eine geläuterte Identität über. Dann leben wir – astrologisch gesehen – noch immer unter dem Signum unserer gleichen Horoskop-Konstellationen und noch immer unter dem gleichen Gesetz, dies aber nun auf einer umfassenderen Entwicklungshöhe.

16. FREIER WILLE UND SCHICKSALHAFTE BESTIMMUNG

Die Frage: *„Haben wir einen freien Willen oder ist unser Leben schicksalhaft vorgegeben?“* gehört zu den existentiell wichtigen Daseinsfragen. Wir sind aber durch diese Frage nicht wirklich dazu aufgefordert, uns zwischen eine dieser beiden Möglichkeiten *ein*deutig entscheiden zu müssen. Die Integrale Astrologie wird an gegebenen Stellen immer wieder deutlich machen, dass erst beide Facetten zusammen die WIRKLICHKEIT menschlichen Daseins auszudrücken vermögen, denn die eigentliche Natur des Menschen ist von zweierlei grundsätzlicher Art – „individuelles Angelegt-Sein“ *und* „kosmisches Eingebunden-Sein“. So sind der „freie Wille“ *und* das „schicksalhaft Bestimmende“ die beiden folgerichtigen Entsprechungen dieser dualen menschlichen Gegebenheit.
In der gleichzeitigen Be-ja-hung beider Lebensfacetten sind wir aber im fortschreitenden Lebensverlauf kontinuierlich dazu aufgerufen, die evolutionsbedingte dynamisch-instabile Relation beider Facetten immer wieder aufs Neue in eine aktuell angemessene Balance zu bringen. Dabei haben beide Instanzen unterschiedliche Wirk- und Aufgaben-Kompetenzen. Und um den Weg der individuell-ganzheitlichen Entwicklung – vom separierten Individuum zur „individualisierten kosmischen GANZHEIT“ – als eingeborene Zielrichtung des Menschen relativ sicher gehen zu können, ist es unerlässlich, dass beide Instanzen sich im menschlichen Lebensprozess ergänzen.

<u>Ein Horoskop zeigt körperliche, seelische, geistige, soziale und spirituelle Potenziale an, nicht aber einen, in seiner Entwicklung schon ausgereiften Menschen.</u>

Die „menschliche Willenskraft“ hat die Aufgabe, die „schicksalhaft gegebenen Potenziale“ bewusst, aktiv und konkret im Leben auszugestalten, sie in der physischen und menschlich-kollektiven Umwelt zu manifestieren. *Wir können aber nur das in authentisch gelungener Weise ausgestalten, was uns als „Ausgangs-Stoff“, als „Roh-Material“ gegeben ist.* Dann sind wir im Einklang mit unserer Wesensnatur und können „unseren Platz“ im kollektiven Gefüge einnehmen.
Alle anderen Versuche – zu denen der „freie Wille“ zunächst einmal ebenso in der Lage ist – sind letztendlich die generellen oder temporären „Irrungen“ auf dem schmalen Weg in die Individuation und fordern das Schicksal – entsprechend seiner archetypischen Eigendynamik (Karma) – zu verstärktem, kompensatorischen Engagement heraus (Krise).
Vielen Menschen ist der Begriff des Schicksals heutzutage suspekt oder gilt in seiner Bedeutung als anachronistisch. Das ist vor allem ein beredter Spiegel heutiger Mainstream-Mentalität westlicher Prägung, in der das Ego-Bewusstsein im Verbund mit intellektueller Befähigung einem gottähnlichen Omnipotenzwahn aufgesessen ist. Der heutige Mensch hält sich zunehmend für den „Macher aller Dinge“, hat seinen Bezug zu den realen Verhältnissen verloren und leugnet ICH-trunken seine Abhängigkeit von der Natur und von den geistigen Gesetzen dieser Welt.

Es ist wohl wahr, dass der Begriff des Schicksals heute anders interpretiert werden muss, als das früher der Fall gewesen ist, als der Mensch noch in einem viel ausgeprägteren Maße ein Kollektivwesen war. Die großartige menschliche Errungenschaft individueller geistiger Freiheit ist ein nicht zu unterschätzender Segen für unsere Gattung und entbindet uns anachronistischer kollektiver Einengungen. Der Begriff der „Individuellen Freiheit“ verführt aber leider auch in kollektiv-übergreifendem Ausmaß zu ich-verhafteten einseitigen Fehlinterpretationen und folgenschweren Missverständnissen.
Richtig verstanden fordert individuelle Freiheit aber im Gegenzug von uns dafür ein größeres Maß an Eigenverantwortung. Heute muss das, was früher – per Gesetz und moralischer Kollektivvorgabe – der Lebenserhaltung und -förderung der Gattung dienen sollte, stellvertretend durch ethische Reflexion aus uns selbst heraus ergründet und tätig erbracht werden.

Individuelle geistige Freiheit ist deshalb spiegelbildlich nur in genau dem Ausmaß real lebbar, in welchem das Individuum sich über das reale Ausmaß seiner Lebensabhängigkeiten in wahrhaftiger Weise selbst Rechenschaft abgelegt hat.

Generelle, d. h. dauerhaft festgefahrene Einseitigkeiten im Verhältnis beider Instanzen zueinander führen entweder zu…
…egomanischer „Welt-Verklebung oder gar Welt–Zerstörung“ („Vergötterung“ der menschlichen Willenskräfte) oder zu…
…mangelnder Bodenhaftung bzw. zu mangelnder Selbst- bzw. Welt-Verwirklichung (naive Schicksals-Hörigkeit).
Der Weg, den wir hier astrologisch einschlagen, die Integrale Astrologie, berücksichtigt beide Lebenspole menschlichen Daseins. Das *Schicksalhafte* (die Kräfte und Qualitäten, die jedem einzelnen Menschen in seiner unverwechselbaren Individualität als ein zu entfaltendes Potenzial gegeben sind) und das *Eigenschöpferische* (die Art und Weise, wie wir mit dem uns Schicksalhaft-Gegebenen umgehen).

17. POLARITÄT

Polarität oder auch Dualität erklärt den grundlegenden Daseins-Zustand unserer Welt in den Grenzen von Zeit und Raum und meint eine Welt der Gegensätze, die aber von einer Meta-Ebene ebenso auch als Ergänzungen gesehen werden können. Es sind die zwei Seiten *einer* Medaille, die zusammen erst das GANZE ausmachen.

Die Welt der Gegensätze ist aber auch gleichzeitig die Welt der Relativität. Heiß und kalt erscheinen uns zunächst als Gegenteil – beides sind aber nur relative Abstufungen von „Temperatur" und sind je nach Perspektive sogar austauschbar (um Stahl zu schmelzen, sind 1000° C noch viel zu kalt). Kurz und lang sind beides ebenso relative Raum-Einheiten. Wenn ich über das Ausmaß meiner gegenwärtigen Müdigkeit spreche, sage ich zwangsläufig etwas über den Grad meiner momentanen Wachheit. Tag und Nacht entsprechen erst zusammen einem abgeschlossenen Zyklus.

Sogar auf der grundlegendsten Ebene von Welt-Erfahrung scheint die Dualität selbst schon polar zur EINHEIT allen Seins zu stehen, während *die EINHEIT in Wahrheit die Dualität mit einschließt und erst im Verhältnis zu dieser wahrgenommen werden kann.*

Dennoch kann das Verhältnis von EINHEIT und Dualität aus der Sicht gewöhnlicher menschlicher Bewusstseinsbegrenzung als die Grundspannung menschlicher Daseinserfahrung gesehen werden.

Was wie eine philosophische Wortspielerei anmuten könnte, hat aber auch einen ganz praktischen Erkenntniswert:

Polarität bewusst wahrzunehmen und zu verstehen, gibt uns einen wesentlichen Aufschluss auch über das Wesen des Menschseins schlechthin und relativiert zum Teil unser eigenes individuelles Verstricktsein in polare und damit scheinbare Lebenswidersprüchlichkeiten.

„Lebenswidersprüchlichkeiten" sind also nicht allein Ausdruck eines individuellen Makels, sondern Menschheits-Schicksal – das Individuelle äußert sich nur jeweils in einer anderen Form scheinbarer Widersprüchlichkeiten, während der substanzielle Gehalt polaren Daseins vom gesamten Kollektiv mitgetragen werden muss. Und das geht uns nun schon seit dem Tage so, an dem Adam und Eva zum ersten Mal vom „Baum der Erkenntnis von 'Gut und Böse'" gegessen hatten. Seitdem essen wir alle täglich selber von diesem Baum und haben uns schon so manches Mal den „Magen dabei verdorben".

„Menschheitsgeschichte ist die Geschichte der Bewusstseinsentwicklung des Menschen" (Ken Wilber), und das Individuum ist die kleinste „Funktions-Einheit" dieses globalen Prozesses. Die *Entwicklung* des Bewusstseins schleift sich aber erst an den dualen Gegebenheiten des Lebens und wird im vereinheitlichenden Umfassen der Gegensätze selber umfassender.

Wir Menschen
- haben alle das Bedürfnis nach Ich-Behauptung und -Abgrenzung; gleichzeitig erleben wir die Sehnsucht nach dem Aufgehoben-Sein in der Hingabe an das Du;
- brauchen sowohl unsere individuelle Freiheit als auch die Erfahrung von Verbindlichkeit und Verantwortungsbewusstsein.

Wir stehen dabei oft zwischen
- Risikobereitschaft *und* Sicherheitsdenken,
- Tradition *und* Fortschritt,
- lieben *und* hassen,
- Logik *und* Gefühl.

Die Assoziationskette divergierender menschlicher Seinszustände ließe sich beliebig verlängern.

In Hinblick auf diese täglich erlebte polare Welt-Erfahrung stellt sich uns ständig die existentiellen Frage: *„entweder oder“* oder *„sowohl als auch“*?

Diese Fragen erfordern im Hier und Jetzt von uns ein kontinuierliches bewusstes Ausbalancieren. Die erlebten Spannungsfelder wollen bewusstseinsmäßig durchdrungen und durch Integration umfasst werden. Ansonsten fühlen wir uns zerrissen – Un-Eins mit uns selbst und mit der Welt; Un-EINS mit der GOTTHEIT.

Das Geburtshoroskop eines Menschen deutet auf seine individuell „favorisierten“ polaren Spannungsfelder (Zerrissenheiten), die schicksalhaft in seinem Lebensskript verankert sind. So zeigt ein Horoskop – im Sinne seiner besonderen Lebensaufgaben – gleichzeitig auch, für welche Persönlichkeitsbereiche ein potenzieller Ruf nach Integration in den tieferen Schichten seines Wesens „eingelagert“ ist. Dieser Ruf löst sich nach einem ganz eigenen biographisch-rhythmischen Zeitmodus etliche Male in seinem Leben aus seinen tieferen Wesensschichten, steigt nach oben und versucht, sich in unsere Bewusstheit zu schieben. Allermeist geschieht dies *in symbolisch verzauberter Form* (die entschlüsselt werden möchte); sehr viel auch *über bedeutende Umwelt-Erfahrungen, die – im Sinne einer indirekten astro-psychologischen Projektion – immer „die Eigenen sind“.*

Das „liebende Schicksal“ inspiriert oder bedrängt den Menschen mit herausfordernden Chancen zur Neuwerdung, zum Wachstum. Es sind dies die „Impulse evolutionärer Notwendigkeit“ als individueller Abzweig der großen universellen Evolutions-Schubkraft – denn der Mensch und der Kosmos sind EINS. Als Mikrokosmos und Makrokosmos sind sie beide der KOSMOS.

SCHLUSSWORT
ASTROLOGIE IM WANDEL DER ZEITEN

Astrologie ist eine mehr als 3000 Jahre alte Disziplin. Sie hat sich trotz immer wiederkehrender Anfeindungen in vielen unterschiedlichen Kulturen – zum Teil im gegenseitigen Austausch und völlig unabhängig voneinander – nicht nur entwickelt und gehalten, sondern auch immer *weiterentwickelt.*

- Naturwissenschaftliche Statistiker sind nicht die ersten, die versuchen, ihr einen „'linken Haken' zu verpassen" und sie werden auch nicht die letzten sein.
- In der Geschichte der Astrologie waren es auch immer wieder irgendwelche Philosophen, die ihre kontroversen Ansichten zur Astrologie hatten und gegen sie angingen. In anderen Fällen hat die Astrologie vielfach die unterschiedlichsten philosophischen Strömungen entweder nachhaltig mitgeprägt oder sie wurde selbst durch neue geistige Impulse, die aus ganz anderen Quellen kamen, in fruchtbarer Weise gewandelt.
- Dann wieder gab es Zeiten, in denen Päpste ihren Bann über die Astrologie warfen, während der nächste Papst selbst Astrologe war.
- Auch so mancher weltliche Herrscher wandte sich gegen die Astrologie. Etliche Astrologen mussten sogar ihr Leben lassen – schlicht und einfach „für die Sache" oder weil sie sich in politische Machtgerangel verfangen hatten. In anderen Ländern buhlten Könige darum, die besten oder berühmtesten Astrologen an ihren Hof zu holen, und richteten ihnen Universitäten ein.

In diesem Zusammenhang halte ich es für erwähnenswert, dass wirkliche Astrologen in der Antike und im Mittelalter sehr rar waren. Es gab – je nach Epoche und Kulturkreis – weder ein zu jeder Zeit und an jedem Ort verfügbares ausgereiftes Tabellen-Material noch irgendwelche Computer, die – wie es heute ist – dem Astrologen in Sekundenschnelle die mühselige und hoch komplizierte astronomische Rechenarbeit abnahmen. Jeder wirkliche Astrologe musste sich für alle anstehenden Arbeitsphasen die Gestirnsstände mit eigens dafür entwickeltem Gerät und dem Blick zum Himmel selber errechnen. Über diese Wegbereiter ist die heutige naturwissenschaftliche Disziplin der Astronomie überhaupt erst entstanden und hat sich mit der Zeit immer weiter ausdifferenziert.
Aber erst vor ca. 300-400 Jahren hat sich die Astronomie langsam als eigenständige Disziplin von der Astrologie abgekoppelt. Bis dahin galten Astro-Logie und Astro-Nomie als synonyme Begriffe für ein und die gleiche Disziplin bzw. für die beiden komplementären Facetten der gleichen Wissenschaft (Astro-Logie**:** aus altgr. ἄστρον astron ‚Stern' und *λόγος* logos = 'Lehre', 'Geist', Sinn einerseits und Astro-Nomie**:** *νόμος* nómos = 'Gesetz', also das in den Sternen wirkende Naturgesetz anderseits).
Die Astrologie hat sich die Verbindung mit der Astronomie bewahrt, sonst würde sie auch nicht „funktionieren". Die Astronomie dagegen verhielt/verhält sich (durch

einige sehr wenige ihrer Vertreter) der Astrologie gegenüber teils wie ein unschuldig-neugieriger und unabdingbar kritischer „Jüngling im Aufbruch“ oder aber (durch die allermeisten ihrer Vertreter) wie der rüpelhaft-pubertierende „kleine Bruder“, der in überheblicher Weise auf seine ‘große Schwester’ zurück- bzw. herabschaut.

Tatsächlich jedoch ist erst *beides zusammengenommen* GANZ-heitliche Wissenschaft im umfassenden Sinne und kein Reduktionismus – unabhängig von den gerade beschriebenen Entwicklungen der letzten Jahrhunderte. Denn der Mensch ist nicht allein ein intellektuell-analysierendes Wesen, sondern trägt auch die geistigen Anlagen zum Synthese-Denken, zur Zusammen-Schau, zur EINHEITS-Schau in sich.
Diese Zusammenschau ist in der Astrologie aber *nicht allein* Ergebnis einer intuitiven Schau, sondern findet – für jeden, der sie studiert – ihre Ergänzung ebenso durch das Naturgesetz; nämlich in der Verifikation durch die untrüglich-präzise ‘Mathematik der Gestirne’, die das zeitliche Fälligwerden entsprechender Weltereignisse – individuell und/oder kollektiv – rational nachvollziehbar dokumentiert.

Die Wissenschaftskultur der Gegenwart macht es uns – parallel zum besagten Widerstand – heute sogar leichter, sich astrologisches Wissen anzueignen bzw. Astrologe/in zu werden, wenn genügend Interesse da ist oder das Gefühl der Berufung dafür stark genug ausgeprägt ist. Bücher und Schulen gibt es zur Genüge, und *das* „bisschen Mathematik und Astronomie“, das natürlich in einem gewissen Maße noch immer dazugehört, „kriegt man schon gebacken“ – den Rest übernimmt der Computer. Früher musste man erst jahre- und jahrzehntelang intensive Mathematik- und Astronomie-Studien betreiben, ehe man astro-*logisch* ans Werk gehen konnte. Und die Bildungsangebote waren in diesen vergangenen Zeitepochen auch nicht mit denen der heutigen Zeit vergleichbar.
So kann man davon ausgehen, dass wirkliche Astrologen damals höchst selten waren und das allermeiste, was auf dem „Markt des Volksgetümmels“ an astrologischen Angeboten zu haben war, nur Pseudo-Ware gewesen sein dürfte, vom Niveau her ähnlich den Zeitungs-Horoskopen von heute und mit dem gleichen „naiv-betörenden Zauber“ und dem gleichen „zweifelhaften Ruf der Anrüchigkeit“. Und das zu Recht.

Trotzdem hat sich die Astrologie über die Jahrtausende hinweg gehalten, und wie sich der Mensch über diese lange Zeit gewandelt hat, so wandelte sich auch die Astrologie. Dass sie auch in der heutigen modernen Welt noch global verbreitet ist und – abgesehen von ihren massenhaften und unschönen Auswüchsen – sogar wieder eine Renaissance erlebt, das allein ist ein Phänomen für sich.

Das hat seinen guten Grund, denn es ist der Kosmos selbst, der über das Medium Astrologie mit dem Menschen kommuniziert und ihm dabei seine evolutionären Absichten in deutlicher, ja geradezu eindringlicher Art kundtut. Es ist Gotteswerk. Wie jede andere bedeutende Wissens-Disziplin dieser Welt ist Astrologie in ihrem gesamten Werde-Prozess von einer großen Schar „der besten Köpfe unseres

Planeten" geprägt bzw. mitgeprägt worden. Zu ihnen und zu ihren vielen Bekennern zählen Größen wie *Cicero, Ptolemäus, Plotin, Hippokrates, Paracelsus, Kepler, Tycho Brahe, Thomas von Aquin, Schopenhauer, Goethe, Schelling, Steiner, Thomas Ring, C. G. Jung, Carl Friedrich von Weizsäcker, Ernst Jünger und Stanislav Grof* – um nur einige wenige zu nennen.

Es ist absurd und zeugt von Naivität – die man unbewusst auf andere projiziert –, wenn man nun annehmen wollte, dass all diese Geistes-Größen durch die Jahrhunderte und Jahrtausende hindurch nichts weiter als einem naiven Aberglauben „aufgesessen" waren, wie es heute vielfach heißt.

Das Gegenteil davon ist wahr: *Sie* waren es, die die Astrologie *tatsächlich* ernsthaft und tiefgründig studiert haben und sich nicht mit einem Wissen aus zweiter oder dritter Hand zufrieden gaben.

LITERATUR

Combs/Holland
„Die Magie des Zufalls“; Synchronizität – eine neue Wissenschaft, Rowohlt, Reinbek bei Hamburg 1992

Dahlke, Rüdiger
„Der Mensch und die Welt sind Eins“, Hugendubel, München 1987

Döbereiner, Wolfgang
„Astrologisch-homöopathische Erfahrungsbilder“ Teil 1, Verlag Döbereiner
„Der Wandel des Lebens im Tierkreis“, Verlag Döbereiner, Herrsching 2006

Gold, Gerald
„Gandhi“ Bebilderte Biographie zum Film. Bastei-Lübbe, Bergisch-Gladbach 1985

Green, Liz
„Saturn“, Hugendubel Verlag, München 1981
„Schicksal und Astrologie", Hugendubel Verlag, München 1985
„Jenseits von Saturn“, Chiron Verlag, Tübingen 2009

Grof, Stanislav
„Geburt, Tod, Transzendenz“, Kösel Verlag, München, 1985
„Auf der Schwelle zum Leben“, Heyne Verlag, München 1989
„Kosmos und Psyche“, Wolfgang Krüger Verlag, Frankfurt am Main 1997
„Die Psychologie der Zukunft“, Edition Astroterra, CH-Wettwil 2002

Hofmann, Albert
„LSD – mein Sorgenkind“, Cotta'sche Buchhandlung, Stuttgart 1979

Huxley, Aldous
„Die Pforten der Wahrnehmung“, Piper Verlag, München 1964
„Die Ewige Philosophie“ – Texte aus drei Jahrtausenden; Serie Piper, München 1987

„I GING“
Das Buch der Wandlungen, mit der Übersetzung von Richard Wilhelm, Diederichs Verlag, Köln 1980

Jayakar, Pupul
„Krishnamurti“, Edition Synthese, Verlag Hans-Jürgen Maurer, Freiburg 2003

Jünger, Ernst
„An der Zeitmauer“, Cotta Bibliothek der Moderne, Stuttgart 1959

Jung, C. G.
„Erinnerungen, Träume, Gedanken von C. G. Jung“
(Autobiographie aufgezeichnet von Aniela Jaffe), Walter Verlag, Olten und Freiburg i. Br. 1971
„Der Mensch und seine Symbole“, Walter Verlag, Olten und Freiburg i. Br. 1968
„Synchronizität als ein Prinzip a-kausaler Zusammenhänge“ – erschienen in dem Band 'Naturerklärung und Psyche', Studien aus dem C. G. Jung-Institut, Zürich 1952

Klein, Nicolaus / Dahlke, Rüdiger:
„Das senkrechte Weltbild”, Hugendubel Verlag, München 1986

Klein, Nicolaus
„Glück und Selbstverwirklichung im Horoskop“, Hugendubel Verlag, München

Krishnamurti, Jiddu
„Einbruch in die Freiheit“, Ullstein Verlag, Berlin 1982
„Leben ohne Illusionen“, Pico Verlag, Roßdorf 1982

„Kybalion“
Hermetische Philosophie, edition akasha, EDIS GmbH, Sauerlach bei München 1997

Laszlo, Ervin
„Zuhause im Universum“, Ullstein Buchverlage, Berlin 2005

Lutyens, Mary
„Krishnamurti“, Hugendubel Verlag, München 1981

Maharishi Mahesh Yogi
„Die Wissenschaft vom Sein und die Kunst des Lebens”, Kamphausen Verlag, Bielefeld 1998
„Bhagavad Gita“, Intern. SRM-Publication, Maharishi Ayurveda Products Europe B.V., Wasserburg 1971

Mailly-Nesle, Solange de
„Astrologie”, Könemann Verlag, Köln 1995

Merz, Bernd A.
„Also sprachen für die Astrologie…“, Edition Astrodata, CH-Wettwil 1995

Meyer, Hermann
„Astrologie und Psychologie“, Hugendubel Verlag, München 1981
„Astrologie und Psychosomatik“, Hugendubel Verlag, München 1992
„Befreiung vom Schicksalszwang“, Edition Astrodata, CH-Wellwil 1986

Niehenke, Peter
„Astrologie“, Reclam, Stuttgart 1994

Orban, Peter
„Astrologie als Therapie“, Hugendubel Verlag, München 1986
„Pluto“, Rowohlt Verlag, Reinbek bei Hamburg 1990
„Drehbuch des Lebens“, Rowohlt Verlag, Reinbek bei Hamburg 1990

Orban / Zinnel / Weller
„Symbolon“, Hugendubel Verlag, München 1993

Patanjali
„Die Wurzeln des Yoga“, Scherz Verlag, Bern, München, Wien 1976 für O. W. Barth Verlag

Perls, Fritz
„Grundlagen der Gestalttherapie“, Pfeiffer Verlag, Hersbruck 1976
„Gestalttherapie in Aktion“, Klett-Cotta, Stuttgart 1976

Polster, Erving und Miriam
„Gestaltherapie“, Fischer Verlag, 1983

Riemann, Fritz
„Astrologie als Lebenshilfe“, Pfeiffer Verlag, Hersbruck 1976

Ring, Thomas
„Astrologische Menschenkunde“ Band 1 – 3, Chiron Verlag,Tübingen 2003

Scholz, Wilhelm von
„Der Zufall und das Schicksal“, Deutsche Buchgemeinschaft, Berlin 1883

Schütz, Wilfried
„Das Menschenspiel“ – Astrologie als Schlüssel zu Religion und Spiritualität; Chiron Verlag, Tübingen 2011

Schult, Arthur
„Astrosophie“ Band I und II, Turm Verlag, Bietigheim/Württ. 1982

Seidel, Peter
„Astrologie, Psychotherapie und Spiritualität“, Verlag viedel, Niebüll 2000

Spierling, Volker
„Kleine Geschichte der Philosophie“, Piper, München 1990

Steiner, Rudolf
„Theosophie“, Rudolf Steiner Verlag, Dornach 1990
„Makrokosmos und Mikrokosmos“, Rudolf Steiner Verlag, Dornach 1992

Wilber, Ken
„Mut und Gnade“, Scherz Verlag, Bern, München, Wien 1991
„Halbzeit der Evolution“, Fischer Verlag, Frankfurt am Main 1996
„Eine kurze Geschichte des Kosmos“, Fischer Verlag, Frankfurt am Main 1997
„Naturwissenschaft und Religion“, Fischer Verlag,Frankfurt am Main 2010
„Wege zum Selbst“, Goldmann Verlag, München 2008
„Eros, Kosmos, Logos“, Fischer Verlag, Frankfurt am Main 2001

Visser, Frank
„Ken Wilber Denker aus Passion“, Verlag Via Nova, Petersberg 2002

ÜBER DEN AUTOR

Peter Seidel, Jahrgang 1950, beschäftigt sich seit über 45 Jahren mit den Möglichkeiten zur Entfaltung des menschlichen Potentials. Er ist ausgebildeter Meditationslehrer, Astrologe, Gestalttherapeut, ehrenamtlicher Sterbebegleiter im ambulanten Hospiz-Dienst, Tänzer aus Passion und Autor des Buches „Astrologie, Psychotherapie und Spiritualität".

Das Konzept seiner Integralen Astrologie hat er praktisch u. a. auch dadurch umgesetzt, dass er die von ihm veranstalteten zweieinhalbjährigen Astrologie-Ausbildungen als Einheit von Lern- und Selbsterfahrungs-Gruppen durchgeführt hat. Dabei kamen – über die astrologischen Lehr-Inhalte hinaus – ebenso Meditationen, Phantasiereisen, Maskenarbeit, freier Tanz, Rituale, Atem- und Körperarbeit, sowie gestalttherapeutische Settings zur Anwendung. Dem astrologischen Wissen wird hierüber ein größeres Maß an Lebendigkeit und persönlicher Tiefen-Dimension verliehen.

Generell geht es in Seidels Workshops und Büchern aber vor allem darum, die transpersonale Dimension, die in jeder authentischen astrologischen Erfahrung durchscheint, herauszuarbeiten – *das GÖTTLICHE Wirken in die Welt hinein* bewusst zu machen.

Kontakt:
Voigtstr. 27, 10247 Berlin
Tel.: 01575 9053697
astrologieschule-seidel@gmx.de